2019上海工会年鉴

《上海工会年鉴》编纂委员会

上海社会科学院出版社

《上海工会年鉴(2019)》编纂委员会

《上海工会年鉴》编辑部

上海市劳动模范和先进工作者代表共同庆祝2018年五一国际劳动节

劳动美
国际劳动节特别节目

5月30日，中共上海市委书记李强在市总工会调研（吴良荣摄）

9月5日，中共上海市委副书记、市长应勇调研静安区总工会职工服务中心“爱心接力站”（蒋康乐摄）

6月25日,上海市人大常委会主任殷一璀在申通地铁调研(殷淑荣摄)

2月26日，上海市政协主席董云虎在浦东科创企业调研(金　松摄)

10月22—26日，中国工会第十七次全国代表大会在北京召开（孔孝元供稿）

10月21日，中国工会十七大上海市代表团召开分团会议（金卫星摄）

10月26日，中国工会十七大闭幕，上海市代表团走出会场（金卫星摄）

5月22日，上海市工会第十四次代表大会在上海世博中心召开
（吴良荣摄）

5月22日，在市第十四次工代会开幕式上中共上海市委书记李强作重要讲话
（吴良荣摄）

5月22日，中共上海市委书记李强，中华全国总工会党组书记、副主席、书记处第一书记李玉赋，上海市市长应勇等出席大会（吴良荣摄）

5月24日，上海市总工会第十四届委员会第一次全体会议召开（吴良荣摄）

5月24日，新一届市总工会领导班子选举产生（金卫星摄）

5月24日，市总工会第十四届经费审查委员会第一次全体会议召开，丁巍当选经审会主任（吴良荣摄）

5月11日，中华全国总工会领导王东明、李玉赋在市总工会调研（吴良荣摄）

5月11日，中华全国总工会主席王东明在中建八局上海公司西岸梦中心生活区项目调研（李　龙摄）

12月21日，2018年市政府与市总工会联席会议（扩大会议）召开（庄若冰供稿）

4月25日，市委、市政府召开上海市产业工人队伍建设改革推进会（吴良荣摄）

2月28日，市总工会召开机关系统加强党风廉政建设大会（吴良荣摄）

11月27日，市总工会召开上海市深化非公企业工会改革推进会（王翀达供稿）

5月8日，市总工会举办上海市国有企业工会改革工作培训班（孔孝元供稿）

10月30日，虹口区工会召开第六次代表大会
（金卫星摄）

4月25日，金山区工会召开第五次代表大会
（郁　蔚摄）

4月17日，青浦区工会召开第五次代表大会
（朱建强摄）

8月28日，松江区工会召开第五次代表大会
（平浩杰摄）

12月25日，市机电工会召开第七次代表大会（刘建平摄）

4月17日，东方国际（集团）有限公司工会召开第一次（市纺织工会第十次）代表大会（方整源摄）

9月10日，上海隧道工程有限公司工会召开第十一次代表大会（陆　政摄）

11月30日，上海化学工业区工会召开第四次代表大会（邹　毅摄）

10月20日，百名全国劳模参观上海劳动模范风采展，市人大常委会副主任、市总工会党组书记、主席莫负春为劳模现场讲解（金卫星摄）

4月28日，市总工会在上海东视演播厅举办上海市庆祝五一国际劳动节特别节目（任　磊摄）

4月19日，2018年“上海工匠”培养选树活动启动（刘峙钒摄）

11月9日，上海工匠选树命名暨工匠精神主题论坛举行（刘峙钒摄）

4月26日，静安区总工会召开庆祝五一国际劳动节劳模先进座谈会
（詹冬华摄）

4月27日，崇明区总工会召开庆祝五一国际劳动节暨“最美崇明劳动者”“崇明工匠”表彰会
（陈思佳摄）

12月6日，上海智慧城市建设“智慧工匠”选树、“领军先锋”评选活动颁奖典礼举行
（黄　俭供稿）

5月26日，上海市医疗卫生行业劳模创新工作室联盟成立（马艳芳供稿）

6月12日，市总工会授予“安康杯”竞赛先进单位和个人上海市五一劳动奖状（章）（邬明亮供稿）

10月26日，市总工会等部门举办“最美的哥的姐”评选活动总决赛（薛兆锋摄）

4月26日，市民政局召开先进表彰大会（阚文伟摄）

1月30日，上海地铁2018年度风采人物颁奖典礼举行（王　威摄）

5月29日，在上海职工创新大会暨第八届上海科技节上，市人大常委会副主任、市总工会党组书记、主席莫负春向上海职工科技节22家分会场代表授旗（刘峙钒摄）

7月23日，市总工会副主席周奇在迎进博会立功竞赛推进会上讲话（王翀达供稿）

6月12日，“凝心聚力进博会、建功立业创一流”立功竞赛启动（孔孝元供稿）

4月21日，市总工会举办上海一线职工发明专利奖颁奖仪式（孙　亮摄）

6月1日，李斌技师创客论坛在东方网演播厅举行，市总工会副主席李斌出席（陈志渊摄）

7月14—15日，第六届全国职工职业技能大赛上海选拔赛（网络安全员）暨浦东新区网络安全员技能大赛举行

（吴周筠摄）

5月5日，市纺织工会、闵行区总工会等联合举办上海市纺织行业服装制版师技能竞赛

（周　斐摄）

9月，中国宝武参加"首钢杯"第九届全国钢铁行业职业技能竞赛（韩　杰摄）

9月6日，市总工会、市水务局召开上海市"碧水保卫战""助推绿色发展　建设美丽长江"（上海赛区）劳动和技能竞赛启动会（吴泽民摄）

6月8日，上海建工集团举办职工技能比武开幕式暨立功竞赛推进会（余轶群摄）

5月8日，三航局工会召开2018年立功竞赛动员大会（黄书展摄）

7月6日，中建八局召开立功竞赛暨安康杯竞赛推进大会（郝国元摄）

8月30日，市级机关工会召开"凝心聚力进博会、建功立业创一流"立功竞赛活动推进会
（王　颖摄）

5月11日，上海隧道轨道交通赛区立功竞赛推进大会召开
（陆　政摄）

绿地集团工会举办首届员工职业技能比武竞赛
（金佳艳供稿）

6月21日，百联集团物业公司工会在百联世博源购物中心举行首届"安全卫士"比武大赛
（倪伟伦摄）

12月3日，市总工会举行第五届法律顾问团聘任仪式（吴良荣摄）

3月13日，市总工会召开2018年度上海工会劳动关系工作会议（孔孝元供稿）

3月8日，上海市“尊法守法·携手筑梦 依法维护女职工特殊利益”大型咨询宣传活动在嘉定举行，市总工会副主席、市女职工委员会主任何惠娟出席（汤利强摄）

8月21日，金山区召开厂务公开民主管理调研检查工作会议（钱海东摄）

4月13日，奉贤区召开厂务公开民主管理暨和谐劳动关系创建活动表彰部署大会（李凤英摄）

3月26日，上海电气集团行政方与职工方签订工资专项集体合同（刘建平摄）

3月23日，交运集团召开第十八次集体协商会议（杨伟民摄）

5月18日，市环卫行业召开第八次工资集体协商会议（鲍　斌摄）

2月12日，市总工会党组副书记、副主席姜海涛为爱心接力站揭牌（赵田野摄）

7月26日，市总工会副主席张得志赴鲁中矿业生产一线进行高温慰问（李宗峰摄）

7月27日，市总工会副主席戴光铭高温慰问申通地铁一线职工（徐冬梅供稿）

10月31日，市总工会副主席刘言浩指导国企工会改革工作并慰问一线职工（杨 驷供稿）

7月16日，市总工会副主席朱雪芹慰问上海汉钟精机有限公司职工（季轩丞供稿）

3月6日，市总工会举办庆“三八”女职工风采主题展示活动（吴良荣摄）

6月5日，上海工会爱心妈咪小屋暨职工亲子工作室建设总结展望主题活动举行（孔孝元供稿）

11月25日，市总工会举办“卡卡学院健康之旅”上海工会会员嘉年华活动（汪佳侃摄）

10月17日，市退管办联合社会各界举办敬老日大型为老服务活动（胡　磊摄）

5月29日，市总工会领导班子集体参观中国劳动组合书记部旧址陈列馆（金卫星摄）

12月29日，市总工会召开上海工会学习贯彻庆祝改革开放40周年大会精神会议（金卫星摄）

12月20日，上海工会宣传思想工作会议暨2017—2018年度上海市职工职业道德建设“双十佳”表彰大会召开（王家辉摄）

11月28日，上海市班组（团队）文化网络大赛闭幕（王家辉摄）

4月24日，第二十届上海读书节开幕，市委副书记尹弘出席并讲话（王超颖摄）

11月28日，第二十届上海读书节闭幕，市总工会副主席桂晓燕出席并讲话（吴良荣摄）

11月30日，市总工会举行最美劳动者"上海电气杯"第二届上海职工微电影节颁奖典礼（宋　昶供稿）

9月20日，市振兴中华读书指导委员会办公室、市工人文化宫联合举办庆祝改革开放40周年演讲大赛（王家辉摄）

4月22日，黄浦区举行庆“五一”先进表彰大会暨首届职工文化艺术节开幕式（陆中斌供稿）

7月11日，上海石化承办第五届全国职工摄影展上海采风活动启动仪式（石小建摄）

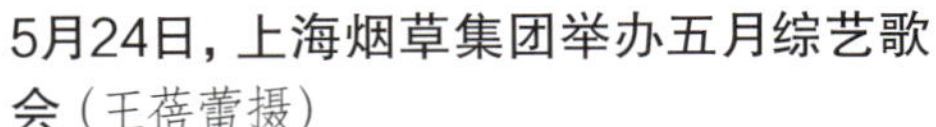

5月24日，上海烟草集团举办五月综艺歌会（王蓓蕾摄）

11月11日，上港集团举行庆祝改革开放40周年“心中的歌”专场音乐会（傅俊杰摄）

4月25日，市建设交通行业举行庆祝五一国际劳动节主题活动（钱　蓉摄）

12月25日，科技工会举办“改革开放40年，高歌唱响新时代”主题音乐会（薛志明摄）

1月18日，临港集团举行集团成立15周年职工文艺汇演（赵晓峰摄）

11月12日，世纪出版集团举办首届职工文化艺术节开幕式暨庆祝改革开放40周年职工书画摄影展（周文强摄）

上影集团工会首次参与拍摄发行院线电影《勇敢往事》（李培炎摄）

11月，第四届上海职工羽毛球俱乐部等级联赛举行（宋　昶供稿）

上汽集团职工拔河队参加全国拔河新星赛获冠军（范　融摄）

9月15日，东方国际（集团）有限公司举办第一届职工健身运动会(曹巨涛摄)

11月24日，上海联通第一届职工运动会举行（康　迪摄）

10月13日，中国福利会举行“不忘初心　缔造未来”中国福利会成立80周年职工运动会（陈依婷供稿）

5月11日，中华全国总工会领导王东明、李玉赋一行考察调研上海工会网上工作平台项目（吴良荣摄）

12月14日，市总工会与复旦大学开展工会人才培养及工运理论研究合作协议签署（吴良荣摄）

9月28日，市总工会召开网上工作推进会，市总工会秘书长宋钟蓓总结通报工作情况（吴良荣摄）

11月27日，上海市工人运动研究会召开第九次会员大会暨2018年年会(吴良荣摄）

9月14日，市人大常委会副主任、市总工会主席莫负春会见俄罗斯圣彼得堡市和列宁格勒州工联代表团团长（杨幼平摄）

8月27日，市总工会副主席姜海涛会见韩国劳总釜山地域本部代表团（杨幼平摄）

11月30日，上港集团工会接待韩国海员工会代表团在洋山港区四期参观访问（胡智慧摄）

9月27日，澳大利亚昆士兰州教师工会和独立工会代表团访问上海交通大学（吉启华供稿）

编辑说明

1.《上海工会年鉴》是系统记述上年度本市工会工作成果的资料性工具书。本年鉴编纂工作由上海市总工会主办，各区局(产业)工会及市总工会机关部室、直管单位供稿，年鉴编辑部负责编纂，至今连续出版了24卷。

2.本年鉴框架体例采用分类编排方法，设置栏目—分目—条目三级架构。共设22个栏目，139个分目，1217个条目，选辑照片266幅，图表40份，年鉴总字数为101万字。

3.本年鉴卷首设宣传彩页，用以概要记录上海工会重要信息。正文起首部分设“特载”“专文”“专记”等栏目，“特载”用以特辑党和国家领导以及全国总工会、上海市委领导的重要文章（讲话）；“专文”选辑上海市总工会领导对上海工会工作所作的总结性、综合性、指导性的署名文章(讲话)；“专记”则着重记录上年度上海工会各项特色性、开创性工作。

4.各记事栏目之首设“综述”，区局(产业)工会及市总工会直管单位栏目设“概况”，用以综合记述本地区(系统)、本部门(单位)的总体情况，便于考察比较各年度工作连续性及对比资料的完整性、系统性。除此之外，各记事分目之首设“概要”，记录专项工作取得的新进展并介绍各级工会的经验做法。

5.本年鉴所辑录的市总工会机关部室、区局(产业)工会、直管单位提供的文章、照片、图表等资料，其记录时间均为2018年1月1日至12月31日；其编排按机关部室、区局(产业)工会、直管单位的顺序排列，年鉴卷尾设“索引”以便查询。

6.“统计”栏目中所辑录的相关统计数据均由市总工会统计部门提供，在其他栏目中出现的数据，则由相关撰稿单位的作者提供。

7.本年鉴的目录索引采用主题词分析索引法，按条目主题词首字汉语拼音字母顺序排列。

8.本年鉴的正文内容制作成CD-R电子光盘，附于年鉴的封三随书赠送，便于读者使用检索。

上海工会年鉴

2019

目录

特　　载

专　　文

专　　记

要闻大事

工会概貌

基层组织建设

经济建设

劳模先进与工匠培育选树

劳动关系

经济权益

宣传教育

女职工工作

退休职工工作

党建与自身建设

理论研究

综合工作

区局(产业)工会概况

直管单位概况

人　　物

表　　彰

统　　计

索　引

特载

奋力开创新时代工运事业和工会工作新局面

——学习贯彻习近平总书记在同中华全国总工会新一届领导班子成员集体谈话时的重要讲话精神

王东明

2018年10月22日至26日，中国工会第十七次全国代表大会胜利召开。10月29日，习近平总书记在同中华全国总工会新一届领导班子成员集体谈话时发表重要讲话，站在事关党和国家工作大局的战略高度，突出强调了坚持党对工会工作的领导的根本原则、团结动员亿万职工积极建功新时代的使命担当、加强对职工的思想政治引领的重要任务、履行对职工群众的维权服务的基本职责、深入推进工会改革创新的方向目标，把我们党对工运事业和工会工作的规律性认识提升到了新高度，是指导新时代工运事业和工会工作的纲领性文献。

习近平总书记始终高度关心重视工人阶级和工会工作，对工人阶级和工会工作的思考一以贯之。党的十八大以来，习近平总书记围绕工人阶级和工会工作多次发表重要讲话、作出重要指示，强调必须坚持党对工会工作的领导、坚持全心全意依靠工人阶级、坚持为实现中华民族伟大复兴的中国梦而奋斗、坚持中国特色社会主义工会发展道路、坚持弘扬劳模精神劳动精神工匠精神、坚持高举维护职工合法权益旗帜、坚持增强政治性先进性群众性的工会改革方向、坚持加强基层工会建设等，深刻阐明了工会工作的地位作用、目标任务、实践要求，形成了习近平总书记关于工人阶级和工会工作的重要论述。这些重要论述是对马克思主义劳动学说和工运学说的继承和发展，是习近平新时代中国特色社会主义思想的重要组成部分，为新时代工会工作创新发展提供了理论指导和行动指南。

习近平总书记在同中华全国总工会新一届领导班子成员集体谈话时的重要讲话，深刻总结了党推进工运事业和工会工作的成功经验，集中阐述了新时代党中央关于工人阶级和工会工作的大政方针，蕴含着习近平总书记的深邃思考和殷切期望，是对习近平总书记关于工人阶级和工会工作重要论述"八个坚持"基本内涵的进一步丰富和发展，必将在指导我国工运事业和工会工作中展示出强大的思想力量、巨大的引领作用、磅礴的实践伟力，具有重大政治意义、深远历史意义、深刻理论意义、鲜明实践意义。各级工会要把学习贯彻习近平总书记重要讲话精神作为重大政治任务，与学习贯彻习近平总书记关于工人阶级和工会工作的重要论述结合起来，与学习贯彻习近平新时代中国特色社会主义思想结合起来，立足新时代中国特色社会主义新方位、社会主要矛盾新变化、共建共治共享社会治理新格局、全面深化改革新阶段，把握工会组织新使命、新目标、新要求，开创工会工作新局面。

一、深入学习贯彻习近平总书记关于坚持党对工会工作的领导的重要指示，始终坚持工会工作正确政治方向

习近平总书记指出，工会要忠诚党的事业，通过扎实有效的工作把坚持党的领导和我国社会主义制度落实到广大职工群众中去；要把执行党的意志的坚定性和为职工服务的实效性统一起来，把党的路线方针政策和决策部署落实到工会各项工作中去，把党的意志和主张落实到广大职工中去。这些重要指示，明确了工会工作的政治定位和工会组织的政治属性，为做好新时代工会工作指明了正确政治方向。各级工会要坚持自觉接受党的领导的根本政治原则，始终在思想上政治上行动上同以习近平同志为核心的党中央保持高度一致。

旗帜鲜明讲政治。中国工会是中国共产党领导的职工自愿结合的工人阶级群众组织，必须始终把讲政治作为第一位的要求。要站稳政治立场，增强"四个意识"，坚定"四个自信"，坚决维护习近平总书记党中央的核心、全党的核心地位，坚决维护党中央权威和集中统一领导。要把准政治方向，坚定走中国特色社会主义工会发展道路，自觉同党的基本理论、基本路线、基本方略对标对表，自觉在党和国家工作大局下思考和谋划工会工作，确保党中央决策部署在工会系统得到不折不扣贯彻落实。

原原本本学思想。理论武装是管根本、保方向的基础性工作。要进一步健全完善学习制度，自觉用习近平新时代中国特色社会主义思想武装头脑，切实在学懂弄通做实上下功夫，绝不能一阵风、走形式、喊口号、做样子。要继续往深里学、往实里学、往心里学，深刻把握贯穿其中的马克思主义立场、观点、方法，不断提升运用科学理论指导工会工作的水平。

持之以恒抓党建。党的十九大报告提出了新时代党的建设总要求，对全面从严治党作出新的部署。要认真贯彻新时代党的建设总要求，以党的政治建设为统领，全面加强工会系统党的政治建设、思想建设、组织建设、作风建设、纪律建设，把制度建设贯穿其中，深入推进反腐败斗争，以全面从严治党的实效推动工会基层党组织组织力得到根本性提升，把工会基层党组织建设成为坚强战斗堡垒。

二、深入学习贯彻习近平总书记关于牢牢把握工人运动时代主题的重要指示，团结动员亿万职工以主人翁姿态积极建功新时代

习近平总书记指出，完成党的十九大提出的目标任务，必须充分发挥工人阶级主力军作用；我国广大职工要牢牢把握为实现中国梦而奋斗的时代主题，把自身前途命运同国家和民族前途命运紧紧联系在一起，把个人梦同中国梦紧密联系在一起，把实现党和国家确立的发展目标变成自己的自觉行动，爱岗敬业、争创一流，以不懈奋斗书写新时代华章，共同创造幸福生活和美好未来。这些重要指示，赋予了工人阶级崇高使命，为工会组织服务大局、发挥作用、彰显价值进一步明确了坐标定位。各级工会要自觉把党和国家重大战略部署转化为工会工作的具体安排和实际行动，充分调动亿万职工的积极性主动性创造性。

深化劳动和技能竞赛。当前我国经济已由高速增长阶段转向高质量发展阶段。要以“当好主人翁、建功新时代”为主题，结合国家重大战略、重大工程、重大项目、重点产业，突出时代特征、区域特色、行业特性、单位特点，广泛深入持久开展多种形式的劳动和技能竞赛，拓展技术革新、技术协作、发明创造、合理化建议、网上练兵等群众性经济技术创新活动，为推动经济高质量发展、建设现代化经济体系作出更大贡献。

扎实推进产业工人队伍建设改革。面对日趋激烈的国际竞争，一个国家的发展能否抢占先机、赢得主动，越来越取决于国民素质特别是产业工人素质。要认真贯彻党中央关于产业工人队伍建设改革的决策部署，切实履行牵头抓总、统筹协调职责，积极主动与相关部门搞好沟通协商、分类指导、督促检查，压紧压实改革责任，推进政策衔接和落地，大规模开展职业技能培训，加快建设一支宏大的知识型、技能型、创新型产业工人大军。

弘扬劳模精神、劳动精神、工匠精神。在我国革命、建设、改革的伟大历史进程中，工人阶级锻造了爱岗敬业、争创一流，艰苦奋斗、勇于创新，淡泊名利、甘于奉献的劳模精神，积淀了刻苦钻研、精益求精、追求卓越、创造一流的职业素养，诠释了伟大民族精神，是我国极为宝贵的精神财富。要大力宣传劳动模范、大国工匠的先进事迹，发挥劳动模范、大国工匠的示范带动作用，积极营造劳动光荣的社会风尚和精益求精的敬业风气，让诚实劳动、勤勉工作蔚然成风，引导广大职工以劳动创造托起中国梦。

三、深入学习贯彻习近平总书记关于加强对职工思想政治引领的重要指示，巩固党执政的阶级基础和群众基础

习近平总书记指出，引导职工群众听党话、跟党走，巩固党执政的阶级基础和群众基础，是工会组织的政治责任；工会要适应新形势新任务，加强和改进职工思想政治工作，多做组织群众、宣传群众、教育群众、引导群众的工作，多做统一思想、凝聚人心、化解矛盾、增进感情、激发动力的工作，更好强信心、聚民心、暖人心，使广大职工在理想信念、价值理念、道德观念上紧紧团结在一起。这些重要指示，深刻分析了当前职工队伍面临的新情况新变化，指出了职工思想政治工作面临的新挑战新问题，强调了加强对职工思想政治引领的极端重要性、现实紧迫性。各级工会要把统一思想、凝聚力量作为职工思想政治工作的重要任务，自觉成为在基层和职工群众中凝聚人心、坚守前哨、冲锋陷阵的战斗队和工作队。

坚持以社会主义核心价值观引领职工。核心价值观是一个国家的重要稳定器。要深化“中国梦·劳动美”主题宣传教育，运用生活化的场景、日常化的活动、具体化的载体，加强以职业道德为重点的“四德”建设，培育担当民族复兴大任的时代新人，引导广大职工坚定不移听党话、跟党走，成为党执政的坚实依靠力量、强大支持力量、深厚社会基础。

加强职工文化建设。职工文化是职工共同理想和精神支柱的体现，是职工思想政治工作的重要内容。要大力弘扬伟大民族精神和中华优秀传统文化，深化群众性精神文明创建活动，充分发挥工会院校、报刊、文化宫、职工书屋等文化阵地作用，运用职工喜欢和熟悉的话语，多提供思想精深、制作精良的文化产品，打造健康文明、昂扬向上、全员参与的职工文化。

强化网上工会工作。当前，互联网越来越成为人们学习、工作、生活的新空间和获取公共服务的新平台，工会的工作也要做到网上去。要强化互联网思维，走好网上群众路线，加强网上工作力量，推动工会系统互联网内容和舆论阵地建设，增强传播力、引导力、影响力，坚守舆论阵地、敢于发声亮剑，弘扬主旋律、凝聚正能量，牢牢掌握意识形态工作主动权。

四、深入学习贯彻习近平总书记关于加大维权服务力度的重要指示，更好满足职工群众美好生活需要

习近平总书记指出，工会要坚持以职工为中心的工作导向，抓住职工群众最关心最直接最现实的利益问题，认真履行维护职工合法权益、竭诚服务职工群众的基本职责，把群众观念牢牢根植于心中，哪里的职工合法权益受到侵害，哪里的工会就要站出来说话。这些重要指示，深刻指出了工会组织的天职和工会工作的生命线，阐明了工会组织代表谁、联系谁、服务谁这一根本性问题。各级工会要把职工群众对美好生活的向往作为奋斗目标，旗帜鲜明维护职工合法权益，满腔热情服务广大职工群众，不断增强广大职工群众获得感、幸福感、安全感，使各级工会组织都成为名副其实的职工之家，所有工会干部都成为职工群众的娘家人、贴心人。

竭诚服务职工群众。群众利益无小事。只有平时真正把职工群众的一桩桩“小事”做好了，做到与职工群众心连心，关键时刻才能“一呼百应”。要大处着眼、小处着手，不怕琐细、日积月累，深入细致做好为职工服务工作。要深入开展农民工入会集中行动，最大限度把农民工吸收到工会中来，使他们成为工人阶级坚定可靠的新生力量。要坚持扶贫同扶志、扶智相结合，分类做好城市困难职工解困脱困工作，让困难职工同步迈入全面小康社会。

切实维护职工合法权益。工会是职工群众利益的代表，维权工作如果做不好，工会就没有存在价值。要把维权工作纳入党委和政府主导的维护群众权益机制，主动参与有关立法和政策制定，积极支持参与全面深化改革特别是供给侧结构性改革，协助做好去产能过程中职工思想引导、转岗安置、再就业培训、劳动关系处置、社保接续等工作。对于职工诉求，工会能解决的要及时帮助解决，解决不了的要及时向党委和政府反映，积极推动解决。

积极构建和谐劳动关系。把构建和谐劳动关系摆在突出位置、作为工作主线，推动完善政府、工会、企业共同参与的协商协调机制，积极化解劳动关系矛盾。随着数字经济、共享经济等新技术新业态新模式蓬勃兴起，企业组织形式、管理模式及用工方式等发生深刻变化，劳动关系的确立与运行面临许多新情况新问题。要及时研判劳动关系新动向、新特征，积极参与加强和创新社会治理。要坚持维权与维稳相统一，切实增强政治敏锐性，加强对劳动关系领域社会组织的政治引领、示范带动和联系服务，坚决防止敌对势力借机插手煽动、渗透破坏，坚决防止“独立工会”“民间工会”出现，坚决维护职工队伍和工会组织的团结统一，坚决维护企业和社会大局和谐稳定，坚决捍卫中国共产党领导和我国社会主义制度。

五、深入学习贯彻习近平总书记关于深化工会改革创新的重要指示，不断增强工会工作的动力活力

习近平总书记指出，工会改革是全面深化改革的重要组成部分，要认真贯彻落实党中央关于深化群团改革的决策部署，构建联系广泛、服务职工的工会工作体系。这些重要指示，充分肯定了工会改革的成效，明确了深化工会改革的新要求新任务，指出了推进改革的切入点着力点落脚点。各级工会要以庆祝改革开放40周年为契机，继续聚焦增强政治性、先进性、群众性，针对导致脱离职工群众的机构设置、管理模式、运行机制、工作方式方法等，持续深化改革。

注重上下联动。工会改革既需要全国总工会发挥主导作用，也需要各地工会积极参与，要在顶层设计和基层探索良性互动、有机结合上下功夫。全国总工会要把重点放在加强源头参与、推动政策配套、总结推广经验上，为地方和基层提供更有针对性的指导服务。各地方、各产业工会要发扬敢闯敢试、敢为人先的精神，为工会改革提供更多创新举措和鲜活经验。要坚持眼睛向下、面向基层，激活“神经末梢”，使基层工会真正建起来、转起来、活起来。

转变工作作风。工会最大的优势是密切联系职工群众，最大的危险是脱离职工群众。各级工会要加强对工会干部的教育、管理、监督，激励广大工会干部事不避难、干事创业，促进工会干部在实践中锻炼成长，增强群众工作本领，打造一支高素质专业化的工会干部队伍。要完善联系职工群众的制度机制，深入基层一线，加强调查研究，坚决防止“四风”特别是形式主义、官僚主义。基层工会要紧紧围绕职工群众转、依靠职工群众干、成效由职工群众来评判，面对面、心贴心、实打实地做工作，让工会工作深深扎根于广大职工群众之中。

站在新时代新起点上，各级工会要以中国工会十七大为重大契机，深入学习贯彻习近平总书记重要讲话精神，深入学习贯彻习近平总书记关于工人阶级和工会工作的重要论述，更加紧密地团结在以习近平同志为核心的党中央周围，坚持以习近平新时代中国特色社会主义思想为指导，勇于担当、锐意进取，积极作为、真抓实干，奋力谱写新时代工运事业和工会工作新篇章！

以习近平新时代中国特色社会主义思想为指导，团结凝聚全市职工群众为上海建设“五个中心”和卓越的全球城市、具有世界影响力的社会主义现代化国际大都市而不懈奋斗

——在上海市工会第十四次代表大会上的报告

（2018 年 5 月 22 日）

莫负春

各位代表，同志们：

现在，我代表上海市总工会第十三届委员会向大会作报告，请予审议。

本次大会是在中国特色社会主义进入新时代、上海改革开放再出发的重要历史时期，上海工会召开的一次十分重要的会议。会议的主题是：以习近平新时代中国特色社会主义思想为指导，坚持和加强党对工会工作的全面领导，坚持以职工为中心，持续深化工会改革，不忘初心、牢记使命，牢牢把握为实现中华民族伟大复兴的中国梦而奋斗的我国工人运动时代主题，团结凝聚全市职工群众以更加豪迈的主人翁姿态踊跃投身中国特色社会主义建设的伟大新征程，争当排头兵、先行者，勇做主力军、带头羊，为上海建设“五个中心”和卓越的全球城市、具有世界影响力的社会主义现代化国际大都市而不懈奋斗。

一、上海工会改革突破、创新发展的过去五年

过去五年，是上海工会认真学习领会、全面贯彻落实习近平新时代中国特色社会主义思想，按照中央和市委群团改革决策部署，着力增强政治性、先进性、群众性，去除机关化、行政化、贵族化、娱乐化，推进转职能、转方式、转作风，持续深化工会改革的五年；是上海工会围绕全市推进创新驱动发展、经济转型升级工作大局，团结带领广大职工群众建功立业的五年；是上海工会坚持以职工为本，切实履行维权服务主业主责，不断增强职工群众获得感的五年；是上海工会立足巩固党执政的阶级基础和群众基础，切实扩大覆盖面、增强代表性，夯实工会基层基础的五年。五年来，我们紧紧围绕市委和全总确立的各项目标任务，坚持全心全意依靠工人阶级方针，扎实开展、持续深化工会改革，不断创新工会工作的方式方法，切实增强群众工作能力和水平，各项工作取得积极进展和显著成效。

加强政治思想引领，大力弘扬劳模精神和工匠精神。通过组织劳模宣讲团等各种形式，广泛深入学习宣传党治国理政的新理念新思想新战略。以“中国梦・劳动美”为主题，以职工职业道德“双十佳”评选为载体，积极培育践行社会主义核心价值观。举办纪念“五卅”运动暨上海总工会成立 90 周年系列活动。实施上海工匠培养选树千人计划，产生两届共 182 名上海工匠。加大劳模、五一劳动奖章（奖状）等各类先进典型激励力度，五年来评选表彰市级以上劳动模范（先进工作者）1137 名，市模范集体 400 个，市级以上五一劳动奖章 2512 名、五一劳动奖状 899 个、工人先锋号 1817 个。每年举办庆“五一”特别节目，打造“劳动最光荣”系列电视节目，开展劳模大讲堂，制作《上海工匠》纪录片，出版《闪光的群体》系列图书，开展劳模精神、工匠精神理论研究，推动劳模精神、工匠精神进园区、进企业、进学校、进社区，营造劳动光荣的社会风尚和精益求精的敬业风气。

坚决贯彻中央和市委要求，率先开展工会改革试点。通过举办学习班、开展思想解放大讨论等各种形式，广泛学习宣传、凝聚改革共识，在工会系统大力营造支持改革、参与改革、奉献改革的良好氛围。深入调研论证、广泛征求意见，研究制订《上海市总工会改革实施方案》，并经中央深改组和市委批准实施。市、区、街镇等各级工会成立工会改革领导小组，明确改革的总体目标、主要任务和重点举措，形成改革整体合力。坚持强基层、强支撑、强服务，优化调整机构职能，推动形成职责清晰、运转高效、面向基层、服务便捷的全市工会工作新架构。创新女职工工作机制，形成举全会之力共抓女职工工作的新格局。探索工会干部使用新制度，优化各级工会领导班子及常委和委员结构，实施工会机关工作人员“2+1”、专职干部遴选、挂职干部选派及“减上补下”等各项改革，进一步增强工会干部队伍的生机和活力。以改革创新精神统筹实施各层级、各条线工会改革，呈现全面推进、多点开花、亮点纷呈的良好改革局面。

聚焦非公企业工会改革，破解基层工会建设瓶颈。为解决非公企业建会办会难、职工入会难以及非公企业工会“不敢为、不愿为、不能为”等问题，会同宝山区委在顾村镇开展改革试点，坚持依法依章程、充分发挥职工主体作用，综合采取各项措施，推动非公企业工会建起来、转起来、活起来。认真总结改革试点经验，不断扩大试点范围，完成 16 个区、18 个街镇（园区）的非公企业工会改革试点工作。及时出台相关指导意见，在全市范围推动非公企业工会改革，持续扩大改革成效。全总在上海召开现场观摩交流会，向全国推广“顾村经验”。

组织动员职工建功立业，发挥工人阶级主力军作用。贯彻落实中央和市委决策部署，牵头推进实施本市产业工人队伍建设改革工作。围绕上海科创中心建设，出台“大众创业、万众创新”22 条意见；以职工科技节等为载体，大

力开展劳模、职工等创新工作室建设及合理化建议、“五小”等群众性科技创新活动，深入实施发明专利奖励计划等项目，激发广大职工服务企业和经济社会发展的创造活力。创新劳动竞赛内容和形式，组织开展自贸区建设等引领性、示范性劳动竞赛，对成效显著的基层劳动竞赛实施市级专项表彰。制定实施职工素质工程发展规划，发挥地方教育附加专项资金作用，组织职工参与各级各类职业技能比赛，实施“百万在岗人员学力提升行动计划”及EBA培训、技能晋级奖励、带教师傅奖励等项目，提升职工的职业技能和综合素养。

强化维权主业主责，切实维护职工群众合法权益。市总全委会作出《关于新常态下进一步突出维护职能、深化创新转型的决议》。积极推动《上海市集体合同条例》《上海市职工代表大会条例》等地方性法规的修订完善，主动参与《劳动合同法》《劳务派遣暂行规定》等劳动法律法规及最低工资标准、养老、医疗、工伤、生育、失业、住房等民生保障政策的制定修改，及时反映职工的意见建议。加强与法院、人社、司法行政的协调合作，形成“四方合作”预防化解劳动关系矛盾工作格局。建立完善工会维权机制，形成工会法律援助、劳动法律监督、集体协商和民主管理“四位一体”维权体系。建立预防化解群体性劳资纠纷履职通报“亮灯”制度，督促1100多家涉事单位整改问题、化解矛盾。坚持工会法律援助“应援尽援”和“零门槛”服务，建成300多家工会援助服务站点，自2016年实施“零门槛”援助制度以来两年的援助案件42692件。对58家企业开出“两书”，对309家企业实施劳动法律监督，运用政府信用信息平台等手段，推动相关企业建立工会及职代会、集体协商制度等，不断强化工会劳动法律监督工作实效。

加大服务职工工作力度，工会组织凝聚力显著增强。加强服务职工经费保障，实施优化服务职工实事项目，形成征集遴选、过程管控、效果评估的工作机制。截至2017年底，已实施工会会员服务卡及职工疗休养、健康体检等6大类、15个实事项目，并整合政府及社会各方资源，引导各级工会在市总实事项目基础上叠加服务项目，使广大职工得到更多实惠。统筹各方资源建成600家户外职工爱心接力站，促进城市更有温度、更富关爱。加强工会劳动保护工作，广泛开展“安康杯”竞赛，积极维护职工安全健康权益。建立健全上海工会困难职工动态化管理机制，五年来，各级工会元旦春节送温暖活动累计筹措资金10.49亿元，慰问困难职工家庭47.79万户；金秋助学累计发放资金2.9亿元，资助困难职工家庭子女23.96万名。就业援助、农民工关爱、工会对口援助等工作扎实推进，实施上海对口援助干部服务计划。创新“在职住院保障计划”自动给付方式，让职工更便捷地享受到工会服务保障。五年来，“四项医疗互助保障计划”累计给付48.35亿元，惠及职工705.37万人次。推进职工援助服务组织网络建设及基层(职工)服务站等阵地建设，“12351”服务热线实现24小时全天候服务，实行职工保障办理窗口延时服务，围绕职工“生物钟”开展服务工作。

繁荣发展职工文化，促进职工全面发展。参与全市公共文化体系建设，加强与文广、体育等部门的协调合作，整合各方文化资源服务职工群众。坚持“工人的学校与乐园”的功能定位，推进沪东、沪西工人文化宫等重点项目建设，推动工会系统文体场馆退租还文、公益转型，彰显公共、公益、工会特性，全市区属工人文化宫全部定性为公益一类事业单位并纳入财政保障。加强职工文化服务资源配送，以“公益乐学”等项目化方式，每年提供6大类200余项配送服务项目。聚焦园区、非公企业，面向一线职工、农民工等深入开展工会文化服务下基层活动，把更多优质文化服务、文化产品送到职工身边。积极打造职工文化服务特色品牌，深入开展职工文化艺术节、班组(团队)文化网络大奖赛、四季大联赛、红色寻访等各项活动，全市各级工会因地制宜开展各类职工文体活动，丰富职工的精神文化生活。

实施“互联网+”工会建设，工会网上工作开创新局面。适应互联网和新媒体发展趋势，积极推动工会网上工作平台和服务平台一体化联动建设。实施网上工作平台迭代开发计划，初步建成纵向连通市总工会、区局(产业)工会、街镇(园区)工会、基层工会，横向连通政府、社会服务资源的工作网络和信息通道。截至2018年4月底，上海工会网上工作平台录入430万名实名会员、293万张会员服务卡的相关信息。不断优化网上服务平台，开通“上海工会发布”微博、“申工社”微信公众号，开发建设“申工社”APP客户端，推出50多个网上服务职工项目，形成线上受理、线下服务的全方位、全时段工会服务机制。

重心下移、强基固本，工会组织体系健全完善。制定出台加强和规范街镇“小三级”工会建设的一系列配套文件和政策，加大资源下沉力度，充分发挥基层工会在工会组织体系中的基础性作用。推进实地实体型企业工会建设，排摸清理“注册工会”“空壳工会”。探索建会入会新方式，建立网约送餐员、快递(物流)员等各类新型就业群体行业工会，深入开展农民工入会集中行动，做实职工企业外入会和网上入会工作。截至2017年底，全市工会会员766.6万人，其中农民工会员297.2万人；基层工会4.8万家，其中单独建会4.2万家，涵盖单位20.7万家。加大对基层工会的经费倾斜力度，出台“小三级”工会建设经费补助、“两非一无”会员经费保障等一系列制度政策，为推动基层工会有效运作提供保障。发挥工会枢纽型社会组织作用，建成由1300多人组成的社会化工会工作者队伍，延长工会手臂、做实基层工作。深化厂务公开民主管理，推动基层规范职代会建制、开展集体协商等各项工作，促进基层企事业单位和谐发展。

强化审计监督，工会经审监督体系建设取得改革突破。联合审计部门推动构建工会内部审计、国家审计、社会审计和职工会员监督“四位一体”的立体经审监督体系，有力增强经审工作规范化、实效性。继续强化工会内部审计主体作用，加强市、区局(产业)两级工会预决算审查审计，实现对下审计全覆盖。自觉接受国家审计监督，推动各区经审会对接同级审计部门，形成审计工作合力。建立第三方审计机构备选库，加大购买社会审计服务工作力度。完善和普及基层工会经审工作台账，推进基层工会审计结果公开，接受职工群众监督。

着力从严治党，工会系统党风廉政建设全面加强。大力开展党的群众路线教育实践活动和"三严三实"专题教育,深入推进"两学一做"学习教育常态化制度化,提升广大党员干部的党性修养和群众观念。严抓党风廉政建设和反腐败工作,锲而不舍落实中央八项规定精神,在工会系统形成风清气正的良好氛围。认真接受市委巡视监督检查,严肃查找问题,扎实做好整改工作,推动形成常态化、长效化的工作制度机制。切实履行主体责任,严肃执纪问责。切实改进作风,持之以恒纠正"四风",推动党员干部深入基层一线,不断增强服务意识、提升工作实效。

五年来,我们还认真做好职工技协集中清理整顿、工会企业清理规范等工作。竭诚服务女职工,深入推进女职工建功立业、素质提升、权益保障、幸福关爱、组织建设五大行动,建设一批爱心妈咪小屋、职工亲子工作室。加强调查研究和理论研究工作,部署落实市委大调研要求。强化工会干部教育培训工作,提升工会干部队伍能力水平。完成《工会志》编纂,工会对外交流、老干部、督查、信访、信息、统计、年鉴等各项工作取得积极进展。

各位代表、同志们! 回顾五年的探索实践,我们有五点深切体会:一是必须把准前进方向。我们始终以习近平新时代中国特色社会主义思想为根本遵循和行动指南,自觉接受、牢固坚持党对工会的绝对领导,不断开拓中国特色社会主义工会发展道路的新境界。二是必须牢牢把握时代主题。我们想方设法调动职工投身发展的积极性、主动性、创造性,团结凝聚起广大职工群众为实现中华民族伟大复兴的中国梦而共同奋斗的磅礴力量,工人阶级主力军作用更加彰显。三是必须勇于自我革新。我们紧跟时代发展步伐,强化改革担当和使命意识,敢于动真碰硬、不计利益得失,坚决突破阻碍工会发展的体制机制障碍,与时俱进创新工会工作方式方法,推动工会组织始终保持新鲜活力和持续动力。四是必须突出主业主责。我们把保障好、维护好、发展好职工群众的合法权益放在突出位置来抓,敢于亮剑维权、勇于为职工说话代言,真心实意为职工群众办实事、做好事、解难事,努力让职工群众有更多的获得感和幸福感。五是必须注重基层基础。我们坚决贯彻习近平总书记"三个着力"的指示精神,采取各种措施推动各级工会重心下移、资源下沉、强基固本、激发活力,努力打通工会联系服务职工群众的"最后一公里"。

同时,我们也清醒地认识到,我们的工作仍然存在不少问题和不足。一是工会工作基层基础还较为薄弱,组织和工作覆盖还有很多盲区,基层工作力量和服务资源不足的问题尚未根本解决。二是工作的针对性有效性还不够强,内容和形式同紧贴职工需求、紧跟时代步伐、更加全面和更高水平增进职工群众的获得感满意度的要求还有很大差距。三是工会干部队伍的作风能力建设还存在不足,脱离职工群众的情况依然存在,本领能力上存在不少短板和弱项,干部教育管理的制度机制还需要建设改革。对此,我们必须高度重视、持续努力,切实予以改进。

二、认真学习领会、全面贯彻落实习近平新时代中国特色社会主义思想,牢牢把握新时代上海工会事业发展的历史方位和总体要求

党的十九大确立了习近平新时代中国特色社会主义思想的历史地位,对新时代推进中国特色社会主义伟大事业作出了全面部署。习近平总书记多次就工人阶级和工会工作作出重要论述,指明了工会事业的前进方向。我们要深入学习贯彻习近平新时代中国特色社会主义思想,紧紧围绕党的十九大确立的宏伟蓝图,按照党的十九届三中全会决定中关于深化群团组织改革的决策部署,以及上海建设"五个中心"和卓越的全球城市、具有世界影响力的社会主义现代化国际大都市的工作大局,准确把握工作对象、内容和方法等方面发生的深刻变化,不断开拓创新、砥砺前行,切实担负起新时代工会组织的政治责任、社会责任、发展责任和改革责任,奋力谱写新时代上海工会事业创新发展的新篇章。

我们一定要不忘初心、牢记使命,充分发挥桥梁纽带作用,切实担负起团结凝聚广大职工群众坚定不移跟党走的政治责任。上海是中国共产党的诞生地,是中国工人阶级的"摇篮"和中国工人运动的发祥地。作为党领导下的群团组织,90多年来,上海工会始终把党在各个历史时期的中心任务作为自己的奋斗目标,把工人阶级和广大职工群众紧密团结凝聚在党的周围,为实现民族独立、人民解放和国家富强、人民幸福做出了重要贡献。在新的发展背景下,我们要始终不忘工会的初心和使命,始终传承红色基因、发扬优良传统,牢牢把握时代主题,全心全意服务职工群众,扎扎实实做好党的群众工作,不断提升工会组织的向心力、凝聚力、战斗力,组织动员广大职工群众坚定不移跟党走。

我们一定要积极主动顺应社会主要矛盾的历史性变化,始终坚持以职工为中心做好维权服务工作,切实担负起推动职工全面发展和社会文明进步的社会责任。党的十九大报告指出,我国社会主要矛盾已经转化为人民日益增长的美好生活需要和不平衡不充分发展之间的矛盾。进入新时代,职工群众对美好生活的向往更加强烈,不仅对物质文化生活提出了更高的要求,而且在民主法治、公平正义、安全环境等方面的要求也日益提高。我们要充分认识到职工群众对于高品质生活的向往就是工会工作的奋斗目标,充分认识到解决发展的不平衡不充分问题就是工会工作的着力点,充分认识到解决社会主要矛盾要靠广大职工群众的团结奋斗,着力拓宽工会维权服务领域、提升维权服务层级、精准维权服务措施,努力在更广范围、更高水平上维护职工劳动经济、精神文化、社会参与等各项权益,促进职工全面发展、推动社会文明进步。

我们一定要对标经济高质量发展要求,努力激发职工群众的劳动积极性和创造潜能,切实担负起推动经济转型升级的发展责任。社会主义是干出来的,新时代也是干出来的。随着供给侧结构性改革不断深化,上海服务业比重持续增长、制造业能级不断提升,以"互联网+"、物联网、人工智能等为基础的新一轮全球科技和产业革命,催生许多新的生产方式、产业形态、商业模式。上海作为新时代全国改革开放排头兵、创新发展先行者,正在着力转变发展方式、优化经济结构、转换增长动能,构筑发展战略优势、打响"四大品牌"。我们要围绕适应经济从高速度增长向高质量发展的新变化,围绕把握改革发展和科技进步对职工发展的新机遇,围绕创新服务职工群众建功立业的新模式,为上海经济实现高质量发展做出更大贡献。

我们一定要坚持问题导向，坚决突破瓶颈障碍，切实担负起深化工会改革和增强党的群众工作本领的改革责任。随着产业形态、生产形式、就业方式和劳动关系的变化，随着职工群众思想观念、利益诉求和行为方式的变化，工会作为党的群团组织，要充分发挥作用优势，必须将工会改革进行到底，必须切实提高做好群众工作的本领。我们要以强烈的使命担当进一步推动工会改革再出发，始终围绕增强政治性、先进性、群众性，始终坚持党对工会的绝对领导，始终坚持引领发挥工人阶级主力军作用，始终最大范围团结凝聚广大职工群众，始终坚持密切联系职工群众，以改革增活力添动力强本领，切实巩固党执政的阶级基础、群众基础。

进入新时代，踏上新征程，面对新形势新要求，未来的上海工会工作任重而道远、艰巨而光荣。我们惟有凝心聚力、奋斗不息，才能不辜负党的嘱托、不辜负职工群众的期盼、不辜负这个伟大的时代。今后五年上海工会工作的总体要求是：高举中国特色社会主义伟大旗帜，以马克思列宁主义、毛泽东思想、邓小平理论、“三个代表”重要思想、科学发展观、习近平新时代中国特色社会主义思想为行动指南，始终坚持全心全意依靠工人阶级方针，始终围绕中心、服务大局，以职工群众为服务和工作中心，持之以恒深化工会改革，切实增“三性”、去“四化”、促“三转”，努力构建与上海社会主义现代化国际大都市特点相适应的工会工作新格局，为开创新时代上海工作新局面作出更大贡献。

三、今后五年的主要目标和重点任务

适应新时代新要求，今后五年上海工会事业发展的主要目标是：建设工会大学校，加强对职工的思想引领和教育培训，提升职工技能素质、促进职工全面发展，努力推动形成规模庞大的知识型、技能型、创新型劳动者大军；建设工会大舞台，创新群众性劳动竞赛和职工科技创新活动的内容、形式和载体，形成服务大局、服务企业、服务职工的宽广舞台，努力推动职工当好主力军、建功新时代；建设工会大家庭，扩大工会对广大职工群众的组织覆盖、工作覆盖和服务覆盖，健全完善工会维权和服务制度，推动职工更加公平、更加充分地共享改革发展成果；建设工会大平台，用好用足党政及社会各方赋予的资源手段，不断建立健全党建引领、联系广泛、服务职工的工会工作体系，努力发挥工会和职工群众在打造共建共治共享的社会治理格局中的重要作用。实现上述目标，要着力做好以下几个方面工作。

（一）着眼于加强政治思想引领，不断深化推进职工宣传教育工作

以增强职工群众对党的思想认同、政治认同、理论认同、情感认同为目标，实施思想理论学习宣传、劳模工匠精神弘扬、职业道德培育建设三大行动，把广大职工的思想和行动统一到中央精神上来。

实施思想理论学习宣传行动。深入开展“中国梦·劳动美”主题活动，运用“两微一端”等新媒体手段和群众性文化活动等贴近职工群众生产生活的方法，深入基层一线和职工群众，开展生动活泼的宣传教育活动，筑牢广大职工群众共同奋斗的思想基础。扩展修缮中国劳动组合书记部旧址陈列馆，逐年举办井冈山、遵义、延安、西柏坡革命圣地展览，加强对职工群众的革命传统、理想信念教育，引导职工群众进一步发扬伟大创造精神、伟大奋斗精神、伟大团结精神、伟大梦想精神。认真落实意识形态工作责任制，加强工会网络舆情工作，积极弘扬正能量和主旋律。创新职工思想政治工作方式方法，不断增强工作的针对性和有效性。

实施劳模工匠精神弘扬行动。劳动最光荣、劳动最崇高、劳动最伟大、劳动最美丽。要加强示范引领，做好全国和上海市劳模先进、五一劳动奖状(奖章)、工人先锋号及劳模年度人物等的推选表彰活动。深化上海工匠培养计划，每年选树100名左右技能精湛、奉献社会的优秀工人典型。筹建劳模工匠展示馆、上海工运史展览馆，用工人阶级的优秀品质、模范行动鼓舞全体职工群众。推动劳模工匠精神进园区、进企业、进班组、进社区、进学校，形成尊重劳动、尊重知识、尊重人才、尊重创造的时代氛围。加强与党校、职业院校、开放大学等的合作，为劳模工匠搭建切磋技艺、交流经验和研修深造的平台。探索运用社会力量开展劳模服务各项工作，加大对劳模特别是困难老劳模的关心帮扶力度，动员全社会尊重劳模、崇尚劳模、学习劳模、争当劳模。

实施职业道德培育建设行动。推动职业道德教育纳入各类职工群体的岗前培训、日常培训之中，促进社会主义核心价值观在广大职工中落细落小落实。创新职业道德建设载体、搭建基层学习交流平台，努力构建体现新时代特征、富有不同行业内涵的职业道德建设体系和行为规范。深入开展职工职业道德建设标兵评选表彰活动，建设一批职业道德建设示范基地，引导广大职工树立崇高的职业理想，形成良好的职业作风和严格的职业纪律。

（二）着眼于促进现代化经济体系建设，广泛深入开展群众性建功立业和素质提升活动

聚焦上海发展大局，搭建产业工人队伍建设、劳动技能竞赛活动、职工素质能力提升三大平台，充分调动广大职工群众岗位建功、促进发展的积极性、主动性和创造性。

搭建产业工人队伍建设平台。在市委统一领导下，充分发挥工会牵头作用，加强对产业工人队伍建设改革的政策协调和工作推进，形成党委领导、政府负责、工会推动、各方参与的产业工人队伍建设改革工作格局。贯彻政治上保证、制度上落实、素质上提高、权益上维护的要求，着力推动产业工人收入待遇提高、技能素质提升、职业发展通道顺畅。及时总结产业工人队伍建设改革的成功经验和做法，适时开展政策跟踪评估和督促检查，确保中央和市委决策部署落地生根、取得实效。

搭建劳动技能竞赛活动平台。围绕服务国家“一带一路”建设、长江经济带发展和长三角更高质量一体化发展等重大战略，深入开展全国引领性劳动和技能竞赛。以“当好主力军、争当排头兵，奋战主战场、争做先行者”为主题，围绕上海全面推进“五个中心”、全力打响“四大品牌”及举办中国国际进口博览会、第46届世界技能大赛等重大任务，深入开展市级示范性劳动和技能竞赛。坚持重心下移，以国有企业为引领，以非公企业为重点，以创建“工人先锋号”为载体，聚焦创新创业创造，广泛发动各级

工会开展具有时代特征、区域特色、行业特性和单位特点的竞赛活动，深化班组（团队）竞赛，为职工建功立业、创新创效提供宽广舞台。

搭建职工素质能力提升平台。适应上海创新驱动发展、经济转型升级对职工素质、结构和规模的要求，深入推进职工素质工程建设。实施职工学校推进计划，帮助广大职工群众学习新理念、新知识、新技能。实施职工技能登高计划，推进技能晋级、带教师傅奖励等项目，着重在重要产业、重点区域、重大工程中培养职工高精尖人才。实施职工科技创新计划，以一线职工为主体，以合理化建议、“五小”等为内容，广泛开展岗位创新活动；以劳模工匠人才为主体，以重大科技项目开发为内容，大力开展科研攻关活动。开展好职工科技节、优秀发明选拔赛，深入实施授权发明专利奖励项目，积极组织职工创新成果参加国家、上海市科技进步奖和全国职工优秀技术创新成果评选以及国际国内发明展览活动，进一步激发职工群众的创新创造活力。实施劳模等各类先进工作室创建计划，充分发挥劳模先进传帮带作用。

（三）着眼于构建和谐劳动关系，进一步健全完善工会维权体系

围绕党政主导的维护职工权益大局，健全完善源头参与、维权维稳、民主协商三大机制，多管齐下保障职工群众合法权益、促进劳动关系和谐稳定。

健全完善源头参与机制。积极参与同职工利益相关的法律法规制定和实施工作，抓住立法、修法等关键环节，提出工会的主张建议。深入研究新时代、新形势下各类职工群体在劳动就业、社会保障、福利待遇、安全生产等方面的需求变化，聚焦技术工人、小微创业者、公共服务人员、新型就业人群、农民工等重点群体，加大对“互联网+”业态下劳动关系调处、法律保护、援助服务及群体性劳资纠纷化解等工作力度。运用“两会”及劳动关系三方等各类平台机制，呼吁推动最低工资标准及社保、福利等各项民生保障政策的调整完善，更好地回应职工群众的意见呼声和利益诉求。积极推动和参与《上海市集体合同条例》《上海市职工代表大会条例》及住房公积金缴交、带薪年休假、职工食品安全等的执法检查，督促企事业单位落实职工相关待遇。

健全完善维权维稳机制。深化“四方合作”工作机制、“四位一体”工作体系，推动建立健全党政主导、工会推动、部门协同、社会参与的工会社会化维权工作机制。重点做好有改革调整任务企业的排摸指导工作，依法维护职工合法权益，促进企业依法有序调整。不断完善工会“零门槛”“应援尽援”服务机制，为职工群众提供更多更有力的维权帮扶。强化工会定向劳动法律监督，做好劳资纠纷隐患排查、预警预防等各项工作。全面实施上海工会普法计划，在广大职工群众中大力弘扬宪法精神、普及各类法律知识，教育引导广大职工群众理性表达利益诉求、增强依法维权的意识能力。

健全完善民主协商机制。推动建立健全各级政府与工会联席会议制度，加强政策参与、制度构建、检查督导，促进劳动关系三方协商机制常态化有效运作。深化职代会建制工作，促进各类企事业单位通过职代会制度平台依法履行民主程序。推进集体协商提质增效，加大对不同类型、不同生产经营状况企业的分类指导力度，提高区域性、行业性集体协商水平。推动企事业单位完善内部利益矛盾自主调处机制，把职代会、集体协商、职工董事监事等制度融入企业治理架构，全面保障和发展职工群众合法权益。

（四）着眼于满足职工群众对美好生活的向往，构建服务职工工作大格局

坚持精准服务、普惠要求、公平原则、互济特性，不断深化实事项目、困难帮扶、健康服务、文化服务四大体系建设，让职工群众获得看得见、摸得着的利益和实惠。

深化实事项目体系建设。坚持问需、问计、问效于职工，健全完善服务职工实事项目管理机制。加强统筹协调，整合党政、社会、企业等各类服务资源，推动各级党政把服务职工实事项目纳入本地区、本系统或本行业民生实事的范畴，多层多方、富有特色地设置服务项目，满足不同地区、不同行业职工群众多元多样的需求。紧贴职工群众实际需要，统筹发挥各方力量，切实做好爱心妈咪小屋、职工亲子工作室、户外职工爱心接力站建设等实事项目。

深化困难帮扶体系建设。对接政府和社会资源，推动政府救助保障政策覆盖更多困难职工群众。针对因病、因企业或岗位调整面临突发困难的职工及农民工、新型就业群体等，实施精准帮扶。发扬工人阶级团结友爱的光荣传统，深入开展职工互助互济保障活动，发动职工相互关心、相互帮助，促进人人享有、人人尽责。继续做好元旦春节送温暖、金秋助学、就业援助等传统帮扶项目，让困难职工群众享受到更加便捷、贴心的服务。

深化健康服务体系建设。积极参与“健康上海2030”建设，加强与政府相关部门、社会专业机构等的联动合作，共同推进“健康企业”建设，开展各类职工健康促进活动。制订职工健康发展计划，聚焦健康生活、健康服务、健康保障、健康环境和职业健康等维度，加大职工健康监测监督、教育培训力度，推动职工体检、疗休养、休息休假等制度有效落实，不断提升职工健康水平。深入开展“安康杯”竞赛活动，进一步防范安全生产风险、优化职工劳动环境，推进企业安全生产标准化建设。加强职工心理关怀，促进各类职工群体身心健康。

深化文化服务体系建设。把维护和发展职工精神文化权益作为工会的重要任务，在更高水平上推进职工文化建设。加强文化服务阵地、设施建设，推进沪西工人文化宫、各区工人文化宫（体育场）等职工文体场馆建设改造。规范场馆管理、强化公益服务。加强文化服务项目、品牌建设，打造一批具有时代气息、职工群众欢迎的职工文体活动品牌；加强文化服务资源配送，深入开展各级各类群众性职工文体活动，大力繁荣发展职工文艺创作，丰富职工群众的精神文化生活，促进职工体面劳动、舒心工作、全面发展。

（五）着眼于提高工会组织现代化治理水平，努力创新工会工作运行机制

主动适应新时代经济社会发展和职工队伍、劳动关系的发展变化，更多运用群众化、社会化、网络化、法治化方法，优化工会工作运行机制、提升工会工作效能。

提升群众化工作水平。建立健全工会干部蹲点、直接联系基层工会和一线职工等各项制度,推动大调研活动常态化。发挥各级工代会代表、全委会委员、常委、一线职工兼职副主席和工会界别政协委员、劳模先进等在反映意见、参与决策、工作督查中的作用,推进区以下工会实行代表常任制,建立代表、委员联系基层制度。深化基层工会主席民主选举工作,进一步强化职工群众民主参与。全面建立以职工满意度为导向的工作评价机制,改进工会工作绩效考核方式和工作调整优化机制。

提升社会化工作水平。发挥工会服务机制、活动方式等方面的优势,整合社会资源、统筹区域资源,增强服务工作的针对性和实效性。加强工会组织职能与党政机构职能的有机衔接,积极承担党政转移的相关服务功能。加大工会购买社会服务力度,运用社会力量为基层一线和职工群众提供项目化、专业化、清单式的服务。加大对劳动关系领域社会组织的培育孵化与联系引导力度,发挥工会枢纽型社会组织作用。大力培育发展工会积极分子、志愿者,广聚各方热心人士、专业人才,服务工会事业发展。

提升网络化工作水平。走好网络群众路线,做好网络群众工作,充分发挥互联网组织群众、宣传群众、引导群众、服务群众的重要作用。积极参与网络治理,推进宣传方法手段创新,网聚职工正能量。以"互联网+"和信息化发展为契机,创新工会的组织体系建设,加大对互联网背景下各类新型就业群体的工作力度。融入上海智慧城市和"一网通办"建设大局,实现工会组织与党政及相关各方的网络互联互通,运用更多资源服务广大职工群众。加强全市工会网络建设工作统筹,整体提升工会干部网络工作水平。

提升法治化工作水平。切实增强法治意识和法治观念,加强劳动法律法规的学习和教育,不断提升依法维权的能力水平。认真贯彻《工会法》等法律法规要求,加强工会规范化、制度化建设,完善工会工作流程,使工会工作的各个环节、步骤都体现法治精神、符合法律要求。敢于、善于运用法律武器,借助工会"两书"、政府信用信息平台等各种手段,正向推进、反向倒逼,为职工说话代言,促进劳动关系和社会的和谐稳定。

(六)着眼于激发工会组织生机和活力,切实加强工会党的建设和自身建设

以提高工会服务创新发展、服务职工群众的本领为目标,加强工会政治建设、组织建设、队伍建设,着力提高改革创新、参与社会治理的能力水平,激发和增强工会组织的生机活力。

始终把政治建设放在首位。坚持自觉接受党的领导,严格执行请示报告制度,重要工作及时向同级党组织和上级工会请示汇报。落实管党治党的政治责任,确保中央和市委、全总决策部署在上海工会得到不折不扣的落实。认真开展"不忘初心、牢记使命"主题教育,扎实推进"两学一做"学习教育常态化制度化,持续深化"争当工会改革实干家,争做职工信赖娘家人"活动,推动广大党员干部更加自觉地为实现新时代党的历史使命、深化工会改革不懈奋斗。进一步加强党风廉政建设,完善"四责协同"责任体系,强化专项巡察和日常监督,持之以恒纠正"四风"。

持续加强工会基层组织建设。创新建会入会方式,依托党政相关部门,以属地建会、多层覆盖为原则,加大实地实体型工会组建力度,深入推进园区(开发区)、行业(产业)工会建设,健全完善街镇"小三级"工会组织架构,形成"纵向到底、横向到边、条块结合、纵横交错"的组织体系。围绕"四新"经济发展,聚焦创意园区、创客小镇、孵化基地、新型农业经营主体等新型企业、就业群体集聚区域及各类流动、分散、灵活就业群体,开展新领域新群体建会入会集中行动。探索创新楼宇工会、商圈工会、街面工会、项目工会、平台工会、网格工会等组建方式,做实职工企业外入会、网上入会工作,不断扩大工会组织的有效覆盖。加强基层工会规范化建设,不断提升基层工会工作水平。

全面加强干部队伍建设。深化工会机关挂职干部选派、专职干部遴选、志愿者招募等各项工作,不断优化各级工会干部队伍结构。加强社会化工会工作者队伍建设,着力培育一支以专职工会工作者为核心、以社会化工会工作者为中坚、以工会积极分子和志愿者为骨干的工作队伍。实施工会干部能力提升计划,以工会学院为教育培训主阵地,针对非公企业兼职工会主席等不同群体,举办好各类主体班、业务班、资格证书班,探索举办工会干部高级研修班,着力补齐素质短板,提升广大工会干部宣传动员、协商协调、服务职工等的能力和本领。大兴调查研究之风,找准问题瓶颈,把握发展规律,促进工会事业长远发展。

着力提高工会改革的能力水平。深化非公企业工会改革,加强工会组建与职工教育、职工服务、职工维权工作统筹联动,推进协调劳动关系体系建设工作落地,综合运用各种载体手段,整合党政、社会各方资源,更好地推进非公企业工会建起来、转起来、活起来。推动国企工会改革,将工会组织建设、职代会、集体协商、职工董事监事等制度纳入企业章程和年报、融入企业管理流程,促进协调劳动关系相关制度与现代企业制度的有机结合。加强和改进事业单位工会工作,充分发挥工会组织在教育、卫生、科技、文化等各类事业发展中的重要作用。深化工会立体经审监督体系建设,推动工会经审工作更加规范、透明。进一步推进工会经费管理改革,加大对基层工会的经费倾斜力度,为深化工会改革提供坚实保障。

着力提高参与社会治理创新的能力水平。坚持党建带工建、工建服务党建,积极探索建立区域化工建工作机制,扩大工会组织、工作和服务覆盖。建立完善面向产业工人的公共服务体系。把工会协调劳动关系体系建设与区域社会治理、文明创建、平安建设等有机结合起来,纳入对各区、各街镇党政整体要求及责任考核体系,促进劳资和谐、优化营商环境。根据产业和职工分布,探索建立工会基本网格单元,对接党建、政府管理等网格体系,实现统筹管理、精准服务。

统筹做好新时代工会工作,我们还要推动工会女职工工作创新发展,积极稳妥做好退休职工管理服务工作,提升工会资产和企事业管理水平,进一步抓好工会对口援助、对外交流、老干部、督查、信访、信息、统计、年鉴等各项工作。

各位代表、同志们！新时代、新起点、新征程，新使命、新任务、新作为。让我们紧密团结在以习近平同志为核心的党中央周围，高举习近平新时代中国特色社会主义思想伟大旗帜，在市委和全总的领导下，团结动员全市广大职工群众奋力建功新时代，为上海建设“五个中心”和卓越的全球城市、具有世界影响力的社会主义现代化国际大都市，实现中华民族伟大复兴的中国梦，做出新的更大贡献！

名词注释

1. 上海“五个中心”建设。指的是国际经济、金融、贸易、航运、科技创新中心建设。

2. 工会机关工作人员“2+1”使用机制。“2”是指工会机关专职干部和选派的挂职干部，“1”是指工会机关工作志愿者。

3. 工会机关干部“减上补下”。指的是在群团改革中，市总工会把机关精简的编制，统一下拨到街道、乡镇总工会和园区工会，以充实基层工会干部队伍力量的做法。

4. “五小”活动。“五小”是指小发明、小创造、小革新、小设计、小建议。由工会牵头开展“五小”活动，旨在促进企业技术创新、服务改进、提质降耗、节能减排、提高经济效益和工作效率，建设创新型企业。

5. “四方合作”预防化解劳动关系矛盾工作机制。“四方”指的是工会、法院、人力资源社会保障局、司法局。

6. “四位一体”工会维权体系。“四位”指的是工会法律援助、劳动法律监督、集体协商和民主管理。

7. 预防化解群体性劳资纠纷履职通报“亮灯”制度。是指在群体性劳资纠纷发生以及化解后，市总工会根据各区、局(产业)工会是否及时报告和参与以及推进事发单位组建工会、建立职代会和集体协商制度的情况，通过红灯、黄灯、绿灯予以警示和督促的工作制度。

8. 工会“两书”。指的是工会劳动法律监督整改意见书、处理建议书。

9. 户外职工爱心接力站。由市总工会和市市容绿化局牵头，会同各级政府、各级工会及各个单位共同实施的市政府实事项目。站点以环卫工、快递员、协管员、送餐员、出租车司机、物流驾驶员、交警辅警等户外职工为主要服务对象，依托上海部分银行、通讯营业网点、超市卖场、药房等零售门店、饭店、快捷酒店以及各区职工服务中心、街镇党建服务中心、基层服务站等单位，主要设在户外职工工作相对集聚区域的沿街，为户外职工提供就近方便的服务帮助。

10. “公益乐学”。指的是由市总工会主办，市工人文化宫承办的职工文化服务项目。该活动聚焦午休和下班后的碎片时间，以时尚简约的方式，为职工群众提供学习资源配送的平台。

11. “小三级”工会。是指由街镇、开发区总工会，区域性、行业性工会联合会，企业工会、联合工会所构成的三级基层工会组织体系。

12. “两非一无”会员。指的是非正规就业、非标准劳动关系和没有单独建会的工会会员。

13. “四位一体”立体经审监督体系。“四位”指的是工会内部审计、国家审计、社会审计和职工会员监督。

14. 爱心妈咪小屋。是市总工会女职工委员会开展的“七色花”系列女职工关爱项目之一，旨在为职场备孕期、怀孕期和哺乳期的女性提供一个私密、干净、舒适、安全的休息场所，为职业女性安然度过女性特殊生理阶段提供人性化的温馨服务。既可建于企业、事业、机关单位内，也可建于经济园区、商务楼宇等公共场所中。目前，全市共建有爱心妈咪小屋2500余家。

15. 习近平总书记“三个着力”的指示精神。习近平总书记强调，基层工会离职工最近，联系职工最直接，服务职工最具体，是工会工作的基础和关键。要从巩固党执政的阶级基础和群众基础的高度出发，着力扩大覆盖面、增强代表性，着力强化服务意识、提高维权能力，着力加强队伍建设、提升保障水平。

16. 打响上海“四大品牌”。“四大品牌”指的是上海服务品牌、上海制造品牌、上海购物品牌、上海文化品牌。

17. 党风廉政“四责协同”工作机制。“四责”指的是党委主体责任、纪检监督责任、党委书记第一责任、班子成员“一岗双责”。

人力资源社会保障部关于贯彻落实《关于提高技术工人待遇的意见》精神的通知

人社部发〔2018〕24号

各省、自治区、直辖市及新疆生产建设兵团人力资源社会保障厅(局):

今年3月,中共中央办公厅、国务院办公厅印发《关于提高技术工人待遇的意见》(以下简称《意见》),明确了提高技术工人待遇的指导思想、基本原则和政策措施。党的十九大报告提出要大力弘扬劳模精神和工匠精神,建设知识型、技能型、创新型劳动者大军,营造劳动光荣的社会风尚和精益求精的敬业风气。各级人力资源社会保障部门要按照党的十九大精神和《意见》要求,深刻领会提高技术工人待遇的重要意义,根据《意见》确定的任务分工加强统筹协调,推动各项政策措施落到实处。现就贯彻落实《意见》工作提出如下要求:

一、深刻领会提高技术工人待遇的重要意义

党中央、国务院历来高度重视产业工人队伍建设,特别是党的十八大以来,习近平总书记站在党和国家工作全局的战略高度,就新时期产业工人队伍建设做出一系列重要论述,提出明确要求,为推动新时期产业工人队伍建设改革提供了基本遵循和行动指南。《意见》的制定出台,是以习近平同志为核心的党中央站在决胜全面建成小康社会、夺取新时代中国特色社会主义伟大胜利的高度,针对加快推进新时期产业工人队伍建设改革,提高保障和改善民生水平作出的重大战略决策,对实施人才强国战略和创新驱动发展战略,实现"两个一百年"奋斗目标、实现中华民族伟大复兴的中国梦具有重要意义。《意见》第一次把提高技术工人待遇上升到全局的高度,摆在党和国家重要的位置,充分体现了中国共产党坚持以人民为中心的发展思想。《意见》抓住了广大工人最关心、最直接、最现实的利益问题,促进改革发展成果更多更公平惠及技术工人,必将进一步增强技术工人的获得感、自豪感、荣誉感,激发他们创新创造的热情,积极投身社会主义现代化建设。各级人力资源社会保障部门要高度重视《意见》的学习和贯彻落实工作,深刻领会《意见》出台的重要意义,提出切实可行的贯彻措施,促进我国建设现代化经济体系,推进实体经济、科技创新、现代金融、人力资源协同发展,为培育一支数量充足、素质优良,拥有现代科技知识、精湛技术技能和较强创新能力的技术工人队伍贡献力量。

二、各级人力资源社会保障部门要发挥牵头作用,推动《意见》贯彻落实

《意见》提出提高技术工人待遇的16条政策措施,均明确由人力资源社会保障部为牵头(或联合牵头)单位,这是党中央、国务院赋予人力资源社会保障部的重要使命,凸显了人力资源社会保障部作为高技能人才队伍建设政府主管部门的重要职责。各级人力资源社会保障部门要重点做好以下工作:一是在同级党委、政府的领导下,按照《意见》的要求,紧密结合本地实际情况,牵头研究制定贯彻落实《意见》的具体措施,要确保《意见》提出的政策和要求落地见效。二是建立多方协调机制,加强统筹协调。要同发展改革、教育、科技、工业和信息化、公安、财政、住房城乡建设、文化旅游、国资、税务、外专等有关部门和工会、共青团、妇联、科协等群团组织紧密配合,按《意见》要求履行好各自职责,要建立部门协调机制和人力资源社会保障部门内部联动机制,细化《意见》任务分工和工作目标,加强工作指导和推动。要广泛听取各类企业、行业协会、技术工人、社会公众的意见,密切跟踪政策落实情况,加强督查检查,认真总结经验,推动各项政策措施落到实处。三是充分发挥企业主体作用。会同国资委、总工会等单位,召开国有企业贯彻落实《意见》座谈会,总结交流推广提高技术工人待遇的成熟经验,指导国有企业贯彻落实《意见》明确的各项政策措施,发挥其带头示范作用。会同工商联等单位,研商推动本地非国有企业完善提高技术工人待遇水平的具体措施。四是加强宣传解读,通过开展多种形式的宣传报道活动,加强政策解读和舆论引导,积极回应社会关切,及时总结宣传推广交流本地区好的经验做法。

三、做好高技能领军人才服务保障工作

《意见》提出要以为国家作出突出贡献的高技能领军人才为重点支持对象,提高其政治待遇、经济待遇、社会待遇,有利于激励技术工人提升技能水平,在全社会形成尊重劳动、崇尚技能的良好氛围。各级人力资源社会保障部门要以高技能领军人才服务保障工作为重点,为高技能领军人才设立服务窗口,负责协调落实相关待遇政策。一是根据《意见》确定的高技能领军人才范围和本地实际,准确梳理辖区内各类企业高技能领军人才情况,建立完善高技能领军人才数据库,定期更新并向各部门和社会公布。二是对经济结构调整中出现困难的企业高技能领军人才,发挥人力资源社会保障部门职责优势,保障其稳定就业,对其配偶、子女有就业愿望但未就业的,积极提供职业指导和就业前培训,推荐就业岗位。三是积极推动相关部门落实提高高技能领军人才待遇的政策措施,并根据本地实际,不断改进完善。

提高技术工人待遇是一项长期的政治任务,各级人力资源社会保障部门要按照习近平总书记关于"贯彻党中央精神不是喊口号,要结合当地实际、经过深入调研形成符合党中央精神的一系列具体举措,并在实施中早见成效、大见成效"的要求,将此项工作列入重要议事日程,持续推动技术工人待遇水平的提高。各地制定出台的政策措施情况请于今年年底前报我部,对《意见》贯彻落实中出现的问题,请及时向我部反映。

人力资源社会保障部

2018年4月20日

专文

在市总工会十四届二次全委(扩大)会议结束时的讲话

(2018年7月30日)

莫负春

各位代表、委员,同志们:

今年上半年,在市委、全总的领导下,上海各级工会围绕中心、服务大局,做了大量工作,取得良好成效。一是成功召开上海市工会第十四次代表大会。选举产生新一届上海工会领导班子,描绘了今后五年上海工会事业的发展蓝图。二是围绕中心服务大局成效显著。牵头推动产业工人队伍建设改革,市委、市政府下发《实施意见》并召开推进大会,市领导小组成立并召开第一次会议。会同有关方面开展进博会立功竞赛活动,组织动员广大职工为成功举办首届中国国际进口博览会贡献聪明才智。三是职工思想政治工作有效加强。开放"时代领跑者——上海劳动模范风采主题展"展馆。策划推出"不忘初心、牢记使命——跨越时空的井冈山精神"主题展览。评选产生一批五一先进集体和个人,举办五一系列活动。四是维权服务工作进一步深化。进一步健全完善工会"四位一体""四方合作"社会化维权机制。持续推进上海工会服务职工实事项目,特别是工会承接的户外职工爱心接力站市政府实事项目各方关注、进展顺利。制定《上海基层工会经费收支管理实施办法》,受到基层工会和会员职工的肯定好评。五是持续深化工会改革。非公企业工会改革全面推进,国企工会改革稳步实施,工会改革进一步向纵深发展。上半年各项工作都取得了积极进展和成效,这是大家共同努力的结果,在此我向同志们表示衷心的感谢!下面,再简单讲三点意见。

一、把握新形势新要求,全面落实市第十四次工代会提出的各项目标任务

6月27日,十一届市委四次全会召开,通过了《关于面向全球面向未来提升上海城市能级和核心竞争力的意见》。我们要紧紧围绕这些中心工作,找准位置、发挥优势,与贯彻落实市第十四次工代会提出的各项目标任务紧密结合起来,为提升上海城市能级和核心竞争力作贡献。

一要围绕提高经济密度、推动高质量发展,进一步建设工会建功立业大舞台。今年上半年以来,全市经济运行呈现增长更稳、结构更优、效益更好、更可持续的高质量发展势头。但与此同时,中美经贸摩擦等外部环境不确定不稳定因素明显增多,实体经济发展仍面临融资难等一系列困难,上海经济社会发展依然面临不少难题。数据显示,中美贸易战对上海的影响可能高于全国(美国是上海第一大货物出口市场、第四大货物进口市场,上海受贸易战的影响可能高于全国),部分企业经营面临较大风险。对此,十一届市委四次全会要求着力提高经济密度,提高投入产出效率,持续推动经济规模和效益提升。各级工会要聚焦经济建设主战场,按照市第十四次工代会关于建设工会大舞台的要求,不断创新劳动竞赛等群众性建功立业活动,努力激发职工群众的劳动积极性和创造潜能,为上海经济实现高质量发展作出更大贡献。

二要围绕满足超大城市人民群众对美好生活的需要,进一步建设工会维权服务大家庭。近年来,随着上海惠民生补短板等各项工作得到切实加强,职工生活水平持续改善。但与此同时,也出现了职工收入增长趋缓、收入分化有所扩大等现象。特别是随着经济结构的转型升级,加上中美经贸摩擦等因素,经济发展的不确定因素仍然不少,由此对劳动者的就业稳定、收入待遇提高、劳动关系建设都将产生深层次的影响,劳动关系领域的纠纷和矛盾将会多发和频发。各级工会要认真贯彻以人民为中心的发展思想,聚焦提升职工群众获得感幸福感安全感,按照市第十四次工代会关于建设工会大家庭的要求,加大源头维护力度,健全完善工会维权、服务制度机制,努力在更广范围、更高水平上维护职工劳动经济各项权益,让职工更加公平、更加充分地共享改革发展成果。

三要围绕打造人才集聚新高地,进一步建设工会教育培训大学校。人才是现代社会竞争与发展的重要基础。十一届市委四次全会要求加快实施人才高峰工程,大力营造机会多、舞台大、前景好的一流人才环境,以强大人才优势提升城市核心竞争力。长期以来,各级工会在开展职工教育、提高职工素质等方面做了大量工作,取得了一定成绩,但同时也存在针对性不够强、重点不够突出等问题。我们要认真贯彻习近平总书记关于打造规模宏大的知识型、技能型、创新型劳动者大军的指示精神，按照市第十四次工代会关于建设工会大学校的要求，进一步深化职工素质工程建设，推动线上线下相结合、面向园区企业面向职工的"职工学校"的建设，加强对职工的思想引领和教育培训，提升职工技能素质、促进职工全面发展，为上海经济社会发展提供更加扎实的人才支撑。

四要以共建共享为目标，进一步建设工会参与社会治理大平台。当前，由于科技进步及经济发展转型、产业结构调整加速，企业经营方式和治理结构变革加大，灵活就业群体大量涌现，社会环境特别是劳动关系呈现出更加复杂的局面，对社会治理创新提出了更高要求。各级工会要以共建共享为目标，按照市第十四次工代会关于建设工会大平台的要求，用好用足党政及社会各方赋予的资源手段，不断建立健全党建引领、联系广泛、服务职工的工会工作体系，努力发挥工会在打造共建共治共享的社会治理格局中的重要作用。

二、认真做好下半年重点工作的推动落实

今年下半年，上海工会大事多、时间紧、任务重。我们要按照市委和全总要求，不断开拓创新、砥砺前行，确保圆满完成全年各项目标任务。这里强调几项重点工作。

一要做好迎接、宣传和贯彻中国工会十七大有关工作。今年下半年将召开中国工会十七大。开好这次会议，是各级工会组织和工会干部的共同责任。今天会议选出了上海出席中国工会十七大的代表，各位代表要履职尽责，为中国工会未来五年的发展积极建言献策。会议结束以后，要及时、广泛、深入宣传中国工会十七大精神，夯实广大职工群众共同奋斗的思想基础；要深刻学习领会、贯彻落实中国工会十七大提出的各项目标任务，推动工会事业不断取得更大更新的发展。

二要组织开展工会系统纪念改革开放40周年各项活动。我们要按照中央、市委和全总关于开展纪念活动的总体安排，围绕"将改革开放进行到底"的主题，策划和组织开展好上海工会系统的纪念活动，讲好改革开放故事，讲好上海工会改革故事，讲好职工群众投身改革发展的故事（像吴尔愉从"纺嫂"到"空嫂"，见证了个人、行业及上海、国家的改革发展，有很多故事可讲、要讲）。

三要牵头推进产业工人队伍建设改革工作。贯彻落实好中央和市委关于产业工人队伍建设改革的各项要求，是上海工会当前和今后一个时期的重要政治任务。这次全会通过了"意见"，我们要举全会之力共同抓好贯彻落实，确保中央和市委决策部署落地生根、取得实效。

四要推动新一届市总工会委员会科学规范有效开展工作。为充分发挥代表、委员在深化工会改革、服务职工群众中的表率作用，这次全会通过了相关的工作规则和意见。我们要按照规则和意见的要求规范有序高效开展工作，并且在实践中不断改进和完善，坚定为职工服务的宗旨意识，增强工作活力，努力提升上海工会群众化、民主化、科学化水平。

五要继续深入开展好大调研活动。按照市委大调研活动要求，我们广泛深入开展调查研究工作，从中发现了一些短板、梳理出一批问题。接下来，我们要根据市委总体部署安排，在问题分析、问题解决、制度完善等方面扎实推进，特别要加强对新时代背景下职工队伍、劳动关系变化特点及规律的研究、分析，进而提出对策建议、形成制度机制成果，不断提升工会对全市大调研工作的融合度和贡献度。

六要统筹推进各项工作。按照中央关于促进社会组织健康发展的意见及全总推进工会联系引导劳动关系领域社会组织的意见等要求，进一步加强工会的社会联络工作，充分发挥工会枢纽型社会组织作用。要大力推进产业园区工会组建工作，继续深化非公企业工会改革和国企工会工作，研究机关事业单位工会工作，开展好进博会立功竞赛活动，落实好户外职工爱心接力站建设等工会服务职工实事项目，有力有序、不折不扣完成好全年的目标任务。

三、切实抓好工会干部队伍建设

工作做得好不好，关键在干部。习近平总书记在今年全国组织工作会议上指出，贯彻新时代党的组织路线，建设忠诚、干净、担当的高素质干部队伍是关键。我们要认真学习贯彻习近平总书记关于干部工作的重要指示精神，按照中央、市委《关于进一步激励广大干部新时代新担当新作为的意见》等有关要求，切实加强工会干部队伍建设，不断提高工会干部的能力水平。

一要开展专题调研，加强整体谋划。工会干部队伍建设总体情况是好的，但也存在不少需要改进和提高的地方。我们要以大调研为契机，对专职、挂职、兼职以及志愿者等各类工会干部的思想状况、精神面貌进行深入调查，认真查找工会干部队伍建设、管理以及制度建设等方面的问题和短板，提出进一步优化队伍、完善制度的对策措施。

二要加强作风建设，激发工会干部昂扬向上、干事创业的热情。作风建设关系工会组织形象，关系人心向背。我们要按照中央和市委要求，坚持严管和厚爱结合、激励和约束并重，推动各级工会干部始终保持昂扬向上的精神风貌、锐意进取的工作态度、攻坚克难的意志品质、心系职工爱国爱民的家国情怀、实干兴业的光荣传统，在工会系统营造干事创业的良好氛围。

三要坚持正风肃纪，打造廉洁正派的工会干部队伍。清正廉洁才能取信于职工，工会干部必须做忠诚干净担当的表率。我们要进一步加强党风廉政建设，完善"四责协同"责任体系，强化专项巡察和日常监督，持之以恒纠正"四风"，在工会系统营造风清气正的良好政治生态。

当前正值高温酷暑，各级工会要认真做好夏季劳动保护、防暑降温等各项工作，有效预防和控制各类安全生产事故的发生，积极关心好职工群众的生产生活。

我就讲这些，谢谢大家！

持续深化工会协调劳动关系体系建设 全力维护职工权益和社会稳定

姜海涛

2017年是上海工会持续深化改革之年，各级工会在市总工会和各级党委的领导下，在全会上下共同携手、齐心努力下，全市工会劳动关系工作取得积极进展，主要体现在以下几个方面：一是工会在着力推进协调劳动关系工作格局上有了新进展。在坚持优化厂务公开工作领导体制、劳动关系三方协商机制基础上，各地区工会按照市总要求，努力构建与人社、司法、法院“四方合作”机制，并推进六成以上的街镇建立起多元预防化解劳动关系矛盾的工作格局。二是工会在源头推进劳动关系制度建设上有新突破。完成《上海市职工代表大会条例》的修订工作，弥补非公企业重大调整改革履行民主程序的法律制度空白等，达到基本预期；与国资委协调，修改完善《上海市国有控股公司章程指引》，推动将工会组织建设、维权工作纳入现代企业治理体系。三是工会在深化劳动关系工作内涵上有新拓展。从本市“小三级”工会实际出发，试点推进非公企业工会深化改革，将“四位一体”协调劳动关系体系建设与社会治理有机结合，取得预期效果。四是工会在预防调处劳动关系矛盾上取得了新成效。在供给侧结构性改革、“五违四必”力度不断加大，改革调整企业数量剧增的情况下，本市劳动关系总体平稳和谐，这与各级工会在有效预防化解劳动关系矛盾中的主动作为、敢为善为密切相关。为推进2018年各项工作落地，需重点做好以下几个方面。

一、提高站位，着力增强做好工会劳动关系工作的责任感使命感。要深刻认识我国社会主要矛盾给工会劳动关系工作带来的新要求，切实增强政治责任感。深刻认识工会的本质本源对工会劳动关系工作的属性要求，切实增强历史使命感。深刻认识深度转型发展优化营商环境对工会劳动关系工作的要求，切实增强现实紧迫感。

二、真抓实干，着力推动工会劳动关系各项目标任务全面落地。要明确目标，细化措施，落实责任。本市各级工会劳动关系工作要紧紧围绕国企工会改革和非公企业工会深化改革这两个任务目标作为贯彻全年的工作主线，串联起“四位一体”协调劳动关系体系建设、工会维稳和“四方合作”、厂务公开领导小组以及劳动关系三方机制资源整合等各项工作。要坚定信心，转变作风，强化督导。要整合资源，加强联动，协同破题。各级工会要充分运用当前社会各方对工会群团改革重视的契机，主动争取党政的重视支持，推进将两个工会改革纳入党建责任目标和政府社会治理各项工作体系中。

三、踏石留印，着力推动工会劳动关系各项工作取得实效。要坚持问题导向，找准短板，精准发力。各区、局（产业）工会结合市委大调研、大走访的要求，特别重视关注工会在推进协调劳动关系制度建设中普遍存在的问题，主动寻找当前劳动关系领域存在的突出问题。充分运用当前各级党政组织对维稳工作高度重视的有利形势，主动将工会劳动关系工作纳入党政主导的维权维稳工作格局，工会劳动关系工作才能有更好的作为。要坚持结果导向，提高社会和谐度、职工满意度。要以职工知晓度、参与度、认可度、满意度为标准和导向，建立以职工满意度为导向的工作评价体系，使工会工作更接地气。要把劳资和谐、劳动关系矛盾下降作为工作评价点，通过集体协商、民主管理，以及劳资矛盾调处机制的作用发挥，促进劳资纠纷大幅下降，努力做到劳资矛盾不出企业、不出社区和工业园区。

四、勇于创新，着力破解劳动关系领域难点热点问题。针对新兴就业人群，各区局（产业）工会高度关注，加快调研，提出工会主张要求，并加快探索快递、医养照护、家政等新业态用工领域民主协商机制，探索发布劳动者收入报酬状况及市场服务通用价位，促进这些新业态单位就业的劳动者权益得到有效保障。要围绕协调劳动关系主线，在规范企业劳动用工制度、分配制度，发布企业主体工种平均工资标准、推进企业二次协商，开展合理化建议活动等方面不断丰富两项制度内涵。要推进职代会与集体协商两项制度与社区治理、平安建设、文明创建等有机结合，着力在调处劳动争议、预防化解群体性劳资矛盾中发挥制度性、机制性作用，使原有的制度机制更好地适应社会管理的新要求。

学习贯彻总书记系列重要讲话精神准确把握基层工会工作内涵

周　奇

习近平总书记指出，我国工运事业是党的事业的重要组成部分，工会工作是党治国理政的一项经常性、基础性工作，这为我们指明了工会组织和工会工作在党和国家大局工作中的独特地位和重要作用。学习总书记系列重要讲话精神，准确把握基层工会工作的内涵，主要体现在四个方面：

一是运行的规律性。习近平总书记指出，突出“党的领导”，牢牢把握新时代工会工作的根本原则。工会工作要着眼加强党的建设、服务经济发展和社会治理的要求，全面提高工会工作的组织化建设水平，关键在于认识和把握工会工作的运行规律性，使工会工作更好适应党的建设、经济发展和社会治理的时代需要，工会工作的时代性体现在组织体系建设上，而组织化、全覆盖的关键是在基层，在职工集聚的园区、楼宇、商圈、平台，建立就近、便利、可预期的会站家合一工会工作平台，推进组织建设、服务职工群众、参与社会治理、实现思想引领。支撑组织化全覆盖的核心是做强专职工会工作者队伍，要充分依托区域党政和社会力量，做到资源下沉、事责匹配、服务公开。当前、非公企业不但数量大，而且企业小微化，差异性特别强，要有针对性的对基层工会提出个性化服务要求，把握推进楼宇、园区、商圈的基层工会建设，培育亮点、创新载体、总结提升，进而形成完善的机制。

二是发展的适应性。习近平总书记指出，突出建功立业，牢牢把握新时代工会组织的历史使命。与时俱进是马克思主义的理论品质，也是工会建设的生命力所在。基层工会建设必须与新型经济社会形态相联系，必须符合现代社会构架和企业组织形态，随着形势、任务、要求的变化而不断创新。譬如，年度立功竞赛的重点，要围绕上海的科技创新重点区域、重点项目，开展立功竞赛，体现时代性和创造性。创新群众性劳动竞赛和职工科技创新活动的内容、形式和载体，以科创中心建设、长三角一体化等为重点，围绕“五个中心”“四大品牌”建设等发展所需，聚焦重大工程、重大项目、重点区域劳动竞赛，聚焦职工科技创新与劳模、工匠、五一奖评选有机结合，聚焦先进制造业、战略型新兴产业发展开展劳动竞赛，努力推动职工当好主力军、建功新时代。

三是服务的保障性。习近平总书记指出，工会要坚持以职工为中心的工作导向，突出“维权服务”，牢牢把握新时代工会组织的基本职责。要着眼于工会工作的针对性，就各类主体、对象需求进行调研，重在引导、搭建平台，增强服务功能，引导职工建功立业。要做到五个聚焦，向激发组织活力聚焦，向基层、向园区、向“小二级”、向农民工和新兴就业群体聚焦。同时，要下功夫加大组织覆盖、加强阵地拓展、提高服务质量、履行维权职责、强化队伍建设。扩大工会对广大职工群众的组织覆盖、工作覆盖和服务覆盖，围绕产业转型发展所需、新时代职工提升技能所需，尽工会工作所能，推进产业工人队伍建设的深化，让职工共享发展成果。要积极关注重点区域职工和重点人群的工作生产生活现状和入会实际需求，努力推进工会工作，把他们吸引过来、组织起来、稳定下来。

四是价值的引领性。习近平总书记指出，引导职工群众听党话、跟党走，巩固党执政的阶级基础和群众基础，是工会组织的政治责任。上海工会开展非公企业工会改革工作以来，取得显著成效。当前，全市非公企业约占单位总数的90%，非公企业职工数占比80%，其中非公小微企业占了绝大部分。把非公企业工会建设好，不仅是要建起来、活起来、转起来，更要有向心力、凝聚力，有效地把广大非公企业职工团结到党的周围，这是工会担负的政治责任，是发挥桥梁纽带作用的关键所在，更是服务大局的前提。上海的发展要面向全球，对标国际最高标准、最好水平，工会工作同样要对标经济高质量发展要求，努力激发职工群众的劳动积极性和创造潜能，担负起推动经济转型升级的发展责任。面对许多新情况、新问题，要不断探索创新，努力走在前列并引领正确方向。

行者方致远，奋斗路正长。上海是党的诞生地，我们要从首创、奋斗、奉献的建党精神中汲取营养，传承红色基因和优良传统，永葆旺盛生命力和强大战斗力。牢牢把握工会工作富于创造的特点，奋力谱写新时代上海工会改革发展新篇章！

深入开展“安康杯”竞赛活动维护职工安全健康权益

张得志

新时期、新时代，赋予工会劳动保护工作新的任务、新的责任，我们要深入开展、积极推进“安康杯”竞赛活动，进一步增强广大职工的安全意识和技能，规范企业的各项规章制度，落实安全防护设施，提高企业安全生产的整体管理水平和综合治理能力，切实维护广大职工群众生命安全和健康合法权益。

一、提高意识，增强“安康杯”竞赛活动的责任感

党的十九大报告明确提出，树立安全发展理念，弘扬生命至上、安全第一的思想。习近平总书记也多次对安全生产工作作过重要指示，从党和国家事业发展的战略高度深刻阐明了安全与发展的关系，要求各级领导干部牢固树立安全发展理念，把安全生产责任制落到实处，切实防范重特大安全生产事故的发生。这为做好新形势下安全生产工作指明了方向。各级工会组织一定要认真学习领会，坚决贯彻落实，把思想和行动统一到中央的部署和要求上来，并落实到安全生产工作中去。要进一步认真学习和深入贯彻落实《中共中央国务院关于推进安全生产领域改革发展的意见》，以对职工群众高度负责的精神，准确把握当前本市安全生产工作面临的新任务、新要求，切实增强政治意识、大局意识、责任意识，将“安康杯”竞赛活动作为加强企业安全生产工作的有效抓手，主动、依法、科学维护好职工安全健康权益，在促进本市安全生产大格局中发挥作用。

二、落实举措，提升“安康杯”竞赛活动的影响力

“安康杯”竞赛已成为工会劳动保护工作的一个品牌，为促进本市安全生产、维护职工生命安全和健康权益发挥了重要作用。各级工会要继续全面深化“安康杯”竞赛活动。

一是要突出重点。“安康杯”竞赛要覆盖所有可能发生生产安全事故的工作场所，覆盖所有面对职业危害的职工群众。尤其要把建筑、危化、交通、电力等高危行业作为重点行业，把劳动密集型企业，非公小企业，设备、工艺落后的企业作为重点企业，把农民工、重体力劳动职工等群体作为重点对象，稳步推进，做到全覆盖。

二是要提高质量。抓“安康杯”竞赛最终要落到提高企业安全生产管理水平和增强职工自我保护意识上来，有效排查和化解事故隐患、职业危害，明确安全生产责任，加强监管、严肃查处违反安全生产法律规章行为。要把安全生产形势的好转与否作为检验“安康杯”竞赛活动开展情况的考核标准，确保竞赛活动抓出实效。

三是要丰富内容。要大力推进安全生产文化建设，积极营造安全文化氛围；要把职业病防治工作列为“安康杯”竞赛的重要内容，逐步推广和完善工会参与职业病防治工作模式。要立足班组，把“安康杯”竞赛与创建“安全生产1000班组”活动紧密结合起来，推动解决班组安全管理中的薄弱环节。

四是要健全机制。要着力建设“安康杯”竞赛的长效机制，建立和完善企业重大隐患治理情况向负有安全生产监督管理职责的部门和企业职代会“双报告”制度、职工代表安全生产巡视制度等。积极整合政府、工会和行政的资源，发挥各自的优势，在竞赛的组织、职代会民主参与监督、执法检查、表彰激励推进等方面发挥各自的长处。

三、履行职责，强化“安康杯”竞赛活动的有效性

本市各级工会要在继续做好“安康杯”竞赛各项工作的基础上，尽心履职，守土有责，切实维权。

一要充分发挥区局（产业）工会的指导作用。各区局（产业）工会要加强调查研究，及时总结基层参赛单位在“安康杯”竞赛过程中好的经验和做法，加以推广；对出现的普遍性、规律性的问题，要有对策和措施。要结合本地区、本行业安全生产的特点，认真组织、具体指导，发挥组织优势，推进“安康杯”竞赛活动的深入开展。

二要大力调动参赛单位工会组织的主观能动性。各参赛单位工会要积极支持和协助行政，推进企业安全生产标准化建设、完善操作规程、加强职业病危害防治等工作。要督促企事业单位建立并严格执行安全隐患排查制度，实行安全事故一票否决制；要组织动员职工广泛参与隐患排查，发现问题，督查行政及时采取有效措施加以消除。

三要积极探索区域条块各方联动机制。要做好工会劳动保护工作，离不开安监、卫生等部门的支持，离不开企业经营管理者的重视，离不开工会的群众性监督和职工共同参与，也离不开社会各界的监督。要不断整合各方资源，形成合力，共同推进。尤其是本市各级工会要加强与相关部门的联系和沟通，争取他们对工作的支持和配合，把“安康杯”竞赛工作落到实处。

围绕中心服务大局开创上海工会宣教工作新局面

桂晓燕

工会宣传思想工作是党领导的宣传思想战线的重要组成部分。近年来，在市委的正确领导下，在市委宣传部的关心指导下，上海工会宣传思想工作始终围绕中心、服务大局，立足工会的性质和职责，在思想引领、舆论推动、精神激励、文化支撑等方面发挥了积极作用。

一是职工群众的思想政治引领工作得到进一步强化。严把政治方向观、舆论引导观，弘扬正能量和主旋律，坚决抵制错误思想言论。广泛开展“中国梦·劳动美”主题教育，通过成立劳模宣讲团，运用“两微一端”（微博、微信及新闻客户端），深入企业一线、职工群众当中开展形式多样的宣讲活动，推动党的十八大、十九大精神，党的理论路线方针政策进园区、进企业、进班组，坚定广大职工群众跟党走、建设中国特色社会主义的信心和决心。

二是职工素质工程建设得到进一步推动。全面推进落实《上海职工素质工程“十二五”发展规划》《上海职工素质工程建设五年规划（2016—2020年）》，推进实施“上海百万在岗人员学力提升行动计划”，加强在岗职工继续教育，推动在岗职工提升学历层次和职业水平。以增强职工职业精神、职业能力、职业素养为重点，深入推进初级工商管理（EBA）培训，职工书屋示范点建设、“公益乐学”实事项目、振兴中华读书活动，加快培养与上海建设“五个中心”要求相适应的知识型、技能型、创新型高素质职工队伍。

三是劳模精神、劳动精神、工匠精神得到进一步弘扬。加大劳模年度人物、五一劳动奖章（状）及上海工匠宣传力度，广泛开展劳模大讲堂、劳模精神进企业、进学校、进社区。进一步做好关心服务劳模工作，加大对劳模特别是困难老劳模的关心帮扶力度。

四是职工文化建设得到进一步发展。与文广局、体育局合作，共享公共文化资源，推动健康上海建设。推动工会文体场馆公益转型，发挥“学校与乐园”作用。突出工会特点，打造职工文化体育服务特色品牌，开展“劳动最光荣”系列电视节目、公益乐学、“五一”特别节目、四季大联赛等文体活动，形成一批可复制可推广的“工”字号文化品牌。

五是工会网络思想宣传工作成效明显。以“互联网+”和信息化发展为契机，推进宣传方法手段创新，通过传统媒体与新媒体融合，工会媒体与社会媒体联动，网上宣传与网下活动互动，扩大工会宣传思想工作的主动权、有效性和影响力。

当前，全市各级工会要围绕党和国家发展大局，积极培育和践行社会主义核心价值观，牢牢把握正确政治方向和舆论导向，不断增强工会工作的政治性、先进性、群众性，认真思考宣传思想工作在工会整体工作中的地位和作用，推动工会宣教工作创新创效，为经济社会和职工群众服务。

一是深入开展习近平新时代中国特色社会主义思想宣传。要把学习宣传贯彻习近平新时代中国特色社会主义思想作为工会组织的重大政治任务，与学习贯彻习近平总书记关于工人阶级和工会工作的重要论述结合起来，进一步加强政治学习、提高政治站位、增强政治自觉、落实政治责任。

二是积极培育践行社会主义核心价值观。要进一步拓展“中国梦·劳动美”主题教育活动，采取多种形式，在融入、结合、示范上下功夫，把社会主义核心价值观转化为职工群众的情感认同和行为习惯；以职工职业道德建设为重点，推动职业道德教育纳入到各类企业职工岗前培训和日常培训之中，引导广大职工争做职业道德模范；广泛动员广大职工参与志愿服务，推动职工志愿服务活动常态化、制度化、系统化。

三是全面推进职工素质工程建设。要把全面提高职工素质作为重点任务抓紧抓好，认真贯彻执行市委、市政府印发的《关于推进新时期上海产业工人队伍建设改革的实施意见》，进一步弘扬劳模精神、劳动精神、工匠精神，发挥劳模、工匠作用，协同各个方面为劳模、工匠发挥作用搭建平台、提供舞台；切实抓好“百万职工学力提升行动”，统筹利用全市资源，加强学历教育和非学历教育沟通，促进在岗人员学历层次与职业技能的同步提升。

四要大力推动职工文化繁荣兴盛。推动职工文化融合发展，利用政府、社会文化资源为职工群众服务。坚持以文化人、以文育人，充分发挥职工文化阵地作用，推进各区文化宫功能建设和运维方式创新。

五是要着力做好工会新闻宣传工作。要发挥好各级工会传统和新媒体宣传阵地的作用，宣传展示改革开放的光辉进程、伟大成就和宝贵经验。宣传总结本市各级工会深化群团改革，服务大局、服务职工的典型做法和先进经验，宣传各级工会团结动员广大职工在决胜全面建成小康社会，推进上海“五个中心”建设中的作为，引导全市广大职工把思想和行动统一到落实党中央决策部署上来。

全市各级工会还要积极主动地将工会宣传思想工作纳入党委大宣传的格局中，对本系统、本单位工会宣传思想工作的情况，从队伍建设、干部配备、宣传阵地、载体抓手、创新举措等方面深入细致地开展调查研究，发扬工会宣传思想工作的特色和优势，不断把工会宣传思想工作做深做实，努力开创工会宣传思想工作新局面。

上海市社会保险失信信息管理办法

第一条　为推进本市社会保险信用建设，创新社会保险管理机制，倡导自觉遵守社会保险管理规定，根据《中华人民共和国社会保险法》《劳动保障监察条例》《上海市社会信用条例》，制定本办法。

第二条　本办法所称的社会保险失信信息（以下简称“失信信息”），是指在社会保险征收、给付、监督检查以及其他管理服务中，依法采集的违反社会保险相关法律、法规、规章和政策规定的行为信息。

第三条　本市范围内单位和个人失信信息的采集、共享、查询和使用等活动适用本办法。

第四条　上海市人力资源和社会保障局（以下简称“市人力资源社会保障局”）负责失信信息的统筹协调工作。

上海市社会保险事业管理中心、上海市就业促进中心、上海市劳动保障监察总队、各区就业促进中心和城乡居民养老保险经办机构是提供失信信息的单位（以下统称“失信信息提供单位”），应当按照各自职责负责失信信息的采集和维护工作。

第五条　失信信息包括下列事项：

（一）单位未按时足额缴纳社会保险费，被依法作出行政处罚决定的；

（二）单位未按时足额缴纳社会保险费，被依法责令限期缴纳，到期仍未缴纳或者补足社会保险费的；

（三）单位未按时足额缴纳社会保险费，被依法作出强制划拨决定的；

（四）单位或个人在申请办理社会保险各项业务时伪造证明材料、隐瞒真实情况或使用其他欺诈手段被查实的；

（五）单位或个人多领取社会保险待遇，经告知应予退还后仍拒不退还的；

（六）单位或个人在接受劳动保障监察、专项审计、稽核等监督检查时，拒不配合，经告知后仍未改正的。

失信信息相关事项应当按照《上海市社会信用条例》第十条规定编制目录并报市社会信用管理部门备案。

第六条　存在以下情形之一的，应当认定为严重失信行为信息：

（一）单位欠缴社会保险费，符合《上海市人力资源和社会保障局关于对欠缴社会保险费单位实施社会公开告示的意见》（沪人社办发〔2016〕51号）规定情形，被实施向社会公开告示的；

（二）单位或个人以欺诈、伪造证明材料或者其他手段骗取社会保险基金支出，数额较大的，或者有其他严重影响社会保险基金安全行为的；

（三）单位或个人无理抗拒、阻挠社会保险相关监督检查，情节严重的，或者有其他严重影响社会保险管理秩序行为的。

严重失信行为信息相关事项应当根据市社会信用管理部门有关规定编制清单并报备案。

第七条　失信信息提供单位应当按月采集失信信息，并报送市人力资源社会保障局。

市人力资源社会保障局负责汇总失信信息并报送市公共信用信息服务平台。

报送的失信信息内容应当包括：

（一）失信信息产生的事由、日期、文书编号；

（二）失信主体的名称、统一社会信用代码（或组织机构代码），或者姓名、身份证号码；

（三）失信主体是单位的还应当包括法定代表人或主要负责人姓名及身份证号码；

（四）其他需要报送的信息内容。

第八条　市、区人力资源社会保障部门应当积极查询、使用市公共信用信息服务平台记录的数据，对于有失信信息记录的单位和个人，依法采取下列惩戒措施：

（一）列为人力资源社会保障各项业务的重点审核对象，加强资格、材料方面的审核；

（二）列为日常检查的重点对象，增加检查频次，加强现场核查；

（三）列为审计、稽核等专项工作中的重点对象；

（四）限制享受告知承诺、网上办事、绿色通道等便利措施；

（五）国家和本市规定可以采取的其他措施。

对严重失信主体，应当依法采取相应的跨部门联合惩戒措施。

第九条　单位或个人认为被纳入市公共信用信息服务平台的失信信息存在错误的，可以按照《上海市社会信用条例》第三十六条规定向市公共信用信息服务中心提出异议申请。在收到市公共信用信息服务中心转交的异议申请后，市人力资源社会保障局应当即时通知失信信息提供单位对信息进行核查，并在五个工作日内作出是否更正的决定，告知市公共信用信息服务中心。

第十条　按照《上海市社会信用条例》第三十八条规定，在失信信息查询期限内，有失信记录的单位或个人，通过主动履行义务、申请延期、自主解释等方式减少失信损失，消除不利影响并提供相关证据经核实的，失信信息提供单位可以依申请向市公共信用信息服务中心出具信用修复记录的书面证明。

第十一条　本市医疗保险相关失信信息，可以参照本办法执行。

第十二条　本办法自2018年8月1日起实施，有效期至2023年7月31日。

专记

学习宣传中国工会十七大精神

【市总工会传达学习中国工会十七大精神】 中国工会十七大于10月22—26日在北京召开。会后，市总工会分别于10月29日、11月2日，召开第十四届常委二次全体（扩大）会议、市总工会党组中心组（扩大）学习会，传达学习大会精神，并进行工作动员部署。市人大常委会副主任、市总工会党组书记、主席莫负春要求上海工会系统要紧密结合工作实际，把工会十七大精神融入思想实际和工作实际、融入精神状态和工作作风、融入新的目标和任务，态度坚定、工作扎实，奋力推进上海工会事业在新时代作出新贡献，努力开创新时代工会工作新局面。他要求，各级工会要认真学习，要原原本本地研读学习习近平总书记重要讲话、党中央致词、工会十七大报告和中国工会章程修正案，不断加深对工会十七大精神实质的理解，真正做到真学、真懂、真信、真用，切实把思想和行动统一到中央精神与全总要求上来。各级工会要广泛宣传，宣传上要广泛深入、入耳入心，要充分运用工会媒体和教育阵地，组织好工代会代表深入职工群众，努力让中央和大会精神深入基层、深入职工。各级工会要加强研究，将习近平总书记关于工人阶级和工会工作的重要论述精神，以及大会报告，结合上海日新月异的新变化、上海工会事业不断改革创新的新实践，进行深入研究。各级工会要抓好落实，结合实际、体现成效，目标明确、态度坚定、工作扎实，奋力推进上海工会事业在新时代作出新贡献。（陈　蓓）

【市总工会下发通知学习宣传贯彻中国工会十七大精神】 11月13日，市总工会下发《上海市总工会关于认真学习宣传贯彻习近平总书记重要讲话精神完成好中国工会十七大目标任务的通知》，要求各级工会要采取有力措施，加大宣传贯彻力度，确保习近平总书记重要讲话精神不折不扣落实到工会工作各方面、全过程，努力推动中国工会十七大目标任务的实现。《通知》强调，各级工会要加强组织领导，掀起学习宣传热潮，按照统一部署，紧密联系本地区、本产业、本单位工会工作实际，做出专门安排，提出具体要求，开展各具特色的学习宣传活动；各级工会领导干部要带头做学习的模范、宣传的模范、贯彻的模范，努力把大会精神落到实处；要加强督促检查，狠抓工作落实落地见效，坚持因地制宜，认真研究制订贯彻落实大会议精神的措施意见，筹划好明年和今后一个时期的工作。同日，中国工会第十七次全国代表大会代表，市人大常委会副主任，市总工会党组书记、主席莫负春为上海交大的工会干部上了一堂生动的辅导课，拉开市总工会中国工会十七大精神宣讲团进校园、进企业、进街道活动的序幕。（陈　蓓）

12月28日，浦东新区总工会举办中国工会十七大精神专题培训班暨中国工会十七大精神宣讲团成立仪式（吴周筠）

【浦东新区总工会成立中国工会十七大精神宣讲团】 12月28日，浦东新区总工会成立中国工会十七大精神宣讲团，宣讲团由上海工会管理职业学院的专家学者、浦东新区出席中国工会十七大的代表和优秀劳模、工匠代表等12人组成。宣讲内容为：宣传学习习近平总书记同中华全国总工会新一届领导班子成员集体谈话时的重要讲话精神，在首届中国国际进口博览会开幕式上的主旨演讲和考察上海时的重要讲话精神及中国工会第十七次全国代表大会精神，切实推动党的理论路线方针政策转化为职工群众的广泛共识和自觉行动。同时，浦东新区总工会多措并举，推动学习宣传工作。一是以上带下层层抓落实。制订下发专题文件，并召开党组中心组学习会、常委会、全委会，举办直管企业工会培训班等，专题传达动员。二是建立工作联系机制。突出领导带头，建立区总班子深入联系片区、直属工会，各级工会领导干部深入本区域企业、车间、班组和职工群众中开展宣传教育的工作机制，切实保证学习实效。三是开展百场宣讲。依托十七大宣讲团，在全区工会系统开展送百场宣讲进单位、进企业、进车间、进班组、进站点。四是开展专题集中宣传。制作专题展板进园区、进企业、进班组巡展，印制海报、宣传册进职工书屋、职工服务站点、户外职工爱心接力站，营造学习宣传贯彻的浓厚氛围。（陈　维）

【徐汇区掀起宣传学习中国工会十七大精神热潮】 中国工会十七大召开期间，徐汇区总工会通过徐汇工会微信公众号实时报道会议盛况。会后，区总工会召开学习宣传贯彻中国工会十七大精神专题辅导报告会，深入学习贯彻习近平总书记重要讲话和工会十七大会议精神。会上，中国工会十七大代表、区人大常委会副主任、总工会主席朱伟红传达了大会主要精神，中国工会十七大代表、上海恰尔斯电力（集团）有限公司工程部变电班班长周洪颖与大家分享交流了参会感想。同时,全区各级工会迅速行动,以高度的政治自觉加紧部署,以班子会议形式组织重点学习,用专题培训方法扩大宣传效果,与走访调研结合丰富宣传形式,在全区各级工会系统和广大职工群众中掀起学习宣传贯彻习近平总书记重要讲话和工会十七大精神热潮。（叶　著）

【长宁区总工会举办学习贯彻中国工会十七大精神报告会】 11月12日,长宁区总工会在区工人文化宫召开学习贯彻中国工会十七大精神报告会,区总工会第六届“两委”委员,各街道(镇、园区)党(工)委分管工会副书记,各系统(集团、公司)、街道(镇、园区)、直属单位工会主席、副主席及工会干部,部分区总工会直属非公企业工会主席近130人参加报告会。区人大常委会副主任、区总工会主席刘英传达中国工会十七大精神。上海佰威大酒店有限公司前厅部副经理熊凯作为长宁工会少数民族代表、外来务工人员代表、一线职工代表发表参加中国工会十七大感言。区总工会还利用“长宁工会”公众微信号、《长宫报》等各类工会宣教阵地,开展形式多样的宣传活动,组织发动各级工会组织和广大工会干部理论联系实际,进一步提高对新时代工人阶级和工会组织地位和作用的认识,切实增强工作的责任感和使命感。（王亚文）

【普陀区总工会召开中国工会十七大精神专题学习会】 12月7日,普陀区总工会召开六届六次全委会暨“中国工会十七大精神”专题学习会,区总工会第六届委员会委员、第六届经审委员会委员,各街镇、系统、直管企业工会主席、副主席,部分劳模和工匠代表,区总机关干部和直管事业单位负责人近100人参加,区总工会主席李松海出席并主持学习会。学习会邀请上海工会管理职业学院党委书记,劳动报社总编辑、党委副书记王厚富作中国工会十七大主要精神解读。（陆　蕾）

【杨浦区总工会召开中国工会十七大精神专题学习会】 11月3日,杨浦区总工会“学习贯彻中国工会十七大精神,推动杨浦工会工作创新发展”专题学习会在沪东工人文化宫举行,区人大常委会副主任、总工会主席麦碧莲出席会议并讲话。会议传达习近平总书记同中华全国总工会新一届领导班子成员集体谈话时的重要讲话精神和中国工会十七大精神,总结杨浦工会重点工作推进情况,分析工作推进中存在的问题,并对谋划明年工作提出具体要求。区总工会班子成员,区总工会委员、经审委员,各行业、街镇直属工会主席、副主席,劳模先进和职工代表,区总工会所属事业单位班子成员,区总工会机关全体干部和全区职业化工会工作者约170人参加会议。（张东寅）

【黄浦区总工会举办学习中国工会十七大精神主题报告会】 11月15日,黄浦区总工会举办题为《认真学习贯彻习近平总书记重要讲话,完成好中国工会十七大目标任务,努力开创上海工会工作新局面》的主题宣讲报告会。报告会邀请市总工会党组副书记、副主席、中国工会十七大代表姜海涛宣讲。姜海涛从大会主要概况、主要精神及学习贯彻习总书记重要讲话等三个方面对中国工会第十七次工会代表大会做了全面阐述。区人大常委会副主任、区总工会主席屠奇敏出席,来自黄浦区10个街道工会工作人员、基层企业和非公企业工会主席,以及南东街道楼宇工会、小区工会主席等200余人出席报告会。（陆中斌）

【静安区总工会传达学习中国工会第十七次全国代表大会精神】 中国工会第十七次全国代表大会闭幕后,静安区总工会先后召开四个会议,向全区各级工会传达大会精神,并提出相关工作要求。区人大常委会副主任、区总工会主席叶坚华作为中国工会十七大的代表,向广大工会干部传达了王沪宁代表党中央在大会上的致词、李克强所做的经济形势报告,以及工会十七大工作报告和相关的会议情况。会议要求,各级工会要抓紧传达学习和贯彻落实中国工会十七大精神,以工会十七大为动力,奋力完成全年各项目标任务。（张圣奥）

【闵行区总工会学习传达中国工会第十七次全国代表大会精神】 10月25日,闵行区总工会召开党组中心组(扩大)学习会专题学习中国工会第十七次全国代表大会精神。会议由区总工会党组书记赵芝娟主持。区人大常委会副主任、总工会主席倪学斌作为市总工会参加全国工代会的代表,传达了大会精神。会议介绍了习近平、李克强等党和国家领导人出席大会的盛况,传达李克强所做经济形势报告、王沪宁代表党中央发表的致词和全国人大常委会副委员长、中华全国总工会主席王东明所做的《工作报告》精神,以及《工会章程》修改的内容,并通报了中华全国总工会新一届领导机构情况。会议要求全区各级工会领导干部要把认真学习传达贯彻落实中国工会十七大精神作为当前和今后一个时期闵行工会系统的政治任务,紧密结合工会工作实际,积极主动创造性地落实好大会提出的各项任务,努力开创新时代工会工作新局面。（王　凯）

【金山区总工会召开中国工会十七大精神专题宣讲报告会】 11月20日,金山区总工会在区政府会议中心二楼大会场举办中国工会十七大精神专题宣讲报告会,中国工会第十七大代表、市总工会副主席、市总工会女职委主任桂晓燕应邀为全区工会干部宣讲中国工会十七大精神。在金山区的市总工会委员、女职委委员,金山区五届工会委员会、经费审查委员会、女职委委员,各直属工会主席、副主席,金山区劳模协会理事会理事,基层工会代表,以及区总工会机关、区工人文化宫、金山工荟服务中心全体人员300余人听报告。（郁　蔚）

【松江区总工会召开会议学习传达习近平重要讲话和中国工会十七大精神】 11月1日,松江区总工会召开工会干部会议学习传达习近平重要讲话和中国工会十七大精神。区人大常委会副主任、区总工会主席徐卫兴传达习近平总书记在全总新一届领导班子成员集体谈话上的重要讲话精神。中国工会十七大代表、区总工会党组书记、副主席陈军康传达中国工会十七大精神、李克强做的经济形势报告、王沪宁代表党中央的致词、王东明主席在全总十七届一次执

11月1日，松江区总工会召开学习传达习近平重要讲话和中国工会十七大精神会议（朱剑欢）

委会上的讲话、《中国工会章程（修正案）》以及大会人事选举情况。区总工会委员，各镇、街道、开发区、委、局、佘山旅游度假区工会主席及直属公司工会主席，区政协工会界别委员，区总工会机关全体人员等参加会议。（倪晓玲）

【青浦区总工会走访基层准备工会十七大提案】 8月起，中国工会第十七次全国代表大会代表、青浦区人大常委会副主任、区总工会主席赵宏林带领区总工会班子成员深入基层一线走访企业，与职工群众面对面交流，了解当前职工群众与企业最关注的痛点、堵点与难点问题。8月22日，走访爱仕达上海智能谷，召开部分企业座谈会，听取企业对发展职工职业教育意见建议。9月3日，走访快递物流门店，了解一线快递员工资报酬、社会保障情况。9月26日，召开各级工会组织和职工代表座谈会，听取当前工会建设中存在的问题和建议，推进工会工作主要面临的困难和困惑，对产业工人队伍建设意见建议，一线职工的需求情况、对工会组织的期盼和要求等。（朱建强）

【奉贤区总工会传达学习中国工会第十七次全国代表大会精神】 11月9日，奉贤区总工会在区委党校召开了传达中国工会第十七次全国代表大会精神专题学习会。中国工会十七大代表、区人大常委会副主任、区总工会主席陆建国介绍了习近平等党和国家领导人出席开幕式和大会的盛况，传达了李克强所做的经济形势报告、王沪宁代表党中央发表的题为《展示新时代我国工人阶级团结奋斗新风采》的致词、王东明在全总十七届一次执委会议的讲话精神以及中国工会十七大工作报告精神。区总工会第四届委员会委员、直属工会主席、区总工会干部分别交流了学习体会。奉贤区总工会领导班子、区总工会第四届委员会委员、区总工会第四届经审委员会委员、区各直属工会主席、专职副主席、基层工会代表等300余人参加会议。（钱洁）

【崇明区总工会学习传达全国工会十七大会议精神】 11月1日，崇明区总工会召开会议传达学习全国工会十七大会议精神。区总工会领导班子，两委委员和女工委委员，部分劳模代表，各乡镇、园区、委、局、区管公司工会主席、副主席，直属工会主席及区总机关、事业相关人员，全体工会社工共200余人参加会议。中国工会第十七次全国代表大会代表张建英详细介绍了中国工会十七大召开的基本情况，传达了党中央致词的主要精神，李克强所作的经济形势报告以及王东明在全总十七届一次执委会议的讲话精神，系统解读工会十七大报告的主要精神，学习《中国工会章程》最新修改的主要内容。（陈思佳）

【市医药工会召开中国工会十七大精神学习传达会】 11月3日，上海市医药工会召开中国工会十七大精神学习传达会。中国工会十七大代表、上海医药集团党委副书记、工会主席陈欣传达了习近平同中华全国总工会新一届领导班子集体谈话精神，以及中国工会十七大有关会议精神，并就下阶段各级工会组织如何学习贯彻落实中国工会十七大精神做了动员部署。市医药工会全委会委员、经审委委员、各二、三级企业工会主席、副主席、工

11月9日，奉贤区总工会召开中国工会第十七次全国代表大会精神专题学习会（钱洁）

11月3日，市医药工会召开中国工会十七大精神学习传达会（张卫海）

会干部等70余人出席。（陈玮雯）

【国网上海市电力公司工会传达学习中国工会十七大精神】 10月31日，国网上海市电力公司工会召开十届二次全委（扩大）会，传达学习中国工会十七大精神，重点学习传达习近平总书记同全国总工会新一届领导班子成员集体谈话的重要讲话精神、李克强总理在中国工会十七大所做经济形势报告、王沪宁代表党中央的致词和王东明主席的工作报告，学习新版《中国工会章程》，并对贯彻落实中国工会十七大精神提出明确要求。（潘　锋）

【中国宝武认真学习贯彻中国工会十七大精神】 2018年，中国宝武工会以习近平新时代中国特色社会主义思想为指导，认真学习贯彻党的十九大精神、中国工会十七大精神和习近平总书记同全总新一届领导班子成员集体谈话并发表重要讲话精神，加强党对工会工作的领导，发挥好工会组织的独特作用。集团工会通过主席办公会、工会常委会、二级单位工会主席例会等方式学习贯彻工会十七大精神，并以多种形式将十七大精神学习传达进班组。（陈佩红）

【中船上海船舶工会举办中国工会十七大精神专题培训班】 11月7日，上海船舶系统104名基层工会干部，在上海工会管理职业学院进行为期3天培训。为使各级工会干部的素质更加适应企业高质量发展，中船上海船舶工会与上海工会管理职业学院精心制定相关课程，内容包括十九大精神和中国工会十七大会议精神宣贯、工会在推进班组建设中的作为、劳动争议与工会作为、工会经费管理与使用等。（周　莺）

【上港集团召开学习贯彻中国工会十七大精神宣讲会】 11月2日，上港集团召开学习贯彻中国工会十七大精神宣讲会，中国工会十七大代表、上港集团工会主席庄晓晴传达中国工会第十七次全国代表大会精神，并对下一步贯彻落实大会精神提出要求。上港集团各基层单位工会主席、副主席、工会干部、职工代表共100余人参加。会议强调，集团各单位要把学习宣传工作与中央和上海对群团改革工作的部署、市总对国有企业工会建设试点工作的要求，以及本单位实际和谋划明年工作紧密结合，全面完成年度目标任务；工会组织和工会干部要不断提升能力服务职工，引领广大干部职工为进一步构建上港和谐家园、建设上海国际航运中心、实现强港梦做出更大的贡献。（张　容）

【中国移动上海公司工会组织学习贯彻中国工会十七大精神】 中国工会第十七次全国代表大会10月26日闭幕后，中国移动上海公司工会于第一时间组织落实十七大精神的学习和宣贯工作。一是通过视频会议形式，由十七大代表、上海公司工会主席梁志强向公司工会委员和各直属单位（本部）工会委员近200人传达中国工会十七大精神，要求各级工会认真学习研读习近平总书记的重要讲话，党中央致词、工会十七大报告和中国工会章程修正案，不断加深对工会十七大精神的理解，运用新媒体和各类宣传教育阵地，广泛宣传，入耳入心，让中央和大会精神深入基层、深入员工，把大会精神与工作有效结合。二是开展主题座谈会，围绕十七大报告中提出的今后五年工会工作主要任务，充分

11月2日，上港集团召开学习贯彻中国工会十七大精神宣讲会（刘文镔）

结合暖心工程、技能大赛、牵手行动等重点工作，从推进工会党的建设、加强员工思想引领、建设产业工人队伍、维护员工合法权益、提升服务员工能级、深化智慧工会建设等方面努力，进一步推进工会工作，切实落实中国工会十七大精神。（阮铭捷）

【中国电信上海市工会学习传达习近平重要讲话和中国工会十七大精神】 11月2日，中国电信上海市工会举行学习习近平重要讲话和中国工会十七大精神专题会议，中国工会十七大代表、中国电信上海公司副总经理、工会主席常朝晖进行宣讲。公司工会委员会委员、经费审查委员会委员、公司劳模代表、职工代表和基层工会工作者代表出席会议。常朝晖从三个方面解读习近平同全总新一届领导班子成员集体谈话时的重要讲话，传达党和国家领导人讲话、中国工会十七大会议概况、大会工作报告，对当前公司各级工会组织掀起学习贯彻大会精神热潮提出要求，要求落实好大会提出的各项任务，围绕高质量发展要求，在信息化建设中当好主人翁、建功新时代。（殷　茵）

【机场集团公司工会传达学习中国工会十七大精神】 11月12日，机场集团公司工会召开四届十次全委（扩大）会，集团公司工会主席张永东主持会议。会上，中国工会十七大代表、集团公司工会副主席、经费审查委员会主任于明洪传达习近平重要讲话精神和中国工会十七大精神。集团公司工会委员会委员、经费审查委员会委员、女职工委员会委员，各直属单位工会主席、负责人等近60人参加。会议要求各级工会组织认真学习贯彻中国工会十七大精神，领会精神实质，将党的十九大对中国工会和中国工人运动提出的新要求贯彻到工会工作中，落实到基层、班组。结合各单位工作实际，贯彻落实好各项目标任务，竭诚服务好职工群众。（孙哲旻）

【上海建工集团工会学习贯彻中国工会十七大精神】 11月3日，集团工会召开六届六次全委（扩大）会，传达中国工会十七大精神，集团工会两委委员、各单位工会主席等70余人出席。集团工会主席卞炯传达习近平同中华全国总工会新一届领导班子集体谈话精神，以及中国工会十七大有关会议精神，并就各级工会组织如何以学习贯彻落实中国工会十七大精神为抓手，做好下阶段各项工作作动员部署。要求各级工会形成积极宣传态势，营造良好舆论氛围，在发挥职工主力军作用、维护职工合法权益、竭诚服务职工上下功夫，切实抓好工会干部队伍建设，不断提高履职能力和服务水平。（余轶群）

【市科技工会召开贯彻落实中国工会第十七次全国代表大会精神专题学习会】 12月21日，市科技工会举办贯彻落实中国工会第十七次全国代表大会精神专题学习会，市科技工会常务副主席赵福祥及各基层单位工会负责人50余人参加学习。学习会上，赵福祥要求各级工会干部要认真学习、贯彻落实中国工会第十七次全国代表大会精神，在上海建设“五个中心”（尤其是建设科创中心）的大背景下，充分认识学习宣传贯彻习近平总书记重要讲话精神、完成好中国工会十七大目标任务的重要意义。结合实际，狠抓工作落地见效，切实做到在贯彻落实习近平新时代中国特色社会主义思想、在团结动员广大职工以主人翁姿态建功新时代、在维权帮扶服务构建和谐劳动关系、在深化工会改革创新、在推进工会系统党的建设作风建设上狠下功夫。（冯　莺）

【市医务工会召开专题会议　学习传达中国工会十七大会议精神】 11月7日，市医务工会、市卫健委妇委会在上海市疾病预防控制中心召开学习传达中国工会第十七次全国代表大会、中国妇女第十二次全国代表大会精神专题会议。会上，中国工会第十七次全国代表大会代表、市卫生健康委员会党委副书记、市医务工会主席郑锦传达了中国工会十七大会议精神并讲话，中国妇女第十二次全国代表大会代表、瑞金医院消化外科研究所教授于颖彦传达了中国妇女十二大会议精神。郑锦在讲话中要求各级工会、妇委会组织要认真学习好、传达好、贯彻好中国工会十七大、妇女十二大的精神，在广大职工、工会干部、妇委干部中掀起学习宣传、贯彻落实大会精神的热潮，要通过理论研究，谋划长远发展，把学习和实际工作结合起来，把学习和明年的工作谋篇布局结合起来，确保各项工作真抓实干、落地见效。各直属基层工会、各区医务工会、有关企业职工医院、民营医院工会、妇委会150余人参加会议。（马艳芳）

【市经济和信息化工作系统工会传达学习中国工会十七大精神】 11月9日，市经济和信息化工作系统工会召开会议，传达学习习近平同中华全国总工会新一届领导班子成员集体谈话

11月3日，上海建工集团工会召开六届六次全委（扩大）会，学习贯彻中国工会十七大精神（余轶群）

11 月 7 日，市医务工会召开专题会议，学习传达中国工会十七大会议精神　（马艳芳）

时的重要讲话精神及中国工会十七大精神。中国工会十七大代表、系统工会主任汪羽介绍了大会盛况和主要成果。系统工会要求所属各级工会组织认真学习贯彻习近平总书记重要讲话精神，深入学习贯彻习近平总书记关于工人阶级和工会工作的重要论述，全面落实全心全意依靠工人阶级的方针，加强和改进党对工会工作的领导，努力开创新时代工会工作新局面。系统各单位工会负责人和信息化行业工会联合会委员近 80 人参加会议。

（黄　俭　顾　捷）

【城投集团工会传达学习中国工会十七大精神】　11 月 2 日，城投集团工会召开传达学习中国工会十七大精神会议，部署落实当前工作。中国工会十七大代表、集团工会主席徐文传达会议精神，各直属单位工会负责人、工会干事及核心单位工会负责人参加会议。结合当前重点工作，徐文就城投工会系统深入学习中国工会十七大精神、生动实践集团工会立足企业发展、服务职工群众提出具体要求。要求各级工会积极行动，通过会议传达、专题学习、多媒体推送等多种传播渠道搭建好学习平台，营造好学习氛围；聚焦城投产业工人队伍建设改革和职工职业技能提升等方面工作，发挥城投集团在城市基础设施建设重大任务和城市公路、水务、环卫等运营管理全产业链的整体影响力，探索具有城投行业特性的开放式劳动竞赛，打通职工技能晋升通道；围绕城投转型发展，切实维护职工权益，竭诚服务职工群众，为职工办好好事；要立足当前、积极作为。重点做好保障服务进博会的工作，为确保首届进博会保障任务完成保驾护航。要结合总体工作，总结好、思考好当前工会工作，全力完成全年各项目标任务，努力把工会主业主责谋划好、贯彻好、落实好。　（熊　巍）

上海市工会第十四次代表大会

【上海市工会第十四次代表大会召开】　5 月 22—24 日，上海市工会第十四次代表大会在上海世博中心大会堂召开。在 22 日上午的开幕式上，中华全国总工会党组书记、副主席、书记处第一书记李玉赋，上海市领导李强、应勇、董云虎、尹弘、廖国勋、吴靖平、周慧琳、诸葛宇杰、凌希、莫负春，刘晓云、张本才等出席。中共上海市委书记李强作重要讲话。李强代表市委、市人大常委会、市政府、市政协对大会召开表示热烈祝贺，向全市广大职工群众和工会工作者致以诚挚问候。他指出，新时代赋予工人阶级和广大劳动群众伟大而光荣的使命，广大职工群众要以习近平新时代中国特色社会主义思想为指导，在改革开放和社会主义现代化建设的火热实践中彰显本色、勇挑重担、勇立潮头，始终做坚持中国特色社会主义道路的柱石、建设社会主义现代化强国的骨干、引领时代发展的先锋，为推动上海各项事业新发展做出更大贡献。五年来，全市各级工会组织围绕中心、服务大局，做了大量卓有成效的工作。实践证明，上海工人阶级始终是推动经济社会发展的中坚力量，各级工会组织不愧为党和政府联系职工群众的桥梁和纽带。希望全市广大职工群众始终站稳工人阶级的鲜明立场，牢固树立中国特色社会主义理想信念，自觉把人生理想、家庭幸福融入国家富强、民族复兴的伟业之中，把个人梦与中国梦紧密联系在一起，把实现党和国家确立的发展目标变成每个人的自觉行动。

5 月 22 日，上海市工会第十四次代表大会开幕　（吴良荣）

今天的上海正处在转型发展的重要关口，全市广大职工群众要把推动高质量发展、建设现代化经济体系作为发挥作用的主战场，在构筑“四大优势”、打响“四大品牌”、推动改革开放再出发的生动实践中发挥主力军作用。要勤于学习、善于创新、甘于奉献，肯学肯干肯钻研，练就一身真本领，掌握一手好技术，真正成为符合发展要求、能挑时代重担的栋梁之才。要积极践行社会主义核心价值观，大力弘扬劳模精神、劳动精神、工匠精神，为上海建设卓越的全球城市汇聚强大正能量。李强强调，各级工会组织要提高政治站位，坚持自觉接受党的领导的优良传统，带领广大职工群众坚定不移跟党走。要竭诚服务职工群众，精准对接多元利益诉求，让职工群众真正感受到工会是“职工之家”，工会干部是最可信赖的“娘家人”。要持续深化工会改革，坚持去“四化”、增“三性”，强基层、促创新、增能力。各级党委和政府要始终把工会工作摆在重要位置，为工会工作提供更多支持、创造更好条件。李玉赋代表中华全国总工会对大会召开表示热烈祝贺。他说，上海是中国工人阶级和工人运动的重要发祥地。在中国共产党领导下，上海工人阶级为我国革命、建设和改革开放事业做出了突出贡献。希望上海工会深入学习贯彻习近平新时代中国特色社会主义思想和党的十九大精神，牢牢把握工会工作正确政治方向；紧扣工人运动时代主题，组织动员广大职工在上海“五个中心”建设中展现新作为；切实履行维权服务主责主业，不断增强职工群众的获得感、幸福感、安全感；持续推进工会改革创新，把工会组织建设得更加充满活力、更加坚强有力。市人大常委会副主任、市总工会主席莫负春代表市总工会第十三届委员会做工作报告。团市委书记王宇代表人民团体向大会致贺词。5月24日，上海市工会第十四次代表大会全体代表选举产生市总工会第十四届委员会。5月24日下午召开市总工会第十四届委员会第一次全体会议，全会选举莫负春为上海市总工会主席，姜海涛、周奇、张得志、桂晓燕为副主席，戴光铭、刘言浩为挂职副主席，李斌、朱雪芹为兼职副主席。选举丁巍等12人为市总工会第十四届委员会常委。在市总工会十四届一次经审会上，丁巍当选为经费审查委员会主任。市委副书记尹弘出席大会闭幕式并做重要讲话。尹弘代表市委对大会成功召开表示祝贺。他指出，新一届市总工会班子要深入学习贯彻习近平新时代中国特色社会主义思想，增强责任感使命感，勇于担当、敢于作为，奋力谱写上海工会工作发展新篇章。要始终做政治上的明白人，牢固树立“四个意识”、坚定“四个自信”，善于用先进思想引导职工群众坚定不移跟党走。要始终做推动改革的促进派，提高政治站位，持之以恒将工会改革进行到底，全力牵头组织推进新时期产业工人队伍建设改革，争取实实在在的成效。要始终做服务中心工作的实干家，自觉服从服务于党和国家工作大局，自觉聚焦聚力全市中心工作、重点任务，引导职工群众在改革发展稳定的生动实践中发挥更大作用。要始终做职工群众信赖的“娘家人”，密切同职工群众的联系，切实维护职工群众的合法权益，贴心服务好职工群众。要始终做追求高尚道德的“领头雁”，做为民务实清廉的工会干部，团结带领全市广大职工群众勇担时代重任，全面展示新时代上海工人阶级的新风貌。 （陈　蓓）

【上海市工会第十四次代表大会主席团、秘书长名单】

（2018年5月21日上海市工会第十四次代表大会预备会议通过）

一、大会主席团成员（89名）：

（按姓氏笔画为序）

丁　巍（女）于金伟
马延辉（满族）　王　军
王　路　王丽燕（女）王建新
王厚富　王曙群　叶坚华
成旦红　朱　斌　朱东海
朱伟红（女）朱雪芹（女）朱喜林
庄晓晴（女）刘　英（女）刘言浩
刘京蕾（女）刘建其　刘选游
许国良　孙　江　孙曙光
麦碧莲（女）李　昕　李　斌
李　蔚（女）李友钟　李松海
李香花（女）李煜前　杨桂选
肖龙根　吴　萌　吴尔愉（女）
何惠娟（女）汪　羽　沈　云（女）
宋　刚　宋钟蓓（女）张　正
张　宁（女）张立新　张永东
张建英（女）张荣生　张得志
张善民　张黎萍（女）陆凯忠
陆建国　陈　龙　陈　欣（女）
陈　玲（女）邵景峰　周　奇
周　健　周海健　郑　锦（女）
屈新平　赵宏林　胡　军（女）
钟小明　钟立欣　须伟泉
姜海涛　姚嘉勇　袁　骏
耿道颖（女）莫负春　桂晓燕（女）
顾　文（女）倪学斌　徐　文
徐卫兴　高黎萍（女）黄　勤（女）
黄岱列　常朝晖　梁志强
屠奇敏（女）程　巍　傅连春
蔡伟东　熊　凯　潘建军
戴光铭

二、大会秘书长：

姜海涛

【上海市工会第十四次代表大会主席团常务主席名单】

（2018年5月21日上海市工会第十四次代表大会主席团第一次会议通过）

莫负春　姜海涛　周　奇
张得志　桂晓燕（女）戴光铭
刘言浩　李　斌　朱雪芹（女）

【上海市工会第十四次代表大会副秘书长名单】

（2018年5月21日上海市工会第十四次代表大会主席团第一次会议通过）

（按姓氏笔画为序）

庄　勤（女）李友钟　沈雄德
陈必华　桂晓燕（女）崔校军

【上海市总工会第十四届委员会委员名单（143人）】

丁　巍（女）于金伟　万慧云（女）
马延辉（满族）　马振欣
王　玲（女）王　勇　王　路
王旭岗　王丽燕（女）王学武
王建军　王建新　王厚富
王德忠　方　琼（女）卢　羿（女）
卢　颖（女）卢华琳（女）叶坚华
包中勇　朱　军　朱　斌
朱东海　朱伟红（女）朱莉颖（女）
朱雪芹（女）朱喜林　朱惠琴（女）
庄　勤（女）庄晓晴（女）刘　可（女）
刘　英（女）刘言浩　刘忠飞
许国良　孙　江　孙曙光
麦碧莲（女）苏米亚（女，达斡尔族）

李　昕　　李　洲　　李　勇
李　斌　　李　蔚（女）李友钟
李书鹏　　李庆红（女）李松海
李香花（女）李琼丽（女，侗族）
李煜前　　杨桂选　　杨鹏飞
肖龙根　　肖美芳（女）吴　薇（女）
吴建军　　何向莲（女）何明星
汪　羽　　汪显坤　　沈　云（女）
沈　斌　　沈雄德　　宋　刚
宋　俊　　宋钟蓓（女）张　正
张　刚　　张　凯　　张　敏
张立新　　张永东　　张建英（女）
张得志　　张善民　　张黎萍（女）
陆仲恩　　陆纪红（女）陆建国
陈　龙　　陈　欣（女）陈　玲（女）
陈　斌　　陈必华　　陈美琴（女）
金　涛　　金世伟　　周　奇
周永宝　　周建荣　　周海健
庞宏菊（女）郑　锦（女）屈新平
赵　伟　　赵　蓉（女）赵宏林
胡　军（女）钟小明　　钟立欣
须伟泉　　姜海涛　　娄　为
姚嘉勇　　袁　骏　　袁　雷
耿道颖（女）莫负春　　桂晓燕（女）
夏建芳（女）顾　文（女）顾学庆
倪　岚（女）倪伟琦　　倪学斌
徐　文　　徐卫兴　　高　越（女）
黄　敏（女）黄　勤（女）黄来芳（女）
黄岱列　　黄嫣春（女）常朝晖
崔校军　　梁志强　　梁端胜
屠奇敏（女）韩国华　　程　巍
傅连春　　童上高　　谢　鹰
蔡伟东　　熊　凯　　潘　荣
潘建军　　薛建华　　薛鸿斌
戴光铭　　戴轶青

【上海市总工会第十四届经费审查委员会委员名单（29人）】
丁　巍（女）王　珏　　王　霞（女）
韦　理　　田宏斌　　吉启华
刘方定　　刘京蕾（女）许耀武
孙　佳（女）孙鸿飞（女）李　林
李　桦（女）李　敏　　吴玲芳（女）
宋德亮　　张　超　　张伟立
张居正　　陆　跃　　陈　杰
金伟荣　　祝培莉（女）倪伟琦
徐敏宇（女）黄　吉　　黄　蕾（女）
黄银萍（女）董　理（女）

【上海市总工会第十四届委员会主席、副主席和常务委员会委员名单】
（2018年5月24日上海市总工会第十四届委员会第一次全体会议通过）
主　席：莫负春
副主席：
姜海涛　　周　奇　　张得志
桂晓燕（女）戴光铭　　刘言浩
李　斌　　朱雪芹（女）
常务委员会委员：
（按姓氏笔画为序）
丁　巍（女）王厚富　　麦碧莲（女）
李友钟　　沈　云（女）宋钟蓓（女）
张永东　　陈　欣（女）娄　为
耿道颖（女）倪学斌　　徐　文

【上海市总工会第十四届经费审查委员会主任、副主任和常务委员会委员名单】
（2018年5月24日上海市总工会第十四届经费审查委员会第一次全体会议通过）
主　任：丁　巍（女）
副主任：倪伟琦
常务委员会委员：
（按姓氏笔画为序）
韦　理　　许耀武　　金伟荣
祝培莉（女）黄银萍（女）

【普陀区总工会传达学习市工会第十四次代表大会精神】　5月31日，普陀区总工会召开六届四次全委（扩大）会议，传达学习市工会第十四次代表大会精神，并对下阶段工作进行部署。各委办局工会、各街道（镇）总工会主席，区总全体机关干部，各直管单位负责人参加会议。区总工会党组书记、副主席李戌渊主持会议，传达大会概况、大会成果、李强和李玉赋两位领导讲话的主要精神，以及大会报告的主要精神。区人大常委会副主任、区总工会主席李松海就本区工会系统深入贯彻落实好市工代会精神提出三点要求：一是要求各级工会抓紧组织传达学习市工会十四大精神，深入学习好“两讲话一报告”，努力推动普陀工会工作开创新局面。二是对标各项目标任务，推动工作落实。三是加强自身建设，完善工作机制。会议还选举王鹏为区总工会第六届委员会委员、常委、副主席。　（陆　蕾）

【杨浦区总工会召开学习贯彻上海市工会第十四次代表大会精神暨二季度工作会议】　5月31日，杨浦区总工会召开学习贯彻上海市工会第十四次代表大会精神暨二季度工作会议。会议传达了上海市工会第十四次代表大会精神，部署了下阶段重点工作。区人大常委会副主任、总工会主席麦碧莲讲话。会议要求，要加强学习，深刻领会市委、全国总工会对上海工会的要求，深刻把握新时期杨浦工会工作的定位。会议强调，要抓好工作落实，增强工作实效，推进非公企业工会改革、行业工会建设、国企工会改革试点和“四位一体”协调劳动关系体系建设、“3+1”工会改革任务，务求新的突破、新的实效。会议指出，要带好队伍，引导广大工会干部牢固树立“四个意识”，提高政治站位，更加自觉地参与工会改革、投身工会工作。
（张东寅）

【杨浦区总工会组织开展“贯彻上海工会十四大精神，推动新时代杨浦工会创新发展”系列培训】　9月5日，杨浦区总工会在沪东工人文化宫举行“贯彻上海工会十四大精神，推动新时代杨浦工会创新发展”系列培训暨杨浦工会大讲堂，邀请上海工会管理职业学院党委书记、劳动报社总编辑王厚富做《如何做好新形势下工会工作》专题讲座。王厚富围绕主题从三个方面深刻阐述：一是牢记初心使命，千方百计团结凝聚职工群众听党话、跟党走；二是把握时代主题，坚定不移走中国特色社会主义工会发展道路；三是聚焦主责主业，持之以恒推进新时代工会工作创新发展。系列培训涵盖工会经费使用、安全生产教育等内容，将继续聚焦工会重点工作，丰富培训内容，推动工作实践。区总工会委员、经审委员，各行业工会主席、直属工会主席、主任，各街道（镇）总工会主席、专职副主席，区总工会机关干部和所属事业单位党政班子成员，部分企业工会主席，全体职业化工会工作者，共180余人参加培训。（张东寅）

【市建设交通工会传达上海市工会第十四次代表大会精神】　6月14日，市建设交通工会召开工作会议，传达上海市工会第十四次代表大会精神，并部署下半年工会重点工作。会上，市建设交通工会主任刘选游传达了上海市工会第十四次代表大会精神，并对下一步工会工作提出三点要求,一是突出重点,把握关键,全力推进各项工作有效落实;二是紧贴实际,注重服务,充分凝聚起广大职工群众的智慧和力量;三是开阔视野,开拓创新,不断提升工会工作的效能和水准。市建设交通工会副主任张静部署了下半年工会重点工作。各单位工会主席、副主席、经审主任、女工主任、工会专兼职干部100余人参加会议。 (钱 蓉)

【市绿化市容行业工会召开会议传达贯彻上海市工会第十四次代表大会精神】 6月27日,上海市绿化市容行业工会召开工会主席、副主席会议,学习传达上海市工会第十四次代表大会工作报告和上海市委书记李强在大会上的讲话精神,并就落实大会精神提出四点要求:一是行业各级工会组织要深入学习贯彻党的十九大和上海工会第十四次代表大会精神,切实把绿化市容行业广大工会干部和职工群众的思想行动统一到中央和市委的要求上来。二是要坚持自觉接受党的领导的优良传统,带领广大职工群众坚定不移跟党走,不忘初心,牢记使命,增强工作的紧迫感和责任感,努力使自身的工作有价值、有地位和有作为。三是要竭诚服务职工群众,精准对接多元利益诉求,让职工群众真正感受到工会是"职工之家"、工会干部是最可信赖的"娘家人"。四是要紧紧围绕局党政的中心任务,通过教育引导、舆论宣传、文化熏陶、行为实践、制度保障,引导广大工会干部和职工群众牢固树立中国特色社会主义共同理想,增强道路自信、理论自信、制度自信、文化自信,为绿化市容行业的蓬勃发展做出新贡献。尤其是当前要组织广大职工为进博会的顺利召开,扎实做好绿化市容保障工作。 (唐鸿仙)

【市医务工会组织学习传达上海工会十四大精神】 6月1日,市医务工会在上海市精神卫生中心召开学习传达上海市工会第十四次代表大会精神专题会议。市卫生计生委党委副书记、市医务工会主席郑锦出席会议并讲话。市医务工会副主席何园主持会议并传达会议精神。郑锦在讲话中认真分析了当前卫生计生系统中心任务和面临形势,要求各级工会结合全市卫生计生系统正在开展的精神文明创建、政风行风建设,扎实推动工会工作取得扎实成效,并明确三点具体要求:一是要精心组织、认真学习和全面贯彻上海工会十四大精神。二是要切实发挥工会组织在服务卫生计生大局应有的作为。三是要主动适应当前形势对新时期工会工作提出的新要求。会上,何园传达了市委书记李强,中华全国总工会党组书记、副主席、书记处第一书记李玉赋在上海工会十四大开幕式上的讲话精神,以及市人大常委会副主任、市总工会主席莫负春代表市总工会第十三届委员会在大会上所作的工作报告的主要内容。市卫生计生系统直属基层工会、各区医务工会、有关企业职工医院、民营医院工会100余人参加会议。 (马艳芳)

上海工会纪念改革开放40周年

【市总工会组织开展庆祝改革开放40周年群众性主题宣传教育活动】 年内,根据中央、市委和全总有关通知精神,在全市工会系统和广大职工中组织开展庆祝改革开放40周年群众性主题宣传教育活动。围绕"逐梦新时代·阅读再出发",举办第二十届上海读书节,推出182个示范项目,受益人群上百万,有效引导职工群众增强决心和勇气,为上海改革开放和全面发展建功立业。组织上海市职工班组(团队)文化网络大赛,通过"改革开放我追寻——职工文化寻访""改革开放我知道——职工知识竞赛"及"改革开放我诵赞——职工诵读比赛"三大板块活动,引导广大职工追寻改革开放足迹、了解改革开放历史、诵赞改革开放成就。大赛共吸引14618个班组报名,56352名职工参赛,覆盖全市16个区、66个局(产业)工会。此外,还广泛开展书法、微电影、摄影、歌曲创作等职工喜闻乐见的庆祝活动,切实营造团结奋进的浓厚氛围。 (武吉波)

【青浦区总工会学习习近平总书记在庆祝改革开放40周年大会上的重要讲话精神】 12月24日,青浦区总工会召开中心组学习扩大会议,集中学习习近平总书记在庆祝改革开放40周年大会上的重要讲话精神。会议要求全区各级工会组织深入学习习近平总书记在庆祝改革开放40周年大会上的讲话精神,以习近平总书记讲话精神来增强进一步深化改革、推动发展的决心和信心。区总工会领导班子全体成员,机关、文化宫中层以上干部参加学习会。 (朱建强)

【上海华谊化工组织开展集团"双庆"系列活动】 2018年是中国改革开放40周年,上海华谊化工发展60周年。华谊集团以"百年传承、创新时代"为

华谊集团举办庆祝改革开放40周年,上海华谊化工发展60周年图片展 (杨定虎)

主题，开展一系列庆祝活动。举办《“百年传承、创新时代”——华谊职工书画、摄影、集邮艺术展》。汇集了142名作者，397件美术、书法、摄影、集邮类职工文化作品的艺术展，宣传中国改革开放40年和上海华谊化工发展60年辉煌成果；举办“弘扬主旋律，唱响新时代——音乐剧《国之当歌》”演出，集团各类员工代表共1800人观看演出；举办第三季“阳光华谊．创新时代”文化故事演讲比赛和征文活动，用集团内的文化故事激励员工不断努力奋进。（杨定虎）

【上海电建公司工会举办纪念改革开放40周年职工摄影作品征集活动】 为庆祝改革开放40周年和上海电建公司成立65周年，公司工会在系统内组织职工开展“我眼中的上海电建”职工摄影作品征集活动。活动以面向公司全体职工征集原创摄影作品为主，共收到200余幅摄影作品，经初选有51幅作品入围，经过专家评选有20幅作品获奖。作品中有反映热火朝天的工作场景，有电站雄姿，有身边的劳模风采等，表达了职工对国家和企业的忠诚与热爱。（傅 诚）

【市烟草工会组织召开庆祝改革开放40周年主题座谈会】 11月15日，上海市烟草工会以“担当高质量发展使命、做中国人自己最好的卷烟”为主题，组织召开上海烟草职工庆祝改革开放40周年座谈会。座谈会围绕“担当高质量发展使命、做中国人自己最好的卷烟”主题，以及“和搏一流、荣耀中华”“精益求精、砥砺奋进”两个版块，请7名劳模先进、新老职工代表分享工作生活经历与体会，反映了上海烟草改革开放40年来的奋进历程和非凡成就。现场播放了“号长承诺”短视频，来自集团“工人先锋号”班组的8位“85后”年轻班组长就如何立足岗位提升业绩、助推集团高质量发展作出庄严承诺。（汤筱珺）

【上港集团举行庆祝改革开放40周年“心中的歌”专场音乐会】 11月9日，庆祝改革开放40周年“心中的歌”上港集团专场音乐会在上海音乐厅举行。集团党委书记、董事长陈戌源致辞。致辞中，陈戌源要求全港干部职工一定要牢记习近平总书记11月6日在上海考察工作时对上港人的嘱托，为民族的伟大复兴、为上海港强港梦的实现继续做出更大贡献。音乐会上，上港集团合唱团演唱了《天耀中华》《大江凯歌》《你永远在我心中歌唱》等曲目，为现场观众奉上了一场听觉盛宴。集团领导及高级管理人员、总部机关职能部室负责人、基层单位党政工团负责人、劳模先进代表和一线职工代表1000余人观赏了音乐会。（张 容）

【上海邮政工会“我与改革开放同行”征文活动】 2018年是中国改革开放40周年，为全面回顾上海邮政在改革开放和社会主义现代化建设新时期的实践经验和创新成果，上海邮政工会开展了以“我与改革开放同行”为主题的征文比赛。历时4个月活动，收到来自30家基层单位共91篇征文。经初审，有40篇优秀征文入围。此次征文比赛以习近平新时代中国特色社会主义思想为引领，全面贯彻党的十九大精神，围绕纪念改革开放40周年，回顾40年来我国改革开放的历程和邮政改革发展的变化，反映上海邮政事业所取得的辉煌成就，展现了上海邮政职工敢于拼搏、奋发有为的精神风貌。征文讲述了改革开放的巨变以及上海邮政职工在工作、生活、情感中所发生的生活记忆、真情实感、切身体会，记录身边的有趣事、感人事。并积极组织参与市总工会开展的“深化改革创新发展”——纪念改革开放40周年读书系列活动，从各基层工会上报的28篇征文中挑选20篇优秀征文报送市总工会，上海邮政工会获优秀组织奖。（王 瑛）

【市金融工会举办纪念改革开放40周年系列活动】 为纪念改革开放40周年，市金融工会分别于6月、12月举办“筑梦新征程・讴歌新时代”——上海金融系统纪念改革开放40周年职工诗歌作品征集及朗诵比赛和“不忘初心・筑梦远行”——上海金融系统纪念改革开放40周年职工文艺汇演。诗歌征集和朗诵比赛分线上原创诗歌作品征集、线上朗诵比赛、线下展演三个阶段进行，活动期间共征集到涵盖61家单位373件原创诗歌作品和694件朗诵作品，线上累计阅读量和参与数10361671人次。文艺汇演则通过文艺节目形式生动展现上海金融改革开放40年的发展变革，热情讴歌取得的巨大成就，激励金融职工继续拼搏、再创辉煌。（李 伟）

【上海市税务局工会举办“我与改革共成长”主题活动】 8月，为纪念改革开放40周年，市税务局工会开展“我与改革共成长”主题活动，通过书画摄影作品征集、新老税务人座谈会、红色寻访、经典诵读等活动，多角度呈

11月15日，市烟草工会组织召开庆祝改革开放40周年主题座谈会（汤筱珺）

现了税务职工支持改革、拥抱改革，以实际行动为改革添砖加瓦的信心和行动。（娄晓辉）

【上海市教育系统举办庆祝改革开放40周年主题活动】 11月30日，“与改革开放同行”上海市教育系统庆祝改革开放40周年主题活动在上海大学宝山校区举行。精心编排、立意高远的原创节目，生动反映了改革开放以来上海教育改革发展的丰硕成果。活动不仅回望上海教育事业40年的厚重与博大，也展望上海率先实现教育现代化的精彩与辉煌。本次活动由上海市教卫工作党委、上海市教委、上海市教育工会主办，上海戏剧学院和上海大学承办。上海教育系统代表共900余人到场观看演出。（沈　瑶）

大调研工作

【市总工会稳妥推进大调研工作】 根据市委大调研活动要求，在市总主席室领导下，制订细化大调研工作方案。及时研究制订《在全市工会系统开展“不忘初心、牢记使命，勇当新时代排头兵、先行者”大调研的实施方案》（简称《实施方案》），明确工会系统深入开展大调研活动的总体要求、目标任务、工作要求、责任分工等，细分工会系统大调研的调研对象种类；成立由市总主要领导担任组长、副组长的大调研领导小组，领导小组办公室设在研究室，负责大调研工作的统筹推进；建立完善包括联络员、工作台账、信息工作、情况通报交流等在内的相关工作制度。按照市总十三届十一次全委（扩大）会议对大调研工作的部署要求，定期跟踪研究大调研工作，下发大调研工作提示，推动各级工会干部深入基层一线、走访职工群众，积极排摸情况、寻找问题、听取建议。根据市委大调研时间节点安排，形成21个市总大调研问题清单，并以此为基础形成措施清单、解决清单和制度清单。组织召开专题会提出解决问题的新思路、新路径，形成市总工会下阶段工作思路和18项重点工作。截至10月，开展各种形式调研153次，调研对象908个，其中企业86个，事业单位41个，社会组织3个，工会干部、职工群众、困难劳模等其他工作对象778人，共收集各类问题275个、建议48条；向市委大调研办公室上报阶段性自查报告、特色工作总结、调研报告、市总工会领导协调复杂重大问题清单以及月度统计报表。（鞠元卿）

【徐汇区总工会认真开展大调研活动】 年内，徐汇区总工会积极落实区委“不忘初心、牢记使命，勇当新时代排头兵、先行者”大调研活动的各项要求，分解任务、落实职责，成立6个调研组，每周汇总调研进度，及时研究调研情况，全面完成417家企业的走访调研任务，共收集问题38个、建议46个，形成了非公企业工会改革、国有企业工会改革、职工维权保障等方面的调研报告3篇，且针对商务楼宇中小企业对工会工作不了解、存在建会难等问题，印制《徐汇工会服务手册》，制订商务楼宇联合工会工作推进方案。（周　吉）

【闵行区总工会以职工需求为导向提出服务民营企业若干措施】 12月底，闵行区总工会通过近一年的大调研工作发现，民营企业职工普遍对工会组建、工会经费和职工教育培训等服务方面有迫切的需求。通过对全年大调研收集到的问题建议进行再梳理，针对民营企业提出的部分有价值的问题建议，区总工会按需制订了《关于服务民营企业职工助推民营企业发展的若干措施》，主要内容包括：“指导民营企业依法建会”“加大工会经费补助力度”“加强职工凝聚力工程建设”“共建民营企业发展的良好氛围”等7大类18项具体服务民营企业工会与职工的举措，动员全区各级工会从为民营企业职工提供服务的角度，全力帮助民营企业解决发展中碰到的问题与困难。（王　凯）

【金山区总工会启动大调研走访活动】 金山区总工会积极响应市委和区委号召，制订《在全区工会系统开展“不忘初心、牢记使命，勇当新时代排头兵、先行者，在改革发展实践中展现金山工会新气象新作为”大调研的实施方案》，并根据方案积极策划，由区人大常委会党组副书记、副主任、区总工会党组书记、主席朱喜林，区总工会党组常务副书记、副主席汪敏良分别带队，开展基层走访调研。调研对象覆盖全区各街镇、金山工业区“小三级”工会，基层企事业单位工会；“鑫港湾”群团基层服务站、“鑫工驿站”、职工服务中心、职工法律援助站等工会一线服务单位、服务窗口；基层工会干部、工会社工、工会工作指导员、工会积极分子等；农民工、劳务派遣工等一线职工群众，劳模工匠等先进代表，快递、家政、网约送餐员等流动分散就业群体，企业经营者和企业管理人员。调研活动形成特色，一是将回访和回应工作相结合。对前期工会开展工作专题调研、实事项目和重点工作调查的意见建议清单，有重点地进行现场回应、解答。二是问需与问计相结合开展座谈，结合工会工作专题调研、工会工作职工满意度测评中形成的金山工会工作瓶颈清单、职工满意度相对较低项目清单自由发言，共商对策、共破难题、共谋发展。（郁　蔚）

【市总工会领导到交运日红公司开展大调研活动】 2月9日，市总工会副主席桂晓燕等一行到交运日红公司开展“不忘初心、牢记使命，勇当新时代排头兵、先行者”大调研活动，运输工会主席张正、市总权益保障部、援助服务中心、职工保障互助会、《劳动报》记者等有关领导和相关人员一起参加调研。调研会上，桂晓燕听取了交运日红公司一线货运车驾驶员代表在生产生活中的实际体会和切身感受，对交运日红公司工会做法和经验给予肯定。她希望运输工会各级工会进一步整合各方资源，加大服务保障职工的力度，把各级工会打造成职工群众温馨的职工之家。张正介绍了运输工会的相关工作情况。交运日红公司汇报了企业工会在加强物流货运车驾驶员队伍建设、权益保障和素质提升等方面的做法和经验。（杨伟民）

【市总工会领导调研指导电信“户外职工爱心接力站”工作】 1月24日，市总工会巡视员何惠娟一行至上海电信公司张杨路营业厅和漕溪北路营业厅，现场检查指导并慰问一线营业员。按照市总工会要求，公司率先推出100家营业门店承接“爱心接力站”，同时进行服务升级，追加硬件设施的投入。调研中，市总工会领导对公司承接“爱心接力站”项目的组织、运营、投入和实效表示肯定，并对漕溪北路营业厅的设施基础、服务品质、用户口碑及人文关怀给予高度评价，同时对下阶段在全市范围内全面推行提出相关要求。（殷　茵）

【中国电信上海市工会开展“聚焦员工感知，服务员工发展”大调研】 为积极贯彻落实公司大调研具体要求，聚焦“员工实事项目”，做到“心中有数、推进有方、保障有力、下沉有效”，中国电信上海市工会制订了“聚焦员工感知，服务员工发展”大调研方案，全面规划，有序推进。工会将大调研工作与公司年度重点工作相结合、与掌握员工思想动态相结合，工会主席室和各部室负责人分别联系对口4—5家单位，形成联系工作清单，把工作重心、服务资源持续下沉到一线，以员工需求为导向，推动各类问题及时得到响应和处理。大调研期间共发现问题248项，已制订措施解决245项，待解决3项。工会还重新制订了《中国电信上海市工会联系基层和员工制度》，明确工会干部要加强与基层单位的联系与协调。每位联系人可选择多家基层单位作为工作联系点，围绕重点群体、重点工作，了解情况、以点带面，指导工作，并结合公司下沉一线等工作以多种形式报告联系点的情况。大调研活动还通过“上海翼家人”员工微信公众号策划了“听员工说”栏目，每月通过不同主题，通过线上方式征集员工对年度重点工作的想法和见解。全年共开展10期内容共征集到员工提出的意见建议1662余条，由公司相关业务部门评审出优秀建议和入围建议，并在“上海翼家人”微信公众号上通过微刊形式予以展示。（殷　茵）

【中交上航局工会开展“工会主席走基层”活动】 上航局工会于2018年开展“工会主席走基层”活动，深入基层了解职工需求，打通工会联系服务职工的“最后一公里”。7—10月期间，上航局工会先后走访了10家基层单位，听取各类意见和建议83项，在实地走访和座谈交流中，职工代表们畅所欲言，就工作、学习、生活中遇到的疑惑，影响企业发展的问题提出了意见和建议。在交流过程中，对职工反映的合理诉求有的直接给予答复，有的会后反馈到本单位工会协调，有的转相关部门协调答复或解决。有效维护了职工合法权益，起到了凝聚人心，稳定队伍，助推企业转型发展的作用。（张广雷）

【市人社局工会开展大调研工作】 根据市总工会《关于印发在全市工会系统开展“不忘初心、牢记使命，勇当新时代排头兵、先行者”大调研的实施方案》的通知精神，市人力资源和社会保障局工会结合实际，认真组织开展大调研活动。重点从4方面加以推进：一是制订实施方案。制订《关于在局工会系统开展“不忘初心、牢记使命，勇当新时代排头兵、先行者”大调研的实施方案》。二是走访调研。共开展座谈会等形式调研活动21次，813人次参加。三是梳理问题清单。共梳理组织制度存在缺失、经费管理意识模糊、竞赛工作缺乏深度、关心服务不够精准等4个问题。四是建章立制。根据大调研反馈意见，先后制订《局基层工会委员会选举制度》《局基层工会换届选举工作的若干规定》《局工会固定资产管理制度（暂行）》等制度。同时，组织局属单位工会认真学习贯彻《上海基层工会经费收支管理实施办法》，邀请市总财务资产部作专题辅导，不断健全完善工会经费收支管理相关措施。（瞿葆仁）

【市总工会调研上海市教育系统工会工作及一线教职工现状】 3月13日，由市人大常委会副主任、市总工会主席莫负春率领的市总工会调研组，以及由上海市教育工会常务副主席李蔚率领的市教育工会调研组，在上海大学宝山校区，就教育系统工会工作以及一线教职工现状，与来自高校以及普教系统的工会主席和普通教师代表进行座谈。会上，围绕教育工会工作的着力点、服务教职工过程中的现实障碍、教职工的期待与困惑等话题，上海大学、华东师范大学、宝山区教育工会等单位分别发言。他们结合各自单位、自身实际情况，围绕教育工会的主业主责，服务教职工、引导教职工民主参与等方面存在的问题和发展的难点、瓶颈，以及教职工群众对党政工作、工会工作的新期待，特别是自身职业发展、生活保障、生活服务等方面的需求、困惑，畅所欲言。莫负春在总结时指出，希望教育系统工会围绕政治性、先进性和群众性这“三性”深化改革。通过民主管理和教代会，调动和发挥广大教职工的主动性、积极性和创造性，增强学校的活力。在教职工的职业关怀，关心教职工的职业发展中，发挥更大的作用。并更多地关注职工的民主权益，落实职工的参与权、知情权。在维护职工的生活权益方面

3月13日，市总工会调研组在上海大学宝山校区与教育系统代表进行座谈（吴　波）

进一步拓展内涵，做出优势，做教职工身边的娘家人、热心人。（吴　波）

【市经信系统工会开展"不忘初心、牢记使命，勇当新时代的排头兵，先行者"大调研】 1—6月，市经信系统工会按照大调研要求，进行13次调研，深入走访了15家单位，共收到相关单位反映的问题42件问题，现场答疑解决问题26件，带回问题16件，还牵头召开与杨浦区区政府的问题协调会，共协调解决了2家单位的4个问题，把调研作为工会工作解难题、明思路、强服务的重要抓手，并对系统各级工会组织调查研究工作提出明确要求。年内，共收集调研论文近40篇，其中1篇调研论文获得市总工会论文评比一等奖，2篇获得优秀奖。

（黄　俭　顾　捷）

产业工人队伍建设改革

【市总工会承办推进产业工人队伍建设改革中的相关工作】 根据市委、市政府出台产业工人队伍建设改革《实施意见》以及相关要求，市总工会与市委组织部、市委宣传部、市发展改革委、市人力资源社会保障局、市教委、市财政局等相关部门进行反复研究磋商并广泛征求意见的基础上，于3月29日正式印发《关于推进新时期上海产业工人队伍建设改革的实施意见》（沪委发〔2018〕6号）。市总工会全面推进落实各项改革工作，于4月25日召开产业工人队伍建设改革推进会，全面部署实施改革目标任务；参与配合全总、浦干院办好首期产业工人队伍建设专题研讨班；督促有关部门、单位细化各自牵头、负责或参与的改革任务，指导闵行、松江、嘉定等区研究制订改革综合试点方案，推动各单位、各区结合实际开展工作；协调市政府新闻办召开新闻发布会，就《实施意见》相关情况进行宣贯；研究起草上海工会贯彻落实《实施意见》要求的文件。根据《实施意见》要求，在广泛听取各方意见建议的基础上，研究形成《上海市总工会关于以习近平新时代中国特色社会主义思想为指导充分发挥工会在推进新时期上海产业工人队伍建设改革中重要作用的意见》，并于8月2日正式印发。该《意见》明确了工会推动产业工人队伍建设改革的基本思路、要求及改革任务分工、重点项目清单等。（鞠元卿）

【出台推进新时期上海产业工人队伍建设改革实施意见】 3月29日，由市总工会、市委组织部、市委宣传部、市发展改革委、市人力资源社会保障局、市教委、市财政局等部门联合起草形成的《关于推进新时期上海产业工人队伍建设改革的实施意见》（以下简称《实施意见》），经市委常委会、市委深改组、市政府常务会议审议通过后由市委、市政府印发。4月25日，上海市委、市政府召开上海市产业工人队伍建设改革推进会并下发文件。《实施意见》共9个部分33条，分为"总体要求""政策措施""组织实施"三大块，涵盖提升产业工人政治地位、构建产业工人技能形成体系、完善产业工人评价培养和使用机制、优化资金保障机制、加强公共服务等方面。《实施意见》提出：全面贯彻党的十九大精神，以习近平新时代中国特色社会主义思想为指导，始终坚持党对产业工人队伍建设改革的领导，积极改革创新产业工人队伍建设的体制机制、方式方法。坚持以人民为中心的发展思想，尊重和保障产业工人的主人翁地位，突出对产业工人的思想政治引领，调动和激发产业工人的积极性、主动性、创造性，夯实党执政的阶级基础和群众基础；围绕产业需求推进产业工人队伍建设，构建产业工人技能形成体系，不断提升产业工人队伍素质、优化产业工人队伍结构、稳定产业工人队伍规模，打牢上海新型产业体系建设的人力资源基础；完善产业工人劳动经济权益保障制度体系，深化收入分配制度改革，建立健全创新成果、技术能力等要素参与分配的体制机制，不断提升产业工人收入待遇水平；坚持以职工需求为导向，深化产城融合，推动产业园区向城区转变，切实扩大教育、文化、卫生、医疗、住房、交通等城市公共服务对产业工人群体的覆盖面。加强公共就业服务，规范劳动关系，以稳定就业推动产业工人队伍发展、促进社会和谐。

（陈　蓓）

【普陀区召开推进产业工人队伍建设改革领导小组会议】 7月27日，普陀区召开推进产业工人队伍建设改革领导小组会议，区巡视员孙萍出席会议，区人大常委会副主任、区总工会主席李松海主持，25家领导小组成员单位参加会议。会议部署本区推进产业工人队伍建设改革任务，明确牵头部门和推进重点。强调要从巩固党的执政基础和阶级基础的根本需要、提升普陀城市能级和核心竞争力的有力支撑的高度，深刻认识推进产业工人队伍建设改革的重要意义；聚焦技能提升核心任务，高度重视产业工人权益维护，全力推进各项改革任务落实落地；健全督促检查制度，确保有序有力推动产业工人队伍建设改革工作。

（陆　蕾）

【静安区深入推进新时期产业工人队伍建设改革和国有企业工会改革】 8月21日，静安区召开推进新时期产业工人队伍建设改革推进会暨国有企业工会改革推进会。区委副书记顾云豪，区人大常委会副主任、区总工会主席叶坚华等出席。副区长鲍英菁对中共静安区委、静安区人民政府《关于推进新时期静安产业工人队伍建设改革的实施意见》做了说明。区总工会、区人社局、石门二路街道、置业集团等4家单位分别在会上作交流发言。顾云豪认为，一要提高思想站位，增强推进新时期静安产业工人队伍建设改革的责任感。二要准确把握方向，全力推进产业工人队伍建设改革各项任务落实落地。三要积极落实责任，增强推进产业工人队伍建设改革的合力。四要领会重要精神，切实提高对做好国企工会工作的认识。五要加强组织实施，确保国企工会改革各项举措落地生效。（蒋康乐）

【闵行区开展培育当代工匠专题调研】 6月14日，闵行区委副书记于勇牵头召开培育当代工匠专题调研座谈会，"当代工匠"代表、区委办、区委组织部、区总工会、区经委和区人社局相关负责人参加座谈。座谈会上，"当代工匠"代表围绕产业工人队伍职业发展需求、工匠传帮带作用发挥以及需要党委政府协调解决的困难三方面进行了交流讨论。区委组织部、区总工会、区经委和区人社局对工匠提出的诉求进行回应，表示将通过制订出台区内产业队伍和人才工作意见、打造南部实训基地、搭建高技能人才沙龙等多种途径予以协调解决。

（王 凯）

【闵行区启动加强产业工人公共服务三年行动计划】 8月16日，闵行区产业工人队伍建设改革推进会召开。区委常委、副区长曹扶生主持会议。区委副书记于勇出席会议并讲话。会议印发了《关于推进新时期闵行区产业工人队伍建设改革的实施意见》和《闵行区加强产业工人公共服务三年行动计划（2018—2020年）》。《实施意见》从全面提高产业工人的政治地位、加快构建产业工人技能形成体系、完善产业工人评价培养和使用机制、改善资金保障机制、加强公共服务、保障劳动关系和谐稳定、营造尊重产业工人社会氛围等7方面，提出27条任务措施。《三年行动计划》提出了关于产业工人素质技能提升、就业服务保障、住房保障改善、园区交通优化、教育提质、健康服务强化、文化内涵促进、公共体育服务体系完善等8大工程，切实加强产业工人公共服务的全覆盖。区总工会、区人社局、区教育局、区房管局4家单位分别交流发言。区推进产业工人队伍建设改革领导小组成员，各镇、街道、莘庄工业区党（工）委副书记、分管副镇长（主任）和工会主席近百人参加会议。（王 凯）

8月16日，闵行区召开产业工人队伍建设改革推进会 （李乘凤）

【嘉定区召开产业工人队伍建设改革推进会】 11月3日，嘉定区委、区政府召开嘉定区产业工人队伍建设改革推进会。上海市人大常委会副主任、市总工会主席、市推进产业工人队伍建设改革领导小组副组长莫负春，嘉定区委书记章曦，市总工会副主席、市推进产业工人队伍建设改革领导小组办公室副主任桂晓燕等出席。嘉定区委副书记周金林主持会议。嘉定区副区长陆祖芳就区产业工人队伍建设改革工作进行部署。会前，嘉定区总工会会同区委组织部、区委宣传部、区发改委、区人社局、区教育局、区财政局等有关部门和单位，研究形成了《关于围绕打造科创中心重要承载区 加快推进新时期嘉定产业工人队伍建设改革工作的实施意见》。《实施意见》坚持问题导向、需求导向、效果导向相结合，坚持政策集成和创新，紧紧围绕嘉定产业发展实际，结合产业工人队伍的现状、特点，从重点产业、重点行业、重点产业工人群体等着手，形成了贯彻落实新时期产业工人队伍建设改革的重点举措。明确提出“以提高认识为前提，切实尊重和保障产业工人的主人翁地位”“以锤炼内功为关键，切实提升和改善产业工人队伍整体素质”“以加强保障为根本，切实维护和发展产业工人劳动经济权益”“以完善服务为支撑，切实加强和提高产业工人获得感和满意度”的四大改革目标，并相应提出“提升产业工人的政治地位、提升产业工人的能力素质、加强产业工人的权益维护、加强产业工人的公共服务”等4大方面25条工作举措。《实施意见》中明确，将建立多元投入的激励机制，进一步加大对技能要素参与分配的激励力度，建立起符合新型产业体系建设的产教融合、校企合作和产业工人终身学习制度机制。同时将以世界先进技能标准引领产业工人技能水平提升，持续开展以“嘉定工匠”为引领的高技能人才品牌建设工作，到2020年嘉定全区高技能人才占技能劳动者比例达35%，形成嘉定工匠、技能标兵、技术能手等多层次的高技能人才体系。会上，嘉定区委组织部、区总工会、区发改委、区人社局、嘉定工业区5家单位进行交流发言，并举行嘉定产业园区共享班车集中发布仪式、嘉定产业园区公共事务受理咨询中心揭牌仪式和“嘉定工匠”创新工作室授牌仪式。

（黄点点）

【松江区召开加强产业工人队伍建设改革推进会】 9月7日，松江区召开加强产业工人队伍建设改革推进会，区委副书记、区推进产业工人队伍建设改革领导小组组长刘其龙，区人大常委会副主任、区总工会主席、区推进产业工人队伍建设改革领导小组副组长徐卫兴，区总工会党组书记、副主席、区推进产业工人队伍建设改革领导小组办公室常务副主任陈军康出席本次会议。会议就开展下阶段产业工人队伍建设改革提出三点要求，第一是提高政治站位，强化推进产业工人队伍建设改革重要性的认识。第二是要明确改革目标，全力推进产业工人队伍建设改革各项措施落地见效。第三是要加强组织领导，切实形成推动产业工人队伍建设改革工作合力。会议就区委、区政府出台的《关于推进与G60科创走廊相适应的松江产业工人队伍建设改革的实施意见》做部署说明。区总工会、区人社局、车墩镇作为产业工人队伍建设改革推进单位代表交流发言。 （褚安琪）

【青浦区总工会举办产业工人队伍建设改革专题辅导讲座】 7月13日，青浦区总工会在区委党校召开五届二次全委（扩大）会议，邀请上海市总工会研究室主任崔校军就上海新时期产

6月15日,松江区召开推进产业工人队伍建设改革领导小组会
（朱剑欢）

业工人队伍建设改革工作做专题辅导。区总工会第五届委员会全体委员,区产业工人队伍建设改革工作相关单位分管领导,各镇、街道总工会主席、副主席、专职干部,各委、局、区级公司工会负责人,区总工会机关、事业单位中层以上干部参加会议。（朱建强）

【崇明区召开贯彻落实上海市产业工人队伍建设改革推进会】 5月25日,崇明区委、区政府在区政府会议室召开崇明区贯彻落实上海市产业工人队伍建设改革推进会。会上对《关于推进新时期上海产业工人队伍建设改革的实施意见》作传达说明,详细阐述了《实施意见》出台的背景、明确重点举措以及推进落实要求。传达学习市委、市政府《关于推进新时期上海产业工人队伍建设改革的实施意见》,部署崇明贯彻落实上海市产业工人队伍建设改革推进会的相关工作。（陈思佳）

【中国宝武开展产业工人队伍状况调研】 2018年,中国宝武成立调研组,对中国宝武产业工人队伍状况开展调研,面向23家子公司发放了1.6万份调研问卷,对数十位产业工人代表进行访谈,通过问卷调查、个别访谈、座谈会等形式,聚焦产业工人关心关注的28个主要问题进行深入分析,形成《新时期中国宝武产业工人队伍建设改革调研报告》,并由工会牵头制订《关于推进新时期中国宝武产业工人队伍建设改革的实施意见》,为公司加强新时期中国宝武产业工人队伍建设改革,明确了总体思路、目标任务和十大具体举措。（陈佩红）

【中组部产业工人队伍建设专题研讨班走进江南造船】 5月28日,由市总工会副主席桂晓燕带队,中组部新时期产业工人队伍建设专题研讨班40余人,到江南造船开展现场教学。专题研讨班学员就推进产业工人队伍建设关键点、高技能人才培养计划、高技能人才薪酬与技能等级等内容与大家进行研讨。此次专题研讨列入中组部培训计划。专题研讨班于5月24日在浦东干部学院开班。全总党组书记、副主席、书记处第一书记李玉赋在开班仪式上要求学员,突出重点、抓住难点、明确责任,推动产业工人队伍建设改革,在新起点上取得新进展、新成效。上海船舶公司党委书记、董事长高烽,江南造船党委副书记、工会主席朱煜向专题研讨班学员介绍情况。专题研讨班学员参观了江南造船职业学校、造船展示馆和生产现场,还观看了企业宣传片。（刘亦明）

进博会立功竞赛

【概要】 按照进博会筹备委员会的决策部署和市委、市政府提出的“举全市之力筹办首届进博会”的要求,市总工会联合有关委办局和重点区域地方政府在全市相关单位开展“凝心聚力进博会、建功立业创一流”立功竞赛活动,动员组织广大职工岗位建功岗位奉献。全市50余家相关区局(产业)工会及近千家基层单位、百万职工积极响应,以饱满的热情投入进博会建设服务保障等各项工作,为首届中国国际进口博览会的成功举办贡献智慧和力量。一是牵头制订竞赛方案,凝聚服务进博力量。市总工会主动与进博会城市保障领导小组办公室对接,结合《中国国际进口博览会城市保障总体方案》提出的19项城市保障工作主要任务,制订上海职工服务保障首届进口博览会立功竞赛方案。6月,市总工会与市商务委、市文明办、市建设交通工作党委、市市级机关工作党委、市市场监管工作党委、市公安局、团市委、市妇联等9家委办局和虹桥商务区管委会以及青浦、闵行、长宁、嘉定等重点区域地方政府联合印发《关于开展“凝心聚力进博会、建功立业创一流”立功竞赛活动的通知》,提出聚焦“城建环境优、安全保卫强、交通运行畅、服务保障好、活动组织精”等5个方面重点内容和“青浦、闵行、长宁、嘉定”等4个重点区域开展立功竞赛。二是抓牢重要时间节点、营造良好竞赛氛围。为做好进博会的服务保障工作,市总工会分别于倒计时150天、100天、50天、30天、10天以及进博会期间召开誓师大会、推进大会,开展职工技能展示、汇报演出、经验交流等活动。在进博会召开期间,市总工会组织开展参赛单位互访、互学活动。同时,开展“百名工匠观进博”活动,召开2018年上海工匠选树命名大会,并组织2018年“上海工匠”集体参观进博会,帮助工匠们开阔视野。三是发动各级工会参与建设服务保障。根据立功竞赛通知要求,50余家相关区局(产业)工会结合各自功能定位和任务制订竞赛方案,组织近千家基层单位、百万职工群众参与进博会立功竞赛各项工作。青浦、长宁、嘉定、闵行4区分别围绕“凝心聚力进博会、建功立业创一流”竞赛主题召开大会,推进立功竞赛活动的开展。在建工、城投、中建八局等承担了国家会展中心场馆建设和周边配套

工程的产业工会中，以“强安全、重质量、保进度、赛文明、出人才”为主要内容开展工程立功竞赛；在机场、东航、申通、铁路等提供配套服务的产业工会中，职工素质和风采成为竞赛的重点，陆续开展“最美地铁人”职工礼仪大赛、“迎进口博览会、展铁路新风采”等活动；围绕进博会通信建设，电信工会举行进博会通信建设冲刺誓师大会，移动工会开展了“移动保障进博会、通信服务创一流”活动，全力做好迎办进口博览会通信服务保障工作。四是强化中途推进管理，确保竞赛扎实推进。除了以立功竞赛为抓手动员广大职工群众参与进博会的服务保障工作以外，市总工会在国家会展中心设立立功竞赛办公室，强化中途管理，督促检查竞赛单位提供高质量高水平的服务保障，确保首届进口博览会圆满成功举办。建立例会制度。定期召集相关进博会窗口服务保障单位，相互通报竞赛的进展情况，交流竞赛活动的做法。着力宣传造势。在工会简报上开设“服务进博会、工会在行动”专刊，专门刊登各级工会在服务进博会中的各种做法和举措，并报送全总、市委及相关部门，各参赛单位也注重运用微信、APP等新媒体手段，及时宣传竞赛做法和先进典型。推进中途评选。竞赛办公室下发《关于申报进博会立功竞赛先进集体和团队的通知》，在前期汇总各参赛单位竞赛方案的基础上，对参与进博会筹备服务各项工作中涌现出的先进集体和团队进行集中申报。五是备战最后冲刺阶段，助力进博会成功举办。全市50多个行业、区域的重点服务保障和窗口单位，按照“一行业一方案”“一单位一方案”的精细化模式，在迎进博会立功竞赛倒计时10天中奋力冲刺。进博会闭幕后，市总工会根据立功竞赛文件要求，授予58家单位上海市五一劳动奖状称号；73人上海市五一劳动奖章称号，109个班组(团队)上海市工人先锋号称号。授予91个单位(班组、团队)上海城市服务保障首届中国国际进口博览会立功竞赛活动先进集体称号，104人上海城市服务保障首届中国国际进口博览会立功竞赛活动先进个人称号，11家单位上海城市服务保障首届中国国际进口博览会立功竞赛活动优秀组织奖。 (潘名家)

【浦东新区举办酒店商务礼仪立功竞赛】 10月31日，浦东新区举办“展礼仪风采·做最美职工”部分重点商业商贸区域酒店商务礼仪立功竞赛。本次竞赛是新区总工会贯彻落实区委精神，积极响应市总号召，围绕服务保障进口博览会，以“全面提升一线服务人员特别是重点窗口行业的服务水平，使温暖温馨、热情友善、宾至如归成为浦东服务的特质，打响‘上海服务’品牌”为目标，共设主题演讲、双语问答、情景模拟3个环节，来自上海红塔大酒店、上海凯宾斯基大酒店、上海中油阳光大酒店等8家酒店参赛队展开激烈角逐，在比赛中展示了优质的服务水平和浦东一线职工热情向上的精神风貌。 (陈 维)

【长宁区启动“凝心聚力进博会、建功立业在长宁”立功竞赛】 为进一步动员长宁职工全力以赴做好进博会的建设、运行、服务、保障工作，7月6日，“凝心聚力进博会、建功立业在长宁”立功竞赛启动仪式在区机关大厦举行。区委副书记、区长顾洪辉在会上发表讲话。市总工会党组副书记、副主席姜海涛，区人大常委会副主任、区总工会主席刘英，副区长孟庆源等出席会议并为各参赛单位代表授旗。会上介绍了立功竞赛方案。春秋航空、区建交委、区商务委3家单位代表做交流发言，同仁医院、公安分局职工分别展示了急救技能和枪操表演，宾馆服务行业代表宣读立功竞赛倡议书。市总工会，区相关部委办局、人民团体、街道(镇)、国有企业主要负责人及部分参赛单位职工代表共200余人参加会议。 (贲 放)

【闵行区开展进博会重点工程(项目)立功竞赛】 5—11月，闵行区总工会和区建管委联合举办“凝心聚力进博会、建功立业创一流”立功竞赛活动。历时近5个月，进博会保障区域内20余家涉及建筑工地和架空线入地工地全部参赛。进博会前期保障期间，重点围绕“保平安、促和谐”的主题，开展“架空线入地工作”立功竞赛。竞赛期间完成电力排管22.5公里，新敷设电缆150.06公里。在进博会保障区域内，开展“施工安全、文明施工”立功竞赛。各工地均主动对标竞赛指标，将竞赛活动的考核工作指标纳入平时的日常管理中，强化过程管理，促进建筑工地安全生产活动和安全文化建设的深入开展。 (龚黎红)

【“凝心聚力进博会、建功立业创一流”嘉定赛区立功竞赛落幕】 按照上海市总工会、嘉定区委区政府的相关要求，6—11月，嘉定区总工会联合嘉定区绿容局、建管委、水务局、城管执法局、公安嘉定分局及嘉定区江桥镇等6家单位，在虹桥商务区内的嘉定区域，围绕道路交通、桥隧涂装、道路景观和建筑立面4个方面，集中对10个项目进行整治提升，开展“凝心聚力进博会、建功立业创一流”嘉定赛区立功竞赛活动，全区共有25个单位、170个班组，5766名职工参赛。经推荐评选，嘉定赛区有2人和2家单位分别荣获上海市五一劳动奖章(状)，有3个班组获评上海市工人先锋号，有3人和1家单位获评上海市立功竞赛先进个人(集体)。 (黄点点)

【公安青浦分局工会落实3项举措服务进博会安保备战】 一是落实健康保障。及早谋划、启动体检工作，6月底前全面完成全局民警、文职等健康检查工作。建立体检异常指标即时通报和健康档案定期反馈机制，督促所在部门领导(工会小组长)主动关心，掌握动态，及时上报。积极联系相关医疗机构，举办健康讲座、咨询指导活动。二是落实专项关爱。会同警保等部门研究防暑降温方案，筹措物资为一线民警“送清凉”。建设“职工亲子工作室”，举办“小金盾”民警子女暑托班，并开设书画培训班，为全局180余名民警、文职家庭解决了暑期子女看管问题。三是落实常态慰问。积极落实工会会员生日、节日慰问等福利待遇。健全完善探望慰问机制，各级工会小组在开展日常思想政治工作、家访谈心中注意了解民警、文职及直系亲属身体状况，及时报告患病住院以及家庭遭遇重大变故等情形。 (朱建强)

【东方国际集团工会带领广大职工奋战进博会】 东方国际集团作为中国国际进口博览局授权的招展合作伙伴，是最早参与进博会筹备工作的大型集团之一。集团工会结合进博会开幕倒计时100天的工作要求，组织职工开展“立足岗位做贡献、争当能手立新功”百日劳动竞赛，发动万名职工立足岗位，从业务创新优、运行管理优、客户开发优、服务需求优4个维度进行竞赛。其间，向进博局、市商务委、海关等单位提出政策建议77条，形成书面文件6份，多数被政府机构采纳；在集团旗下15家公司路演外，远赴德、法等十多个国家和地区推介，最终由集团推荐参展商105家，其中有世界500强和行业龙头企业10余家；承接上海市商务委委托的上海交易团及18个交易分团联络、注册、审核等工作；多渠道精准对接，牵头综合贸易服务商联盟成员积极参与；打造元中国别中心和 Gracina Life，推进“6+365”常年展示交易平台落地；编制《进口指南》《进博会参展指南》；为参展商提供物流服务22家，搭建服务12家，商旅服务10家；300多名优秀员工组成志愿者团队。集团进博会推进办获“上海市五一劳动奖状”、集团推进办外派团队获“上海市巾帼文明岗”荣誉称号。 （郑鸦峰）

【上海邮政工会开展进博会劳动竞赛活动】 上海邮政工会按照市政府提出的“举全市之力筹办首届进博会”的要求，组织开展“凝心聚力进博会、建功立业创一流”上海邮政劳动竞赛活动。劳动竞赛共设三大版块，一是上海邮政“服务进博会、争创示范岗”窗口服务劳动竞赛。加强邮政营业人员服务礼仪培训、外语服务术语等技能，提升邮政窗口服务质量。二是开展上海邮政“凝心聚力进博会、投递服务创一流”投递服务劳动竞赛。开展“一封信一颗心”主题活动，加强投递人员业务素质和操作技能，提高邮政通信服务能力。三是开展上海邮政“迎战进博会、全力保平安”邮件安全立功竞赛。全面强化邮件收寄、分拣、运输、投递各环节的安全管控，确保全市邮件安全。带领职工发挥运行、保障和服务的主力军作用，完成了进博会期间的邮政通信生产、安全运行、服务保障等工作。进博会闭幕后，上海邮政获评上海市五一劳动奖状1个、上海市工人先锋号3个，上海市五一劳动奖章2名、上海城市服务保障进博会立功竞赛先进个人1名。 （杨 娟）

【中国电信上海市工会组织广大职工迎接进博会“大考”】 为切实做好首届“进博会”相关通信建设和保障工作，中国电信上海公司工会和公司行政联合发文，启动“进博会”保障竞赛，通过业务需求赛区、网络和产品保障赛区、综合保障和品牌宣传赛区、窗口和志愿者服务赛区等四大赛区，为首届“进博会”提供全方位的通信保障服务。同时招募200余名职工志愿者，成立了专家支撑、网络运维、业务运营、窗口服务、综合保障等五支团队，在进博会期间为各类临时性、突发性的通信保障任务提供志愿服务。在倒计时100天进程中，上海电信在公司网络服务平台、服务窗口现场和服务热线语音平台等载体开展迎进博会的宣传，营造良好活动氛围，并积极开展服务规范、服务技能、礼仪常识等提升服务质量的相关培训，共有246家电信营业厅开展“迎进口博览会，书香文化进营业厅”主题活动。 （殷 茵）

【市金融工会召开迎进博会立功竞赛誓师大会】 6月21日，上海金融系统召开先进职工表彰暨迎进口博览会金融职工立功竞赛誓师大会。市金融办、市总工会、市文明办等相关部门领导出席会议。各金融同业公会领导、金融机构分管领导、金融工会全委会委员、金融团工委委员、工会负责人和受表彰的先进集体、个人代表共计300余人参加会议。会议表彰2017、2018年获得全国、上海市五一劳动奖状（奖章）的先进集体（个人）和市工人先锋集体，为荣获2017年度金融职工立功竞赛活动“建功奖”“优秀组织奖”，上海金融系统五星级“优质服务网点”“优质服务明星”“优质服务特色奖”以及金融系统“优秀工会干部”“先进职工之家”“先进职工小家”的单位和个人颁发奖牌、奖状。会上举行了“争当进博先锋，创建最美窗口，打响上海金融服务品牌”职工立功竞赛活动启动仪式。 （李 伟）

【市医务工会系统积极组织开展进博会竞赛活动】 为做好进博会期间医

6月21日，市金融工会召开上海金融系统先进职工表彰暨迎进口博览会金融职工立功竞赛誓师大会 （李 伟）

疗服务和公共卫生保障工作，6—11月，市医务工会在行业内广泛组织开展“凝心聚力进博会、医疗服务创一流”立功竞赛活动。立功竞赛设提升医疗保障能力、做好公共卫生保障、改进医疗服务水平、加强行业安全管理四大项目，各级工会通过组织开展培训、比武、练兵、竞赛等活动，引导广大医务职工立足岗位创先争优，努力营造比学赶超、争创一流的浓厚氛围。市医务工会提出，要高度重视，加强资源整合，制定竞赛计划，努力构建“党委领导、行政支持、工会运作、职工参与、各方协同、全面推进”的竞赛工作格局；要结合实际，围绕医疗卫生保障主要任务，按照全员、全方位、全过程参赛的要求，拓展竞赛领域、创新竞赛载体、丰富竞赛内容、完善竞赛机制，力求取得实效；要充分利用报刊、网络、微博、微信、等各种宣传载体，加强宣传发动，注重发掘培育先进集体和个人。立功竞赛活动结束后，市医务工会共总结表彰了60个立功竞赛“优秀团队（班组）”和59名立功竞赛“岗位标兵”。　（马艳芳）

【SMG工会围绕进博会立功竞赛，开展“双月劳动竞赛”活动】 9—11月，围绕国庆、进博会两大重保期，SMG工会和台总部工会、技术管理部、总编室精心组织开展了2018年度安全播出“双月劳动竞赛”活动，新增“优秀特色活动奖”，鼓励各参赛单位积极开展形式多样的特色活动，促进安全播出重点工作的有效开展。台、集团下属14家单位184个班组、2114名播出一线干部员工踊跃报名、积极参赛。经过两个月的努力，台集团圆满完成了国庆和进博会期间各项安全播出保障工作。在市总工会表彰首届进博会的先进名单中，国会中心获市五一劳动奖状，融媒体进博会直播报道组、文广实业进博会新闻中心建设运营团队获先进集体，幻维数码孙博、东方卫视中心刘嘉惟获先进个人。　（秦伊龄）

【锦江国际集团深入开展“进博会”立功竞赛活动】 为积极响应市总工会等关于开展“凝心聚力进博会、建功立业创一流”立功竞赛活动的号召及文件精神，锦江集团工会根据集团党委《统一思想、集中精力、狠抓落实，迎接中国国际进口博览会举办行动方案》，开展“创一流、树形象、优质服务进博会”立功竞赛活动。锦江作为上海重要的“窗口”行业单位之一，一是大力弘扬劳模精神、劳动精神、工匠精神，充分发挥集团广大职工参与运行、保障、服务进博会的主力军作用。二是动员广大职工积极参加培训、比武、练兵、竞赛、献计和“创一流、树形象、优质服务进博会”立功竞赛活动。三是展现集团广大职工为确保圆满完成进博会的各项任务，凝心聚力、勇于担当、勤奋劳动、忘我拼搏的奉献精神。为推动服务进博会立功竞赛活动深入人心、有序开展，在集团党委领导统一指挥下，加强资源整合，板块领导小组负责具体推进、落实，明确责任主体。构建“党委领导、行政支持、工会运作、职工参与、各方协同、全面推进”的竞赛工作格局，形成各基层单位、广大职工踊跃参赛的良好态势，圆满完成进博会的各项任务。　（张祥伟）

【闵行区户外职工爱心接力站服务进博志愿行动启动】 10月22日，由市总工会职工援助服务中心和闵行区总工会共同主办的“携手并进迎进博，爱心接力添精彩”——户外职工爱心接力站服务进博志愿行动启动仪式，在闵行区协信中心举行。市总工会副主席周奇在仪式上发表致辞，号召进博会期间，全市的户外职工爱心接力站不忘初心、牢记使命，以更饱满的热情、更昂扬的斗志，积极服务和保障进博会，将户外职工爱心接力站建设成“暖人心、聚人气、有温度、展形象”的平台阵地。希望户外职工志愿者们弘扬“友爱、奉献、互助、进步”的志愿者精神，展上海市民的良好形象，以热情细致周到的服务，做好进博会东道主。　（陈乐琪）

【市工人疗养院举行“喜迎进博会　聚力保平安”消防安全应急演练活动】 10月26日，根据“进博会”安全会议要求，市工人疗养院高度重视展会期间各项消防安全工作，由院工会组织开展消防安全应急演练暨2018年消防运动会，来自康柏苑、物业公司及各租赁单位等300余人参加。通过活动，加强全员消防意识，落实责任、强化保障，严格对标进博会各项安防要求，为“进博会”营造良好的安全环境。　（梁　栋）

非公企业工会改革

【上海推出非公企业工会改革“2.0版本”】 11月27日，市总工会召开深化非公企业工会改革推进会，下发《关于深入推进非公有制企业工会改革发展的意见》，通过建立健全非公企业工会组织建设等5项工作机制，推动工会改革更进一步。该《意见》被称为“非公企业工会改革2.0版本”。5项工作机制的主要内容是：一是健全完善非公企业工会组织建设机制，着力加强街镇“小二级”（园区）工会联合会的组织建设，以形成工会联合会和联合工会管辖责任覆盖、区域性行业性工会联合会条块结合、纵向到底横向到边全域覆盖的“小三级”工会组织体系。将依托工会服务站、公共服务空间等落实工会联合会办公场所，与工会服务站衔接融合，打造职工身边看得见的工会。做好新就业群体的入会工作，针对新业态企业与职工的特点，探索企业外建会和运行的方式，加强运用网络平台、产业关联等纽带和载体建会工作。二是按照依托有形工会服务身边职工的工作机制，以建设工会大家庭、大学校、大平台、大舞台为目标，健全完善市、区、街镇工会服务分中心为枢纽，工会联合会职工服务站为骨干，楼宇、商圈、街面、城市综合体、规模企业等工会服务点以及户外职工爱心接力站为辐射面，布点科学的工会服务阵地体系。三是在健全完善协调劳动关系体系建设的工作机制中，做好工会源头参与、预警机制和调解调处工作。大力推进具备条件的企业单独建立职代会制度，并推动其进行“二次协商”；加强普遍建立劳动争议调解组织等。四是在依法收缴使用和管理的工作机制中，采取基本工作经费和工会工作项目经费相结合的方式，把“小二级”（园区）工会联合会纳入一级工会经费预算单位，确保工会联合会运作的经费保障。在街镇建立工会经费托管服务中心，实行工会经费一门式服务，提高工会经费使用管理绩效。五是以职工为本的保障工作机制，将工建融入党建，加强组织联建、队伍联合、工作联手和资源共享。同时，建立由会员评家、工会自查、上级抽查和第三方评审构成的非公企业工会工作评估体系，每年至少进行一次评估。同时计划每年培育选树非公企业工会改革100个示范点，两年内建成1000个有活力的街镇“小二级”（园区）工会联合会，打造1000个服务职工阵地，配备建设好1000名“小二级”工会社工队伍；依托政府有关资源，在园区建成300个职工健身点，建成500家“上海职工学堂”，为街镇非公企业工会改革提供各项保障。（陈　蓓）

8月24日，普陀区召开深化非公企业工会改革推进会暨长征工业区工会改革现场会（许王丽）

【徐汇区推进非公企业工会改革】 召开各街镇总工会非公企业工会改革推进会，并在此基础上，根据各街镇制定的改革方案，深入基层一线督促指导，努力形成“一街一品”的工作格局。全区有2家街道总工会、4家区域性联合工会列入市总工会非公企业工会改革示范性单位候选单位名单，3家基层单位被评为2017年度上海市基层工会十大创新案例，3家单位入选2017年度上海市基层工会十大创新案例提名。扩大“双实”企业组织覆盖，依托区“事中事后监管平台”，及时掌握符合建会条件的新成立企业信息，通过与街镇总工会联动，积极开展实地走访和上门动员，全年收集新成立企业信息5749家，推动建会181家。进一步扩大“滨江建设者之家”的品牌影响力和虹吸效应，探索建立建设者工会联合会，把项目工地分散的工会组织有机整合起来，推动工会组织的规范运行和工会资源的有效整合，共覆盖8个项目工会，吸纳3370名农民工入会。（李　莹）

【普陀区总工会召开深化非公企业工会改革推进会】 8月24日，普陀区深化非公企业工会改革推进会暨长征工业区工会改革现场会在长征镇天地软件园召开。区各街道、镇、园区工会主席，非公企业工会干部等100余人参加会议。区总工会在长征镇以“小二级”园区工会为样本探索推进非公企业工会改革试点一年以来，建会率从34%提高到100%，入会率从44%提高到94%，提前两年完成原定3年组建入会目标，开展各类活动50余次，惠及职工4000余人次、职工满意度直线上升。会上，长征镇总工会汇报了在推进园区非公企业改革中的主要做法、体会、取得的阶段性成果。长征工业区工会交流介绍试点园区非公企业改革中的经验做法和体会。会上下发《普陀区总工会关于巩固和深化非公有制企业工会改革进一步加强协调劳动关系制度建设的实施意见》及5个配套《实施办法》，涉及集体协商和职代会制度、工会劳动法律监督、预防化解劳动关系矛盾、政府与工会联席会议制度等事项，进一步细化明确下阶段深化非公企业工会改革、加强劳动关系协调的举措和步骤。长寿路街道总工会、桃浦镇未来岛高新技术产业园区工会联合会和上海美兰汽车销售服务有限公司工会也分别作了改革情况的交流发言。（陆　蕾）

6月21日，虹桥机场非公企业工会联合会成立（李悦琳）

【虹桥机场非公企业工会联合会成立】 6月21日，虹桥机场非公企业工会联合会在虹桥机场公司召开大会成立。市总工会副主席周奇，机场集团工会主席张永东，长宁区人大常委会副主任、总工会主席刘英，虹桥机场公司党委书记、总经理蒋云强，工会主席崔耕义及相关单位领导、虹桥机场非公企业工会联合会第一次代表大会代表和员工代表，虹桥机场各基层单位工会主席、相关委托管理部门负责人出席会议。会议选举产生虹桥机场非公企业工会联合会第一届委员会班子，举行了虹桥机场非公企业工会联合会、空港社区虹桥机场职工服务站揭牌仪式。（李悦琳）

【黄浦区南京东路街道成立黄宪祖非公企业工会运作创新工作室】 9月28日，“黄宪祖非公企业工会运作创新工作室”在南东街道党建群团服务站内正式揭牌，区人大常委会副主任、区总工会主席屠奇敏，南东街道党工委书记张婷婷，区总工会副主席许卫峰，南东街道党工委副书记、街道总工会主席沈云等领导出席。在区总工会的支持与指导下，南东街道总工会经过半年时间的筹备，成立这一创新工作室，在推进组织覆盖和做强服务职工群众、助推服务楼宇经济的进程中亮办法、出实招、展才干，助力造就一支从事街道工会工作，具有知识型、技能型、创新型和“全岗通”能力的社工队伍。仪式上，创新工作室领衔人黄宪祖与来自10个街道总工会的10名学员以及2名区管工会学员签署带教协议。沈云向由市总基层工作部副调研员余文龙、上海工会管理职业学院副教授朱虹、黄浦区总工会基层工作部部长贺再励组成的工作室顾问导师团颁授聘书。（陆中斌）

【新天地商圈联合工会揭牌成立】 9月6日，黄浦区委副书记丁宝定为淮海中路街道新天地商圈联合工会成立揭牌，新天地商圈非公企业工会改革试点工作正式启动。新天地商圈长期非公中小企业交替进入、外来务工人员进出频繁，对商圈内工会工作带来影响。商圈联合工会的成立能够扩大商圈非公企业工会组织覆盖面，激发非公企业工会活力，提升工会组织的影响力和凝聚力，使商圈内近90家商户的职工有了自己的“娘家人”。新天地商圈非公企业工会改革将通过推动非公企业工会积极作为、发挥作用、迸发活力，提升新天地商圈企业对工会组织的认可度，提高新天地商圈职工群众的获得感，打通服务辖区职工的“最后一公里”。（陆中斌）

【闵行区立足协调劳动关系体系建设深化非公有制企业工会改革】 8月23日，闵行区非公企业工会改革推进会在区机关会议中心召开。会议由区人大常委会副主任、总工会主席倪学斌主持，各镇、街道、莘庄工业区，社建委工会主席和专职副主席参加会议。会议部署了2018年工会组建“百日集中行动”和非公企业工会协调劳动关系体系建设工作。会上区总工会启动“非公有制企业工会三年行动计划”，计划分试点部署、深化推广、攻坚提升3个阶段分布推进。内容包括普遍推进街镇层面建立政府与工会联席会议制度，全面开展非公有制企业民主管理制度规范化建设，不断加强劳动争议“联防联审联调”工作力度，不断强化工会劳动法律监督作用，进一步深化和谐劳动关系创建工作。通过深化非公有制企业工会改革，在协调劳动关系体系建设上突出主业主责，共同推进集体协商、民主管理、法律援助、法律监督“四位一体”维权机制，拓宽共同预防化解劳动关系矛盾“四方联动”工作格局，夯实区、街镇、居（村）、企业“四级网络”架构。（马传军）

【闵行区召开非公领域“党工一体化”工作会议】 9月6日，闵行区召开非公领域“党工一体化”工作会议暨梅陇镇中庚百联联合党委成立、党群服务站点揭牌仪式。区委副书记于勇，区人大常委会副主任、总工会主席倪学斌等领导出席会议。会议印发《闵行区关于加强非公有制经济领域“党工共建”工作的实施意见（征求意见稿）》，提出坚持以非公领域党的基层组织建设带动基层工会组织的思想建设、组织建设、作风建设和制度建设，形成“党委领导，政府支持，工会运作，各方配合”的党工共建工作格局。会上明确“党工共建”四项主要任务：一是组织联建，扩大党工组织覆盖面；二是队伍联动，配齐配强党群工作者；三是资源联享，深化党工阵地建设；四是活动联办，丰富党员职工文化生活。区社建委与区总工会签署“党工共建”项目合作协议。中庚百联联合党委、党建服务站、群团基层服务站在会上正式揭牌启动。各街镇、莘庄工业区党（工）委副书记、组织委员、工会主席、党建服务中心及综合党委相关负责人等150人参加会议。（王 凯）

【金山7家工会组织成为上海市非公企业工会改革示范点】 11月27日，市深化非公企业工会改革推进会在松江召开。市人大常委会副主任、市总工会党组书记、主席莫负春出席并作讲话。市总工会党组副书记、副主席姜海涛宣读《上海市总工会关于深入推进非公有制企业工会改革发展的意见》，市总工会副主席周奇主持会议。市总工会副主席张得志、桂晓燕、刘言浩、朱雪芹，秘书长宋钟蓓，经审委主任丁巍等领导出席会议。会上，枫泾镇、朱泾镇、漕泾镇3家镇总工会和枫泾兴塔企业发展有限公司、朱泾工业园区、亭林东部工业区、金山工业区鑫港湾4家区域性、行业性工会联合会获评“上海市非公企业工会改革示范点”。（沈勇军）

【青浦香花桥街道落实三项举措推进非公企业工会改革】 一是强化基层组织经费保障。通过差异化收缴工会经费和差异化项目补贴的形式，将更多经费留存基层工会用于职工活动、集体福利。注重财务规范化管理，开展工会财务人员实务培训。二是积极践行“以上代下”维权。发挥工会法律顾问工作室作用，接待职工来电来访，为合法权益受到侵害的职工无偿提供援助服务。通过劳动法律沙龙、旁听仲裁庭审、月月送法律、法律知识竞赛等形式，加大对非公企业及职工的法律知识宣传培训力度，提升企业依法治企和职工依法维权意识。三是不断优化工会服务能级。制作服务建会企业、企业工会和会员职工的3张清单，打造“心香联、工惠情”文化品牌，让更多职工了解职工服务阵地和资源。将文化服务送到基层，把公益乐学送到职工身边，举办读书节和读书分享会等。（朱建强）

【奉贤区总工会全面推进非公企业工会改革】 3月16日，奉贤区总工会召开非公企业工会改革工作推进会议。会上部署了非公企业工会改革工作，并对南桥镇推进非公企业工会改革情况进行汇报。南桥镇、和汇投资集团股份有限公司、上海双木散热器制造有限公司、上海德惠特种风机有限公司分别作交流发言。市总工会巡视员何惠娟，区委常委、纪委书记、监

3月16日，奉贤区总工会召开非公企业工会改革工作推进会议

（夏　伟）

委主任孙嘉丰出席大会并作重要讲话。区人大常委会副主任、区总工会主席陆建国主持会议。区非公企业工会改革工作领导小组成员，区职工教育联席会议成员单位成员，区协调劳动关系三方委员会、四家联动单位成员，南桥镇非公企业工会改革工作领导小组成员，各街镇、社区、开发区、部分集团公司党委副书记、工会主席、专职副主席，区属非公企业党委副书记、工会主席，有政治身份的企业经营者代表，南桥镇部分非公企业经营者、工会主席、职工代表，区域性、行业性工会主席等130余人参加。年内全区百人以上双实企业基本完成单独建会的目标任务，6个街镇、园区获评上海市非公企业工会改革示范点单位。

（夏　伟）

【崇明区总工会深入推进非公企业工会改革】 为进一步推动非公企业工会建起来、转起来、活起来，在长兴镇试点非公企业工会改革的基础上，区总工会深入推进非公企业工会改革。一是召开崇明区深化企业工会改革推进会，提出在全区全面实施非公企业工会改革的目标任务。二是加强对基层工会的指导帮助，要求各单位按照“一镇一方案”推进非公企业工会改革，并下沉93万经费用于推进改革。三是注重发挥典型示范引领带动作用，新河镇和长兴镇组建工会的做法分别获市总工会“基层工会十大创新案例”奖和提名奖，新河镇、长兴镇、庙镇村企工会联合会、长兴镇商业街工会、堡镇街面联合工会获上海市非公企业工会改革示范点称号。

（陈思佳）

【浦东机场工会联合会被授予“2018年上海非公企业工会改革示范点”】 11月27日，上海市总工会召开上海市深化非公企业工会改革推进会，浦东机场工会联合会被命名为“2018年上海非公企业工会改革示范点”。浦东机场工会联合会是本市第一家由国企工会引领、与地区总工会联手成立的工会联合会。自2017年9月22日成立以来，股份公司工会在集团公司工会的关心和指导下，切实发挥了国有企业在履行社会责任、参与社区共治、构建和谐劳动关系、促进社会稳定等方面的示范引领作用。作为被命名的示范点之一，浦东机场工会联合会将按照《上海市总工会关于深入推进非公有制企业工会改革发展的意见》的要求，进一步依托股份公司工会和祝桥镇总工会的优势资源和载体，凝聚非公企业职工力量，团结动员职工群众干事创业，推动机场区域非公企业工会“建起来、转起来、活起来”。

（李　挚）

【虹桥机场非公企业职工服务站资源“一体化”22项服务项目】 6月21日，虹桥机场非公企业工会联合会成立暨第一次代表大会举行，位于虹桥机场东区的空港社区虹桥机场职工服务站也同日揭牌使用，公开承诺了22项工会联合会资源“一体化”服务项目。(1)提供职工劳动维权法律知识咨询、工会会员卡、企业工会组建、公益电影、职业介绍、文化设施使用。(2)提供有组织的参观机场、俱乐部健身(优惠)。(3)提供国际国内机票、旅游服务产品。(4)提供出入境政策咨询服务。(5)可组织小朋友参加单位文艺表演(需提前联系)。(6)提供动物资源等科普教育、亲子游活动。(7)提供旅游咨询、旅游服务、太极拳培训。(8)提供单位家电团购、家电售前、售后服务，专业知识保养咨询。(9)提供工商法律、法规咨询服务。(10)提供基本医疗和基本公共卫生服务。(11)提供法律、心理咨询。(12)提供金融业务、金融产品、融资服务咨询。(13)提供商务策划、汽车租赁服务。(14)提供杂技表演可参加单位演出。(15)提供0—3岁小孩家庭指导咨询。(16)提供学校场地向社区开放(双休日)。(17)提供宠物方面的诊疗、咨询，提供畜产品安全方面的咨询。(18)提供科普教育基地，视频阅览室，可提供35个座位(需提前预约)。(19)为区域内企事业单位、职工提供电话预约订报，上门收费、DM广告投递服务。(20)新特西药，在区域内对患癌症等重症病人可免费送货上门。(21)提供国际、国内机票介绍、咨询。(22)提供垃圾分类、节能知识、食品卫生等方面的咨询。

（田久强）

国企工会改革

【积极推进国有企业工会改革】 各地区、产业(局)工会高度重视国有企业工会改革工作，积极开展改革探索，并取得了初步成效。一是形成了较好的工作格局。各区局(产业)按照有关要求，切实加强对国企工会改革的组织领导，成立改革工作领导小组，统筹协调推进改革过程中的相关工作。二是制订总体推进计划并确定了一批试点单位。各区局(产业)工会结合企业实际，制订本地区、系统国企工会改革总体推进计划，明确改革重点难点，确定试点单位名单，并通过召开改革动员专题会议予以部署推进。全市共有16个地区和35家局(产业)上报改革总体方案51个,确定改革试点单位88家。三是试点单位的改革方案和配套措施相继出台。各试点单位按照《指导意见》要求,主要围绕工会组织架构、工会干部来源与培养、协调劳动关系制度进章程、产业工人队伍建设、工会履行社会责任等方面,形成适合企业自身实际、体现持续改进的改革总体方案及配套方案。《劳动报》在8—9月开展了国企工会改革的系列报道,相继对市级试点单位的经验做法做了专版介绍。此外,为指导督促试点企业扎实推进国企工会改革工作,市总工会5月举办国企工会改革工作专题培训班,11月下发关于开展国企工会改革工作自查的通知,督促相关企业认真开展改革工作。

(王珍宝)

【徐汇区总工会大力推进国有企业工会改革】 年内,徐汇区总工会指导推进新徐汇(集团)有限公司工会作为全市10家国企工会之一的改革试点任务,制订"1+6"整套改革方案,疏理完善企业内部规章制度,细化工作措施,为全市国企工会改革提供参考样本。在试点基础上,针对区内国有企业工会组织建设和运行机制中存在的主要问题,制订《关于加强和改进徐汇区国有企业工会工作的实施意见》,召开全区国有企业工会改革推进会,对全区国企工会改革进行动员部署。为更好地推动区内国有企业工会改革工作,区总工会班子领导深入基层,先后到各区属国有企业开展走访调研,进一步提高思想认识、加强分类指导,着重解决基础性、普遍性方面存在的问题,确保改革取得实效。

(陶　俊)

【普陀区总工会召开加强和改进国有企业工会工作推进会】 7月31日,普陀区总工会与区国资委工会联合召开2018年普陀区加强和改进国有企业工会工作推进会。市总工会副主席刘言浩、劳动关系部部长周永宝出席会议,区人大常委会副主任、区总工会主席李松海对进一步推进全区国企工会改革进行工作部署,区总工会党组书记、副主席李戌渊主持会议。全区国资系统各企业党组织负责人、工会主席和工会干部60人参会。刘言浩充分肯定普陀工会在加强和改进国企工会工作方面取得的阶段性成果。李松海就进一步推进国企工会工作提出要求。会上,区总工会和区国资委工会分别汇报前期推进国企工会改革开展的相关工作,中环集团公司党委作了试点单位工会改革的情况交流。

(陆　蕾)

【虹口区启动国有企业工会改革】 9月19日,虹口国有企业工会改革推进会召开。会议由虹口区委组织部、区总工会、区国资党委联合召开,区总工会党组书记袁忠民主持会议,区人大常委会副主任、区总工会主席胡军出席会议并讲话,区管企业党组织主要负责人、工会主席、工会干部、职工代表等80余人出席会议。虹口区国资委党工委书记、主任朱浩部署虹口国有企业工会改革工作,虹口商业集团、虹房集团作交流发言。会议要求,国企工会改革要坚持以职工群众需求为导向推动国企工会改革,充分发挥工会组织"大学校""大舞台""大家庭"作用,把工作重心、服务资源更多放在最普通、最基层、最一线的职工群众身上,为职工群众谋利益。会议明确,将改革的重点放在健全"四位一体"工会维权体系上,把工会组织、职代会、职工董事监事、集体协商、劳动争议调解等维护职工权益、协调劳动关系的制度纳入公司章程,推动形成科学合理平衡的企业治理机制。(徐　洁)

【杨浦区召开区国有企业工会改革工作推进会】 8月22日,杨浦区总工会、区委组织部、区国资党委联合召开区国有企业工会改革工作推进会。区人大常委会副主任、区总工会主席、区国有企业改革工作领导小组组长麦碧莲出席会议并讲话。会议指出,全区国企集团公司要提高政治站位,认真贯彻落实市六委办《关于加强和改进本市国有企业工会工作的指导意见》精神,把国企工会改革放在全局工作中思考、谋划,更好地推进区国有企业工会改革工作。会议强调,要着力解决国企工会改革面临的瓶颈难点问题,聚焦主业主责、聚焦服务职工、聚焦创新发展,将促进劳动关系和谐的工作机制融入企业治理结构,建立以职工满意度为导向的评价机制,打造品牌亮点,积极树立国企工会改革的榜样标杆。上海杨浦城市建设投资(集团)有限公司作交流发言,公司作为试点单位与上海城投水务(集团)有限公司工会结对共建签约。区国企六大集团公司党委领导、工会主席和职工代表80余人出席会议。

(张东寅)

【黄浦区召开区国有企业工会改革推进会议】 10月31日,黄浦区委组织部、区总工会、区国资委党委联合召开

7月31日,普陀区总工会召开加强和改进国有企业工会工作推进会
(陆　蕾)

8月22日，杨浦区召开国有企业工会改革工作推进会 （张东寅）

黄浦区国有企业工会改革推进会议。区人大常委会副主任、区总工会主席屠奇敏，区委组织部副部长张正明，区总工会党组书记、常务副主席阮顺红，区国资委党委副书记、主任沈丹娜出席会议。国企工会改革试点单位——老凤祥股份有限公司、新世界（集团）有限公司作交流发言。屠奇敏传达了中国工会十七大的主要精神，并对黄浦国有企业工会改革提出要求。70余位区各国有企业党组织负责人、工会领导、工会干部参加会议。 （陆中斌）

【嘉定全面启动本区国有企业工会改革工作】 5月16日，嘉定区召开国有企业工会改革推进会议，全面动员部署本区国有企业工会改革工作。嘉定区委副书记周金林出席会议并讲话，嘉定区人大常委会副主任、区总工会主席王建新部署工作，嘉定区副区长陆祖芳主持会议。按照部署，本次国企工会改革重点在于加强党对国企工会的领导、引领职工服务大局、推动企业民主管理、健全联系服务职工长效机制、加强国企工会自身建设，主要围绕发挥国企工会的基础性、示范性作用，用两年左右时间，通过加强和改进国企工会工作，形成一批可持续、可复制、可推广的国企工会的工作模式和工作经验，推动本区国企工会树立工会工作标杆。会上部署了国企工会改革相关工作，印发《关于加强和改进本区国有企业工会工作的实施意见》和《关于实施〈关于加强和改进本区国有企业工会工作的实施意见〉的通知》。区委组织部、区国资委党委和区总工会，全区各区属国有企业党、政、工会，马陆镇总工会和嘉定工业区总工会等单位负责人参加会议。 （黄点点）

【奉贤区推进国有企业工会改革】 8月24日，奉贤区召开国有企业工会改革推进会议，印发区总工会、区委组织部和区国资委党委联合制订的《关于加强和改进奉贤区国有企业工会工作的指导意见》。上海奉贤发展（集团）有限公司、上海烟草集团奉贤烟草糖酒有限公司做交流发言。区总工会以奉发集团为改革试点，积极探索以职工为导向的国企工会运行机制，在完善职工维权机制、加强工会干部队伍建设、推进职工素质提升、试行职代会代表提案制度等方面探索创新，推动改革方案落地。适时召开国有企业工会改革工作推进会，形成可复制、可推广的经验，带动区国企工会改革的全面推进。 （钱 洁）

【仪电集团召开工会工作改革推进会】 1月18日，仪电集团召开工会工作改革推进会，仪电集团董事长、党委书记王强出席会议并讲话。会议传达了市总工会、市委组织部、市国资党委等六委办印发的《关于加强和改进本市国有企业工会工作的指导意见》。部署了仪电集团工会改革工作，成立工作小组。仪电集团工会改革工作的主要内容：把协调劳动关系的制度机制纳入国企法人治理结构，建设以仪电职工需求为导向的工会实事工程，不断创新工会工作方式和加强工会自身建设。各重点子公司和直属单位党组织书记、工会主席，仪电工会委员，仪电集团本部相关部门负责人等近30人出席会议。 （邵秀根）

【上海电建公司工会全面落实国企工会改革工作】 根据市总工会《关于加强和改进本市国有企业工会工作的指导意见》的要求，公司工会成立了由公司党委书记任组长，工会主席任副组长的工会改革工作领导小组。通

8月24日，奉贤区召开国有企业工会改革推进会议 （李凤英）

过征求会员对工会改革的意见建议，制订《上海电力建设有限责任公司工会改革总体计划》，明确11条具体改革措施和2家试点改革单位。4—5月，两家试点单位工会根据公司工会《总体计划》要求，在认真开展调查研究的基础上，制订了适合本单位工会实际的工会改革方案。改革方案的实施取得了5个方面的成效：一是加强党对工会的领导和支持。一方面建立了公司党委对工会工作的专题研究制度，另一方面把工会建设纳入公司党的建设总体规划和工作部署中，将工会建设和工作情况纳入基层单位党建责任制考核。二是健全以职代会为基本形式的民主管理制度。加大施工项目职代会制度建设的覆盖范围，明确项目员工薪酬分配方案、项目劳动保护费使用、项目先进评选办法、项目后勤保障措施、项目员工奖惩办法等必须在项目职代会上接受代表审议或表决的规定。三是发挥工会组织“大家庭”的作用。职工生日、逢年过节、婚丧嫁娶、退休离岗等关爱慰问工作，做到了全覆盖，职工疗休养工作形成制度化，成立了6个职工文体协会。四是建立以职工满意度为导向的工作评价机制。在年终基层单位工会考核中，组织所在单位会员代表开展无记名测评，测评结果与基层单位工会班子考核挂钩。五是试点探索工会志愿者队伍建设。设立海外职工对口志愿者（联系人），当海外职工家属有困难需要单位帮助时，通过志愿者及时向公司工会反馈，第一时间给予帮助，尽力解决海外职工后顾之忧。

（傅　诚）

【宝钢股份做好国企工会改革试点工作】 2018年，作为上海市国企工会改革10家试点单位之一，宝钢股份工会在公司党委领导下，认真贯彻落实市总工会等6委办下发的《关于加强和改进本市国有企业工会工作的指导意见》，结合公司工会实际，形成了《宝钢股份党委关于进一步加强和改进工会工作指导意见》和《宝钢股份工会关于加强和改进工会工作实施方案》，从“建立完善制度体系”“力推重点领域工作”和”打造管理服务职工平台”三个方面，拟定了公司工会工作深化改革的12个具体项目，同时明确每个项目时间节点、工作目标及责任人，定期组织推进，确保项目按时完成。为持续推进做好工会改革试点工作打下坚实基础。

（韩　杰）

【中国电信上海市工会积极参与国企工会改革试点】 作为上海市级层面10家试点单位之一，中国电信上海市工会积极接应并落实好《加强和改进本市国有企业工会工作指导意见》的具体要求，确定改革重点难点，围绕“建机制、强功能、增实效”的目标，突出“坚持党的领导、坚持服务大局、坚持职工为本、坚持继承创新和坚持上下联动”等5项基本原则，形成实施计划。制订《中国电信上海市工会关于加强和改进工会工作的实施方案》，从加强国企工会党的建设、民主管理制度的管理与完善、建立以服务职工为导向的工会运行机制、创新工会工作方式、与时俱进加强工会组织体系和队伍建设等5个方面着手规范各项工作。建立一套基层工会评价机制、两项工会干部激励措施、五个基层工会工作平台，初步形成具有上海电信特色的工会工作机制和制度体系。

（殷　茵）

【中建八局召开工会改革推进会】 3月14日，中建八局工会改革推进会在中建广场召开，重点研讨了局工会《关于加强和改进工会工作的实施方案》和局党委《进一步加强工会工作的实施意见》，细化了工会“1+8”改革任务的工作内容和责任分工。作为上海市级层面10家国有企业工会改革的试点单位之一，也是本次工会改革的央企试点，改革工作受到了上海市总工会和局党委的高度重视。局党委副书记、工会主席于金伟首先介绍了本次工会改革的背景意义、工作任务和进展情况，他要求各单位尤其是试点单位进一步明确目标，落实责任，确保各项改革出经验、出成果、出实效。会上，介绍了《关于加强和改进工会工作的实施方案》《进一步加强工会工作的实施意见》，与会人员进行深入研讨，进一步补充完善了相关内容。各单位工会主席围绕加强和改进工会工作的“1+8”工作机制和制度体系，就规范多级职代会制度的管理办法、员工满意度评价体系、加强高素质职工队伍建设的实施意见、工会服务职工的管理办法、工会服务农民工的管理办法、工会干部联系基层管理办法、工会工作业绩考核办法、加强工会经费管理和经费审查工作的管理办法等8项内容进行热烈讨论，明确责任分工，细化目标任务。

（郝国元）

【锦江国际集团开展国有企业工会改革工作】 围绕市总工会《关于加强和改进本市国有企业工会工作的指导意见》的要求，引导广大职工积极参与国有企业工会改革。确定上海虹桥宾馆有限公司工会和上海市食品研究所工会作为试点单位，经与同级党组织共同协商探讨，制定企业党委加强和改进工会工作的指导性文件，完善“1+N”的改革方案。针对国企工会改革运行机制中存在的主要问题，以及新形势下对工会工作的新要求和职工群众的新期盼。集团工会出台健全完善各类服务职工、关爱职工等一系列的相关措施或机制。同时各级工会加大对改革进程中遇到的新情况、新问题的解决力度，把劳动关系协调机制建设纳入企业章程和管理制度体系。

（张祥伟）

【百联集团工会推进改革试点单位工作】 5月11日，百联集团工会分别到集团两家工会改革试点单位——新华联大厦工会和物贸大厦工会进行了现场调研，全力推进改革试点单位工作。新华联大厦工会结合企业实际，突出9项重点工作。在规定工作中，按照合资公司议事规则，拟定了工会组织、职代会、职工董监事等制度纳入进公司章程的提案；在自选动作中，畅通职工信息表达渠道，建立“淮海755大讲堂”职工微信群；在特色工作中，适应新零售发展潮流，策划了微信营销推文技能比赛，通过专业培训、日常联系、集中比赛的流程，提升职工的营销技能。物贸大厦工会在改革工作中，初步实现了“三化”。一是组织架构网格化。召开了工代会，完成了换届选举工作，并以部门为单位成立了工会小组。二是班组建设品牌化。每个班组自建一个品牌，如：工程部的“健康大厦”、商房部的“优美大厦”，组织职工为438家租户用心服务。三是职工技能专业化。组织职工开展系

列技能比赛，并在物贸股份职工厨艺大赛中获得团体第一名。（姜 杰）

政府与工会联席会议

【2018年度市政府与市总工会联席会议】 “2018年度市政府与市总工会联席会议（扩大会议）”于12月21日在市政府会议室召开。会上，下发《上海市人民政府办公厅关于本市建立完善政府与工会联席会议制度的意见》，审议并通过了《共同加强组织灵活就业群体入会工作及建立新型就业群体职工互助保障计划》《建立群体性劳动关系矛盾预防预警机制》《进一步增强本市环卫行业监管，加强一线环卫职工队伍建设》等3项议题。市人大常委会副主任、市总工会主席、联席会议协调小组组长莫负春，市政府副市长、联席会议协调小组组长彭沉雷出席会议并讲话。市政府副秘书长、联席会议协调小组副组长顾金山，市总工会党组副书记、副主席、联席会议协调小组副组长姜海涛，市政府办公厅、市发展改革委、市经济信息化委等部门的分管领导和市总工会主席室领导，各区副区长和区总工会主席，部分产业（系统）工会主席、劳模和一线职工代表等出席会议。会上，市政府和市总工会分别通报了各自重点工作。会议强调，在新形势下要站在推进国家治理体系和治理能力现代化的高度，持续推动联席会议制度的健全完善。要不断扩大工作覆盖面，进一步夯实联席会议工作基础，强化联席会议责任制，加大考核力度，不断丰富充实议题内容，全面抓紧落实好议定事项。（庄若冰）

关于2018年调整本市企业退休人员基本养老金的通知

沪人社规〔2018〕16号

各委、办、局、控股（集团）公司，市社会保险事业管理中心，各区人力资源和社会保障局：

根据人力资源社会保障部、财政部《关于2018年调整退休人员基本养老金的通知》（人社部发〔2018〕18号），经研究，从2018年1月1日起调整本市企业退休人员基本养老金。现将有关事项通知如下：

一、调整范围

2017年12月31日前已按规定办理退休手续并按企业办法计发养老金的人员（含按规定纳入职保的原镇保按月领取养老金人员）。

二、调整办法

（一）每人每月增加60元。

（二）按本人城镇职工养老保险缴费年限（含视同缴费年限），每满1年每月增加2元，增加额不足30元的，补足到30元；再按本人2017年12月份按月领取的基本养老金为基数，每月增加2.1%。

（三）2017年12月31日前女年满60周岁（1957年12月31日以前出生）、男年满65周岁（1952年12月31日以前出生）的人员，每人每月增加20元。其中：2017年当年内女年满60周岁（1957年出生），男年满65周岁（1952年出生），以及当年内年满70周岁（1947年出生）、75周岁（1942年出生）、80周岁（1937年出生）的，可按2016年同类人员已享受的标准（本通知实施前的标准）先进档，再增加。

（四）建国前参加革命工作并符合原劳动人事部劳人险〔1983〕3号文规定享受原工资100%退休费的老工人、两航起义人员、持有中国海员工会核准颁发起义船员证书的招商局驾船起义人员，按上述规定增加基本养老金后，每人每月再增加200元。

（五）按本通知增加的基本养老金，尾数不足一角的，见分进角。

三、资金列支

按本通知增加基本养老金所需费用，由本市企业基本养老保险统筹基金列支。

四、实施时间

本通知自2018年5月16日起实施，有效期至2018年12月31日。

2018年4月27日

2019

要闻大事

领导调研

【李强赴工青妇调研】 5月30日，市委书记李强和市委副书记尹弘，市委常委、市委秘书长诸葛宇杰一行在市总工会、团市委和市妇联调研。市人大常委会副主任，市总工会党组书记、主席莫负春参加调研。在市总工会，李强参观了上海劳模风采主题展，详细了解各个时期为上海发展作出贡献的各行业劳模先进事迹，对展览面向社会开放、大力弘扬劳模精神表示肯定。市领导还察看了上海工会网上服务平台，要求进一步发挥互联网作用，让群众在网上能找到组织、反映诉求、参加活动。座谈会上，李强听取市总工会、团市委和市妇联负责人工作汇报，就关心的问题与大家交流讨论。李强指出，工青妇组织要紧扣中心凝心聚力，找准工作切入点、结合点、着力点，广泛动员联系群众积极投身上海城市建设、发展和治理。要持续提升服务大局的能力，赋予原有服务阵地、服务品牌新的时代内涵和价值，使其更加契合新时代群众需求、工作需要。当前，重中之重是引导群众学深悟透习近平新时代中国特色社会主义思想，增强对中国特色社会主义的政治认同、思想认同、情感认同，筑牢听党话、跟党走的思想根基。要用群众最容易接受的方式、最熟悉的语言，多讲鲜活故事、多作交流互动，使思想引领工作更接地气、更有生气。要充分运用现代信息技术、新兴媒体，抢占网络主阵地。李强指出，工青妇组织要始终把服务群众作为主责主业。要旗帜鲜明做好维权工作，强化源头维权，完善维权联动机制建设，细化维权工作抓手，持续放大维权效应。要认真开展大调研，建立常态长效机制，深入了解群众关心关注的“热点”“堵点”，看到平时视野之外的群众的需求困难，加强分析研究，使各项政策和服务更有针对性，不断增强在群众中的凝聚力、影响力。他强调，要保持改革定力，推动群团改革不断向纵深推进。持续扩大组织、工作覆盖，适应群众就业、生活、聚集方式变化，创新方式方法，做到群众在哪里，群团工作就贴身紧跟到哪里。持续做强做活基层，完善一切围绕基层转、一切围绕群众转的配套制度供给。要让网上群团更“给力”，真正实现群团组织、群团工作与互联网深度融合。（陈　蓓）

【李强莅临中建八局西虹桥道路工程PPP项目视察指导工作】 6月7日，市委书记李强到中建八局西虹桥道路工程PPP项目视察指导工作。中建八局党委副书记、工会主席于金伟向李强详细介绍了徐民路的建设情况以及中建八局开展决战决胜一百天立功竞赛的实施情况，表示中建八局将加大资源投入，同时科学组织施工，展现中建八局“令行禁止、使命必达”的铁军精神，确保在8月底完成建设任务。李强听取汇报后对中建八局在工程建设中表现出来的铁军作风表示赞赏，对目前已完成的工作表示认可。随后，李强一行视察了徐民路工地，询问了工程建设过程中遇到的难题和解决办法。市住建委、市重大办、虹桥商务区管理委员会、青浦区等有关方面负责人陪同视察。（段子愚）

【王东明视察中国劳动组合书记部旧址】 5月10日，全国人大常委会副委员长、中华全国总工会主席王东明，中华全国总工会党组书记、副主席、书记处第一书记李玉赋等一行，来静安区瞻仰中国劳动组合书记部旧址。上海市人大常委会副主任、市总工会党组书记、主席莫负春，静安区委副书记、区长陆晓栋，区人大常委会副主任、区总工会主席叶坚华等陪同。王东明一行仔细听取讲解，察看馆内陈列物品。同时他指出，要组织好广大工会干部来参观中国劳动组合书记部旧址，学习了解工会历史、工运发展史，牢记使命。1921年7月中国共产党成立后，党决定于8月11日成立中国劳动组合书记部，作为公开领导工人运动的总机构。1959年，书记部旧址被列为市级文物保护单位。1999年，静安区委、区政府修复旧址，并于同年10月正式对外开放。2018年6月12日，在市委、市总工会的关心下，静安区委、区政府再次拨款修缮和扩大旧址展馆的面积，为广大工会干部和职工提供更加完善的爱国主义教育基地和环境。（蒋康乐）

【王东明赴徐汇区调研基层工会工作】 5月11日，全国人大常委会副委员长、中华全国总工会主席王东明一行到徐汇区调研基层工会工作，先后视察徐汇滨江沿岸建设情况及徐汇滨江建设者之家。在建设者之家，王东明亲切慰问参与滨江建设的一线工人，与在此休息的建设一线职工热情交谈，并听取建设者之家日常情况的汇报，对徐汇滨江建设者之家的建设给予充分肯定，指出党和国家始终坚持尊重人才、尊重劳动，如何把党对劳动者的关心关怀送到他们心坎上，是各级党政领导需要高度重视的问题。徐汇滨江建设者之家依靠当地党政领导，构建了一整套完善的工作机制，有效整合多方资源，使之温暖人心、赢得人心，这样的工作模式应当形成可复制、可推广的案例。全国总工会党组书记、副主席、书记处第一书记李玉赋，上海市委副书记尹弘，市人大常委会副主任、市总工会党组书记、主席莫负春，徐汇区有关领导参加调研。（叶　菁）

【应勇调研静安职工服务中心】 9月5日，市委副书记、市长应勇，市人大常委会副主任、市总工会党组书记、主席莫负春等一行赴静安区总工会调研职工服务中心“爱心接力站”。静安区委书记安路生，区人大常委会副主任、总工会主席叶坚华陪同调研。市领导走进“爱心接力站”，与正在休息的环卫工人、外卖小哥等亲切交谈，并察看冰箱、微波炉、饮水机等服务设施。应勇说，要通过政府主导，发挥工青妇等群团组织优势，广泛调动社会资源，让更多群众在家门口、于细微处感受到城市的温度。职工爱心接力站是上海市政府实事项目之一，主要为方便环卫工人、快递员、协管员、送餐员、交警辅警等户外职工休息用餐。静安区总工会自2017年夏季在静安区总工会职工援助服务中心建立全市首家“户外职工驿站”，之后一年内陆续建成81家。接力站配有空调、冰箱、微波炉、饮水机、充电排插和桌椅，除此之外各站点根据自身特色，还备有书报架、WIFI、急救药箱等。（陈迪嘉）

【莫负春一行赴京东慰问货运职工】 7月18日，市人大常委会副主任，市总工会党组书记、主席莫负春一行到京东商城上海“亚洲一号”现代物流中心慰问一线货运司机和职工，对持续奋战在高温作业下的货运司机致以崇高敬意，并送上防暑降温用品，嘱咐一线司机在工作中注意防暑降温和自身安全。在随后召开的座谈会上，莫负春听取嘉定区总工会关于劳动保护和防暑降温工作以及区货运行业工会工作开展等情况汇报，了解询问当前货运行业的劳动用工、安全生产等情况。莫负春强调，要立足维护职工合法权益，突出工会主业主责，不断提高服务职工群众的满意度；要研究新情况适应新变化，提高组织覆盖，发挥组织作用，运用社会力量增强服务功能；要以产业工人队伍建设为抓手，统筹各方力量整合社会资源，立足长远建立长效服务机制。同时要更加关注关心新兴就业职工群体，注重培育和宣传先进典范，进一步提升职业的尊崇感。市总工会秘书长宋钟蓓，嘉定区委副书记周金林，区人大常委会副主任、区总工会主席王建新等参加座谈。（黄点点）

【莫负春一行调研松江民营企业】 11月27日，市人大常委会副主任，市总工会党组书记、主席莫负春等市总领导赴松江经济技术开发区伟本智能机电（上海）股份有限公司调研松江民营企业。莫负春强调，民营企业为上海经济社会发展作出了很大的贡献，要继续以科技创新推动上海经济高质量发展。同时各行各业要为企业发展创造良好的条件，明年市总工会将开展“职工创新成果奖”评选，希望广大民营企业积极参与。要在全社会大力弘扬工匠精神，用先进优秀人物激励产业工人。各级工会组织要推出更多的服务企业、服务职工的项目，加强产业工人队伍建设改革，加强产业工人相关的公共服务、就业、技术培训等工作。伟本智能机电（上海）股份有限公司、上海博阳新能源科技股份有限公司、上海昌强工业科技股份有限公司汇报了企业经营情况以及企业工会运转情况等。（朱　慧）

【莫负春调研医务系统工会工作】 3月23日，市人大常委会副主任，市总工会党组书记、主席莫负春在瑞金医院调研医务系统工会工作。莫负春就更好地发挥工会群团组织作用，切实做好医务行业工会工作，提出五项工作要求：一是要服务好广大医务职工，特别要注重帮助职工解决实际困难，根据行业自身特点，结合职工实际需求，发挥工会互助互济作用，推动职工现实问题的解决；二是要激发职工的积极性、主动性、创造性，深入推进职代会民主管理制度，扩大医务职工的广泛参与，将其纳入现代医院治理体系建设之中，成为重要组成；三是为医务职工提供更多学习发展机会，发挥工会大学校作用，促进医务职工业务水平提升，开展丰富的文体活动，为医务职工搭建平台；四是进一步发挥行业工会覆盖作用，继续加强与有条件的地区工会合作，将护工等群体纳入工会服务体系；五是加强新时期行业工会工作的指导，将医务系统好的经验做法以制度形式固化下来，加以推广。市卫生计生委党委副书记、市医务工会主席郑锦在调研中就市医务工会面上开展的重点工作进行汇报。市医务工会、瑞金医院、市精神卫生中心等单位的工会主席及医生、护士、护工代表参加调研座谈，就医务职工关注热点、厂务公开民主管理、会员服务保障、工会经费使用等做汇报交流。（马艳芳）

2018 年上海工会大事记

1 月

1 月 2 日　市总工会举行社会化工会工作者初任培训班开班式。市总工会巡视员何惠娟出席并讲话。

3 日　市委副书记尹弘到市总工会机关调研,听取市总工会工作汇报。市总工会领导及机关各部门负责人参加。

9 日　市总工会召开市总工会十三届十一次全委(扩大)会议,回顾总结 2017 年工作,研究部署 2018 年主要任务。市委副书记尹弘到会并讲话。

31 日—2 月 1 日　全国总工会党组成员、经费审查委员会主任李守镇率领全总送温暖慰问团一行来沪,分别走访慰问了困难职工龚银华和困难劳模倪海宝家庭,并专程赴“徐汇滨江建设者之家”视察慰问。

2 月

5 日　市总工会举办 2018 年市政府实事项目首批户外职工爱心接力站站长培训班。市总工会巡视员何惠娟出席并讲话,副主席桂晓燕出席相关活动。

7 日　市总工会召开 2018 年上海工会基层(经济)工作条线会议。市总工会巡视员何惠娟出席并讲话。

12 日　市总工会举办 2018 年首批爱心接力站揭牌启动仪式。市人大常委会副主任,市总工会党组书记、主席莫负春出席并讲话,市总工会党组副书记、副主席姜海涛,巡视员何惠娟,副主席桂晓燕、李友钟出席活动。

12 日　市总工会召开市总机关系统 2017 年度先进表彰会。市总工会领导,市总机关干部、各直管单位班子成员参加。

28 日　市总工会召开 2018 年上海工会权益保障工作会议。市总工会副主席桂晓燕出席会议并讲话。

28 日　市总工会召开机关系统加强党风廉政建设大会。市人大常委会副主任,市总工会党组书记、主席莫负春出席会议并讲话;市总工会党组副书记、副主席姜海涛主持会议,巡视员何惠娟、副主席桂晓燕、市纪委监委驻市总工会机关纪检监察组组长高黎萍参加会议。

3 月

6 日　市总工会召开市总工会女职工委员会六届七次全委(扩大)会议。市总工会副主席桂晓燕出席并作工作报告,秘书长宋钟蓓出席会议。

6 日　市总工会举办上海工会纪念“三八”国际劳动妇女节 108 周年主题活动。市总工会领导班子成员,市妇联有关领导,市总机关部室负责人、女职工委员,区局(产业)工会女职工干部,本市女劳模、女职工代表出席会议。

8 日　市总工会举办“遵法守法,携手筑梦——依法维护女职工合法权益和特殊利益”大型咨询宣传活动。市总工会巡视员何惠娟、副巡视员吴萌出席相关活动。

9 日　市总工会召开 2018 年度上海工会劳动关系工作会议。市总党组副书记、副主席姜海涛出席并讲话,副巡视员吴萌出席会议。

20 日　市总工会召开上海工会组织工作会议。市总工会党组副书记、副主席姜海涛出席会议并讲话。

4 月

2 日　市总工会召开上海工会劳动关系工作专题会议。市人大常委会副主任,总工会党组书记、主席莫负春出席会议并讲话,市总工会党组副书记、副主席姜海涛,副巡视员吴萌出席会议。

2 日　市总工会召开上海市工会干部会议暨市总工会十三届十二次全委(扩大)会议。审议并通过《关于召开上海市工会第十四次代表大会的决议(草案)》等。

13 日　市总工会召开上海市职工技术协会第七届一次会长会议。市总工会巡视员何惠娟出席会议并讲话。

16 日　青海果洛州总工会来沪对接对口援助工作,市总工会副主席桂晓燕出席。

19 日　“2018 年上海市民营企业招聘周”启动仪式在东华大学延安路校区举行,市总工会副主席桂晓燕出席活动。

19 日　市总工会举办上交会“上海工匠风采展”暨 2018 年上海工匠培养选树活动启动仪式。市总工会巡视员何惠娟出席活动并讲话。

19—20 日　市总工会举行 2017 年度上海市基层工会十大创新案例评审发布会。市总工会巡视员何惠娟出席。

24 日　市总工会举办第二十届上海读书节开幕式,市委副书记、市振兴中华读书指导委员会主任尹弘出席并致开幕词。市人大常委会副主任、市总工会主席莫负春,副主席李斌、李友钟、桂晓燕和市振兴中华读书指导委员会副主任单位领导出席。

26—28 日　上海市党政代表团赴云南,开展推进东西部扶贫协作工作。市人大常委会副主任,市总工会党组书记、主席莫负春;党组副书记、副主席姜海涛随团出访并陪同慰问援外干部。

28 日　市总工会举行上海市庆祝五一国际劳动节特别节目。市委副书记尹弘等四套班子领导、市总工会领导、市有关部委办领导及劳模先进代表等观看特别节目。观看节目前,李强等市领导接见劳模先进代表。

5 月

3—4 日　市总工会召开第十四次工代会报告征求意见座谈会。市人大常委会副主任,总工会党组书记、主席莫负春,市总工会党组副书记、副主席姜海涛,副主席桂晓燕出席。

10—11 日　全国人大常委会副委员长、中华全国总工会主席王东明在沪调研。11 日下午 3 时,到市总工会机关召开调研会,听取市人大常委会副主任,市总工会党组书记、主席莫负春关于上海工会工作的情况汇报,浦东新区、宝山顾村、上港集团、霍尼韦尔(中国)公司工会作交流发言。市总领导,机关各部室负责人参加座谈会。全总党组书记、副主席、书记处第一书记李玉赋,全总办公厅主任邹震、研究室主任吕国泉陪同调研。

15 日　市总工会召开上海市基

层工会创新案例命名发布会。市总工会巡视员何惠娟，副主席李斌、朱雪芹、桂晓燕出席。

16日　市总工会召开上海开放大学工匠进修学院理事会成立暨第一次理事会。市总工会巡视员何惠娟出席并讲话。

17日　市总工会举办上海工会"爱心妈咪小屋"五年总结主题活动。市总工会巡视员何惠娟出席并讲话。

21—24日　上海市工会第十四次代表大会在世博中心举行。22日上午9时开幕，市委书记李强到会并讲话，全总党组书记、副主席、书记处第一书记李玉赋，上海市领导应勇、董云虎、尹弘、廖国勋、吴靖平、周慧琳、诸葛宇杰、凌希、莫负春、刘晓云、张本才等出席大会。市人大常委会副主任、市总工会主席莫负春代表市总工会第十三届委员会作工作报告。团市委书记王宇代表人民团体向大会致贺词。大会选举产生143名市总十四届委员会委员和29名十四届经费审查委员会委员。24日上午大会闭幕，下午举行市总工会十四届一次全委会，选举产生市总工会新一届领导班子，莫负春当选主席，姜海涛、周奇、张得志、桂晓燕、戴光铭、刘言浩、李斌、朱雪芹当选副主席，还选举产生12名常委。举行市总工会十四届经费审查委员会第一次全会，丁巍当选新一届经费审查委员会主任。

29日—6月5日　由市总工会、发改委、科委、教委、人社局、市知识产权局、团市委、科协等8家单位联合举办了2018年上海职工科技节。本届科技节围绕"创新成就梦想，劳动创造幸福"主题，集聚职工创新资源，合力推进市、区局（产业）和基层单位三个层面的职工科技节活动。各级工会积极发动，上下联动、内外互动，集中开展职工科技创新活动、集中表彰职工科技创新典型、集中展示职工科技创新成果，其中仅区局（产业）工会组织的主要活动项目达200余项，展现各地区、各系统共同推进职工创新活动的良好态势。据统计，全市共有113万名职工参与。

30日　市委书记李强到市总工会调研，在市总机关召开座谈会，听取市工青妇三家主要领导工作汇报。市工青妇三家班子成员，市总机关各部室主要负责人参加座谈会。市委副书记尹弘，市委常委、市委秘书长诸葛宇杰，市委副秘书长、市委研究室主任康旭平陪同调研。

6月

5日　市总工会举办"奉献有你　关爱有我"——爱心妈咪小屋暨职工亲子工作室建设总结展望主题活动。市总工会巡视员、女职工委员会主任何惠娟出席会议并致辞。

7日　市总工会在新疆喀什召开2017年"沪疆杯"立功竞赛表彰暨2018年动员大会。市总工会副主席周奇出席并讲话。

12日　市总工会在国家会展中心召开"凝心聚力进博会、建功立业创一流"立功竞赛誓师大会。市人大常委会副主任，市总工会党组书记、主席莫负春出席大会并讲话；市总工会党组副书记、副主席姜海涛，副主席周奇出席。

14日　市总工会召开2018年上海工会年鉴工作会议。市总工会副主席桂晓燕出席会议并讲话。

22日　市总工会举办新疆日喀则市工会干部培训班开班式。市总工会副主席张得志出席并讲话。

27日　市总工会举办第二期上海工匠研修班开班式。市总工会副主席李斌出席并讲话。

27日　市总工会举办2018年第一期优秀班组长能力提升培训班开班式。市总工会副主席李斌出席并讲话。

27日　市总工会机关系统召开庆祝建党97周年大会。市人大常委会副主任，市总工会党组书记、主席莫负春以上海新时期产业工人队伍建设改革为主题，向机关全体干部和直管单位班子成员上党课；党组副书记、副主席姜海涛主持会议。

7月

23日　市总工会举行"凝心聚力进博会，建功立业创一流"迎进博会倒计时100天立功竞赛誓师大会。市人大常委会副主任，市总工会党组书记、主席莫负春出席会议并讲话；市总工会副主席周奇出席。

23日　市总工会召开上海市推进产业工人队伍建设改革领导小组第一次会议，市人大常委会副主任，市总工会党组书记、主席莫负春出席会议并讲话；市总工会党组副书记、副主席姜海涛，副主席桂晓燕，以及市推进产业工人队伍建设改革领导小组成员出席会议。

30日　市总工会召开十四届二次全委（扩大）会议，选举产生81名上海市出席中国工会第十七次全国代表大会代表。

8月

13日　市总工会召开"新发展背景下职工队伍、劳动关系的变化特点及维护职工权益对策研究课题"专题座谈会。市总领导班子成员及部分局（产业）工会负责人出席座谈会。

14—16日　市总工会连续5次召开市总机关部室大调研清单专题会。市人大常委会副主任，市总工会党组书记、主席莫负春出席会议并讲话；市总工会党组副书记、副主席姜海涛，以及相关领导出席专题会。

9月

6日　市总工会召开市总网络安全与信息化领导小组会议。市人大常委会副主任，市总工会党组书记、主席莫负春，秘书长宋钟蓓出席会议。

6日　市总工会召开上海市"碧水保卫战"劳动和技能竞赛暨"助推绿色发展，建设美丽长江"劳动和技能竞赛上海赛区启动大会。市总工会副主席周奇，及市劳动和技能领导小组成员出席。

10—12日　市总工会举办区局（产业）工会新任经费审查委员会主任培训班。市总工会经审会主任丁巍出席开班式并讲话。

13日　市总工会召开上海工会协调劳动关系维护职工队伍稳定工作会议。市人大常委会副主任、市总工会主席莫负春出席会议并讲话，副主席周奇、张得志、刘言浩，秘书长宋钟蓓出席会议。

13日　市总工会召开上海工会统计工作会议，秘书长宋钟蓓出席会议并讲话。

14日　市总工会举行进博会倒计时50天上海职工技能展示暨汇报演出。市总工会副主席周奇出席并讲话。

10月

10日　市总工会召开上海市总工会女职工委员会七届一次会议。全面总结市总工会第六届女职工委员会五年来的工作成效，选举产生第七届女职工委员会主任、副主任、常委，桂晓燕当选新一届女职工委员会主任。

14日　市总工会举办"预备·爱——秋日'思'语"卡卡趣味交友活动。市总工会副主席、女工委主任桂晓燕，副主席刘言浩出席并启动"预备·爱"活动仪式。

18日　市总工会召开市总保密委员会(扩大)会议，市总工会党组副书记、副主席姜海涛，秘书长宋钟蓓出席会议。

22日　市总工会举行"户外爱心接力站"服务进博会志愿行动启动仪式。市总工会副主席周奇出席仪式并讲话。

31日　市总工会领导慰问视察进博会立功竞赛赛区。

11月

3日　市总工会召开2018年上海市劳模创新工作室评审发布会。市总工会副主席周奇出席。

27日　市总工会召开上海市深化非公企业工会改革推进会。市总工会领导班子成员出席会议，市人大常委会副主任、市总工会党组书记、主席莫负春讲话。本市各区总工会主席，部分基层工会，街镇、园区工会主席，非公企业工会主席代表等，共450人参加会议。

28日　市总工会举办第二十届上海读书节闭幕式暨班组文化网络大奖赛风采展。市人大常委会副主任、市总工会党组书记、主席莫负春出席并讲话，副主席桂晓燕出席。

28—30日，举办"2018年上海工会女职工委员会委员履职培训班"，各级工会女职工委员会委员、各区局产业工会女职工工作干部80余人参加了培训。

30日　市总工会召开长三角工会职工疗休养一体化协同推进研讨会暨上海工会职工疗休养推介会。市总工会副主席张得志出席并讲话。

30日　市总工会举办最美劳动者"上海电气杯"第二届上海职工微电影节颁奖典礼。市总工会副主席桂晓燕出席颁奖典礼。

12月

1日　市总工会举行第五届市总工会法律顾问团聘任仪式。市人大常委会副主任、市总工会党组书记、主席莫负春出席并讲话，市总工会党组副书记、副主席姜海涛，副主席张得志、刘言浩，秘书长宋钟蓓，副巡视员吴萌出席。

10日　长三角地区职工劳动技能创新工作首次联席会议在上海召开，市总工会副主席周奇等长三角四省市总工会分管领导出席会议。

14日　市总工会与复旦大学签署战略合作协议。市人大常委会副主任、市总工会党组书记、主席莫负春，复旦大学党委书记焦扬，市总工会党组副书记、副主席姜海涛，副主席桂晓燕出席在市总工会机关举行的签字仪式。

19日　市总工会举办2018年劳模创新工作室研修班开班仪式，市总工会副主席周奇出席并讲话。

20日　上海工会宣传思想工作会议暨职业道德建设"双十佳"表彰大会在上海建工大厦举行，市人大常委会副主任、市总工会党组书记、主席莫负春出席并讲话，市总工会领导班子成员出席表彰会。

21日　召开2018年度市政府与市总工会联席会议。会上，下发《上海市人民政府办公厅关于本市建立完善政府与工会联席会议制度的意见》(沪府办发〔2018〕42号)。市人大常委会副主任、市总工会主席、联席会议协调小组组长莫负春，副市长、联席会议协调小组组长彭沉雷出席会议并讲话。市政府副秘书长、联席会议协调小组副组长顾金山，市总工会党组副书记、副主席、联席会议协调小组副组长姜海涛，市政府办公厅、市发改委、经信委、教委、科委、民政局、司法局、财政局、绿化市容局、人社局、住建委、文化旅游局、卫健委、审计局、国资委、税务局、市场监管局、统计局、体育局、应急局等部门的分管领导和市总工会主席室领导，各区副区长和区总工会主席，部分产业(系统)工会主席、劳模和一线职工代表等出席会议。

24日　市总工会副主席张得志出席市劳动关系三方协商会议，就2019年本市最低工资标准，企业工资指导线，高温津贴调整与市人保局，市企联，市工商联开展协商。

25—26日　市总工会举办上海工会学习贯彻中国工会十七大精神专题学习班。市人大常委会副主任、市总工会党组书记、主席莫负春出席并作辅导报告。市总工会领导班子成员出席。

28日　市职工技术协会七届二次会员代表大会暨理事(扩大)会议在国网上海市区供电公司召开，市总工会副主席周奇到会并讲话。技协理事、部分基层技协代表和工会干部251人参加会议。会议按照中央群团改革工作和加强产业工人队伍建设的要求，审议通过了市职工技术协会2018年工作总结及2019年工作思路、2018年度财务工作报告，调整、增补市职工技术协会理事、秘书长和副会长。

29日　市总工会召开上海工会学习贯彻中央庆祝改革开放40周年大会精神会议。市人大常委会副主任、市总工会党组书记、主席莫负春出席并讲话。会上，荣获"改革先锋"称号的包起帆作了主题发言。市总工会领导班子成员，部分区局(产业)工会负责人，市总机关全体干部，直管单位班子成员出席。

工会概貌

工会组织

2018年,上海市总工会辖区局(产业)、企业(集团)工会、行业工会和直属机关工会122个,工会基层组织4.63万家,基层工会涵盖单位18.21万家,会员总数697.08万人,其中女性会员267.79万人,农民工225.03万人。 (陈 蓓)

上海市总工会机关设9个内设机构,分别为办公室、研究室、组织部、基层工作部、劳动关系工作部、权益保障部、宣传教育部、财务资产管理部、经费审查委员会办公室。按有关规定设置直属机关党委、纪委和工会,与组织部合署办公,市总工会机关核定人员编制82名。截至9月底,市总工会下属上海工会管理职业学院、劳动报社、海鸥控股(集团)有限公司等17个企事业单位。 (庄 勤)

工会事业发展情况

2018年在市委和全总的领导下,上海工会以习近平新时代中国特色社会主义思想和党的十九大精神为指引,认真学习贯彻习近平总书记关于工人阶级和工会工作的重要论述,切实做好迎接、学习、宣传、贯彻中国工会十七大的各项工作,成功召开市第十四次工代会,广泛开展庆祝改革开放40周年系列活动,各项工作取得了积极进展和成效。一是加强思想政治引领,推动核心价值观弘扬践行和职工文化繁荣发展。把学习、宣传、贯彻习近平新时代中国特色社会主义思想和党的十九大精神作为首要政治任务,与学习宣传习近平总书记在同全总新一届领导班子成员集体谈话时的重要讲话、在首届进博会开幕式上的主旨演讲、在上海考察时的重要讲话,以及中国工会十七大、市第十四次工代会精神紧密结合起来,通过组织劳模宣讲、开设辅导讲座、开展班组学习和职工主题教育活动等各种形式,充分发挥劳动报、申工社等各级各类工会媒体以及党政主流媒体和社会媒体作用,推动相关精神进企业、进班组、进职工头脑。举办上海工会庆祝改革开放40周年系列活动,组织召开工会宣传思想工作会议,评比产生上海市职业道德建设十佳标兵单位和十佳标兵个人,举办井冈山精神主题展、劳动模范风采展、吴尔愉主题展,策划推出庆"五一"特别节目、《上海工匠》电视宣传展播。继续推动工会文体场馆公益转型,拓展公益乐学教学资源和教学网点,举办第二十届上海读书节、上海市职工班组(团队)文化网络大赛。二是围绕中心服务大局,调动职工投身经济社会发展的积极性。牵头推进产业工人队伍建设改革,市委、市政府下发《关于推进新时期上海产业工人队伍建设改革的实施意见》并召开推进大会,市总工会制订实施上海工会贯彻中央和市委文件精神的意见,明确工会推动产业工人队伍建设改革的路线图和时间表。聚焦国家战略和上海大局,深入开展各级各类劳动和技能竞赛,如"凝心聚力进博会、建功立业创一流"立功竞赛活动。全年206万人次参加基层企事业单位工会开展的各类劳动和技能竞赛,提出合理化建议128万件,实现技术革新1万多项。大力弘扬劳模精神、劳动精神和工匠精神,评选产生一批"五一"先进集体和个人,培养选树98名第三批"上海工匠",命名48家第八批"上海市劳模创新工作室"和150家职工(技师、巾帼)创新工作室。举办上海职工科技节活动,启动"上海职工优秀创新成果奖"评选工作,本市8个优秀职工发明创新项目分别荣获国家和上海科技进步奖,25个职工发明创新项目在国际发明展和全国职工优秀技术创新成果交流活动中获奖。全年8.42万人次参加基层以上工会开展的技术培训,"上海百万在岗人员学力提升行动计划"培训6000余人(含接读大专)。三是持续深化工会改革,不断扩大改革成效。严格执行相关程序推选或选举产生中国工会十七大代表、市第十四次工代会代表,以及市总委员、常委,全总执委候选人等。组织全体代表积极参会、认真履职。制订实施《关于深入推进非公有制企业工会改革发展的意见》《街镇"小三级"工会经费补助实施办法》,试点推进"小三级"工会协调劳动关系体系建设。统筹推进国企工会改革,探索形成会员(职工)评价工会工作、区企联建工会组织等创新模式。深入推进"四位一体"立体经审监督体系改革,制定发挥基层工会职工会员监督作用的实施办法,建成社会中介机构审计备选库。制订《关于加强市工会代表大会代表和市总工会委员履行职责的意见》,研究细化区以下工会实行代表常任制的具体办法措施。初步建成门户网站"申工网"、工作平台"申工通"、服务平台"申工社""三位一体"上海网上工会工作体系,"申工通"已上线34个业务子系统,连接基层企事业单位工会8万多家。四是深化维权服务,促进劳动关系和谐稳定。健全政府与工会联席会议制度,市政府办公厅出台建立完善政府与工会联席会议制度的意见,多方联动协调劳动关系的工作格局进一步完善。推动各区普遍建立和完善四方合作机制,设立劳动人事争议联合调解中心工会分中心。全市各级工会为职工提供各类法律援助服务39291件,调解成功率、胜诉及调撤案件率分别达93.1%和75.7%。对290家企业实施工会法律监督,及时消除苗头性、倾向性劳动关系矛盾隐患。实施9类上海工会服务职工实事项目,初步形成市和区(产业)服务职工实事项目机制。建成1000余家户外职工爱心接力站市政府实事项目,在市民满意度测评中名列前茅;工会会员服务卡历年累计办理425万张,职工技能晋升、带教师傅、发明专利等奖励项目助推了一大批职工提升技能、岗位创新。联合市民政局实施困难职工家庭经济状况数据比对和信息共享,建立健全"申请—建档—收入核对—审核—发放"帮扶新流程。创新在职职工住院保障金给付方式,互助保障数据库与医保信息数据实现互联互通,建立自动给付机制。出台本市实施办法,细化支出范围、标准和程序等,为基层工会经费财务管理和审计监督提供更具操作性、规范性的制度依据。深入开展"安康杯"竞赛活动,参赛单位8700余家,覆盖职工257万人。新增爱心妈咪小屋735家,10家职工亲子工作室获评"全国工会爱心托管班"称号。五是加强工会自身建设,不断提升做好职工群众工作的能力和水平。深入推进"争当工会实干家,争做职工信赖娘家人"主题实践活动。广泛深入开展大调研，以大调研、大走访促进工会干部工作作风的持续改进、促进工会重点工作的有效落地。市总全年共开展各种形式的调研230次，调研对象1278个，收集问题建议433个，形成30多个有较高质量的课题报告。完成市工运研究会换届工作，与复旦大学签订战略合作协议。建成市总工会机关及直属事业单位财务集中核算管理信息系统。积极推进闵行养老院建设、市工人文化宫茉莉花剧场改建等市总重点工程项目。抓好各类主体班、业务班的教育培训工作。加强社会化工会工作者队伍建设，有效提升其职业素养和业务能力。健全考核督查机制，采取职工满意度测评、第三方评价等方式，促进各级工会更好地以职工为中心开展工作。完成市总女工委换届。基本完成上海工会新一轮修志工作，扎实推进退休职工管理服务工作，工会对外交流、信访、督查、信息、统计、年鉴等各项工作取得积极进展。

（沈雄德）

【工会改革进展】 2018年，在全总和上海市委的领导下，市总工会持续深化工会改革，不断扩大改革成效。牵头推进产业工人队伍建设改革，市委、市政府下发《关于推进新时期上海产业工人队伍建设改革的实施意见》并召开推进大会，嘉定、闵行、松江启动改革综合试点。制定实施上海工会贯彻中央和市委文件精神的意见，明确工会推动产业工人队伍建设改革的路线图和时间表。贯彻群团改革要求，坚持党管干部原则，严格执行相关程序推选或选举产生中国工会十七大代表、市第十四次工代会代表，以及市总委员、常委，全总执委候选人等。组织全体代表积极参会、认真履职，为中国工会十七大和市第十四次工代会圆满成功贡献智慧力量。以换届为契机，凝聚全会智慧、谋划长远发展，明确承担好“政治责任、社会责任、发展责任和改革责任”。建设工会“大学校、大舞台、大家庭、大平台”的使命和目标。打造非公企业工会改革2.0版，制定实施《关于深入推进非公有制企业工会改革发展的意见》《街镇“小三级”工会经费补助实施办法》，试点推进“小三级”工会协调劳动关系体系建设，推动非公企业工会建起来、转起来、活起来。以“小二级”工会为基础，以各类园区为重点，以行业工会为抓手，以货运驾驶员、物流快递员、网约送餐员等八大人群为重点，不断扩大工会组织和工会工作覆盖面。统筹推进国企工会改革，围绕工会组织架构、干部来源与培养、协调劳动关系制度进公司章程、工会履行社会责任等重点内容，探索形成会员（职工）评价工会工作、区企联建工会组织等创新模式。深入推进“四位一体”立体经审监督体系改革，制订发挥基层工会职工会员监督作用的实施办法，建成社会中介机构审计备选库。制订《关于加强市工会代表大会代表和市总工会委员履行职责的意见》，研究细化区以下工会实行代表常任制的具体办法措施，积极发挥各级工代会代表、全委会委员、常委等在反映意见、参与决策、督查工作中的作用。初步建成门户网站“申工网”、工作平台“申工通”、服务平台“申工社”“三位一体”上海网上工会工作体系，推动各级工会互联互通、资源共享，促进事务办理更加便捷、服务更加精准有效。

（武吉波）

【工会界别市政协委员参政议政】 2018年是市政协十三届委员会的开局之年，也是工会界别新老委员交替调整之年，共产生工会界别市政协十三届委员26人。工会界别围绕全市中心工作，落实市政协的全年工作部署，立足界别特点和优势，有计划有步骤地开展各项工作。一是参加市政协组织的新委员学习班、委员讲坛、专题考察调研等，增强委员政治觉悟、身份意识、界别意识，提升委员履职尽责的能力水平，发挥好委员参政议政、民主监督的积极作用。二是组织开展界别视察调研4次，重点围绕企业执行劳动法律法规、新型就业群体权益保障、产业工人队伍建设等重大课题建言献策。三是及时提交提案、反映社情民意，着重就职工权益维护、和谐劳动关系构建、职工技能提升、劳动法律法规与民生保障政策健全完善、促进民营经济发展等领域存在的问题，提出对策建议。四是认真做好政协十三届一次会议的团体提案和政协大会发言等工作，围绕新形势下稳就业促发展、提高普通劳动者薪酬待遇等重大议题开展调查研究，真实反映工会的立场和主张等。市政协常委、市总工会党组副书记、副主席姜海涛作《关于维护新型就业群体合法权益推动营商环境持续优化的建议》的政协大会发言，以及市总工会提出的3个团体提案，引起与会者共鸣，其中《关于推动技术工人创新成果按要素参与分配的若干建议》团体提案获得市政协优秀提案奖。

（赵瑞章）

市总工会重要文件目录

发文日期	文　号	文 件 名
2018.1.9	沪工总权〔2018〕3号	《关于建立本市工会生产安全事故报告制度的通知》
2018.2.11	沪工总基〔2018〕35号	《关于创设本市“户外职工爱心接力站”的实施意见（试行）》
2018.2.26	沪工总基〔2018〕37号	《关于授予2017建设市民满意的食品安全城市百日立功竞赛中的先进集体和个人上海市五一劳动奖的决定》
2018.2.26	沪工总基〔2018〕38号	《关于授予2017年上海市卫生应急技能竞赛获奖人员上海市五一劳动奖章的决定》

续 表

发文日期	文　号	文 件 名
2018.2.26	沪工总基〔2018〕39号	《关于授予“聚焦精准发力助推脱贫攻坚”劳动竞赛中的先进集体和个人上海市五一劳动奖的决定》
2018.2.26	沪工总基〔2018〕40号	《关于授予在2017年中国技能大赛—上海水务行业职业技能竞赛中取得优异成绩的个人上海市五一劳动奖章的决定》
2018.2.26	沪工总基〔2018〕41号	《关于对在2017年度上海市重点工程实事立功竞赛中的先进集体和个人进行即时表彰的决定》
2018.2.27	沪工总基〔2018〕52号	《关于授予2017年上海市群众性劳动竞赛中的先进集体和个人上海市五一劳动奖的决定》
2018.4.4	沪工总权〔2018〕75号	《关于表彰2016—2017年度全国“安康杯”竞赛(上海赛区)优胜单位、优秀班组、优秀组织单位、先进个人的决定》
2018.4.18	沪工总财〔2018〕96号	《关于印发〈上海基层工会经费收支管理实施办法〉的通知》
2018.4.25	沪人社奖〔2018〕18号	《上海市总工会上海市人力资源和社会保障局关于2018年上海市五一劳动奖状(奖章)、工人先锋号的表彰决定》
2018.5.14	沪工总基〔2018〕133号	《上海市总工会关于表彰2017年度上海市基层工会创新案例的决定》
2018.5.11	沪工总宣〔2018〕134号	《关于表彰2017年度“上海市五一新闻奖”的决定》
2018.6.6	沪工总基〔2018〕156号	《关于对在2017年度全国“安康杯”竞赛中成绩突出的优胜单位和先进个人授予上海市五一劳动奖状(奖章)荣誉称号的决定》
2018.6.12	沪工总基〔2018〕171号	《关于命名2018年上海工会星级爱心妈咪小屋的决定》
2018.7.9	沪工总基〔2018〕178号	《上海市总工会关于印发〈上海“职工亲子工作室”设置及暂行办法〉的通知》
2018.8.1	沪工总财〔2018〕204号	《关于印发〈“尊法守法·携手筑梦”服务农民工行动专项资金管理实施办法(暂行)〉的通知》
2018.8.2	沪工总发〔2018〕22号	《关于印发〈上海市总工会关于以习近平新时代中国特色社会主义思想为指导充分发挥工会在推进新时期上海产业工人队伍建设改革中重要作用的意见〉的通知》
2018.8.8	沪工总基〔2018〕214号	《关于印发〈关于街镇“小三级”工会经费补的实施办法〉的通知》
2018.8.13	沪工总权〔2018〕218号	《关于开展困难职工家庭经济状况数据比对和信息共享工作的通知》
2018.8.22	沪工总权〔2018〕220号	《关于组织开展2018年上海工会金秋助学活动和阳光就业行动的通知》
2018.8.24	沪工总宣〔2018〕227号	《上海市总工会关于庆祝改革开放40周年群众性主题宣传教育活动的通知》

续 表

发文日期	文 号	文 件 名
2018.9.27	沪工总权〔2018〕239 号	《关于进一步加强本市工会劳动保护工作的通知》
2018.11.13	沪工总宣〔2018〕274 号	《上海市总工会关于认真学习宣传贯彻习近平总书记重要讲话精神完成好工会十七大目标任务的通知》
2018.11.14	沪工总基〔2018〕275 号	《关于印发〈上海市总工会关于深入推进非公有制企业工会改革发展的意见〉的通知》
2018.11.14	沪工总宣〔2018〕276 号	《关于命名2018 年上海工会职工书屋示范点及已建职工书屋补充配书名单的通知》
2018.11.19	沪工总基〔2018〕287 号	《关于授予2017—2018 年度上海市职工职业道德建设"双十佳"上海市五一劳动奖状(章)的决定》
2018.11.26	沪工总宣〔2018〕292 号	《关于表彰2017—2018 年度上海市职工职业道德建设标兵单位、标兵个人和先进单位、先进个人的决定》
2018.11.26	沪工总办〔2018〕297 号	《上海市总工会关于印发〈2019 年上海工会服务职工实事项目实施方案〉的通知》
2018.12.5	沪工总基〔2018〕307 号	《关于命名第八批"上海市劳模创新工作室"的决定》

上海市总工会领导及各部室负责人名单

中共上海市总工会党组名录

党组书记 莫负春
党组副书记 姜海涛
党组成员 何惠娟(女,2018.6 免) 高黎萍(女)
周 奇(2018.6 任)
张得志(2018.6 任) 桂晓燕(女)
李友钟(2018.6 免)
戴光铭(2018.6 任)
刘言浩(2018.6 任) 宋钟蓓(女)

上海市总工会第十四届委员会主席、副主席、常委名录

主 席 莫负春
副主席 姜海涛 周 奇 张得志 桂晓燕(女)
戴光铭(挂) 刘言浩(挂)
李 斌(兼) 朱雪芹(女,兼)
常 委 (按姓氏笔画为序)
丁 巍(女) 王厚富 麦碧莲(女) 李友钟
沈 云(女) 宋钟蓓(女) 张永东
陈 欣(女) 娄 为 耿道颖(女) 倪学斌
徐 文

上海市总工会经费审查委员会主任、副主任、常委名录

主 任 丁 巍(女)
副主任 倪伟琦
常 委 (按姓氏笔画为序)
韦 理 许耀武 金伟荣 祝培莉(女)
黄银萍(女)

上海市总工会巡视员、秘书长等名录

巡视员 何惠娟(女)
秘书长 宋钟蓓(女)
副巡视员 吴 萌

上海市总工会各部室负责人名录

办公室
主 任 沈雄德
副主任 李学兵(2018.10 免)
张国峰(2018.2 免)
副主任 陈展阳(2018.4 挂)
副主任 邹晓鹰(女,2018.11 挂)

研究室
主 任 崔校军
副主任 张 敏(女,2018.6 调任)

组织部
部 长 庄 勤(女)

基层工作部
部 长 丁 巍(女,2018.6 免)
张 刚(2018.6 调任)
副部长 竺 敏 钱传东(2018.6 免)
副部长 赵 萌(女,2018.4 挂)

副部长　何文庆（女，2018.11挂）

劳动关系工作部

部　长　周永宝

副部长　陈　嵘　黄　琦（女，2018.6免）

权益保障部

部　长　陈美琴（女）

副部长　杨　敏（女）

副部长　曹宏亮（2018.11挂）

宣传教育部

部　长　陈必华

副部长　李　伟

副部长　张　路（女，挂）

副部长　季轩丞（女，2018.4挂）

财务资产管理部

部　长　赵　伟（2018.10免）

黄银萍（女，2018.10调任）

副部长　卢家平　唐文韵（女，2018.2免）

副部长　梁　军（挂）

经审办

主　任　倪伟琦

上海市总工会直属机关党、纪、工、团负责人名录

直属机关党委

书　记　姜海涛（兼）

副书记　宫运利（2018.2免）

桂云林（女）

直属机关纪委

书　记　桂云林（女）

直属机关工会

主　任　夏　勇

直属机关团委

书　记　庄　勤（兼，女）

上海工会年鉴 2019

基层组织建设

综　述

上海工会聚焦重点区域和重点人群，推动工会组建，完善基层工会组织规范化建设机制，夯实工会组织基层基础，召开上海市深化非公企业工会改革推进会。截至年底，全市基层工会46304家，覆盖单位18.2万个，会员697.1万名。一是聚焦街镇"小三级"工会组织建设，激发基层组织活力。制订下发《街镇"小三级"工会经费补助实施办法》，进一步保障街镇"小三级"工会有人办事、有钱办事。开展了非公企业工会改革示范点交流活动，选树110个示范点，下发服务职工经费补贴550万元。二是聚焦重点区域，推动工会组建。以松江国家级经济技术开发区为试点，逐步推进园区工会组建，工会组织覆盖率由46%提升到76%。以江南造船为试点单位推进劳务工建会入会，劳务单位建会率由44.1%提升至70%，劳务工入会率从48.7%提升至70%。三是聚焦重点人群，推动建会入会。调研货运驾驶员、物流快递员等八大人群的生存现状，集中力量推进入会和服务工作。与财政局联合发文下发《关于服务灵活就业群体工会会员项目经费使用管理办法》，共吸纳灵活就业群体会员86483人，下拨配套资金1816.1万元。四是规范"网上入会"，实现常态运作。按照《上海市总工会网上入会工作管理办法(试行)》，建立了会商通报、回访反馈等工作机制，进一步提升了"网上入会"工作的时效性和规范性。截至年底，"我要入会"栏目共收到在线入会申请1.72万人，其中1.25万人已加入工会，占比72.7%。五是推进工会干部队伍建设。截至年底，全市共有工会社工1359人(含党群工作者)。组织工会社工初训班和轮训班，共培训511人。举办"首届上海市工会社工技能比武交流活动"，选树25支优秀工会社工团队，6支优秀社工团队获得"上海市工人先锋号"。组织大中型企业工会主席、街镇总工会主席等培训班，共培训1492人。六是推动户外职工爱心接力站建设。建立1003家"户外职工爱心接力站"，为环卫工人、快递员等户外职工提供饮水、避暑取暖等服务。在年终市政府实事项目满意度评议中，该项目综合排名第一。七是加强调查研究。深入开展调研，形成《关于街镇小三级工会干部队伍建设的研究报告》《关于"乡镇(街道)、开发区(工业园区)工会组织建设"的调研报告》等12篇调研报告。　(赵　萌)

农民工入会

【概要】　伴随服务经济、互联网经济、平台经济的迅猛发展，上海工会重点聚焦物流快递员、家政服务员、护工护理员、网约送餐员、货运驾驶员等流动、分散、灵活就业群体，探索创新新兴就业职工群体的建会模式。修订原"两非一无"工会会员项目经费文件，与财政局联合发文下发《服务灵活就业群体工会会员项目经费使用管理办法》。各区总工会用好用足政策红利，推动新兴就业群体入会和服务工作，浦东新区成立了动漫行业工会联合会和社会办医疗机构行业工会联合会，宝山区在杨行镇成立镇级物流货运行业工会联合会。全市共吸纳灵活就业群体会员86483人(按交足120元/人)，下拨配套资金1816.1万元(含市财政配套资金)，保障灵活就业职工入会服务资金，增强职工入会积极性和获得感。同时，聚焦园区、楼宇、商圈，依托街镇级区域性、行业性工会，扩大对新兴互联网信息平台企业、小微企业和灵活就业群体的有效覆盖。徐汇区天平街道成立文创行业工会联合会，杨浦区成立建筑设计行业工会联合会，标志着行业工会的建设已突破原来传统的工会领域，在新的行业和领域中植根与发展。

(赵　萌)

【徐汇区总工会建立区旅游行业工会联合会】　根据市总工会要求，创新建会入会方式，以属地建会、多层覆盖为原则，深入推进行业工会建设，开展新领域新群体建会入会集中行动，不断扩大工会组织的有效覆盖。结合区域实际，建立区旅游行业工会联合会，覆盖企业6家、会员1100人，已在家政、房屋中介、物业、餐饮等6个行业建立工会联合会，覆盖单位678家，会员23427人。　(徐飒爽)

【杨浦区建筑设计行业工会联合会第一次代表大会召开】　9月18日，杨浦区建筑设计行业工会联合会第一次代表大会召开，选举产生杨浦区建筑设计行业工会联合会第一届委员会、经费审查委员会。区人大常委会副主任、总工会主席麦碧莲出席会议并讲话。区建筑设计行业工会联合会的建立，是在深入调研、反复论证的基础上，聚焦建筑设计这一杨浦区重要特色产业和环同济知识经济圈这一目前国内最大的建筑设计行业现代服务产业群，着力通过构建1个区级层面建筑设计行业工会联合会、4个街镇层

杨浦区建筑设计行业工会联合会
第一次代表大会
2018年9月18日

9月18日，杨浦区建筑设计行业工会联合会第一次代表大会召开

(张东寅)

面行业分会、49个企业工会的“1+4+49”组织体系，推出弘扬劳模精神行动、开展立功竞赛行动、激发民主活力行动、丰富职工文化行动、落实党工共建行动等五大行动，切实解决建筑设计行业职工流动多、外地职工多、年轻职工多和工作时间长、出差在外时间长的“三多二长”问题和企业工会工作参差不齐瓶颈难题，进一步为杨浦“三区一基地”建设凝心聚力。（张东寅）

【杨浦区医养照护行业工会联合会荣获上海市基层工会创新十大案例奖】 5月15日，市基层工会创新案例成果奖命名发布会在上海市肺科医院报告厅举行。市总工会巡视员何惠娟，市总工会副主席桂晓燕，杨浦区人大常委会副主任、总工会主席麦碧莲参加会议。杨浦区医养照护行业工会联合会荣获“2017年度上海市基层工会十大(类)创新案例奖”。通过一张“小红卡”畅通劳模就医绿色通道的工作实践获评上海市基层工会十大创新案例提名奖。杨浦区医养照护行业工会联合会于2017年5月成立，医养照护行业工会把握时代脉搏，以职工需求为导向，通过行业工会的有效运作，形成了一套可操作、可持续的工作模式，该模式已在黄浦区、静安区、长宁区、徐汇区及虹口区五大中心城区进行复制与推广。（张东寅）

【叶榭镇总工会荣获上海市基层工会十大创新案例奖】 5月15日，松江区叶榭镇总工会申报的“着眼农业大镇特点，吸纳农业从业者入会”案例，荣获上海市基层工会十大创新案例奖。该案例反映了创新行业工会组织模式，服务灵活分散就业群体案例特点，为松江行业工会工作改革创新提供了有益的基层探索样本和实践经验。行业工会联合会在组建过程中，首先界定了粮食家庭农场从业人员的职工属性，在家庭农场合作社建会时充分发挥劳模典型带动作用，属地建会行业二次覆盖进一步发挥了工会凝聚职工、代表职工、维护职工、教育职工、服务职工的作用。农民专业合作社行业工会联合会，将进一步推动农业生产管理、调动农业生产经营者生产积极性，对“三农”工作和农村实施乡村振兴战略产生积极影响，也为其他区域粮食家庭农场建立工会组织提供可复制的经验。（褚安琪）

12月28日，中远海运重工成立分承包方联合工会（魏敬民）

【青浦练塘镇农民专业合作社行业工会联合会成立】 11月28日，青浦区练塘镇农民专业合作社行业工会联合会第一次代表大会召开。44家农民合作社，37名代表参加会议。大会依法民主选举产生7名委员、3名经审委员，组成了第一届工会联合会委员会和经审委员会。这是青浦区成立的首家镇级农民专业合作社行业工会联合会。（朱建强）

【中远海运重工成立分承包方联合工会】 12月28日，上海中远海运重工分承包方联合工会第一次会员代表大会召开，选举产生联合工会“两委”班子。分承包方联合工会将15家分承包商员工悉数纳入工会组织管理范围，受到分承包方员工的拥护。分承包方联合工会的成立，是更好地服务广大分承包方员工、让分承包方员工分享企业发展红利的有益探索和创新之举，对分承包方员工队伍的稳定起到促进作用。（魏敬民）

【中远海运科技工会吸纳劳务派遣员工入会】 随着企业用工制度的变化，越来越多的劳务工逐渐承担了许多重要岗位工作，虽然日常活动他们也积极参与，但在涉及到工会会员的福利待遇上或多或少有差异。为了让他们同正式员工一样拥有归属感，中远海运科技股份有限公司工会经过摸底调研，与公司人力资源部门协商，形成“劳务派遣员工加入公司工会”提案提交公司总经理办公会议审议通过，最终解决了劳务派遣员工入会问题。公司全部劳务派遣员工加入公司工会，和公司正式员工享受同等的福利待遇。劳务派遣员工入会问题的解决，极大地激励了广大劳务派遣员工的工作积极性，同时也维护了他们的合法权益，增强了他们对公司的认同感。（顾霞琴）

【上港集团三个工会工作案例入选上海市2017年度基层工会十佳创新案例】 2018年，上港集团工会“全力破解‘一号课题’，持续打造‘放心食堂’”案例、上港集团国际客运中心工会“‘O2O’模式让民主管理面对面”案例和上港集团复兴公司工会“温馨6+2，关心关爱临近退休职工”案例获选上海市基层工会创新十佳工作案例。（施文卿）

小三级工会

【概要】 根据中央、市委群团改革会议精神和市委创新社会治理加强基层建设的要求，结合市总工会《关于规范“小三级”工会建设的意见》和《关于街镇“小三级”工会经费补助的实施办法》文件精神，进一步夯实街镇“小三级”工会组织规范化程度，激发基层活力。一是扩大了组织覆盖面。共推进实地实体型单位组建工会2764家，吸纳会员17.5万名，其中非公企业占90%以上，累计发放补助资金521.7万元。累计发放会员活动经费补助64.7万元，惠及1.07万名企业外入会职工。二是调动了非公企业工会主席积极性。在地区考核发放履职津贴的基础上，给予获市级及以上模范职工之家、优秀工会工作者、五一劳动奖状（章）及劳动模范等称号的非公企业工会兼职主席和联合工会兼职工会主席每月给予200元补贴，共计为470名工会主席发放补贴110.7万元。三是充实了工会工作力量。对社会化工会工作者给予每人每年3.6万元补贴，累计发放补贴资金3500万元，涉及1027名社会化工会工作者；同时全年共组织开展了6期社会化工会工作者初任培训班和2期轮训提高班，着重培养工会工作者规范化、专业化、职业化素养，提供街镇“小三级”工会人才保证。（赵　萌）

【上海市动漫行业（浦东）工会联合会成立】 11月2日，上海市动漫行业（浦东）工会联合会揭牌暨2018年“张江杯”漫画师技能大赛启动仪式在张江海艺数字影城举行。市总工会、浦东新区总工会、市文化广播影视管理局、张江镇党委及政府等负责人出席揭牌仪式。“上海市动漫行业（浦东）工会联合会”揭牌，标志着上海文化系统第一家行业工会联合会的成立，也为浦东新区总工会探索组建行业性工会迈出了坚实的创新步伐。上海市动漫行业（浦东）工会联合会的成立，不仅增强了动漫行业企业的凝聚力，激发了职工的创新力，而且由浦东新区总工会与市动漫行业协会联合主办全国引领性劳动和技能竞赛——2018年“张江杯”漫画师技能大赛。（陈　维）

【浦东新区总工会推进浦东职工四级服务体系建设】 3月15日，浦东职工四级服务体系建设推进大会在祝桥空港工业区职工服务站举行。市总工会、浦东新区总工会有关领导，以及全区街镇、开发区工会代表120余人出席会议。浦东职工四级服务体系建设被确定为新区总工会2018年“一号工程”，是深化工会改革，打通联系服务职工“最后一公里”的重要举措。体系建设采取逐步建立完善区级职工服务中心，开发区、街镇职工服务总站，园区、商圈、楼宇职工服务站，企业职工服务点和户外职工驿站这四个层级的服务阵地，运用平台联建、资源联享、项目联办、体系联动等方式，实现对区域内职工和企业的“全覆盖”“普惠制”“零距离”服务，助力优化营商环境，补全“家门口”服务体系中服务职工的短板，有利于构建“大民生”格局。浦东职工四级服务体系将聚焦困难帮扶、权益维护、就业创业、文化体育和综合服务五项服务功能。汇聚多方资源，打造园区、商圈、楼宇职工服务站模版。年内建成职工“家门口”服务站点385个，其中职工服务总站43个，职工服务站42家，企业职工服务点120个，户外职工爱心接力站147家和户外职工驿站33家。（陈　维）

11月2日，上海市动漫行业（浦东）工会联合会成立　（吴周筠）

【虹口区曲阳路街道成立社区工作者事务所工会】 12月27日，曲阳路街道社区工作者事务所工会第一届第一次会员代表大会在曲阳路街道办事处召开，社区工作者共76名代表出席会议。会议选举产生7名第一届工会委员和3名经费审查委员。会后召开一届一次全委会，同步成立女职工委员会。除此之外，北外滩街道、欧阳路街道总工会也分别成立了社工事务所工会。（徐　洁）

【虹口区筹备浦江航运工会联合会】 5月10日，虹口区成立上海浦江航运行业工会筹备组。搭建上海浦江航运行业工会三层架构，覆盖工会包括央属、市属国企工会、街道区域性行业性工会联合会，发挥央企航运企业的行业龙头作用，促进虹口航运企业发展，服务非公航运企业职工需求。建成北外滩街道航运行业工会，覆盖辖区内30余家航运企业，2000余名职工，由非公航运企业人员担任行业工会主席，推动街道行业工会与龙头企业工会的联合，形成龙头带动、条块结合，打造行业工会运作新模式。（徐　洁）

【闵行区开展工会组建“百日集中行动”】 7月20日，闵行区总工会在全区启动工会组建“百日集中行动”，推进“双实”企业建会。“闵行工会”公众微信号专题发布“百日集中行动”文件解读、入会建会的十大好处及各街镇建会情况，形成集中行动的舆论氛围。全区各级工会将企业集中的经济开发区、工业园区、商贸楼宇、集贸市场等作为建会集中工作的重点领域；以世界500强等在闵行跨国公司、外商投资企业和港澳台资企业，本地有一定影响又拖延建会的私营企业，商贸、餐饮、物流、物业管理等第三产业企业，民营医院、民营学校、律师事务所、会计师事务所等新社会组织以及有雇工的个体工商户等为建会工作的重点对象。依托全区67个工会网格,结合各街镇劳动监察网格、党建网格、城市综合管理网格等形成建会工作网络,将建会工作任务分片包干,责任到人,整合推进建会。截至9月,全区新建工会组织253个,覆盖单位1138家,新发展会员22685名,新发展农民工会员10394名。

(杨旭文)

【嘉定区货运行业工会联合会第一次代表大会召开】 7月5日,嘉定区货运行业工会联合会第一次代表大会召开。大会选举产生嘉定货运行业工会联合会第一届委员会与经费审查委员会。会议明确以增强行业工会吸引力,推动货运职工自身素质提升、福利待遇改善、合法权益保障作为货运行业工会联合会工作目标。货运行业企业民主选举产生的一线职工、劳模(先进)、经营管理者等会员代表,货运行业企业工会主席,区总工会、街镇工会人员、专职工会工作者及行业相关主管部门人员等46名代表出席会议。

(黄点点)

【金山区朱泾镇成立金龙新街商业街联合工会】 8月10日,朱泾镇金龙新街商业街联合工会成立。40余名会员代表出席金龙新街商业街第一届第一次会员代表大会,会议通过无记名投票方式选举产生了工会第一届委员会。长期以来,朱泾镇金龙新街商业街聚集着数以百计的沿街商户,职工有需要工会帮扶,维护合法权益的呼声和愿望。2018年,朱泾镇总工会创新建会理念,通过一个多月的走访和沟通,率先在金龙新街商业街建立联合工会,将这些职工组织起来。

(郁 蔚)

【青浦区香花桥街道总工会聚焦组织建设夯实工会基础】 一是扩大组织覆盖面。推进实地实体型企业工会组建、做好非公企业工会新增农民工入会情况调查,大力宣传工会组织各类政策、活动,提升工会在企业、职工中的影响力和吸引力。依托职工服务站,深入区域排摸、走访未建会企业,发放三张"服务清单"。二是增强民主协商实效。联合仲裁院等部门,邀请集体协商机制建设志愿者开展集体协商机制联合督查,加大集体协商的宣传和指导力度。制作日立电梯职代会现场观摩会宣传片,引导企业贯彻落实好《上海市职工代表大会条例》。三是提升会员管理质量。运用申工社APP、区总工会和街道工会微信公众号等网上工会平台,让符合条件、有入会意愿的职工快速、便捷加入工会组织,依托村级联合工会作为企业外入会的"蓄水池",吸收职工入会,享受工会福利。完善网上工会会员信息管理,实行动态管理。完善会费交纳与管理机制,落实非公企业工会改革会费收缴办法,形成会员与非会员的差别效应。

(朱建强)

工会社工队伍建设

【概要】 上海工会持续深入探索社会化工会工作者队伍建设,通过孵化培育等举措,已初步建立了一支业务能力强、素质过硬的社会化工会工作者队伍。这支队伍在工会改革尤其是非公企业工会改革过程中为推进基层工会组织建设、劳动关系协调机制建设、职工经济技术创新活动开展等方面发挥了非常重要的作用。一是社会化工会工作者队伍稳定发展。全市社会化工会工作者队伍规模总体保持稳定。截至年底,街镇"小三级"的工会工作者共有1359人,其中12个区有社会化工会工作者1027人,长宁、静安、黄浦、普陀4个区使用党群工作者(即社区工作者)332人。二是社会化工会工作者经费加大投入。全市工会社工的人均用工成本约为12.2万元/年,全年全市仅对社会化工会工作者的补贴就超过1.2亿元,环比增长40%,补贴经费分别由市总工会、区总工会和区政府三方承担。三是社会化工会工作者培训深入推进。全年共组织开展6期社会化工会工作者初任培训班,还组织开展"首届上海市工会社工技能比武交流活动",进一步提升广大工会社工的业务能力和工作水平。

(王聃达)

【浦东公惠社会工作服务中心承办全市首届工会社工比武交流互动】 12月20日,"上海市首届社会化工会工作者技能比武交流活动"在中国金融信息中心召开。本次技能比武由市总工会主办,浦东公惠社会工作服务中心承办,大赛以深化非公企业工会改革为主线、以一线社会化工会工作者和党群工作者为主角,通过微视频展示社工团队在推进非公企业工会改革工作中的工作风采,最终评选出25个优秀微视频和25支优秀工会社工团队。

(郑 俨)

【徐汇区总工会多措并举,加强工会社工队伍建设】 根据区总工会聘用人员整体实际,梳理社工队伍及劳务派遣人员基本情况,认真谋划社工队伍管理考核工作思路,制订形成《徐汇区专业社工队伍建设实施意见》以及绩效管理方案初稿。理顺社工队伍管理机制,明确一九二五职工服务工作室作为用人单位的主体地位,落实社工劳动合同到期、续聘及人事管理、技能提升等相关事宜。加大日常管理工作力度,定期召开社工工作例会,明确工作要求、进行经验交流,组织社工参加市、区各类相关培训,落实考核、培训等相关工作,为打造一支专业化、职业化工会社工队伍夯实基础。

(李 莹)

【杨浦区工会社工勇挑工会改革重担】 年内,杨浦区新招聘22名工会社工,区内共有109名工会社工,分布在杨浦区12个街镇总工会和科技、投促办工会等。工会社工在区总工会的指导下,围绕工会主业主责开展"九大助力"行动,全面落实非公企业工会改革的总体部署。一是助力工会组织建设工作;二是助力基层服务站建设;三是助力成立全市首家建筑设计行业工会联合会;四是助力街镇"小三级"工会建设;五是助力维护职工劳动权益保障工作;六是助力职工文化生活;七是助力网上工会建设;八是助力服务职工;九是助力做实相关工作。

(陈 淼)

【宝山区总工会大力推进社工队伍建设】 宝山区总工会按照每2000—3000名职工、每30—50家企业1名工会社工的标准,为区域(行业)工会配备工会社工,年内上海宝山公惠职工事务服务中心先后完成三批工会社工的招聘工作,录用的工会社工人数总

计79人，涵盖区总下属2家事业单位、14个街镇园区以及7家行业工会。（胡臻遥）

【嘉定区总工会加强职业化社会化工会工作者队伍建设】 一是组织两批共19名社会化工会工作者前往上海工会干部管理学院参加脱产培训1个月，加强社会化职业化工会工作者队伍业务知识，提高服务职工的能力水平；二是为工会工作者队伍打开多元化晋升通道，积极组织符合考试条件的工会工作者参加社会工作师职业资格考试和事业单位考试，拓宽职业发展道路。三是推进社工岗位开发。2018年，在相关街镇、体制外园区、行业工会设置10个社会工作岗位，面向社会选拔招考，10名符合条件的人员已正式上岗；四是完善社工绩效考核、薪酬福利制度。社工的考勤施行双重管理制度，受派驻单位的管理，并接受区总工会监督。以“科学的薪酬结构、合理的增长机制、规范的市场比较”为原则，采取与职业水平等级、学历、资历、业绩、岗位等多种指标相结合的方式，按照“以岗定薪、以绩定奖、按劳取酬”设立合理的薪酬标准。（赵馨妍）

【金山区工会社工助推建会成效显著】 金山区总工会共有53名工会社工，除8名社工负责中心日常工作，另外45名社工分别派驻服务于全区11个街镇、工业区，区总各部室，区工人文化宫，区纺织工会。其中，助理社会工作师26人、社会工作师6人，劳动关系协调员22人。2018年，金山工会社工在区总工会和金山区工荟社会工作服务中心的指导和带领下，致力于小二级工会联合会的建设，截至年底，全区已组建工会联合会38家，其中区域性工会联合会30家，行业性工会联合会8家，由工会社工负责的工会联合会29家。其中，工业区鑫港湾工会联合会等4家工会联合会荣获“上海市非公企业工会改革示范点”称号，朱泾镇工业园区工会联合会社工团队获“上海工人先锋号”称号。（金赞红）

【市总工会职工服务中心青年志愿者总队成立】 5月28日，市总工会职工服务中心青年志愿者总队成立。市总工会职工服务中心、16个区职工服务中心与青年志愿者、户外职工爱心接力站志愿者代表出席成立仪式。成立后的志愿者总队首先以服务好市政府、市总工会实事项目为着力点，统筹安排全市户外职工爱心接力站点的志愿者服务，同时针对职工反响强烈的服务需求，重点开展为职工解决生活困难的志愿者服务工作。同时，围绕现行职工服务项目中工会会员服务卡商户检查、职工物价监督工作、转改制就业服务等项目组织开展志愿活动，推进职工志愿服务活动常态化。（陈乐琪）

爱心接力站建设

【概要】 为贯彻落实上海市委、市政府关于建设“更有温度的城市”的工作精神，切实解决户外职工工作中遇到的饮水、休息等实际问题，市总工会与市绿化和市容管理局共同承接了上海市市政府实事项目——“户外职工爱心接力站”工作，为广大户外职工解决工作时饮水供给、避暑取暖、餐食加热、手机充电、休息如厕等实际问题。截至年底，全市已建成“户外职工爱心接力站”1003家，共有30家区局产业工会参与其中，站点遍布全市16个行政区，基本实现区域全覆盖，疏密程度相对合理的目标。（陈乐琪）

【沪上600个户外职工爱心接力站揭牌】 2月12日，上海市2018年首批600个户外职工爱心接力站揭牌。“户外职工爱心接力站”是2018年市政府新增加的一个便民实事项目，旨在解决户外职工工作中遇到的饮水、休息等实际问题。由市总工会和市市容绿化局共同牵头，会同各级政府、各级工会及各个单位共同实施，在已建“户外职工驿站”和“关爱环卫工人爱心接力站”的基础上创设。接力站以环卫工、快递员、协管员、送餐员、出租车司机、物流驾驶员、交警辅警等户外职工为主要服务对象，依托本市部分银行、通讯营业网店、超市卖场、药房等零售门店、饭店、快捷酒店、高校门卫以及各区职工服务中心、街镇党建服务中心、基层服务站等单位，主要设在户外职工工作相对集聚区域的沿街，方便户外职工知晓，就近就便使用。（陈乐琪）

【户外职工爱心接力站第二批揭牌】 7月23日，“户外职工爱心接力站”第二批站点授牌启动，标志着本市第二批409家爱心接力站投入使用。加上今年2月份首批启用的600个站点，全市现已拥有超过1000个户外职工爱心接力站为户外工作者们提供服务。市总工会主席莫负春和静安区区委书记安路生共同为新一批爱心接力站站点揭牌。职工可登录市总工会“申工社”APP，点击“服务站”版块，在“户外职工爱心接力站”栏目内查询1000家站点详细信息。为规范管理这1000个站点，市总工会要求各单位、各站点要严格按照有场所、有标识、有人员、有服务、有设施、有保障的“六有”标准进行管理。在硬件设施上做到6+X配置，即须具备6项基本设施：空调、冰箱、微波炉、饮水机、充电排插、桌椅和结合实际的其他服务设施。第二批爱心接力站在选址布局上以“科学布局，不留空白”为原则，根据对首批600家站点运营数据的分析，站点已遍布上海市16个行政区，基本达到区域全覆盖、疏密程度相对合理的目标。第二批站点建设，除了依旧得到参与首批建站的区局产业工会大力支持之外，又新增加了上海邮政工会、国药集团工会、教育行业工会、久事集团工会、国网电力工会、申迪集团工会这6家产业工会。尤其是上海邮政工会，从其500多家营业网点中按照“六有”的建站标准和布局原则，最终择优选择了其中的100多家建设成户外职工爱心接力站。市绿化和市容管理局党组副书记崔丽萍，市总工会副主席周奇、张得志、刘言浩出席启动仪式。（陈乐琪）

【户外职工爱心接力站工作成效显著】 2018年，在市政府实事项目年终满意度测评中，由市总工会与市绿化和市容管理局共同承接的“户外职工爱心接力站”项目获得94.71分（平均分为91.02分），在31个市政府实事项目中综合排名第一。其做法：一是建章立制，构建长效工作机制。

市总工会基层工作部、市总工会职工援助服务中心注重顶层设计和整体规划，在前期调研、座谈汲取各方意见的基础上，制订《关于创设本市“户外职工爱心接力站”的实施意见（试行）》（以下简称《实施意见》）《“户外职工爱心接力站”管理办法》，内容包含站点服务对象、创设标准、报备变更流程、日常管理考核、投诉咨询处理等全方位的站点管理标准，确保站点合理设置、规范运行。二是强化考核，规范站点管理。在站点日常运行管理过程中，实行日常自查、季度区级抽查、半年市级考评的三级考评制度。通过市总工作人员、各区总职工服务中心工作人员、劳模先进、环卫职工代表、志愿者等定期走访考核，对运行和服务不规范的站点下发《整改意见书》责令限期整改，对不符合要求的站点下发《摘牌通知书》。严格按照《实施意见》的要求为广大户外职工提供优质的休息场所和服务。三是加强宣传，提高项目知晓率。在申工社 APP 上设置“户外职工爱心接力站”电子地图，制作专题页面及网站，与“美团网—大众点评”开展深入合作，将所有站点信息导入“大众点评网 APP”，方便户外职工就近找到站点。同时，通过新华社、上视新闻、《新闻坊》《劳动报》等多家媒体进行宣传报道，引起社会各界及市民的广泛关注，有效提高了项目的知晓率。

（王翀达）

【宝山区总工会爱心接力站建设】 2018 年，宝山区共设有 66 家户外爱心接力站点，其中区总工会创设 27 家。为落实市总工会要求，提升站点服务水平，宝山职工援助服务中心成立青年志愿团定期对区内站点进行走访检查，规范站点运营；开展“夏送清凉、冬送温暖”，为站点和站点服务人员配送慰问物资。区内站点共接待户外职工 5111 人次，深受户外职工们的好评，其中友谊路街道户外职工爱心接力站还荣获“2018 年度上海市工人先锋号”；宝山区总工会荣获“户外职工爱心接力站优秀组织奖”。

（胡臻遥）

【浦东首家“共治”模式户外职工爱心接力站揭牌】 2 月 12 日，市人大常委会副主任、市总工会党组书记、主席莫负春，浦东新区总工会主席周奇为洋泾街道崮山路 649 号为户外职工爱心接力站揭牌。作为浦东首家“共治”模式的户外职工爱心接力站，将工会管理和服务融入站点，为沿街服务行业提供工会组建和两非一无人员入会服务，同时对于掌握户外职工思想动态和职工需求，发挥工会作用提供了平台和途径。年内全区已建立市级爱心接力站 21 个、区级接力站 33 个，同时，还有 126 个条线站点落地浦东。

（陈　维）

【普陀区总工会扎实推进户外职工爱心接力站建设】 普陀区总工会扎实推进市府年度实事项目“户外职工爱心接力站”建设，依托街镇、园区沿街的党建服务中心、群团服务站、职工服务站以及银行、邮政、通讯营业网点、超市卖场等公共服务机构等阵地设立 10 个站点，主要服务环卫工、快递员、协管员、送餐员、出租车司机、物流驾驶员、交警辅警等户外职工，解决其饮水、休息、如厕等实际问题。为确保各站点规范有序运行，区总工会与各站点签署“爱心接力站共建协议”，制订实施《普陀区户外职工爱心接力站管理办法（试行）》，明确按照“六有”（即：有场所、有标识、有人员、有服务、有设施、有保障）标准创建、验收，加强站点日常管理指导；成立“户外职工爱心接力站”青年志愿者服务队，定期对 52 家站点（含区域内 42 家）开展全面检查。据统计，各站点全年累计服务户外职工 1991 人次。6 月 6 日，副区长王珏在区总工会党组书记、副主席李戌渊陪同下，走访调研、实地察看真如文英中心小学、区就促中心等 4 家户外职工爱心接力站运作情况。

（陆　蕾）

【长宁区新华街道户外职工爱心接力站揭牌】 2 月 9 日，市总工会党组副书记、副主席姜海涛，长宁区人大常委会副主任、总工会主席刘英，长宁区总工会党组书记、副主席邱刚等一行实地走访了位于新华街道社区党建服务中心的“新华街道户外职工爱心接力站”，并为接力站揭牌。街道党工委书记陆敏、副书记赵雪芳陪同。姜海涛一行听取了有关户外职工爱心接力站服务功能的详细介绍并向在站内休息的环卫工人送去慰问品。

（李悦琳）

【杨浦区总工会开展“户外职工爱心接力站”运作情况大检查】 3 月 22 日，根据市总工会要求，杨浦区总工会委托区总工会服务中心组建了一支由劳模先进、工会干部、中心工作人员、工会志愿者等组成的“飞行检查队”，负责对杨浦辖区内市属 25 家、区属 11 家爱心接力站的考核、监督，运行情况的检查工作。飞行检查队重点检查“爱心接力站”日常运作情况，积极落实区总工会《关于加强“户外职工爱心接力站”管理的通知》要求，做好考核、指导、督查全区 36 家“户外职工爱心接力站”建设工作，切实为户外职工提供温馨服务。

（张东寅）

【市政府实事项目调研组调研杨浦区“户外职工爱心接力站”工作】 6 月 21 日，市政府实事项目调研组赴杨浦调研市政府实事项目“户外职工爱心接力站”推进和运营情况。杨浦区人大常委会副主任、总工会主席麦碧莲与调研组一行见面，交流相关工作。调研组实地察看区总工会职工服务中心、华氏大药房延吉店“户外职工爱心接力站”设备设施，了解日常运作、管理方法、规章制度等情况，听取工作汇报，并对下阶段工作提出工作要求。调研组充分肯定杨浦区“户外职工爱心接力站”工作开展成效，要求对组建志愿者团队参与“户外职工爱心接力站”日常管理、监督、核查工作，积极开展“延时服务”，实行“5+1”、“白加黑”工作法予以总结、提炼好的做法，形成可复制、可推广的经验。

（张东寅）

【闵行区启动“户外职工爱心接力站”服务进博志愿行动】 10 月 22 日，由市总工会职工援助服务中心和闵行区总工会共同主办的“携手并进迎进博，爱心接力添精彩”户外职工爱心接力站服务进博志愿行动启动仪式在闵行区协信中心举行。市总工会副主席周奇在启动仪式上，号召进博会核心场馆周围的户外职工爱心接力站积极服务和保障进博会，将户外职工爱心接力站建设成“暖人心、聚人气、有温度、展形象”的平台阵地。活动现场进行了户外职工爱心接力站服务进博志愿行动站点发布和站点志愿者授旗仪式,爱心接力站站长代表、户外职工代表宣读了服务进博会承诺。

(王 凯)

【嘉定区首批12家“户外职工爱心接力站”挂牌启用】 2月12日,嘉定区首批纳入2018年市政府便民实事项目的12家“户外职工爱心接力站”挂牌启用。“户外职工爱心接力站”是在原有“户外职工驿站”的基础上扩容升级而成的,利用工会职工援助服务大厅、群团服务站等现有空余场地,配备冰箱、微波炉、充电设备、开水、等服务设施设备,致力于改善环卫工、快递员、送餐员、协管员、等户外职工的工作条件和工作环境,解决他们休息难、饮水难、充电难、如厕难等困难。区总工会在推动“户外职工爱心接力站”建设时按照“统一标识、合理布局、设施标准、服务完善、制度规范”和“有人员、有场所、有标识、有服务、有设施、有经费”的标准进行规范建设。每家站点都设有一名站长,服务时间为上午9点至下午5点,设施面积在3平方米左右,做到6+X配置(6项基本设施为空调、冰箱、微波炉、饮水机或茶桶等、充电排插和桌椅),在此基础上,站点还根据各自实际,增加免费WIFI、外伤急救药箱、书报架等设施。下阶段,嘉定区总工会将会同嘉定区委组织部、嘉定区绿化市容局等多部门,依托各街镇党建服务中心、社区事务受理中心、社区卫生服务中心、群团服务站等户外职工工作相对集聚区域的沿街公共场所,再建28个“户外职工爱心接力站”。

(黄点点)

【金山区工人文化宫户外职工爱心接力站揭牌】 2月22日,金山区工人文化宫(金山区职工服务中心)户外职工爱心接力站揭牌。金山区人大常委会党组副书记、副主任,区总工会党组书记、主席朱喜林,金山区工人文化宫(金山区职工服务中心)主任陈文,共同为站点揭牌。作为全市首批600个“户外职工爱心接力站”之一,站点以环卫工、快递员、协管员、送餐员、出租车司机、物流驾驶员、交警辅警等户外职工为主要服务对象,重点解决户外职工工作时饮水供给、避暑取暖、餐食加热、手机充电、休息如厕等实际问题,就近方便户外职工解决实际困难。

(陈 文)

【青浦区总工会三大举措提升户外职工爱心接力站工作实效】 一是提高认识,加强领导。下发文件,实地检查,督促街镇总工会和相关单位将户外职工爱心接力站建设工作列为单位年度工作计划,纳入单位年度工作考核范畴和创建文明单位考核序列。二是健全组织,规范管理。成立“户外职工爱心接力站”创设工作小组。各街镇总工会和相关单位明确分管领导和责任部门,建立相应组织机构,健全管理制度,加强培训指导。三是加强考评,扩大宣传。建立考核评价制度,对所属站点实施自查自评、互访互评,发现问题及时指导整改,先进经验及时推广宣传。

(朱建强)

【青浦盈浦街道建设11家户外职工爱心接力站】 盈浦街道总工会全力推进“户外职工爱心接力站”的建设,依托辖区内部分银行、通讯营业网点、超市卖场以及街道社区事务受理服务中心、党建服务中心等单位,挂牌设立11家“户外职工爱心接力站”。街道总工会协调多方资源,为站点配齐各项配套设施、统一标识等,积极做好后勤保障工作。成立考评小组,每季度组织开展“户外职工爱心接力站”的考评工作,从硬件设施、服务人员、站点环境等方面对各站点进行综合考评。对于不符合要求的站点,发放《站点整改意见书》,并要求站点提交《改进措施表》,不断提升站点服务能级。

(朱建强)

【国网上海市电力公司首个“户外职工爱心接力站”在浦东迪士尼营业站揭牌】 7月26日,市电力公司首个“户外职工爱心接力站”揭牌仪式在浦东公司迪士尼客户服务分中心举行,公司工会主席娄为、浦东公司党委书记奚珣为爱心接力站共同揭牌。迪士尼客户服务分中心结合自身区位优势,在营业厅内配备了空调、冰箱、微波炉、饮水机、充电排插、桌椅,为周边的户外作业职工提供避暑取暖、餐食加热、饮水供给、手机充电等便利。

(蔡 婧)

【邮政108个网点被命名为“户外职工爱心接力站”】 上海邮政工会参与2018年上海市政府实事项目,创建申报“户外职工爱心接力站”,建设“更有温度的城市”,解决户外职工工作中遇到的饮水、休息等问题。7月23日,市总工会举办第二批“户外职工爱心接力站”启动仪式,上海邮政共108个网点通过审核,被命名为“户外职工爱心接力站”,并在大众点评网、12351职工服务平台等网络媒体上线,提高了上海邮政的社会影响力和美誉度。

(杨 娟)

【中国移动上海公司工会着力推进户外职工爱心接力站建设】 作为2018年上海市政府实事项目,中国移动上海公司工会响应上海市总工会号召,积极践行企业社会责任,在上海公司12家属地分公司119家营业厅创设“户外职工爱心接力站”,为环卫工、快递员、协管员、送餐员等户外职工提供饮水供给、避暑取暖,餐食加热、手机充电、休息如厕等服务,并结合公司特色,还向进厅户外职工赠送300MB或500MB国内流量,免费体验移动信息化业务等个性化服务,让他们感受到移动的“温度”。通过飞行检查、定期督查等方式,提升整体服务水平。组织开展并评选出上海公司十佳明星站长和十佳明星站点,并对表现突出的站点进行慰问。户外职工爱心接力站荣获集团公司2018年度优秀企业社会责任年度CSR十佳实践奖。

(高诗颖)

【市政府首批户外职工爱心接力站揭牌仪式在中国电信上海公司漕溪北路营业厅举行】 2月12日,中国电信上海公司南区局漕溪北路营业厅举行“上海市政府实事项目——2018年首批户外职工爱心接力站”揭牌启用仪式。市人大常委会副主任、市总工会党组书记、主席莫负春,市总工会、市绿化和市容管理局以及中国电信上海公司领导出席。公司党委书记、总经理马益民和莫负春主席共同为爱心接力站站长代表授牌,公司副总经理、工

2月12日,2018年首批户外职工爱心接力站揭牌仪式举行　（殷　茵）

会主席常朝晖作题为《爱心接力满申城,城市温度暖人心》的交流发言。漕溪北路营业厅被授予001号站点。　（殷　茵）

【390家浦发银行、上海银行沿街网点向"城市美容师"开放】 8月10日,由市绿化和市容管理局、新民晚报社、浦发银行、上海银行联合主办的关爱环卫工人"爱心接力站"启动仪式在浦发银行徐汇支行举行。市绿化市容局党组书记、局长邓建平,新民晚报社副总编辑裘正义,浦发银行上海分行党委书记、行长汪素南,上海银行总行零售业务部兼信用卡中心总经理杨嵘出席并共同按下启动按钮。银行爱心接力站负责人代表、部分一线环卫职工等共同见证了这些体现城市温度的行动。邓建平在讲话时强调,动员和利用社会力量创建关爱环卫工人"爱心接力站",不仅为部分环卫工人解决了实际困难,让更多环卫工人感受社会温暖和城市温度,也为社会企业奉献爱心、实现优美环境共建、共治、共享搭建了平台,希望更多的爱心企业能加入到爱心接力站队伍中来,用善举增添城市的温度,共同为建设卓越的全球城市和具有世界影响力的社会主义国际化大都市做出贡献。　（汪韵杰）

【市绿化市容行业工会深入推进爱心接力长效管理】 5月16日,市绿化市容行业工会组织召开关爱环卫工人"爱心接力站"工作推进会,市市容环境质量监测中心相关人员以及市交通委、百联集团、中国电信、中石化、房产中介行业等14家爱心企业参加会议。会议围绕爱心接力站创设和推进情况、当前存在的问题以及今后工作设想和建议等方面展开交流。市绿化市容行业工会主席肖龙根对各爱心企业创设和推进爱心接力站工作表示肯定,并就如何更好地推进爱心接力站工作提出建议,要求进一步完善服务内容、梳理站点信息、扩大宣传效应。各站点可主动对接当地社区环卫公司,积极开展个性化服务,以丰富多彩的活动,喜闻乐见的方式,让更多的环卫工人了解爱心接力站,走进爱心接力站。　（汪韵杰）

【上海环卫行业"爱心保"启动"爱心接力站"网上发布】 7月12日,上海环卫行业"爱心保"启动暨关爱环卫工人"爱心接力站"信息上线仪式在普环实业有限公司陈扣娣劳模班组举行。市人大常委会副主任、市总工会党组书记、主席莫负春,市绿化市容局党组书记、局长邓建平,国泰财产保险有限责任公司副总经理金云凯,市绿化市容行业工会主席肖龙根等相关部门和单位领导和一线环卫职工代表参加了活动。邓建平在讲话中表示:希望今后能有更多的爱心企业能加入到市政府实事项目——户外职工"爱心接力站"队伍中来,让更多的户外人员在极端天气条件下和工作间隙有一处歇脚充电、续水热饭和遮风挡雨的爱心港湾。随后,莫负春、邓建平等领导慰问了一线环卫职工代表,并与职工代表们亲切座谈。　（汪韵杰）

【百联集团百家门店为户外职工奉献爱心】 2月12日,市总工会、市绿化和市容管理局在中国电信漕溪北路营业厅联合举行"2018年首批户外职工爱心接力站揭牌启用仪式"。联华超市桃浦店代表百联100家门店的全体职工作了题为"三心服务在百联"的交流发言。启用仪式后,市人大常委会副主任,市总工会党组书记、主席莫负春考察调研了百联的爱心接力站——联华超市羽山店,并为接力站

8月10日,爱心传递在继续,沪上再添"爱心接力站"390家　（汪韵杰）

揭牌。莫负春对接力站的软硬件设施和百联特色服务表示满意，并慰问了户外职工和站点工作人员。百联集团工会整合资源，在联华股份公司配合下，落实了联华超市、联华快客共100家门店作为首批接力站，做到了“六个有”，即：“有场所、有标识、有人员、有服务、有设施、有经费”，还为每家接力站增设了“百联贴心服务包”，为户外职工提供创可贴、红药水、酒精棉球、棉签、百多邦、纱布、胶带、风油精和四季茶包等“8+2”物品，把接力站建设成为“暖人心、聚人气、有温度、展形象”的爱心驿站。（姜　杰）

【光明食品集团旗下“户外职工爱心接力站”揭牌】 2月12日，在上海市首批户外职工爱心接力站揭牌启用仪式上，集团旗下牛奶棚连锁门店康健路店店长作为集团首批10家“户外职工爱心接力站”代表，上台领授站牌。启动仪式结束后，市总工会、集团领导前往昌平路305号牛奶棚江宁路店实地走访慰问、考察调研“户外爱心接力站”规范化建站情况，并为该站点揭牌。光明食品集团作为上海特大型食品产业集团，是首批参加“户外职工爱心接力站”建设的单位之一，并致力于将此项实事工程作为体现国有企业社会责任、提升光明成员企业对上海文明程度贡献的良好契机，致力于将服务社会、服务员工、服务消费者相结合，将“爱与尊重”的光明文化延伸至社会服务领域。（朱菊英）

职工之家建设

【概要】 根据《中华全国总工会关于评选表彰全国模范职工之家、全国模范职工小家、全国优秀工会工作者和命名全国优秀工会积极分子、全国优秀工会之友的通知》（总工发〔2018〕10号）要求，经过各区局（产业）工会择优推荐、市总工会各职能部门与市发改委征信平台联合审查、第三方社会组织实地评估等程序，产生全国模范职工之家、全国模范职工小家、全国优秀工会积极分子、全国优秀工会之友、全国模范职工之家红旗单位、全国优秀工会工作者标兵的候选对象及单位。经中华全国总工会对候选对象及单位进行审定，最终上海工会共获评全国模范职工之家25家、全国模范职工小家25家、全国优秀工会工作者22人、全国优秀工会积极分子22人、全国优秀工会之友4人、全国模范职工之家红旗单位1家、全国优秀工会工作者标兵1人。（王翀达）

【静安区恒隆广场工会联合会职工文化体验站揭牌】 11月23日，静安区恒隆广场工会联合会、恒隆广场职工文化体验站揭牌仪式启动，市人大常委会副主任、市总工会党组书记、主席莫负春，中共静安区委书记陆晓栋，市总工会副主席周奇，中共静安区委副书记顾云豪，市总工会秘书长宋钟蓓，区人大常委会副主任、区总工会主席叶坚华及60多名楼宇职工出席活动。与会人员观看了静安区南西街道总工会恒隆广场区域“会、家、站”打造情况的专题片，了解恒隆广场“会站家”一体化建设的具体内容。莫负春、陆晓栋、周奇、宋钟蓓共同为南京西路街道恒隆广场工会联合会、文化体验站进行揭牌，并向恒隆广场楼宇职工赠送课程礼包。启动仪式后，举办了恒隆文化体验站的第一次活动——手机摄影活动。2018年，静安区总工会、区文化局在全区开展“最美职工文化体验区”创建工作。恒隆广场作为首批揭幕的职工文化体验站，将在文化产品配送、文化阵地建设、文化人才队伍建设等方面下功夫，实现项目丰富、参与便捷、社团活跃、收费公益，推动更多优质文化进园区、楼宇、企业，方便职工就近享受文化服务。（姚　磬）

2月12日，光明食品集团旗下“户外职工爱心接力站”揭牌　（朱菊英）

【国网上海市电力公司获评首届中国幸福企业建设最佳实践企业】 2月15日，由中国人力资源开发研究会主办的“新时代、新征程、新篇章”首届中国幸福企业最佳实践评选活动落下帷幕，国网上海市电力公司跻身百强企业，排名第五。评选专家团队对公司幸福企业建设三年行动计划和整体推进情况、服务职工具体举措和EAP专员（内部种子队伍）培养等具体实践工作表示满意，并在大会上对公司的具体实践工作作介绍。2018年，公司全面推进幸福企业建设，以“职工幸福快乐、组织高效和谐”为工作目标，从“关注职工心理、关心职工健康、关爱职工生活、帮助职工成长”四个维度出发，统筹整合内外部资源，立足全面性、差异性和融合性，制订并下发《国网上海市电力公司推进幸福企业建设三年行动计划》，建立EAP协同运作的工作体系，构建EAP专业化的服务系统，推出首批服务职工具体举措，打造有特色的职工关爱平台，有力促进了企业与职工共同发展。（潘　锋）

【上海电建公司工会以“最具活力工会”创建活动为载体提升职工之家建设】 “最具活力工会工作”成果发布活动是上海电建公司工会开展的一项特色工作，已经坚持了10年，此项活

12 月 27 日，电建公司工会召开“最具活力工会工作”成果发布会
（傅　诚）

动在工会职工之家创建工作中发挥了积极作用，有力推进了基层工会特色工作的创建。2018 年，系统各单位工会结合实际，因地制宜，通过职工关爱机制建设、职工家属座谈会、项目工地现场婚礼、职工集体生日宴、开通绿色生命保障线等一系列活动，打通了服务职工的“最后一公里”，职工群众的获得感明显增加。通过成果发布、评审，《丰富文体活动，激发职工活力》《当好“娘家人”构筑“家文化”》和《以“四个化”改进，激活工会的“神经末梢”》分别获得 2018 年度上海电建“最具活力工会”工作成果发布前三名。（傅　诚）

【上海电力安装第一工程有限公司工会积极开展“家”字号品牌工程建设】 为更好地激发职工的工作热情，形成上下一心的工作氛围，上海电力安装第一工程公司工会以“家文化”为工作切入点，积极开展“家”字号品牌工程建设，当好职工贴心娘家人。为偏远项目职工添置空调、热水器、净水机、冰箱、篮球架、移动音响等生活文娱设施，建设“家园”；定期举办职工集体生日、项目联谊晚会等活动，增添生活趣味，拉近彼此距离；在每个项目设立爱心药箱、安排病号餐、陪同职工外出就诊、开展关怀慰问等让职工享受“家人”的照顾；联合安环部督促各班组每日例行安全站班会，将安全理念、安全技能在每日的“家训”中向职工传达。公司工会始终坚持服务职工理念，落实关心关爱措施，凝心聚力，使施工项目成为职工心中的“家”。（蒋慧媛）

【高桥石化公司工会完善考核考评机制提升建家水平】 为进一步加强工会自身建设，提升服务职工的能力水平，高桥石化公司工会一是完善和优化了对基层工会月度绩效考核评价的基础管理工作。制订下发了《公司基层工会月度工作考核办法（试行）》，按照基础工作、重点交办、特色亮点 3 个考核内容进行考核，使公司对基层工会的考核评价工作更加科学、合理、有效，较好激发了基层工会主动作为、谋事干事、发挥作用的积极性。二是开展基层工会“职工小家”创评活动。公司工会开展了 2016—2017 年度公司职工小家验收和优秀工会干部、优秀工会之友、工会积极分子评选活动。综合工作实绩、现场发布、职工满意度测评等 3 个环节得分。热电部、炼油二部、分析中心、储运部、炼油五部等 5 家基层工会组织获评“公司模范职工小家”。有 20 名工会干部被评为“公司优秀工会干部”、5 名基层党政领导被评为“公司优秀工会之友”、213 人被评为“公司工会积极分子”。（吴　斌）

【中远海运船员公司建“家”立业，关心关爱船员有实效】 中远海运船员管理有限公司是在中远海运集团改革重组进程中成立的船员专业化管理公司，船员队伍由原中远集团和中海集团整合组建。公司工会通过书面征集、个别交流、主动拜访等方式，从组织建设、服务船公司和服务船员、工会经费管理、海嫂站建设等 4 个专题开展调研，了解各单位工会工作中遇到的难点问题，听取解决问题的意见和建议。通过调研，梳理了帮困慰问、推优评先、比武竞赛、文体活动和船员家属联络等 7 个方面 57 项活动内容，为船员提供全方位、多层次、一体化、高品质服务制定时间表、路线图。工会以船员队伍建设为中心，汲取两大集团服务船员优秀项目，着重开展“公

高桥石化工会开展职工小家评审发布活动　（吴　斌）

司之家”“招待所之家”“移动之家”“船舶之家”等四个“家”文化建设。在“家”文化建设中创办的“一站式”服务大厅，“招待所之家”也在服务船员过程中不断增加新的服务项目，为异地来公司培训、办事的船员提供10项免费服务，招待所服务船员及船员家属近6万人次。公司“家”文化建设已固化为全心全意服务船员的品牌项目，赢得了广大船员的认可和称赞。（张晓鸣）

【中国移动上海公司工会建家工作会员满意度高】 根据全总和市总的评家工作要求，中国移动上海公司工会积极探索建家新模式，保障建家活动常态化开展，完善并制订《公司深入开展建设职工之家和职工之家示范基地活动实施细则》。2018年，中国移动上海公司工会开展了“模范职工之家”评选工作。通过开展“模范职工之家”评选及擂台赛，提升基层工会“服务大局、服务员工”的意识，以片区互检互学方式推动建家工作的提升，并首次将会员满意度作为评分标准之一，充分展现了工会“凝心聚力、温暖人心”的形象。2018年度会员满意度达99.61%，较2017年度提高了0.27个百分点。（阮铭捷）

【上海海事局工会运用互联网建设职工之家】 上海海事局工会在实践中将“互联网+”工会与职工之家建设深度融合，将工会各项工作搬上网，在局工会的支持下，下属各局纷纷开通工会微信公众号，有效提升了职工之家对职工的服务能级，职工之家兼具会员服务、职工之家、职工活动等多重功能。重点工作、政策解读通过微信公众号及时推送，网上困难补助申请、互助保障查询真正做到了让数据多跑路，职工少跑腿。在杨浦海事局网上职工之家试点的基础上，2018年“互联网+”工会在上海海事局全面推开，网上职工之家已经在东海海巡执法总队、崇明海事局、通讯中心等陆续上线，惠及更多职工。（陆智静）

【中铁二十四局工会开展建家建线现场观摩交流活动】 7月中旬，中铁二十四局集团公司工会组织成都片区各参建公司工会主席和工会干部一同对成都地区项目部建家建线工作开展现场观摩交流活动。先后来到新余公司蒲都项目部、轨道公司成都地铁6号线项目部、上海公司机场南线项目部、南昌和江苏公司德简高速公路等项目部，深入施工现场、项目驻地和农民工宿舍，重点了解施工生产情况、职工工作环境、项目部建家建线工作和农民工的生活工作情况等。同时，通过查看项目工作台账和与职工谈心谈话相结合的方式进行检查和调研。（钱　蓉）

【中铁上海工程局建筑公司工会施行“职工小家”动态制管理】 为进一步做好职工小家建设工作，中铁上海工程局建筑公司工会施行“职工小家”动态制管理。一是建制度。公司工会建立了基层单位“职工小家”建设情况动态报表制度。通过完善报表形式，强化“点对点”督促指导，全面、准确、及时地掌握基层单位“职工小家”建设情况，增强基层工会实效，使“职工小家”建设制度真正在基层单位落地生根，将“职工小家”建设“精准掌控”。二是抓落实。要求各基层工会组织每月25日将“职工小家”建设情况以月度动态报表电子版的形式向公司工会报告，实行各单位工会负责人审核制度，各单位动态表须经专兼职工会主席审核、签字，报送的同时建立“职工小家”动态档案留存，并在厂务公开栏予以公示。三是强考核。各单位“职工小家”建设落实情况及动态表质量，将作为项目工会工作年度考核以及“模范职工小家”等评先评优的重要依据；对动态表中反映出的问题，对其进行针对性帮扶指导，对其中的优秀经验做法也及时上传到办公平台进行交流推广，为基层工会组织履行职责、建言献策提供了良好的平台。（钱　蓉）

【科技系统召开“先进职工之家”“模范职工小家”和工会创新工作案例成果发布会】 市科技工会召开市科技系统2015—2017年度“先进职工之家”、“模范职工小家”和工会“创新工作案例”成果发布会暨科技系统工会工作“一季一展示”活动，为基层工会搭建平台，展示近三年来的建家成果。本次建家成果发布会分别在中科院上海药物所和中电21所召开，中科院上海药物所副所长、工会主席叶阳、中电21所纪委书记、工会主席王平分别到会并致欢迎词。系统共有20家基层单位申报“先进职工之家”，23家基层单位的30个二级工会参评“模范职工小家”，8家单位的8项工作参评工会“创新工作案例”，基层工会逾百名工会干部到会参加学习交流。（杨　莹）

【SMG工会首度开展模范职工之家、职工小家等评选】 2018年，SMG工会首度开展两年一次的SMG模范职工之家、模范职工小家、优秀工会工作者、工会积极分子的评选工作。5月17日，SMG工会举行表彰会。对2016—2017年度工会组织体系健全、维权机制完善、工会作用发挥明显、自身建设规范的SMG模范职工之家、对有效服务职工、日常工作活跃、重视自身建设的SMG模范职工小家，以及SMG优秀工会工作者和工会积极分子进行表彰。上海五岸传播有限公司工会等6个基层工会获得SMG模范职工之家称号、技术运营中心工会等8家工会获得SMG模范职工小家称号、唐亮等10位工会干部获得SMG优秀工会工作者称号、蔡雁群等24位工会骨干获得SMG工会积极分子称号。（秦伊龄）

【市经济和信息化工作系统工会开展模范职工之家（小家）、优秀工会工作者等评选活动】 9—12月，市经济和信息化工作系统工会开展2017—2018年度模范职工之家（小家）、优秀工会工作者、优秀工会积极分子评选活动。本次评选共收到16家单位申报职工之家、24家单位申报职工小家、优秀工会工作者申报材料43份、优秀工会积极分子申报材料40份。系统工会组织部分直属单位工会主席、办公室人员对申报的职工之家（小家）进行了集中走访互访评审。最终评选出模范职工之家14家，模范职工小家18家。评选出优秀工会工作者28人，优秀工会积极分子29人。（黄　俭　顾　捷）

2019

经济建设

综　述

【综述】　市总工会以提高发展质量和效益为中心，以激发职工创新活力、提高职工技能素质和岗位创新能力为重点，深入开展劳动竞赛、职工创新和技能提升等群众性经济技术活动，充分发挥上海工人阶级在经济发展的主力军作用。一是开展岗位建功。围绕长江经济带发展战略，开展服务保障进博会立功竞赛，张江和上海自贸区创新和技能竞赛等4项全国引领性劳动和技能竞赛。围绕上海创新驱动发展、经济转型升级和打响“四大品牌”、建设“五个中心”的总体要求，会同相关委办局联合开展创新型、技能型、生态型等“六型”劳动竞赛活动，形成全方位、多层次、宽领域、有重点的竞赛格局，为上海经济社会发展进一步发挥群众性劳动和技能竞赛的促进作用。二是推动职工创新。联合相关委办局举办上海职工科技节、第三十届上海市优秀发明选拔赛等职工创新活动，全市约110万名职工参与。评审命名第八批48家上海市“劳模创新工作室”，命名73个上海市职工（技师）创新工作室、36个职工（巾帼）创新工作室、41个职工创新工作室。在全市开展“上海职工优秀创新成果奖”评选工作，表彰职工优秀创新项目，鼓励职工岗位创新。三是推进技能登高。会同市人社局、市科委、市经信委等单位联合下发《关于组织参加第六届全国职工职业技能大赛的通知》，在全市范围内组织开展钳工、焊工、数控加工中心操作工、数控机床装调维修工、网络与信息安全管理员、砌筑工6个工种培训、交流、比武、选拔活动。开展上海职工合理化建议和先进操作法优秀成果征集、命名活动，命名了40项2017年度职工合理化建议和先进操作法优秀成果，先进操作法创新奖122项和职工合理化建议项目创新奖220项。四是弘扬工匠精神。开展第三届“上海工匠”培养选树活动，经单位、社会、个人自荐和资格认定、专场面试、专家初评、集中复审、评审发布等环节，从556名能工巧匠中选树、命名98名“上海工匠”，其中一线职工占总数69.4%。开展上海智慧城市建设“智慧工匠”选树、“领军先锋”评选活动，联合上海开放大学举办“第二期上海工匠研修班”，制作上海工匠第四季纪录片《追梦》等，进一步做好工匠选树后的培养宣传工作。五是加强班组团队建设。深入实施团队创先行动，推动“学习型、技能型、创新型、管理型、效益型、和谐型”六型班组建设，动员广大职工立足岗位、争创一流。加强班组间交流学习，总结推广班组建设经验；把班组建设成为工会工作的重要阵地；从班组工作实际出发，加强班组文化建设和民主管理，不断提高班组成员思想道德、科学文化和专业技能水平，将“班组长岗位培训”纳入市总统一培训计划，委托上海工会管理职业学院针对当年工人先锋号等先进班组举办了4期优秀班组长培训班，近100个区局产业工会，320名一线班组长参加培训。（潘名家）

劳动竞赛

【概要】　市总工会构建“6+1+X”劳动竞赛新体系，即六型竞赛（创新型、技能型、生态型、服务型、攻关型、节约型）+非公劳动竞赛+X项专项示范性劳动竞赛，从竞赛类型、竞赛对象、竞赛内容三方面对劳动竞赛进行重构，更好地适应上海建设科创中心和卓越的全球城市的目标要求。围绕长江经济带发展战略，开展了服务保障进博会、张江国家自主创新示范区和上海自贸区、临港地区以及“打好河道整治攻坚战，全面提升上海城乡水环境”等4项全国引领性劳动和技能竞赛。同时服务上海发展大局，聚焦本市重大工程建设、重大项目研发、重点区域发展等，先后与20多个委办局合作，开展具有区域特色或行业特点的市级示范性劳动和技能竞赛。联合举办青年教师教学技能大赛，对口支援脱贫攻坚劳动竞赛，上海智慧城市建设“智慧工匠”选树活动、打通公共文化服务“最后一公里”立功竞赛、“架空线入地和合杆整治”立功竞赛、上海市重点工程实事项目立功竞赛、物业行业立功竞赛、最美的哥的姐评选、上海市文化市场综合执法岗位练兵技能竞赛活动、群众性质量管理活动等10多项竞赛活动。助推了市委、市政府多项重点项目和工作任务的完成。（潘名家）

【开展“凝心聚力进博会、建功立业创一流”立功竞赛活动】　市总工会主动对接进博会城市保障领导小组办公室，制订了上海职工服务保障首届进口博览会立功竞赛方案。组织动员全市50余家相关区局（产业）工会结合自身功能定位以及任务开展竞赛，近千家基层单位、百万职工积极响应。通过层层选拔、逐级推荐、严格把关，产生57家上海市五一劳动奖状、73名上海市五一劳动奖章、97个上海市工人先锋号、91个上海城市服务保障进博会先进集体以及104名上海城市服务保障进博会先进个人。（潘名家）

【第六届全国职工职业技能大赛上海选拔赛（网络安全员）暨浦东新区网络安全员技能大赛举行】　7月14—15日，浦东新区总工会以第六届全国技能大赛为契机，按照建设人才高原高地建设目标，聚焦“引才”“助才”“安才”，持续建立引领型、品牌型、全员型竞赛体系，积极开展服务科创中心建设的“工业机器人应用技能大赛”“动漫技能大赛”和服务自贸区建设的“创新、创优、创造”大赛等市级一类劳动和技能大赛，完善产业工人队伍建设、劳动技能竞赛活动、职工素质能力提升三大具有推动力的人才发展平台，加快知识型、技能型、创新型职工队伍建设。新区总工会积极争取市总工会、市职工技术协会、公安部第三研究所、国家反计算机入侵和防病毒研究中心、上海海盾安全技术培训中心和上海市浦东软件园职业技能培训中心等相关单位及部门支持，按照项目同等级国家职业标准、高一等级国家职业标准，重新建立竞赛题库，并纳入市技师协会职业技能竞赛《信息安全防护（三级/高级）》项目竞赛，有效提升了竞赛项目在行业中的领先和指导价值，确保竞赛选出人才是网络安全方面的先锋模范。（陈　维）

【“康桥杯”机器人应用技能大赛举行】　12月9日，“康桥杯”机器人应用技能大赛举行。该竞赛活动经三年举办，已成为市级劳动和技能竞赛品牌，体现了3个特点：一是政府行业工会三方合力，探索全国引领性劳动竞赛的创新实践。由市总工会、市经济和信息化委员会指导，浦东新区总工会、浦东新区发展和改革委员会、浦东新区科技和经济委员会、浦东新区教育局、浦东新区人力资源和社会保障局、自贸区张江管理局、自贸区金桥管理局、临港地区开发建设管委会、上海交通大学机器人研究所等9家单位主办，康桥（集团）有限公司、张江高科技园区康桥工业区总工会承办，上海华括自动化工程有限公司、李斌技术学院、上海康桥先进制造技术创业园有限公司等多家单位协办，得到了上海市机器人行业协会、上海张江虚拟现实与人工智能产业协会、上海机器人学会等单位的技术支持。二是充分发挥产业优势和区域优势，助推提升智能制造时代产业工人技能素质。参赛选手既有上海通用、霍尼韦尔、欧姆龙等行业龙头企业，也有交大、上海理工等高校科研机构，参展企业包括世界四大机器人企业之一的KUKA机器人，还有彩虹鱼深海探测机器人、航道信息采集无人船，基本涵盖了工业机器人、服务机器人、特种机器人产品门类，涵盖了产学研用不同单位，产业生态链特征明显。三是进一步延伸竞赛组织和成果转化的赛训一体化模式，突出实效性。与上海优爱宝智能机器人科技股份有限公司、上海厚载智能科技有限公司、上海创智空间投资管理集团有限公司、上海电机学院工业技术中心4家单位合作，授牌建立了第一批浦东智能装备产业职工实训中心。（陈　维）

【徐汇区开展技能竞赛系列活动】 徐汇区总工会以上海首届进口博览会举办为契机，搭建竞技平台，展示徐汇职工风采，会同区相关部门开展了“凝心聚力进博会、建功立业创一流”徐汇区技能竞赛系列活动。一是在华亭宾馆举行“迎接进口博览会，我们在行动——徐汇区窗口行业技能风采展示活动”。本次活动作为徐汇区迎接进口博览会文明宣传系列活动之一，为全区提升窗口服务水平、展示窗口服务形象、助力首届中国国际进口博览会的成功举办营造氛围。二是由区总工会、区人力资源和社会保障局共同主办2018年中国技能大赛——徐汇区家政服务行业职工劳动竞赛，大赛共有10支家政代表队伍参赛，分“婴幼儿”“养老”“医疗”3个项目版块进行比拼。三是区总工会、区旅游局、区人力资源和社会保障局共同主办2018上海市徐汇区旅游行业技能大赛，来自区旅游饭店、旅行社等单位的243位参赛选手参赛，大赛在传统5大项赛事内容的基础上，增设了旅游线路设计、客房打扫、送餐托盘、餐桌摆台设计等4个大项。（李　莹）

【杨浦区召开重大工程建设暨立功竞赛推进会】 4月3日，杨浦区召开2018年重大工程建设暨立功竞赛推进会。区委书记李跃旗，区委副书记、区长谢坚钢，市住建委副主任、市重大办常务副主任江小龙，区委常委、副区长、区重大工程指挥部总指挥王桢，区人大常委会副主任、总工会主席麦碧莲出席会议。李跃旗要求，紧紧咬定重大工程建设目标，抓紧推进“基础设施抓双十”和教育、医疗卫生、养老等载体建设，合力攻坚克难，确保按时保质完成重大工程建设任务。王桢通报2017年区重大工程项目推进情况和2018年工作安排；麦碧莲宣读2017年重大工程立功竞赛表彰决定，部署2018年度杨浦区重大工程及重点项目立功竞赛工作。轨道交通18号线发展有限公司项目经理四部等10个团队、江洪等30人受到表彰。市区电力公司、区建管委基础设施推进办公室、滨江公司分别作交流发言。会议明确，区重大办、建交委、总工会将继续以“创新你我他，建功在杨浦”为立功竞赛主题，深化“五比五赛”，适时开展“送清凉、送健康、送文化、送保障、送慰问”等五送活动；抓好技能培训、高师带徒、技师晋升等工作；健全工作机制，总结经验做法，不断提升立功竞赛活动的成效和影响力，更好地激励广大建设者岗位奉献、建功立业。（张东寅）

【杨浦区召开2018年旧改征收立功竞赛推进会】 11月2日，杨浦区2018年旧改征收立功竞赛推进会在大桥街道115街坊征收基地举行。区人大常委会副主任、总工会主席麦碧莲出席会议并讲话。会议总结回顾了2017年区旧改征收立功竞赛活动情况，对新一轮立功竞赛工作作出部署，提出明确要求，表彰2017年区旧改征收立功竞赛优秀单位、优秀班组、建设先锋、征收标兵和优秀组织者。大桥街道、杨浦第一、第二房屋征收服务事务所作了交流发言。本轮立功竞赛聚焦全年完成旧改征收5000户、收尾6个基地的目标任务，以依法依规、加快进度为主线，重点在113、115街坊开展“五比五赛”：一是比服务群众理念，赛措施落实到位；二是比基地推进进度，赛结果又好又快；三是比阳光透明操作，赛程序合法依规；四是比工作方法创新，赛矛盾有效化解；五是比服从大局意识，赛工作合力推进。区总工会将适时组织疗休养，举办专场文艺演出，提供心理减压辅导等保障服务，切实做好送文化、送健康、送保障、送清凉、送关爱等“五送”活动。（张东寅）

【杨浦区召开公共文化服务立功竞赛动员部署会】 7月13日，杨浦区文化局、区总工会联合召开2018年市政府实事项目“杨浦区提升居委综合文化活动室服务功能”联席会议暨杨浦区公共文化服务立功竞赛动员部署会。本次立功竞赛聚焦2018年市政府实事项目中明确的“提升杨浦区242个标准化居委综合文化活动室（中心）服务功能”目标任务，紧扣提升居委综合文化活动室“功能有提升、设施有完善、运行有保障、服务有影响”等“四有”创建标准，组织开展“赛工作规范、赛工作作风、赛工作成效、赛志愿服务”等“四赛”活动，努力打造作风优良、能力优秀、服务优质的基层文化工作者队伍，切实提升全区标准化居委综合文化活动室（中心）服务功能，解决基层公共文化服务发展不平衡、不充分的问题，实施精细化文化服务，为建成杨浦创新文化承载区凝心聚力，助推打响“上海文化”品牌和杨浦“三个百年”文化品牌。（张东寅）

【杨浦区召开家庭医生惠民实事工程立功竞赛总结部署大会】 6月15日，杨浦区2017—2018年度“推进卫生新医改，当好健康守门人”惠民实事工程立功竞赛总结部署大会在沪东

7月13日，杨浦区召开公共文化服务立功竞赛动员部署会（张东寅）

工人文化宫举行。区人大常委会副主任、总工会主席麦碧莲，副区长徐建华等领导出席会议。本次会议旨在通过立功竞赛活动的持续开展，全面深化社区卫生服务综合改革工作，在"十三五"卫生发展规划纲要的指引下，进一步完善家庭医生制度建设，优化家庭医生及团队运行机制，着力推进"1+1+1"组合签约，提升社区家庭医生服务品质，为杨浦"三区一基地"建设提供更有力保障。会上，授予殷行社区卫生服务中心沈非等10人"杨浦区基层卫生岗位（技能）能手"称号；授予上海交通大学医学院附属新华医院潘曙明等3人"杨浦区三二级医院'双向转诊'优秀组织者"；授予上海交通大学医学院附属新华医院李毅刚等10人"杨浦区'全专团队'建设突出成效奖"。（张东寅）

【杨浦区召开绿化市容职工立功竞赛推进会】 9月5日，杨浦区总工会、区人社局、区绿化市容局联合召开2018年杨浦区绿化市容职工创建全国文明城区、迎进口博览会立功竞赛推进会。区人大常委会副主任、总工会主席麦碧莲出席会议。会上，2017年区绿化市容立功竞赛环卫保障类、绿化养护类和综合知识类竞赛项目中获奖的先进集体和个人受到表彰。3家主办单位联合启动了杨浦区"户外职工爱心接力站"电子地图，广大环卫职工打开手机微信地图即可前往最近的站点休息、避雨、饮水、用餐、充电，体验工会服务。杨浦环境发展有限公司、杨浦园林绿化建设养护有限责任公司、区环卫行业创新工作室、区绿化行业创新工作室作交流发言。本次立功竞赛结合新一轮全国文明城区创建工作和迎接首届中国国际进口博览会环境保障任务，对标国际大都市一流中心城区水平，对照建设管理、作业服务的规范、标准、要求，开展"五比五赛"：一是比干劲，赛项目推进；二是比业务，赛专业水平；三是比标准，赛技术攻关；四是比管理，赛服务质量；五是比安全，赛防护措施。（张东寅）

【静安区开展"精致下午茶"技能大赛】 6月3日，2018年度"美丽新静安，岗位建新功"静安区旅游服务行业劳动竞赛暨旅游饭店"精致下午茶"技能大赛在上海展览中心举行。大赛由区总工会、区文明办、区商务委、区旅游局共同主办，区旅游饭店行业工会协办，来自全区11家宾馆酒店的11名参赛选手参加。区人大常委会副主任、区总工会主席叶坚华等现场观摩。大赛邀请国家高级技师、中国烹饪大师彭军和中国烹饪大师、马勒别墅行政总厨刘洪担任评委。经评比，上海吉祥房地产有限公司静安香格里拉大酒店的下午茶作品《花语茶》和上海美丽园大酒店有限公司的下午茶作品《游园惊梦》获大赛金奖。（李少华）

【2018年中国技能大赛——上海市松江区叉车驾驶技能比武活动举行】 9月6日，2018年中国技能大赛——上海市松江区叉车驾驶技能比武在龙工（上海）工业园举行，来自全区的近40名选手展示了叉车驾驶技术和拿手绝活。比赛内容为熟练驾驶叉车叉运货品、带货绕桩，并完成货品上架、移库等操作，比赛根据26项考评指标决出胜负。比赛选出10人参加10月14日举行的区职业技能竞赛决赛。区职业技能竞赛共设有23个国家职业资格类项目，5个技能比武项目。此次竞赛由区人社局和区总工会主办，新桥镇政府承办，是首次以自主参赛的形式面向全区拥有叉车驾驶技能

6月3日，静安区开展"精致下午茶"技能大赛（张　倩）

员工开展的竞赛。叉车驾驶行业专项职业能力培训已纳入松江区G60科创走廊重点职业技能培训补贴目录。（朱　慧）

【松江区电工(电气控制)技能比武活动在永丰街道举办】 9月15日，2018年中国技能大赛——上海市松江区电工(电气控制)技能比武活动在永丰街道举办，60位职工参加了技能比武，比赛分为上午和下午两组，经过激烈的角逐，评选出10位选手进入下一轮的决赛。技能比武活动展示了电气行业职工刻苦钻研的学习成果和精益求精的电气加工技艺，为广大技能人才搭建一个开拓视野展示才能和提高职工专业技能水平的平台。（朱　慧）

9月15日，松江区电工(电气控制)技能比武活动在永丰街道举办（朱　慧）

【奉贤区举办"四区"厨艺技能邀请赛】 9月26日，由奉贤区总工会和奉贤区餐饮行业工会联合会主办的2018年度奉贤、金山、闵行、松江"四区"餐饮服务行业厨艺技能邀请赛在奉贤举行，来自4个区的12支代表队参加了比赛。比赛邀请了上海市餐饮烹饪行业协会主任邵建华，汤臣洲际酒店总厨、享受国务院特殊津贴者翁建和，锦江集团行政总厨丁迎顺等3位烹饪国家级评委担任专业评委。区总工会努力推动"四区"餐饮服务行业技能邀请赛常态化，进一步激发广大餐饮行业职工刻苦钻研业务知识、提高技能水平的热情，推进群众性劳动竞赛健康、有效、可持续发展。（夏　伟）

9月26日，奉贤区总工会举办"四区"厨艺技能邀请赛（钱　洁）

【市机电工会部署新一轮劳动竞赛】 6月21日，市机电工会在上海电气培训基地召开2018年工会经济技术工作会议，部署新一轮劳动竞赛工作，动员基层工会深入开展主题全员劳动竞赛、海内外工程项目建设联合立功竞赛和"节能减排，降本增效"专项达标竞赛。此次主题为"再次创业争先锋，突破千亿立新功"全员劳动竞赛，要求紧密结合上海电气集团和企业的经济发展目标、全年经济责任考核指标，聚焦薄弱环节和关键环节，全员参与，众志成城，确保集团今年突破千亿经营目标及其他各项经济指标胜利实现。海内外工程项目建设联合立功竞赛主要参赛企业为电站工程公司、电站服务公司、输配电集团成套工程公司、风电集团、环保集团及相关企业。时间跨度为2018年至2020年，竞赛载体为在建的或运维的海内外工程项目。机电工会要求参赛企业围绕集团"走出去"战略和"三步走"战略发展目标，以工程项目为龙头，推动集团加快发展先进制造业和现代服务业；紧密结合工程项目建设目标，开展比安全质量、比合同履约、比效率效益、比团队协作、比队伍建设、比人文关怀的"六比"竞赛，促进工程项目建设的管理能力、质量信誉、效率效益、人员素质不断提高，塑造上海电气工程品牌。（彭伟光）

【上海医药集团全剂型同线劳动竞赛总结推进会召开】 5月18日，"当好主力军、建功新上药"上海医药集团全剂型同线劳动竞赛总结推进会隆重召开。会议总结过去一年的劳动竞赛工作，并对2018年劳动竞赛进行部署。来自集团制造管理中心、研发管理中心、营销管理部、战略运营部的专业老师组成的专家评委和各项目所在企业推荐的职工评委为答辩项目打分。会上同时对2017年度劳动竞赛的优秀项目和全员持续改进提案优秀成果进行表彰。（宋晓波）

【上海电建公司工会开展2018年职工技术比武活动】 为不断完善培训、练兵、比武、晋级“四位一体”的职工技能培养模式,加快构建适应市场化竞争、国际化发展要求的人才工作机制,9—12月,公司工会开展了2018年职工技术比武活动。比武分核心工种类和管理类共12个专业,第一次引入了安全知识竞赛项目,共有167位选手参加。本次比武,公司工会对部分项目在内容和形式上进行了拓展和创新,针对性和实用性明显增强,更能体现出选手的专业素养。公司工会从3个环节确保了比武的顺利进行。一是合力精心策划。注重完善比武的每一个细节,体现比武的公平、公正和实效。二是广泛宣传发动。以上下联动的方式,多层次开展宣传动员,调动职工参与的积极性。三是拓宽活动载体。通过集中培训、业余自学、互帮互学、实战演练等形式,既普遍提高了职工的技能,又使比武选手的技能水平有了明显提高。职工技能比武激发了职工学技术、练技能的激情,形成了职工岗位练兵、自我成才的良好氛围。通过技能比武,公司选拔选手参加了第六届全国职工职业技能大赛上海选拔赛,获得了焊工工种个人优胜奖的成绩。（傅 诚）

【上海电建送变电工程公司工会组织项目职工开展劳动竞赛】 7—11月间,上海电建送变电工程公司工会在吉林白城光伏领跑者项目组织开展了“四比一创”劳动竞赛,即:比工程进度、比施工安全、比工艺质量、比现场管理、创服务品牌。此次劳动竞赛共有支架安装、光伏组件安装、电缆敷设等11个专业施工班组,共计120余名职工参与,活动参与度高、覆盖面广、影响力强,“以赛促效”的效果十分显著。公司党政主要负责人先后赴现场召开劳动竞赛动员会及中途推进会,为竞赛的顺利开展起到了有力的助推作用。通过竞赛,职工个人素质显著提升,管理水平更上一个层次,工程项目综合管理水平得到了提高,创收创效的同时也提升了企业在东北地区的品牌形象。（张海峰）

【上海电力安装第二工程有限公司工会开展劳动竞赛活动】 2018年,上海电力安装第二工程公司工会以“竞赛创成果、团队创先锋、素质创新高、安全创和谐、文化创品牌”为主题开展劳动竞赛活动。结合公司承建的上海市重点工程和外省市重大工程,通过创建“先锋团队”,在竞赛中彰显团队作用;成立“攻关小组”,提高职工创新创效能力;树立“示范岗”,发挥示范标杆作用,加大了竞赛的技术含量,突出竞赛活动实效。5月,公司在深圳项目召开2018年劳动竞赛现场动员会,发布了《2018年度公司劳动竞赛实施意见》和《关于成立先锋团队、攻关组、示范标兵的通知》,签署了《2018年度劳动竞赛协议书》,公司领导分别向深圳项目先锋团队、攻关组、示范岗授旗、授牌,公司本部、句容项目、庐江项目以及菲律宾项目的负责人也分别通过视频做竞赛表态发言。竞赛促进全公司上下团结一心,形成合力,迎难而上,推动了各项工程建设和其他生产任务的全面完成。（张 钧）

【中国宝武扎实开展“团队争先、岗位创优”劳动竞赛】 2018年,中国宝武深入开展以改革发展、聚焦融合创新、安全生产、智慧制造、环境经营、扭亏增盈、降本增效等为主要内容的“团队争先、岗位创优”劳动竞赛。经全体职工的共同努力,全年实现降本增效82.32亿元,为助推公司生产经营业绩持续提升做出重要贡献。“安全环境水平提升”竞赛,以建设“美丽宝武、花园式工厂”为目标,从持续改善生产环境和工作环境入手,全力提升职工行为养成等软实力建设,职工安全环境得到持续改善,持续推进职工“三室一堂一所”(休息室、更衣室、浴室、食堂和厕所)环境改善。“智慧制造”竞赛按“需求驱动、一企一策,示范引领、协同推进,产业联动、创造价值”策略,继续突出3D、探索实施智慧制造的途径和模式,助推公司转型升级。“降本增效对标”竞赛以“一切成本皆可降”的理念为指导,聚焦生产经营中的重点和难点,明确降本增效目标、降本增效攻关项目、降本增效对标指标,全力提升全员参与度,通过自上而下多层次目标保证体系,层层落实,做到措施落实、PK有序、高效协同、激励到位,降本增效完成全年目标的141.1%。“整合融合创新”竞赛按照推进跨单元同类业务整合融合,钢铁业发展中心、服务业发展中心、产业金融发展中心、城市新产业发展中心4个中心聚焦竞赛主题设置竞赛项目,有计划、有目标、有措施的稳步推进,竞赛初显成效。劳动效率提升竞赛以“优化人力资源配置、本质化人事效率提升”为主题,按照分类推进的工作思路,深入推进劳动效率提升工作。（徐 卫）

【宝钢股份优化“芝麻奖”和“芝麻开花奖”评选活动】 2018年,宝钢股份工会创造性地开展“芝麻开花奖”的评选工作,提出“精准推广、定向开花”的工作目标,推动更多优秀“芝麻奖”实现跨厂际、跨基地的共享和应用。同时要求,“芝麻奖”“芝麻开花奖”必须以“修订岗位规程、技术通知单、控制计划”等形式予以固化。广大员工积极响应,千方百计寻找身边降本点,开展岗位降本行动,形成了全岗位关注、参与降本的良好氛围,从点滴降本蔚然成风。全年,各单位共上报岗位降本优秀案例803个,涉及修旧利废、减少能耗、重复利用等方面。工会组成验证小组,对其中285个优秀案例进行现场验证,并授予“芝麻奖”274个。为共享“芝麻奖”优秀成果,工会还汇编了《闪耀的芝麻——宝钢股份“芝麻奖”(2017)》一书,电子版和纸质版下发各基层单位进行应用和推广。（韩 杰）

【宝钢工程开展“铸匠心、提技能”比武提升职工履职能力】 为积极贯彻落实《新时期产业工人队伍建设改革方案》,不断营造钻业务学技术创佳绩的浓厚氛围,持续提升职工队伍技能素质和水平,宝钢工程工会组织开展了“铸匠心、提技能”2018年职工技能竞赛,除组织一线操作工人开展钳工、焊工、数控机床等15项比武,从中选拔优秀选手参加上海市职工技协组织的大赛外,还首次在职能业务管理岗位举办了工会干部劳动保护实务、党支部书记实务、项目经理实务等项目竞赛,通过理论培训、岗位实操、案例模拟等,全面增强职能业务管理人员素质,促进他们更好地指导和服务基层工作。（范萍萍）

【宝钢发展深入推进群众性劳动竞赛】 2018年，宝钢发展深入开展以“对标找差、团队争先、岗位创优”为主题的2项全员和6项专项劳动竞赛，共推进落实竞赛项目158项，完成降本增效7880万元，完成基础指标2350万元的335%和挑战指标3500万元的225%。同时以“劳动竞赛业绩排行榜”的方式对基层单位劳动竞赛开展情况进行评价与排行，编制下发季度劳动竞赛简报，评选和宣传典型案例和最佳实践，进一步激发职工参与劳动竞赛的热情，促进全年竞赛指标的顺利完成。（朱　宏）

【高桥石化公司工会开展“五比”劳动竞赛助推装置检修改造】 2018年炼油和化工装置检修改造时间紧、任务重、范围广、难度大。高桥石化公司工会按照公司提出的要把实现检修目标作为最大的服务项目的工作要求，深入开展以“比安全、比质量、比进度、比控制、比文明”为主要内容的“五比”劳动竞赛。一是统一部署竞赛方案，明确竞赛内容及形式，实地了解各分指挥部竞赛活动的开展情况，有侧重地提出停开工及施工作业各阶段性的重点要求，各分指挥部以签约、承诺形式，确保竞赛活动深入、扎实、有效推进。二是加强氛围营造，工会专门制作3块大型的“五比”竞赛群英榜展板，并在各分指挥部装置现场制作了50余块竞赛光荣榜，每周张贴“检修明星”“优秀团队”照片。同时，充分运用电视、广播、高桥石化报、工会“职工之家”微信平台等进一步展示检修职工拼搏、敬业、专注、奉献的精神风貌。三是及时表彰激励。工会采取每周“检修明星”、双周“优秀施工团队”评比表彰模式，在公司检修调度会上对当期“检修明星”和“优秀团队”代表进行表彰，各分指挥部落实每周总结讲评和先进表彰奖励。整个检修改造期间，公司共评比产生“检修明星”1423名（施工单位311名），“优秀团队”106个（施工单位38个），有效推进了装置检修任务的完成。（吴　斌）

【上海石化工会开展“创先争优、建功立业”劳动竞赛】 2018年，上海石化工会组织开展“创先争优、建功立业”劳动竞赛，采用全员劳动竞赛及专项劳动竞赛相结合的竞赛模式，竞赛共设“1+3”个项目，即1个“增收节支”全员增效项目及“成本核算进班组”“包机制”及“DCS报警管理”3个专项劳动竞赛项目。其中“增收节支”全员增效竞赛共有23家单位113个项目，全年增效5.37亿；“成本核算进班组”专项劳动竞赛，共有10家单位的46个竞赛单元参加，设置139个关键技术经济考核指标，全年共有335个竞赛指标（频次）达到竞赛目标值，317个竞赛指标（频次）达到竞赛挑战值，得奖率为53.72%；“包机制”专项劳动竞赛共有12个单位112个装置（车间）参加，全年共评选出26个先进装置、28台标杆设备、5个进步装置，竞赛的开展较好地促进了装置现场管理水平的提高；“DCS报警管理”专项劳动竞赛，共有10套生产装置参加，全年共评选出指标先进装置54套（频次），有力的助推了“DCS报警管理”工作的开展，报警响应率等指标有了明显改善。（徐　军）

【华东电网组织开展交流特高压技术技能竞赛】 11月23日，华东电网第四轮技术技能竞赛（调度自动化及网络安全）决赛在国网浙江培训中心举行。国家电网有限公司副总工程师、华东分部主任、党委书记李桂生，国家电网有限公司工会副主席、直属工会主席童永红，中国能源化学地质工会电力工作部部长李晓强，上海、江苏、浙江、安徽和福建电力（有限）公司工会主席娄为、刘人楷、杨玉强、吴剑鸣和黄惠英，以及国家电网调控中心、华东分部和五省（市）电力有限公司相关部门处室负责人现场观摩。华东分部副主任、党委委员、纪委书记、工会主席王路主持颁奖仪式。竞赛从4月开始启动，按主站、厂站、网安3个专业方向进行，全网参赛专业人员近2000人。经过各省市全员培训、初赛、集训等环节，来自华东四省一市公司的5支代表队共30位选手进入到决赛的角逐。整个决赛历时3天，通过理论考试、个人技能实操、现场竞答3个环节考察选手的整体知识水平和解决实际问题的能力。最终国网浙江省电力有限公司力获得团体一等奖；孙滢涛等9名选手获得华东个人奖，并被授予“华东电网调度自动化及网络安全技术能手”称号；浙江省电力有限公司获优秀组织奖。（施炜伟）

【中国远洋海运集团工会以劳动和技能竞赛激发职工劳动热情】 集团工会团结带领全系统广大船岸职工，紧紧围绕推进深化改革和发展稳定中心任务，组织开展各种劳动和技能竞赛，大力弘扬劳模精神、工匠精神，控成本、提技能、比贡献，在岗位上建功立业，为企业提质增效助力。全年集团共开展劳动竞赛1103次，50338人次参加；开展技术比武525次，17466人次参加。中远海运船员公司4人、中

11月23日，华东电力工会举办华东电网第四轮技术技能竞赛（徐　彬）

远海运重工公司5人申报了国资委2017年度“中央企业技术能手”荣誉称号。（刘建强）

【中国远洋海运集团工会举办第二届“中远海运杯”职工技能竞赛叉车、冷作大赛】 9月19日，第二届“中远海运杯”职工技能竞赛叉车、冷作大赛在中远海运发展上海寰宇所属东方国际集装箱（锦州）有限公司落下帷幕。来自中远海运发展、中远海运集运、中远海运物流、中远海运重工、中远海运港口等5家直属企业的12支代表队、76名选手，在叉车、冷作技能竞赛科目现场进行激烈角逐。本次竞赛由中远海运发展股份有限公司承办，东方国际集装箱（锦州）有限公司提供竞赛场地、安排组织竞赛。竞赛参考叉车、冷作工种《国家职业鉴定规范》，结合企业生产经营实际制定了规则。集团有关单位积极参与竞赛活动，经过层层选拔和培训提升，选派了本工种技能突出的员工参赛。参赛队员恪尽职业操守，崇尚精益求精，弘扬工匠精神，厚植工匠文化，表现出杰出的业务素养和良好的精神风貌。集团工会主席张善民全程观摩了竞赛，并为获奖选手颁奖。（张　瑜）

【中远海运集团举办第二届“中远海运杯”职工技能竞赛海员技能大赛】 8月27—30日，由中远海运集团工会主办、中远海运船员公司承办的第二届“中远海运杯”职工技能竞赛海员技能大赛在青远山庄成功举办。来自中远海运船员公司和中波公司的7支代表队、共70名船员同台竞技，集团工会主席张善民出席开幕式并做动员。竞赛共设船舶进出港操作、船舶定点抛锚、航线设计、撇缆、瘫船起动、动力管系故障排除和水上救生等7个项目。（陈　珺）

【中远上海船研所工会持续开展“提质增效”劳动竞赛】 2018年，上海船研所工会围绕持续推进改革发展，开展以“提质增效”为主题的劳动竞赛活动。各基层工会结合本公司（部门）实际找准竞赛载体，展职工智慧，促企业创新。舰船自动化部工会开展单板模块故障诊断及维修比武；航运技术与安全部工会结合船模试验所需开展项目程序开发、流程优化竞赛；航运信息化工会结合承担集团各领域信息化管理系统的开发，开展“最佳项目团队”评比；交通信息化工会着眼于提高员工职业技能素质，以训带赛，开展数据库日常运维及性能调优、大数据计算平台及应用实战、移动互联网技术开发等培训比武；交通工程工会立足“安全是项目实施之魂”的根本，挑选典型项目部开展安全生产劳动竞赛，以竞赛强化安全意识，提升应急处置能力，夯实安全监管基础；中海电信下属各工会结合船舶通导设备安装、调试、维修、检测、制造、销售的业务特色，开展“最佳维修能手”“最佳服务标兵”“最佳创效班组”“最佳营销标兵”“最佳技术能手”等技术比武，引导员工自觉与企业共克时艰、共谋发展；中海环境着眼于“创新发展提质增效”，以不同业务部门为单元，围绕“新服务模式、新业务领域、新治理技术、新建设区域”开展业务拓展比武，动员职工同心协力、集思广益、共创公司新的增长点。形式多样的劳动竞赛活动汇集职工的聪明才智，为公司的全力创效、合力创业、大力创新注入了生机。（顾霞琴）

【上港集团开展主题立功竞赛活动】 2018年，上港集团全港19个主要生产单位瞄准年度任务目标，以“新征程、新使命、新作为”为主题，广泛开展“重服务、重效率、重品牌”立功竞赛，有力推动集团全年吞吐量目标实现。锦江航运、集箱仓储等10家单位紧扣本单位工作重点，组织开展了技能型、创新型、优质型的特色立功竞赛，竞赛活动覆盖到港口商务、项目建设和服务保障等领域，成果明显。全年，上港集团开展立功竞赛和技能竞赛的单位数量达到38个，参赛人次较去年同比增长20%。（施文卿）

【上海长江轮船公司工会组织开展2018技能大赛】 为进一步加快公司各类技能人才的培养，提升职工队伍能力与素质，为公司经营发展奠定人才基础，上海长江轮船公司工会围绕“转型升级、提质增效”工作主线，组织开展了“2018年职工技能大赛”活动。根据公司所属各单位行业特点，技能大赛共设置3类6大竞赛，各单位工会按照公司统一安排，结合本单位实际制订活动方案。一是长航医院围绕“提升长航护理品牌、提高护理人员业务能力”，组织开展了氧气吸入技术、单人徒手心肺复苏技术两大技能竞赛，102名职工参加。上海长江汽车服务有限公司围绕“维修销售上台阶，管理对标树新貌”的工作目标，开展了“弘扬工匠”精神岗位技术技能竞赛，即汽车维修技能、服务顾问技能两大竞赛，此次比赛，按照上海大众接待客户服务标准、故障维修操作工艺，设笔试和实操2个环节，包含维修、钣金、接待等比赛内容，共计25人参加了最后的决赛。上海快乐船长游

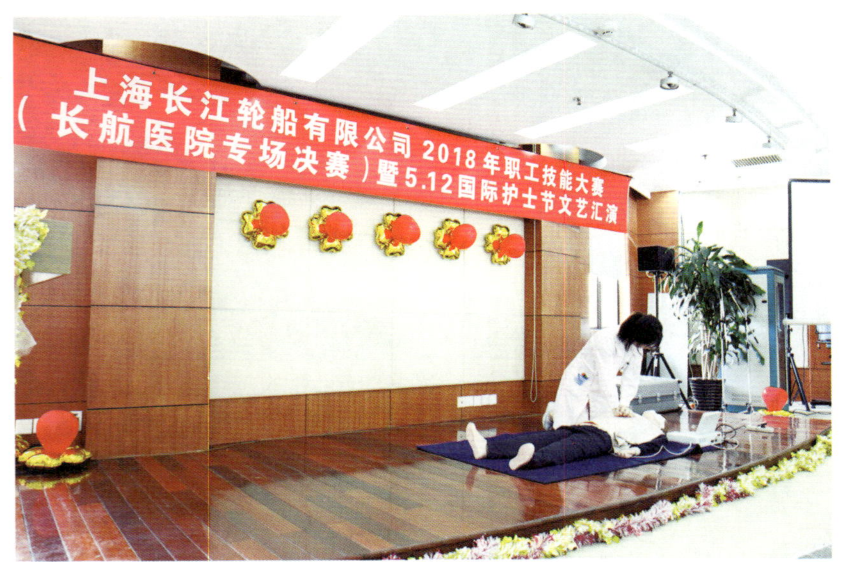

5月12日，上海长江轮船公司举办职工技能大赛（章　伟）

船有限公司组织开展了内河船舶驾驶和轮机两大技能竞赛，共有水手绳结、撇缆作业、纤维绳插琵琶头；缸套测量、发电机气阀间隙测量与调整、离心泵拆装等6个比赛项目，80人参加，促进了内河船员队伍素质与能力的提高，为公司发展内河运输、黄浦江游览等业务提供人才支撑。　（王艳艳）

【交运集团召开立功竞赛动员大会】 4月10日，交运集团在金水湾大酒店12楼嘉会堂召开2018年立功竞赛总结动员大会。交运集团各单位党政工领导、交运集团总部相关部室负责人、交运集团系统劳模先进代表、2017年立功竞赛先进集体和个人代表等100余人参加会议。运输工会主席张正在报告中要求2018年围绕集团“提升能级、创新发展”要求，全面开展“三争、三新”系列活动，即：争当“交运工匠”，挖掘一批工作敬业乐业、精益求精的技术能手；争做“优秀导师”，传承一批具有行业特色、职业精神的绝技绝活；争创“工作品牌”，形成一批有亮点、有效果、有创意的活动模式。交运集团党委委员、副总裁张弘在讲话中要求找准切入点和结合点，集聚企业发展正能量，引导交运员工立足岗位，主动作为，更加充满激情地投入立功竞赛活动。会上播放了交运集团2017年立功竞赛活动成果宣传展示片，并对获得集团2017年立功竞赛活动的各类先进集体和个人进行表彰和颁奖。有关基层单位先进集体和个人代表交流发言。　（夏文庆）

【中国移动上海公司工会开展系列劳动竞赛和技能大赛】 中国移动上海公司工会进一步实行劳动竞赛的制度化和体系化，在原有基础上调整、优化并形成了《中国移动通信集团上海有限公司劳动竞赛管理办法》。围绕公司2018年重点、难点工作，征询相关职能部室的竞赛需求，通过第四届职代会生产经营委员会会议集体决策，全面开展“加快创新转型，助推核心能力提升”系列劳动竞赛及技能大赛，在公司庆祝五一国际劳动节暨2018年劳动竞赛、技能大赛推进会期间对2018年度劳动竞赛进行部署及倡议，并向各竞赛牵头部室颁发军令状，助力公司的核心能力提升、全面提升员工技能和素质。根据市总工会要求，牵头在公司层面组织开展“移动保障进博会、通信服务创一流”立功竞赛，全力以赴保障“进博会”，收获市级五一劳动奖状1个，市级五一劳动奖章1人，市级工人先锋号2个，上海城市服务保障首届中国国际进口博览会立功竞赛先进集体和先进个人各1个，市级巾帼文明岗1个。

（许思艳）

【中交上航局“五聚焦五提升”劳动竞赛助推企业转型发展】 2018年，中交上航局按照市总工会关于开展群众性劳动竞赛的要求，紧紧围绕公司提出“改革创新、转型升级”的战略部署，以改革创新为动力、以转型升级为抓手，开展以“五聚焦五提升”，即“聚焦转型专场，提升人才支撑能力；聚焦星级管理，提升船舶管理能力；聚焦五化一快，提升项目管理能力；聚焦科技创新，提升技术支撑能力；聚焦安全生产，提升安全管理能力”为主要内容的劳动竞赛活动。继续打造“科技创新、工程创精、岗位创优、管理创效、文明创佳”5个竞赛平台。年内，各单位针对性开展竞赛活动，并在竞赛过程中积极探索竞赛的新途径和新方法，取得了显著成绩。获得2018年度上海市重点工程实事立功竞赛优秀公司2家、优秀团队8个、建设功臣3名、优秀建设者7名。焦永强荣获上海市五一劳动奖章，新海鸥轮荣获上海市工人先锋号，勘察设研公司长江南京以下12.5米深水航道课题组荣获全国工人先锋号。　（于美庆）

【中交上航局“两金”压降专项立功竞赛活动成效显著】 中交上航局立功竞赛领导小组，围绕公司2018年度提质增效工作目标及“两金”管控专题会议精神，在财务部、工程部等各部门的大力支持下，于11—12月期间在重点单位和项目部开展“两金”压降专项立功竞赛活动，5家基层公司和7个项目部参赛，压降目标合计89.5亿元，占公司年度提质增效目标97亿元的92.3%。各基层公司高度重视，均成立了“两金”压降工作领导小组，由主要负责人挂帅，分管领导分片负责，针对重难点项目，逐项建立催收小组，明确直接责任人，全过程持续跟进，根据欠清欠收的实质原因，统筹协调公司各部门资源，制定切实可行的应对措施，加快债权向资金、存货向收入的转化速度。专项立功竞赛活动成效显著，截至年底，全面完成目标，其中11家单位超额完成目标，“两金”余额压降至81.6亿元，不仅完成了89.5亿元的竞赛奋斗目标，还超额压降7.9亿元，圆满完成公司年度提质增效目标任务。　（于美庆）

【中交三航局有限公司召开重点工程立功竞赛规划发布会】 3月16日，三航局有限公司工会组织召开了2018年度重点工程立功竞赛方案发布会。公司各单位工会主席及竞赛干部参加会议。公司党委副书记、工会主席傅瑞球出席会议并讲话。2017年，三航局重点工程立功竞赛活动取得了丰硕成果。三航局赛区获2017年度上海市重点工程实事立功竞赛“优秀赛区”称号，新能源公司、兴安基公司、港湾院三家单位获“优秀公司”称号，二公司继续保持“金杯公司”荣誉，并实现“优秀公司”32连冠（上海市唯一一家），兴安基公司、新能源公司、港湾院等3家单位获2017年度上海市实事立功竞赛优秀公司称号，二公司大治河西枢纽新建二线船闸工程项目获上海市文明施工升级示范特色项目称号，新能源公司唐山乐亭海上风电项目部等6个集体获优秀团队称号，港湾院汪冬冬等4人获建设功臣称号，公司本部张雪鑫等10人获优秀建设者称号。2017年，全局共有13个项目部作为局重点工程立项，发放竞赛专项奖励203万。会上，全局12个基层单位分别用多媒体形式就2018年度重点工程方案进行交流发布，并评选出优秀方案。会上，还对2017年度局重点工程立功竞赛“六杯六赛”及“安康杯”活动的优胜单位和2018年度的竞赛优胜规划方案进行了表彰。　（黄书展）

【上海机场代表队在中国民航机场助航灯光电工职业技能竞赛中喜获佳绩】 11月14—16日，由中国民航工会、民航局人事科教司、机场司等部门主办的2018年中国民航机场助航灯光电工职业技能竞赛决赛在云南昆明举行。来自全国民航机场41支代表队的123名选手参加决赛,这是国内最顶尖的机场助航灯光电工技能赛事。由浦东机场代表队、虹桥机场代表队代表上海机场集团参加了此次竞赛。经过理论和实操考试(回路故障排除、跑道中线灯和电缆头制作)等4个竞赛项目的激烈角逐,共夺得团体和个人综合一等奖等共计8个奖项,浦东机场代表队、虹桥机场代表队分获团体二等奖。股份公司飞行区管理部的唐冬杰被授予"全国民航青年岗位能手标兵"称号。 (吴云舟)

【海事局劳动竞赛助推职工创新发展】 2018年,上海海事局工会聚焦劳动竞赛、立功竞赛,先后组织开展"建功十三五,争当排头兵"及"凝心聚力进博会,建功立业创一流"等为主题的立功竞赛活动。按照"提升海事队伍的有效履职能力、科学执法能力和管理服务能力"要求,大力推动岗位技能比武、创新发展。鼓励职工陆续开展"五小""四新"创新活动,引导职工不断学习行业前沿技术知识,增强创新意识和能力,推动形成"比创新、比技术、比管理"的创新氛围。竞赛活动为职工创新创造提供了广阔的舞台和平台,推动形成知识型、技能型、创新型海事职工队伍。2018年,上海海事局共有9个职工自主创新项目获得上海市职工先进操作法和合理化建议优秀奖,内容涉及海事电子巡检智能信息服务、二维码技术航标巡检的应用、落水集装箱应急示位标等涉及海事交通安全监管各方面。

(陆智静)

【中交三航院编著国内首本重大工程立功竞赛科普绘本】 8月,以上海市重大工程立功竞赛项目——洋山深水港为蓝本、由中交三航院原创、署名著作的中国工程科学绘本《超级港口建成了》付印。作为国内首本港口工程的科普绘本,全书以生动易懂的语言详细向读者描述了上海市重大工程立功竞赛项目、当今世界最大的外海港口——上海国际航运中心洋山深水港区工程勘察设计、建设施工全过程,并将深奥的工程专业知识一一为非专业人士或少年儿童讲解。该书是"中国力量"科学绘本系列之一,并已入选"十三五"国家重点出版物出版规划项目。为深入贯彻2018年上海市立功竞赛"四聚焦、四确保"主题,营造"全员围着目标转,人人盯着任务干,全面竞赛争第一"的竞赛氛围,确保绘本的思想性、科学性、知识性相统一,三航院组建了一支由24名各专业的一线设计师和负责施工的三航局工程师等组成的执笔、编委团队,企业文化部负责执笔,这当中高级职称及以上的占80%,5位教授级高工和2位省部级劳模,大多直接参与过洋山工程。最终由全国水运工程勘察设计大师、公司总工程师程泽坤博士审订。创作过程中,面向全院和三航局大力征集洋山港建设过程的实景照片,共收集到勘察设计施工全过程各阶段的实景图片300余张。该绘本的出版发行是利用新媒介宣传重大工程立功竞赛活动的有效尝试,有利于加深普通市民对立功竞赛活动的感知度和认可度,以及在社会各界普及重大工程的专业知识,为全世界读者提供了一个了解中国基建巨头的科技实力、感受中国力量的新的端口。

(钱 蓉)

7月24日,上海建工集团召开国家会展中心场馆功能提升工程立功竞赛誓师会 (余轶群)

【上海建工集团召开国家会展中心场馆功能提升工程立功竞赛誓师会】 7月24日,"冲刺60天,决胜进博会——上海建工集团国家会展中心场馆功能提升工程立功竞赛誓师会"在项目现场召开。市住建委副主任、市重大办常务副主任江小龙,市重大办副主任、市竞赛办主任赵德和,集团党委副书记、总裁卞家骏,工会主席卞炯,副总裁林锦胜、叶卫东等出席。江小龙对集团在工程建设中体现出的"雷厉风行、勇于担当、自我加压、内聚力量、不畏艰难、负重前行"精神状态给予高度评价,要求上海建工在工程决战冲刺阶段,一要咬定目标不放松,决战决胜60天;二要精益求精创一流,留下样板100年;三要安全质量不放松,平平安安每一天。卞炯宣读立功竞赛活动方案,林锦胜与集团各参建单位主要领导签订节点考核责任状,叶卫东主持会议。集团工会、生产经营部和各参建单位主要负责人参加会议。 (余轶群)

【上海建工集团多个集体和个人荣获进博会立功竞赛先进称号】 11月23日,市委、市政府在国家会展中心(上海)召开首届中国国际进口博览会上海城市保障总结表彰大会。集团总承包部、装饰集团被授予"上海市五一劳动奖状";机施集团吴轶、园林集团张凯敏、市政总院回尚勇、总承包部陆群被授予"上海市五一劳动奖章";二建集团国展中心项目部、安装集团国展中心项目部、机施集团中博会下沉式广场项目部、市政总院城市空间亮化项目组被授予"上海市工人先锋号";机施集团被授予"上海城市服务保障进博会立功竞赛先进集体";二建集团徐秋根、装饰集团孔劲松、安装集团周文彬被授予“上海城市服务保障进博会立功竞赛先进个人”；集团工会被授予“上海城市服务保障进博会立功竞赛优秀组织奖”。（余轶群）

【市总工会、市水务局联合召开劳动竞赛总结表彰大会】 2月6日，市总工会、市水务局在闵行区梅陇镇联合召开“打好河道整治攻坚战，全面提升上海城乡水环境”劳动竞赛2017年总结表彰大会。市人大常委会副主任，市总工会党组书记、主席莫负春出席会议并讲话，市水务局党组书记、局长白廷辉主持会议。市总工会、市水务局分管领导和相关部门负责人、市河长制联席会议成员单位负责人、各区总工会分管领导和相关部门负责人、各区水务局（建委）负责人，各区参赛单位代表160余人参加了会议。大会表彰了2017年度中小河道整治劳动竞赛先进集体和先进个人，全市有133个先进集体，126名先进个人受到表彰，其中，5个单位获上海市五一劳动奖状、8个班组获上海市工人先锋号、6名个人获上海市五一劳动奖章荣誉称号。莫负春围绕市委市政府中心工作，进一步发挥劳动竞赛作用提出3点要求：一要对标新目标，进一步发挥劳动竞赛鼓舞人的作用，团结凝聚广大职工朝着宏伟目标共同努力。二要充分调动广大职工的积极性、创造性和主动性，进一步发挥劳动竞赛激励人的作用，推动广大职工提升技能实现岗位奉献。三要坚持以人民为中心，进一步发挥劳动竞赛凝聚人作用，服务广大职工，不断增强人民群众的获得感。会前，莫负春主席和白廷辉局长一行考察了闵行区梅陇镇许泾镇整治后的美丽河道，慰问了河道养护一线职工。（王佐仕）

【市总工会、市水务局联合召开上海水环境治理劳动和技能竞赛启动会】 9月6日，市总工会、市水务局召开上海市“碧水保卫战”赛暨“助推绿色发展、建设美丽长江”全国引领性劳动和技能竞赛（上海赛区）启动会，市河长办常务副主任、市水务局党组书记、局长白廷辉、中国农林水利气象工会副巡视员刘季英、市总工会副主席周奇出席会议并讲话。上海市河长制办公室成员单位联络员，各区总工会分管领导、相关部门负责人，市水务局相关部门和单位负责人，市河长制办公室督查专员及各督查组组长，各区水务局（建委）负责人、联络员，相关行业协会负责人，城投水务（集团）相关负责人及代表，以及各区参与劳动和技能竞赛的管理、设计、施工、监理、运行、养护等参赛单位的代表200多人参加会议。会上，青浦区水务局、闵行区七宝镇、市水利工程设计研究院、上海金鹿建设（集团）有限公司和静安区清清护河志愿者服务队工作站志愿者作了交流发言；会议总结了“打好河道整治攻坚战，全面提升上海城乡水环境”劳动竞赛前一阶段工作，对“碧水保卫战”劳动和技能竞赛作了动员部署；上海市水利工程协会发出了“建设美丽河湖”劳动和技能竞赛倡仪。副巡视员刘季英宣布上海市“碧水保卫战”暨“助推绿色发展、建设美丽长江”全国引领性劳动和技能竞赛（上海赛区）正式启动。市总工会副主席周奇在讲话中充分肯定前一阶段上海市中小河道综合整治劳动竞赛所取得的成就，并就进一步开展好劳动竞赛提出3点意见。市河长办常务副主任、市水务局党组书记、局长白廷辉充分肯定劳动竞赛在推进水环境治理中的作用，要求全员行动、合力攻坚，聚力打赢碧水保卫战。会前，白廷辉局长、刘季英副巡视员、周奇副主席一行慰问了长宁区外环西河道建设和养护一线职工。（王佐仕）

【中建八局绿色施工经验在上海受到表彰】 1月17日，上海市2017年度重点工程实事立功竞赛表彰大会在上海展览中心召开。中建八局18家先进集体、17名先进个人受到表彰。中建八局党委书记、董事长校荣春在会上作了题为“践行绿色发展理念，助力生态之城建设”的发言，经新华社微信转发，收获了100多万人次的点击量，扩大了企业品牌美誉度。常务副市长周波在大会总结讲话中对中建八局在BIM、互联网、大数据等方面的应用以及在建筑智能化的全生命周期管理方面的探索给予了充分肯定。中建八局自2014年作为独立赛区参加上海市重点工程实事立功竞赛以来，成立了15个分赛区，激发了上海地区137个参赛项目的竞赛热情，先后获得了5个金杯公司、5个金杯团队、11个优秀公司26个优秀团队、1名杰出人物、13名建设功臣、49名优秀建设者的荣誉。（郝国元）

【中建八局立功竞赛经验交流暨先进表彰会在沪召开】 4月16日，中建八局立功竞赛经验交流暨先进表彰会在沪召开。会上，总结了2017年竞赛工作，部署了2018年的重点任务，4家单位分别从分赛区、团队、建设者、组织者角度分享了开展立功竞赛的经验和体会，展示了活动成果。会上，对荣获市立功竞赛金杯公司、金杯团队、建设功臣和八局赛区的先进分赛区、优秀组织者、优秀团队、优秀建设者进行了表彰。市竞赛办主任赵德和，中建八局党委副书记、工会主席于金伟以及市重大办、竞赛办、局立功竞赛领导小组、竞赛办成员、分赛区获奖代表等80余人参加了会议。（郝国元）

【中建八局召开立功竞赛暨安康杯竞赛推进大会】 7月6日，中建八局召开立功竞赛暨安康杯竞赛推进大会，动员全体参赛队伍和参赛员工，努力为首届中国国际进口博览会成功举办建功立业。市总工会副主席刘言浩，建设交通工作党委副书记田赛男，住建委副主任、重大办常务副主任江小龙，重大办副主任、竞赛办主任赵德和，中建八局党委书记、董事长校荣春，党委副书记、工会主席于金伟以及16个分赛区的党政领导、竞赛办主任、项目经理、劳务工人代表等400余人参加了会议。会上，为中建八局赛区的16个分赛区、立功竞赛突击队和项目党员先锋号、工人先锋号、青年文明号、服务保障进博会突击队授旗，表彰了立功竞赛金杯公司、金杯团队、先进分赛区和服务保障进博会先进个人。刘言浩、赵德和高度称赞了中建八局的铁军风采。校荣春回顾了中建八局自2014年开始作为独立赛区参加上海市重点工程实事立功竞赛活动以来取得的积极成效。与会领导还为世博绿谷项目建设者带来清凉用品，慰问了一线建设者。（郝国元）

【市税务局工会积极开展劳动竞赛】 市税务系统各级工会以“放管服”

改革、“便民办税春风行动”、优化营商环境等重点工作为契机，积极开展劳动竞赛。嘉定区税务局劳动竞赛案例获上海市基层工会十大案例创新提名奖。市税务局第二稽查局工会开展的“优秀稽查案例评选”、虹口区税务局工会开展的“业务擂台赛”等，为广大税务干部职工岗位建功、提升技能发挥了作用。（娄晓辉）

【市科技系统工会实施职工素养提升计划】 市科技系统各级工会开展多种形式的劳动竞赛和职工技术创新活动，精心培育“大国工匠”、“上海工匠”。周建明（核八所）、王永良（微系统所）荣获“上海工匠”称号。实施职工素养提升计划，近300人参加“一季一展示（暨一季一交流）”活动；近1800余名职工参加“一季一活动”；700余名职工参加“一季一培训”；助力科技系统中心工作。（顾　铭）

【市民政局深入开展群众性劳动和技能竞赛】 市民政局工会积极助推民政事业高质量发展和职工技能的提升，在局系统开展“当好发展主力军，建功民政‘十三五’”为主题的劳动和技能竞赛。各基层单位结合实际，广泛开展内容丰富的群众性劳动和技能竞赛。市社会福利中心工会在全系统开展了“争创改革先锋，再建岗位新功”劳动竞赛和儿童护理、养老护理专业职工技能竞赛。市殡葬服务中心工会在全系统开展了清明、冬至优质服务劳动竞赛和遗体防腐整容和礼厅服务专业职工技能竞赛。市救助管理站等直属单位工会围绕提高服务标准、服务质量、服务水平开展群众性劳动竞赛和服务技能竞赛、厨艺技能大赛等活动，有力地调动了广大职工群众的积极性、主动性和创造性。“五一”前夕，局工会表彰了在劳动和技能竞赛中取得突出成绩的先进集体和个人，局信息中心技术部等16个班组（部门）被授予2018年上海市民政局“工人先锋号”荣誉称号，4个单位集体、31名个人获得技能竞赛优胜单位和优胜个人。（胡积伟）

【市监狱管理局工会深入开展干警职业技能竞赛】 市监狱局工会统筹监狱系统实务培训、练兵比武、技能竞赛等平台载体，形成由局工会搭台、教育培训部门牵头、业务条线参与的共建机制。干警职业技能竞赛采用“海选比拼，层层晋级”通关法，分为监区初赛、监狱选拔赛、全局单项决赛、年度总决赛四个层级，全年历时数月、穿插进行，形成“5+1”的项目模式，即5个单项决赛加年度总决赛。按照“随时、随地、随人、随事”要求，各基层监狱工会配合组织全员参加岗位实务培训和练兵比武，在此基础上监狱选拔赛、全局单项决赛、全局总决赛环环相扣、步步升级，局工会为局系列实训、竞赛提供了奖励平台和经费支持。12月6日，监狱局民警职业技能竞赛总决赛成功举行，中国农林水利气象工会副主席孙涛、市总工会副主席刘言浩等领导出席，600人观摩比赛。由“罪犯讲评教育”“罪犯严重违纪现场处置”“看板管理与危险源辨识防控”“罪犯常见心理异常的辨析与疏导”“证据保全实务”5个单项竞赛冠军参加总决赛，通过五大PK环节决出总冠军。全年干警职业技能竞赛共有12万人次参加，相当于人均参加20次实训、练兵、比武、竞赛，共产生465名监区冠军、75名监狱冠军、5名局单项冠军，1名全局总冠军。（江海群）

【百联集团人人惠主题劳动竞赛销售额首破亿元大关】 为了进一步促进i百联平台的销售推广工作，百联集团工会广泛发动职工参与2018年“i百联，人人惠”主题劳动竞赛活动。截至年底，实现订单数61.96万笔，同比增长21%；实现订单金额10126.15万元，同比增长19%，首次突破1亿元大关，在百联创新转型的新征程上取得了新成效。在劳动竞赛活动之初，集团工会与全渠道品牌营销部共同对大数据内容作了比照分析，从提高效益、惠及职工的维度出发，调整了竞赛指标体系，增加了全新场景功能，让人机对话更加舒适，使操作方式更加简约。职工们在日常的实操应用中便于推广、乐于购买。各级工会紧紧围绕“让‘i百联’成为职工生活的一部分”的新理念，鼓励职工在i百联平台上自行购买商品，并在朋友圈内广泛推广，营造了“人人成为营销者”的氛围。特别是在临近岁末的“奋战‘双十二’、争当‘双百佳’”专题竞赛活动中，进一步点燃了营销激情、释放了购买活力。为了表彰先进，集团工会对照报表数据，评选出了年度竞赛活动先进集体和个人。其中，19家工会被评为“优秀组织奖”；10名职工被评为“十佳先进个人”；100名职工被评为“优秀奖”。（姜　杰）

职工创新

【概要】 市总工会持续推进各类型职工创新工作室建设工作，共有215家基层单位推荐申报市劳模创新工作室84个，上海市职工（技师、巾帼）创新工作室273个。根据专家组评审，命名了48个上海市劳模创新工作室、150个职工（技师、巾帼）创新工作室，其中，技师工作室73个，巾帼工作室36个，职工工作室41个，同时举办第六期劳模工作室创新研修班。会同市职工技协及相关委办局职能处室，起草《关于开展“上海职工优秀创新成果奖”评选表彰工作的通知》。并在全市启动“上海职工优秀创新成果奖”评选工作，表彰职工优秀创新项目，鼓励职工岗位创新。（潘名家）

【评审命名第八批市“劳模创新工作室”】 为深入贯彻习近平总书记关于劳模工作重要讲话精神，大力弘扬劳模精神、劳动精神，工匠精神，充分发挥劳动模范在推动上海加快建设“五个中心”、全力打响“四大品牌”中的示范引领作用，市总工会于7月下发了《关于推荐申报2018年“上海市劳模创新工作室”的通知》，启动了第八批“上海市劳模创新工作室”的推荐申报工作。经区、局（产业）工会推荐、申报材料初审、劳模本人发布、创新项目资助等分类评审程序，上海市总工会决定命名庄松林光学工程劳模创新工作室等48家劳模创新工作室为第八批“上海市劳模创新工作室”。（张夏美）

【举办劳模工作室创新研修班】 12月19—21日，市总工会举办第八批劳模创新工作室研修班。市总工会副主席周奇为参训学员做开班动员。参加研修班的48位劳模创新工作室领衔人来自于全市11个区的13家工作室和31个产业局系统的35家工作室，他们当中既有全国劳模和市劳模，也有全国五一劳动奖章获得者，都是具有精湛技艺、高超技能和较强创新能力的领军人才。市总工会联合工会学院，根据参训人员知识结构和培训需求，精心设计课程，采用课堂授课、学习参观和互动交流相结合的方式，邀请中国科学院上海有机化学研究所林国强院士，宝钢技能专家、全国劳模王军为学员讲授创新与超越性思维、创新工作室的运行与管理等课程，并实地参观学习了上海浦东海事局危管防污处陈维全国示范性劳模创新工作室和上海航天设备制造总厂对接机构总装组组长王曙群劳模创新工作室的成果。（张夏美）

【市总工会设立职工优秀创新成果奖】 为贯彻落实《新时期产业工人队伍建设改革方案》以及《关于推进新时期上海产业工人队伍建设改革的实施意见》，经市评比达标表彰工作协调小组同意，在上海市总工会设立“上海职工优秀创新成果奖”表彰项目。8月，市总工会会同市经信委、市科委、市人力资源社会保障局、市知识产权局等委办局联合印发《关于开展“上海职工优秀创新成果奖”评选表彰工作的通知》（沪工总基〔2018〕228号），成立评审委员会（由5家单位分管领导担任委员会主任、副主任，相关职能部门负责人担任委员会成员），并下设办公室，正式启动上海职工优秀创新成果奖评选表彰活动。（潘名家）

【宝山区总工会推动职工创新工作】 一是开展劳模创新工作室和技师创新工作室工作，并成功创建上海市劳模创新工作室1个，市职工（技师、巾帼）创新工作室3个。二是积极参与“上海工匠”推荐选树工作，推荐获评上海工匠2名，评选10名宝山工匠、10名宝山工匠提名奖。三是组织开展“2018年中国技能大赛上海选拔赛”并获评优秀组织奖。四是组织职工创新项目参加市评选活动，获得上海市合理化建议优秀成果奖、先进操作法创新奖等12项和“2018年上海职工科技节暨职工科技创新活动”优秀组织奖；申报上海市职工晋升技师、高级技师奖励80项，经审核，获得职工晋升高级工、技师、高级技师带教师傅奖励10项、一线职工授权发明专利奖励38项。（胡臻遥）

【闵行区举办职工创新研讨会】 6月1日，“新时代，创新无止境”2018年闵行区职工创新研讨会暨科技讲座在莘庄工业区召开。16位来自闵行区不同企业的劳模、工人发明家和职工科技创新英才齐聚得丘园，围绕闵行区肿瘤医院放疗科李云海主任提出的“设计一个医院放疗时病人侧躺的机械装置”的设想，采用头脑风暴的形式进行交流探讨。另一场科技讲座在莘庄工业区企业山崎马扎克（中国）有限公司会议中心举办，上海发明协会会长于建国作题为《支撑新能源战略的锂资源多元保障技术应用基础研究》科技讲座，吸引了全区230名企业职工参加。活动上表彰了“2016—2017年度闵行区工人发明家、闵行区职工科技创新英才和闵行区优秀创新团队”。闵行区工人发明家、职工科技创新英才、劳模创新工作室、莘庄工业区总工会等代表作交流发言。上海发明协会会长于建国、闵行区科委副主任顾建平向山崎马扎克职工代表赠送了相关科技书籍。（王　凯）

【闵行区总工会搭建职工创新创造展示交流平台】 4月19日，闵行区总工会选送60个职工科技创新项目参与2018年上交会暨第二届中国（上海）国际发明创新展览会，项目涉及汽车业、制造业、新材料等领域的最新研发成果，获得金奖15项、银奖18项、铜奖22项。闵行区总工会坚持每年组织开展职工科技创新活动，2018年获得上海职工科技节优秀组织奖。全年创建上海市劳模创新工作室1家，市职工（技师）创新工作室3家，区劳模（职工）创新工作室5家；评选出区工人发明家一等奖1人，二等奖3人，三等奖5人，工人发明家优秀奖7人；评出区创新英才一等奖1名，二等奖5名，三等奖10名，创新英才优秀奖20名；区优秀创新团队18个。（王　凯）

【第三届松江职工科技节圆满落幕】 12月29日，由松江区总工会、区科委（区科协）、区人社局联合举办的第三届松江职工科技节闭幕式在正泰电气股份有限公司举行。本届科技节以“立足岗位创新，弘扬工匠精神，推动转型发展”为主题。区人大常委会副主任、区总工会主席徐卫兴在闭幕式上宣读了《关于表彰2018年度“松江工匠”的决定》。区总工会党组书记、副主席陈军康代表主办单位对“第三届松江职工科技节”的活动进行了总结。闭幕式上，徐卫兴为2018年“上海工匠”获得者金凤雷颁奖，副区长陈晓军为2018年度上海市职工技师（巾帼）创新工作室获得者授牌，区政协副主席肖镛为2017年度上海市职

6月1日，闵行区举办职工创新研讨会暨科技讲座　（李乘风）

工先进操作法优秀成果奖、合理化建议创新奖以及先进操作法创新奖颁奖，区人社局副局长周乾新为2018年“松江工匠”获得者颁奖，区科委科协党组成员、区科协专职副主席王福友为2017年度松江区职工合理化建议优秀成果和先进操作法优秀成果获奖代表以及优秀组织单位颁奖。泗泾镇党委委员、武装部长、总工会主席阎曦斐，“上海工匠”金凤雷，“松江工匠”周琪琪分别作交流发言。（褚安琪）

【市职工技协召开上海园区工会职工岗位创新工作会】 3月15日，上海园区工会职工岗位创新工作会在松江启迪漕河泾科技园召开。会上，松江区总工会党组书记、副主席陈军康作交流发言，启迪漕河泾（中山）科技园党支部书记陈岗做题为《营造创新氛围、打造智慧园区》的发言，介绍了启迪漕河泾（中山）科技园工会在职工科技创新方面的做法和成效。H671园区维保中心主任康健交流发言，介绍园区工会围绕企业发展、科技创新的要求，积极推进员工创新活动的探索。会上，市职工技协对2018年园区非公企业岗位创新推进计划和2018年度职工合理化建议和先进操作法申报进行解读，并就《职工科技创新十大平台》和《2018年度上海工会职工技能提升实事工程实施方案》开展培训。会前，与会人员参观了G60科创走廊规划展示馆，来自全市60家园区工会、各区总工会代表、松江区各街镇（开发区）总工会专职副主席共110名人员参加会议。（朱　慧）

【青浦区盈浦街道总工会举办小巷家长圆桌会活动】 10月24日，盈浦街道总工会以杨伟英劳模社会治理创新工作室为平台，举办“畅谈社区治理、共话社区和谐”——小巷家长圆桌会第一期活动，15位新上任的居委会主任参加。新上任居委会主任们围绕拆违工作、宠物扰民及车位紧张等问题，以“头脑风暴”的形式分别交流分享社区治理的经验和心得。劳模顾问团成员胡剑平针对社区治理中的热点难点进行点评，并提出了建议和意见。“畅谈社区治理　共话社区和谐”——小巷家长圆桌会活动分为4期活动，包括头脑风暴、参观学习、拓展训练、圆桌论坛会。通过这一系列活动，为新上任居委会主任们搭建学习交流平台，当好“小巷家长”，更好地为社区居民服务。（朱建强）

【崇明区职工创新成果表彰会暨工匠创新人才研修班开班】 10月20日，2018年度崇明区职工创新成果表彰会暨工匠创新人才研修班开班仪式在港西镇文化中心举行。区总工会每年选树命名“崇明工匠”，开展岗位练兵技能比武活动，命名职工（劳模、技师、巾帼、工匠）创新工作室、征集选拔合理化建议、先进操作法优秀成果、优秀发明等，通过系列活动和载体，引导广大职工辛勤劳动、诚实劳动、创造性劳动，为崇明经济社会发展建功立业。为表彰职工岗位创新成果，激励广大职工立足岗位创新，年内命名区级技师创新工作室4家、巾帼创新工作室5家、工匠创新工作室9家，命名区级合理化建议和先进操作法优秀成果23项，荣获市级合理化建议和先进操作法创新奖9项、市级优秀发明选拔赛金奖1个、银奖6个以及铜奖5家；在第六届中国（上海）国际技术进出口交易会（“上交会”）上，荣获上海一线职工发明专利奖1个银奖和2个铜奖。（陈思佳）

10月20日，崇明区职工创新成果表彰会暨工匠创新人才研修班开班
（陈思佳）

【周力钧“大客户团队”劳模工作室揭牌成立】 12月17日，新东方国际集团工会在上海华申进出口有限公司大客户团队专属产品展示厅举行周力钧“大客户团队”劳模工作室揭牌仪式。集团工会主席黄勤表示，华申大客户团队开创了集团外贸板块国企民企融合发展的先河，探索了一条解放思想，协同发展的新路。周力钧“大客户团队”劳模工作室是重组后的新东方国际集团揭牌成立的第一家劳模工作室，对进一步发挥好劳模作用，带动工作室全体成员认真思索，积极践行，更好地为企业发展服务具有十分重要的意义。（郑鹞峰）

【上海电建公司工会召开劳模创新工作室现场交流会】 5月3日，上海电建公司工会召开2018年上海电建职工创新工作室现场交流会，组织系统各单位相互交流，相互学习，相互促进，共同提高，推进职工创新创效活动深入开展。上海电建系统有5个获得省部级以上总工会命名的劳模、技师创新工作室，以及多个上海电建命名的由劳模或先进人物领衔的创新工作室，他们分布在各个基层单位。各单位工会在职工创新工作室创建过程中，紧紧围绕企业工程建设实际，针对施工中的难点，积极发挥领衔人物的聪明才智，带领所在班组和团队勇于创新，敢于实践，通过对施工方案的改进、施工工艺的优化、“五小成果”的转化，在确保施工进度、提高工程质量、降低施工成本等方面开展技术攻

关,破解了多项施工难题。职工创新工作室已经成为企业技术进步、科技创新的重要阵地,同时也为企业培养出了一批技术扎实,善于创新的优秀人才。交流会前,各单位工会主席、创新工作室代表现场参观了全国劳模孙鸿玉劳模创新工作室和顾红凯技师创新工作室,听取了工作室介绍。一公司、二公司、建筑公司、福建公司分别交流了他们在职工创新工作室开展过程中的做法、经验和取得的成果。(傅　诚)

上海电建公司工会召开"智慧能量"职工五小成果评审发布会(傅　诚)

【上海电建公司工会开展第十届"智慧能量"职工五小成果征集发布活动】 8月份,上海电建公司工会组织职工开展了2018年"智慧能量"职工五小成果发布活动,这是公司连续第十年开展此项活动。通过组织发动、基层选送,共征集到职工"五小"成果23项。公司工会举办专题发布会,发布选手通过现场PPT演讲,当场回答了专业评委的提问等环节,展示各自的成果。经过评审,《伞形放线支架》《电缆桥架角铝碰焊作业方案改进》和《不锈钢管钻孔内部去毛刺设备》等成果分获一、二、三等奖。活动为职工搭建了展示岗位创新的平台,充分发掘了职工自主创新的成果,充分展示了职工的智慧和能量。获奖优秀成果推荐参加市总工会职工创新成果系列奖项评审,2项成果分获"上海市职工先进操作法创新奖"和"上海市职工先进操作法优秀成果",3项成果获"上海市职工合理化建议项目创新奖";公司工会荣获"2018年上海市职工科技节暨职工科技创新活动优秀组织奖"。(傅　诚)

【中国宝武职工岗位创新成果显著】 中国宝武11项创新成果参加了第117届巴黎国际发明展,获得4项银奖、7项铜奖,获奖率100%;9月份,220个岗位创新成果,153个项目获奖,其中,金奖29个、银奖50个,铜奖74个,创历史最好水平。年内,洪华、缪伟良的创新成果获上海市科技进步三等奖,2个职工创新工作室获上海市劳模创新工作室;刘自力荣获10大湖北工匠称号,宋俊、金国平、辛利军当选上海工匠;宝钢股份《钢铁行业领头羊,岗位创新是法宝》案例,获上海市基层工会十大(类)创新案例奖;参加"上交会"职工发明专利奖评选,荣获1金、1银、4铜,7个合理化建议、先进操作法获优秀成果奖、项目创新奖;中国宝武工会获"上海市职工科技节暨职工创新活动"优秀组织奖。(徐　卫)

【中国宝武持续深化岗位创新活动】 举办以"众创·智造·未来"为主题的"中国宝武员工创新活动日",表彰2018年度"职工岗位创新新人奖""职工岗位创新成果推广应用奖""资深荣誉创新指导志愿者突出贡献奖",开展职工创新工作室结对、创新指导志愿者师徒结对活动,与费斯托公司揭牌成立"智能制造技术联合训练中心",并为10个职工"智能制造技术应用攻关创新工作室"颁发匾牌。目前拥有建立自主管理(JK)小组4699个,取得JK成果3245项;职工经济技术创新小组2250个,共有1.68万名职工参与创新小组活动;岗位创新申请专利2239件,其中发明专利1135件(发明专利占比50.7%);技术秘密2075项;总结先进操作法233项。(徐　卫)

【宝钢工程女职工委员会以创新引领为"巾帼"岗位建功赋能】 2018年,宝钢工程女职工委员会通过构建"四有"工作机制,着力推进女职工创新工作室的建设,激发女职工创新活力,为企业经营做出价值贡献。"四有"即有目标,坚持培育女职工创新领头雁,明确女职工创新工作室目标、任务和要求;有载体,鼓励女职工领衔负责项目或研发课题,每年对女职工创新工作成效进行统计、评价;有激励,从物质和荣誉两方面对女职工创新成果进行表彰和激励,对创新工作室给予经费支持;有推广,通过举办创新交流研修活动、创新成果展示,促进岗位创新经验、方法推广应用。已推动成立3个女职工创新工作室,女职工创新工作室开发制作的冶金煤气虚拟VR培训考核系统在2018年中国宝武首届职工大赛中得到应用,创新成果在第十届国际发明展上获得1个铜奖,在第二十二届全国发明展上获得1个"发明创业奖·项目奖"银奖;1名女职工创新带头人获得2018年宝武创业创新"新人奖"。(范萍萍)

【宝钢工程工会开展"3111"创新人才培养计划】 为贯彻落实《新时期产业工人队伍建设改革方案》和中国宝武《关于进一步加强技术创新工作的指导意见》文件精神,结合宝钢工程"三支"人才队伍建设的工作要求,宝钢工程工会在2018年策划开展了"3111"创新人才培养计划。"3111"即3类创新人员(领军级、骨干级、后备级)、1次专题培训、1个课题实践、1次成果展示。经梳理,构建领军级、骨干级和后备级3类创新人才队伍54人,其中:领军级13人、骨干级17人、后备级24人。在5月至10月的四期研修活动中，分别邀请韩明明、孙慕群、杜国华、巢平源等中国宝武创新达人进行现场授课，组织参观西门子上海总部及数字化展示中心、发那科机器人、晨讯科技、工业博览会等知名创新企业和展会，拓展创新人员的视野。围绕工作重点、难点设立创新课题实践41项，通过展板、微信、手册等多维度进行创新研修成果28项。"3111"创新人才培训计划是推进创新人才队伍建设的一次成功尝试，同时也是群众性技术创新工作的一个起点，对于培养基层员工敢于创新、善于创新，努力营造"众创"氛围，支撑公司智能装备、智能设计、智能服务具有积极意义。（金　敏）

【宝钢发展持续推进职工创新创造】 2018年，宝钢发展加强职工创新工作室规范化建设，进一步发挥基层各职工创新工作室示范、引导和辐射作用，制订下发《关于进一步加强职工创新工作室建设的通知》，指导现有7个创新工作室根据现场实际，制订落实22项工作目标，并对成绩显著的职工创新工作室进行激励；推荐"施健创新工作室"申报上海市职工（技师）创新工作室。积极做好第十届国际发明展项目申报及参展工作，共申报5个创新项目，获得1银1铜。（朱　宏）

【上海石化工会开展"绿色发展，我们在行动"主题活动】 为助推公司打赢"环保治理攻坚战"，上海石化工会、安环处联合开展"绿色发展，我们在行动"主题活动，共设"全员环保大讨论""我为环保献一计"及"环保问题我处理"3个专题活动。在"全员环保大讨论"活动中，共有20家单位上报文章97篇，经评审一等奖3篇、二等奖8篇、三等奖12篇，获奖作品在《新金山报》上进行宣传；"我为环保献一计"活动，全年共收到20家单位上报的641条建议，评选出一等建议1条、二等建议2条、三等建议59条、四等建议207条、五等建议188条，建议采纳率为71.29%。（徐　军）

【中国远洋海运集团工会开展职工创新发明及合理化建议活动】 2018年，中远海运集团认真开展职工合理化建议和鼓励职工发明创新，全年共征集合理化建议1629条；组织上海地区各单位开展一线职工授权发明专利奖励申报工作，上海船研所7人获评审通过；开展2017年度合理化建议和先进操作法优秀成果申报，中远海运集运、中远海运能源和中远海运重工6项成果获优秀奖。在第六届中国（上海）国际技术进出口交易会上，中远海运集团有4项发明专利被授予了上海职工发明专利奖，其中，上海船研所"一种柴油机推进系统"获得银奖，上海船研所"桥梁防撞消能用锚锭"、中远海运重工"焊接牵引导向机构"和中远海运重工"一种钢印加工装置的控制电路及其控制方法"分获铜奖。（刘建强）

【上海船研所工会积极推进劳模创新工作室创建】 上海船研所工会以争创市级劳模创新工作室为契机，着力推进金允龙航运技术与安全劳模创新工作室的创建工作。2018年，金允龙航运技术与安全劳模创新工作室修订了工作室章程，先后制订《经费使用管理办法》《"导师带徒"实施细则》等工作制度，并完善创新项目的进度管理、记录管理、档案管理、成果管理，通过项目进度上墙，自我约束自我加压。2018年工作室开展了第二届"论文之星"科技论文比赛，鼓励职工重视成果提炼和积累；举办"虚拟产品开发""船模试验不确定性研究""耐波性试验技术及试验结果分析"等学术讲座，为职工拓展创新思路，提升研发水平；年内继续围绕"智慧航运、智能船舶"，结合国家"一带一路"发展思路、建设上海-国际航运中心需求以及物联网的发展趋势，开展水动力性能、航运安全技术、智能船舶关键技术等领域的技术攻关。工作室基于国家工信部数值水池创新专项支持，开展船舶快速性数值水池研发，形成自主知识产权的船舶阻力数值水池计算精度与计算效率超过国外同类产品，居于国际领先地位；其开展的桥梁防撞及隧道锚击风险研究，为刚刚开通的港珠澳大桥沉管隧道防撞、通航安全等提供了技术支撑、决策依据和安全保障；工作室开展的海上大件运输关键技术研究，已成功服务于中远海运集团，打破西方国家在此技术领域的垄断；其基于工信部智能船舶研发专项而开发的船舶综合能效智能管理系统，已通过实船应用示范，实现船舶能耗状态评价、综合优化和辅助决策目标，为营运船舶节能减排5%以上，推动了国内智能船舶的发展。2018年，工作室及成员发表论文4篇，申报发明专利2项、实用新型专利8项、软件著作权1项，涌现出一批技术骨干，逐步成为企业发展的推进器、科技创新的催化器、人才培育的孵化器。（顾霞琴）

【中远海运集运工会引领职工创新创业创效】 2018年，中远海运集运工会着眼于服务企业中心，广泛深入开展群众性建功立业活动。一是以"创客行动"为抓手，搭建职工深度参与公司数字化进程的平台，鼓励一线职工立足本职发现数字化应用场景并自行攻克解决，激发职工的创新热情。年内共收到76个申报项目，经创客指导委员会评审，先后审核通过15个项目，涉及智能定价、用箱天预测、燃油采购、电子发票、堆场管理、一站式服务、客户信用管理、客户投诉管理、客户价值分析等诸多领域，真正让数据产生价值，并向客户、向合作伙伴、向内部员工传递新价值。二是以技能竞赛为载体，营造"比学赶帮超"氛围，发挥职工的主力军作用。各基层工会结合本单位中心工作开展的营销竞赛、"金手指"业务知识技能大赛、程序开发技术大比武、修箱验箱技能比武、微创新活动等，都找准了工会工作与企业中心工作的结合点和发力点，引爆了大家学技术、练技能、钻业务、赛成绩的热情。三是以合理化建议为切入点，积极建言献策，提升职工的参与意识。2018年共收到合理化建议137条，内容涵盖经营模式的创新、管理效率的提高、服务细节的改善、工作流程的优化、数字航运的建设等，彰显了广大职工融入企业生产经营主动思考、共建共享的主人翁意识。（钱　华）

【中远海运科技公司劳模创新工作室参与重大工程项目取得新成果】 中远海运科技股份有限公司瞿辉交通信息技术劳模创新工作室稳步推进创建工作，在定期组织《移动终端跨平台开发框架技术探讨及应用》《数据分析业务浅解——数据分析解决方案思路参考》《智慧公路发展现状及趋势》等技术交流分享会、编辑出版工作室论文集提炼总结创新成果的基础上，搭建"刘天鹏智慧高速首席技师工作室"平台，拓展劳模工作室创建深度。刘天鹏技师工作室紧紧抓住"智慧交通"这一业务领域，以建设"智慧公路"为目标，组织技术骨干结合重大工程项目，开展高速公路收费系统的不断升级、延伸。10月24日，由工作室技术骨干徐青松带领的团队为港珠澳大桥定制开发的国内首创同一车道兼容不同制式的不停车收费系统成功上线，并相继通过交通部ETC全国联网入网检测、广东省联网收费入网检测、香港快易通入网检测。秉着对"工匠精神"的追求，根据国务院"推动取消高速公路省界收费站"的决策部署，工作室在"川渝省界收费站拆除项目重庆联网收费软件及部省清分结算平台建设"项目中开发的"虚拟收费站自由流不停车收费系统"也成功上线运营，对深化交通运输领域供给侧结构性改革、促进物流业降本增效和推进交通运输高质量发展发挥了积极作用。 （顾霞琴）

【中远海运能源公司开展"能源英雄直通车"活动】 2018年，中远海运能源公司开展了贯穿全年的"能源英雄直通车"活动。活动面向全系统六大赛区、持续10个月，440余展示项目，650余人次参赛，涌现出了一大批新时代能源英雄，掀起了一股"人人争当能源英雄"的创新良好风尚，进一步提增了员工关心企业发展的意识和劳动创造的热情，受到了广大职工群众的欢迎和喜爱。 （王 欢）

【市运输工会召开2018年"劳模、首席员工工作室"年度会议】 为充分发挥交运集团13家劳模、首席员工工作室的示范引领作用，市运输工会于1月17日在汽修公司培训中心召开了2018年"劳模、首席员工工作室"年度工作会议。来自交运集团系统13家劳模、首席员工工作室负责人及部分成员共30余人参加了会议。会上，市职工技协陆卫超围绕"劳模创新工作室申报""市技协15个实事项目分解"等内容进行专题辅导。会上运输工会提出年度工作打算，将组织13家劳模、首席员工工作室开展四项主题活动，即邀请科普讲师团全国劳模授课培训，参观宝钢"全国工匠"王军劳模工作室，组织开展工作室交流互访活动，组织开展"优秀工作室"考核评比活动。通过有效的工作载体，不断扩大劳模、首席员工工作室的影响力，汇集和培养一批有知识、有技术、有胆识、有能力的优秀人才，争取涌现更多的"上海工匠"，为上海交运新一轮改革创新和转型发展做出新的贡献。 （袁俐俊）

【中交上航局工会持续推进劳模创新工作室创建工作】 中交上航局工会持续推进劳模创新工作室创建工作，不断发挥劳模的示范引领作用，提升科技创新能力，为企业改革创新、转型升级提供技术保障。2018年，谷银远绞吸工艺创新实验室被命名为上海市劳模创新工作室，该工作室设立在上海交建公司新海豚2轮上，以劳模船长谷银远领衔。工作室秉承"优工艺、新工法、创品牌；勤思考、敢啃硬、提素质；善合作、细管理、保安全"的工作理念，随船征战江河湖海，在流动中创新，在创新中提升，被称作流动的劳模创新工作室。11月，陈海英长江口治理创新工作室被命名为上海市巾帼创新工作室，该工作室设在中交上航局下属勘察设研公司，由"三八红旗手"陈海英领衔，致力于长江口治理技术研究。工作室三分之二成员拥有研究生学历，是一支高学历团队。经过近几年的发展，中交上航局创新工作室从无到有，由点到面，现已拥有3家上海市"劳模创新工作室"，3家上海市"技师创新工作室"，2家上海市"巾帼创新工作室"，为发挥劳模先进的示范引领作用，推进企业创新发展提供强力支撑。 （于美庆）

【机场集团公司工会举办高技能人才创新工作室年度评审会】 12月19日，机场集团公司工会举办2018年度上海机场高技能人才创新工作室创新项目完成情况验收考核评审会。集团公司工会主席张永东，副主席于明洪，各直属单位工会主席，集团公司党委办公室、工会办公室负责人，空港办主任参加会议，贵宾公司、综合监察支队、投资公司、集团机关工会主席等列席会议。30家劳模（高技能人才）创新工作室领衔人围绕"日常管理、创新成果、教育培训、特色亮点、工作计划、经费使用"等6方面进行汇报展示和评审。评审会上对30家劳模（高技能人才）创新工作室进行了授牌，并对创新项目获得金、银、铜奖的劳模（高技能人才）创新工作室进行颁奖。 （张雯倩）

【绿色建筑与建筑节能劳模创新工作室联盟技术交流会召开】 10月23日，市绿色建筑与建筑节能劳模创新工作室联盟和上海建科集团工会联合组织召开劳模创新工作室联盟技术交流会。市建设交通工作党委副书记田赛男，市建设交通工会副主任、市建设交通团工委书记樊好，集团党委副书记、纪委书记、工会主席应卫国，集团总工程师徐强，集团工会副主席朱永华以及市绿色建筑与建筑节能劳模创新工作室联盟、集团劳模创新工作室联盟共10家成员单位参加本次交流活动。交流会由集团总工程师、市绿色建筑与建筑节能劳模创新工作室联盟召集人徐强主持，来自市绿色建筑与建筑节能劳模创新工作室联盟、集团的周红波劳模创新工作室、上海地下空间设计院的熊诚劳模创新工作室、中国建筑第八工程局有限公司的沈健劳模创新工作室的代表分别以"2018年度工作汇报"、"以终为始、精细管理——以运营为导向的全过程BIM应用"、"城市建设与运营BIM信息化管理实践"、"科技引领智慧建造、示范带动品质提升"等为主题进行交流与分享。田赛男高度评价了本次交流活动中提出的创新成果和工程实践，提出要进一步搭建好共建共享平台，发挥各劳模创新工作室团队的专业优势，通过集体创新、整合创新、融合创新，不断攻坚克难，协同发展，不断为上海城市建设与运行和城市精细化管理、为推动行业进步和国家发展提供持续的智力支持和优秀人才。 （钱 蓉）

【建科集团召开庆祝五一国际劳动节暨劳模创新工作室联盟成立大会】 4月28日，建科集团庆祝五一国际劳

4月28日，建科集团召开庆祝五一国际劳动节暨劳模创新工作室联盟成立大会（钱　蓉）

动节暨劳模创新工作室联盟成立大会召开。大会由集团党委副书记、纪委书记、工会主席应卫国主持，集团党政班子成员，副总师，各职能部门负责人，直属管理单位党政班子成员、工会主席、团组织书记，集团各劳模创新工作室成员，部分获奖集体和个人代表等参加会议。会上举行了集团劳模创新工作室联盟的成立仪式。集团总工程师徐强宣读了集团劳模创新工作室联盟章程；上海市巾帼创新工作室——"地下工程及越江隧道工程"阚秋红团队作为联盟成员代表交流发言；集团党委书记、董事长秦宝华和集团党委副书记、总裁朱雷为集团劳模创新工作室联盟揭牌。秦宝华希望集团劳模创新工作室联盟要传承弘扬劳模精神，营造创先争优、拼搏进取的文化氛围。要坚持创新驱动发展，发挥劳模创新工作室集聚创新力量、提升创新水平的引领作用。要把握厚植人才优势的导向，培育适应企业发展需求的各类人才。（钱　蓉）

【上海建工集团再获市级劳模创新工作室】 市总工会12月5日印发《关于命名第八批"上海市劳模创新工作室"的决定》，48家劳模创新工作室入选，市政总院钟律景感空间劳模创新工作室名列其中。此次评选由区局工会推荐，申报办公室组织资格审查并进行实地抽访、材料初审，劳模创新工作室领衔人发布、专家评审、创新项目资助等分类评审程序后择优产生。目前上海建工集团有4家市劳模创新工作室，分别由安装集团张雄伟、基础集团陆凯忠、机施集团王斌以及市政总院钟律等领衔。（余轶群）

【鲁中矿业工会开展"五小"成果、合理化建议征集活动】 "五小"成果、合理化建议征集是鲁中矿业工会群众性经济技术创新的活动之一。2018年，各二级单位广泛发动、认真组织广大职工紧紧围绕公司生产经营、管理进步、技术升级、降本增效等方面向企业献计献策，共征集"五小"成果105项，合理化建议108条。鲁中矿业工会举办现场答辩会，通过PPT演示，专业评委提问，9项优秀成果荣获创新成果奖。选矿厂"实现溢流泵变频运输、稳定生产流程、提高铁金属收率"、小官庄铁矿"东区-300米水平以上边缘残留矿体回收"两个项目荣获2017年度上海市职工合理化建议项目创新奖，莱新铁矿"2#副井操车系统优化"荣获上海市职工先进操作法创新奖。（李宗峰）

【鲁中矿业工会扎实推进创新工作室建设】 2018年，鲁中矿业工会工会指导二级单位成立创新工作室18个，通过实地走访、听取汇报等方式确立了9个公司级创新工作室。7月9日，鲁中矿业与莱芜技师学院签订了"纪广杰双创工作室"校企共建协议，公司总经济师谢继祥、莱芜技师学院党委书记陶常青共同为工作室揭牌。职工创新工作室建设是鲁中矿业工会近年来开展的重要工作之一，已成为鲁中矿业广大一线职工素质提升、技术创新、岗位成才、队伍建设的重要载体。鲁中矿业纪广杰创新工作室、李民创新工作室还被命名为2018年上海市职工创新工作室。（李宗峰）

【市水务局、市海洋局召开水务海洋行业劳模创新工作座谈会】 5月9日，市水务局、市海洋局召开"上海水务海洋行业劳模创新工作座谈会"。会上，举行了"谭琼智能排水创新工作室"揭牌仪式和"水生态环境劳模创新工作室联盟"的新加盟成员"林荷娟智慧太湖创新工作室"和"谈祥河湖治理技术创新工作室"授牌仪式，4位劳模先进代表围绕"水生态环境整治"主题做交流发言。市总工会巡视员何惠娟，上海市水务局、上海市海洋局副局长王华杰，水利部太湖流域管理局副巡视员吴志平出席会议并讲话。何惠娟对"谭琼智能排水创新工作室"成员覆盖系统内研究、管理、应用等单位、研究成果直接应用于管理和生产一线，对"水生态环境劳模创新工作室联盟"跨系统、跨所有制拓展给予肯定，并对进一步做好劳模创新工作室创建工作、发挥劳模创新工作室作用提出3点要求。市总工会、水利部太湖流域管理局、上海城投水务（集团）公司、市城市排水公司、市水务局、市海洋局分管领导、相关部门负责人以及职工代表，以及劳模创新工作室代表60多人出席会议。（王佐仕）

【市医疗卫生行业劳模创新工作室联盟成立】 5月26日，在闵行体育馆举行的"守护生命"上海市卫生计生系统劳模专家大型义诊开幕式上，"上海市医疗卫生行业劳模创新工作室联盟"宣告成立。市卫生和计划生育委员会主任邬惊雷和市级医疗卫生劳模联谊会会长、华东医院院长俞卓伟为联盟揭牌。市卫生计生委党委副书记、市医务工会主席郑锦出席揭牌仪式，市医务工会副主席何园主持揭牌仪式。工作室联盟成立后将围绕3

个方面，着重发挥作用：一是搭建服务平台。提供优势推介、必要的信息互通便利和协作交流途径；促成工作室以项目制为方向，开展科技创新。二是提供交流展示。宣传推介各工作室的特色和专长，利用年会等形式，展示合作成果，带动联盟成员提升创新水平。三是选树优秀团队。选树、资助、表彰优秀工作室团队，总结交流推广创建经验、扩大联盟朋友圈，加大与其他职工（巾帼）创新工作室的合作。工作室联盟将通过探索，形成可复制、可推广的经验，推动上海卫生计生行业的科创能级提升，为上海建设具有全球影响力的科技创新中心和亚洲一流医学中心做出贡献。
（华山医院）

【首届上海市医疗卫生行业劳模创新工作室联盟合作论坛举办】 11月26日，“劳模引领合作共创”首届上海医疗卫生行业劳模创新工作室联盟合作论坛在复旦大学附属华山医院举行。本次的合作论坛是继5月26日上海医疗卫生行业劳模创新工作室联盟正式成立后的首场活动。市总工会副主席周奇，市卫生健康委员会党委副书记、市医务工会主席郑锦，市医疗卫生行业劳模联谊会俞卓伟会长，华山医院顾玉东院士、周良辅院士以及联盟首批共25家劳模创新工作室的劳模和代表、联盟理事会成员及秘书组联络人等出席。周奇希望各工作室在劳模带领下主动对接、跨专业合作，早出成果；希望联盟做好服务搭好平台；希望市医务工会创造条件，给予联盟全面支持，放大联盟效应。郑锦要求联盟和各工作室通过论坛创品牌、多联系、走出去，加强交流了解、实现互通有无；汇聚劳模力量，推进强强联手；弘扬劳模精神，引领职工成长；为打响上海医疗服务品牌，建设具有全球影响力的健康科创中心城市和亚洲医学中心城市做出更大的贡献。论坛上，联盟发起人顾玉东院士回顾了建立联盟的初心，第五人民医院施国伟盆底疾病工作室、光华医院何东仪类风关工作室、中山医院葛均波心血管介入工作室和第二人民医院李琦伤口护理工作室4家单位介绍并分享了各自的攻关特色和创新成果。
（华山医院工会）

【市医务工会开展第八期职工科技创新“星光计划”优秀项目评选活动】 为进一步加强职工科技创新工作，推动医务职工科技创新的深入开展，市医务工会于9—11月组织开展了第八期职工科技创新“星光计划”优秀项目评选。经基层工会推荐申报、专家评审，复旦大学附属中山医院的王利新“通过自主研发原位开窗系统在累及主动脉弓部扩张性疾病TEAVR术中保留弓上分支动脉”等8个项目获一等奖；上海交通大学医学院附属第九人民医院的王金武“3D打印个性化单侧减荷式膝关节矫形支具”等18个项目获二等奖；上海市第六人民医院的冯超“基于多模态三维影像重建技术的尿道狭窄临床诊断及模拟手术训练器械的应用研发”等25个项目获三等奖；上海市肺科医院的何雅億“改良的肺部结节诊断器械”等35个项目获入围奖。上海市肺科医院李冰等5人获“创新之星”称号，上海交通大学医学院附属第九人民医院王金武等10人获“创新之星”提名称号。
（李易杰）

【SMG职工创新喜获成果】 2018年，在上海市优秀发明选拔赛30周年巡礼暨职工创新表彰大会在上，SMG下属东方明珠尚世影业“影视剧上海题材创新工作室”和东方广播中心“直通990工作室”两个团队喜获“上海市职工创新工作室”称号，这也是SMG首次获评“上海市职工创新工作室”称号。在6月份举办的第八届上海职工科技节上，东方明珠所属东方购物销售新模式“移动店铺”荣获2017年度上海市职工合理化建议项目创新奖。2018年，SMG 12位职工获得市总工会技师奖励，其中5人为高级技师。
（秦伊龄）

【锦江国际“创新工作室”检查工作】 为进一步规范锦江国际劳模、职工（技师）创新工作室的创建和管理，根据锦江国际《劳模创新工作室管理办法》，集团工会组织开展了锦江国际劳模职工（技师）创新工作室检查和自查工作。检查以“自下而上、自查互评、有机统一、同步推进”为工作原则，在自查自纠的基础上，集团工会组织酒店、实业投资、旅游控股工会，按照“五个有”创建标准进行实地检查评分。通过检查、抽查、互评、总结，起到相互学习、共同提高的工作目的，促使劳模、职工（技师）创新工作室真正成为引领锦江国际创新工作的有效平台。
（张祥伟）

【百联集团5家企业在第八届上海职工科技节上获奖】 6月5日，在第八届上海职工科技节闭幕式先进表彰中，百联集团所属上海奥特莱斯品牌直销广场有限公司“购物广场内增设天桥连廊”、上海第一八佰伴有限公司“整体装饰项目”、东方商厦有限公

11月26日，首届上海市医疗卫生行业劳模创新工作室联盟合作论坛举办
（池朝霞）

司“‘韛’体验类跨界经营项目”荣获合理化建议创新奖；上海百联沪通汽车销售有限公司“MOT顾客忠诚度与满意度提升操作法”、上海百联物业管理有限公司“购物中心空调节能综合操作法”荣获先进操作法创新奖。展现了集团一线职工面对新零售浪潮，勇立潮头、务实创新的时代风采。

（姜　杰）

【上海鲜花港“赵才标花卉技术创新工作室”被命名为上海市劳模创新工作室】 在2018年上海职工创新大会暨第八届上海职工科技节开幕式上，上海鲜花港企业发展有限公司“赵才标花卉技术创新工作室”被命名为第七批“上海市劳模创新工作室”，这也是本年度光明食品集团唯一一家入选的劳模创新工作室。“赵才标花卉技术创新工作室”创建于2014年6月，公司董事长赵才标带领团队开展了多项农业科技项目，硕果累累。工作室团队核心成员有9名，平均年龄40岁，本科以上学历，高级职称4名。近年来，工作室成员发表论文60余篇，编撰专业图书1本。工作室围绕团队核心，通过技术培训、岗位练兵、高师带徒等活动，逐步建立起35人的技术人员梯队和企业创新团队。在工作室全体成员的努力下，上海鲜花港获得国家和上海市级的一系列殊荣，工作室团队推出的新产品在近三届中国花卉博览会上获得多项金奖。

（张立杰）

【上海隧道工程有限公司职工创新取得多项成果】 组织开展职工创新工作室创建活动，并积极参加市职工创新工作室评选，蔡洪斌创新工作室被命名上海市职工（技师）创新工作室，龚海云创新工作室被命名上海市职工（巾帼）创新工作室。同时，李鸿团队研发的《复杂环境下超大盾构越江隧道盾构掘进工法创新及应用》荣获全国职工优秀技术创新成果一等奖，并在参加第三届国际创新创业博览会期间受到了中华全国总工会副主席，书记处书记阎京华和共青团中央书记处常务书记、全国青联主席汪鸿雁接见。

（翟　勇）

【上海飞机客户服务有限公司工会开展群策群力创新提案取得实效】 2018年，上海飞机客户服务有限公司工会深入开展群策群力创新提案工作，紧盯业务核心，加快群策群力提案审批流程进度，促进成果转换。一是深入调研、征求意见，多次赴兄弟单位交流学习、专题调研，形成针对性调研报告。二是多次组织举办群策群力专题研讨会，分工会主席、班组长、工会积极分子、业务骨干等各个层面职工开展“大讨论”。三是深入党支部、部门，主动争取支持，深度结合经营管理和型号研制当下重点、难点，提出专项工作开展群策群力活动主题。四是线上群策，线下评审，坚持重点部门试点、典型部门示范、焦点部门攻关，推动加强逐级线下审核、加快部门线上审批、加大部门文化形成。五是专题提案，专项推进，建立群策群力专项主题提案活动机制，以主要技术部门、外场团队作为任务对象，开展“提升AOG支援响应效率”和“运行支持质量安全管理”专题。六是落实激励，树立典范，落实积分兑换带薪休假，按季发放奖励。

（徐　雷）

上海飞机客户服务有限公司开展“质量信得过班组”现场考评（徐　雷）

【上海飞机设计研究院工会扎实推进群策群力提案改善工作】 2018年，上海飞机设计研究院工会扎实推进工程研发类业务特点的群策群力提案改善工作，打造全员参与的职工创新创效平台。坚持“两手抓、两促进”。即一手抓提案数量质量上台阶，一手抓群策群力工作流程、方法和机制建设，要求“出提案”的同时“出方法”，形成可复制的经验，为后续专业、团队开展类似工作提供借鉴。“两促进”就是“员工自发与专项引领”相互促进，既注重面上覆盖又强化纵深发展。院工会一方面全面动员，依靠部门、班组，注重氛围营造和先进引领，鼓励员工自发主动创新创造。另一方面，坚持专项引领，围绕型号研制、专业能力建设重点难点，进行选题立项，凝聚、引导员工创新创造，发挥出团队创新的最大智慧和能量。相继策划开展了C919外场试飞支持、ARJ21飞机好维修等13个群策群力专项。2018年，上飞院职工申报群策群力提案3544项，完成评审、奖励提案2299项，奖励4559人次，一大批员工的“金点子”转化为型号研制和创新发展的“金钥匙”。

（曾菊敏）

【上海飞机制造有限公司工会开展群策群力提案计划成果显著】 上海飞机制造公司组织职工开展群策群力献计献策，累计征集提案近28597余条，2018年新增提案12510条。推荐优秀改善提案参与各级评优，1项专利荣获上海市科技进步一等奖；6项职工先进操作法和专利荣获上海市职工先进操作法优秀成果奖；3个工人发明专利参加上海国际进出口交易会，荣获1项银奖、2项铜奖。在中国商飞公司群策群力2018年度评优中，4人荣获改善提案达人称号，59项提案荣获优秀成果，6个集体、10名个人荣获优秀组织奖。2018年，工会在型号现场设立职工自组织的“群创工坊”，鼓励职工随时随地协作创新。加大群策群力工作的整合度，推动QC小组活动和精益专项联动，联合科技管理部实施“揭榜攻关”，征集近20项现场难题，评审10项上“榜”问题，发“榜”征集职工“高手”“揭榜”，4项揭榜方案通过总办会立项。搭建技能工人专利申报通道，协同科技管理部申报94项以技能工人为发明人的实用新型专利，评选10名“工人发明家”。完善群策群力信息化管理平台，“实时展现”优秀成果。在内网、微信、期刊开辟群策群力专栏，发布创新成果，通过“谈班论组”“一班之长”等系列专题报道激发班组长带头改进创新。在飞机总装现场设立优秀提案展板，累计编发群策群力简报94期，发布提案和专利展示8期，拍摄优秀提案宣传片18期，营造“人人创新”的良好氛围。开展2018上飞公司“聚智工场”沙龙活动“群策群力改善提案达人”擂台赛，举办群策群力交流分享会，搭建互相交流、学习和提升的创智平台，群策群力互动交流更趋多元化。

（张　婷）

【中国商飞四川分公司全面开展群策群力献计献策工作】 2018年，中国商飞四川分公司加强职工民主管理，鼓励广大职工群众积极献计献策，以提质提效、降本减亏为目标，推动公司基本建设、园区管理、资产经营、运营支持、公共关系等发展建设。公司工会坚持党委领导，明确任务要求，完善组织流程，加强过程指导，确保活动有序推进。召开质量信得过班组建设暨群策群力工作推进会，提出班组建设与群策群力齐头并进、相互促进的工作思路，要求全员参与，全面推进。全年累计上报提案75条，年度人均提案率达156%，人均提案完成率达83%。提案紧盯提质提效和降本减亏，如产业园一期项目填方方案优化、幕墙施工工艺优化、生产指挥中心二楼飞行员休息区布局优化、成都地区全动飞行模拟机保税项目等，全年节约建设资金上千万元。（黄丽莎）

【号百公司举行“劳模创新工作室”揭牌仪式】 9月7日，“孙永学劳模创新工作室”揭牌仪式在中国电信信息园区号百办公楼举行，公司领导、各部门工会主席和一线员工60余人参加仪式。公司工会围绕公司发展战略和目标任务，面向全体员工组织开展立足本职岗位的岗位创新活动，突出一线员工的创新意识和创新成果。经过持续打造，现已形成品牌，2018年参与员工大幅度提高，提交的岗位创新成果较上年提高36.5%。实现业务和管理条线全覆盖，大大推动公司产品研发、营销拓展和管理提升工作。围绕IT技术人员队伍，创建技术研发类劳模创新工作室，孙永学劳模创新工作室的成立标志着公司重点打造的“我的岗位我创新”全员主题活动迈入新的阶段。公司党委书记李安民在揭牌仪式讲话中要求以“孙永学劳模创新工作室”揭牌仪式为契机，推进职工立足岗位创新，以工匠精神打磨产品、做好客户经营，建立强有力的技术支撑和运营流程支持，确定助推公司转型升级，确保公司目标任务的全面实现。（童合明）

【上实物业职工发明获取国家专利】 上海上实（集团）有限公司工会下属上实物业管理有限公司职工创造发明的“喷淋快速止水钳”获得国家专利，在中国质量大会和上海市第八届科技节上被授予优秀奖，并用于进博会场馆现场管理。（王玉君）

【五冶集团上海有限公司员工获得职工发明专利奖】 为鼓励职工发明创新，促进职工发明成果、专利技术的转化实施，4月21日，市总工会在第六届中国（上海）国际技术进出口交易会上举行上海一线职工发明专利奖项颁奖仪式，由五冶集团上海有限公司工会推荐的6项职工发明专利脱颖而出获得表彰，其中金奖1项，银奖1项，铜奖4项。五冶集团上海有限公司秉承创新发展理念，按照中冶集团“冶金建设国家队，基本建设主力军，新型产业领跑者，长期坚持走高技术高质量发展之路”的战略定位，坚持“转型、提升、全产业链服务”发展战略，此次荣获多项专利奖项充分体现了对冶金化工产品的再总结、再提高、再拔尖。（孙　亮）

【举办2018年上海职工科技节】 5月29日—6月5日，市总工会、市发改委、市科委、市教委、市人力资源社会保障局、市知识产权局、团市委、市科协等8家单位联合举办2018年上海职工科技节。科技节围绕“创新成就梦想，劳动创造幸福”主题，集聚职工创新资源，合力推进市、区局（产业）和基层单位3个层面的职工科技节活动。各级工会积极发动，上下联动、内外互动，集中开展职工科技创新活动、集中表彰职工科技创新典型、集中展示职工科技创新成果，其中仅区局（产业）工会组织的主要活动项目就达200余项，全市共有113万名职工参与，充分展现了各地区、各系统共同推进职工创新活动的良好态势。对于进一步弘扬劳动精神、工匠精神、创新精神，营造创新氛围，深化职工创新活动起到了重要的推动作用。

（陈志渊）

【举办“第八届李斌技师创客论坛”】 6月1日，在第八届上海职工科技节举办期间，市总工会举办“第八届李斌技师创客论坛”，邀请李斌、王曙群、华建国等5名上海工匠，围绕“立足岗位创新，共建科创中心”主题，借助于“东方网”主流媒体开展网上创新论坛。通过线上线下互动，交流职工岗位创新的心得体会，进一步传递工匠精神，发挥高技能创新人才在企业创新驱动、转型发展中的示范引领和骨干带头作用。活动通过东方网首页推送，并在全市各区的16个东方网智慧屋、创客屋设立分会场，吸引5千余名市民观看，网上点击量近10万。

（陈志渊）

【征集命名职工合理化建议和先进操作法优秀成果】 由市总工会、市科委、市经信委共同举办的2017年上海市职工合理化建议和先进操作法优秀成果征集命名活动共征集到全市88家区局（产业）工会348家基层单位工会申报的511项职工“五小”成果，经专家初审和复审等程序，从中命名了40项2017年度职工合理化建议和先进操作法优秀成果，122项先进操作法创新奖和220项职工合理化建议项目创新奖。该活动每年举办一次，征集、命名的范围和条件是各类企事业单位职工围绕创新技术、改进工艺、提高劳动生产率、产品质量和服务质量等,提出并经采纳实施取得显著经济、社会效益的职工岗位创新“五小”成果和具有独创、高效、科学和实用特点的先进操作(工作)法。征集、命名活动采取逐级征集、申报和专家评定、网上评选相结合的办法,对命名的项目由市总工会给予3000元的一次性奖励,以鼓励广大职工参与“五小”等群众性技术创新活动的热情,推进企业科技进步。 (王奇峰 陈 蓓)

【19项职工优秀技术成果获得第十届国际发明展奖项】 9月13—15日,第十届国际发明展览会在广东(潭州)国际会展中心举办,市职工技协共推荐30项职工优秀技术成果参展。经过展会评委专家的评审,19项参展成果获奖,其中中科新松有限公司“轻载复合型机器人”等4项成果获得金奖;上海乐研电气有限公司“一种校验时免拆卸的气体密度继电器”等8项成果获得银奖;上海华虹宏力半导体制造有限公司“RO浓水回收项目”等7项成果获得铜奖。 (谢 磊)

【8个优秀职工发明创新项目获得2018年度国家、市科学技术进步奖】 根据国家科学技术奖和上海市科学技术奖推荐工作要求,市总工会推荐了18项由一线职工发明创造的优秀技术成果参加2018年度国家科技进步奖、上海市科技进步奖项目评审。经过项目受理推荐、形式审查、公示、专家评审等程序,最终上海航天设备制造总厂王曙群发明的“航天超细直径小腔检漏管路制造技术及推广应用”项目获得2018年度国家科技进步奖二等奖;7项成果获得2018年度上海市科技进步奖,其中上海宝钢工业技术服务有限公司吉志勇发明的“轧钢大电机集电滑环变频驱动在线车削技术”等2个项目荣获2018年度上海市科技进步奖二等奖,上海阿为特精密机械股份有限公司熊朝林发明的“高精密医疗仪器(细胞切片机)滑轨的研发与应用”等5个项目荣获2018年度上海市科技进步奖三等奖。 (谢 磊)

【第三十届上海市优秀发明选拔赛成绩显著】 2018年,市职工技协做好第三十届上海市优秀发明选拔赛的组织发动、宣传工作,共有400家基层单位7000多名职工报名参赛,参赛项目数1426项。按照《上海市优秀发明选拔赛评审办法》,经初审(资格审查)、复审(专业评审)和答辩终评,共评选出优秀发明获奖项目727项。其中优秀发明金奖68项、银奖221项、铜奖268项;职工创新成果金奖23项、银奖36项、铜奖52项、入围奖59项。 (谢 磊)

【市职工技协创建命名“上海市职工(技师、巾帼)创新工作室”】 2018年,全市共有73家区局(产业)工会下属215家基层单位推荐申报上海市职工(技师、巾帼)创新工作室273个;经区局(产业)工会资格初审、专家组评审,命名了150个职工(技师、巾帼)创新工作室,其中,技师工作室73个,巾帼工作室36个,职工工作室41个。据统计,创建命名的工作室涵盖机械制造、电子电工、服装纺织、环保绿化、冶金化工、窗口服务等17个领域;工作室领衔人学历为本科及以上有97人,占65%,中高级技师有76人,占总数的半数以上;工作室共获得各项专利316项,其中发明专利132项,实用新型专利179项,外观设计专利5项。 (王奇峰)

【市职工技协推进园区职工岗位创新活动】 市职工技协积极贯彻落实《关于推进工业园区、创业园区、高新技术产业园区非公企业职工创新实施计划》等文件要求,在建立园区工作联席会议制度的基础上,召开3期园区非公企业岗位创新工作例会,开展非公企业技术工人收入状况调研,着力推进上海20个(规模以上)园区职工岗位创新工作,努力把产业园区打造成职工岗位创新活动新高地。 (王奇峰)

【本市6个职工创新项目参加全国职工优秀技术创新成果交流】 2018年,中华全国总工会、科学技术部、工业和信息化部、人力资源社会保障部联合开展第五届全国职工优秀技术创新成果交流活动,市职工技协根据项目申报条件及相关要求,推荐了来自隧道、宝武、国网电力、机电、航天、船舶等系统的6个项目参加此次交流活动。经过项目答辩、项目考查、专家评审,《复杂环境下超大直径越江隧道盾构掘进工法创新及应用》项目获一等奖,《轧钢电机转轴部件不解体车削技术的开发应用》项目获三等奖,《保障高可靠性供电的应急电源车配套装置研制与应用》《智能化数控加工系统的研发及其应用》等2个项目入选优秀奖。 (朱 琳)

技能提升

【概要】 市总工会推动建立“培训、练兵、比武、晋级、激励”五位一体的职工技能发展新体系,为职工技术技能水平提高搭建平台,为职工成长成才开辟快速通道。落实职工技能提升奖励实事项目。广泛实施上海工会职工晋升技师、高级技师奖励,一线职工授权发明专利奖励,职工晋升高级工、技师、高级技师带教师傅奖励等工会服务职工实事项目并给予现金奖励,完善网上申报系统功能,新增通用工种在线自动比对功能,提高审核效率。全年,先后两批共收到16个区、79个局(产业)工会提交的职工晋升技师、高级技师奖励申请5215个。经审核,共有4733份申请符合申报要求,其中,技师3363个,高级技师1370个,市总工会奖励金额共计610多万元。扩大职工受益人数,切实激励职工提升技能素质。以第六届全国职工职业技能大赛为契机,精心组织职工技能比武,在全市范围内作广泛发动,组织开展钳工、焊工、数控加工中心操作工、数控机床装调维修工、网络与信息安全管理员、砌筑工6个工种培训、交流、比武活动及上海地区选拔赛,开展智能制造技术和识图技能培训、送教下企业等活动,推动职工职业技能提升。 (潘名家)

【实施企业一线职工授权发明专利奖励】 为鼓励本市一线职工广泛开展岗位发明和创新活动,市总工制订《关于2018年度上海工会企业一线职工授权发明专利奖励方案有关申报事项的通知》,对获得授权发明专利且原则上为第一发明人的企业一线职工,由市总工会会同职工所在区局

（产业）工会或基层工会进行一次性现金奖励2000元。先后两批共收到16个区、37个局（产业）工会提交的企业一线职工授权发明专利奖励申请2678个，经审核，共有2494个奖励申请符合申报要求，市总工会奖励金额共计498.8万元。（潘名家）

【组队参加第六届全国职工职业技能大赛】 5月，根据全国总工会、人社部等单位联合下发的《关于举办2018年中国技能大赛——第六届全国职工职业技能大赛的通知》，市总工会会同市人社局、市科委、市经信委等单位联合下发《关于组织参加第六届全国职工职业技能大赛的通知》，在全市范围组织开展钳工、焊工、数控加工中心操作工、数控机床装调维修工、网络与信息安全管理员、砌筑工等6个工种培训、交流、比武、选拔活动，共有近50个区局（产业）的近500名选手参加，其中非公企业参赛选手占35%。最终6个项目的优胜团队（钳工-上海航天局、焊工-中冶宝钢、数控加工中心-上汽集团、数控装调维修-上海电气、网络安全员-浦东新区、砌筑工-上海建工），代表上海参加全国6个工种决赛。参加全国比赛获得的成绩：数控装调维修工项目获团体第八名、个人第十一名（上海电气代表队赵俊）；数控加工中心项目获团体第十名、个人第十名（上汽代表队方少非）；钳工项目获团体第10名。（潘名家）

【“泾彩杯”上海纺织行业服装制版师技能竞赛在闵行开赛】 5月4—6日，“泾彩杯”2018年上海纺织行业服装制版师技能竞赛在上海市群益职业技术学校举行，来自全市纺织服装企业的37名选手参赛。本次竞赛由市纺织工会、上海服装行业协会、闵行区总工会、闵行区人力资源和社会保障局和闵行区吴泾镇人民政府共同主办，吴泾镇总工会和上海市群益职业技术学校承办。竞赛根据全国大赛的要求，设置了男装、女装2个门类，分理论考核和实际操作考核两部分进行，内容包括服装制版、样衣制作、立体裁剪、理论考试4个考核部分。选手们历经2天19小时的高强度比拼，充分展现才能和技艺。上海之禾时尚实业（集团）有限公司的张真玉荣获“泾彩杯”2018年上海纺织行业服装制版师技能竞赛一等奖。本次竞赛中的优胜者，将代表上海市参加全国服装制版师行业大赛。（杨叙文）

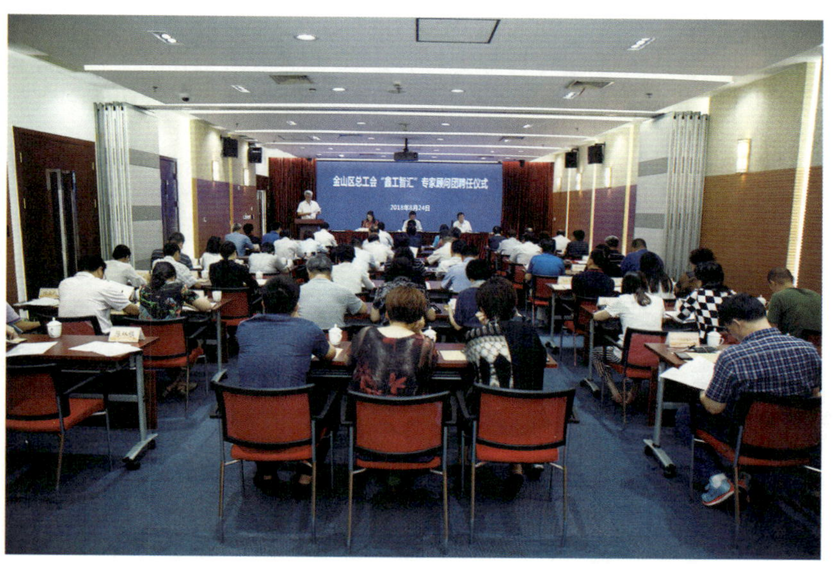

8月24日，金山区总工会举行“鑫工智汇”专家顾问团聘任仪式（沈勇军）

【金山区总工会聘任“鑫工智汇”专家顾问团】 8月24日，金山区总工会隆重举行“鑫工智汇”专家顾问团聘任仪式，36位来自全区各行各业的专家、学者和劳模先进受聘成为金山工会工作的专家顾问。区人大常委会副主任、区总工会主席朱喜林，区总工会副主席汪敏良及全区各直属工会主席等出席仪式。专家顾问团聚集本区专家精英参与金山工运事业发展，促进金山职工素质全面提升，更好发挥工会凝聚引领全区职工成为打造“两区一堡”主力军的积极作用。顾问团设经济建设、政治建设、社会建设、文化建设、生态文明建设和党的建设等6个专业组，为全区职工重大课题及素质建设工程的规划与发展出谋划策；参与区总工会各类竞赛、先进的评审工作；通过专题报告会、座谈会、研讨会等形式，开展各类培训和宣讲，为基层工会和职工提供指导服务，帮助职工提升技能素质。会上，金山区博物馆、上海凤凰企业（集团）股份有限公司、金山区人民法院的专家代表分别作了发言。（沈勇军）

【市化学工会大力推进提升员工技能素质】 一是激励职工技能素质提升。积极组织、推动开展一线职工岗位发明和岗位创新活动，40多名员工因技能晋升获得了市总和化学工会的奖励。同时，推荐申报并获得职工创新成果奖9项，黄红雄被推荐申报并获得了2018年度“上海工匠”荣誉称号。二是推进技能大师（劳模）工作室建设。4月份，组织部分二级公司和基层工会主席观摩双钱重庆公司劳模创新工作室，听取全国劳模、工作室领衔人物贺小琴关于劳模创新工作室日常工作开展及活动成果介绍；11月份，举办华谊集团技能大师（劳模）创新工作室经验交流会，组织拍摄了集团劳模工作室的专题片，对工作室创建工作进行了总结交流。12家工作室荣获集团劳模创新工作室或集团技能大师工作室称号。目前，化学工会下属6家二级公司已建成技能大师（劳模）创新工作室18个，其中1个为国家级技能大师工作室，6个为省市级技能大师或劳模创新工作室。2018年化学工会给予创新工作室专项资金共计40万元。（任健庭）

【市纺织工会和服装协会组队参加全国十佳服装制版师大赛获奖】 6月30日，“富怡·第五届全国十佳服装制版师大赛”决赛在江西开赛。上海市纺织工会和上海服装行业协会、各区纺织行业工会联合组队参赛，并组织上海地区的预赛。经过选拔11名选手代表上海市参加了决赛。经过2天的竞争，上海队选手杨月、朱开荣、

王文分别取得大赛第十二名、十七名和二十四名的好成绩,获得优秀奖。其中,杨月、王文为首次参加全国决赛。(郑鸦峰)

【市纺织工会组队参加"睿能杯"横机工职业技能竞赛决赛】 2018 全国职业技能大赛——全国纺织行业"睿能杯"横机工职业技能竞赛决赛于 10 月 27 日在江苏举行,来自全国 7 个省市的近 50 名选手参加了比赛。"睿能杯"横机工职业技能竞赛是纺织羊毛衫行业的比武盛会,上海队已连续 3 届参加,涌现出孟凡成、杜丹丹等一大批操作技术能手。市纺织工会和上海服装行业协会积极组织相关企业选派选手参加竞赛,最终,上海塔汇针织厂的杨建军获"全国针织行业技术能手"称号;诚尚服饰公司选手杨书帅获"全国针织行业横机操作能手"称号;塔汇针织厂王婷、皮皮狗服饰公司汪彬、关亚军获"横机工职业技能竞赛优秀操作能手"称号;虞翔获竞赛"优秀裁判"和"优秀教练员"奖,上海市获竞赛组织奖。(郑鸦峰)

【中国宝武组织技能比武提升职工素质】 组织开展"铸匠心·提技能"中国宝武首届职工技能大赛,大赛设立了"冶金煤气、高炉炼铁工、转炉炼钢工、金属轧制工、机械设备点检员、电气设备点检员、钳工、天车工、电焊工、检化验(化学分析)、安全、营销(模拟)、党支部书记实务、IT 应用程序设计"等 14 个决赛工种,5.3 万名职工参加了 657 个技能项目竞赛,505 名选手参加 15 个竞赛项目的决赛,李自强等 66 名员工被授予"中国宝武钢铁集团有限公司岗位能手"荣誉称号,竞赛带动了广大职工学技能、练技能、提技能的热情,有力促进职工队伍岗位技能素质提升。(徐 卫)

【中国宝武出征"首钢杯"第九届全国钢铁行业职业技能竞赛】 宝武组建 7 支参赛队参加"首钢杯"第九届全国钢铁行业职业技能竞赛,在 74 家钢企参赛队中,荣获团体第三名,杨军、张培峰、邢君等 3 名选手分别摘得金属轧制工全国第一名、高炉炼铁工全国第三名、电焊工全国第四名的历史最优成绩,并荣获"全国钢铁行业技术能手";杨军、张培峰被授予"全国技术能手",杨军同时被授予"全国五一劳动奖章"荣誉称号;中国宝武共有 10 人获得前 20 名并荣获全国钢铁行业技术能手称号,中国宝武技能大赛工作应邀在中钢协第四届钢铁行业教育培训表彰大会上交流经验。(徐 卫)

【宝钢股份精心组织开展员工技能大赛】 为进一步引导和激励广大员工立足岗位钻研技能,提升员工队伍岗位技能水平,2018 年,宝钢股份工会会同人力资源部、人才开发院,组织开展了职工技能大赛,共有 26274 名员工参加。其中,9834 名员工参加了"高炉炼铁工"等 13 个公司级项目的比赛,16440 名员工参加了 267 个厂部级项目的比赛,一大批具有高技能水平的员工脱颖而出,营造了全员参与"技术大培训,岗位大练兵,技能大比武、素质大提升"的氛围。2018 年"首钢杯"第九届全国钢铁行业职业技能竞赛在首钢集团迁钢公司举办。宝钢股份公司工会认真策划、全力组队参赛,分获金属轧制工第一名、高炉炼铁工第三名、干焊工第四名和天车工第二十名的好成绩。宝钢股份被全国钢铁行业职业技能竞赛委员会授予"优秀组织奖"。(韩 杰)

【宝信软件开展首届 IT 职工技能竞赛】 2018 年,宝信软件开展了"铸匠心、提技能"首届职工 IT 技能竞赛。一是协同公司内技术力量,以项目化管理推进竞赛,形成体系。二是对接外部职工技能大赛,搭建多级平台。三是本地异地员工整合融合,提升团队协同能力。通过技能比武,在公司内激发了广大员工学技术、钻业务的热情,营造了铸匠心、提技能的竞赛氛围,促进了宝信职工岗位技能持续提升。(徐 箖)

【宝钢发展组织开展 2018 年技能比武活动】 2018 年,宝钢发展组织 120 余名职工参加宝钢发展维修电工、中式烹饪、大客车驾驶员、绿化工、护理技术 5 个工种的技能大赛,表彰奖励技术操作能手 13 个,评选表彰优秀组织单位 3 个,优秀组织者 20 人。各单位结合实际,紧密协同、高效组织,共组织设立 10 个工种的技能比武,参与职工 400 余名。同时,积极完成集团公司技能比武(维修电工、安全员)的参赛组织工作,4 人入围决赛,其中 1 人获得集团公司安全竞赛第九名。(朱 宏)

【上海化学工业区举办危险化学品重型卡车驾驶锦标赛】 11 月 29—30 日,为提高园区物流储运安全水平,上海化学工业区举办危险化学品重型卡车驾驶锦标赛。来自 10 家企业 28 位驾驶员在理论测试、场地测试、支线小路、方向盘控制、定点停车、平行泊车、

10 月 27 日,市纺织工会组织相关企业参加全国纺织行业"睿能杯"横机工职业技能竞赛并取得佳绩 (王建华)

直线、车辆检查、急救等项目上同场竞技，切磋技能，分享经验，有效推动园区储运安全水平的提升。（张 俊）

【上海局集团公司选手在全国铁路供电专业技能竞赛中获佳绩】 5月27—30日，中国铁路总公司铁路供电专业（变电值班员、配电值班员）技能竞赛决赛在武汉高铁实训段举行。上海局集团公司选派4名女选手参加比赛，分别获得变电值班员、配电值班员团体第一名，南京供电段吴明雪、合肥供电段陈维玉、杭州供电段郭文昱分别获得变电值班员个人综合成绩前三名；杭州供电段赵小娇、南京供电段陆璇、合肥供电段邓丽娟分别获得配电值班员个人综合成绩前三名。

（陈国华）

【交运集团召开2018年职工技能操作比赛总结会】 12月18日，交运集团在四楼会议室召开2018年度交运职工技能操作比赛总结会，来自集团各所属单位的工会负责人、人力资源部负责人共40余人参加会议。2018年交运集团开展8个项目的员工技能操作比赛是：船舶驾驶员、安全生产、厢式车驾驶员节油、企业信息技术应用与实务操作、企业风险管理与内部控制知识与应用、大客车修理工、机器人焊接、酒店服务管理等。主要体现5个方面成效：一是周密部署、组织有力、有条不紊。二是加强宣传、上下联动、氛围浓厚，制订下发《关于开展2018年度交运职工技能操作竞赛活动》的通知。三是强化培训、形式多样、内容宽广。四是严密组织、严肃纪律、公平公正。五是分层分类、制度保证、成果丰硕。年内共有4000余名职工参加各类初赛，其中有650名员工参加交运集团各类决赛，47名选手脱颖而出，分别获得了全年10%、7%、5%的工资晋升奖励和一次性奖励。会上，与会人员集思广益，对2019年交运职工技能竞赛活动建言献策。

（袁俐俊）

【交运集团召开第二轮“导师带徒”工作部署会】 为全力打造一支知识型、学习型、创新型的交运技能人才队伍，切实把人才优势转化为提升能级、创新发展的源动力，11月19日，交运集团召开第二轮“导师带徒”工作部署会，来自各所属单位的工会主席、人力资源部负责人共40余人参加会议。交运集团第二轮导师带徒工作正式部署启动，是扎实推进交运集团“十三五”人才培养和技能提升的一项重要举措。自从2016年交运集团召开首届“导师带徒”活动以来，成果丰硕，首批15位导师中产生了2名“上海工匠”；有2位导师领衔的工作室被评为“上海市技师创新工作室”。6位导师带出的徒弟中4人晋升为技师、2人晋级为高级工。运输工会主席张正对做好交运集团第二轮导师带徒工作，提出3点要求：一是要统一思想，切实加强对集团导师带徒工作重要性和现实性的认识。二是要明确任务，切实抓好集团第二轮“导师带徒”各项工作环节的有效落实。三是要加强领导，全力推动集团第二轮“导师带徒”工作的初显长效发展。（袁俐俊）

【交运集团开展“优秀工作室”评选活动】 12月11日，交运集团召开2018年度“优秀工作室”评选会，集团系统13家劳模/首席员工（技师）工作室领衔人、各直属单位工会负责人、工作室所在单位工会主席以及工作室成员共50余人参加会议。经过综合评审，浦江游览公司“丛中芹游船服务劳模工作室”、汽修公司“陶亚辉维修技术首席技师工作室”、交运动力公司“徐志杰刀具工作室”获得交运集团“优秀工作室”荣誉称号。会上，交运集团13家劳模/首席员工（技师）工作室负责人分别围绕“有劳模先进领衔、有创新研发团队、有攻关项目、有场地经费、有创新成果”等方面做了详细的介绍，充分展现了集团工作室创建三个方面的特色：一是岗位建功的特色，集团劳模/首席员工（技师）工作室的创建，为广大交运员工提供了发挥作用、展示才能的平台，激发了大家的工作创新活力，进一步推动了企业提升能级和创新发展。二是服务发展的特色。集团13家工作室成员日常组团攻坚破难，切实提高企业生产经营效益。三是精细管理的特色。集团13家工作室坚持创新为本、技能优先，按照精细化管理标准推进工作实施，力求规范有效。会上，运输工会主席张正就交运集团工作室创建和运作，在规范岗位操作、攻关技术项目、人才选树培育、发挥团队作用等方面提出要求。

（袁俐俊）

【机场集团公司工会开展“百师百徒”活动主题培训】 为充分发挥集团公司优秀工匠、优秀技师在各岗位和技术条线的传帮带作用，加快集团公司技能人才梯队建设，培养更多一专多能、独当一面的专业技术人才，集团公司工会于2018年启动了“百师百徒”结对带教活动，用2年的时间，培养一批新的技术型人才，发挥其在各岗位各条线的骨干作用。首届“百师百徒”结对带教总数共计100组。8月31日，集团公司工会组织首批“百师

12月29日，交运集团举行第二批导师带徒签约大会　（夏文庆 摄）

百徒”结对师徒到上海第二工业大学包起帆创新之路展示馆开展培训。抓斗发明家包起帆为结对师徒作了专题辅导讲课。结对带教师徒们在包起帆身上深刻感悟到了“爱岗敬业、争创一流,艰苦奋斗、勇于创新,淡泊名利、甘于奉献”的劳模精神。（吴云舟）

【上海机场举办第十二届职工技能大赛】 10月25日,上海机场第十二届职工技能大赛(宾馆、餐饮服务类)在上海民航置业浦东华美达大酒店隆重举行。集团公司工会、实业公司、虹桥公司工会和各参赛单位的党政主要领导及参赛选手近70人出席了大赛。大赛共设西点制作、前台服务、客房铺床、中餐铺台、西餐铺台等5个综合类项目。来自2场4家单位31名选手参加比赛,并邀请了国家级职业技能鉴定中心专业评审组进行评分,保障大赛的公平公正。经过紧张、激烈的角逐,最终15名选手分获一、二、三等奖。（祁国庆）

【市建交委等联合举办迎进博物业服务形象展示活动】 9月15日,由市建设交通工作党委、市住房城乡建设管理委、市房屋管理局主办的“冲刺50天、我们在行动”迎进口博览会物业服务形象展示活动暨上海第二届“最美物业人”颁奖盛典在黄浦区卢湾教育文体中心隆重举行。市文明办、市商务委、市总工会、市妇联、团市委、市社会工作党委、市建设交通工作党委、市住建委、市房管局领导出席,市物业管理事务中心、各区房管局、房管集团、物业管理事务中心、房屋应急维修中心、市物业管理行业协会、相关物业服务企业等单位有关人员600余人参加活动。作为迎进口博览会窗口服务展示日系列巡礼活动,本次展示活动紧扣进口博览会倒计时50天这一重要节点,由进口博览会物业服务联盟临时党委发起“上海物业人、建功进博会”倡议,倡议全市物业服务行业传承发扬世博会物业服务精神,充分发挥党组织的政治核心作用、战斗堡垒作用和党员先锋模范作用,广泛深入开展“岗位建新功、进博见行动”的劳动竞赛活动,形成物业服务保障合力,努力为进博会营造“最整洁、最温馨、最美好、最安全”的展会环境。与会领导向10支进博会物业服务志愿队授旗,激励物业从业人员积极建功进口博览会。会上表彰了10个“最美物业服务团队”、10名“最美物业人”标兵和100名“最美物业人”。（钱 蓉）

【上海建工集团举办示范食堂总结表彰会暨烹饪技能比武】 1月5日,建工集团举办2017年度示范食堂总结表彰会暨烹饪技能比武。集团党委副书记、工会主席张立新,副总裁朱忠明,集团总裁事务部、人力资源部、工会负责人和各基层单位行政后勤分管领导、工会主席、示范食堂班组代表以及技能比武选手近200人出席。在示范食堂总结表彰会上,张立新宣布了烹饪技能比武结果以及2017年度集团示范食堂表彰名单。朱忠明对集团2018年行政后勤管理及餐饮服务工作提出要求。在烹饪技能比武中,各单位推选的25位厨师同台竞技,最终市政总院李荣的“罗汉大虾”、七建集团姚代华的“富贵多宝鱼”夺得“金勺奖”。（余轶群）

【上海建工集团举办职工技能比武开幕式暨立功竞赛推进会】 6月8日,“迎中博会、迎世技赛”——2018年中国技能大赛建工集团职工技能比武开幕式暨“精品杯”立功竞赛推进会在徐家汇体育公园举行。市总工会党组副书记、副主席姜海涛,市国资委党委副书记董勤,市人社局副局长张岚,市住建委副主任江小龙,建工集团党委书记、董事长徐征,党委副书记、工会主席张立新,副总裁、立功竞赛领导小组副组长蔡国强及市竞赛办、市人社局、市职业技能鉴定中心、市就业促进中心、市城乡建设和管理委员会等相关负责人出席,并为职工技能比武开幕暨施工测量技术比赛鸣枪发令,为争创立功竞赛优秀公司和争创工人先锋号的参赛单位授旗。徐征指出,集团将以迎接助力中国国际进口博览会和第四十六届世界技能大赛为契机,组织开展立功竞赛和技术比武,投身上海城市发展和重大工程建设、打响“上海服务”品牌,打造一支高素质建设者大军。与会人员观看了集团劳动竞赛和职工技能比武巡礼短片,观摩了砌筑工、钢筋工、全站仪架设等项目比赛,以及集团6位“上海工匠”的技能展示。集团和各单位相关负责人,建设者代表、裁判员和参赛选手代表近500人出席。集团2018年职工技能比武设有商务管理、建筑信息模型辅助施工、预制混凝土构件装配施工、测量技术、砌筑工、钢筋工、手工木工、中式烹调等8个赛事项目。（余轶群）

【海洋石油局成立首家技师工作室】 9月25日,海洋石油局首家技师工作室——“陈忠华首席技师工作室”在局教育培训中心揭牌成立。以上海市五一劳动奖章获得者陈忠华名字命名的技师工作室,拥有成员20名,其中高级工程师4名,高级技师4名,中石化工程公司铁军工匠1名,研究生及以上学历7人,成员专业涵盖海洋钻井、船体、机械、电子电气等专业,工作室带头人为工作室及定位是海洋石油钻井技术攻关,在海上平台遇到难题时提供技术支持,为海洋石油事业培养锻炼青年技术人才。（耿卫军）

【中建八局举办第九届工程量算量技能大赛】 11月23日,中建八局第九届工程量算量技能大赛在沪举办。本次大赛以基础设施专业为主题,旨在助推全局转型升级。大赛自9月启动以来,共有14家局属单位的1190名商务人员参加初赛,42名佼佼者经过选拔进入决赛。经过激烈角逐,3家单位获得分赛区最佳组织奖,3家单位分获团体金奖、银奖、铜奖,15人获得“算量能手”称号,5人获得“算量标兵”称号。（郝国元）

【中建八局举办第五届施工技能大赛】 11月9日,中建八局第五届施工技能大赛决赛在中国建筑绿色产业园举行。中建八局所属16家单位的28支代表队共141名选手参加了这次技能大比拼。经过两天决赛角逐,团体、个人两大类共计60个奖项各归其主。其中一公司获铝模支设团体赛和装配式机房团体赛两个一等奖,二公司获花样砌筑团体赛一等奖;来自青岛公司和西南公司的选手双双荣获“中建八局技术标兵”称号;东北公司、上海公司和西南公司获“中建八局技术能手”称号;一公司、二公司、

11 月 9 日，中建八局第五届施工技能大赛决赛在中建绿色产业园举办（王广滨）

西南公司获最佳组织奖；一公司获特殊贡献奖。（黄　敏）

【市人社局工会组织开展技能竞赛活动】 2018 年，市人社局工会扎实开展“践行新理念、建功十三五”为主题的办公软件应用技能竞赛活动。一是组织专题培训。组织 16 家单位 117 名参赛职工进行 word、excel、PPT 及各类综合题的集中培训。为参赛单位的职工统一发放培训用书籍和光盘，督促各单位认真做好劳动竞赛组织培训工作。二是组织正规考试。于 7 月 21 日组织参赛选手参加全国高新技术考试，对考试成绩合格的参赛选手，颁发全国计算机信息高新技术考试合格证书。据统计，本次参加全国高新技术考试的参赛选手有 117 名，获得全国计算机信息高新技术考试合格证书的有 65 名（办公自动化四级证书）。9 月 28 日，局工会组织决赛和颁奖仪式，对积极组织职工参赛的工会颁发优秀组织奖、对参赛小组成绩优秀的颁发团体优胜奖、对参与决赛的选手颁发匠心筑梦奖。（瞿葆仁）

【2018 年上海教师书法·板书·钢笔字·中国画大赛举行】 5 月 5 日，由上海市教育工会、上海市语言文字工作委员会办公室主办，上海第二工业大学工会、上海市语言文字水平测试中心、上海教工书画协会承办，上海市大学书法教育协会、上海中华书画协会协办的第五届上海教师书法·板书·钢笔字·中国画大赛在上海第二工业大学举行。本次大赛共有 46 所上海高校、16 个区教育局和 33 所中职校报名参赛，共计 922 位教师分别参加了书法、板书、钢笔字、中国画 4 个比赛项目，是 5 年来参赛单位、参赛人数规模最大的一次比赛。比赛的书写内容由统一命题和自行创作两部分组成，评委们根据书写的艺术性、时代性和创新性进行评奖，最后评选出 395 位个人奖项，95 家单位获得优秀组织奖。组委会还第一次联合行业权威机构，对书法和钢笔字所有参赛作品，出具相关专业资格评定证书，受到了广大教师的欢迎。（沈　瑶）

【本市举办第三届高校青年教师教学竞赛】 5 月 25—27 日，由市总工会、市教卫工作党委、市教委主办的第三届上海高校青年教师教学竞赛决赛在上海师范大学举行。本次竞赛特别突出思想政治理论课在高校思想政治工作中的重要地位与作用，增设了思想政治理论课组别，共设有人文科学、社会科学、思想政治理论课、自然科学基础学科、自然科学应用学科、非语言类外语教学学科和高职高专综合学科 7 个组别。3 月上旬至 5 月下旬，上海各高校按要求开展了多种形式的青年教师教学竞赛初赛，共有 58 所高校推荐了 238 位优秀青年教师参加竞赛决赛，参赛课程涉及哲学、经济学、法学、教育学、文学、管理学、艺术学、理学、工学、医学等 10 个学科门类。49 名本市高校的全国教学名师等知名专家、教授应邀担任竞赛评委。本次竞赛每个学科组别评出特等奖 1 名、一等奖 3 名、二等奖 6 名、三等奖 10 名、优秀奖若干名。对获得特等奖且符合条件的 7 位选手，按程序向市总工会推荐申报“上海市五一劳动奖章”；对获得特等奖、一等奖的 28 名选手由市教卫工作党委、市教委颁发“上海市教学能手”证书。上海市教育发展基金会为本届竞赛获奖教师提供奖金。（焦佳丽）

5 月 5 日，上海教师书法·板书·钢笔字·中国画大赛在上海第二工业大学举行（沈　瑶）

【市监狱管理局工会多渠道提升干警技能素质】 为围绕局党委打造“政治过硬、本领高强”队伍建设的要求，监狱局工会配合监狱主业多渠道提升干警技能素质。一是联合举办2018年民警职业技能竞赛，全年开展了“罪犯讲评教育”“罪犯严重违纪现场处置”“看板管理与危险源辨识防控”“罪犯常见心理异常的辨析与疏导”和“证据保全实务”等技能竞赛。二是号召各基层工会积极开展岗位练兵，紧密围绕基层单位党政中心，开展队前讲评、案卷录入、清抄监等紧贴实际、富有成效的岗位练兵活动，受到党政领导的好评和会员的参与。三是积极争取对五项技能总决赛的冠军选手授予“上海市五一劳动奖章”称号，为培训工作突出的3家培训分中心授予“上海市工人先锋号”荣誉称号。四是根据局夏季交通安全百日竞赛活动安排，联合局装备处开展“警务驾驶技能比武”活动，全局近70名驾驶员参赛，评选出一二三等奖，提高驾驶员驾驶技能和应变处突能力。五是积极宣传，《上海工运》从“强化技能大比武，培养干警过硬素质”报道了监狱管理局岗位练兵方面的情况。

（江海群）

【锦江国际集团工会推进职工晋升奖励工作】 锦江国际集团工会认真做好职工晋升技师、高级技师、高师带徒奖励活动的申报工作，各级工会严格把关，就申报职工的身份认定、相关技能等级和带教师傅情况等进行认真检查审核，维护了职工的职业发展权，增强职工学技术、提技能、岗位创新作贡献的信心。经基层工会申报，上级工会初审及集团工会审核，锦江汽车维修工冯佳斌等30人晋升为高级技师；东锦江大酒店西式面点师陈文箐等20人晋升为技师；11名高师带教了18名徒弟，本次活动共有61人获得奖励。

（张祥伟）

【光明食品集团工会开展多项职工技能竞赛】 5—9月，光明食品（集团）工会围绕集团“一体两翼”产业格局，光明田缘等重大建设项目，落实光明种子计划，与人力资源部等部门一起开展以“建设殷实农场、构建实力光明”为主题的“光明田缘杯”劳动和技能竞赛。先后有糖酒集团、良友集团、上海农场、五四农场、光明乳业、蔬菜集团等单位，组织酒业技术、农机植保、奶牛养殖、蛋禽养殖、酒店服务、淡水养殖、消防安全及重大项目、关键技术等7个条线35个项目的劳动和技能竞赛，参与的职工超过了12000人。通过技术比武、岗位练兵、师徒带教，挖掘和产生了一批养牛、养鸡、种菜、种粮等岗位能手、技术骨干。有45名职工晋升技师，10名职工晋升高级技师，15名职工晋升为高级工。1名职工获得发明专利。

（朱菊英 陈 蓓）

9月21日，光明集团举办“光明田缘杯”养牛能手职工技能大赛

（朱菊英）

【牛奶棚获“2018年中国技能大赛—上海市食品行业职业技能竞赛”两项大奖】 12月13日，上海市职业技能竞赛办公室、上海市食品协会举办“2018年中国技能大赛—上海市食品行业职业技能竞赛”。本次竞赛分为竞赛和展示两部分。竞赛部分分为食品行业团体赛和个人赛，由20家食品行业所属企业和单位以实物形式展示改革开放40周年的行业风采、行业发展成果以及80年代传统食品到当今网红食品的变迁历程，分别设置“时尚创意奖”“企业发展历程卓越奖”“卓越贡献奖”“传承创新奖”“烘焙教育成果奖”；个人竞赛参照世界技能大赛（糖艺/西点）制作和烘焙项目的竞赛要求，在预选赛的基础上入围了20位选手，最后由5位选手角逐金银铜奖。牛奶棚在本次竞赛中获得“传承创新奖”“创意金奖”2个奖项。

（朱菊英）

【上海煤气第一管线工程有限公司举办职业技能比武技能操作选拔赛】 11月26日，由上海煤气第一管线工程公司工会、人力资源部携手主办的职业技能比武（燃气PE管焊接项目）技能操作选拔赛在上海市燃气行业高技能人才培养实训基地举行。本次职业技能比武选拔赛分为理论知识和实际操作两部分，在理论考核中，通过PE管材规格认知、操作原则、焊接温度等常规操作内容予以强化员工理论认识，同时进一步转化为技能实操，通过一系列的操作、配合，查阅其操作流程的合规性，以及对工作细节的衔接、注意和处理。为了做到“合作共赢，互享互利”，此次竞赛邀请了长期合作的供方单位华腾、北泰、宇金、联煤、鹤雅等和业主单位参加，最终选拔35名选手参加上海市燃气行业协会举办的2018年中国技能大赛——上海市燃气行业职业技能竞赛（燃气PE管焊接项目）总决赛。

（郁 成）

【绿地集团首届员工职业技能比武竞赛落幕】 2019年1月22日，“当好主人翁、建功新时代”2018年绿地集团员工职业技能比武竞赛总决赛在上海拉开帷幕。55名在各条线职业技能比武初赛阶段脱颖而出的实力选手齐聚一堂，比拼专业知识、切磋业务技能。集团党委、工会等领导亲临总决赛现场并为获奖选手颁奖。集团工会此次以"立足岗位、紧贴业务、提升素质、激发动力"为原则,以条线为单位,组织开展了为期3个月的首届员工职业技能比武竞赛活动,各下属单位工会根据所在行业的性质和特点,按照"突出全员参与,突出专业技能,突出问题导向"的要求,结合年度考核,开展形式多样的岗位练兵活动,进一步提升了员工的业务水平,强化了专业技能。 (金佳艳)

【举办2018上海职工海派插花花艺专业组大赛】 7月,市职工技术协会、市插花花艺协会联合主办的"美在生活中"2018上海职工海派插花花艺专业组大赛拉开帷幕,共有500多名职工参赛,经过5个多月的12场预复赛,共有27名花艺行业职工进入决赛,最终9名职工获得上海职工插花花艺大赛金银铜奖;3名职工分获"新娘花饰""传统插花"和"自选作品"比赛单项第一名。通过大赛,检阅和展示了上海地区插花艺术的总体水平,同时与世赛项目接轨,进一步发掘插花花艺优秀人才,为打造"上海文化"名片做出积极贡献。 (金 妮)

【举办2018年上海职工数控技术骨干实训交流活动】 12月12—13日,市职工技协在上海市职工数控实训基地——上海航天技能实训中心举办了2018年上海职工数控技术骨干实训交流活动,来自36个单位的54名数控骨干精英参加了活动,涵盖航空、航天、船舶、钢铁、汽车、机电等行业。活动采用现场培训、交流、实训、参观等形式,将数控技术的创新思维渗透到一线职工,为推动上海数控行业与国际接轨,力争跻身一流做出贡献。 (陆卫超)

【开展二维工程图识图技能培训(竞赛)活动】 11—12月,市职工技协设计制造专业委员会联合市工程图学学会举办"2018年上海市职工二维工程图识图技能培训(竞赛)活动",有23个区局(产业)工会下属的76家企业,近240名一线技术工人参加此次活动。经过角逐,56名参训职工被评为优秀学员,23个区局(产业)工会及部分企业被评为优秀组织奖。通过比赛提升了一线技术工人二维工程图识图的能力。 (金 妮)

【开展智能制造技术与识图技能培训"送教下企业"活动】 2018年,市职工技协设计制造专业委员会联合上海市图学学会先后在航天设备制造总厂、上海汽轮机厂、上海烟草机械公司等6家企业开展智能制造技术"送教下企业"活动。在上海锅炉厂、上汽通用等5家企业开展识图技能培训"送教下企业"活动,来自机械加工、零件测绘、产品装配、设备维修、划线放样、产品检验等各岗位的近700名一线技术工人参加了培训,受到企业和学员的欢迎。 (陆卫超)

【上海科普讲师团进企业作报告】 上海职工科普讲师团进企业活动采取"菜单式"上门服务方式,聘请了在教学、科研、生产等领域内颇有建树的专家、教授、工程技术人员以及著名劳模、工匠,围绕岗位创新、节能减排、科技创新、知识产权、法制宣传、食品卫生、医疗保健等方面的内容,举办专题报告会和科普讲座等活动,为广大的职工送上知识大餐。2018年共举办讲座20场,培训总人数达5600余名。其中,举办有关知识产权方面的培训班4场。 (黄玉香)

技术协作

【概要】 2018年,上海市职工技协按照市委、市政府和市总工会关于上海对口援助云南工作的总体部署,利用技协的组织和人才优势,重点围绕提高云南卫生、教育水平和提升云南职工技术技能,针对性地开展对云南对口地区的医疗技术指导、帮扶和技术技能人才的交流、培训工作,实施人才援疆和技术援疆,沪滇两地工会签订《2018—2022年沪滇两地工会开展脱贫攻坚、职工技术技能提升协作协议》以及《年度目标任务分解补充协议》,确定分"人才培训""项目协作""对口扶贫"3个单元开展扶贫协作工作。利用上海企业、医院和学校的技术优势和丰富的师资力量,采取"走出去"(赴当地授课)、"请进来"(来沪实习培训)等方式,开展技术培训活动,帮助云南企业、医院和学校培养技术骨干,提高云南职工的技术能力。年内,开展义诊4次,举办培训班6次、讲座2次,共诊疗患者2000余人,培训医护、教师、技术骨干等人员600余名。 (陆卫超)

【东方国际集团工会向新疆送技术送文化推动纺织产业健康发展】 9月2日,由中国财贸轻纺烟草工会举办的"送技术提素质、送文化促和谐"主题活动在新疆举行。东方国际集团工会组队参加。派出全国纺织工业劳动模范、首届全国服装制版师大赛第一名、上海璞利服饰有限公司生产部经理雍飞前往送技术。期间,他深入生产一线,与新疆纺织企业职工交流,对生产工艺等方面提出多项专业建议,得到了企业领导与职工的肯定。同时,东方国际集团工会还分别向伊犁州7家纺织服装企业赠送了文体用品。 (郑鹦峰)

【市职工技协插花花艺专业委员会成立】 6月5日,在上海园区职工技术成果与孵化接地对接交流仪式暨第八届上海市职工科技节闭幕式上,市职工技协联合市插花花艺协会成立了上海市职工技术协会插花花艺专业委员会。市总工会副主席李斌和市插花花艺协会会长徐文发共同为专业委员会揭牌。专业委员会聚集一批插花花艺领域的技术能手和能工巧匠,将以技术交流为舞台,开展插花研究、花艺交流,发挥专业队伍和专业人才作用,厚植工匠精神,促进插花花艺人才水平不断提高,满足包括职工在内的广大市民对美好生活追求。 (陆卫超)

【举办云南高技能人才培训班】 6月25日—7月24日,市职工技协委托上海电气李斌技师学院和上海航天技能实训中心2个实训基地,帮助云南省总工会培训参加第六届全国职工职业技能竞赛(数控加工中心和数控装调维修工工种)的15名参赛选手,其中数控加工中心9人,数控装调维修工6人。通过培训,提高参赛人员的技能水平,帮助云南参赛选手在全国技能大赛上取得好成绩。 (黄玉香)

【市职工技协医疗小分队赴滇开展技

术医疗帮扶活动】 8月7—12日，来自上海华山、华东、瑞金、龙华、儿科、一院、十院、同济、一妇婴、二院等医院的20位专家组成的医疗小分队，在市总工会副主席周奇的带领下，赴云南省昆明市、临沧市、镇康县、沧源县等地区开展医疗技术帮扶活动，共开展了4场涉及中医内科、心内科、眼科、外科、妇科、儿外科、儿内分泌科、呼吸科等9个学科的医疗技术交流、临床诊疗技术指导及大型义诊、巡诊活动，义诊病人2000余人；开展《糖尿病院内外一体化管理模式的构建》和《医院医疗质量管理》知识讲座，听课人数近400人；两地4家医院签订了对口协作帮扶协议；同时，上海市总工会向临沧市总工会赠送了100只医疗箱及相关医疗器械，此次医疗小分队的活动受到了当地医院、老百姓的欢迎和好评。 （陆卫超）

【举办云南省乡村医生培训班】 根据2018—2020年上海—云南两地工会开展脱贫攻坚、职工技术、技能提升协作协议，市职工技协与云南省职工技协共同商议，在沪举办云南省医务人员培训班。市职工技协委托第一人民医院对云南的18名乡村医生开展为期3个月的医务技能培训。培训以临床基础知识为主，包括医疗事故的处理、临床输血、用血管理制度、抗菌药物合理使用等。通过临床实践，让乡村医生熟练掌握各种医疗操作技术。受到了云南来沪培训医生的好评。 （黄玉香）

【举办云南勐腊县农村致富带头人和怒江州畜牧业技术骨干培训班】 8月8—20日，市职工技协实施市总工会对口帮扶计划，在上海交通大学农业与生物学院举办云南勐腊县农村致富带头人培训班，来自云南省勐腊县的40名农村致富带头人、农牧技术骨干参加培训。培训班安排了生态农业、循环农业、设施农业、动物医学以及"互联网+"时代现代农业、农产品品牌运作、农村电商等讲座，由上海交通大学著名教授和国内外专家学者为学员授课。课程设置丰富充实，旨在进一步更新观念，开阔视野，促进沪滇两地农牧技术交流，助力勐腊县农牧技术发展。 （黄玉香）

【举办云南省乡村医生骨干进修培训班】 8月9—23日，市职工技协委托同济医院对云南的39名乡村医生开展为期两周的系统医疗知识进修培训。培训班以临床专业授课为主，结合病房教学查房、专家门诊带教、技能操作培训等多种形式，对学员们进行"理论+实践"的全方位授课。共安排了32个专题理论培训、5次病房带教教学查房、3个项目技能操作、13个临床特色成果展示。授课内容包括基础医学知识、病房带教查房、专项技术培训等，理论课程让学员们的理论基础得到了进一步的补充和完善；病房带教让学员们熟悉了住院病人的规范治疗；实践操作培训让学员们的操作更加规范准确。先进的诊断、治疗方法及临床特色成果展示让学员们的视野得到了扩展、对医学发展前沿有了新的认知。 （黄玉香）

【在沪举办云南临沧教师培训班】 5月20日—6月2日，市职工技协委托闵行区教育学院举办了2018年云南临沧小学教师来沪培训班，来自云南省临沧市耿马县、镇康县、沧源县等51名小学教师参加为期2周的培训。培训班通过专题讲座、经验分享、专题研讨、学校考察、交流等方式，围绕当前基础教育改革与发展的主题，结合云南省参训教师的实际专业情况，精挑细选培训内容，通过培训让当地的小学教师更新观念、开阔视野，真正做到学有所得、学有所获。 （黄玉香）

班组建设

【概要】 市总工会以创建"工人先锋号"活动为载体，以提高班组成员整体素质为重点，进一步推动"学习型、技能型、创新型、管理型、效益型、和谐型"六型班组建设，动员广大职工立足岗位、争创一流。一是加强班组间交流学习，指导各区局（产业）工会开展班组论坛、班组长沙龙等丰富多彩的班组建设交流活动，总结推广班组建设经验，增强班组工作活力，把班组建设成为工会工作的重要阵地，引导职工立足岗位、创先争优。二是加强职业能力培训，提高班组成员素质。从班组工作实际出发，加强班组文化建设和民主管理，不断提高班组成员思想道德、科学文化和专业技能水平；积极引导班组成员学习新知识、钻研新技术，不断提高学习能力、实践能力和创新能力；努力为班组成员成长成才创造条件，委托工会职业管理学院针对当年工人先锋号等先进班组举办了4期优秀班组长培训班，近100个区局产业工会，320名一线班组长参加培训。 （潘名家）

【市医药工会举办"卓越班组长"培训】 8月5—9日，市医药工会举办"引领一线、迈向卓越"第二届第二期卓越班组长培训班。此次来自集团直属16家生产型企业的57名优秀班组长参加培训，培训涵盖集团战略规划、

8月5日，市医药工会举办"卓越班组长"培训 （宋晓波 摄）

中国制造2025与集团智能制造现状与规划、压力及情绪管理、劳模先进讲堂、精益现场参观交流等内容。 （宋晓波）

【宝钢发展加强“五有”班组建设】 2018年，宝钢发展以提升班组管理水平、提高职工综合素质为目标，深化“五有”班组建设，不断加强班组工作的制度化、规范化建设，制订并下发了《关于开展2018年宝钢发展班组建设最佳实践评比活动的通知》，共上报62个最佳实践候选班组（团队），经基层单位互评、综合评审、现场验证，从中评选出最佳实践班组（团队）20个，班组建设最佳实践工会6家。（朱 宏）

【上海海烟物流工会开展“工匠宣讲进班组”活动】 2018年，海烟物流工会进一步弘扬“劳模精神、工匠精神、劳动精神”，发掘、倡导工匠队伍的辐射力、引领力，组织开展了一场别开生面的工匠宣讲进班组活动。一是深入基层，互动交流。工匠们利用半天时间依次走进各班组工作区域，围绕班组文化、日常工作特色、工作重点难点等方面与班组长和组员们进行学习交流，使工匠精神更渗透人心。二是动情故事，娓娓道来。在工匠宣讲活动中，共有12个班组的班组长及骨干成员现场聆听。工匠们从“爱岗敬业”“初心传承”“安全配送”3个方面生动形象讲述了成长历程的“匠心”故事。现场通过话题互动，共同探讨如何将工匠态度更好地投入工作、融入细节，树立了“人人是匠人”的学习理念。三是拓展思路，寓教于乐。工匠们结合自身工作技能，为员工们现场展示了自己创新的日常小技巧，从小处着手用现场实用技巧宣传“人人能创新”的意识。 （丁 鋆）

【上海孚宝公司、上海化工区升达公司携手开展优秀班组共建交流活动】 8月20日，上海孚宝港务有限公司、上海化学工业区升达废料处理有限公司携手组织优秀班组代表开展共建交流活动。班组代表就日常工作中的储罐管理、化工物料装卸、固液废分类处置、人员培养和组织建设等热点话题进行了深入交流讨论，学习了解对方企业的运营模式和特点，对加强班组自身建设起到促进作用，为进一步提升班组工作质量创造了良好条件。 （张 俊）

【市运输工会举办“科普讲师团进班组”专题培训班】 3月，市运输工会举办2018年“科普讲师团进班组”专题培训班，来自交运集团系统基层班组长代表、劳模先进代表、基层工会干部等100余人参加了培训。全国劳模、首届“上海工匠”、市十大工人发明家、宝武宝山钢铁股份有限公司热轧厂技能专家王军作了《一线职工如何岗位创新，实现“科学家”梦想》专题辅导报告。市职工技协服务中心副主任刘丽等出席培训班，并就市职工技协服务中心2018年十大岗位创新申报项目等内容作了工作介绍。王军整场讲课充满激情，与会的班组长们被深深吸引，并从王军的成长经历中感受到“幸福一定是奋斗出来的”。培训班后，运输工会还组织班组长们填写了合理化建议单，从“培训形式”“培训内容”“技能提升途径”等多个方面听取建议，动员和倡导广大班组长增强责任意识，发挥团队作用，展示聪明才智，争创“五个一流”优秀班组团队。 （夏文庆）

【中国移动上海公司工会持续深化班组建设】 中国移动上海公司工会持续深化班组建设，注重加强班组建设，为员工搭建成长的平台。一是班组建设与党建工作相结合。在“星级班组”评估标准中增加党建指标及职业道德指标，进一步发挥党员在班组中的先锋模范作用。二是“班组论坛”传统品牌与员工技能提升相结合。开展家客支撑网络、工程项目管理、大数据创新应用、客户销售能力提升技能竞赛，700余名员工参与，“和商务”直播观看超过2000人次，为广大员工搭建了展示才华的舞台。三是班组建设与班组长能力提升相结合。选派5名优秀班组长参加训练营活动；分两批次组织72名班组长参加上海公司优秀班组长培训班。四是班组建设与“牵手行动”相结合。根据集团工会要求，结合上海公司市场条线基层班组工作中存在的难点，启动市场条线班组建设“牵手行动”，并与北京公司开展“跨省牵手”；积极参与中国移动班组建设第三区域班组沙龙活动，围绕班组建设及“牵手行动”等主题与兄弟单位交流学习。 （高诗颖）

【机场集团公司工会召开班组实训基地建设推进会】 8月16日，机场集团公司工会召开班组实训基地建设推进会，集团公司工会主席张永东，副主席于明洪，股份公司和虹桥机场公司工会主席及工会办公室主任，五家集团公司班组实训基地股份公司航站区“翔音组”、股份公司安检“蓝天下的卫士班组”、股份公司机电“拓进组”、虹桥公司飞行区“鹏飞组”、虹桥公司

9月28日，中国移动上海公司举办2018年第三期班组论坛——大数据创新应用技能大赛应用发布 （阮铭捷）

安检“安捷组”所在单位工会主席、领衔人及负责人，集团公司工会办公室相关人员参加会议。集团公司在两场选取5家优秀班组，命名为集团公司班组实训基地，通过选树标杆，将优秀班组在日常管理上共性或个性方面的好经验、好做法进一步总结、提炼，使其成为全集团公司班组学习对标的教材和榜样。还围绕《上海机场集团公司基层班组管理基本规范》10项要求，持续推进班组达标考评工作，年度考评范围覆盖全集团近1000个班组，达标率不低于85%。（顾　胤）

【上海飞机客户服务有限公司工会抓实班组建设】 2018年，中国商飞上海飞机客户服务有限公司工会努力构建“制度引导、工会指导、部门重视、班组创建”的班组建设新格局。一是多维度、立体考评，45个班组申报“质量信得过班组”创建，创建覆盖率较往年大幅提高。制订专项任务清单，严格按照计划执行和过程指导，制订了“季度抽查、半年评估、部门内审”的制度，10月中旬，联合质量管理部完成班组建设评审，采取创建演讲和现场检查的方式，评选出9个班组参加中国商用飞机有限责任公司工会先进班组评选。推选技术出版物部通用类手册编写班组、客户培训部飞行训练班组参加上海市质量信得过班组建设活动成果评选。二是搭建平台，提升能力，组织25名班组长参加第九期国资委与清华大学举办的远程教育培训，13名班组长代表赴南京中车浦镇公司开展精益管理专题培训，3名“中国商飞公司质量信得过班组建设优秀班组长”赴日本开展班组建设能力提升培训，1名优秀班组长赴德国考察学习，12名工会专兼职干部和班组长赴珠海航展观展和华为交流学习；举办2018年质量信得过班组建设经验交流会，为班组间搭建交流学习平台，提升班组建设能力。三是经费保障，激励到位，落实2017年金牌班组共40名职工、4名优秀班组长工资上调一档。（徐　雷）

【上海飞机制造有限公司工会坚持班组建设专题例会机制】 强化“五型”班组、“一班一品”“班组建设一口清”工作标准，连续200余次组织开展每日班前会联合检查，对班前会、班组管理记录、现场6S管理状况进行督促检查，每日发布检查通报，班前会和开工前自我检查已经逐步成为全体班组的工作习惯。改进班组现场管理工具，在ARJ21生产现场引入试行SQCDP管理看板，在零件加工中心智能车间试用班组情绪管理看板，提高班组精益管理水平；大力推动“质量管理十条铁律”“十条铁抓手”在班组落地，帮助班组牢固树起质量思想行为“关口”。坚持班组建设专题例会机制，累计组织25次例会，从车间专场延伸到技术研发部门，从分享交流升级为“班组长擂台”，从办公大楼走进生产现场，不断丰富会议形式和内容。100余位班组长走上讲台分享班组管理心得，现场回答组员提问，例会已成为班组长与组员沟通交流平台，有效促进生产一线班组管理水平的提升。（张　婷）

【中国商飞四川分公司开展班组建设工作】 2018年，按照总部工会统一部署，四川分公司工会深入开展质量信得过班组建设。以部门为单位创建了“筑梦号”“起飞号”“向心号”等6个班组，部门负责人担任班组长。将班组建设作为部门建设的有力抓手，通过组织建设、制度建设、计划管理、成本管理、风险管理、主题活动开展等，推进班组高质量、高标准完成年度工作任务。全年开展班组长集中培训1次，选派优秀班组长出国培训，提升班组长履职尽责能力。将群策群力工作融入班组建设之中，聚焦问题导向，围绕四川分公司主业献计献策，开展质量、效率、管理改进，服务分公司稳步健康发展。在年终评审中，“筑梦号”班组荣获中国商飞公司“质量信得过”银牌班组称号，“起飞号”班组荣获“质量信得过”铜牌班组称号。（黄丽莎）

劳模先进与工匠培育选树

2019

五一劳动奖状(章)

【概要】 2018年,市总工会大力弘扬劳模精神、劳动精神、工匠精神,扎实做好劳模先进评选。一是根据全总相关文件精神,做好全国五一劳动奖和全国工人先锋号评选工作,共推荐评选3家全国五一劳动奖状、30名全国五一劳动奖章和31个全国工人先锋号;二是按照评选先进向基层一线倾斜的要求,采取集中、专项和即时等3类形式开展上海市五一劳动奖状、奖章和上海市工人先锋号评选表彰。共评选出市五一劳动奖状205个、奖章347名、工人先锋号349个。

(许燕军)

4月27日,浦东职工庆祝五一国际劳动节暨劳模先进表彰大会召开

(吴周筠)

【浦东新区总工会表彰五一奖先进个人和集体】 4月27日,浦东新区总工会举行浦东职工庆祝五一国际劳动节暨劳模先进表彰大会。区委副书记冯伟,区人大常委会副主任、总工会主席周奇,区政协副主席徐红,区科经委、区总工会、区科协有关领导,本届全国、上海市、浦东新区五一系列奖获得者(单位)代表,全区劳模先进、劳模创新工作室、浦东职工科技创新英才、工人发明家和各直属工会代表450余人参加。大会隆重表彰了全国五一劳动奖章、全国工人先锋号,全国工会系统先进工作者,同时选树35名个人、21个单位、27个班组分别荣获上海市五一劳动系列奖项,授予99名个人、30个单位、60个班组浦东新区五一劳动奖状(章)、工人先锋号称号。大会还现场表彰了2017年度浦东工匠、浦东职工创新英才、工人发明家、劳模创新工作室,并发出"弘扬工匠精神,建功新时代"倡议。

(陈　维)

【徐汇区隆重表彰五一奖先进】 4月27日,徐汇区庆祝五一国际劳动节大会在区青少年活动中心隆重召开。区委常委、副区长王宏伟,区人大常委会副主任、总工会主席朱伟红,市总工会基层工作部部长丁巍,区委宣传部副部长、文明办主任周晨蔚,区总工会党组书记、副主席吴元华出席会议。荣获2018年全国和上海市五一劳动奖状(章)、工人先锋号的集体和个人,相关单位主要领导、工会干部以及来自全区各行各业职工群众近400人参加大会。会议表彰区2018年全国和上海市五一劳动奖状(章)、工人先锋号获得者,为区劳模志愿者服务总队成立授旗,并进行了职工文艺汇演。2018年全区共获得全国五一劳动奖章1个,上海市五一劳动奖状(章)、工人先锋号26个,上海工匠2人。

(叶　著)

4月27日,徐汇区召开庆祝五一国际劳动节大会　(叶　著)

【长宁区召开五一庆祝大会表彰先进】 4月27日,"不忘初心,逐梦前行"——长宁区庆祝五一国际劳动节大会在区工人文化宫隆重举行。区总工会党组书记、副主席邱刚宣读表彰决定。优集计算机信息技术(上海)有限公司UDS PLM技术部荣获2018年全国工人先锋号称号。上海世界贸易商城有限公司等5家单位荣获2018年上海市五一劳动奖状。上海香雪海国际贸易有限公司程磊等11位个人荣获2018年上海市五一劳动奖章。上海灿星文化传媒股份有限公司后期制作团队等11家班组荣获2018年上海市工人先锋号称号。上海建青实验学校小学数学教研组等101个班组荣获2018年长宁区工人先锋号称号。区内历届劳模代表,各系统(集团、公司)、各街道(镇、园

区）、直属单位党委主要领导，工会主席，工会干部，以及基层职工代表共280余人参加会议。（杨柳青）

【普陀区总工会举行庆“五一”先进表彰大会暨“普工英”职工文艺汇演活动】 4月26日，普陀区总工会举行“不忘初心跟党走、劳动建功新时代”庆祝2018年“五一”国际劳动节先进表彰大会暨“普工英”职工文艺汇演活动，区委副书记孙萍，区人大常委会副主任、区总工会主席李松海出席。会上表彰一批全国和上海市“五一”奖先进，并通过职工文艺形式，讴歌劳模精神、工匠精神，展示普陀发展成就和职工先进风采。徐虎、曹道云、朱雪芹、梁慧丽、陈扣娣、倪辉等劳模先进代表及全区各级工会干部和各行各业职工代表、普工英微信工粉等近600人欢聚一堂。会前，区领导会见普陀历届知名劳模代表及荣获2018年“五一”奖的先进代表，与其交流并合影留念，代表区委、区政府向全区劳模先进及职工群众致以节日的问候和崇高的敬意。经过近两个月的创作和排练，由180余名普陀职工自编自导自演的《锦绣前程》《最美劳模班组》《娘家人》等9个节目精彩上演，通过歌舞、情景剧、小品、诗朗诵等形式，生动表达职工群众对劳模精神的赞美与歌颂，对新时代的赤诚与热爱。演出在全场高歌《咱们工人有力量》中落下帷幕。主办方还开通线上微直播，通过现场投票和线上投票，评选出“我最喜爱的五一节目”。此次活动同时拉开2018年“普工英”职工文体艺术节的序幕，区总工会以此为载体，开展一系列职工文体活动进园区、进楼宇、进社区、进企业活动，培育职工文体人才，深化职工宣传教育，努力营造推动科学发展、促进社会和谐的浓厚氛围为普陀发展凝聚强大正能量。（陆　蕾）

4月26日，普陀区举行庆祝五一国际劳动节先进表彰大会暨“普工英”职工文艺汇演活动（许王丽）

【杨浦区总工会举行庆祝五一国际劳动节大会】 4月25日，“创新路上的劳动者”——2018年杨浦区庆祝五一国际劳动节大会在沪东工人文化宫举行。区委书记李跃旗，区委副书记、区长谢坚钢，区人大常委会主任魏伟明，区委常委、宣传部部长刘东昌，区人大常委会副主任、总工会主席麦碧莲等领导出席大会。李跃旗、谢坚钢、魏伟明分别为全国和上海市五一劳动奖状获奖集体、上海市五一劳动奖章获得者、上海市工人先锋号获奖集体颁奖，麦碧莲为首届“杨浦工匠”颁奖；副区长徐建华、区政协副主席周海为首届杨浦区“最美劳动者”颁奖。庆祝大会分为“初心不忘”“匠心永驻”“众心向往”三个篇章，专题片《创新路上的劳动者》，生动展现全区各级工会组织在杨浦大建设、大发展之际，不忘初心，牢记使命，大力培育劳模先进，引领广大职工群众在杨浦“三区一基地”建设中谱写新时代中国梦、劳动美的奋斗历程；大会推出首届“杨浦工匠”和“最美劳动者”，通过工匠访谈，展示新时代杨浦劳动者匠心永驻和创新创业零距离、扎根一线出业绩的风采。杨浦区荣获2018年全国和上海市五一劳动奖、工人先锋号的单位代表及个人，首届“杨浦工匠”和“最美劳动者”，相关委、办、局、街镇、有关群众团体及单位党组织负责人，各行业、街镇、直属工会、部分企事业单位工会主席、工会干部，历届劳模先进代表、职工代表近千人参加大会。（张东寅）

4月25日，杨浦区召开庆祝五一国际劳动节大会（张东寅）

【闵行区总工会举办庆祝“五一”主题活动表彰先进】 4月27日，闵行区总工会隆重举行“幸福是奋斗出来的”——庆祝五一国际劳动节主题活动，来自全区各条战线劳动模范、先进工作者的代表，以及工会工作者和职工代表共聚一堂庆祝节日。市总工会巡视员何慧娟，闵行区人大常委会副主任、区总工会主席倪学斌出席活动，向全区各行各业的广大劳动者致以诚挚的问候，并向为闵行创新转型发展作出突出贡献的劳模先进致以崇高的敬意。主题活动通过“勤奋劳动、我在一线”“诚实劳动、诚心奉献”“创新劳动、时代争先”“体面劳动、促进和谐”等4个篇章，聚焦一批闵行劳动者的奋斗之路，展现劳动者给他人、给社会、给生活带来的多彩内涵。会上表彰了闵行区获得2018年全国和上海市五一劳动奖、工人先锋号的先进集体和个人，2018年闵行区工人发明家、科技创新英才；向获得2018年闵行区劳模（职工）创新工作室的代表授牌；并向劳模代表赠送了“闵行区劳模服务卡”。活动现场点亮了闵行工会服务职工地图：26家职工服务站、8家职工文化体验基地、44家户外职工爱心接力站和54家职工法律援助服务站正式启用。（俞龙祥）

【松江区举行庆祝五一国际劳动节暨先进表彰大会】 4月28日下午，松江区隆重举行庆祝五一国际劳动节暨先进表彰大会。区四套班子领导、受表彰的各类先进个人和先进集体代表、区委办、区人大办、区政府办、区政协办、各人民团体主要负责人，各镇、街道、开发区、佘山旅游度假区管委会党政主要负责人、分管负责人，各镇、街道、开发区、各委局工会主席、专职副主席以及部分基层工会主席和职工代表，劳模代表和区总历届老领导，区工人文化宫、工惠社会服务中心共760余人参加大会。大会表彰了本田摩托车研究开发有限公司开发部全国工人先锋号、上海钟书实业有限公司等7家上海市五一劳动奖状、王晓莉等13名上海市五一劳动奖章、上海舜宇阳明精密光学有限公司外观良率提升班组等12个上海市工人先锋号，李爱刚等116名2017年度区五一劳动奖章、上海沪杭路桥实业有限公司道路监控室等73个区工人先锋号、上海世霸包装材料有限公司工会委员会等46个区先进职工之家。大会宣读了2018年全国工人先锋号、上海市五一劳动奖名单及区级先进表彰决定，区委副书记、区长陈宇剑讲话。大会播放电视片《厉害了！我的松江，我的工人兄弟》，并进行现场微互动、微直播，与会干部职工积极互动，踊跃留言，共同庆祝五一国际劳动节。（倪晓玲）

【奉贤区总工会召开庆祝五一国际劳动节暨表彰大会】 4月27日，奉贤区总工会在会议中心召开“为劳动喝彩”2018年奉贤区庆祝五一国际劳动节暨表彰大会。会前，区委书记庄木弟，区委副书记王霄汉，区人大常委会副主任、区总工会主席陆建国等领导接见了全国工人先锋号、全国“安康杯”竞赛优胜单位、上海市五一劳动奖章、奉贤工匠等荣誉获得者。区领导分别为全国工人先锋号、全国“安康杯”竞赛优胜单位、上海市五一劳动奖状、上海市五一劳动奖章、上海市工人先锋号、奉贤工匠、奉贤工匠提名奖等荣誉获得者颁奖。大会分“修习·贤匠之心”、“智创·贤匠之志”、“精进·贤匠之德”3个篇章宣讲胡赛芬、夏如铁、李轶等12名首批奉贤工匠的先进事迹。各人民团体主要领导，各直属工会党委（党工委）分管领导、工会主席（主任）、副主席（副主任）、经审委主任、女工委主任，区职工教育联席会议成员单位分管领导、工会界别政协委员及区总经审委委员、女工委委员，历届劳模，各项荣誉获得者、区总工会中层干部和退休职工等270余人参加大会。（祝笑成）

【中国宝武举办“使命、责任、担当”劳模先进交流会】 五一节前，中国宝武集团召开“使命、责任、担当”为主题的迎五一劳模先进交流会，会上表彰了新一届“五一”劳动奖状、奖章、工人先锋号获得者。在劳模先进交流发布环节，宋俊、喻红刚、杨磊、曾杰等劳模先进个人和集体代表分享自己和团队的故事，交流了他们爱岗敬业踏实肯干、立足岗位锐意进取、不畏艰难勇于挑战、团队协作融合创新的经验和体会。（徐　卫）

【上海石化工会积极开展劳模、先进评选工作】 2018年，上海石化工会认真做好各类先进的选树、培育和评选工作。上海石化热电部电气联合装置获评全国工人先锋号；炼油部张波、烯烃部章三林、芳烃部徐勤勇、环保水务部王辉获评上海市五一劳动奖章；炼油部获评上海市五一劳动奖状；涤纶部涤纶研究所、塑料部聚丙烯联合装置、热电部锅炉联合装置、电气仪表中心电气五车间运行丙班、公司财务处获评上海市工人先锋号；炼油部张波、热电部杨杰、电气仪表中心富小青、环保水务部常莉英、计划处杨忠伟、财务处张枫获评2018年中国石化劳动模范；芳烃部1#芳烃联合装置、化工部乙二醇联合装置甲班获评中国石化先进集体。（徐　军）

【市税务局系统多个集体和个人获得上海市五一劳动奖状（章）、工人先锋号】 市税务系统各级工会积极参与市、区总工会开展的五一劳动奖状评选和立功竞赛活动，成果丰硕。嘉定区税务局、松江区税务局获上海市五一劳动奖状和劳动竞赛奖，原市税务七分局、宝山区税务局原第十二税务所获上海市五一劳动奖状，市税务局第一稽查局、浦东新区税务局、普陀区税务局、静安区税务局有4个科所获上海市工人先锋号，长宁区税务局周传飞等7人获上海市五一劳动奖章。（娄晓辉）

【SMG职工争先创优取得多项荣誉】 SMG劳动竞赛活动在全国和市级评比中取得多项荣誉：朱洁静荣获2018年全国五一劳动奖章；上海浦东东方有线网络有限公司、上海东方广播有限公司荣获2018年上海市五一劳动奖状；方珂、龚天鹏荣获2018年上海市五一劳动奖章；东方卫视中心公《从石库门到天安门》诗歌朗诵会项目团队、东方明珠数字电视NGB-W项目组获评2018年上海市工人先锋号。国会中心获市五一劳动奖状，融媒体进博会直播报道组、文广实业进博会新闻中心建设运营团队双双获评进博会劳动竞赛先进集体，幻维数码孙博、东方卫视中心刘嘉惟获评先进个人。（秦伊龄）

【市经济和信息化工作系统工会召开

“五一”表彰大会】 5月8日，市经济和信息化工作系统工会召开“五一”表彰大会。会议现场展示了系统内16家劳模、职工创新工作室的事迹和经验。市航天局工会主席李昕，市劳动模范、上海医药工业研究院郭文，2017年“智慧工匠”、爱回收有限公司联合创始人江文华，上海市电信公司周学明等代表围绕各自岗位工作进行交流。会上还宣读了《关于命名表彰系统2018年职工创新工作室的决定》，并为荣获2017—2018年上海市五一劳动奖状、市五一劳动奖章、市工人先锋号以及获得职工创新工作室命名单位授牌。系统直属单位工会主席、工会干部，市五一劳动奖状（章）、工人先锋号集体及个人代表等近160人参加会议。 （黄 俭 顾 捷）

5月8日，市经济和信息化工作系统工会召开“五一”表彰大会

（黄 俭 顾 捷）

【市民政局选树表彰先进典型】 4月26日，市民政局工会召开局2015—2017年度先进表彰大会，局党组书记、局长朱勤皓在会上高度评价广大职工群众的主力军作用和劳模工匠的骨干带头作用，对进一步做好先进榜样的培育、发挥先进的示范引领作用，努力建设一支高素质的职工队伍提出要求。大会表彰了荣获全国五一劳动奖章和2018年“上海工匠”的市第三社会福利院护理培训员黄琴，荣获上海市五一劳动奖状的市龙华烈士陵园，荣获上海市五一劳动奖章的市益善殡仪馆遗体防腐师查庆国，荣获上海市工人先锋号的市儿童福利院教育科学龄组，局机关陈永胜等45名个人、局政策法规处等28个集体被评为2015—2017年度局先进工作者、局先进集体。 （胡积伟）

5月3日，上实集团召开2018年五一先进表彰大会 （王玉君）

【顾巧英、赵田芬获评全国农业劳动模范和先进工作者】 2017年12月29日，全国农业劳动模范和先进工作者表彰活动在京举行。此次评选，上海共有9人获评全国农业劳动模范和先进工作者，其中光明食品集团有两人获此殊荣。五四有限公司总农艺师、农业技术推广研究员顾巧英荣获“全国农业劳动模范”称号；上海海丰现代农业有限公司总经理、农业技术推广研究员赵田芬荣获“全国农业先进工作者”称号。此次表彰活动由农业部、人社部联合组织举办，旨在鼓励全国农业劳动模范和先进工作者努力在实施乡村振兴战略、推进农业供给侧结构性改革、深化精准扶贫等实践中再创新业、再立新功。此次表彰也是继1957年、1990年之后第三次集中表彰全国农业劳动模范和先进工作者。 （朱菊英）

【城投集团开展“五一”先进表彰暨群众性科技创新活动巡礼】 4月27日，城投集团开展“五一”先进表彰暨群众性科技创新活动巡礼。市总工会副主席李斌，集团党委书记、董事长蒋曙杰，副总裁陆建成、纪委书记周浩、工会主席徐文参加会议。会议表彰了荣获2017年全国五一劳动奖章、工人先锋号、上海市五一劳动奖状、奖章、上海市工人先锋号以及2017年城投集团第二届城投工匠、劳模创新工作室优秀成果、十佳金点子的先进个人和集体代表。 （陈 骏）

【上实集团召开五一先进表彰大会】 5月3日，上实集团举办“赞上实先进谱劳动颂歌”2018年五一先进表彰大会，集团领导分别为荣获全国五一奖章、上海市五一奖章（状）、上海市工人先锋号等荣誉的个人和集体代表颁发了奖牌、奖章和证书。在主题论坛环节，两场共10位嘉宾分别围绕集

团核心价值观中的重要组成部分——“坚韧”“创新”，分享了各自的见解和感受。（王玉君）

工匠培育选树

【概要】 市总工会会同市职工技协开展第三届“上海工匠”培养选树活动，来自全市 61 家区局、产业和 5 个协会推荐，最终产生 98 位“上海工匠”。会同宣教部和市职工技协，联合东方卫视制作第四季《上海工匠》纪录片，与开放大学联合举办上海工匠研修班。指导多个区局（产业）工会和行业协会选树各自区域行业工匠，会同市经信工作党委和市经信委联合开展“上海智慧城市建设‘智慧工匠’选树和‘领军先锋’评选活动”，夯实“上海工匠”选树工作基础。（潘名家）

【开展 2018 年度“上海工匠”培养选树活动】 4 月 19 日，市总工会启动 2018 年“上海工匠”培养选树活动，经单位推荐、社会推荐、个人自荐等 3 种申报渠道，全市共有 556 名职工参与申报。经资格审核，有 355 名候选人入围，其中 72 个区局、产业工会推荐 316 名、8 个行业协会推荐 17 名、申工社 APP 网上自荐22 名。共有 50 多个区局（产业）工会和行业协会在区域或行业内开展工匠选树活动，在全市内掀起了学习工匠、争当工匠的热潮。经资格认定、专场面试、专家初评、集中复审、评审发布等环节，选树命名了 98 名 2018 年度“上海工匠”。11 月 9 日，市总工会举行“2018 上海工匠选树命名暨工匠精神主题论坛”，市委副书记尹弘出席会议并讲话。会上，发布了《上海工匠队伍建设发展情况报告》，对工匠的培育选树、表彰激励、作用发挥等提出建议和对策。（陆卫超 潘名家）

【宝山区选树“宝山工匠”】 为弘扬劳模精神和工匠精神，进一步激发宝山区职工爱岗敬业、钻研技术、攻坚克难、创新超越，促进“大众创业、万众创新”，区总工会组织开展首届宝山工匠选树命名活动。首届“宝山工匠”社会评选的微信访问量达到 65.8 万人次，13.2 万人参与投票，最终评选出 10 名宝山工匠、10 名宝山工匠提名奖。（胡臻遥）

【普陀区开展“上海工匠”“普陀工匠”选树活动】 “普陀工匠”选树活动自 5 月启动以来在全区各行各业职工中广泛开展，30 余名来自基层一线的技能高手通过单位推荐和自荐报名，经民主推荐、专家评审、大众投票、事迹展示及公示环节，选树产生上海复星医药（集团）股份有限公司刘学军等 11 名“普陀工匠”，以及 7 名“普陀工匠”提名候选人。涵盖科技、医疗、医药、教育、文化、建筑、汽车、餐饮等多个领域。其中普陀区中心医院心内科主任、主任医师刘宗军荣获“上海工匠”称号。（陆蕾）

【闵行区组织开展“当代工匠”选树】 5 月 18 日，闵行区经委、闵行区总工会联合启动 2018 年“闵行当代工匠”选树活动，重点组织各部门对技术发明、技术创新或从事民间工艺品创作等项目的“专家能手”进行申报，在推荐或自荐的基础上，经领导小组初评，专家评审、社会评审、领导小组审定和社会公示等环节，从 103 名候选人中评选出 10 名 2018“闵行当代工匠”和 9 名 2018“闵行当代工匠”提名人选。其中，洪永楠、蒋中庆、张真玉获得 2018 年度“上海工匠”称号。（杨依心）

【嘉定区举行“五一”庆祝大会表彰嘉定工匠】 4 月 26 日，中共嘉定区委员会、嘉定区人民政府主办，嘉定区总工会、嘉定区技能人才激励试点工作联席会议办公室承办的“匠心筑梦新时代——2018 年嘉定区庆祝五一国际劳动节暨国家技能人才激励试点工作推进会”在区工人文化宫影剧场举行。市总工会副主席李斌，嘉定区委副书记周金林，嘉定区委常委、副区长董依雯，嘉定区委常委、宣传部部长顾惠文，嘉定区人大常委会副主任、区总工会主席王建新等领导出席大会。周金林代表区四套班子向全区广大职工群众和劳动模范致以节日的问候。李斌为 2018 年嘉定工匠终身成就奖获得者李建钢颁奖，董依雯宣读 2018 年“嘉定工匠”表彰决定，全国劳模代表戴岱元、王振乾、胡春晖为 2018 年嘉定工匠、2018 年嘉定区技能标兵、2018 年嘉定区技术能手颁奖，傅俊为上海市和谐劳动关系达标企业授牌，王建新和陈技为 23 家嘉定区高技能人才培育示范单位授牌，顾惠文启动 2018 年嘉定企业文化展。庆祝大会分为“新时代的工匠”“新发展的企业”“新起航的工会”3 个篇章。“新时代的工匠”篇章以宣传片《匠心》为开篇，讲述了嘉定工匠爱岗敬业、精益求精、追求完美、开拓创新的故事。“新发展的企业”篇章展示了“两高四新”产业蓬勃发展，为嘉定精准转型发挥作用。“新起航的工会”篇章以宣传片《初心》为主线，展现了嘉定工会不忘初心，全心全意为职工办实事、

4 月 26 日，嘉定区举行五一国际劳动节庆祝大会（汤利强）

做好事、解难事的动人故事。嘉定区技能人才激励试点工作联席会议成员；各镇、街道、嘉定新城、嘉定工业区、菊园新区党（工）委副书记、宣传委员、分管副镇长（副主任），总工会主席、专职副主席，劳动保障事务中心主任、商会秘书长；各委、局、公司工会分管负责人，工会主席；各人民团体主要负责人；历届劳模代表约260人参加。（黄点点）

【崇明区举行“最美崇明劳动者”“崇明工匠”表彰会】 4月27日，崇明区总工会在崇明文化馆举办“奋进新时代，扬帆新征程——2018年崇明区庆祝‘五一’国际劳动节暨‘最美崇明劳动者’‘崇明工匠’表彰会”。崇明区历届全国劳模、上海市劳模代表，2018年上海市五一劳动奖状（奖章）、工人先锋号获得者及市级先进单位代表，区群团组织相关负责人，以及各乡镇、委局、园区、公司有关领导、工会干部和基层职工代表共400余人参加会议。（陈思佳）

【上海医药2人当选第三批“上海工匠”】 11月8日，在市总工会主办的2018年“上海工匠”选树命名暨工匠精神主题论坛上，第三批“上海工匠”选树结果揭晓。来自上药集团旗下上药神象的李跃雄和上药信谊的邵奇获此殊荣。迄今为止，上药集团已经有4人当选“上海工匠”。2018年的“上海工匠”选树，通过逐级推荐、层层选拔和资格认定、专场面试、专家初评、集中复审、评审发布、社会公示等环节，李跃雄、邵奇最终位列第三批98名“上海工匠”之中。（宋晓波）

【国网上海电力工会举办“电力工匠”现场评审发布会】 为进一步营造“劳动光荣、知识崇高、人才宝贵、创造伟大”的时代新风，大力弘扬精益求精的工匠精神，9月5日，上海电力公司举办了2017—2018年度“电力工匠”评审发布会。本次评审特邀上海知名劳模、“大国工匠”徐小平、王军、王曙群等担任评委。7月上旬公司启动了第二届“电力工匠”培养选树活动，活动按照宣传发动、组织推荐、资格审查、网络投票和现场评审五个阶段进行。各单位高度重视、层层选拔，通过开展“寻找身边的工匠”主题活动，从生产、基建、营销、管理等专业推荐了25名职工心目中的“电力工匠”候选人。经公司相关部门及由市总工会、市技协办、市专家库组成的专家评审组对候选人的申报材料及技能技艺专长、获奖专利等业绩进行初审，产生了10名“电力工匠”正式候选人。评委们对10名候选人发布给予了高度评价，认为他们在各自的岗位上独树一帜，在专业技术领域坚持坚守，在工作中精益求精，不断超越自我，在平凡的工作岗位上做出了不平凡的业绩，展示了电力工匠风采。（陈　纯）

【“上海烟草工匠”培养选树百人计划全面启动】 上海烟草公司工会认真落实上海烟草局、集团公司党组关于组织实施“上海烟草工匠”培养选树百人计划的专项部署，在年内全面启动“上海烟草工匠”培养选树百人计划。该计划旨在用五年时间培养选树百名行业内扎根基层一线，具有精益求精的高超技艺、苛求精细的职业精神、攻坚克难的优秀品质的能工巧匠。本次“上海烟草工匠”选树活动坚持“一线员工也能成才，一线员工也能成就职业梦想”的工作理念，把握“面向一线，覆盖基层”的总体原则，面向上海烟草全体员工敞开大门。在选树条件上，要满足具有工艺专长、掌握高超技能、体现领军作用、做出突出贡献四方面要求；在推荐途径上，既可以单位推荐，也可以毛遂自荐；在审核流程上，将通过资格初审、专业评审、领导小组复审、党组审定、单位公示五个环节，保证评选过程的公平公正公开，并择优推荐参评“上海工匠”。上海烟草将通过“上海烟草工匠”培养选树百人计划，进一步做好工匠扶持培育各项工作，宣传弘扬工匠精神，使“两个至上”的行业共同价值观体现到每一道工艺、每一点操作。（王蓓蕾）

【长航公司工会开展“寻找身边长航上海工匠”活动】 为培育、弘扬精益求精的工匠精神，发挥优秀技能人才的创新引领作用，激发广大职工学习技术、提升技能的积极性和主动性，5月，公司工会启动了“寻找身边长航上海工匠”活动。充分挖掘公司各行各业各具特长的“能工巧匠”，大力宣传他们的感人事迹，全力弘扬他们的“匠人精神”，在公司内营造了“尊重工匠、赞美工匠、争当工匠”的良好氛围。经民主推荐、投票评选、公司党委会研究同意，授予丁先银等4人“长航上海工匠”荣誉称号，进一步激励广大员工以“长航上海工匠”为榜样，立足本职、爱岗敬业，刻苦钻研技术，不断提高自身职业能力和职业素养，为公司实现新技术、新产业、新模式的转型升级、创新发展做出更大的贡献。（王艳艳）

【徐玲荣获上海邮政系统首位“上海工匠”称号】 市总工会举行2018年“上海工匠”选树命名暨工匠精神主题论坛，全市98人被授予“上海工匠”称号。其中，上海邮政工会推荐的中邮科技有限责任公司创研中心职工徐玲名列其中，成为市总工会组织工匠选树三年以来，上海邮政系统首位“上海工匠”。上海邮政工会积极倡导劳模精神、劳动精神、工匠精神，主动跨前一步，在上海工匠选树活动开始前，提前做好基层工会申报指导工作，通过多种方式组织发动基层工会发现人才、挖掘人才，既做好了“上海工匠”的前期选拔推荐工作，又为企业和区域的后续发展储备、挖掘了大量可造之材。（杨　娟）

【中国移动上海公司工会工匠培育再获佳绩】 中国移动上海公司工会连续第三年开展“移动工匠”培养选树计划，经21家直属单位工会申报推荐，共有33名来自公司不同条线的员工参加此次评选活动。经内部专家初审、“和工社”票选、主席办公会议审议、征询工会委员会意见和民主公示等流程，评选出10名“移动工匠”。同时，公司工会结合“移动工匠”后备梯队储备情况，推荐2人参加“上海工匠”评审。最终来自网络优化中心的刘欣川被命名为2018年“上海工匠”。中国移动上海公司工会积极响应市经信系统工会号召，开展了2018年上海智慧城市建设“智慧工匠”选树、“领军先锋”评选推荐申报，最终咪咕视讯王斌荣获“领军先锋”称号，政企客户部王之悦获智慧工匠提名奖

和“智慧城市建设方案创意竞赛”三等奖、数据业务中心林良书获“智慧城市建设方案创意竞赛”优胜奖。（高诗颖）

【中国电信上海市工会亮相“上交会上海工匠风采展”】 4月19日，在第六届中国（上海）国际技术进出口交易会举办之际，市总工会在上海世博展览馆举办“上交会上海工匠风采展”，上海公司工会以“智慧家庭”和“工匠精神”为主题参加现场布展。市总工会主席莫负春与上海公司徐珺等18位上海工匠共同启动工匠选树按钮。展会现场，上海公司周学明作SDN现场演示。（殷　茵）

【SMG工会继续打造“SMG工匠”品牌】 5月，SMG工会启动2018年度劳动竞赛暨“SMG工匠”评选活动，各直属工会结合本单位实际，在各级党政组织领导下，开展推荐评选、宣传引导。“安全播出”是劳动竞赛的一项重头戏。9—11月，围绕国庆、进博会两大重保期，SMG工会和台总部工会、技术管理部、总编室精心组织开展了2018年度安全播出“双月劳动竞赛”活动，并新增了“优秀特色活动奖”，以鼓励各参赛单位积极开展形式多样的特色活动，促进安全播出重点工作的有效开展。台、集团下属14家单位184个班组、2114名播出一线干部员工踊跃报名、积极参赛。经过两个月的努力，台集团较圆满完成了国庆和进博会期间各项安全播出保障工作。12月29日，2018年度劳动竞赛产生的59位SMG工匠和23个先进集体受到台集团表彰。经推荐、报选、参评，11月揭晓的98名2018年“上海工匠”名单中，集团所属文广演艺集团上海歌舞团首席演员王佳俊当选，成为SMG第二位获评“上海工匠”的职工。（秦伊龄）

【上海智慧城市建设“智慧工匠”选树、“领军先锋”评选活动成功举行】 9月12日—12月6日，2018上海智慧城市建设“智慧工匠”选树、“领军先锋”评选活动成功举行。2018年是活动举办的第三年，与前两年相比，今年的办赛理念与工匠精神更加契合，赛事设置与“上海制造”更加贴近，报名方式采取面上宣贯发动、点上沟通落实的方式，指向性地扩大活动知晓度，引起业内广泛关注。报名人数逐年创新高，参与面逐年扩大。赛后的扶持与激励手段更加多元。本次活动自9月启动以来，共有680位选手报名参赛，在采用了多赛事平行选拔模式下，吸引了众多智慧城市建设的方案设计和软件技术人才参与。经过智慧城市建设方案竞赛、智慧工匠软件工程技能竞赛、智慧城市建设“领军先锋”评选等多场技能竞赛与专业评选，最终评选出20名集中在智慧城市建设行业各个领域内的最高水平的工匠标兵和创新先锋。（黄　俭　顾　捷）

4月19日，在第六届中国（上海）国际技术进出口交易会上，中国电信上海市工会以“智慧家庭”和“工匠精神”为主题进行展览和演示（殷　茵）

【市监狱管理局工会大力选树先进培育创新工作室和工匠人才】 市监狱局工会加强劳模先进选树，积极申报五一劳动奖项，年内，四岔河监狱一监区分工会荣获全国模范职工小家荣誉，南汇监狱荣获上海市五一劳动奖状，五角场监狱教育改造科荣获上海市工人先锋号，北新泾监狱刘海涛荣获上海市五一劳动奖章。局工会着力培育劳模创新工作室和创新带头人，根据市总千人工匠选树计划，积极争创上海工匠和市“劳模创新工作室”“技师创新工作室”等，并把此项工作纳入监狱局重点督办事项。通过努力，新收犯监狱“胡水清工作室”被评为上海市“劳模创新工作室”，五角场监狱“冬东工作室”领衔人之一许冬被评为“上海工匠”，女子监狱“晓冬工作室”获得上海市“巾帼创新工作室”荣誉。（江海群）

【开展第二届“地铁工匠”和“地铁职工创新工作室”培养选树活动】 为弘扬“工匠精神”，提升地铁职工队伍整体素质，推动精细化工作水平，申通地铁集团工会在2017年制订了《关于开展“地铁工匠”、“地铁职工创新工作室”选树评比工作的实施意见》，提出在“十三五”期间，每年培养选树5名“地铁工匠”、5个“地铁职工创新工作室”的目标。2018年是培养选树计划的第二年，集团工会于3月20日牵头启动评选工作，基层工会层层组织发动，职工踊跃报名，经过筛选，入围本年度评选的分别有10位工匠候选人、13个工作室。经过对所有候选材料筛查评分与专家组面试评审，最终产生2018年5位“地铁工匠”和5个“地铁职工创新工作室”。评选活动在职工中掀起了“比学赶超”、学技练功的热潮，营造崇尚工匠精神的良好氛围，为适应上海轨道交通超大规模网络发展，打造高技能职工人才队伍，发挥了积极的推动作用。（李雯琪）

【城投集团2人被评为2018年度“上海工匠”】 11月9日，2018年市总工会“上海工匠”选树命名暨工匠精神主题论坛颁奖会议隆重召开。经单位推荐、社团推荐和个人自荐3种申报渠道,通过资格审查、专家面试、专家审核、评审发布和社会公示等环节,98名职工被命名为2018年"上海工匠",其中城投集团选送的水务集团污水白龙港厂杨戌雷、排水机修分公司顾士杰获得命名。（熊 巍）

【中国商用飞机有限责任公司工会评选首届"大飞机工匠"】 为大力推进新时期产业工人队伍建设,中国商用飞机有限责任公司工会组织开展了首届"大飞机工匠"培养选树命名活动,通过各单位工会推荐、资格认定、专家评审等环节,决定授予戴渊、刘军等30名职工首届"大飞机工匠"称号。（阎 超）

宣传服务

【概要】 为进一步弘扬劳模精神,宣传先进典型,市总工会筹办"时代领跑者——上海劳动模范风采展",按照先进性、时代性、代表性和具有"重大影响、重大成果、重大贡献"的要求,遴选了新中国成立以来,在上海经济建设和社会发展的各个历史阶段,上海各个行业、领域、产业中154位劳模先进代表进行展陈,引起社会广泛反响。完成了2017年度劳模年度人物选树工作;并以劳模年度人物为主题,举办"中国梦·劳动美"上海市庆祝"五一"国际劳动节特别节目,并组织劳模现场观摩。开展"劳模风采五一巡展进地铁"活动,邀获劳模年度人物作为宣传对象,制作宣传海报,在人民广场、徐家汇等地铁换乘通道内的15块(正反30面)玻璃灯箱广告中进行劳模形象公益宣传展示,人民广场、徐家汇、新天地、科技馆站厅LED屏播放年度人物VCR,扩大劳模精神的影响力和号召力。通过劳模口述、采访调查、收集整理,拍摄劳模口述史短片40个,制作劳模课堂小课件40个,举办"时代领跑者——上海劳模口述史"新书首发仪式及座谈会;充分利用报刊、电视、电台、微博、微信、APP等多元手段,弘扬劳模精神、宣传先进典型。2018年,继续做好劳模"三金"发放工作及劳模信息管理系统维护工作;办好双月劳模杂志;开展劳模年度人物推荐选树工作;继续做好在沪全国劳模的体检工作,组织开展各类劳模疗休养活动。（师荣欣）

【上海劳模风采主题展馆建成开馆】 5月18日,《时代领跑者——上海劳动模范风采主题展》展馆建成,并永久落户中山东一路14号上海市总工会一楼。当选本市"时代领跑者——新中国成立以来最具影响的劳动模范"的杨怀远、徐虎、包起帆共同为展览揭幕。展览由上海市总工会精心策划筹建,分为《开篇——领跑时代,感动中国》《艰苦创业,建设新家园——社会主义革命和建设时期的上海劳模》《敢为人先,开创新伟业——改革开放时期的上海劳模》《砥砺奋进,逐梦新时代——新时代的上海劳模》4个版块,通过140件展品实物、348张劳模照片、92部劳模视频,展出了新中国成立以来由全国总工会、上海市总工会评选,国务院和上海市人民政府授予劳动模范称号的各个时期154名上海市优秀劳模代表的"爱岗敬业、争创一流,艰苦奋斗、勇于创新,淡泊名利、甘于奉献"事迹。2017年10月,经上海市总工会主席办公会议研究通过,决定设立上海劳动模范风采主题展,并正式启动《时代领跑者——上海劳动模范风采主题展》筹备与推进工作,从建国以来上海各行各业约1.6万名全国劳动模范和上海市劳动模范中,最终确定154名劳动模范列入主题展。（陈 蓓）

【组织上海市劳模疗休养活动】 5—11月,市总工会组织约700名劳模进行为期3—4天的疗休养,疗休养地为安徽黄山、杭州屏风山、苏州西山、常熟沙家浜疗休点。另外,还组织了近300名劳模分7批赴黑龙江伊春、四川都江堰、贵州息烽等地进行疗休养。2018年,按照中华全国总工会办公厅关于进一步加强和规范劳模休养工作的通知》(厅字〔2017〕19号)文件精神和年初工作计划,采取各区局(产业)工会推荐预报、市总工会统筹调整并统一组织劳模前往各休养基地的方式。每一批活动组织有序,内容丰富多彩,大家团结友爱、互帮互助。结合劳模实际需求,增加了赴外省疗休养活动批次,深受广大劳模的欢迎,得到了社会各界的广泛称赞。（师荣欣）

【市总工会组织在沪全国劳模体检工作】 4月,市总工会在上海工人疗养院和各区指定的1家体检机构开展在沪全国劳模体检工作,并在相关文件中明确各级工会组织组织劳模体检的责任、义务和标准。同时,向黄浦区工人体育馆补贴31.2万元为本市劳模办理"劳模VIP"健身卡。据统计,全年有超过1万多人次的劳模持卡入馆锻炼。（师荣欣）

【普陀区总工会举办"感佩创新、致敬劳模"劳模文化寻访之旅】 6月8日,普陀区总工会组织开展"纪念改

5月28日,上海劳动模范风采展开幕 （吴良荣）

6月8日，普陀区总工会开展“纪念改革开放 传承劳模精神”——2018年普陀劳模文化寻访活动（许王丽）

革开放、传承劳模精神”2018年普陀劳模文化寻访活动。区人大常委会副主任、区总工会主席李松海与曹道云、朱雪芹、梁慧丽、杨兆顺、陈扣娣、杨明辉等100余名劳模代表和工会干部参加活动。在著名劳模、“抓斗大王”包起帆的亲自带领和讲解下，寻访团一行参观包起帆创新之路展示馆，感受其从一线工人到企业老总的创新历程。第二站来到《时代领跑者——上海劳动模范风采展》，普陀共有徐虎、朱雪芹、梁慧丽、陈扣娣、张善宝、江国钧6位劳模入选。大家驻足在劳模展示墙前，感受劳模们用实际行动为改革开放的发展进步艰苦奋斗、默默奉献、无私付出的工作历程与伟大精神。（陆　蕾）

【虹口区总工会举办劳模话改革座谈会】 5月10日，虹口区总工会举行以“风雨兼程40载，逐梦卓越新时代”为主题的劳模话改革开放40周年活动。此次活动是在学习习近平总书记给中国劳动关系学院劳模本科班学员回信指示精神的背景下举行的。会上，区委书记吴信宝、中远海运集装箱运输有限公司党委书记钱卫忠为“上海浦江航运工会联合会”筹备组揭牌；市总工会巡视员何惠娟，区委副书记、区长赵永峰分别为获得全国五一劳动奖章、上海工匠和上海市五一劳动奖章的个人颁奖；区人大常委会副主任、区总工会主席胡军宣读《虹口区获得全国五一劳动奖章、上海市五一劳动奖状（奖章）、工人先锋号表彰的名单》。区人大常委会主任吴延风、区政协主席石宝珍、中远海运集团工会主席张善民、中远海运集团工会副主席是铮、区委副书记洪流出席，各区总工会代表，各界劳模先进代表、基层工会代表、职工代表近200人参加。整场活动共分“奉献、责任、征途”三大版块，以“老中青三代劳模对话，专家学者点评，共话改革开放”的现场访谈方式进行。围绕“奉献”主题，全国劳模杨怀远、陆美红、胡蕴琪等人讲述了自身经历折射改革开放巨变。市委党校特聘教授、全国五一劳动奖章获得者袁秉达从多角度诠释和点评习总书记对劳动、对工人、对劳模批示回信的重大意义；围绕“责任”主题，全国劳模袁立、市劳模郎金兰和王炜等从自身职业生涯的角度，口述他们参与改革开放建设的难忘历程；3位青年劳模刘艳梅、洪亮、李俊围绕“征途”主题，与上海经济学会会长周振华进行现场互动，共同探讨新时代青年人如何传承老一辈劳模精神，如何在国际开放的格局中，面对新时代新发展，作出新的贡献。现场，大众交通股份有限公司与虹口区劳模协会签约，承诺为本区70岁以上劳模提供免费预约出租车上门接送服务；胡蕴琪全国劳模工作室与市总工会幼儿园签约，承诺为幼儿艺术教育事业发展助力。（马伟杰）

【杨浦区总工会启动劳模精神、工匠精神进园区、进企业、进班组、进社区、进学校活动】 6月6日，举行“弘扬劳模精神，建功‘创新杨浦’”劳模精神、工匠精神进园区、进企业、进班组、进社区、进学校活动。区人大常委会副主任、总工会党组书记、主席麦碧莲出席活动并讲话，向获奖单位和先进个人代表颁授奖励补贴。会议要求，要进一步发挥劳模先进和工匠的榜样引领作用，形成“明星带群星”的示范效应，带出一支更加庞大的敢创新、能创新、会创新的杨浦职工队伍。要进一步弘扬劳模精神、工匠精神，组织开展群众性立功竞赛，同时做好劳模先进、工匠的培树宣传和管理服务工作。活动中，与会人员参观了由“杨浦工匠”领衔的控江路街道城市综合管理中心物联网“社区大脑”试点项目、上海挚达科技发展有限公司新能源汽车充电产品及服务项目。（张东寅）

【杨浦区总工会召开区劳模先进庆祝改革开放40周年座谈会】 12月14日，“奋进新时代·建功新杨浦”杨浦区劳模先进庆祝改革开放40周年座谈会在东宫职工文体中心举行。区人大常委会副主任、总工会主席麦碧莲出席会议并讲话。黄宝妹、刘海燕、谢小双、沈美兰、金海波、刘绍旭等劳模先进个人代表和长阳创谷、欧坚网络、沪东老年护理院90后护士团队劳模先进集体代表进行交流座谈，和与会者分享了改革开放40年间各自的成长经历和切身体会。会上，区总工会为劳模先进代表赠送“关爱礼遇”，命名了新一批共23个区劳模（先进）、技师创新工作室，出台了《杨浦区劳模（先进）、技师创新工作室管理办法》，王晓燕语言素养培养创新工作室、叶理灯人工智能创新工作室等5个创新工作室的领衔人分别与团队成员签订“高师带徒”协议。区总工会和区人社局联手成立了劳模（先进）、技师创新工作室联盟，将定期组织开展活动，推进工作室创建培训和学习交流等，为工作室与科研机构、技术院校等单位开展合作牵线搭桥，促进成果转化。区总工会班子成员、区人社局分管领导、全区劳模先进集体和个人代表、各街道（镇）、行业、直属工会负责人，新一批劳模（先进）、技师创新工作室负责人等近百人参加会议。

（张东寅）

【静安区总工会举办庆祝五一国际劳动节劳模先进座谈会】 4月26日，静安区总工会在市北高新园区会议中心举办五一国际劳动节劳模先进座谈会，静安区委副书记、区长陆晓栋，区委副书记顾云豪，区人大常委会副主任、区总工会主席叶坚华，副区长鲍英菁，区政协副主席陈静薇等出席，并向荣获上海工匠、上海市五一劳动奖状、五一劳动奖章、工人先锋号、静安工匠等先进集体和先进个人颁奖。座谈会上，老中青几代劳模集体亮相。座谈会以静安有代表性、行业性的劳模、工匠访谈为主要线索，用文艺演出的形式，表现了静安劳动者不忘初心、追求卓越、凝心聚力的精神风貌。

（姚　馨）

【闵行区总工会优化劳模服务管理】

闵行区现有全国劳模25人，上海市劳模413人。区总工会通过完善劳模服务管理工作，积极营造劳动光荣的社会风尚。一是充分发挥区劳模协会作用。成立区劳模协会搭建劳模先进学习、交流、合作与发展的平台，以镇、街道劳模之家为载体，为劳模提供帮困慰问、法律咨询、文化体育等各类服务活动；推动协会建立劳模志愿团队，采取劳模创新工作室、劳模讲堂等多种形式，为劳模参与社会建设提供条件和渠道，更好地发挥劳模的引领带头作用。二是设立劳模医疗服务项目。与区委卫计委合作制订《劳模医疗服务项目实施方案》，为劳模提供家庭医生签约、优先转诊与就诊、体检与后续健康指导、口腔检查与保健、健康养生咨询等五项医疗服务，并纳入区总工会2018年度实事项目加以推进。三是加强对退休困难劳模关心关爱。召开退休劳模需求座谈会，了解退休劳模实际需求并听取对劳模服务管理方面的意见建议；加大对生活困难劳模的帮扶力度，通过发放生活补贴、上门走访、结对帮扶等形式，更好地体现党和政府对劳模的关心关爱。

（王　凯）

【市劳模杨青敏为闵行区交警赠书】

3月6日，由闵行区总工会、区公安分局、区劳模协会联合举办的“悦读·悦健康”劳模杨青敏赠书仪式暨交警健康科普活动在闵行公安分局举办。上海市劳模杨青敏向闵行交警代表赠送了400本《交警职业健康指南》，赠书活动将惠及全区所有交警。杨青敏表示，撰写此书的主要目的是为帮助交通警察在特殊的工作环境下，得到更加专业的疾病预防护理指导，进一步普及交通警察常见病知识，提高交警的健康意识与健康认知。

（王　凯）

【金山区总工会劳模协会赴嘉兴市总工会学习考察】 11月26—28日，金山区总工会组织部分区劳模协会理事及分会会长赴嘉兴考察学习劳模和工匠工作先进经验，主动推进金嘉毗邻区工会劳模和工匠工作交流合作，进一步提升劳模和工匠工作水平，激励广大劳模和工匠人才在长三角高质量一体化发展中发挥领军作用。区人大常委会副主任，区总工会主席朱喜林率队组织考察学习活动。双方就各自工会工作情况进行座谈交流，并对海宁皮革时尚特色小镇创建和工会工作、“金平湖”商圈工会工作及工匠工作室进行考察，学习融合两地经验，取长补短，提升工会工作实效。

（沈勇军）

【松江区总工会召开劳动模范迎春团拜会】 2月11日，松江区总工会、区劳动模范协会举行2018年松江区劳动模范迎春团拜会。区委副书记刘其龙向全区各行各业的劳模、工会系统各类先进职工拜年。在区委、区政府的领导下，松江职工齐心协力共同拼搏，各行各业劳模、职工立足岗位，唯实唯干，克难奋进。区人大常委会副主任、区总工会主席徐卫兴代表区总工会致辞，向全区各行各业的劳模、工会系统各类先进职工致以新春的祝福。副区长王玮华，区政协副主席刘健为市级劳模创新工作室陈坚合理用药创新工作室、区级劳模创新工作室薛鸿斌乘用车开关新技术应用劳模创新工作室授牌。共400人参加了活动。

（吴　琼）

【松江区总工会开展工匠讲师团进企业活动】 5月15日，松江区总工会在正泰电气股份有限公司举办上海工匠讲师团进企业活动，邀请全国劳模包起帆做《明天你也是劳模》的专场讲座。包起帆围绕“爱国是创新之本、敬业是创新之根、诚信友善是创新之源”3个方面，结合自己从一个普通工人成长为全国劳模的创新成长历程，引导激励广大职工爱岗敬业、立足岗位创新，提高科技素质，做一名科技型、创新型的现代化职工，130多名职工参加讲座。

（琚天祥）

【松江区总工会开展新一轮劳模家政服务配送】 11月14日，松江区总工会、松江区劳模协会举行2018—2019批次松江区劳模家政服务配送签约仪式，区总工会党组书记、副主席、区劳模协会会长陈军康等领导出席。签约仪式上，陈军康代表区劳模协会与区家政协会会长郭秋琴签订一年的合作协议，由区劳模协会出资为77名劳模配送家政服务。本批次的服务对象标准为本人有家政服务需求、80周岁以上退休劳模和60周岁以上的病困劳模。

（吴　琼）

【松江区总工会举行“劳模话改革扬帆再远航”主题报告会】 12月29日，松江区总工会在东华大学附属实验学校经纬剧场举行庆祝改革开放40周年“劳模话改革、扬帆再远航”主题报告会暨区总工会党总支主题党日活动。劳模宣讲团成员，2名全国五一劳动奖章获得者、上海市劳模薛鸿斌、骆春，以及4名上海市劳模张巨浪、张锡章、周菊明、吴纪盛。他们讲述了与时代同奋进的故事，表达了不忘初心，牢记使命，改革开放再出发，续写时代发展新篇章的坚强决心。现场播放了由区总工会制作的电视片《厉害了，我的松江，我的工人兄弟》。区医务工会、区教育工会分别表演了诗歌朗诵《改革开放的同龄人》、歌伴舞《放歌新时代》。各街镇、开发区总工会，各委局及直属公司工会主席、常务副主席、专职副主席，区总工会机关党总支共计300余人参加了活动。

（吴　琼）

【青浦区总工会举办“青浦智造与工匠精神”主题学习活动】 6月27日，青浦区总工会联合上海社会科学院经

6月27日，青浦区总工会举办"青浦智造与工匠精神"学习交流活动（朱建强）

济研究所、区经济委员会在青浦区东航应用技术研发中心举办"青浦智造与工匠精神"学习交流活动暨《青浦品牌企业巡礼》授书仪式。上海社科院经济研究所专家学者结合工匠精神传承，围绕推动上海制造品牌发展、建设郊区科创新载体与推进城乡一体化发展、联动虹桥商务区发展与打造上海青浦品牌进行主旨演讲。申通快递股份有限公司副总裁邹建生进行交流发言，介绍了企业加强品牌建设方面的经验做法。区总工会领导班子成员、各部室负责人参加学习活动。（朱建强）

【青浦区总工会召开劳模先进代表座谈会】 5月1日，青浦区总工会召开"庆五一、话工匠"2018年青浦区劳模、先进代表座谈会。会议通报中共中央、国务院印发的《新时期产业工人队伍建设改革方案》和市委、市政府印发的《关于推进新时期上海产业工人队伍建设改革的实施意见》，介绍本区工匠培养选树工作情况。孙刚、袁霞等16名劳模先进代表交流工作经验，畅谈如何在新时代弘扬、践行劳模工匠精神。（朱建强）

【奉贤区总工会举办劳动模范迎春团拜会】 1月12日，奉贤区总工会在柘中集团报告厅举办"不忘初心、砥砺前行"2018年奉贤区劳动模范迎春团拜会。邀请全区劳动模范欢聚一堂，共迎新春佳节，观赏了由基层工会的文化团队带来了精彩文艺演出。区委副书记王霄汉致辞并祝全区劳模新春快乐。区委副书记、区长华源向第一批讲师团成员授旗并颁发聘书。区慈善基金会会长陈洪凡，区委常委、纪委书记、监委主任孙嘉丰分别向捐赠单位代表颁发捐赠证书。区人大常委会副主任、区总工会主席陆建国，区人民政府副区长梅广清分别向捐赠单位代表颁发捐赠证书。区劳模协会理事，区慈善基金会相关领导，以及直属工会主席代表和各劳模分会、基层单位的劳模和先进集体、优秀职工代表共450余人出席大会。（褚春兰）

【奉贤区总工会关爱劳模群体】 奉贤区总工会、区劳模协会于3月20日、22日分批组织对全区79名退休困难劳模开展2018年度"关爱劳模健康"爱心体检活动。除了定期体检外，区总工会还建立起了劳模节日慰问以及对低收入劳模困难补助等制度，切实帮助和关心劳模生活。同时，区总工会还充分利用报纸、座谈会、宣讲等形式广泛宣传劳模事迹，大力弘扬新时代劳模精神。10月11—12日，区总工会组织百名退休困难劳模参观了中共四大会址、"勇立潮头"上海改革开放40周年主题展和劳模风采展览馆。让老劳模们在追寻红色经典回忆、了解改革开放40周年以来上海的发展成就、领略全市劳模代表风采的过程中，度过了一个愉快而有意义的重阳节。重阳期间，区总工会还对历年来获得过3次以上劳模荣誉称号的退休劳模走访慰问。（陆晓岚）

【奉贤区劳模讲师团开讲】 5月8日，奉贤区劳模讲师团开讲仪式在上海双木散热器制造有限公司培训中心举行。会上为劳模讲师团特聘顾问曹平生颁发聘书。除劳模讲师团的10位讲师外，区总工会还邀请了全国劳模包起帆、上海工匠孙爱喜进企业、进校园宣讲，以"讲劳模故事、学劳模精神、做新时代劳模"为主题，全年共开展了18场宣讲，参与职工达4000余人次。（钱 洁）

【崇明区首家劳模疗休养基地挂牌运行】 3月19日，崇明首家劳模疗休养基地——天鹅苑挂牌运行，为年龄偏大的崇明区劳模提供疗休养服务。近年来，区总工会在组织劳模外出疗休养时，考虑到崇明劳模年龄、身体等因素，从确保出行安全的前提下，原则上不安排70岁以上的劳模外出疗休养。这样客观上让部分身体体质较好、有疗休养意愿的劳模不能参加劳模疗休养活动。鉴于崇明劳模年龄总体偏大的实际情况，为了让疗休养政策惠及更多的劳模，区总工会选定崇明西沙湿地公园附近的天鹅苑作为崇明首家疗休养基地，让年龄偏大、身体健康但不宜出行的劳模在岛上就近休养。通过对崇明本岛的劳模疗休养基地的培育，形成规范化运行模式，打造崇明劳模服务工作的品牌和亮点。（陈思佳）

【上海工匠助力崇明生态岛建设专题论坛暨结对签约仪举办】 12月28日，上海工匠助力崇明生态岛建设专题论坛暨结对签约仪式在怡沁园会议中心举行。此次活动由市总工会主办，崇明区总工会承办。市总工会副主席周奇，崇明区委副书记侯继军、崇明区人大常委会副主任、区总工会主席张建英等领导参加。本次论坛邀请了2016—2018年度的上海工匠代表，崇明工匠提名奖获得者，共计200余人参会。为了助力崇明生态岛建设，崇明区总工会成立专家智库，聘请20余位上海工匠为"崇明生态岛建设上海工匠智库成员”。在随后的专题论坛中，徐小平、邵奇、孔利明、陆籽豪、陈斌等5位上海工匠上台演说，为崇明世界级生态岛的建设贡献真知灼见。（陈思佳）

【上海仪电工会组织劳模（工匠）创新工作室带头人赴上海电气参观学习】 为积极推进上海仪电“上海市劳模（技师）创新工作室”建设，9月26日，仪电工会组织仪电系统劳模、工匠创新工作室带头人、部分成员和相关重点子公司、部分基层单位工会主席、工会干部赴上海电气临港重装备制造基地参观学习，并与机电工会和上海电气“市劳模创新工作室”“市技师创新工作室”“全国技能大师工作室”带头人等进行工作交流。在当天活动中，大家参观了上海电气展示馆和李斌展示厅，被李斌“爱岗敬业、刻苦钻研、勇于创新、无私奉献”的精神所感染。在随后进行的学习交流会上，机电工会领导和上海电气劳模（技师）创新工作室带头人从劳模（技师）创新工作室的运作要紧紧围绕企业的中心工作，加强知识和经验的传承，为企业培养人才，在关键核心技术领域攻坚克难等方面分享了工作体会、主要做法和取得的成效。（邵秀根）

【国网上海电力召开庆“五一”劳模座谈会】 4月28日，公司召开庆“五一”劳模座谈会，弘扬劳模精神，表彰劳模先进。公司董事长、党委书记钱朝阳出席会议并讲话，工会主席娄为主持会议。会议宣读了《中共国网上海市电力公司委员会关于对荣获2018年全国和上海市“五一”劳动奖状、奖章、工人先锋号给予表彰的通报》，对获奖集体和个人进行颁奖。钱朝阳代表公司对受到表彰的集体和个人表示祝贺，并向为公司改革发展做出突出贡献的劳模先进表示感谢。会议要求大力弘扬劳模精神，营造崇尚劳模、学习劳模、争当劳模的良好氛围，注重宣传劳模事迹，打造劳模先进品牌，劳模精神激励职工、凝聚职工投身公司改革发展实践，推动公司各项工作再上新台阶。（潘锋）

【上海石化工会开展“匠心”讲坛活动】 4月28日，上海石化工会组织开展“匠心”讲坛活动启动。在公司、二级单位两个层面进行。公司层面组织“匠心”讲坛巡讲6次，覆盖22个二级单位，有628名基层员工参加；14家二级单位利用班组学习、劳模创新工作室、技师创新工作室等平台组织开展了80场“匠心”讲坛，共有2935名基层员工参加，在公司范围内营造了“学先进、做先进”的良好氛围。（徐军）

12月18日，上海工匠助力崇明生态岛建设专题论坛暨结对签约仪式举办（陈思佳）

【上海歌剧院艺术家为船舶系统劳模、工匠献艺】 2月6日，《上海船舶系统2018年群英迎新晚会》在上海大剧院拉开帷幕。上海歌剧院演职人员为劳动模范、船舶工匠和先进人物等1600多人，表演了原创音乐剧《国之当歌》。上海船舶系统企事业单位领导出席观看。这台晚会以史为鉴，坚定了上海造船人“造船兴国、造舰强军”的信念，为实现中国造船强国梦而努力奋斗。（刘亦明）

【中船上海船舶公司举行庆“五一”先进表彰暨职工文艺演出】 5月4日，中船上海船舶工业有限公司在1862艺术中心举行庆“五一”先进表彰暨职工文艺演出。中国国防邮电工会主席杨军日，市总工会副主席李友钟，上海市经济信息化工作党委党委副书记马列坚，集团公司直属党委副书记丁文强，上海船舶公司党委书记、董事长高烽和党委副书记、纪委书记、工会主席李煜前等领导为获得荣誉称号的先进个人和团队颁奖并合影留念。上海船舶系统的劳动模范、工匠和其他先进人物代表以及各单位党政领导等参加颁奖晚会。（刘亦明）

【上汽集团工会举办“匠新坊”首期工匠传技视频直播】 8月，上汽学习大厅正式上线【匠新坊】栏目，首期工匠传技视频直播分别邀请了上海工匠陆恩斌、张生春、任建新担任主讲嘉宾，就各自领域特长进行分享和交流答疑。全场直播累计观看超2000人次。上汽工会通过汇聚各企业历年评选出的上海工匠、上汽工匠以及各类技能大师等跨企业在线为职工解答专业技术难题，互相交流经验，引导更多员工了解工匠、学习工匠、争做工匠。（范融）

【中远海运船员公司弘扬劳模精神，搭建“联盟”平台】 为弘扬劳模精神、工匠精神、航海精神，中远海运船员管理有限公司工会搭建劳模“联盟”。一是讲好劳模故事。通过对劳模事迹、“海员故事”的主题征文活动，共收到船员投稿的文学作品56篇、“船员之歌”19首；组织开展“远航——光荣与梦想”主题宣传活动，共收到航海故事71篇，照片134张，视频5个。二是选树劳模典型。2018年，工会申报推荐中央企业先进集体1个、劳动模范2名；上海市三八红旗手1名;集团劳动模范6名,三八红旗手2名、集体1个;公司劳动模范30名。三是搭建劳模平台。成立了4个海员劳模创新工作室,每个工作室由1名全国劳模作为领军人物、多名省部级劳模和船员骨干担纲,通过传帮带,以创新精神助力企业发展。(张晓鸣)

【中远海运重工开展"劳模先进大讲堂"活动】 为积极弘扬劳模精神、劳动精神、工匠精神,唱响"中国梦·劳动美"的时代主旋律,中远海运重工工会开展以"新时代的奋斗者"为主题的"劳模先进大讲堂"活动,用劳模的优秀品质聚集正能量,增强劳模示范带动效应,形成崇尚劳模、学习劳模、争当劳模、关爱劳模的良好氛围。活动安排中远海运重工系统内各级劳动模范、先进个人、先进集体代表、岗位能手、技术能手等,通过演讲、报告等形式,讲述他们在平凡岗位上默默奉献、任劳任怨的感人事迹,分享成长与创业历程。8家主力造船企业、1家配套企业开展了"劳模大讲堂"活动。(魏敬民)

【交运集团开展党委书记与劳模先进恳谈交流活动】 交运集团坚持每年一次"党委书记与劳模先进恳谈"交流活动。6月26日,交运集团党委书记、董事长张仁良与交运集团系统荣获全国五一劳动奖章、交通部劳模、上海市劳模、"上海工匠"、上海市五一劳动奖章(奖状)、上海市"工人先锋号"20名先进代表进行恳谈。张仁良对劳模先进长期以来发扬勤勉敬业、刻苦钻研、勇于创新、乐于奉献的精神给予充分肯定和鼓励,并提出3点希望和要求:一是要始终坚持和大力弘扬劳模精神。要始终保持并发扬脚踏实地、艰苦创业的精神,积极传承并长期倡导劳模精神、劳动精神。二是劳模要和新时代与时俱进。希望劳模先进发挥排头兵的作用,带领更多员工投身集团提升能级、创新发展主战场。三是要珍惜劳模队伍,不断培育劳模精神。各级组织和各级干部要更加重视劳模先进的培育选树和关心服务,积极搭建舞台,为劳模成长创造条件,提供服务和保障,营造干事创业的浓厚氛围,把更多的优秀人才凝聚到交运创新发展的事业中来。恳谈会上,为荣获2018年度上海市五一劳动奖状(奖章)、上海市"工人先锋号"的代表颁发了荣誉证书和奖牌。(王勤)

【中国电信上海公司劳模专家服务团队参加咨询服务活动】 3月10日,中国电信上海公司组织全国劳模、上海工匠徐珺和服务专家团队参加解放日报社主办的第三十届"3·15为民志愿服务活动"。2018年是公司连续第十年参加该项公益活动,旨在为老百姓提供便捷的服务渠道和平台,让他们更好地享受信息新生活。活动现场,劳模和服务专家认真听取用户对电信产品和服务的意见及建议,面对面了解社情民意,体现了企业的社会责任和担当。(殷茵)

【中交上航局工会开展海外建功标兵评选表彰活动】 4月,中交上航局工会开展了"情系航道、奉献航道——海外建功标兵"评选表彰活动。自活动通知下发后,公司各单位组织选拔,共推荐了15名海外建功标兵候选人。经过网络投票和评审会投票决定,授予杨锡贤、焦鹏等5人"海外建功标兵"称号,授予江双荣、胡仲强等10人"海外优秀建设者"称号。通过活动,激励广大职工积极响应公司号召,切实扛起践行"走出去"的大旗,推进"大海外"战略落地,不断增强拓展海外的紧迫感、责任感和使命感,用优秀业绩助力"大海外"战略的实施。(金晶)

【上海建工集团召开2017年度先进表彰会】 1月11日,集团召开2017年度先进表彰会。集团党政领导出席,并为集团2017年度各类先进代表颁奖。会前,集团领导与各类先进代表合影留念。集团党委书记、董事长徐征向受到表彰的集体和个人表示祝贺。集团党委副书记、工会主席、立功竞赛领导小组副组长张立新宣读《关于授予上海建工总承包部港珠澳大桥澳门口岸管理区旅检大楼项目部等二个集体和三名个人"突出贡献奖"的决定》和《关于表彰2017年度集团先进集体和先进个人的决定》。集团副总裁、立功竞赛领导小组组长叶卫东总结了2017年度竞赛工作,部署2018年立功竞赛工作。参会人员观看了荣获2017年度集团"突出贡献奖"的先进集体和先进个人事迹短片《建工脊梁的风采》。集团部门负责人、各单位主要负责人、先进代表和职工代表等近300人出席会议。(余轶群)

【上海建工集团举行庆"五一"劳模先进座谈会】 4月28日,集团举行庆"五一"劳模先进座谈会。集团党委书记、董事长徐征,党委副书记、总裁卞家骏,党委副书记、工会主席张立新,纪委书记何士林,副总裁、立功竞赛领导小组组长叶卫东,集团相关部门负责人、各单位主要领导、工会主席和劳动模范、五一劳动奖获得者代表等80余人参加。张立新主持会议。卞家骏宣读了荣获住建部劳模、2018年全国和上海市五一劳动奖的名单和集团"劳模创新工作室"的命名决定。张越、张兵、徐珺、章谊、吕志华等劳模和五一劳动奖获得者代表在会上交流发言。(余轶群)

【市交通委工会开展"最美的哥的姐"评选活动】 市交通委工会开展出租汽车行业首届"最美的哥的姐"评选活动。经过五轮筛选,最终产生10位"最美的哥的姐",以及10位提名奖和20位入围奖。各行业企业都将评选活动与做好进博会交通保障相结合,制定了提高服务质量的工作计划,动员驾驶员广泛参与。出租汽车行业圆满地完成了进博会保障任务。(薛兆锋)

【鲁中矿业举办庆"五一"劳模访谈】 为弘扬劳模精神,激励广大职工开拓进取、创新奉献,4月25日,鲁中矿业工会录制了"共话劳动美"——庆"五一"劳模访谈电视节目。鲁中矿业党委书记刘德忠,鲁中矿业工会主席李洲及各二级单位党委书记、工会主席和部分职工共80余人参加活动。访谈现场,8位劳模结合自己的岗位和亲身经历,用朴实无华的语言与大家畅谈,分享自己的成长历程和工作中的艰辛与成功,表达了加快推进公司发展的信心和决心。本次访谈节目是"劳模宣传月"的牵头活动,公司工会还将利用报纸、网站、户外宣传等形式营造"比、学、赶、超"的良好氛围。(李宗峰)

【中建八局举办庆“五一”暨第六届劳模创新论坛】 4月27日，中建八局举办庆祝五一国际劳动节暨第六届劳模创新论坛。中建八局总经理高波亲切接见了劳模先进代表和首批八局工匠。会上播放了《中建八局劳模工作室创建视频》，开展了主题演讲和经验交流，并对全国五一劳动奖章、工人先锋号，上海市五一劳动奖状（章）、工人先锋号，中建集团工人先锋号、红旗班组等劳模先进代表和第一批15名“八局工匠”进行了表彰，为第六批16个局级劳模创新工作室授牌，宣读了局级工作室及“八局工匠”命名文件。中建八局总部相关领导、驻沪单位领导、工会主席、党群部门负责人，2018年度全国及省部级先进集体和个人代表，第六批局级劳模工作室带头人，第一批八局工匠等百余人参加了本次大会。（郝国元）

【市税务局工会开展“访劳模、爱劳模、学劳模、当劳模”活动】 为认真贯彻党的十九大精神，把习近平新时代中国特色社会主义思想融入到职工群众的政治立场、价值追求、职业操守和精神境界，市税务局工会在全系统开展“访劳模、爱劳模、学劳模、当劳模”活动，通过与劳模面对面的访谈，采集汇编《流金税月——上海市税务系统劳模风采展示》，引导干部职工将“个人梦”、“职业梦”与“中国梦”紧密联系在一起，用劳动铸就梦想。（娄晓辉）

【市科技工会举办系统劳模成长故事分享会】 9月28日，市科技工会在梅赛德斯奔驰文化中心举办“科技梦共成长”——上海市科技系统劳模成长故事分享会。在中科院上海技物所“全国创新争先奖章获得者”褚君浩院士率领下，来自科技系统的中电21所全国劳模李听斌、中科院上海硅酸盐所市劳模董绍明等，分别上台分享了他们在工作、学习和生活中的成长故事，让来自基层48家单位的300名科技职工走近劳模、了解劳模，更钦佩劳模身上那种坚忍不拔、孜孜以求、敢为人先，勇于创新的精神。（杨 莹）

【弘扬医之魂·共筑中国梦《劳模风采录》画册面世】 在8月19日首个“中国医师节”来临之际，由市卫生和计划生育委员会、市医务工会策划和编辑的《弘扬医之魂·共筑中国梦——上海市医务界劳模风采录》大型画册（以下简称为《劳模风采录》）由上海科学技术文献出版社正式出版发行。《劳模风采录》分有“艰苦创业、淡泊名利”“追求卓越、勇于创新”“敬业奉献、关爱病患”“立足基层、无私奉献”“先进团队”和“上海市医务界劳模名单”6个章节，形象、生动地向读者呈现了58位劳动模范和8个劳模集体所具有的“敬佑生命、救死扶伤、甘于奉献、大爱无疆”卫生职业精神。（池朝霞）

【市级医疗卫生单位劳模联谊会四届四次理事会召开】 3月16日，市级医疗卫生单位劳模联谊会四届四次理事会在市医务工会职工文化活动中心召开。市卫生计生委党委副书记、市医务工会主席郑锦出席会议并讲话。劳模联谊会会长、华东医院院长俞卓伟主持会议。市医务工会副主席、联谊会副会长何园在会上汇报了联谊会2017年主要工作和2018年工作设想。与会理事进行发言，并建议进一步加强劳模之间的交流，加强劳模的分类服务和管理，充分发挥劳模资源优势更好地服务社会。（池朝霞）

【锦江国际集团工会多举措弘扬劳模和工匠精神】 年内，锦江国际采取多项措施培养、选树、宣传、服务劳模、工匠，在集团内营造良好的学习宣传氛围。一是召开劳模先进座谈会，选树集团行业领军人物和劳动典范，通过在《劳动报》上刊登劳模事迹专版，接受媒体采访等多种形式，宣传弘扬劳模、工匠精神。二是积极参与“上海工匠”选树，任介平当选2018年“上海工匠”。结合“上海工匠”培养选树计划，制订《关于开展“锦江工匠”培养选树计划的实施意见》，建立完善培养选树技能人才的工作机制。三是完善劳模创新工作室管理办法，发挥“劳模创新工作室”“技师创新工作室”的示范引领作用，任介平汽车维修工作室命名为第八批“上海市劳模创新工作室”。锦江汤臣“罗健峰西式烹饪创新工作室”、锦江大众的“任强首席技师工作室”命名为2018年度上海市职工技师创新工作室。四是拟定《关于进一步加强集团劳模管理服务工作的若干意见》《锦江国际（集团）有限公司“劳模创新工作室”管理办法》和《集团劳模基金实施细则》，为行业领军人物发挥作用提供制度保障。（张祥伟）

【市级机关工会举办劳模先进培训班】 6月5—6日，2018年市级机关劳模先进培训班在陈云纪念馆举行。来自市级机关系统的劳动模范、先进工作者、三八红旗手等40余人参加培训学习。举办劳模先进培训班，是市级机关劳模工作的一项重要内容。培

9月28日，市科技工会举办系统劳模成长故事分享会（薛志明）

6月5—6日，市级机关工会举办劳模先进培训班 （王 颖）

训班邀请了党校教授、陈云纪念馆专家学者就习近平在纪念马克思诞辰200周年大会上的讲话、陈云党的实事求是思想路线等专题进行了深入解读。劳模先进参观了陈云故居、陈云生平业绩展和文物展，并开展学习交流。 （王 颖）

【市级机关召开大会表彰先进宣传劳模精神】 4月28日，市市级机关举办以“新时代奋斗者”为主题——市级机关改革先锋岗位建功主题实践活动展示暨庆祝五一国际劳动节大会。市级机关工作党委副书记杨莉出席并讲话。会上，表彰了荣获2018年上海市五一劳动奖状（章）、工人先锋号的单位、个人和集体，并为获奖者颁奖。会上，以“新时代奋斗者”为主题，围绕改革先锋、卓越城市、国门卫士、品质生活等4个篇章充分展示了市级机关劳模先进典型的良好形象，讲述劳模先进立足岗位、开拓创新、建功立业，为推动上海改革发展各项事业做出重要贡献的生动事例。市级机关系统劳模先进代表、工会主席、妇工委主任约160余人参加会议。 （王 颖）

【“百联匠心”劳模品牌首度提供线上服务】 5月1日，“百联匠心”品牌首度亮相i百联平台，这是百联集团发扬工匠精神、树立工匠形象、线上线下集成劳模服务团队优势资源的首创。集团工会与全渠道公司、三联公司共同探索研究，打造“百联匠心”品牌项目，首推全国劳动模范、首批“上海工匠”获得者蓝金康领衔的技术服务团队。该品牌项目主要呈现三个特点：一是“线上+线下”。通过架构设计和资源重组，连接起消费者与劳模服务团队的信息桥梁。消费者不仅可以预约线下验光配镜，而且能够体验线上咨询服务。二是“商品+服务”。由劳模亲自把关、择优推荐框架镜、太阳镜等当季时尚款式，同步推出十五步精准验光工作法、物超所值的服务项目；三是“营销+文化”。适时推出线下团购券、优惠折扣等丰富多彩的营销活动，并向消费者展现了顾客至上、诚信友善的文化氛围。 （姜 杰）

【申通集团举办上海地铁2018年度风采人物颁奖典礼暨职工文艺汇演】 1月30日，上海地铁2018年度风采人物正式揭晓，申通地铁集团领导班子成员、集团老领导、集团各部门、项目公司、各直属单位的领导、劳模先进、职工代表以及轨交总队干警参加了活动。市总工会副主席周奇、市国资委党委副书记董勤、市建设交通工作党委副书记田赛男、共青团上海市委副书记邬斌等以及市交通委领导受邀出席。集团党委书记、董事长俞光耀致新年贺词，党委副书记、总裁顾伟华宣读2018年度集团优秀员工表彰决定并为优秀员工颁奖。刘齐山等7名个人、“寒梅莘战”项目团队等3个集体获评风采人物，SMG进博会地铁声音大使、轨交总队虹桥枢纽警区警长虞键被授予风采人物特别奖，另有2人获风采人物提名奖。由职工自编自演的歌曲、舞蹈、器乐、情景表演等，展现地铁人“社会责任第一、安全质量第一、团队协作第一”的核心价值观，以及“敬业、奉献、求实、创新”的精神品格。 （姜 雪）

【上海联通隆重召开先进表彰暨劳动竞赛启动大会】 3月30日，上海联通召开2017年度先进表彰暨2018年度劳动竞赛启动大会。大会总结表彰在企业发展中涌现出的人爱岗敬业、作风扎实、锐意进取、业绩突出的先进集体、最佳员工、优秀管理者和优秀员工，在2017年公司市场化运营机制和互联网化运营模式探索过程中成绩显著的“特别贡献奖”团队项目，以及在劳动竞赛活动中取得突出成绩的优秀集体，同时部署“跨入新时代、建功在一线、助力新发展”上海联通2018年劳动竞赛、技能比武系列活动整体工作。公司领导班子及160名获奖集体及获奖员工参加大会。“以匠心引领、再铸新辉煌”2017年劳动竞赛、技能比武系列活动取得显著效果，相继开展16项劳动竞赛、6项技能比武和“我本匠人”十佳匠人评选活动。全年参与劳动竞赛、技能比武和匠人评选活动达2800多人次。 （康 迪）

劳动关系

综 述

【综述】 2018年,上海各级工会聚焦工会主业主责,牢牢抓住"深化工会改革创新"和"切实维护职工权益"两条主线不动摇,积极推进国企工会改革,进一步深化完善工会"四位一体"协调劳动关系体系建设,各项工作取得积极进展。一是聚焦主业主责,分类推进基层工会改革。积极推进国企工会改革,确定市级、区局(产业)试点单位88家,强化调查研究和工作指导,形成改革总体方案及配套方案,为全面推进国企工会改革打下良好基础;协同做好非公企业工会2.0版改革,推动全市16个地区工会确定43个街镇试点推进"小三级"工会协调劳动关系体系建设。二是加大源头参与力度,合力推进和谐劳动关系建设。推进政府与工会联席会议制度有效落地,代拟相关文件,确立三项议题,成功召开会议;与市劳动关系协调三方共同推进和谐企业创建;继续做好四方合作多元预防化解劳动关系矛盾工作,协调市仲裁院为市总法律援助服务中心开设窗口,普遍推进了全市16个区设立劳动人事争议联合调解中心工会分中心。三是着力提质增效,进一步深化完善"四位一体"工会协商劳动关系体系建设。积极推进集体协商提质增效工作,全面总结本市集体协商提质增效五年规划工作;进一步健全完善厂务公开民主管理,组织开展本市第十五次厂务公开调研检查,参与第十次全国厂务公开民主管理互检,完成对《(职代会条例修正案)释义》的编撰;进一步加强公司制企业职工参与机制,推动把工会组织、职代会、集体协商、职工董监事制度纳入企业管理制度体系;加大工会定向劳动法律监督工作力度,形成《关于工会定向劳动法律监督与劳动保障监察衔接联动会商纪要》,实现工作联动;持续推进工会法律援助工作,完成工会法律援助信息平台的技术优化。四是加大维稳工作力度,切实有效预防化解群体性劳动关系矛盾。加强排摸和指导,有序化解劳动关系苗头性、倾向性问题;完善工作机制,推进工会参与群体性劳资纠纷预防调处工作,制订下发了《上海工会预防和参与处置群体性劳资纠纷实施办法》,研发并启用了群体性劳资纠纷预防调处新的工作平台;指导各类企事业单位在重大改革调整中履行集体协商和职代会民主程序,推动企事业单位改革调整的平稳有序。五是努力建章立制,积极推进工会社会联络工作。成立上海工会社会联络工作协调小组,制订《上海工会社会联络工作要点》,了解掌握全市劳动关系领域社会组织基本情况。 (周永宝)

集体协商

【概要】 根据《上海市总工会2014—2018年实施集体协商提质增效工作规划》总体部署,结合2018年非公企业工会改革和国有企业工会改革相关工作要求,持续加大行业集体协商推进力度,确保集体协商提质增效五年规划各项任务顺利完成。一是全面总结本市集体协商提质增效五年规划工作。下发通知,要求各地区、产业(系统)围绕建制率、协商质量、上级工会指导介入、队伍建设等情况开展全面自查。全面总结五年来集体协商取得的积极成效和优秀经验做法,了解、掌握本市五年规划目标任务完成情况,并上报全总。二是大力推进行业集体协商。根据市政府相关要求,继续做好本市环卫、绿化、河道、管道和道路五大养护行业集体协商工作。环卫行业集体协商结合今年大调研相关工作,对本市环卫职工队伍建设,以及环卫行业集体协商成果落实情况进行了全面了解和分析,推动了部分地区进一步落实行业协商指导意见,提高职工薪酬福利待遇。河道、管道养护行业在去年首次签订行业工资集体协商协议的基础上,今年继续推进,将行业最低工资标准由原先本市最低工资的110%提高到120%,惠及职工1.3余人。同时,结合当前本市非公企业工会改革的深化,继续推动行业集体协商的条块结合。指导青浦区赵巷镇商圈行业工会结合自身实际,通过建立政府、业主方、商户和工会的联席会议制度,搭建沟通平台,协商劳动关系相关事宜,促进商圈企业健康发展,维护职工合法权益。三是做好全总集体协商质效评估试点工作。根据全总要求,上海作为试点省市之一,就全总集体协商质效评价体系开展测评工作。7月,市总工会根据全总相关要求,研究确定在杨浦区和金山区的6家企业和2个行业中,开展了集体协商质效评估试点,并形成报告反馈全总。

(金邓凯)

【完成全总集体协商质效评价体系试点工作】 全总就集体协商质效评价体系开展测评试点工作。作为今年集体协商质效评估工作试点地区,上海市总工会高度重视、统筹谋划,及时启动相关工作。根据全总《操作指南》具体要求,结合本市实际,市总确定在杨浦区和金山区的6家企业和2个行业中进行评估工作试点,明确要求试点地区尽快成立评估工作小组,制定评估实施方案,确定质效评估对象,并于8月上旬将统计数据和意见建议反馈市总工会。根据各地区评测结果,形成试点反馈报告上报全总。同时,也通过此次质效评估试点工作,进一步了解、理清了当前本市基层集体协商存在的一些现实问题和需求,为下一步持续推进集体协商提质增效提供了重要参考依据。

(金邓凯)

【中国宝武进一步加强集体协商提质增效】 中国宝武工会在调研基础上,会同人力资源部、法律事务部聚焦集体合同签订程序、参考文本、法律法规、实践案例等拟订了《集体协商工作指南》,指导基层单位进一步规范集体协商工作,提升集体协商质量,增强集体合同实效。3月1日,中国宝武总部召开年度集体协商会议,审议了集团总部2018年集体合同草案,时任中国宝武总经理陈德荣与职工面对面协商。以此次协商为契机,中国宝武提高了职工重大疾病保险额度,推出了职工保险自购保障计划,进一步增强了职工的获得感、幸福感、安全感。 (李士伟)

【中远海运船员公司签订集体合同】 中远海运船员管理有限公司工会在公司改革进程中,充分发挥工会组织作用,维护职工合法权益。为依法保障企业和职工的合法权益不受侵害,维护稳定和谐的劳动关系,签订了《中远海运船员管理有限公司集体合同》,充分发挥工会系统干部资源,对关系到船员切身利益的事项进行分工,由各单位工会先期撰写工作方案,发挥工会组织智库效应,再统一规划形成工作制度。此举既保证各项制度在基层的可操作性,也促进基层工会干部对制度的熟悉度和执行度,提高工会干部的主观能动性和工作效益。2018年,公司工会共制订各项制度18个,有效保障了工会工作有章可依、有据可查。 (张晓鸣)

【中国电信上海市工会组织职工代表巡视公司2018年集体合同履行情况】 12月27日,来自31家单位的57名职工代表参加公司2018年集体合同履行情况的巡视活动。职工代表巡视了员工办公环境品质提升项目示范点,听取2018年公司集体合同履行情况的专题通报以及员工体检和员工餐饮工作介绍。巡视后代表们对实事履行情况进行无记名测评,经测评,综合评价满意及很满意率达到100%。

(殷 茵)

【上海市环卫行业第八次工资集体协商会议】 5月18日,在市绿化市容管理局的见证下,市绿化市容行业工会与市市容环境卫生行业协会代表就2018年完善职工工资正常增长机制、调整环卫行业最低工资标准、扩大一线环卫职工工龄补贴范围、严格执行工资单制度等相关事项进行集体协商,并签订了《2018年上海市环卫行业工资集体协商协议书》。

(鲍 斌)

【中建八局集体协商会议在沪召开】 1月20日,中建八局集体协商会议在中建大厦召开。局总经理高波,局党委副书记、工会主席于金伟及行政方、职工方代表参加了会议。会议就《集体合同》《工资专项集体合同》《女职工保护专项集体合同》《职工健康安全专项集体合同》的文本草案进行了认真讨论、充分沟通,在协商中统一了意见、达成了共识。局总经理高波最后强调,要进一步关心关爱广大职工,探索有效的服务形式,尤其是要建立职工大病保障机制,切实维护职工的各项权益,凝聚职工力量,促进企业高质量的发展。 (陈 湘)

职代会和厂务公开

【职代会】 在上海大力推进产业结构调整和环境整治的背景下,全市各级工会督促企事业单位依法推进职代会制度建设取得积极成效。一是职代会建制数保持相对稳定。据上海工会年报统计,截至9月底,全市建立职代会(含职工大会)制度的单位总数为140502个,其中建立职代会制度单位数为83050个,建立职工大会制度数为57452个。在建立了职代会制度的单位中,其中国有、集体及其控股的企事业单位职代会建制10241家,非公企业职代会独立建制27790家,已建区域性、行业性职代会7163家,覆盖非公企业111487家。二是加强职代会制度的培训指导。《上海市职工代表大会条例(修正案)》自1月1日起施行,全市各级工会通过各种形式积极宣传法规修改的重点内容,许多基层单位还开展专题培训讲座,让基层工会干部与职工代表熟知法规的有关新要求。三是重点工作推进有突破。市总工会将职代会制度纳入国企工会改革和非公企业"四位一体"的劳动关系协调体系建设内容加以部署,全市各级工会一方面在推动国有企事业单位职代会制度全面建制的基础上,着力抓好改革调整中规范履行职代会民主程序;另一方面重点指导基层非公企业按照要素管理、阶段推进的原则,稳步推进职代会建制和规范运作,逐步提高非公企业职代会的运行质量。 (王珍宝)

【厂务公开】 上海市厂务公开民主管理工作在上海市委的领导下,认真贯彻中央"两办文件精神"和全国厂务公开协调小组的各项要求,结合《企业民主管理规定》和新修订的《上海市职工代表大会条例》精神,深化发展厂务公开民主管理工作,取得了积极成效。推进建制方面,全市国有、集体及其控股的企事业单位实行厂务公开制度的10281家;非公有制企业实行厂务公开27856家。机制建设方面,根据当前供给侧结构性改革、上海全面深化改革的新形势、新要求,本市厂务公开领导小组六家成员单位制定下发了《关于进一步深化厂务公开公开民主管理加强和谐劳动关系建设的实施意见》,对加强组织建设、扩大工作外延、提升工作保障等方面提出了明确要求。各地区、系统和基层企事业单位积极推进厂务公开制度与深化企事业单位改革等中心工作有机融合,在新形势下不断探索厂务公开民主管理工作的价值内涵,为确保本市劳动关系和谐稳定,经济平稳健康发展做出积极的贡献。 (庄若冰)

【推进《上海市职工代表大会条例释义(修正版)》的编撰工作】 市总工会与市人大内司委、市人大常委会法工委积极沟通,通过成立编委会,扎实推进释义修正稿的编撰工作。一方面,多次召开专题讨论会,确定修改的基本方向和要点;随后按照任务分工,组织专业人员认真开展释义修订稿的起草工作,并逐条讨论定稿;另一方面,积极联系相关出版社,商定出版的相关事宜,最后确定与上海人民出版社签约。年底前,释义修正稿基本完成,交出版社审定,履行后续出版程序。 (王珍宝)

【全国第十次厂务公开民主管理调研互检】 根据全国厂务公开协调小组办公室《关于开展第十次全国厂务公开民主管理工作调研检查的通知》要求,由北上海、湖南、陕西、山西组成第三互检组,于7—8月对四省(市)的厂务公开民主管理工作进行了互查。来沪互检组先后赴上海建工集团股份有限公司、上海新徐汇(集团)有限公司、宝山区总工会、上海科技馆、中国科学院上海硅酸盐研究所、上海杉达学院、上海肺科医院、上港集团、上港集团尚东分公司、上海港国客中心、青浦区总工会、日立电梯(上海)有限公司、上海汇益控制系统股份有限公司、上海晨兴希姆通电子科技有限公司等单位调研,就落实职代会民主管理制度等情况进行了检查指导。互检组在充分肯定本市厂务公开民主管理工作取得良好成绩的同时,也对新形势下进一步探索深化厂务公开民主管理工作核心问题进行了研讨。 (庄若冰)

【李玉赋来沪调研检查企业民主管理工作】 2019年1月8—9日,全总党组书记、副主席、书记处第一书记、全国厂务公开协调小组组长李玉赋率调研检查组赴上海调研企业民主管理工作并召开工作座谈会，先后听取上海厂务公开领导小组，以及宝山区总工会、市机电工会、闵行区梅陇镇总工会、上海医药集团股份有限公司、上海罗氏制药有限公司、上海华山医院、上海沪港国际咨询集团有限公司等开展厂务公开民主管理工作的情况汇报。全总调研组对上海的企业民主管理工作给予充分肯定，指出上海的企业民主管理工作特色鲜明、措施得力，在维护职工合法权益、推进基层民主政治建设、构建和谐劳动关系方面取得了显著成效和积极成果，具有很强的创新性、示范性、引领性。全总副主席、书记处书记蔡振华，上海市委副书记尹弘，市人大常委会副主任、市总工会党组书记、主席莫负春，全总有关部门负责人等参加调研。 （庄若冰）

8月21日，金山区召开厂务公开民主管理调研检查工作会议 （钱海东）

【金山区厂务公开工作领导小组深入开展2018年度调研检查】 8月21日，金山区委副书记、区厂务公开工作领导小组组长程鹏，区人大常委会副主任、区总工会主席、区厂务公开工作领导小组副组长朱喜林带领区厂务公开工作领导小组成员深入基层单位开展调研检查并召开专题座谈会。会上，程鹏对金山区近年来厂务公开民主管理工作给予了高度肯定，并强调指出，要进一步提高站位、统一思想，充分认识新时代厂务公开民主管理工作的重要意义；要突出重点、创新方式，以厂务公开民主管理优化营商环境，深化构建和谐劳动关系工作；要加强领导、狠抓落实，结合好、服务好中心工作，进一步发挥厂务公开民主管理工作在金山“两区一堡”建设大局中的推动力。领导小组实地调研了上海新跃物流企业管理有限公司，上海市第六人民医院金山分院、上海金山新城区建设发展有限公司、上海新跃物流企业管理有限公司作了工作汇报。区总工会党组常务副书记、副主席汪敏良总结了2017年以来厂务公开民主管理工作开展情况，并对下一步工作进行了部署。各镇、街道、工业区厂务公开工作领导小组组长、副组长，部分基层企事业单位代表等30余人参加会议。 （钱海东）

11月28日，青浦香花桥街道总工会召开厂务公开民主管理现场观摩会 （朱建强）

【金山区总工会召开2018年度“十佳优秀职代会提案”现场评审会】 12月14日，2018年度金山区“十佳优秀职代会提案”现场评审会在区文化馆召开。区总工会党组常务副书记、副主席汪敏良出席并讲话，各直属工会分管副主席、入围提案人及所在单位工会主席共近70余人参加现场评审会。评审会上，入围提案人通过现场PPT演示，介绍了提案设想、实施过程和所获成效。提案内容涉及安全生产、职工队伍建设、家庭教育、节能降耗、农产品创新、职工培训等多方面内容。由“鑫工智汇”专家顾问等组成的评审团对入围提案从决策参考价值、实践应用价值、推广价值等维度进行综合评定，现场评分确定排名评出“十佳优秀职代会提案”。最终，金山区市政工程管理所“建设路网中心监控平台”等十家基层工会的职代会提案获得十佳职代会提案。本季“提出智慧，点出精彩——十佳优秀职代会提案”评选活动历时7个月，据统计，各直属工会共推荐上报职代会提案、金点子144条，经复选阶段各直属工会投票、区厂开办推荐、职工网络投票，最终25件职代会提案、25条金点子入围。 （钱海东）

【青浦区香花桥街道总工会召开厂务公开民主管理现场观摩会】 11月28

日，香花桥街道总工会在日立电梯（上海）有限公司召开厂务公开民主管理现场观摩会，45家企业工会主席观摩学习并开展座谈交流。日立电梯（上海）有限公司工会主席金世伟简要介绍了厂务公开民主管理的主要经验和做法，与会者观看了日立电梯公司《凝心聚力　和谐发展》专题片，就厂务公开民主管理的制度体系、规章流程、特色工作等进行观摩学习。东色日化、金博建工、昭和高分子、申雅密封件4家企业工会主席代表分别作交流分享。　（朱建强）

【奉贤区总工会召开厂务公开民主管理暨和谐劳动关系创建活动表彰部署大会】 4月13日，奉贤区总工会会同区人社局召开厂务公开民主管理暨和谐劳动关系创建活动表彰部署大会。会议总结部署了厂务公开民主管理和集体协商工作，通报了2017年和谐劳动关系创建活动情况，部署2018年创建工作。会上还对12家上海市和谐劳动关系达标企业代表、12家2017年度集体协商示范单位代表、3家上海市厂务公开民主管理工作先进单位以及1家上海市推动厂务公开民主管理工作先进单位进行表彰，副区长梅广清宣读表彰决定。龙利得包装印刷（上海）有限公司、上海奉贤发展（集团）有限公司、金汇镇分别进行交流发言。区委副书记王霄汉、市总工会劳动关系部部长周永宝出席会议并作重要讲话。区厂务公开工作领导小组成员单位负责人、区和谐劳动关系创建活动领导小组成员单位分管领导、区协调劳动关系三方委员会及四方联动单位成员、各街镇、社区、开发区厂务公开分管领导、协调劳动关系领导小组三方代表、相关委、局、集团公司、行业工会主席、专职副主席和企业代表等180余人参会。　（李凤英）

【仪电集团职代会民主管理委员会组织职工代表开展巡视检查工作】 1月，上海仪电职代会民主管理委员会组织部分职工代表开展巡视检查工作。巡视检查工作共分4个小组，分别对12家单位进行了巡视检查。巡视检查人员通过听取汇报、现场沟通询问、查阅文件资料等方式，了解了相关单位2017年开展厂务公开民主管理工作的总体情况，以及企业召开职代会情况、民主评议领导干部情况、企业工会在落实和保障与职工切身利益相关的集体协商、集体合同等方面的工作情况。仪电集团各基层单位职代会或职工代表大会建制实现了全覆盖，职代会的各项职权得到了较好的落实；华鑫证券等单位积极贯彻《上海仪电（集团）有限公司关于开展职工代表民主评议工作的指导意见（试行）》，组织全体职工代表对企业领导干部进行民主评议，较好的落实了职代会民主评议权；仪电集团各基层单位和工会积极开展集体协商工作，根据企业实际情况，签订集体合同或专项集体合同，协商内容不断拓展，协商质量不断提高，切实维护了职工的合法权益。　（邵秀根）

【市化学工会组织开展厂务公开民主管理工作自查】 市化学工会组织了厂务公开民主管理情况自查，特别加强了对各企业履行职代会制度和集体合同工作情况的检查。2018年，下属4家企业涉及调整分流，化学工会指导关心帮助调整企业认真履行职代会的民主程序，针对一些疑难杂症问题，请工会律师开展专题咨询，寻求专业帮助，做到合法合规、合理合情。

（陈晓英）

【上海电力建筑工程有限公司工会组织开展职工代表巡视】 6月，上海电力建筑工程有限公司工会组织15个单位的26名公司职工代表和5名公司机关相关部室人员，组成4个巡视组，分别深入项目施工现场开展职工代表专项巡视。巡视涵盖职工最关心的劳动保护、后勤生活、职代会立项提案落实情况等涉及职工切身利益事项。为确保巡视的效果，工会在“细”字上下功夫。通过在巡视前，制订巡视计划，并组织培训，做到有目的性的参加巡视。巡视中通过听取项目汇报、查阅项目有关台账资料、实地查看、召开座谈会等方式深入督查，查找漏洞，并就巡视过程中发现的问题，形成巡视情况报告，在巡视结束后及时与被巡视单位领导反馈，监督其整改，形成闭环管理。针对巡视中存在的问题提出整改要求，促进被巡视单位落实整改措施。　（杜英宏）

【中国宝武召开2018年职代会】 1月29日，中国宝武召开2018年职代会，听取并审议总经理陈德荣所作的工作报告，听取并审议《2017年安全生产管理情况及2018年工作计划报告》《2017年厂务公开民主管理工作综合报告》等相关报告，审议通过《集团公司2018年职代会决议》。2017年是中国宝武成立元年，中国宝武领导班子求真务实、勇于担当，与全体干部职工上下同心、砥砺前行，整合融合成效显著，深化改革取得突破进展，经营业绩创历史新高，公司资产得到夯实，职工队伍稳定，取得开局红的优异业绩。　（李士伟）

【中国宝武举办职工代表专题巡视活动】 10月，中国宝武以“看宝武、知宝武、爱宝武”为主题举办了第二次“职工代表看宝武”活动。沪内外各单位同步组织，180余名代表参加。武钢集团、宝钢股份、八一钢铁、韶关钢铁等10家子公司还各安排了1名沪外基层代表来上海参与活动。活动中，代表们听取有关单位专题介绍，巡视现场，与中国宝武领导座谈交流，进一步坚定了信心，增强了爱岗敬业的意识和热爱宝武的情怀。　（李士伟）

【中国宝武组织开展2017年度领导人员民主评议】 按照中国宝武《职工代表大会民主评议领导人员工作细则》以及中国宝武党委组织部《关于开展2017年度集团公司直管领导人员重点管理岗位人员绩效评价工作的通知》的整体安排，2月组织开展了2017年度领导人员民主评议工作，共对129名直管领导人员进行了民主评议。2211名职工代表参与评议，完成率为97.57%。中国宝武2017年度直管领导人员民主评议“优秀率”和“能力素质”综合得分连续三年上升。中国宝武党委组织部和工会对民主评议结果中反映出的问题进行了分析，并向中国宝武提出了相关意见建议，进一步推动领导干部队伍建设水平持续提高。　（李士伟）

【中国宝武举行2018年厂务公开专题报告会】 8月，在纪念厂务公开工作推行20周年之际，中国宝武召开了厂务公开专题报告会，155名各级职代会代表听取了中国宝武上半年“经营绩效”“党风廉政建设”“领导人员履职待遇、业务支出”“安全管理”“能源环保”“厂务公开民主管理”等专题报告。中国宝武工会就中国宝武2018年职代会期间代表们对总经理工作报告等各项议案所提意见建议落实情况作了反馈。代表们对中国宝武上半年钢铁主业取得历史最好业绩感到振奋，对深化改革、整合融合、转型发展平稳有序推进、取得显著成效感到自豪，对中国宝武未来发展充满信心。（李士伟）

【中国宝武加强职工民主管理体系建设】 年初，中国宝武对职工民主管理基本制度作了适应性修订，增加“以习近平新时代中国特色社会主义思想为指导，坚持全心全意依靠工人阶级根本方针”“把职工民主管理制度机制纳入公司章程，融入企业治理结构”等内容，进一步加强党对职工民主管理工作的领导，深化职工民主管理体系建设。中国宝武将厂务公开民主管理工作纳入党建工作考核，并在党建工作现场验证期间，对所有二级单位和部分三级单位进行调研，通过查阅资料、座谈交流、个别访谈等形式，了解基层厂务公开民主管理工作情况。各单位坚持全心全意依靠工人阶级根本方针，深化职工民主管理，构建和谐劳动关系，助推改革、创新、融合、转型，职工队伍基本稳定，劳动关系总体和谐。（李士伟）

【宝钢股份举办第五届职工代表提升履职能力培训班】 10月，宝钢股份组织开展《工会与职工代表在ISO45001职业健康安全管理体系中的角色和功能》《新形势下的职代会制度及职工代表作用发挥》为主题的宝钢股份第五届职工代表提升履职能力培训班。各事业部、子公司、直属厂部各二级单位共400多位职工代表、专职工会干部参加培训，聆听了英国标准协会首席专家高毅民等授课，为学员提高参政议政能力，进一步发挥好职工代表作用提供了帮助。（韩　杰）

【宝钢发展扎实推进厂务公开民主管理】 2018年，宝钢发展组织召开公司领导班子成员述职会，完成公司领导人员和直管人员民主评议工作，并形成《公司直管人员能力素质民主评议结果分析报告》在公司党委中心组学习上进行报告。开展2017年《宝武管理者问卷》调研，形成《中央巡视反馈意见整改落实满意度专项调研分析报告》，并在公司党委中心组学习上进行报告。组织召开2018年度厂务公开报告会，就公司经营绩效，履职待遇、业务支出管理，安全生产和能源环保，党风廉政建设情况向职工代表们报告，同时，公司党政主要领导对职工普遍关注的17项问题在会上与职工代表沟通反馈，进一步加大职工代表对公司发展与生产经营情况的知情参与力度。源头参与公司改革改制工作的民主管理，参与汽车公司、宝钢绿化改革调整方案研究，指导源康物业公司“三供一业”分离移交过程中规范履行民主程序，确保职工合法权益不受损害。（朱　宏）

【宝钢发展坚持职代会制度深化企业民主管理】 2018年，宝钢发展召开九届九次职代会，书面审议了《关于宝钢发展2017年领导人员廉洁自律情况的报告》等9个报告；审议表决通过了《宝钢发展基层团队建设活动经费实施办法（修订版）》《宝钢发展职工奖惩管理办法》和《2018年度宝钢发展有限公司集体合同》等事项；指导职业健康公司、置业公司等直属单位规范召开年度职代会，源头把好职代会流程关。广泛开展集体协商提案、议案征集活动，共征集了职工代表提案10件，并就“继续实施企业年金”“调整职工体检套餐项目”以及修订《宝钢发展职工帮困送温暖工作实施办法》《宝钢发展基层团队建设活动经费实施办法》《宝钢发展职工奖惩管理办法》《2018年度宝钢发展有限公司集体合同》等议题在2018年集体协商会议上达成共识。（朱　宏）

【宝武炭材坚持厂务公开制度，保障职工的知情权、参与权、表达权和监督权】 2018年，宝武炭材有效发挥厂务公开民主管理民主监督平台作用，聚焦公司工作的重点和难点，召开厂情通报会，向职工代表报告生产经营、党风建设和反腐倡廉、领导人员职务消费、安全管理、规划投资等情况。不断丰富和创新厂务公开的形式和载体，组织职工代表3人参加集团“职工代表看宝武”活动，发挥职工代表民主监督作用。通过定期编制下发形势任务简报，组织员工面对面交流、领导人员基层联系点制度、E线互动等，通报信息，倾听心声，切实保障了职工对企业运行和管理的知情权、参与权、监督权。认真学习贯彻工会十七大精神，明确工会工作方向。多渠道宣传工会十七大精神，推动工会的十七大精神进车间、进班组、进岗位，共收到职工读写感想17篇。（周昌通）

【上海高桥石化公司认真落实职代会制度完善厂务公开工作】 6月中旬，上海高桥石化公司在各单位自查整改的基础上，组织职代会生产生活保障专门委员会成员、部分公司职工代表和部分工会干部分7个督查组对各生产装置、高温作业现场、食堂等就落实防暑降温工作以及食堂食品安全卫生工作进行专项督查，共督查发现了37个问题点和管理上的薄弱环节，分别落实了整改和复查工作；坚持双向沟通，落实厂情发布制度，进一步畅通公司和作业部（中心）两个层面的双向沟通渠道，为职工主动参与经营管理、主动建言献策搭建平台，创造条件。（吴　斌）

【上海石化开展厂务公开民主管理调研】 6—8月，上海石化厂务公开民主管理评估监督小组开展厂务公开民主管理调研，了解相关民主管理制度和《公司厂务公开民主管理实施运行表》落实情况，听取部室和二级单位有关厂务公开民主管理形式、内容的意见和建议。调研检查显示，上海石化厂务公开民主管理取得较好成效，职工群众知情权、表达权得以落实，职代会各项职权得以强化，职代会整体运作水平得以提升。（袁　玮）

【上海石化开展职代会提案落实巡视评估】 2018年，上海石化围绕37件职代会提案跟踪落实，开展巡视评估。根据提案征集、预审工作流程和巡视评估工作流程，形成专门委员会、巡视评估员及职能部室对口提案落实表。巡视评估员以实地考察和个人督办形式进行巡视评估，并形成提案落实情况表37份。至年底，职代会专门委员会组织44名巡视评估员和57名提案人，对10个提案落实部门（单位）进行了满意度测评，满意率与基本满意率之和为100%，不满意率为0%。（裘　玮）

【上海石化召开七届二次职代会】 2月8日，上海石化召开七届二次职代会，241名职工代表参加。会议书面审议《公司行政工作报告》《公司2017—2020年集体合同2017年履行情况报告》《公司2017年福利费使用情况和2018年预算初步安排的报告》《公司七届一次职代会巡视评估情况报告》《公司2017年职工教育经费使用情况报告》《公司2018年职工培训计划编制报告》《公司2017年业务招待费使用情况报告》《公司2017年职工帮扶互助基金使用情况报告》《公司七届一次职代会提案审理情况报告》和《公司2017年综合工时实施情况报告》；听取公司党政领导班子成员述职、述学、述廉报告，民主评议公司领导班子和公司领导；表彰公司优秀职工代表、优秀巡视评估员、职代会先进专门委员会、最佳提案、提案落实工作先进部门。（裘　玮）

2月8日，上海石化召开七届二次职工代表大会　（石小建）

【中国远洋海运集团召开一届二次职工代表大会】 2月5—6日，中远海运集团召开了第一届二次职工代表大会，职工代表239人参加会议。国务院监事会主席潘良出席会议并讲话，集团董事长、党组书记许立荣作总结讲话，集团总会计师孙月英宣读了总经理工作报告，集团副总经理、党组副书记孙家康作党组工作报告，大会表决通过了《中国远洋海运集团有限公司集体合同》。开展了职工代表提案征集，共收到代表提案21件。广泛听取了职工代表对企业改革发展的意见建议。（刘建强）

【邮轮港工会开展职代会提案征集工作】 5月，邮轮港工会在一届四次职代会前期，开展了职代会提案征集活动，广泛动员职工代表为公司改革发展建言献策。提案征集共有20位职工代表提出提案，占职工代表总数的56%，征集提案11项，主要涉及职工福利、企业形象、运营服务、教育培训、文体活动等，公司工会职代会筹备组提案进行审核归类，并形成报告提交职代会审议。（顾方杰）

【中国移动通信集团上海有限公司持续深化民主管理】 中国移动上海公司工会持续深化民主管理，于年初召开公司第四届职工代表大会第四次会议，并根据《上海市职工代表大会条例》，持续推进公司二级职代会工作开展，落实相关法律法规规定，畅通员工参政议政的渠道。运用工会信息平台征集四届四次职代会提案152条并首次试点线上处理，提案涉及业务发展、员工关爱、综合管理、降本增效等10大类，职工代表对提案处理的满意度达97.3%。中国移动上海公司工会进一步落实企务公开相关制度，就公司改革发展、生产经营、廉政建设、员工切身利益和员工关注的热点等重大问题履行公开程序，根据公开面向对象的不同，共计公开9项文件，助推企业和谐发展。（高诗颖）

【中国电信上海公司召开四届三次职工代表大会】 2月9日，公司第四届职工代表大会第三次会议在邮电俱乐部举行。公司党委书记、总经理马益民作有关《工作报告》的说明；职工代表对集体合同进行了投票表决，公司行政和工会分别代表劳动关系双方签订了2018年度集体合同。大会号召公司全体员工在十九大精神的引领下，按照集团转型战略的部署，确保完成全年目标任务，共谱企业发展新篇，共筑员工美好生活，开创公司转型发展的新局面。（殷　茵）

【中交上航局召开第二十一次工代会暨二十一届一次职代会】 3月15—16日，中交上航局第二十一次工代会暨二十一届一次职代会召开，经民主选举产生的新一届职工（工会会员）代表参加会议，其中正式代表99名，列席代表25名，大会听取并审议公司工会第二十届委员会工作报告及二十届经费审查委员会工作报告，并通过差额选举的方式选举产生了中交上海航道局有限公司工会第二十一届委员会、经费审查委员会。（于美庆）

【中交三航局有限公司召开十六届三次职代会暨2019年工作会】 2月6—7日，中交三航局有限公司召开十六届三次职代会暨2018年工作会，全体职工代表、列席代表近200人参会。会议听取了总经理马卫星所作的题为《全面深化改革提高发展质量　在中国交建迈向世界一流企业的征程中奋勇前进》的行政工作报告。会议通过《2017年度业务招待费使用情况说明的报告》《2017年度财务决算和2018年财务计划报告》《职工福利费、帮困基金、职工医疗保险、养老保险金、企业年金、失业保险金、住房公积金等执行情况说明》《2017年度联席会议工作报告》等工作报告，并对局有限公

2月6—7日，中交三航局召开十六届三次职代会暨2018年工作会

（黄书展）

司领导班子和领导干部开展了民主评议。对2017年度各类先进进行表彰、授奖。（黄书展）

【机场集团公司工会启动2018年度职工代表巡视活动】 机场集团公司工会按照年度工作计划安排，结合夏季工作特点，启动了2018年度职工代表巡视活动。巡视的重点为防暑降温工作和劳动保护工作落实情况，包括防暑降温用品发放情况、防暑降温知识教育宣贯情况、室外岗位职工作息和休息情况、高温作业场所通风排风情况、工会主席高温天赴一线送清凉慰问情况、安全生产隐患排查整改情况、室外岗位工作服配置情况、高温作业岗位职工体检情况、劳动安全监督检查情况和劳动安全卫生防护急救自救技能培训情况。集团公司工会专项制定了巡视清单，成立2个巡视小组，由股份公司、虹桥公司工会主席带队，采取交叉互查的方式，对涉及室外岗位作业的基层一线科室开展了集中巡视，具体了解了相关单位在防暑降温和劳动保护方面的做法和举措。公司工会主席张永东在巡视现场向被巡视单位赠送了喷雾电风扇，为奋战在高温酷暑下的一线职工送去清凉。（顾　胤）

【上海建工集团召开四届四次职工代表大会】 1月11日，建工集团召开四届四次职工代表大会。集团党委书记、董事长徐征出席并讲话。大会由集团党委副书记、工会主席张立新主持。集团第四届四次职工代表大会223名正式代表和特邀代表参加会议。大会听取并审议通过了集团党委副书记、总裁卞家骏所作的《行政工作报告》，听取《集团四届四次职代会民主管理工作报告》，通过《关于增补集团第四届职代会部分代表的报告》《关于增补集团第四届职代会主席团成员名单的建议》《关于调整集团集体协商职工方代表的建议》《关于调整集团第四届职代会部分民主管理专门委员会成员的建议》。（余轶群）

【市绿化市容局系统开展厂务公开民主管理工作调研抽查】 7月26—27日，市绿化市容局工会副主席冯磊率市绿化市容局厂务公开工作领导小组办公室成员，对水管处、园科院、信息中心、景观中心等4家单位，从4个方面调研厂务公开民主管理工作：一是在维护职工合法权益、构建和谐稳定劳动关系、加强党风廉政建设、促进单位和谐稳定、改革发展等方面发挥的主要作用。二是在贯彻《上海市绿化和市容管理局关于进一步深化厂务公开民主管理工作的指导意见》以及职代会预审报告等工作过程中采取的主要做法、措施、取得的主要成效及体会。三是在深化事业单位改革给劳动关系和职代会制度带来哪些影响和挑战。四是当前在实行厂务公开民主管理过程中遇到的主要问题、难点及对策建议等。通过调研检查，提高抽查单位党政工领导、职工群众对厂务公开、民主管理工作重要性和现实意义的认识，进一步落实厂务公开民主管理工作的自觉性和主动性。（唐鸿仙）

【中建八局召开五届一次职工代表大会暨工会第五次会员代表大会】 2月2日，中建八局五届一次职工代表大会暨工会第五次会员代表大会在沪召开，市总工会党组副书记、副主席姜海涛，中建集团党组副书记、副总经理、工会主席刘锦章，中建八局党委书记、董事长校荣春及八局186名职工

市绿化市容局系统开展厂务公开民主管理工作调研抽查（唐鸿仙）

（会员）代表出席大会。大会听取审议通过了行政工作报告及工会第四届委员会工作报告；审议通过提案征集情况报告、关于局集体合同和3个专项集体合同履行情况及修订说明，书面审议通过财务工作、安全生产工作等关乎职工切身利益的7个报告。签署局集体合同及3个专项集体合同。大会选举产生了局工会第五届委员会委员、经费审查委员会委员，提名产生了新一届女职工委员会。会议表彰了4个2016—2017年度先进单位、31名劳动模范、170名先进工作者。

（郝国元）

【市民政局深入推进厂（院）务公开民主管理】 2018年，市民政工会积极贯彻落实市厂务公开工作领导小组办公室《关于组织开展第十五次厂务公开民主管理调研检查工作的通知》要求，组织开展局系统第十五次厂务公开民主管理调研检查工作。各基层单位按照通知要求，通过召开职工座谈、开展职工满意度测评等形式，全面梳理单位落实职代会、厂务公开等民主管理制度的工作情况。全局3家二级单位和42家基层单位都建立了职代会和厂（院）务公开民主管理制度。在各单位自查基础上，市民政局工会会同二级党委分别在市社会福利中心、市殡葬服务中心和局直属单位召开互查交流会，28家单位在会上作交流，进一步推进职代会、厂务公开和集体合同制度建设向纵深发展。

（胡积伟）

【锦江国际集团推进厂务公开民主管理工作】 锦江国际集团厂务公开领导小组组织开展第十五次厂务公民主管理调研检查，认真回顾总结厂务公开民主管理工作的推进和落实情况，把维护职工权益有效融入企业治理结构和管理制度。一是按照国企改革中工会源头参与和职代会制度建设基本要求，与集团党务公开、劳动关系和谐企业创建活动相结合，合力推进职代会、集体合同、工资集体协商、劳动争议调解等劳动关系协调机制，完善维护职工合法权益的工作机制，发挥民主管理和协调劳动关系制度作用。二是根据集团党委工作部署，把职工董监事制度增加到公司章程，把涉及员工利益的事项作为推进重大项目和重大工程的前置考虑程序，集团所属工会改革分层分类有序推进，切实发挥工会作用。三是集团工会围绕集团进军“全球前三”、构建“一流企业”的发展战略，坚定改革信心，强化责任担当，以建机制、强功能、增实效为目标，找准工会工作的切入点和着力点，发挥工会组织优势，深入到每家基层企业，拓展工会在企业民主管理工作成效，展现了工会作为。（张祥伟）

【百联集团召开二届八次职工代表大会】 10月31日，百联集团二届八次职工代表大会在百联大厦召开。集团党政领导班子成员，集团各部室负责人，各二级公司、中心党政主要负责人及全体职工代表等人员出席。集团党委副书记、工会主席许国良主持会议。集团职工代表听取了集团党委书记、董事长叶永明，集团总裁、党委副书记徐子瑛的重要讲话和报告；听取了《关于百联集团2017年度业务活动费使用情况和“六金”缴纳情况》的报告、《关于2015—2017年度〈百联集团有限公司集体合同〉、〈百联集团有限公司女职工专项集体合同〉执行情况的报告》《关于2018—2020年度〈百联集团有限公司集体合同（草案）〉、〈百联集团有限公司女职工专项集体合同（草案）〉协商修订情况的报告》；对2018—2020年度《百联集团有限公司集体合同（草案）》《百联集团有限公司女职工专项集体合同（草案）》进行审议，并以投票表决的形式通过两项合同。（姜　杰）

【光明食品集团工会组织职工代表巡查休息休养工作】 为更好地促进职工休息休养工作的开展，光明食品集团工会组织子公司工会主席、职工代表一行30余人，到集团职工休息休养基地黄山茶林场开展巡查工作。本次巡视，职工代表们就疗休养基地光明文化宣传、光明品牌展示、光明产品销售提出了合理化建议，希望通过“菜单式”的设计和服务功能的完善提高，让员工在休息休养活动中充分感受到“因为光明，所以温暖”。职工代表们还将对安吉海博山庄疗休养基地的设施服务情况以及白茅岭农场和军天湖农场的职工安全生产、劳动保护工作等方面开展巡查。（朱菊英）

【城投集团召开2018年工作会议暨职工代表大会】 3月8日，上海城投集团召开2018年工作会议暨职工代表大会。集团领导、监事会主席、监事、总法律顾问、纪委副书记和各职能部门负责人、各直属单位党政负责人、核心企业党政主要负责人、职工代表等近200人参加会议。大会审议通过《上海城投集团职工代表大会正式代表调整的情况报告》，听取，《上海城投集团2018年工作报告》，审议通过，《关于进一步完善城投集团职工疗休养工作的指导意见》，民主评议了集团党政领导班子和党政领导。

（陈　骏）

【中国商飞民用飞机试飞中心职工代表参与民主管理工作】 5月29日，试飞中心召开职代会联席会议，以无记名投票方式表决通过了《试飞中心考勤与休假管理办法（试行）》和《试飞中心宿舍管理办法（试行）》。为充分发挥职工代表的民主参与作用，严格履行民主程序，工会在职代会前就两个管理办法与相关部门进行了多次沟通，并以宣贯会形式，组织相关部门与职工代表见面，直接听取职工代表的意见和建议，经过多次民主协商，为两个管理办法不断完善并通过职代会审议打下扎实基础。同日，试飞中心工会组织职工代表到试飞中心（新址）食堂巡视食堂建设和餐饮情况，为新址食堂建设建言献策。宽敞明亮的新食堂，可满足300余名职工同时用餐。现场膳食品种比较丰富，用餐形式为自助餐。巡视后，职工代表为新食堂的建成使用感到高兴，并就今后食堂的日常管理和服务提出了不少建议。人力资源部负责人、综管部负责人、职工代表等共计39人参加活动及会议。（郭津泽）

【号百公司进一步完善民主管理工作】 1月10日，号百公司工会两委委员、女工委委员、各基层工会主席、职代会主席团相关成员及工会办公室人员、部分职工代表近40人就2017年《集体合同》履行情况听取了各行政部门的汇报。2017年，在公司党委的重视和全体员工的努力下，员工教

1月10日，号百信息公司召开二届五次职代会（权 丽）

育培训课时数、员工用餐补贴、女职工体检和卫生费等集体合同实事项目得到落实。2月28日，号百公司召开第二届职工代表大会第五次会议，会上公司行政和工会领导签署了《中国电信集团号百信息服务有限公司2018年度集体合同》和工资集体协议、女职工权益保障专项协议。公司工会建立了职工代表巡查制度。在职代会闭会期间，公司工会组织职工代表半年度巡查，围绕集体合同和两项协议的条款执行情况，下基层各部门逐一检查评估，进一步推动维护职工权益的各项工作。（童合明）

【世纪出版集团召开二届二次职工代表大会】 3月14日，上海世纪出版（集团）有限公司二届二次职工代表大会在上海科技出版大楼会议厅举行。集团党委书记、总裁王岚作工作报告和总结讲话，党委副书记、工会主席何向莲主持大会。集团党委班子成员、职工代表及列席代表共150余人参加会议。会议审议并表决通过《关于〈上海世纪出版（集团）有限公司2017年主要工作和2018年工作要点〉的决议》和《上海世纪出版（集团）有限公司职工代表大会提案工作条例》。（江 文）

职工董监事

【概要】 市总工会积极推进职工董事监事制度建设。市总工会借助国企工会改革的有利时机，把完善公司法人治理结构作为重点工作要求，并加强对基层企业的指导督促，扎实推进职工董事监事制度建设，推动了上海电气、东浩兰生、静安置业等单位依法配备并选举职工董事监事。据上海工会年报统计，截至9月底，已建工会的公司制企业建立董事会的有4459家，共有职工董事1632人，其中工会主席或副主席进入董事会937人；已建监事会的有3169家，共有职工监事1651人，其中工会主席或副主席进入监事会734人。（王珍宝）

【徐汇区全面推进职工董监事制度纳入公司章程】 徐汇区总工会积极贯彻市总等6部门联合下发的《关于加强和改进本市国有企业工会工作的指导意见》要求，指导区内国有企业将职工董事、职工监事制度纳入公司章程，推动形成科学合理平衡的企业治理机制。区总工会与区国资委沟通协调，将上海新徐汇（集团）有限公司作为改革试点单位，通过公司章程的修订完善，全面推进属地国有企业将协调劳动关系制度纳入公司章程。通过各方努力，取得以下成效：一是加强制度保障，健全企业法人治理结构。公司章程修订对职工董事、职工监事的职数、产生程序、履职权限都做了详细规定，从源头上构建了维护职工权益的顶层制度体系。二是保障依法履职，促进企业劳动关系和谐。在所修订的公司章程中特别增加“董事会在研究决定涉及职工切身利益的重大问题和重要决策前，应当事先征求职工董事的意见”等条款，为职工董事、职工监事参与企业重大决策提供制度保障。三是提高履职能力，完善企业民主监督机制。公司章程除对职工董事、职工监事的工作待遇、履职培训进行明确规定外，进一步明确“职工董事、职工监事应当切实履行职责，定期向职代会作述职报告，并接受职工代表的民主评议”，从而增强了职工董事、职工监事的责任感，完善了企业民主监督机制。（陶 俊）

【国网上海市电力公司召开首届董事长联络员座谈会】 2月7日，公司董事长、党委书记钱朝阳为32名公司第一届董事长联络员颁发聘书。钱朝阳希望联络员发挥“三联”作用，助力公司上下形成最多的共识、最齐的步调、最大的合力，朝着新的战略目标迈进。钱朝阳希望联络员上联董事长，让董事长能听实情，以便作出科学决策；中联管理层，让管理层听建议，以便能够找准问题；下联基层员工，让公司领导和管理层能听心声，为一线畅通表达渠道。在此基础上，联络员要构建互联文化、发挥透视作用、体现集智功效。为此，钱朝阳希望联络员能不断增强学习能力，确保领悟有提升；增强联络能力，练好沟通这一看家本领；增强连心能力，建立起广泛的信任；增强集智能力，善于分析各方信息；增强建议能力，能够归纳总结并形成建议。公司工会主席娄为主持会议。董事长联络员、崇明供电公司倪赛娟、电科院黄兴德作交流发言。（俞画屏）

【上海建工集团职工董监事源头参与企业经营决策维护职工利益】 2018年，建工集团职工董监事源头参与企业经营决策，重点代表和维护职工利益。职工董事在参加的全年5次董事会中，代表职工共审议议案25项，签署决议5个，内容涉及《董事会工作报告》《行政工作报告》《财务决算报告》《利润分配方案》《社会责任报告》以及年度提供担保、内部控制评价等事项。职工监事注重发挥双重监督职能作用，除每次列席董事会以外，还根据《公司章程》《董事会议事规则》《监事会议事规则》等要求，对公司重大决策程序和董事、经营管理层履职情况的合法合规性进行监督，对重要规章制度执行情况、生产经营活动中预算执行和风险管控情况进行审查监督，并提交报告，确认报告期内有无违法违规、损害股东权益、公司利益和职工利益的行为。同时，结合职工代表巡视检查和民主管理调研，对职代会决议的执行落实情况进行监督，对各项社会保险金的提取缴交、劳动保护、福利制度、职工工资分配及其调整方案的执行情况进行检查，并向职代会报告。（王 晶）

【市机施集团积极推进职工董事监事制度建设】 作为市级层面10家国有企业工会改革试点单位之一，上海建工集团下属上海市机械施工集团有限公司以国企工会改革为抓手，主动将职工董事监事制度建设作为工作重点，并融入企业法人治理结构。一方面在公司章程中修订完善了职工董事监事的人数和民主选举产生程序，并专门制订《职工董事和职工监事管理工作实施意见》《职工董事和职工监事履行职责实施细则》，细化明确了职工董事监事的职责、履职条件、履职管理等6个章节25条内容。另一方面，注重职工董事监事切实履行职责，认真代言和维护好职工权益。通过支持职工董事监事参加国资委等上级单位举办的任职培训，不断提升其履职能力。在履职过程中，职工董事从源头参与机施集团的重大决策，维护职工整体权益；职工监事对工资报酬、利润分配、福利待遇等进行全过程监督，维护职工具体权益。此外，机施集团以述职的方式强化职工董事监事对企业发展、员工成长负责。机施集团职工董事每年在职代会上述职，报告在董事会中履行职责情况；职工监事撰写月度重大事项报告、半年度（全年）经济运行报告、报告履职情况，接受职工代表的评议。（王珍宝）

【SMG工会坚持和完善职代会制度，选举职工董监事】 5月21日，上海广播电视台、上海文化广播影视集团有限公司第一届职工代表大会第三次会议在上海国际会议中心举行。来自台、集团各单位、部门的160位正式代表、10余位列席代表出席会议，听取台长、总裁高韵斐作的题为《攻坚克难、改革创新，努力打响上海文化品牌》的工作报告。全体代表通过投票，选举副总裁、工会主席袁雷为SMG职工董事、审计室主任刘志强、工会常务副主席郑丽娟为职工监事；大会还表决通过了《上海广播电视台、上海文化广播影视集团员工网络行为管理规定》《上海广播电视台、上海文化广播影视集团有限公司职工疗休养管理暂行办法》《上海广播电视台、上海文化广播影视集团有限公司帮困互助金管理章程（修订）》三个事关职工职业规范和切身利益的重要文件和大会决议。台（集团）工会督促和指导所属基层工会开展职代会工作。40个基层单位今年也相继召开了职代会，审议通过了事关职工切身利益的若干重要文件。（秦伊龄）

法律监督

【概要】 上海各级工会加大工会劳动法律监督工作力度，建立健全工会劳动法律监督组织网络，全市各个区、产业（局）、集团公司、街道乡镇、联合工会及基层工会共建立工会劳动法律监督组织10000个，组建了一支由17503名工会劳动法律监督员和12396名劳动保障法律监督员组成的专业监督队伍。市总工会联合区、街镇总工会，对290家企业实施工会定向劳动法律监督，监督案件数同比增长118%，监督覆盖面进一步扩大。近年来，工会劳动法律监督作为“四位一体”协调劳动关系工作体系中重要一环不断推进，并确立了“两个重点延伸”和“四个有机结合”的工作思路。“两个重点延伸”，即重点向劳资矛盾预防化解延伸，重点向工会组建、职代会和集体协商建制延伸；“四个有机结合”，即与人大执法检查、政协委员视察、劳动保障监察等有机结合，与政府信用信息平台和社会诚信体系建设有机结合，与舆论监督公开谴责有机结合，与推动完善立法有机结合。此外，按照全年工作计划，市总工会还联合市劳动监察等相关职能部门共同开展了农民工工资支付情况专项检查、女职工劳动权益专项联合检查。进一步加强与各级劳动监察部门的协作，针对具有改革调整任务的企业，双方同步信息交流共享、同步开展监督检查、同步进行跟踪指导，从而使80%以上具有改革调整任务的企业平稳过度，确保劳动关系隐患及早得到化解。（庄若冰）

【市总工会与有关部门签署工会定向劳动法律监督会商纪要】 3月6日，为落实《关于共同加强本市劳动关系矛盾预防化解工作的意见》，市总工会劳动关系工作部与市人力资源和社会保障局劳动保障监察管理处、市劳动保障监察总队，在2015年《关于进一步加强劳动法律监督工作方案》的基础上，就共同推进本市工会定向劳动法律监督与劳动保障监察有序衔接、整合联动，协商形成《关于工会定向劳动法律监督与劳动保障监察衔接联动会商纪要》。《纪要》从信息沟通协调、工作衔接联动、人才队伍建设及运行措施保障等多个方面明确了各方责任，细化了工作流程，对工会整合各方力量，构建和谐劳动关系具有重要促进作用。（庄若冰）

矛盾预防与调处

【概要】 市总工会组织各区局（产业）工会加强对本市年内具有改革调整任务企业的信息排摸，发现1026家企业有改革调整任务，涉及职工44614人。加大与市劳动监察总队的沟通协调和信息互通共享，推动各地区工会协助劳动监察对改革调整企业上门监察和工作指导，促使80%以上的企业调整平稳有序。继续加大企业调整改革中变更劳动关系、履行协商民主程序的工作指导，对100余家企事业单位调整改革方案进行“会研、会商、会审”，指导企事业单位一企一策，因企制宜，有序解决调整改革过程中的劳动关系变更和职工切身利益重大事项的调整，确保职工队伍稳定。（蒋慧勤）

【上海工会完善工作机制，推进工会参与劳动关系矛盾预防调处工作】 一是进一步完善工作机制。根据全国总工会文件要求，市总工会研究制定了相关实施办法，进一步加强本市各级工会参与劳动关系矛盾预防化解工作力度。二是进一步完善工作平台。

在原先的群体性劳资纠纷履职通报平台基础上，上海工会结合"实施办法"要求，重新调整研发了群体性劳资纠纷预防调处工作平台，畅通工会预防化解群体性劳资纠纷信息报送渠道，集市、区、街镇各级工会力量参与预防处置职工群体性事件。该工作平台已正式上线运作。三是召开非公企业工会协调劳动关系体系建设会议。市总工会于9月13日召开非公企业工会协调劳动关系体系建设梅陇现场会，探索非公企业工会协调劳动关系体系建设工作。四是建立群体性劳资纠纷"日报告"制度。9月份开始，市总工会建立群体性劳资纠纷"日报告"制度，市总劳动关系工作部每日将当日纠纷信息报送至市总主要领导、分管领导，密切掌握全市职工队伍稳定状态，保持政治敏感性，为上海进博会的召开创造良好的环境和氛围。

（蒋慧勤）

【青浦区总工会夯实维权体系建设凸显应援尽援】 青浦区建设"区法院、区总工会劳动争议调解工作室"，全区实现"1+13"工会法律援助工作网络全覆盖；完善区、街镇、企业三级调解组织网络建设，在百人以上独立建会企业中建立近500家企业调解组织；聘请律师事务所常驻仲裁院，为职工提供"调解+援助"同步法律援助服务。年内，各级工会参与劳动争议调解315件，提供法律援助561件，涉及职工3500余人，挽回经济损失1.2亿元。

（朱建强）

【中国宝武建立完善改革事项信息预报机制】 中国宝武认真落实国家法律法规及有关政策要求，将职工转型发展工作作为重中之重，坚持与深化改革、整合融合、转型发展同谋划、同部署、同推进，夯实责任，加强协调，精准施策。中国宝武工会建立完善集团范围内涉及履行民主程序的改革事项信息预报机制，协同人力资源部、法律事务部、信访办共同研究"三供一业"分离移交、大集体改革、治僵脱困等改革过程中涉及职工切身利益的重大事项方案以及涉及的职工安置、履行民主程序、维稳工作等方案，加强研判，严格把关，监督实施，防范风险。各级工会组织主动参与改革方案和有关政策的调研论证、制定，耐心细致做好职工思想政治和心理疏导工作，统一认识，引导预期，促进公司各项重大改革事项平稳有序推进。

（李士伟）

【市监狱管理局工会健全完善两级预测、预警、预报机制】 市监狱局工会健全和完善以各级工会信息为载体的预测。预警、预报机制，根据《上海市监狱管理局工会预警报告制度》，基层工会每月向局工会上报预警报告，及时反映单位基本情况、重要情况，反映群众关心的热点和工作中遇到的难点问题。局工会坚持每月收集信息认真摘编，把带有共性的、倾向性的信息组织编撰《热点反映》上报局党委。全年《热点反映》共上报12期，涉及有关绩效考核、民警值班模式调整、对援疆干部的关心等方面的内容。

（江海群）

法律援助

【概要】 市总工会按照党中央和市委关于构建和谐劳动关系总体要求和党的群团改革总体要求，切实发挥工会法律援助、法律监督、集体协商、民主管理"四位一体"维权体系作用，突出工会维护主责主业；进一步加大四方合作力度，有效落实市人社局、市总工会《关于推进和谐劳动关系建设的合作纪要》内容，与市人社局调解仲裁处共同制订下发《关于在本市劳动争议调解仲裁工作领域加强人社、工会部门合作的实施细则（试行）》，进一步深化双方在调解仲裁工作领域的有效合作。推动全市各级工会与同级仲裁机构成立工会联合调解分中心，积极推动全市各街镇工会法律援助站点与司法、综治、社区服务中心等有效整合和运作，依托现有的职工服务站点积极开展职工法律援助服务，有效推进基层工会法律援助站点阵地覆盖，截至年底，全市共建立实体化运作职工法律援助站点345个。积极组织开展工会公职律师、劳动争议调解员、劳动法律监督员、劳动关系协调员等各类业务培训，提升基层工会干部法律专业能力。组织全市各级工会签约的社会律师开展《工会法》、集体协商、职代会民主管理等工会劳动法律法规专场培训，指导督促工会维权律师开展法律服务时代表工会站位职工，认真履职。2018年全年累计培训各级工会法律人才300余人、社会专业律师150余人次。在市总工会的统一指导下，全市各级工会法律援助中心积极履行职责，扎实开展法律援助维权服务工作。2018年全年总计提供维权服务69044次，其中法律咨询29753次，涉及职工43327人次；受理援助案件39291件，包括代写法律文书1200件、参与协商调解31428件、代理仲裁诉讼6663件。

（秦利佳）

【市总工会成立第五届法律顾问团】 按照十八届四中全会的精神和在法治轨道上推进工会各项工作的要求，市总工会经与市司法局、市律师协会进行沟通，根据"择优续聘、适当调整、扩大范围"的原则，调整成立了上海工会第五届法律顾问团。本届顾问团由11名具有较高社会知名度的专业律师、5名在劳动法、行政法等领域具有较深理论功底的专家学者以及4名在劳动法、经济法等领域具有较深理论功底的专家组成。市总工会成立第五届法律顾问团，一是在未来的三年里为上海工会更好地在参与地方立法、有效维护职工劳动经济权益和政治民主权利，发挥顾问团"法律智库"的作用。二是对本市劳动关系主要矛盾加强调查研究，尤其针对新型就业群体劳动关系的认定及法律适用等疑难法律事务方面，切实发挥顾问团法学专长和实务经验。三是在上海工会群团改革过程中"依法建会、依法管会、依法履职、依法维权"等方面，发挥法律顾问在推进工会法治化建设中的积极作用。四是针对当前经济新常态下呈现出的劳动关系领域热点、难点问题进行研讨，借助专家律师团的力量发出工会声音。五是对于市总工会每年度劳动关系领域重点课题加强指导，及时总结经验，将好的对策思路和成功经验上升到制度层面。

（秦利佳）

【全市各级职工法律援助中心积极维护职工群众的合法权益】 全市各级工会以参与协商调解和提供仲裁、诉讼代理服务为主要抓手，以劳动争议多发、职工权益易受侵害的行业和区域为重点范围，深入各区劳动人事争议仲裁院、同级人民法院设立劳动争议三方联合调解中心工会分中心和劳动争议调解工作室，深入街镇司法所、劳动保障综合服务大厅等劳动争议集聚的前沿战线设立工会法律援助专窗或开展合署办公，夯实基层法律援助工作基础，横向到边延伸工会维权服务战线，有效拓宽了工会法律援助服务范围，扩大了工会法律援助维权服务受益面。全年全市各级工会通过上海工会法律援助服务平台为职工提供代写法律文书、协商调解、仲裁诉讼代理等法律援助服务39291件，与去年相比同比上升33.6%，为职工挽回经济损失9.13亿元。其中，代写法律文书1200件；参与协商调解31428件，结案31254件，调解成功29082件，调解成功率93.1%；代理仲裁诉讼6663件，结案5759起。其中，在仲裁庭主持下调解结案的2532起，职工自愿撤诉443起，仲裁裁决胜诉案件1383起，部分胜诉案件855起，败诉及其他处理结果案件546起，调撤案件和胜诉案件占全部已结案件的75.7%。（秦利佳）

【宝山区总工会进一步完善法律援助体系】 宝山区总工会完善法律援助工作体系，在劳动关系矛盾排摸、和谐企业创建、劳资矛盾化解等方面加大力度。完善区域联动机制，区总工会与区法院签订合作纪要，在法院设立“工会劳动争议调解工作室”和“工会法律人才实训基地”，建立法院委派、委托工会调解劳动争议案件机制和工会法律人才轮岗培训机制。调整优化法援合作单位，进一步提高依法维权的及时性和有效性。全年参与法律援助案件1456起，其中代为协商调解922起，诉讼仲裁代理534起，参与处置群体性劳资纠纷11起，结案率100%。（胡臻遥）

【普陀区总工会持续打造工作室维权品牌】 朱雪芹职工法援工作室及各街镇工会法援站点全年共接待咨询1865人次，其中外来务工人员占89%；代理仲裁、诉讼824件，胜诉或部分胜诉率为88%，为职工挽回经济损失1411万余元。参与调处化解群体性劳动争议14起。工作室获评“普陀区法治文化品牌阵地”，各法援站点不断提升实体化、规范化运作水平，工会维权品牌的知名度、影响力进一步扩大。12月3—4日，工作室团队分别在“托马斯学校”工地项目部、岚皋路品尊楼宇开展“雪芹说法”“进园区、进楼宇、进企业、进工地”活动暨“尊法守法·携手筑梦”服务农民工法治宣传系列活动2场，惠及职工1000余人次。（陆蕾）

【静安区总工会在区法院开设工会法律援助窗口】 7月10日，静安区总工会法律援助窗口在武宁南路448号区法院诉调对接中心内设立，每周二至周四受理会员职工及其他合法劳动权益受到侵害职工的法律援助申请。工会法律援助受理窗口由专人负责接待，后台指定区总签约律所为诉讼代理的专业力量，帮助职工在法院诉讼阶段维护自身合法权益。对有需要的职工“应援尽援”，同时强化对困难职工、农民工和持有效工会会员卡职工的援助力度。（严琪）

普法宣传

【概要】 市总工会法治宣传工作聚焦工会主业主责，按照习近平总书记系列重要讲话精神和治国理政新理念新思想新战略，健全普法机制、围绕普法重点人群、加强普法队伍和阵地建设，全市工会系统普法工作有序有效地得到推进。一是提升政治站位、在广大职工中普遍开展普法教育。市总工会下发了《关于在本市工会系统深入开展宪法学习宣传教育的通知》，要求各级工会组织开展好以“尊崇宪法、学习宪法、遵守宪法、维护宪法、运用宪法”为主题的宣传教育活动；同时市总工会积极制订“谁服务谁普法”工作机制，将工会法律援助典型案例收集整理，委托劳动报制作了5期新媒体法宣短片“以案释法”，7—8月在上海电视台“法治天地”频道播出，有效地提升了工会法律援助的社会知晓度及劳动法律法规的普及率。二是聚焦农民工群体，积极打造法治宣传服务品牌。市总工会与市司法局、市律师协会下发《关于开展“尊法守法·携手筑梦”服务农民工公益法律服务行动的通知》。组织全市公益法律服务律师为农民工提供法制宣传；继续联合高校师生宣传队奔赴各企业开展劳动安全、生活保障等多种法律知识讲座。截至年底，全市高校宣传分队共为8000多名农民工进行法治宣传行动。本市农民工法宣品牌工作特色经验，在全总工作会议上进行经验介绍。三是完善法律顾问团制度，充分发挥法律人才队伍和法宣阵地作用。完善法律顾问团换届工作，举行了第五届法律顾问团聘任仪式。组织公职律师积极参与市劳动争议仲裁院的“三方调解”，组织300余名劳动保障法律监督员、劳动争议调解员培训班。继续打造“朱雪芹工作室”，配置工会公职律师、工会兼职仲裁员以及工会法律援助志愿者组成的专业服务团队，负责为网络流转和来访求助的职工提供法律咨询和协商调解等援助服务，宣传法律维权知识。（黄琦）

【市总工会精心组织开展农民工法治宣传行动】 上海市总工会、上海市教育工会联合开展上海市“尊法守法·携手筑梦”服务农民工法治宣传行动，按照“工会干部+高校师生”的组队形式，组织全市广大高校师生深入农民工群体中开展宣传教育活动。一是积极落实全总通知要求，制订并下发了《关于开展2018年“尊法守法·携手筑梦”服务农民工法治宣传行动》的实施方案。二是了解农民工切实需求，开展实地宣讲。组织各区局（产业）工会在全市范围内针对广大农民工关心的在遇到劳资纠纷、工伤事故、诈骗陷阱等情况时，如何依法维权，维护自身权益等法律法规的解读。三是利用新媒体平台，扩大法治宣传辐射面。四是加强横向联动，拓宽法治宣传渠道。“尊法守法·携手筑梦”服务农民工法治宣传行动，全市26个区、局（产业）工会联合了13所高校，共开展了79场实地宣讲，6次新媒体宣传，总计有11万余名农民工参与和受益。市总工会与市司法局、市律师协会下发了《关于开展“尊法守法·携手筑梦”服务农民工公益法律服务行动的通知》，全市42支公益法律服务分队126名律师为农民工提供187常法宣讲座，覆盖农民工9万人。（王晶）

【举行12.4国家宪法日暨上海宪法宣传周主题活动】 市总工会与浦东新区总工会联手打造了为期一周，覆盖27个街镇、4家园区总计40余场的宣传咨询活动。12月1日，市总工会联合浦东新区总工会、陆家嘴街道总工会及职工志愿者协会在八佰伴广场开展了以“维护宪法权威，建设法治上海，促进和谐社会”为主题的普法宣传活动。活动现场设有十九大精神、工会十七大精神、宪法修正案、劳动法律法规等展板供学习观看，此外，还有4家律师事务所、50余名职工志愿者参加，发放宣传资料500册，解答咨询100余人，惠及周边居民、商场购物人员及过往群众800余人。12月4日宪法宣传日，市总工会在申工社微信平台开展了宪法知识有奖竞答活动，有近2万人踊跃参与其中，学习了解宪法知识。 （王 晶）

【浦东新区总工会走进大型非公企业开展法律服务活动】 5月13日，浦东新区总工会走进大型非公企业开展“尊法守法·携手筑梦”法律服务活动。活动以文艺汇演、法律巡展和发放宣传品的形式，学习贯彻习近平新时代中国特色社会主义思想和习总书记关于加强宪法学习宣传教育的重要指示精神，全面落实“七五”普法和《中共中央宣传部等关于组织开展宪法学习宣传教育活动的通知》要求，增强广大职工的法治思维和法治意识，培养学法用法习惯，激发尊法守法自觉，争做新时代的奋斗者。本次法宣活动还在区36个街镇、10个开发区的服务站开展法宣展版巡展、专题讲座及现场咨询服务活动。 （陈 维）

【市“七五”普法中期全面检查暨宪法专项督察】 9月25日，市委常委、宣传部部长、市法宣联席会议召集人周慧琳，市司法局党委书记、局长、市法宣联席会议召集人陆卫东带队来到普陀区总工会朱雪芹职工法律援助工作室（以下简称“工作室”），开展上海市“七五”普法中期全面检查暨宪法专项督察。普陀区委书记曹立强，区委常委、宣传部部长郝炳权，市总工会挂职副主席刘言浩、市总工会兼职副主席朱雪芹，区人大常委会副主任、区总工会主席李松海及区人社局相关领导参加检查。区总工会党组书记、副主席李戌渊介绍工作室的运作情况。群团改革后，区总工会成立以十一、十二届全国人大代表，全国劳模朱雪芹名字命名的“朱雪芹职工法律援助工作室”，为职工提供“零门槛”法律援助服务。检查组与工会法援律师、调解员、志愿者进行互动交流，充分肯定工作室成立两年多来在普法宣传、构建和谐劳动关系、维护职工合法权益方面作出的积极贡献，并勉励大家为服务区域发展大局、维护职工权益和社会稳定继续努力、再创佳绩。 （陆 蕾）

9月25日，市委宣传部部长、市法宣联席会议召集人周慧琳带队赴朱雪芹职工法律援助工作室开展上海市“七五”普法中期全面检查暨宪法专项督察 （许王丽）

【静安区总工会举办“维护宪法权威、保障职工权益”宣传活动】 2018年12月4日是第五个国家宪法日，静安区总工会于“12.4”国家宪法日在昌平路888号举办“维护宪法权威、保障职工权益”专场活动，进一步提高外来务工人员法治素养和广大会员职工的合法维权意识。静安区人大常委会副主任、总工会主席叶坚华等出席。现场发放宪法单行本、工会维权指南等法律法规宣传册1000余份，并以易拉宝、展板等形式开展包括《上海市职工代表大会条例》《上海市集体合同条例》《劳动合同法》等在内的法律法规政策宣传，在场专家答疑解惑，受到职工群众的欢迎。现场邀请了静安区人民法院、区劳动保障监察大队、区劳动争议仲裁院、区社会保障服务中心、区职工援助服务中心、蓝白律师事务所以及华东政法大学等多个部门专家坐堂，吸引了300余名职工群众前来咨询。现场还设置了充满互动性和趣味性的的法治知识有奖竞猜、劳动用工政策问答等。 （严 琪）

【闵行区总工会开展职工线上法律知识竞赛】 10月29日—11月19日，闵行区总工会开展“知法于心·守法于行”闵行职工线上法律知识竞赛活动。活动以《劳动法》《宪法》《工会法》和职工维权知识为内容，采用线上答题抢红包形式，让参与者在寓教于乐中掌握法律知识，引导职工树立法治意识理性维权。比赛分为“职工晓法达人赛”“职工安全保护先锋赛”和“全民普法超人赛”3轮，共计78801人次参与竞赛，68009人次成功答题并抢到“红包”，通过3轮比赛获得“职工法律大咖”称号7042人。 （马传军）

【松江区总工会开展工伤保险主题普法宣传活动】 8月22日，松江区总工会联合区人社局、区安监局、区建管委和区社保中心，在小昆山镇“九峯里”在建工地开展工伤保险主题普法宣传活动。活动围绕“工伤保险进央企”为主题，现场放置展板、宣传资料、宣传礼品等，活动旨在全面深入推进《工伤保险条例》的实施，构建工伤预防、补偿、康复“三位一体”制度体系，增强广大用人单位和职工，特别是建筑企业和建筑工人的知法守法意识，维护劳动者合法权益。区总工会权益维护部的工作人员以当面咨询解答的方式，向工人们宣传职工劳动保护、工会法律援助等方面的政策知识，派发各类宣传资料（职工法律援助便民卡、上海工会实事项目手册等）200多份。（孙　媛）

【奉贤区开展“尊法守法 · 携手筑梦”服务农民工公益法律服务】 奉贤区总工会会同区司法局联合举办“尊法守法 · 携手筑梦”服务农民工公益法律服务行动。组建10支志愿服务分队，30名律师参与，共开展法律服务活动74场次，接待农民工11360余人次，提供法律政策咨询4350余次，发放宣传品6900多份。（李凤英）

【崇明区总工会举行法律宣传进企业暨工会会员专用加油卡启动仪式】 12月10日，崇明区总工会在崇明工业园区举行法律宣传进企业暨工会会员专用加油卡启动仪式。区总工会党组书记、副主席秦文新，副主席王可杰，兼职副主席施烨及中国石化上海宝崇石油分公司经理徐沈荣，党总支书记李霜等参加活动。活动现场，区总工会向工业园区部分企业代表授书，并与中国石化上海宝崇石油分公司签署合作协议，让有车一族的崇明工会会员享受到专属的加油优惠，加油每升优惠0.2元。目前首批200多名工会会员已成功办理专属加油卡业务。在一旁的平台展位上设有法律咨询、专属加油卡办理、优惠商品销售等活动，工作人员向职工提供政策咨询、服务申请等服务。（陈思佳）

12月10日，崇明区总工会举行法律宣传进企业暨工会会员加油卡专项启动仪式（陈思佳）

【市机电工会举行首届职工法律实践竞赛】 12月12日，上海电气“李斌杯”技能大赛首届法律实践竞赛决赛在上海电气培训基地举行。首届职工法律实践竞赛由上海市机电工会、上海电气集团法务部主办，上海电气李斌技师学院承办，上海电气集团企业文化部协办，共有35支队173名职工参赛。竞赛经过初赛、半决赛，最终有12支队伍进入决赛。决赛经过3个多小时紧张、激烈的争夺，最终一等奖被中央研究院知产队和集优联合队夺得。金融勇士队、风电郎组合队、电站集团队、电气实业队获得二等奖；太平洋机电队、汽轮机百万千万队、中央研究院科创队、置业公司置勇双全开拓者队、自动化集团队、上辅队获得三等奖；上海人民电器厂等12支队伍获得优胜奖。另外，经过场内观众微信平台推荐，集优联合队的朱佳橙、金融勇士队的尤浩和电气实业队的王春艳3位选手获得最佳个人表现奖。（沈剑宏）

12月12日，市机电工会举办首届职工法律实践竞赛（刘建平）

【市医药工会在宪法宣传周开展系列宣传活动】 12月3—9日，上药集团积极响应号召，深入开展宪法学习宣传教育活动，以第五次宪法修正案为重点内容，在集团内部积极普及宪法知识。作为集团宪法宣传周的主活动会场，华氏大药房除了在本企业内增强员工对宪法知识的自我学习外，还积极通过其零售窗口向广大市民进行宪法知识宣传，教育引导广大市民尊崇宪法、学习宪法、遵守宪法、维护宪法、运用宪法的行动自觉。10家设立有户外职工爱心接力站的站点药房通过门店树宪法宣传易拉宝和发放宣传单片来营造氛围，宣传周期间累计向进店市民发放宣传单片700余份。华氏大药房指定延吉分店、雷允上平顺分店2家药房开展宪法知识有奖问答活动,共吸引了60多名市民参与其中。上药集团各企业工会也通过各种形式开展各类宪法宣传活动。

(陈玮雯)

【百联集团工会举办首届职工法律法务技能大赛】 2018年11月27日,百联集团工会在集团教培中心举办首届职工法律法务技能大赛,来自二级公司的6支复赛出线队伍参赛。集团党委副书记、总裁徐子瑛,党委副书记、工会主席许国良出席。市国资委政策法规处主任杭治兵、上海电气集团首席法务官童丽萍、上海国盛集团总法律顾问杨路受邀作为专家评审出席并点评。集团相关部室负责人,各二级公司、中心工会负责人及复赛参赛队伍领队及队员参加。经过决赛现场三轮环节的比赛,百联置业获得一等奖,百联股份、全渠道获得二等奖,百联电商、商投公司、第一医药获得三等奖。在决赛现场,与会者还欣赏了由职工参演的、获得上海市企业法务技能大赛二等奖的法务情景剧《摔出来的李鬼店》。

(姜 杰)

劳动关系协调机制建设

【概要】 市总工会立足工会主业主责,积极推进劳动关系协调机制建设。一是继续做好四方合作多元预防化解劳动关系矛盾工作。积极落实全市16个地区普遍建立和完善"四方合作"机制,指导帮助闵行、宝山、徐汇、杨浦、虹口、黄浦、青浦等地区,根据各地区实际,进一步深化完善合作内涵,共同预防化解劳动关系矛盾。继续深化完善市总工会与市一中院的特邀调解员制度、与市二中院的诉调对接和工会法律人才轮岗培训机制;进一步推动市区两级工会与人民法院共同合作开展劳动争议案件诉前调解工作,有效化解纠纷,及时保障职工权益。积极落实市总工会与市人社局《关于在本市劳动争议调解仲裁领域加强人社、工会部门合作的实施细则(试行)》,普遍推进了全市16个地区工会设立劳动人事争议联合调解中心工会分中心,增强工会在劳动争议联合调解方面的力度。建立完善与市仲裁院三方联调机制,协调市仲裁院为市总法律援助服务中心开设窗口,为工会法律工作者参与劳动争议调处、提高自身业务能力奠定工作基础。加强与市司法局密切合作,实现市总工会与市司法局劳动争议法律援助数据共享、功能互补。二是协同做好非公企业工会2.0版改革。在顾村镇、长白街道改革试点基础上,推动全市16个地区工会确定43个街镇试点推进"小三级"工会协调劳动关系体系建设。总结推广了闵行、杨浦、宝山、梅陇等单位多元化调处劳资矛盾、推进小区议事会、健全完善劳动监督联席会议制度、推进非公企业职代会和集体协商二项制度等经验,较好地为非公企业工会2.0版改革提供实践基础。在此基础上,市总劳动关系部加大与基层工作部工作对接和协同作战,进一步推进完善非公企业工会2.0版改革方案和制度文件,明确了"小三级"工会在协调劳动关系、维护职工合法权益方面的总体要求、目标任务和方法路径。同时,通过举办非公企业工会协调劳动关系专题培训班、调研走访试点街镇工会、深入非公企业和相关区、街镇有关行业,指导推进各地区将非公企业工会协调劳动关系体系建设纳入街镇"两新组织"党建工作范畴和社区治理责任目标,推动工作有序落地。三是会同三方共同推进和谐企业创建。与市劳动关系协调三方共同推荐16家模范和谐企业和2家模范和谐园区作为全国模范劳动关系和谐企业和园区候选单位上报国家三方;完成和谐劳动关系企业创建口号征集活动;指导全市各地区工会加大对和谐劳动关系创建达标企业建立工会、职代会、集体协商的审核力度,对其中发现的部分未建会建制企业开展上门督查,并推动与工会定向劳动法律监督工作有机结合,推动企业建会建制并规范运行。

(杨 驯)

3月30日,市总工会开展非公企业协调劳动关系培训工作 (庄若冰)

【着力推进"四方合作"预防化解劳动关系矛盾工作机制在街镇发挥作用】 市总工会继续贯彻落实党的群团工作会议精神,突出工会维权的主责主业,在去年工会、法院、人社、司法四方合作,共同推进本市劳动关系矛盾预防化解工作基础上,进一步深化合作内涵,发挥联动实效,加强工会参与劳动争议调处力度。市总工会劳动关系工作部有效落实《关于在本市劳动争议调解仲裁工作领域加强人社、工会部门合作的实施细则(试行)》,积极协调,普遍推进了全市16个区设立劳动人事争议联合调解中心工会分中心并开展实体化调解工作。积极推动全市各街镇工会法律援助站点与司法、综治、社区服务中心等有效整合和运作,要求各级工会积极与同级人社、司法等部门下设调解组织建立合作关系,派遣工会干部担任调解员或作为职工代理人参加调解。在做实做强各地区职工法律援助中心、劳动人事仲裁院工会法律援助窗口基础上,进一步加强基层工会法律援助站点建设，依托现有的职工服务站点积极开展职工法律援助服务，截止到年底，全市共设立实体化运作职工法律援助站点345个。（秦利佳）

【市总工会劳动关系工作部联手市人社局仲裁处共同推进三方联调工会分中心建设】 市总工会进一步加大与人社部门合作力度，切实贯彻落实《关于推进和谐劳动关系建设的合作纪要》和《关于在本市劳动争议调解仲裁工作领域加强人社、工会部门合作的实施细则（试行）》，进一步加大工会与人社部门在联合调解工作中的合作力度，推动全市各区总工会在同级仲裁机构设立三方联合调解中心工会分中心，积极选派持有市人社局颁发的劳动争议调解员证书人员担任市、区劳动人事争议联合调解中心专（兼）职调解员，开展实质调解工作。截至年底，全市各区总工会与所在区劳动人事争议仲裁部门达成合作共识，在区仲裁机构或区总工会职工援助服务中心设立了三方联合调解中心工会分中心。徐汇、松江、黄浦等区总工会充分发挥工会职能优势，切实加强工作力量配备，落实各项保障措施，自分中心成立后积极开展劳动争议调解工作，参与化解案件数量约占该区案件总量的10%，有效维护职工合法权益，确保区内劳动关系和谐稳定。（秦利佳）

【召开非公企业工会协调劳动关系体系建设梅陇现场会】 闵行区针对企业关停并转迁日益频繁、大量非公企业在协调劳动关系方面存在基础差、底子薄、建制难、运行不规范，群体性劳资纠纷易发频发等问题，在梅陇镇试点工会协调劳动关系工作改革，以“坚持依法依规、深化主业主责、夯实基层基础”为主线，运用法制化思维和群众化工作方式，努力推动非公企业工会“建起来、转起来、活起来、强起来”。9月13日，市总工会组织全市各区、街镇在梅陇镇召开现场会，会上闵行区总工会、梅陇镇总工会等单位作了交流发言。近年来，梅陇镇总工会按照党委政府要求，学习借鉴宝山顾村、杨浦长白的经验做法，在扩大工会组织覆盖的基础上，探索非公企业工会协调劳动关系体系建设，形成了“1+8+3”的工作体系。会上下发了《梅陇镇推进非公企业工会协调劳动关系体系建设的工作方案》《梅陇镇非公企业集体协商操作指南》《梅陇镇非公企业职工代表大会制度操作指南》《梅陇镇非公企业集体协商和职代会工作记录本》等资料，对全面推进本市各街镇、园区加强劳动关系制度建设具有指导和借鉴意义。（庄若冰）

【市和谐劳动关系创建活动启动仪式成功举办】 4月26日，“2018年上海市和谐劳动关系创建活动启动仪式”在中国（上海）创业者公共实训基地隆重举行。上海市协调劳动关系三方联合向2017年创建“上海市和谐劳动关系达标企业”成功的企业授予称号。启动仪式上，与会企业共同发布了《2018年上海市和谐劳动关系创建活动倡议书》，号召全市企业“树立企业和谐发展观，激发企业竞争力；坚定守法经营，履行企业法定义务；依托‘劳动关系协调三方机制’平台，提升内部管理能力；发挥企业文化正能量，积极推动职工文化建设”，共同参与和谐劳动关系创建活动。本市自2016年开展新一轮和谐劳动关系创建活动以来，达标企业总数已超3500户，其中国有集体企业约占16%，民企约占31%，外商及中国港澳台独资、合资企业约占21%，股份制等其他企业约占32%。（金邓凯）

【深入推进和谐劳动关系创建活动】 市协调劳动关系三方继续围绕贯彻落实中央10号文件和市委、市政府关于构建和谐劳动关系实施意见的重要精神，抓住工作重点，发挥各自优势，形成工作合力，切实维护和促进本市劳动关系和谐稳定。一是深入推进和谐企业活动。进一步落实各区三方工作责任，经报市政府同意，将全市和谐劳动关系创建指标不低于6000家纳入各地区工作考核指标之中。截至12月底，各区均完成相应指标，全市各区达标企业总数已达到6400余家。二是完成全国模范劳动关系和谐企业和园区的推荐申报工作。根据国家协调劳动关系三方《关于做好全国模范劳动关系和谐企业与工业园区推荐评选工作的通知》要求，市三方研究商定了推荐评选方案，最终确定了16家模范和谐企业和2家模范和谐园区作为此次全国模范劳动关系和谐企业和园区候选单位，并指导其完善相关申报材料。经公示和市政府领导同意后，上报国家三方。三是加强指导监督。进一步加强对全市各地区工会加大对和谐劳动关系创建达标企业建立工会、职代会、集体协商的审核力度，对其中发现的部分未建会建制企业开展上门督查，并推动与工会定向劳动法律监督工作有机结合，推动企业建会建制并规范运行。（金邓凯）

【普陀区成立“劳动人事争议联合调解中心工会分中心”】 5月15日，普陀区总工会联合区人社局召开“‘普陀区劳动人事争议联合调解中心工会分中心’揭牌仪式暨‘普陀工会朱雪芹职工法律援助工作室’成立两周年会议”。区总工会党组书记、副主席李戍渊，经审委主任任春海，区人社局副局长印华莲，全国劳模、市总工会兼职副主席朱雪芹以及区司法局、法院、劳动人事争议仲裁院等部门领导，各街镇社会服务办（社会发展办）负责人，劳动争议调解组织负责人；各街道、镇总工会负责人、职工法律援助工作站点负责人及朱雪芹职工法援工作室律师、劳动关系指导员等60人参加会议。会议由任春海主持。会上，人社局与总工会领导共同为“普陀区劳动人事争议联合调解中心工会分中心”揭牌，双方将在劳动关系“四方联动”基础上，继续探索、加快形成劳动人事争议多元化解、共同调处的工作机制。任春海代表区总工会回顾两年来朱雪芹职工法援工作室情况。印华莲代表区人社局在会上作了关于加强劳动争议调解工作的情况介绍。李戍渊就进一步推进工会维权工作要求：强化大局意识，增强做好工会劳动关系工作的责任感和使命感；强化合作意识，合力推进劳动关系矛盾调处化解；结合工会改革，不断拓展劳动关系领域工作内容；贴近职工需求和基层实际，不断强化工会维权服务。（陆蕾）

【黄浦区召开共同加强劳动关系矛盾

预防化解工作会议】 3月30日，黄浦区总工会、区人民法院、区人社局和区司法局召开共同加强黄浦区劳动关系矛盾预防化解工作会议。区人大常委会副主任、区总工会主席屠奇敏出席并讲话。会上，区总工会通报了2017年区四方成员单位联动开展劳动关系矛盾预防调处主要工作，并下发了4家联合制订的《关于共同加强黄浦区劳动关系矛盾预防化解工作的实施意见》。同时，区总工会分别与区人民法院、区人社局、区司法局签署了《关于共同加强劳动争议纠纷预防化解合作协议》《关于共同推进和谐劳动关系建设合作协议》《关于加强劳动争议化解工作合作协议》。区人民法院、区人社局分管领导分别就发挥部门优势，加强联动，共同做好劳动关系矛盾预防化解工作进行了交流。会后，区人民法院民庭副庭长潘峻青、区仲裁院仲裁员施瑾分别为在场的工会劳动关系工作指导员、律师志愿者和街道总工会干部进行了劳动关系矛盾预防化解培训。 （陆中斌）

【静安区三方劳动人事争议联合调解中心工会分中心成立】 5月3日，静安区总工会经与区三方联合调解中心组成各方商定，经区人社局认可，以联合发文形式建立区三方劳动人事争议联合调解中心工会分中心。7月，工会分中心正式开始运作。分中心工作场地设在区劳动人事争议仲裁院，开展劳动人事争议调解工作受区劳动人事争议仲裁院的业务指导。工会分中心设专职调解员2名，承担区仲裁委所辖劳动人事争议的仲裁立案前先行调解和仲裁立案后委托调解工作，调解工作任务由区三方劳动人事争议联合调解中心下发。2018年区总工会不断延伸工会法律援助工作平台，除提升区总工会法律援助中心和劳动关系工作站的法律服务水平外，还通过加强与人社、法院、司法行政的紧密合作，陆续在区劳动人事争议仲裁院、区法院内建立工会工作阵地，加强对合法权益受侵害的职工的法律援助力度。 （严　琪）

【闵行区创新开展和谐劳动关系创建活动】 闵行区总工会在对接市和谐劳动关系创建标准的基础上，会同区人社局形成具有闵行特色的“1+2”和谐劳动关系创建体系，即“上海市和谐劳动关系达标企业”“闵行区劳动关系和谐园区（村、楼宇）/行业”“闵行区职工信赖的企业经营管理者”。在市级6项创建激励项目基础上，拓展至11条创建活动激励措施，新增优先推选区级以上各类先进荣誉、劳动用工无违规当场办结、优先提供工会各类免费培训课程、优先组织参加工会疗休养等具有闵行特色的激励措施。经“一票否决”事项审查、第三方测评等环节，新培育创建的298家企业、9个园区（村、楼宇）/行业和32位职工信赖的企业经营管理者。全区累计创建上海市劳动关系和谐达标企业1880家，创建闵行劳动关系和谐园区（村、楼宇）/行业51家，评选出职工信赖的企业经营管理者93名。

（马传军）

【闵行区召开劳动关系三方委员会暨和谐劳动关系创建工作会议】 4月18日，闵行区劳动关系三方委员会暨和谐劳动关系创建工作会议在区政府会议中心召开。区委副书记于勇，区委常委、副区长曹扶生出席会议。会议由区人大常委会副主任、区总工会主席倪学斌主持。会议发布了《闵行区2016—2017年度劳动关系白皮书》，通报了《2017年闵行区和谐劳动关系创建工作情况及2018年工作要点》。区创建劳动关系和谐企业（厂务公开）领导小组审议通过了2017年度劳动关系和谐企业、园区、职工信赖的企业经营管理者名单和和谐园区资金奖励方案。会上还为10家获得“2017年度上海市和谐劳动关系达标企业”的优秀企业代表授牌。区创建劳动关系和谐企业（厂务公开）领导小组成员、协调劳动关系三方委员会成员和区劳动人事争议仲裁委员会成员单位相关负责人，各街镇（工业区）分管领导、工会主席以及社区事务受理服务中心负责人、企联各分会、工商联各基层商会有关负责人等120余人参加会议。 （王　凯）

【嘉定区召开推进工会协调劳动关系体系建设会议】 10月18日，嘉定区推进工会协调劳动关系体系建设会议召开，市总工会副主席张得志，嘉定区人大常委会副主任、区总工会主席王建新，嘉定区总工会党组书记、常务副主席金伟荣出席。张得志对嘉定工会协调劳动关系体系建设工作所取得的成效表示肯定，强调要认清形势，进一步增强做好工会协调劳动关系工作的责任感和紧迫感；要注重源头治理，夯实和谐劳动关系建设基础；加强领导，积极作为，扎实有效推进工会协调劳动关系工作。金伟荣传达上海工会协调劳动关系、维护职工队伍稳定工作会议主要精神，解读《嘉定区总工会关于加强工会协调劳动关系体系建设的实施意见》。马陆镇总工会、上海国际汽车城零部件配套工业园区工会联合会、曼胡默尔滤清器（上海）有限公司工会、南翔镇劳动关系工作指导员金其忠、上海俊豪律师事务所律师应朝阳在会上作了交流发言。各街镇总工会主席、专职副主席，委、局、公司工会主席，区总工会各部门、直属单位负责人，部分村（园区）工会联合会主席、非公企业工会负责人、行业工会负责人，嘉定区总工会劳动关系工作指导员和嘉定区总工会法律服务律师志愿团律师代表等参加会议。（黄点点）

【嘉定工会为企业合法用工“问诊把脉”】 2018年嘉定区总工会劳动关系用工评估自3月开始，12月完成。整个用工评估委托5家律师事务所开展，涉及5个街镇、1家集团公司；其中国有企业3家、外资企业4家、私营企业3家；涉及职工6475名。评估从企业员工入离职管理、规章制度、工作时间、休息休假、薪酬管理、社会保险等各方面进行全面诊断评估，提出科学、专业的整改意见。2018年嘉定区总工会共完成10份用工评估报告和企业用工检测详情表，每份检测详情表包括11个评估类别和109项评估事项。评估报告中告知企业劳动关系领域存在的风险和问题及可能导致的后果，企业可对照诊断报告梳理用工现状，全面识别各种潜在的用工风险，进而有针对性地提出预防措施及解决方案。 （黄点点）

【松江区召开和谐劳动关系创建工作动员大会】 5月29日，松江区召开和谐劳动关系创建工作动员大会。副区长王玮华，区人社局局长彭再德，区

5月29日，松江区召开和谐劳动关系创建工作动员大会　（邹丽梅）

总工会党组书记、副主席陈军康，区工商联党组书记、副主席杨仁娟出席会议。会上宣布，全区将在150家企业“2017年度上海市和谐劳动关系达标企业”的基础上，至少新创建210家和谐劳动关系达标企业。大会为150家企业颁发了荣誉奖状，区国资委、车墩镇政府和正泰电气股份有限公司分别进行了交流。区劳动关系三方委员会组成人员，区和谐劳动关系创建工作领导小组成员，各街镇（园区）总工会主席、商会常务副秘书长和社保中心主任（开发区社会事业科科长），市和谐劳动关系达标企业代表等出席会议。（邹丽梅）

【松江区总工会开展2018年松江工会劳动关系协调员培训】 8月23日，松江区总工会开展2018年松江工会劳动关系协调员培训，每周四培训一天，共10次。培训内容主要有《劳动基准法律制度》《人力资源管理基本概念》《劳动合同法律制度》《集体协商和民主管理》《劳动规章制度建设》《劳动争议处理法律制度》等课程。培训结束后，学员将统一参加上海市职业资格鉴定考试，成绩合格者（在职人员）由上海市人力资源和社会保障局核发劳动关系协调员国家职业资格证书（三级/高级）。各街镇、开发区，部分委局工会主席、工会干部共70余人参加培训。（孙　媛）

【青浦区总工会强化协调劳动关系联动机制建设】 青浦区总工会分别与区人力资源社会保障局、法院、司法局、工商联签订预防化解劳资纠纷多方联动合作纪要，与区人力资源社会保障局签订了《关于在本区劳动争议调解仲裁工作领域加强人社、工会部门合作的实施意见（试行）》。延伸联动机制内涵，建立区、街镇处置群体性劳资纠纷联动机制，在新大洲整体搬迁、泰丰箱包企业关闭等职工群体性事件中，快速处置，及时疏导，提供法律咨询，引导职工依法维权、理性维权。（朱建强）

【市机电工会召开合资企业工会工作交流会】 3月7日，市机电工会召开合资企业工会工作交流会，探讨新形势下构建和谐劳动关系、促进合资企业发展等问题。上海电气集团有近60家合资企业，其中多数为外方控股企业。与国企相比，外方控股合资企业因文化、管理的差异，工会工作开展更具挑战性。为了加强合资企业工会主席的沟通交流，机电工会建立了合资企业工会主席沟通交流机制。在交流会上，原上海电气阿尔斯通宝山变压器有限公司工会主席朱慧娟，为大家分享了其在外方控股合资企业工会工作的经验和体会。（彭伟光）

【中国宝武积极推进和谐劳动关系创建活动】 中国宝武按照《中共中央、国务院关于构建和谐劳动关系的意见》等文件精神，组织开展创建“和谐劳动关系企业”活动，沪内单位按照《关于中央在沪企业、市企业（集团公司）开展和谐劳动关系创建活动的通知》要求推进实施，沪外单位结合所在地区要求推进实施。年内共有60余家沪内各级子公司完成创建申报、自评工作，沪外各单位认真落实当地要求，积极开展有关创建、复评等工作。通过开展创建活动营造了和谐稳定发展环境，促进了劳动关系源头治理，进一步夯实了公司高质量发展的基础。（李士伟）

【上汽召开一线员工代表座谈会】 12月11日，上汽召开一线员工座谈会，上汽14家单位的一线员工代表齐

10月25日，市运输工会举行工会主席法务沙龙活动　（杨伟民）

聚上汽总部，对集团2018年相关工作提出建议和意见，并对集团明年工作表达建议和憧憬。员工代表表示，随着上汽“新四化”战略不断推进，对集团发展前景充满信心。面对目前市场的严峻形势，员工也存在一定的担忧和焦虑，希望能加强员工培训、增强跨企业交流、多元化有效激励等。集团领导表示将对建议分门别类整理，并协调相关职能部门分析和研究，结合实际情况提出解决方案。（范 融）

【市运输工会举行工会主席法务沙龙活动】 10月25日，市运输工会与北京大成（上海）律师事务所联合举行以“和谐劳动关系”为主题的2018年工会干部法务沙龙活动，运输工会第十届常务委员会委员、交运集团系统各单位工会主席、工会干部30余人参加活动。会上，北京大成（上海）律师事务所徐郭飞律师团队分别就“新税收”热点、“P2P金融风险防范”条文、“人身防范自我保护”等条文进行培训与解读。举行“模拟法庭”，由基层工会干部模拟“工伤案例”处理开展辩论。通过与律师面对面开展交流，执业律师队伍的专业服务，提高了工会组织法律法规服务的水平。

（夏文庆）

工会社会联络工作

【概要】 上海工会按照全国总工会社会联络工作要求，结合上海实际，加强组织制度建设、推进联系引导服务社会组织工作、持续深化预防调处劳动关系矛盾和防抵渗透工作、认真落实责任法治阳光信访，切实发挥工会组织枢纽作用，维护劳动关系领域政治安全和职工队伍稳定。一是切实加强组织和制度建设，建立上海工会社会联络工作协调小组，统筹规划上海工会社会联络工作。二是形成定期工作例会制度，明确推进目标、任务、具体措施和工作要求等方面内容，具体推进工会社会联络工作落实，有效推进上海工会社会联络工作融入全市社会治理工作格局。三是根据《中华全国总工会办公厅关于开展工会联系引导社会组织工作调研督导专项行动的通知》要求，积极开展摸底调研，走访民政、社会工作党委等部门，全面掌握劳动关系领域社会组织基本情况。四是强化培育孵化，壮大工会社工队伍，为街镇“小三级”工会提供人力资源保障。五是加强阵地建设，探索与共青团、妇联联建联动，汇聚各类服务资源、社会各方力量更好地服务关爱职工。六是开展工作督查，指导各地区工会持续深化四方合作机制，加大调整改革企业的排查指导，推动企业稳妥有序实施调整改革和化解矛盾，联动各方共同做好维稳工作。七是坚持以法治为引领，坚持“案清事明”，推动信访矛盾有效化解。八是开展工会信访干部“素质工程”建设，提高信访干部的政治素养、业务素质以及依法推动信访问题解决、服务职工群众的工作能力。九是召开本市工会社会组织工作会议，明确工作要求，对完成全总调研督导专项行动作出具体工作部署，同时指导各地区、各直管单位制订工作计划，有效引领本地区、本系统劳动关系领域社会组织，更好服务职工群众。（秦利佳）

【浦东新区总工会以购买服务实现引领职能】 浦东新区总工会发扬“先行先试”的创新精神，创建“上海浦东公惠社会工作服务中心”（以下简称“公惠中心”）。随着实践不断深入，“工会→公惠中心→社会组织”职能界定进一步清晰，引领社会力量助推工会工作能力持续增强。公惠中心所属400名工会工作者分别派驻到浦东36个街镇、9个开发区工会开展组织建设、职工维权帮扶、职工文化、职工技能提升等多样化专业服务。公惠中心现已建设成为运作购买社会力量服务项目的管理平台，形成由12个环节构成的流程体系，购买服务数量逐年递增，由最初的23个服务项目上升至99个；参与主体也日趋多元，既有区总工会、街镇、开发区总工会，也有企业工会、机关工会；承接单位有社会组织、企业、事业单位、行业协会等；服务类别更加精细化，分类逐年优化，由3类发展到15类。（秦利佳）

【杨浦区延吉新村街道激发辖区企业成为参与社区治理的“自家人”】 杨浦区延吉新村街道睦邻中心社会组织行业工会联合会主动服务辖区企业，形成良性循环，有效地激发辖区企业以“自家人”身份参与社区治理的热情。许多非公企业主和工会主席被选为社区代表，参加每年一次的社区代表大会，共商共议社区大事。环球商贸有限公司是街道辖区内的一家知名企业，每年在社区内进行定向招聘，帮助解决居民就业难问题。2018年在街道“无违创建”工作过程中，上海网球厂、红日养老院等企业涉及多处需要拆除的违章建筑，在多方协调下，这些企业从不理解到理解，再到积极配合，最终主动拆除违章建筑，推动了小区治理进程。延吉睦邻中心社会组织行业联合会还接长手臂拓展延伸，把“菜单式”上门服务扩展到区外企业，如宝山区的上光五厂等。（秦利佳）

【闵行、嘉定等区发挥律师志愿团作用确保区域经济社会稳定】 闵行区总工会在联系引导社会组织工作中，突破购买服务模式，在全区范围内公开招募志愿律师，队伍从最初的10多人发展到2018年的34家律所83名律师，并全部与街镇签订结对协议，进驻58个职工维权站点，为职工和企业提供法律咨询、政策解读、建会入会指导等。同时，为职工提供免费代写法律文书，代理劳动争议调解、仲裁、诉讼等“零门槛”法律服务。另外，志愿团去年对80家劳资纠纷预警企业开展劳动关系修复指导，并为区内关停并转迁劳动关系重大调整企业提供“三方会审”上门指导服务。嘉定区总工会大力发挥法律服务律师志愿团的专业优势，对部分企业试点开展免费劳动关系用工评估，引导企业人力资源部门用工规范，加强用工过程风险管控，精准评估风险隐患。同时，志愿团主动配合党政有关部门参与现场处置，引导劳动关系双方通过法律途径解决矛盾纠纷。法宣方面，由工会志愿团骨干律师担任主讲人，组织开展“毓秀嘉定·法治‘工’开课”法宣系列活动，为企业工会主席、企业HR开设法制讲座。（秦利佳）

经济权益

综 述

【综述】 2018年,上海工会紧紧围绕工会改革后面临的新形势、新要求、新情况和新任务,进一步健全完善工会维权和服务制度,推动职工更加公平、更加充分地共享改革发展成果。一是加大源头参与力度。贯彻《上海市激发重点群体活力带动城乡居民增收实施方案》精神,积极参与本市最低工资标准调整,推动完善本市企业工资增长指导线制度,努力推动职工特别是低收入职工收入增长;参与制订和修订《上海市社会救助条例》《上海市住房公积金缴存管理办法》等文件和政策;落实工伤保险政策;联合开展住房公积金执法检查,不断扩大制度覆盖面;开展灵活就业群体社会保障情况的调研,设计、推出《灵活就业群体工会会员专享基本保障》。二是推进实事项目开展。广泛开展线上线下征集活动和建立考核评价机制;引导各级工会在市总实事项目基础上叠加服务项目,推动建立市、区(产业)两级服务职工实事项目;不断完善工会会员服务卡运作模式;推进上海工会职工疗休养等实事项目。三是深化工会帮扶体系建设。建立困难职工家庭经济状况核查机制,推动健全困难职工解困脱困、困难职工长效帮扶、送温暖服务层次清晰、各有侧重的梯度帮扶格局;开展元旦春节送温暖、"金秋助学"等品牌活动;推进工会对口援助工作。四是做好工会劳动保护工作。推进"安康杯"竞赛活动,开展"安全生产金点子"征集活动;建立生产安全事故网上报告制度,参与职工生产安全事故调查处理;开展高温慰问送清凉活动。 (陈美琴)

实事项目

【概要】 2018年,上海工会以"职工所需""普遍受惠"为基础,以"互联网+"为导向,广泛开展线上线下征集实事项目活动,健全完善考核评价机制,推出和实施职工"应援尽援"维权服务、技能人才职业发展助推、一线岗位创新激励、职工疗休养行动、职工健康体检行动、"卡卡"服务会员行动、女职工幸福关爱行动、大病职工慰问行动和"公益乐学"职工文体服务等9项服务职工实事项目,涉及维权服务、技能晋升、健康服务、生活服务、帮扶救助、文体服务六大类,共惠及职工377.4万人次,市总工会投入资金总计1.47亿元。同时,市总工会积极引导各级工会在实施市总工会实事项目的基础上,注重整合党政、社会、企业的各类服务资源,进一步叠加服务项目,共有94.52%以上的区局(产业)工会参与市总工会9项服务职工实事项目,87.68%以上的区局(产业)工会建立了符合本地区、本系统实际特点、满足职工需求的实事项目。 (蔡 瑾 殷崇莉)

【开展服务职工实事项目征集工作】 9月,市总工会启动实施2019年度上海工会服务职工实事项目征集工作。一是线上线下征集。通过"申工社"微信开展线上征集,职工留言信息230条;通过区局(产业)工会、市总机关各部室和各直管单位开展线下征集,征集到了32项目,线上线下共征集到262条意见和建议。二是广泛征求意见,结合大调研活动走访基层,听取基层工会干部和职工对2019年市总实事项目立项的意见和建议。经过征集筛选,制订、推出了助推7000名技能人才职业发展、奖励2000名一线职工授权发明专利、新建300家"上海职工学堂"、组织30万名职工参加"公益乐学"、为3万名职工提供"应援尽援""零门槛"法律援助、组织10万名新型就业人员参加工会互助保障计划、新增200家"户外职工爱心接力站"、补贴8万名职工疗休养和4万名职工健康体检、新增40万张"工会会员服务卡"、新增400家"爱心妈咪小屋"和80家职工"亲子工作室"以及组织1万名单身青年职工"四季恋歌"交友等10项2019年上海工会实事项目。 (蔡 瑾)

【开展上海工会职工疗休养行动】 2018年,市总工会继续在全市范围开展上海工会职工疗休养行动,在实施优惠价格的基础上,市总工会再给予1/3—1/4的补贴。在进一步优化沙家浜和西山、黄山原疗休养计划的基础上,新增杭州和宁波疗休养计划。全年,共有82个区局(产业)工会的7.48万名职工参加疗休养行动,市总工会补贴资金总计2486.29万元。在市总工会疗休养补贴的基础上,黄浦、松江、闵行、青浦、长宁、医药等区局(产业)工会还另行进行补贴。为满足职工个性化、多样化的疗休养需求,在沙家浜、西山的基础上,进一步将黄山休养院列为会员个人休养度假点,持卡职工赴黄山休养院休养可享受1/3房费补贴。全年,共有1711人次享受补贴,补贴金额总计39.62万元。 (余嘉毅)

【开展上海工会职工健康体检行动】 2018年,市总工会继续在全市范围内实施上海工会职工健康体检行动,对全市已建立工会的企业组织一线职工赴上海市工人疗养院体检的给予1/2—1/3补贴。根据近年本市健康危害因素和疾病发展趋势及职工需求,在工疗院内原有检查项目的基础上调整增加肝功能、癌胚抗原等检查项目,并在流动体检车中增加肾功能、血脂等检查项目,体检计划总数保持不变。全年,共有31个区局(产业)工会组织4.1万名职工参加健康体检行动,同比增长6%,市总补贴总计1106.86万元。同时,在市总工会补贴基础上,黄浦、长宁、松江、金山、虹口等区总工会还再给予一定比例或定额的补贴。 (余嘉毅)

【开展服务职工实事项目评估工作】 2018年第四季度,市总工会按照《上海工会服务职工实事项目征集、实施管理办法(试行)》的要求,委托第三方评估公司组成工会服务职工实事项目实效调研组,通过线上调查问卷、深度访谈、客观数据调研、指标体系法等多种评估方法对2018年度上海工会9个实事项目实施情况进行了评估。本次评估共获得有效调查问卷2.93万份,开展深度访谈30次,分别形成综合性报告和各子项目分析报告。评价结果主要从项目的广泛度(知晓率、参与率)、影响度(满意度、客观产出)、需求度、可持续度(过程规范性、基层工会覆盖率)四大维度开展,综合评估实事项目的成效得分,九个实事项目总体评价均达到优良水平,具体为实事项目整体成效较去年有所提升,职工对实事项目服务过程和效果评价突出，各实事项目创新服务内容提升质效，各区局（产业）工会创建了特色实事项目体系等。

（殷崇莉）

【做好部分市级机关系统机构改革单位职工会员服务卡办卡参保工作】 一是根据市级机关工会关于机构改革期间集中办卡工作的安排，及时回应基层需求，积极协调解决，攻克技术问题，形成完整解决方案。二是市级机关工会明确时间节点和专人专管责任制，主动为市级机关系统内全部会员集中办卡，并全额承担了所有保费，既减轻了了各机关单位的工作量，又避免了漏保问题。三是通过下发通知，跟踪提醒等形式，主动对接涉及到机构改革的单位，明确难点和重点，制发报备表供相关单位提前备案，并采取了“先起保，后缴费”的灵活参保机制，确保办卡参保不遗漏。（殷崇莉）

【做好2019年度工会会员服务卡集中办卡参保工作】 11月，市总工会多措并举开展工会会员服务卡集中办卡参保工作。一是互联网化，提升操作性，解决“登录局限性”的问题。开发新增互联网直接登录的方式，避免和减少基层工会干部往返上级工会的劳顿，随时随地只要登录互联网就能实现操作。二是数据共享，提升比对速，解决“数据比对慢”的问题。摒弃原先慢速的市人口办数据比对接口，先形成一个应参保会员库，基层单位直接勾选拟参保会员即可，新增参保会员才需要直接与人社局社保、就业等信息进行比对，极大地提高办卡参保效率。三是整合环节，提升便捷度，解决“操作环节繁”的问题。将原先“注册”“参保”两个环节整合成“集中参保”一个环节，省去两次核对的重复劳动。同时，采取“有卡有保\有卡无保”的分类方式，更加直观地明确了集中参保人群属性。四是提前确认，提升参保率，解决“基层漏保多”的问题。集中办卡参保名单确认工作提前至11月1日至12月31日，并改变原先缴费时间即为起保时间的模式，采取“先起保，后缴费”方式，免除了在线上传、等待审核和纸质传递等环节。五是全年无休，提升公平性，解决“停办矛盾大”的问题。采用集中参保期间仍可正常开展新卡办理和参保的工作方式，保证新卡办理工作全年不停止。六是制作问答，提升服务力，解决“干部调动频”的问题。专门集中制作要点和问答材料，线上线下同时服务基层。截至年底，集中办卡参保人数为327万人，参保金额8463.9万元（不含市总补贴资金），参保对象覆盖16个区、103个局（产业）工会和3.21万个基层单位，基本完成工作目标任务。（殷崇莉）

【推进“卡卡”会员服务活动】 2018年，共办理工会会员服务卡71.05万张。对310万名2017年度有效会员进行注册，完成注册282.49万人，注册率达90.83%。年内会员专享基本保障A类投保184.1154万人，B类155.9049万人，市总工会补贴6668.19万元，各级工会补贴出资8249.04万元。截至年底，2017年度会员专享基本保障重病给付3376人，意外给付38人，疾病身故给付295人，总计给付3709人次，给付金额5813万元；2018年度重病给付3504人，意外给付65人，疾病身故给付517人，总计给付4086人次，给付金额6527万元。工会会员服务卡特约商户共有工会服务设施8家，涉及文化娱乐、技能培训、健康休闲等服务内容。市级团购优惠商户58家，其中，实体商户为14家（门店总数1195家），线上商户为17家，既有实体门店又有线上平台的商户共27家。

（汪佳侃）

【开展“卡卡学院健康之旅”工会会员嘉年华活动】 11月25日，市总工会在上海公益新天地举办“卡卡学院健康之旅”工会会员嘉年华活动，参与人次超过3000人。活动现场，大型趣味游戏、卡路里体质测试、能量值积攒任务等每一个环节都贯穿着健康的主题和“上海工会会员卡”的相关背景知识。上海工会实事项目“公益乐学”在活动现场推出茶艺、插花、动态沙画、剪纸、魔术、家庭急救技能等6门精选课程。活动还安排市总工会沙家浜、西山、黄山休养院及上班族、谦久、大船文化等20个商户，现场服务职工。市总工会副主席刘言浩出席活动。（汪佳侃）

【召开会员服务卡工会服务设施及团购优惠商户管理委员会第四次全体会议】 4月3日，市总工会召开工会会员服务卡工会服务设施及团购优惠商户管理委员会第四次全体会议。会议听取了管委会组成人员调整名单，审议并通过了《上海工会会员服务卡团购优惠商户管理办法（修订稿）》和《2018年上海工会会员服务卡工会服务设施及团购优惠商户名单》。市总工会副主席桂晓燕出席会议并要求下阶段的商户管理工作要在好中选优上下功夫，解决不平衡、不充分的问题；要在叠加宣传上下功夫，起到事半功倍的效果；要强调监督评估，维护工会组织形象；要加强服务创新，找准切入点。（汪佳侃）

【召开工会会员服务卡会员专享基本保障资金管理委员会第五次全体会议】 7月13日，市总工会召开工会会员专享基本保障资金管理委员会第五次全体会议。会议听取了上海工会会员专享基本保障资金管理委员会组成人员名单调整情况和2016年度上海工会会员专享基本保障实施情况和资金决算情况，审议通过了《2016年度上海工会会员专享基本保障实施的情况报告》和《2016年度上海工会会员专享基本保障资金决算的情况报告》。市总工会副主席张得志出席会议并要求市总工会及各区局（产业）工会形成合力，把好事做好，进一步优化专享基本保障的办理和申请给付的流程，方便基层工会干部，让职工更有获得感。（汪佳侃）

【召开工会会员服务卡会员专享基本保障资金管理委员会第六次全体会议】 11月26日，市总工会召开工会会员专享基本保障资金管理委员会第六次全体会议。会议听取了上海工会会员专享基本保障资金管理委员会组成人员名单调整情况和2017年度上海工会会员专享基本保障实施情况和资金决算情况，审议通过了《2019年度上海工会会员专享基本保障条款》《上海工会会员专享基本保障资金管理办法》《上海工会会员专享基本保障资金返还和追加的实施办法》。市总工会副主席张得志出席会议。

（汪佳侃）

【宝山区总工会2018年会员卡服务项目和服务对象进一步扩大】 2018年，宝山区总工会组织14万人参保工会会员服务卡专享保障计划，保障费用达162.4万元。完成会员卡注册10.6万人，新办卡3.48万人，会员卡给付77人，金额101万元。推出工会会员服务卡叠加服务，在全市首创会员卡“三惠活动”(即普惠、特惠、商惠)，供本区内会员卡持卡人享特约服务商户活动。进一步扩大职工互助保障覆盖面，全区23.1万人次参保互助保障计划，参保金共计5431万元，给付5.99万人次，给付金额6121万元。“为十万职工送专享基本保障计划”区政府实事项目覆盖13.8万人。帮扶各类困难职工5339人次，发放帮扶金560.46万元。（胡臻遥）

【百事通“职工亲子工作室”揭牌】 徐汇区总工会推动部分有条件、女职工集中的企事业单位创建“职工亲子工作室”，有针对性地服务职工子女晚托、暑托等切实需求，努力把亲子工作室打造成更具人性化、便捷化、专业化、公益性的温馨家园。7月16日，上海百事通信息技术股份有限公司“职工亲子工作室”暑托班“魔法宝贝园”开班。市总工会副主席桂晓燕、市总工会经审委主任丁巍为“魔法宝贝园”揭牌，并对亲子工作室的安全保障、风险防范、饮食卫生、课程安排等工作进行了监督指导，旨在为职工“带娃上班”创造便利条件，切实解决职工后顾之忧。期间，领导一行还为宝贝园的孩子们送上了礼物，希望她们能够度过一个充实、快乐的暑假。（陶　俊）

【徐汇区总工会切实办好服务职工实事项目】 2018年，徐汇区总工会高质量高标准完成年初制订的7项职工实事项目。推进工会会员服务卡办理投保工作，全年新办服务卡26407张，注册56618人。组织推荐申报职工技术等级晋升奖励等先进，共计83人次获得发明专利、高级技师、技师晋升奖励7万余元，落实高师带徒计划，签订带教协议5份。组织开展职工疗休养和体检活动，共有15家单位901名职工参加疗休养活动，898名农民工参加健康体检。深化职工“微课堂”建设，全年共开课359场次，服务4945人次。推进“爱心妈咪小屋”建设，共新增42家，补助资金50.4万元。积极做好“职工亲子工作室”推进和扶持工作，上海百事通信息技术股份有限公司和天平街道总工会开设暑期托班，共惠及300余名职工子女。（叶　蓍）

【普陀工会推动党工共建组团服务进楼宇】 12月4日，普陀区总工会与石泉路街道联手在品尊国际大厦举办党建、工建“荟聚品尊”组团式服务暨职工福利午餐活动。现场开设职工福利午餐、入会宣传、法律援助、会员卡服务、普工英服务以及街道楼宇党建、经济普查、禁毒宣传、垃圾分类、诚信建设万里行等宣传服务。当天品尊楼宇职工积极参与，累计接待、提供各类咨询服务1000余人次，发放职工福利午餐券600份。（陆　蕾）

8月7日，嘉定区总工会“文化进企”服务职工实事项目点燃嘉定职工建功进博会的热情（张　顺）

【闵行区总工会完成“9+2”服务职工实事项目】 闵行区总工会全年落实“户外职工爱心接力站”市政府实事项目，全区建成站点81个，其中区属工会站点18个。组织实施9项市级实事项目和“劳模医疗服务卡”“职工文化体验基地”2项区级实事项目建设。组织76家企业6692名职工健康体检、295批次14605名职工疗休养。开展“悦动闵行，乐享工惠”工会会员服务系列活动，全区会员服务卡办理数达15.8万张。完成全区233名退休劳模与家庭医生签约工作。建成首批8家职工文化体验基地，服务职工4万多人次。新建爱心妈咪小屋51个，职工亲子工作室4个。（王　凯）

【嘉定区总工会推出12个服务职工实事项目】 2018年，嘉定区总工会结合开展大调研、大走访活动，推动《“职工教育培训”项目实施方案》《技能人才职业发展助推实施方案》《一线职工岗位创新激励实施方案》《“艺术课堂、历铁人”职工文体服务实施方案》《“剧精彩”职工文体服务实施方案》《“文化进企”项目实施方案》《职工健康体检行动实施方案》《“劳动光荣休养快乐”行动实施方案》《患病职工“五重”关爱行动实施方案》《职工“应援尽援”维权服务实施方案》《户外职工关爱行动实施方案》《女职工幸福关爱行动实施方案》等6大类12件服务职工实事项目，涉及维权服务、技能晋升、健康服务、生活服务、帮扶救助、文体服务，进一步推动联系服务职工群众的改革措施在基层见效。（黄点点）

【奉贤区总工会推进职工服务体系建设】 2018年，奉贤区总工会以“职工所需”“普遍受惠”为导向，推出8大工会服务职工实事项目。投入112万元，做好职工疗休养、体检等工作。建成户外职工爱心接力站50家，满足户

5月11日，奉贤区总工会举办“相约星期五，卡卡惠职工”活动（樊国红）

外职工的多元个性需求，精准服务户外职工。聚焦二孩时代女职工的托育需求，积极调研，盘活资源，新挂牌1家职工亲子工作室、开办暑托班3个，新建爱心妈咪小屋34家，新申报星级小屋48家。不断挖掘区内资源，拓展区级优质商户12家，丰富活动项目，提高会员卡使用率。每月举行“相约星期五，卡卡惠职工”工会会员卡团购优惠商户联盟活动，活动现场召集签约商户服务一线职工，开展“午间一小时”活动。（钱　洁）

【东方国际集团“东方名品汇”线上线下联动】 2018年，东方国际集团工会组织了集团旗下10余家企业的品牌产品，开展“东方名品汇”活动，部分进博会同款热销产品同时亮相。集团工会还主动对接国资委、上柴股份等，让兄弟单位享受集团名品优惠价格的同时，提升集团自有品牌的知名度、扩大品牌影响力。此外，“东方名品汇”对接虹桥街道“暖情项目”，在社区和企业间搭起了桥梁，为社区孤寡老人送去一份爱心和温暖。集团工会组织集团旗下电商平台，实现线上线下联动助推活动。2018年微信平台共开展了跨年倒计时、国庆礼赞东方、迎新年砸金蛋等品牌特卖活动，联合线上工会会员积分兑换福利，手机终端动动手指就能把福利带回家。截至年末，“东方名品汇”品牌推广活动本着“服务企业，服务职工”的宗旨，营业额已达100多万元。（周　斐）

【东方国际集团工会组织青年相约公益活动】 6—7月，由东方国际集团工会和上汽集团股份工会联袂打造的“相约公益，为爱助力”——两份爱·双丰收公益交友活动拉开序幕。来自两家大型集团下属的申达股份、龙头股份、上柴股份、上汽大通、中国弹簧、上海联谊、丝绸股份、上实国贸、华域车身、纺织原料、星海物业、幸福摩托、新联纺、纺研院、对外贸易、利泰、上汽商用车技术中心等公司的50位青年男女，经过报名筛选后参与到公益交友活动中。35天里举办3场公益交友，包括急救知识培训、非遗文化传承手工活动、劳模宣讲等内容，50位青年男女中有5对成功牵手。（陆　益）

【东方国际集团工会延伸服务触角关心关爱驻外职工】 2018年春节前夕，东方国际集团工会在智力产业园召开“2018年度集团驻外员工及家属代表新春茶话会”。来自集团旗下申达股份、龙头股份等10家企业的驻外员工代表和家属代表们齐聚一堂，喜迎新春。集团工会主席黄勤，副主席邵玉虎、郭愚出席活动。会上，黄勤代表集团领导班子向驻外员工及家属代表致以新春的问候和祝福。此次会议有来自驻海外巴西、尼日利亚、柬埔寨等地的员工及家属代表，也有来自国内新疆、广州、山东、南京、沈阳、江西、哈尔滨、绍兴、南通等地的员工及家属代表，大家畅所欲言，一起分享驻外工作的感悟与体会。为了不断加强对集团驻外人员的关爱服务，集团工会今年继续为集团所属单位165名驻外员工购买中国人寿“团体综合保障计划”保险，其中驻国内的员工122名，驻国外的员工43名，共计保费3.84万元，为驻外员工增加一份保障系数。同时，集团工会要求各级工会组织建立“驻外员工一对一联络机制”，切实为他们排忧解难。（陆　益）

【中国宝武工会推动职工“三最”项目落到实处】 2018年，中国宝武工会进一步完善了服务职工“三最”管理

东方国际集团工会举办“2018年度集团驻外员工及家属代表新春茶话会”（周　斐）

体系，加强“三最”项目过程跟踪推进，下属各级工会明确责任部门、时间节点，积极落实职工“三室一堂一所”、一线职工工作环境项目改造工作。全年，共设立基层“三最”实事项目1005个，改造改善“三室一堂一所”944个，其中休息室459个、浴室90个、更衣室72个、食堂449个、厕所274个，积极为职工营造舒心、体面、和谐的工作环境。（陈佩红）

【宝钢股份工会积极推进实事工程，深入现场做员工的贴心人】 2018年，宝钢股份工会聚焦一线职工工作生活设施改善和困难职工帮扶救助制度优化，以“精准+普惠”为导向，深入基层一线，梳理、排摸、掌握与职工切身利益密切相关的问题，制定有效措施，设立“三最”年度实事项目计划，按轻重缓急分层分类推进，并充分调动基层单位力量，结合各基地特点，协调相关职能部门每季度对“三最”实事项目进行跟踪、报告和检查，坚持过程管控、效果评估。全年计划实事工程项目394个，按计划节点推进。同时，推出《员工关爱指导意见》和《员工健康关爱计划》，策划落实劳模先进、无偿献血等特殊贡献职工疗休养，出台《有关劳模、献血、特殊贡献等职工疗休养方案》。积极策划职工“福利汇”品牌，开展现场服务活动共5期，并建设首批示范性职工书屋13个，推出职工惠购书等实事项目，为职工群众做好事、办实事、解难事。（韩　杰）

【宝钢发展工会切实做好员工服务工作】 2018年，宝钢发展工会推动完善职工思想动态反馈体系和职工诉求管理机制，通过“主席信箱”、微信订阅号、电子邮箱、热线电话和“心晴工作室”等途径，进一步了解职工、联系职工、服务职工，全年共征集各类职工诉求103条，及时协调处理，并每季度形成《职工诉求情况报告》报公司领导。进一步深化职工需求和关注点的信息管理，将职工诉求转化为42项“三最”实事项目推进落实。积极推动各单位重点落实一线职工“三室一所”的环境改善实事项目，其中，职工休息室改善23个、更衣室改善4个、浴室改善1个、食堂改善1个、厕所改善4个，已按照时间节点全部顺利完成。组织开展“最美职工休息室”评选活动，共评选出“最美休息室”10个，进一步确保“三最”实事项目的有效落地，促进职工良好行为习惯的养成。（朱　宏）

【宝武炭材工会深入基层、深入一线实打实解决职工“三最”利益问题】 2018年，宝武炭材工会按照“真深入、真谈心、真疏导、真服务”的标准，深入基层、深入一线，扎实掌握第一手信息和资料，并对收集的各类信息和诉求，做到能解决的马上办，短时期内做不到的列入工作议程进行跟踪，确实办不了的向职工解释清楚。2018年，各级专兼职工会工作者共联系班组139个，达到基层工会主席进班组全覆盖，访谈职工1160人次，收集班组和职工的意见和问题125条，处理125条，意见和问题当年得到解决并反馈。（周昌通）

【上海石化工会建立健全“走基层、访万家”活动长效机制】 2018年，上海石化工会制订下发《关于建立健全工会“走基层、访万家”活动长效机制的实施意见》《上海石化工会经费收支管理若干细则》《关于进一步做好上海石化到龄退休职工关心关爱工作的通知》，各级基层工会切实发挥工会组织的桥梁和纽带作用，坚持面向基层一线，坚持入户走访暖心慰问，进装置（车间）、下班组、到现场，座谈、调研、咨询、答疑、反馈，全年“走基层”班组联系点数量1633个，“访万家”走访职工8041人次。（石小建）

【上海石化工会征集和实施“职工小屋”实事项目】 2018年，上海石化工会制订下发《关于征集和实施公司“职工小屋”实事项目的通知》。各级工会组织通过开展职工需求调研，直接听取和收集基层工会和一线职工的意见建议，了解基层工会、班组和职工的实际困难，策划并实施“职工小屋”服务职工实事项目。全年共有22家单位进行项目申报和实施，共计投入工会经费约105万元，年底所有项目全部投入使用。（石小建）

【上海石化工会实施职工晋升奖励计划】 2018年，上海石化工会全面开展“职工晋升技师、高级技师奖励”活动，共44名技师、高级技师获得奖励（其中技师23名、高级技师21名），技师奖励2000元/人，高级技师奖励4000元/人，共奖励130000元（其中上海市总工会奖励65000元、公司工会配套奖励65000元）。同时开展“职工晋升高级工、技师、高级技师带教师傅奖励”活动，共奖励带教师傅30人次（其中徒弟晋升高级工23人，晋升技师4人，晋升高级技师3人），带出高级工奖励2000元/人；带出技师奖励4000元/人；带出高级技师奖励6000元/人，共奖励80000元（其中上海市总工会奖励40000元、公司工会配套奖励40000元）。（徐　军）

【上海航天局工会做好职工关心服务工作】 2018年元旦春节期间，上海航天局及各基层单位开展多层次、多种形式的帮扶慰问工作，共走访慰问困难职工528人次，发放帮困慰问金56.8万元。“五一”期间，慰问困难职工130人次，发放帮困慰问金14.5万元。大力推进工会会员服务卡工作，新增会员服务卡3766张，基本实现了基层工会组织和职工会员两个全覆盖的目标。与此同时，各基层单位积极组织职工参加市总工会大病保险、住院保险、女职工专项保险、综合保险等，继续保持投保、续保率100%。局工会在市总工会2018年度职工互助保障工作考核中获得优胜。共组织14批特殊职工家属体检，共计700人；组织完成3批先进职工疗休养，完成16批航天家属看航天，完成6家基层单位职工之家复验等工作。（周　博）

【上汽工会开展2018“点亮心愿”实事项目】 2018年，上汽集团工会继续深入开展2018年“点亮心愿”实事项目征集活动。通过线上线下相结合，多渠道广泛发动职工以集体为单位向各企业工会提交共同心愿。经过连续3年的开展，“点亮心愿”实事项目已成为各企业工会服务职工的长效抓手和品牌工作。各企业根据职工所需、普遍受惠、工会所能、立足长远的原则全面推进，共有52家企业（6家沪外企业）将303条职工心愿列入各企业

助推的实事项目,参与企业数和项目数均为3年来最高。(范　融)

【上汽职工EAP心理服务平台上线】2018年,上汽集团工会呼应职工所需,在"上汽职工之家"微信公众号上开设了(EAP)心理咨询服务,并采用线上与线下相结合的方式开展EAP心理咨询服务,在线平台上有11种专业心理测评可供选择,员工自我测评后可生成报告,"线上课程"栏目还精选职场、心理、亲子、情感等各方面在线视频或音频课程,供员工学习、选择。线下则积极开展特定人群培训活动,帮助员工舒缓压力、答疑解惑。(范　融)

【中远海运船员工会打造"互联网海员之家"服务新平台】2018年,中远海运船员工会发挥互联网优势,试点"互联网+工会"的模式,把传统的垂直管理转变为扁平化管理,实现更加柔性化的管理和及时有效的沟通。"互联网+工会"已成为公司新的服务船员的平台。现阶段"互联网海员之家"服务内容有:"'全家海宝'海员重大疾病保障计划",这是国内首款为船员及家属设计的专属保障方案;"海员问诊室",与专业机构合作,整合各类疾病的知名医师资源,为船员提供24小时免费医疗咨询服务;"海员书屋",为船员提供各类资讯、图书、期刊和博文精选等,减少船员携带大量纸质书籍报刊等上船所带来的不便;与中国移动公司联合定制"海员无忧行号卡",让船员在获得移动服务时享受更多的优惠,此外还包括工会卡服务、"一站式"服务大厅预约服务、网上测评等。(张晓鸣)

【中远海运集运工会全面推进"动起来,活起来"职工关爱行动】2018年,中远海运集运工会充分发挥服务职工职能,以"动起来,活起来"为宗旨,通过运动、饮食、医疗和人文关怀,引导职工关注身心健康,促进职工快乐工作、快乐生活。一是推进硬件建设,各直属单位因地制宜,辟出场地,建立职工健身房、职工乒乓球室、职工书画室、职工瑜伽室、职工照相馆、爱心妈咪小屋等。二是成立各类文体协会,乒乓、羽毛球、足球协会、读书、太极、瑜伽、健身、钓鱼等协会的成立,极大地丰富了职工的业余文化生活。三是精神文化层面的关怀,搭建职工电子书屋,聘请职工法律和健康顾问,无偿提供法律、健康、就医咨询,解决职工的后顾之忧。四是建立制度让实事落地,把要求各直属工会每年至少推进落实3件职工实事项目写进工作要点,并作为"优秀基层工会"和"模范职工之家"的考核内容。(钱　华)

【中国电信上海市工会推出服务员工十大实事项目】2018年,中国电信上海公司工会通过线上线下征集、在广泛听取各级工会及员工意见和建议的基础上,与行政相关部门进行了沟通和评估,制定了维权服务、岗位成才、文体服务、生活服务、健康服务、办公环境、节庆慰问、经费保障等八大类十大实事25个项目的实施方案,分别为《员工"法律e通"维权服务实施方案》《员工技能提升工程实施方案》《先进激励实施方案》《"兴趣乐学""健康乐动"员工文体服务实施方案》《"工惠有礼"活动实施方案》《员工幸福关爱"四小"建设实施方案》《员工健康服务实施方案》《员工办公环境品质提升实施方案》《二级单位工会节庆慰问实施方案》《工会经费下沉一线实施方案》。为确保有效推动工会十大实事项目的落实,上海公司工会专门召开会议,要求各基层工会根据各项实事的具体要求,在规定的人员范围,按照相关项目的时间节点贯彻落实,确保工会服务员工实事项目落到实处、取得成效。同时,上海公司工会还在"上海翼家人"微信公众号上公布了十大实事项目的具体内容,让更多的员工了解工会实事项目的内容,提高员工的知晓度、参与度。(殷　茵)

【上海海洋石油局工会建立首家EAP工作室】6月,海洋石油局工会成立了面向全体员工开展心理健康工作,提供心理咨询、心理减压等心理援助服务的EAP工作室。工作室目前设有个体咨询室、心理沙盘室、音乐放松室、基础宣泄室、智能宣泄室、心理测评室、团体活动室等活动场所,通过专业人员提供专业指导和咨询,对有需求的员工进行诊断和建议,帮助员工及其家庭成员解决心理和行为问题。工会还将以心理咨询技能、实操训练和心理咨询应用及督导为主,深入培训EAP专员理论联系实际的能力,构建全员管人管思想的工作体系,为推动公司高质量发展提供有力的思想保证。(耿卫军)

【"守护生命"上海市卫生计生系统劳模专家大型义诊举办】5月26日,"守护生命"上海市卫生计生系统劳模专家大型义诊在闵行区体育馆举办。义诊由市卫生计生委、市医务工会联合主办,闵行区卫生计生委、闵行

5月26日,"守护生命"上海市卫生计生系统劳模专家大型义诊举办
(马艳芳)

区医务工会承办，闵行区体育局协办。参加此次义诊的既有著名的全国、上海市劳动模范、上海工匠，又有蜚声医界的教授、专家等，其中包括俞卓伟、蔡蕴敏、孙晓东等，涉及内科、外科、儿科、口腔科、眼科、皮肤科、妇产科、肿瘤科、中医科、全科等30多个科别。为方便辖区内的居民在义诊之后，能够继续就近治病，闵行区卫计委特地派出由20位专家组成的义诊团队，现场为当地居民提供各项医疗服务，共为1600余人次提供健康咨询服务。一年一度的“守护生命”劳模专家大型义诊至今已是第九个年头。（池朝霞）

【市医务工会加大对医务系统护工等群体帮扶服务工作】 9月4日，市医务工会下发《关于进一步加强对医务系统护工等群体关心关爱和帮扶服务的指导意见》，针对全行业内各级医院工会提出8项护工帮扶措施。一是引导护工等群体加入工会；二是要求医院工会通过各种途径深入护工群体，建立与劳务单位定期联系制度；三是提供“零门槛”法律援助服务；四是为护工等群体组织开展岗位必备的专业技能培训；五是要求医院工会将现有的文体服务设施、阵地和课程资源主动向护工开放；六是扩大工会服务职工实事项目对护工等群体的覆盖；七是注重发现、挖掘护工群体中爱岗敬业、踏实勤恳、积极上进的先进典型；八是争取医院党政各方对护工群体权益的关心重视。（马艳芳）

【市医务工会评选服务职工优秀实事项目】 按照市总工会关于做好职工“应援尽援”维权服务等9个实事项目要求，2018年，市医务工会组织开展“天使关爱、职场助力”服务职工实事项目征集评选活动。活动通过投票、评审，从中评选出有亮点、可复制、易推广的优秀“十佳实事项目”，并在系统内予以推广。最终，华山医院工会《华山医院员工关爱计划（HEAP）》，市公卫中心工会《爱心妈咪小屋升级与推广》，肺科医院工会《互联网+肺科之家建设项目》，中山医院工会《中山医院“巴林特小组”活动》，第一人民医院工会《“公济e家”职工会员移动服务平台建设》，第十人民医院工会《天使减压站在提高临床护理人员幸福指数中的应用》，仁济医院工会《公益-边走边做》，中山医院工会《职工亲子工作室》，儿科医院工会《“相约星期四”儿科医院员工关爱计划》，华山医院工会《华山医院职工岗位成才 & 科技创新激励计划》，瑞金医院工会《资源共享，合作共赢——社区楼宇健身房进医院》，华东疗养院工会《职工健康管理》，市疾控中心工会《上海市疾控系统乒乓球锦标赛》等13个实事项目入选优秀实事项目。（徐　园）

【市民政局工会扎实做好职工实事项目】 2018年，市民政局工会大力推进工会实事项目。一是实施会员普惠服务，出资15多万元为全局3870多名持有工会会员服务卡的职工购买了市职工互助B类医疗保障计划。全年有7名大病职工每人得到2万元的大病补助。二是推进职工书屋建设，对28家评估达到“5有”建设标准的职工书屋，每家给予5000元建设经费。三是做好关爱劳模工作。“五一”前夕，为在职劳模每人发放了节日慰问金，为3名符合条件的低收入退休劳模申报了生活困难补助；为2名退休全国劳模、8名在职和退休市劳模申报了医疗帮扶金。四是继续落实职工医疗互助保障计划。各基层单位继续做好了职工住院、退休职工住院、女职工特种重病等保障工作。五是开展高温送清凉活动。高温期间，全局各级工会普遍组织了对一线职工的慰问活动，高温慰问6700人次。（胡积伟）

【市监狱管理局工会积极服务民警职工】 2018年，市监狱管理局工会认真做好服务职工的各项工作。开展“冬送温暖、夏送清凉、秋送助学、病送关爱”，此项工作共支出130余万元。全年办理近7000张电子会员卡，对取得职业资格等级证书的会员奖励共计120人，资金总计6.45万元。组织开展会员享受市总补贴的短期疗休养900人次，开展会员健康EAP体质检测与评估活动，积极组织单身青年会员参加市婚博会，积极争取市体育局的支持，对皖南农场给予体育健身设施50万元援助，为援疆干警购置体锻健身器材，丰富援疆干警的业余文体生活等。（江海群）

【城投集团工会开展“职工满意食堂”建设实事项目】 2018年，城投工会贯彻市总工会《关于推动本市企事业单位“放心职工食堂”建设工作的通知》，全面提升城投系统内各单位食堂食品安全水平，保障广大职工食堂食品安全，防控集体性食物中毒事故，在年初工会发布本年度实事项目、开展调研、排摸情况的基础上，于2月至10月开展了“职工满意食堂”评选申报、评选活动。城投集团工会参照《“放心职工食堂”建设标准（2017版）重点条文说明》，从实施规范管理、实施明厨亮灶、食品可追溯、信息公开透明、严格餐饮具清洗消毒、组织开展自查自纠、畅通投诉评议渠道、妥善处置投诉等8个方面，对系统内职工食堂进行测评，授予10家食堂为首批“十佳最满意职工食堂”称号。同时，在7月6日组织开展“厨艺大比拼”决赛，评选出职工最满意菜肴及菜单。（汪燕菲）

【市政集团工会为农民工开展免费体检活动】 10月22—23日，市工人疗养院流动体检车来到隧道股份市政集团下属建筑公司浦江谈家港基地项目现场为112名农民工开展免费体检。体检包括心电图、数字化胸片、B超、肾功能等项目。医护人员详细了解受检者的身体状况、工作方式，详细解答受检者的健康咨询。作为建筑施工型企业，市政集团工会一直心系农民工的健康安全和职业发展，除了免费医疗体检送健康活动，还关注农民工生活的方方面面，通过组织劳动竞赛、开展技能比武、建立民工夜校、开设职工书屋等各种活动，为农民工送上更具实效、更接地气的服务，切实将关爱落到实处。（汪　超）

【上海联通工会举办首期职工子女暑托班】 2018年，上海联通工会深入推进“五心工程”中的“暖心工程”，丰富工会服务员工的项目，解决暑期员工孩子的陪伴问题，开设职工子女暑期托管服务。暑期托管班历时5周，确定了专业第三方教育机构承办，共计有62名7—12岁的职工子女参加。托管班除安排孩子每天完成固定暑假作业，还提供萌娃课堂、游戏时间、植物养成、我爱运动等拓展课程，期间还成立了合唱团，并赴贺绿汀音乐厅参加“中美青少年交流音乐会”的登台演出。市总工会副主席桂晓燕亲临现场参观指导，并为上海联通“上海市总工会亲子工作室”揭牌。（康　迪）

【上海飞机客户服务有限公司工会推动实施“五项实事”】 2018年，上海飞机客户服务有限公司工会重点推进“五项实事”，构建职工互助体系。一是为1004名在职职工购买上海市职工保障互助会综合互助保障计划A类保障。二是根据职工意愿，为984名在职职工配置移动办公设备和专用办公号码。三是引进喜士多便利店，提供7×24小时线下服务和1500余种货品线上“e购”服务。四是借助上海市“公益乐学”服务项目，举办阿卡贝拉、葫芦丝、尤克里里、素描绘画等培训班，惠及职工及子女；开展“橙行针”公益健康体检、监测和企业情景跑等活动；开展“要职业，但不要职业病”职工义诊，提供内科、骨科咨询，进行颈椎病的预防和护理讲座。五是开展“职工家属走进大飞机”主题活动，组织百余组职工家庭开展“快乐成长，童心筑梦”亲子活动；组织23名职工家属参观设计研发中心、总装制造中心和客户服务中心。构建职工互助保障体系，为14名困难职工申请“大飞机爱心基金”帮扶救助金；为8名住院职工申请职工互助保障计划A类保障金；为298名职工新办上海市工会会员服务卡，为7名重病职工申请保障金；定期举办职工法律援助咨询活动；推动职工保障房项目建设。（王俊玺）

【上海飞机设计研究院工会创新职工心理关爱机制】 2018年，上海飞机设计研究院工会关注新形势下职工队伍的思想、心理变化和需求，在充分调研的基础上，启动了身心关爱EAP专项，借助专业心理咨询机构力量，从不同层面和角度为职工提供专业服务，院工会发布了《上飞院职工身心关爱实事项目工作方案》，设置了5种不同的方式以满足全院不同人群的需求：一是“心连心”谈心机制试点，由部分部门开展，采取不同形式，由部门党政负责人、分工会主席、班组长与部门职工开展面对面的谈心谈话。二是“暖心团辅”互动讲座，以契合部门心理关爱的需求为主题，以互动性讲座为载体，通过投射类心理解读工具，帮助员工舒缓压力、增强心理素质、掌握心理学技巧。三是“心理三十分”知识共享，高效利用30分钟左右的会议时间，由专业机构培训师开展心理知识共享。四是“管理心理学”知识培训，面向管理层如中层干部、班组长、型号IPT团队负责人，由专业机构培训师开展心理知识和技巧培训。五是“一对一”心理咨询，院职工可自行预约心理专家，在院内指定场所或心理咨询专家所在的院外咨询场所开展面对面沟通交流，“一对一”心理咨询充分保护职工隐私。全年共开展了“有效沟通、提升团队战斗力、心感冒预警”等7场团队心理辅导活动，覆盖约600余人次，累计52人次接受共77.5小时的一对一专业心理咨询。开展班组长身心关爱大调研，形成调研报告，为加强班组长建设提供了有力指导。（曾菊敏）

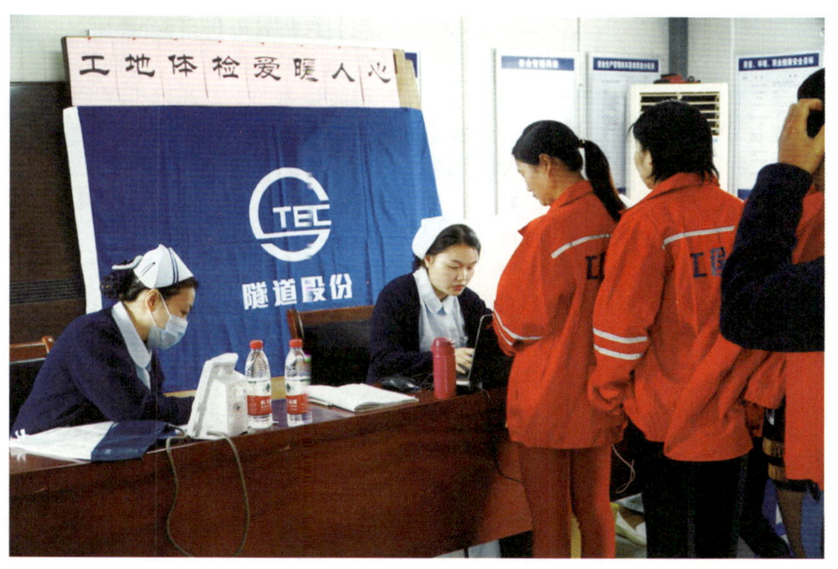

市政集团工会为农民工开展免费体检活动　（陈恒宇）

【上海飞机制造有限公司工会强化“火线”跟进关爱】 2018年，上海飞机制造有限公司工会强化“火线”跟进关爱和外场及时关爱，多次在型号一线组织为加班职工送点心、送夜宵服务，为职工奋战节点加油鼓劲，先后为试验外场、一线加班职工送去慰问品费用近60万元。开展工间操教学、中医义诊、女医师协会义诊等服务，举办员工心理援助（EAP）专场讲座，在生产现场创建上海市优秀职工小家、星级妈咪小屋，为一线孕期、哺乳期女职工提供专门服务场所。开展“建功新时代、巾帼绽风采”风采展，组织表彰会、图书超市、厨艺比拼、女性健康讲座、手工艺等系列活动；为1234名女职工购买上海市职工保障互助会《女职工团体互助医疗特种保障计划》。为3598名退休职工寄送慰问信，组织退休职工开展走进大飞机活动。为50岁职工过集体生日，组织退休职工开展交流座谈。开展对口扶贫活动，通过建立“村级农机服务站”，增加村集体收入；建立“菊芋扶贫基地”“艾草扶贫车间”，带动85户村民稳定增收，保障25名建档立卡贫困户村民稳定就业，带动西坪村种植产业、农产品加工产业发展；动员职工注册“公益商飞”平台，购买西吉县农副产品，上飞公司在该平台消费总金额达到113万元。（张　婷）

【中国商用飞机有限责任公司第一家“大飞机金科托育园”开园】 10月8日，“大飞机金科托育园”在中国商飞上飞院开园，这是由上海市教委颁证的第一家企业内部员工托育园，并将其列为公司2018年职工实事项目。中国商飞公司党委书记、董事长贺东风，公司党委副书记、副总经理刘林宗，市妇联副主席刘琪出席活动并为托育园揭牌。（阎　超）

源头参与

【概要】 2018年,上海市总工会以提高政策研究水平为重点,不断加大源头参与力度,进一步参与和改善民生,密切跟踪政府民生政策的制订调整,反映职工诉求,推动政策落实。一是依托"上海工会职工收入分配状况调查网"开展有关职工收入分配状况基础研究,建立技能职工收入分配状况调查机制,制定调查指标体系。二是依托市劳动关系三方协商机制平台,对2019年最低工资标准和高温津贴调整幅度、企业工资指导线制订提出合理建议,指导本市环境卫生、绿化养护、河道养护和管道养护等公共养护行业开展行业最低工资标准调整。三是参与制订和修订《上海市社会救助条例》等政策。四是组织2000名职工参加工伤预防培训。五是开展灵活就业群体社会保障情况和健康体检数据分析等调研工作,设计、推出《灵活就业群体工会会员专享基本保障》。六是联合市公积金管理中心开展执法检查。七是推动提高本市支援外地建设退休(职)帮困人员帮困补助标准。

(胡　敏　余嘉毅)

【上海工会权益保障工作会议召开】 2月28日,上海工会职工权益保障工作会议召开,会议全面部署2018年工会权益保障工作的3项重点任务。市总工会副主席桂晓燕出席会议并就做好新时期工会权益保障工作提出要求。一是要提高站位,认清形势,不断增强工作的责任感和紧迫感,把握好工作的着力点;二是要深入开展大调研活动,切实提高工会源头参与的质量;三是要对接改革进程,把握好工作的同步性,进一步完善服务职工工作体系,不断扩大实事项目的有效覆盖;四是要聚焦精准帮扶,切实增强帮困救助的实效性;五是要着眼于风险防控,切实保障职工安全健康权益。

(汪佳侃)

【参与最低工资标准调整三方协商】 市总工会充分依托市劳动关系三方协商机制平台,在听取基层工会和职工对2018年最低工资标准调整幅度的意见和建议的基础上,进一步加强对相关数据的分析研究,提出工会的建议和主张。根据三方协商结果,报经市政府批准,从2018年4月1日起,本市最低工资标准调整为每月2420元,绝对额增加120元,增长5.2%。

(胡　敏)

【推动调整企业工资指导线发布和制订机制】 2018年,按照市委、市政府要求,本市企业工资指导线由市人社局与市总工会、市企联、市工商联共同研究制订,由市总工会、市企联、市工商联联合发布。鉴于《关于2018年本市企业工资指导线的意见》中已经明确提出"上年平均工资水平低于全市职工平均工资60%的企业,增长幅度可适当高于平均线",因此2018年本市企业工资指导线没有再单独设置上线。

(胡　敏)

【建立技能劳动者收入调查指标体系和调查网络】 2018年,为贯彻市委《关于推进新时期上海产业工人队伍建设改革的实施意见》,落实市政府《激发重点群体活力带动城乡居民增收实施方案》、引导企业合理确定技术工人薪酬水平,完善多劳多得、技高者多得的技能人才收入分配政策,市总工会在上海工会职工收入分配状况调查网、市职工技协服务职工平台系统基础上,新建"技能劳动者收入调查网络",制订了具体的调查方案和调查指标体系。

(胡　敏)

【开展职工收入分配状况监测分析】 2018年,市总工会依托"上海工会职工收入分配状况调查网"开展有关职工收入分配状况基础研究。通过一年两次对全市50个区县局(产业)工会所属514家用人单位的生产经营状况、用工人数变化、职工收入增长、职工参保和福利等情况开展调查,研究用人单位生产经营状况对职工就业岗位稳定、收入增长等方面的影响,为工会参与本市最低工资等民生政策标准调整和收入分配制度改革夯实基础。

(胡　敏)

【源头参与4+7城市药品集中采购谈判工作】 经中央全面深化改革委员会同意,国家组织药品集中采购试点,试点地区范围为北京、天津、上海、重庆和沈阳、大连、厦门、广州、深圳、成都、西安11个城市(即4+7城市)。试点地区委派代表组成联合采购办公室作为工作机构,代表试点地区公立医疗机构实施集中采购,日常工作和具体实施由上海市医药集中招标采购事务管理所承担。12月,本市开展了4+7城市药品集中采购谈判,市总工会作为监督组成员参与谈判环节。31个试点通用名药品有25个集中采购拟中选,与试点城市2017年同种药品最低采购价相比,拟中选价平均降幅52%,最高降幅96%。

(余嘉毅)

【举办上海工会干部社会保障政策培训】 4月23—24日,市总工会举办2018年工会干部保障政策培训班。各区局(产业)工会权益保障干部80余人参加了培训。培训期间,市总工会邀请了市社保中心、市公积金中心、市民政局、市肺科医院等相关单位和政府职能部门的专家,围绕社会保险、社会救助制度、住房公积金管理和职业病防治等领域的开展了专题政策培训。市总工会副主席桂晓燕作开班动员。

(余嘉毅)

【开展职工健康状况分析调研】 2018年,市总工会开展《上海市职工健康体检数据分析》的调研,旨在了解本市职工健康状况,分析职工健康方面存在突出问题,提出相应的意见和建议。调研以2014—2017年度上海工会职工健康体检行动的相关数据为依据,分析广大职工群体的健康特点并归纳引起体检指标异常的主要因素。调研发现,本市职工健康情况存在如下特点:男性、大龄(46岁以上)、农林牧渔业等群体职工健康风险较高,体重、高血压、脂肪肝、心脑血管和胆囊等五方面健康风险较高。在调研基础上,市总工会又提出营造健康氛围、打造健康环境、落实健康政策和打造健康企业等意见建议,推动提升本市职工的健康水平。

(余嘉毅)

【开展本市灵活就业群体社会保障情况的调研】 针对社会主义市场经济深入发展及"互联网+"经济的快速发展,企业用工方式及职工就业方式等日益多元,对职工特别是灵活就业群体的权益保障带来影响等情况,2018

年,市总工会开展本市灵活就业群体社会保障情况的调研。本次调研主要通过问卷调查,专题访谈等形式开展。问卷调查对象是本市护工护理、物流快递、房产中介、商场导购、网约送餐、家政服务等6大灵活就业群体各10家单位共895位员工,从基本信息、工作内容、劳动关系、社保状况和福利待遇等方面进行调研。调研发现,灵活就业群体存在劳动法律关系较为模糊、劳动经济权益难以保障、职业风险较大、劳动法律救济渠道不畅和群体事件风险较大等问题,并提出了加强调研、强化顶层设计、合理分类认定、分类推进社保和强化执法监管等政策建议,推动提高灵活就业群体的社会保障覆盖面和待遇水平。 (余嘉毅)

【指导部分公共养护行业建立行业最低工资制度】 2018年,为贯彻落实《关于深化养护行业市场化改革提高一线职工工资水平的意见》(沪府办〔2016〕26号)精神,市总工会对环境卫生、绿化养护、河道养护和管道养护等行业最低工资标准调整幅度、职工福利待遇标准项目设置和提高等集体协商内容进行针对性指导,推动部分行业一线职工收入增长与改善福利。 (胡 敏)

【做好支援外地建设退休(职)回沪定居人员一次性特困补助工作】 2018年,由市财政列支,市总工会核拨各区总工会一次性特困补助款161万元,共向4200多名生活特别困难的本市支援外地建设退休(职)回沪定居人员发放一次性特困补助。 (余嘉毅)

【联合开展住房公积金缴存情况联合执法】 2018年是市住房公积金管理委员会、市总工会、市住建委、市住房公积金中心联合开展住房公积金缴存情况执法检查的第六年。本次执法检查对象为本市符合《住房公积金管理条例》规定应当缴存住房公积金的机关、企业、事业单位、民办非企业单位和社会团体,通过督促和检查,不断扩大住房公积金制度覆盖面。全年,共对约10.8万家单位发出执法检查通知,直接实现开户单位1.08万家,实现增加缴存职工14.09万人。 (殷崇莉)

【开展上海外来从业人员住房问题专题调研】 2018年,市总工会开展本市外来从业人员住房现状和需求的调研,研究住房公积金制度存在问题和不足,提出改革建议,形成专题调研报告。调研发现,本市外来从业人员数量庞大,普遍接受过不同程度的教育,群体年轻化特征突出;面对上海的高房价,住房自有率较低,除少数高学历、高收入人群有购房能力、计划在上海购房定居外,绝大部分只是在上海就业,租房是解决阶段性住房问题的主要方式;除公租房以外,非本市户籍外来从业人员无法申请共有产权房、廉租房等保障性住房。根据存在的问题,提出加大保障性住房对外来从业人员的倾斜、发展租赁型职工集体宿舍和改革住房公积金制度和加强政策宣传和监督落实等建议。 (殷崇莉)

【宝钢特钢工会参与做好职工转岗安置工作】 2018年,中国宝武集团特钢公司特种金属和合金板带产线实施关停,这是落实宝武集团"改革、调整、转型、发展"战略部署的重大举措。在产线关停、职工分流的过程中,宝钢特钢所属板带厂工会为确保职工分流过程中做到"公平、公正、公开",组织部门职工代表参与到转型岗位竞聘的整个过程,努力把好职工新岗位竞聘及留守人员的选择关、审核关,让职工转得称心、留得放心。 (陈美坤)

【上海不锈工会积极助推员工转型发展】 2018年,上海不锈工会围绕公司产业结构调整和员工转型发展工作,坚持维护员工合法权益,按照集团公司工会提出的"四导"(引导、疏导、指导、督导)要求,以"争当员工心灵陪伴者、情绪疏导者和关怀服务者"为目标,积极践行"四心"工作法(爱心、耐心、细心、责任心),全面、全程、全力参与了公司产业结构调整和员工转型发展工作的工作决策、组织实施和协调管理等各项工作,尤其是做细、做实、做深员工转型发展暖心服务工作,积极助推员工转型发展。上海不锈员工转型发展工作平稳、有序,实现了"五个不发生"的既定目标。公司共有930人落实转型转岗,完成应转型职工的97.18%。 (潘 彦)

【市水务局(上海市海洋局)工会调研河道养护企业一线工人收入情况】 2018年6月14日,市水务局(市海洋局)工会组织召开河道养护企业调研座谈会,实地调研本市河道养护行业各企业一线工人收入情况。市水务局(市海洋局)工会、河道养护行业工会联合会、水利工程协会、闵行区水务局、闵行区水利管理所和上海景铭建设发展有限公司等3家从事河道养护工作企业的相关人员参加了调研。调研主要围绕企业一线工人收入、福利待遇落实情况、企业运营成本、河道养护监督管理等相关问题展开讨论。 (王佐仕)

就业援助

【概要】 2018年,上海工会贯彻落实全总关于职工就业创业服务工作的部署和要求,积极引导企业就人员安置、调整劳动报酬、工作时间等涉及职工权益的事项开展集体协商,协助困难企业通过转型转产、培训转岗、支持"双创"等措施分流安置职工,并及时将下岗失业人员、农民工、去产能分流职工、困难职工家庭成员等重点群体纳入工会就业服务范围,进一步完善常态化工会就业服务工作机制,做实"春风行动""民营企业招聘周""技能培训促就业""大学生社会实践"和"阳光就业"等工会就业服务品牌活动,开展线上线下相融合的就业服务。 (余嘉毅)

【开展2018年"春风行动"】 为更好地服务节后来沪人员就业需求,2—3月,市总工会会同市人力资源社会保障局、市政府合作交流办、市妇联联合举办以"促进转移就业,支持返乡创业,助力增收脱贫"为主题的2018年"春风行动",集中为来沪农村劳动力提供就业服务。活动期间,各级工会主办或协办专场招聘会100多场,提供免费就业服务4.36万人,成功帮助1.24万人达成就业意向,组织参加职业技能培训7900多人。 (余嘉毅)

【开展工会就业援助月活动】 为更好地满足广大农民工、城镇下岗失业人员、高校毕业生等群体的求职需求和企业用工需求,市总工会继续开展

2018年上海工会就业援助月活动。活动期间,全市各级工会共组织专场招聘会超过100场,共为6.6名下岗失业人员提供免费就业服务,其中,职业技能培训1.5万人,职业介绍2.7万人次,扶持创业1300多人。（余嘉毅）

【开展2018年民营企业招聘周活动】 4月16—22日,市人力资源和社会保障局、市教育委员会、市总工会、市工商业联合会在全市范围内组织开展“2018年上海民营企业招聘周”活动。活动期间,全市各区举办民营企业招聘会共计40场。19日,主会场活动在东华大学延安路校区举行,135家企业进场招聘,提供就业岗位1700多个,覆盖时尚创意业、互联网+生活类服务业、创新创业企业等行业,就业岗位主要有软件应用工程师、项目审计高级经理、新媒体文案、新媒体运营等,现场达成用工意向101人。（余嘉毅）

【杨浦区总工会举办大桥街道“创谷就业湾”专场招聘会】 8月10日,杨浦工会2018年第四期“践行主业主责,精准服务再出发”主题活动暨大桥街道“创谷就业湾”专场招聘会在长阳创谷举办。区人大常委会副主任、总工会主席麦碧莲出席招聘会。招聘会采用“线上+线下”同步推进的模式,线下40家招工单位进行现场面试招聘,线上70家招聘企业通过市总职工服务中心12351、杨浦区总工会网站,上海杨浦、杨浦职工之家、杨浦工会职工服务中心、“大桥人家”等微信公众号,以多渠道的官方就业平台,实现与求职者预约面试,实时互动。上海建工二建集团、上海科房投资有限公司、上海星巴克、东方CJ等单位提供了建筑业、制造业、服务业等30余个工种、3000余个岗位,吸引求职人员近1500余人,网上网下意向录用83人。（张东寅）

【杨浦区总工会举办工会服务进社区进园区长白专场招聘会】 7月20日,由杨浦区总工会与长白新村街道党工委、办事处联合举办的杨浦工会2018“践行主业主责,精准服务再出发”主题活动暨工会服务进社区进园区长白专场招聘会在杨浦区总工会职工服务中心门前广场举办。招聘会采用“线上+线下”同步推进的模式,将线上统计汇总报名信息与线下组织面试的形式相融合,形成“岗位定向优先推荐”和“人才信息储备”的服务管理模式。现场组织21家线下招工单位进行现场面试招聘,80余家线上招聘企业通过市总职工服务中心12351、杨浦区总工会网站,杨浦职工之家、杨浦工会职工服务中心、“乐享长白园”等微信公众号,以多渠道的官方就业平台,实现与求职者实时互动、预约面试。上海移动、上海建工二建集团有限公司、上海科房投资有限公司等单位提供了制造业、建筑业、服务业等30余个工种,3000余个岗位,吸引周边社区失业人员、外来务工人员等近600人,145人达成就业意向。（张东寅）

【杨浦区总工会举办工会服务进社区进园区专场招聘会】 6月21日,“践行主业主责,精准服务再出发”工会服务进社区进园区专场招聘会在复旦软件园举办。区人大常委会副主任、总工会主席麦碧莲出席活动。招聘会采用“线下面试+线上服务”方式,通过市总工会职工服务中心12351、杨浦区总工会网站,“杨浦职工之家”“杨浦工会职工服务中心”“定海桥畔”等微信公众号与求职者实时互动、预约面试。翰和实业发展有限公司、东海制药、耐思工业设备公司等单位提供了制造业、建筑业、家政服务业等30余个工种,包括了3000余个岗位,吸引周边社区失业人员、外来务工人员及为子女咨询求职事宜的家长等近千人,187人达成就业意向。招聘会上同时开展“上海工会会员服务卡大篷车进社区进园区服务”活动,方便持卡职工享受“普惠、特惠、商惠”服务。活动现场还提供工会会员服务卡业务办理、互助保障、法律咨询等服务“菜单”。定海路街道的志愿者团队为职工群众提供法律咨询服务、用电安全咨询、检测视力、修伞和理发等便民服务。（张东寅）

【黄浦区总工会举办2018年“春风行动”专场招聘咨询会】 3月21日,2018年“春风行动”专场招聘咨询会在黄浦区就业促进中心开展,24家企业现场面试181名求职者,108人次进入复试环节,8人现场达成了录用意向。本次“春风行动”专场招聘咨询会提供的就业岗位既有符合地区服务业需求集中特点的营业服务岗位,也有涉及专业领域的技术岗位和行政管理人员职位。在活动现场,区总工会设立了创业就业政策咨询、维权保障等相关专业现场咨询服务,为对口扶贫地区求职者提供更好的精细化、个性化服务。（陆中斌）

【金山区总工会举行就业指导室启动暨就业服务协议签约仪式】 11月15日,金山区工人文化宫(金山区职工服务中心)举行就业指导室启动暨就业服务协议签约仪式,金山区就业促进中心与金山区职工服务中心签订《就业指导服务协议书》。双方以促进就业为导向,以解决关停并转企业职工再就业问题为重点,做好职工就业服务工作。同时,在工人文化宫大厅举办“鑫工助业·2018年金山区工会招聘会”,共有16家企业,提供了化工、机械制造业等行业的79个招聘岗位,招聘人数261人。据统计,参与求职者200余名,累积投递简历98份,现场达成录用意向37人,首场“鑫工助业”招聘会取得良好效果。活动现场,邀请就业指导专家坐镇就业指导室,为有需求的求职人员提供心理辅导与测试、面试技巧、职业规划等就业指导培训。今后,文化宫将致力于为广大求职者与用人单位搭建平台,积极破解“就业难”和“招工难”问题,做到“天天就业”“周周职场”,多方位、多渠道提供就业服务。（陈　文）

【松江区总工会等部门联合举办招聘会】 3月10日,松江区总工会、区人社局、区妇联、车墩镇政府、经济技术开发区管委会,在车墩镇文化活动中心广场联合举办以“促进转移就业,支持返乡创业,助力增收脱贫”“千企万岗促就业,春风送暖助科创”为主题的松江区2018年“春风行动”主题日暨第二届G60科创走廊重点企业招聘会。区总工会为应聘人员做好劳动维权、职工保障等方面咨询服务工作,就职工法律援助、互助保障、女职工权益维护、工伤赔偿、合同解除、未

3 月 18 日，奉贤区总工会举办“春风送岗位”公益招聘会　（王翠珍）

休年休假工资等有关事项进行解答。现场为 300 多人提供咨询服务，发放《工会实事项目宣传册》《职工法律援助便民卡》《就业服务宣传册》《女职工劳动保护特别规定》等宣传资料 500 多份。招聘会上，146 家企业提供工作岗位 3305 个，涉及工种 751 个。参加招聘、应聘、咨询人员达 1960 余人，其中填写求职登记表 1256 份，达成就业意向 345 人，当场录用 98 人。车墩镇总工会积极组织社区下岗、失业、就业困难人员到现场应聘。

（邹丽梅）

【奉贤区总工会举办“春风送岗位”公益招聘会】　3 月 18 日，奉贤区总工会在南桥镇文化广场举办“心系职工情，联手助就业”公益招聘会。现场共有 190 家企业，提供包括技术员、人事、普工等 5000 多职位对应近 1000 个岗位，吸引了近万名求职者前来应聘，会后统计达成就业意向近千人。招聘会一方面为奉贤区企业解决用工难问题提供了平台，另一方面满足了本地应届毕业生、下岗失业人员和返乡务工人员等未就业群体的实际需要，引导奉贤区各层次人才在本地就业。（周　婕）

困难帮扶

【概要】　2018 年，为全面贯彻中央坚决打赢扶贫脱贫攻坚战和全总关于做好城市困难职工解困脱困工作的精神，上海工会再造帮扶工作流程，创新帮扶管理模式，不断深化工会困难帮扶体系建设。一是与市民政局联合发文共同推进困难职工家庭经济状况数据比对和信息共享工作，建立了困难职工家庭经济状况核查机制。二是依托核对机制，重点聚焦低保、低收入、意外致困职工家庭，围绕困难职工的需求，深入了解分析困难职工的致困原因，重新规划，制订方案，精准施策，重点开展生活救助、医疗救助、子女助学帮扶项目，建立全市统一的准入门槛和帮扶标准，进一步加大关心关爱的力度。三是逐步建立健全申请—建档—收入核对—审核—公示—发放的全新流程，并开发了上海工会帮扶管理系统，通过精细化的流程管理和信息化手段提升帮扶实效。四是组织开展上海工会帮扶管理系统操作培训，累计培训工会干部 1000 余人。五是对不合格档案、两年以上未帮扶档案、已退休、病故、脱困等情况的职工档案及时进行核实注销。六是对困难职工的变化及时进行更新，并对档案层级和困难类别等重新进行了排摸调整，进一步提升了困难职工档案的准确性。全年，共完成 738 户深度困难职工家庭帮扶资金的发放工作。

（蔡　瑾）

【开展元旦春节送温暖活动】　元旦春节期间，上海工会深入开展以“心系职工情、温暖进万家”为主题的送温暖活动。一是做好困难劳模、困难职工走访慰问工作。各级工会深入困难劳模、因病致贫、产业结构调整导致困难的职工家庭，开展集中走访慰问，共计投入帮扶资金 6692.015 万元，帮扶困难劳模、困难职工（含农民工）6.1 万人，并做好发放劳模春节慰问金、低收入生活困难补助金和特殊困难帮扶金的发放工作。二是关心关爱农民工群体。市总工会联合市人社局等相关部门，开展农民工工资支付情况专项检查，开展留沪农民工通讯费补贴、“平安返沪”火车票补贴、健康医疗补贴等活动，共计投入资金 294.3 万元，惠及农民工 2.54 万人次。三是做好困难职工就业援助工作。为在产业转型、企业转制或供给侧结构性改革中需要重点帮扶的困难职工，提供就业创业服务。四是开展“爱心一日捐”活动。两节期间，全市各级工会共筹措送温暖资金 1.97 亿元，慰问困难职工 10.1 万户。

（蔡　瑾）

【开展“金秋助学”和“阳光就业”活动】　2018 年，市总工会切实按照全总统一部署和要求，积极组织动员本市各级工会开展“金秋助学”活动和困难职工家庭高校毕业生“阳光就业行动”。一是结合精准帮扶的工作要求，以困难职工家庭子女就读高中、大学和应届高校毕业生为重点帮扶对象，开展详细全面的调查摸底工作，掌握困难职工子女在校人数、毕业生规模等信息，分层分级分类建立和完善困难职工档案的动态化管理机制，真正做到底数清楚，应帮尽帮，不重复、不遗漏。二是在排摸梳理的基础上，各级工会实地走访困难职工家庭，全面采集困难职工家庭的生活状况及子女的就学情况、就业意向、帮扶需求等综合信息，并进行分类汇总，明确帮扶需求，形成助学档案，为制定有针对性的帮扶措施打牢基础。三是通过开展有针对性的助学和就业帮扶政策推介宣讲，提高困难职工对助学和就业政策的知晓度，将符合条件的困难职工家庭子女纳入“奖、助、贷、勤、减、免”的国家助学体系，积极将困难职工家庭高校毕业生纳入政府就业援助体系。全年，各级工会共筹集发放助学资金 1907.74 万元，帮扶 8241 名困难职工子女和农民工子

女。（蔡　瑾）

【市总工会领导集中走访慰问困难劳模、困难职工和困难企业】 春节前夕，市总工会主席室领导组成了9个慰问组，深入到40多个区局（产业）工会走访慰问困难劳模、困难职工家庭，慰问困难企业，实地了解困难职工生活情况和困难企业的实际需求，帮助他们解决实际困难和问题，让困难劳模、困难职工家庭切实感受到党和政府以及工会组织的关爱。1月8日，市人大常委会副主任、市总工会党组书记、主席莫负春先后走访慰问了困难职工胡燕妮和困难劳模郑芬芬家庭。市总工会各部室也分21路，先后走访慰问结对的困难职工家庭。（蔡　瑾）

【开展上海工会大病职工慰问行动】 2018年，市总工会深入开展大病职工慰问行动实事项目，进一步聚焦患大病职工，凸显特殊的关爱，为患大病会员提供多重保障。全年，共慰问大病职工6988人，补贴资金698.8万元。（蔡　瑾）

【普陀区总工会开展元旦春节送温暖活动】 2018年，普陀区总工会健全完善以"心系职工情，温暖进万家"为主题的送温暖工作长效机制，认真开展"爱心一日捐"、农民工关爱行动、金秋助学等工会传统品牌项目以及线上线下相结合的服务活动。元旦春节期间，各级工会走访企业205家；慰问一线职工4103人；慰问劳模先进265人；走访慰问困难家庭3073户，其中困难农民工381户；筹集慰问款物达325万余元；提供政策宣传2186人次；为下岗失业人员提供就业岗位290个；为困难职工提供生活救助2147人次；为困难职工子女提供助学帮扶217人次；为职工提供心理咨询疏导、医疗体检、健康咨询等服务9259人次。（陆　蕾）

【虹口区总工会开展"困难职工深度调查"】 2018年，虹口区总工会认真落实区委大调研各项要求，制订工会调研工作方案，既完成规定的190户居民、120家企业、3个社团组织的调研任务，又关注工会特定服务对象，走访47家基层工会，涉及2826家企业、1176家困难职工家庭。通过分层抽样，完成300份问卷调查，并从中再抽取30户典型，由区总工会领导班子带队上门，进行深度对话访谈调研，在此基础上形成《虹口区困难职工调研报告》，为实施分类管理、精准帮扶困难职工夯实基础。（徐　洁）

【杨浦区"劳模讲师团"免费辅导优秀特困学生】 3月9日，杨浦区特困家庭优秀子女初三、高三升学考试第十四期免费辅导讲座在沪东工人文化宫开班。区总工会、区教育工会共同组建"劳模讲师团"，至今已连续14年为特困家庭的优秀子女开展免费升学辅导，将优质教育资源送到家庭困难、品学兼优的学生身边，累计受惠学生达3000余人次，参加辅导班的学生高考升学率超过99%，本科率达到92.5%；中考的市、区重点中学率达到80%。本期辅导班的授课团队由全国先进工作者、原杨浦高级中学语文特级教师陈小英和全国"五一"劳动奖章获得者、上海市劳动模范、控江中学数学特级教师许敏等劳模先进为骨干的11位区内名师组成，自3月上旬起，每周末两天为来自全区150名困难家庭的初、高三毕业班学生进行为期2个月的辅导。（张东寅）

3月9日，杨浦区第十四届特困家庭子女免费辅导讲座开班（张东寅）

【黄浦区总工会开展元旦春节送温暖活动】 1月2日，黄浦区在区府机关大楼举行了黄浦区2018年元旦春节送温暖活动启动仪式暨"一日捐"捐赠仪式，拉开了黄浦区总工会元旦春节帮困送温暖活动的序幕。由于受产业结构调整等因素的影响，近两年区内困难企业增多。为此，区总工会领导班子兵分四路，走访慰问了部分困难职工、劳模，并发放了生活、医疗帮扶金以及慰问金。除此之外，区总工会还开展元旦春节农民工工资支付情况专项检查活动、"电话诉亲情、温暖进万家"向农民工赠送通讯费、农民工健康医疗补贴等活动，为农民工群体送去工会的温暖。元旦春节期间，黄浦区总工会发放帮扶资金60.82万元，惠及1614名困难职工、困难农民工和困难工会干部等。同时，通过各级工会，积极组织的"爱心一日捐"款项达618.32万元。（陆中斌）

【静安区总工会领导分七路慰问困难职工】 元旦春节期间，静安区各级工会大力开展"心系职工情，温暖进万家"帮困送温暖活动。1月23日，区人大常委会副主任、区总工会主席叶坚华带队深入基层慰问困难职工家庭，为职工送去慰问品和新春祝福。区总领导分7路带队走访慰问了26家特困在职和退休职工家庭。走访中，区总领导和各级工会干部实地了解困难职工生活情况，倾听职工呼声，关心职工疾苦，提供工会组织力所能及的帮助。两节期间，区总工会已对在档的580名困难职工发放帮困金70.97万元；对受产业结构调整等因素影响的10家困难企业中的281名困难职工,发放一次性节日慰问金;开展"电话诉亲情,温暖进万家"和"农民工健康医疗补贴行动",为1500名农民工发放通讯、医疗补贴;对大病职工发放一次性节日慰问金,惠及309名困难职工;动员全区职工开展"人人奉献爱心,共创美好生活"为主题的"爱心一日捐"活动;为1321名退休职工发放节日慰问金73.6万元。在区总工会的带领下,全区各级工会也纷纷筹措资金,走访慰问,落实帮扶项目。 (夏晨荷)

【静安区总工会深入一线为职工送清凉】 高温季节来临,区总工会下发《关于认真做好2018年夏季劳动保护和防暑降温工作的通知》,要求各级工会要高度重视,共同做好防暑降温和夏季劳动保护工作。2018年,区总工会制订了细致的高温慰问方案。一是由区人大常委会副主任、区总工会主席叶坚华及主席室领导带队,分7路走访20余家基层单位,深入慰问奋战在高温作业中的一线职工;二是结合区委、区府重点工作及实际情况,对重点工程工地、双创人员、环卫清扫工人、医务职工、窗口单位人员、维稳单位人员等群体进行重点慰问。2018年,区总工会共慰问全区一线职工1万名。 (丁臣亮)

【静安区总工会召开2018年"金秋助学"推进会】 8月23日,静安区总工会召开"金秋助学"推进会暨理事会第十二次会议,区人大常委会副主任、区总工会主席叶坚华向各位理事单位授予特别贡献奖牌,各理事单位审议2017学年"金秋助学"有关事项,区总工会还为优秀受助学生代表颁发"2018年静安工会助(奖)学金"。据统计,2018学年区总工会计划助(奖)学168人,发放助(奖)学金59.7万元。 (夏晨荷)

【闵行区总工会开展元旦春节送温暖活动】 元旦春节期间,闵行区总工会开展以"心系职工情、温暖进万家"为主题的帮扶活动,共帮扶困难职工4948名,其中农民工2010名,总计金额达190.7万元。做到帮困对象广覆盖、困难群众不遗漏,并将困难环卫工人和建筑工地农民工列为重点慰问对象,由区总工会牵头,联合区绿容局和区建管委工会,先后组织开展困难环卫工人和建筑工地农民工群体新春慰问活动,现场为职工群众送去爱心企业捐赠的大米和食用油等新春慰问品。 (卫佳雯)

【奉贤区总工会开展送温暖活动】 元旦春节期间,奉贤区总工会开展以"心系职工情、温暖进万家"为主题的送温暖活动,为一线困难职工、外来困难农民工以及身患大病的职工等群体送去工会的温暖。前期,全区各级工会干部本着"脱真贫、真脱贫"的要求,通过节前排摸、走访、调查等上门方式,对低保家庭、低收入家庭、生活困难职工家庭、困难农民工家庭、患癌职工家庭进行全覆盖调查摸底。两节期间,区总工会主席分别带队,共慰问1250户困难职工家庭,发放慰问金及慰问品总计120万元。此外,区总还开展了留沪农民工通讯费补贴、"平安返沪"火车票补贴、健康医疗费补贴等一系列关爱行动。 (周 婕)

【崇明区总工会进一步做实精准帮扶工作】 7月底,崇明区总工会开展中央财政资金帮扶对象排摸核对工作,精准实施生活帮扶、助学帮扶、医疗救助帮扶。经初审、终审和公示等流程,共有280户职工家庭纳入2018年度市级梯度帮扶范围,帮扶金额为249.7万元,其中73户职工家庭得到医疗帮扶,47户职工家庭得到助学帮扶,280户职工家庭申领到了生活救助。申领帮扶资金最少的为5000元,最高为3.47万元,帮扶人数占全市36%。 (陈思佳)

【华谊集团工会扎实开展帮困送温暖工作】 3月16日,华谊集团工会召开职工救急济难基金会七届六次理事会会议,调整集团救急济难基金会理事人员名单,审议修改《上海华谊(集团)公司职工救急济难基金会基金管理及使用办法》,提高了助学帮困的标准。一是春节期间的帮困走访和慰问,集团领导走访慰问了22名困难职工和党员,26名老干部和老劳模,关心慰问新疆维稳工作人员,集团领导还带队慰问了安徽基地、含山项目和常熟基地的员工,发放慰问品80多万元;二是下拨春节定向慰问金7万元帮扶基层70名困难职工;三是坚持困难职工日常帮扶,对定向、医疗、助学的困难职工档案进行了全面梳理,全年进行定向帮困290人次、医疗帮困493人次、助学帮困55人次、重病帮困36人次、临时帮困4人次,帮扶金额109.7万元;四是落实对市外企业的行业帮扶,对集团下属的6家有市外企业的子公司下拨帮困款60万元;五是调整企业专项帮扶,下拨至精化公司和工程公司4家调整企业专项帮扶款20万元。 (陈晓英)

【东方国际集团工会深化帮困救助工作】 2018年,东方国际集团工会发动企业爱心捐款,共58家企业为东方爱心基金捐款,募集资金206.6万元;全年慰问困难企业及"爱心驿站"共14家,慰问金额达35万元。元旦春节期间,集团工会慰问困难职工417名,慰问春节期间留沪农民工共429名,分别发放帮困金、慰问品、通讯费与医疗费补贴,合计58.78万元,使困难职工及家属过上一个温暖祥和的新春佳节。"五一"帮困送温暖期间,集团工会共计对232人发放帮扶款,帮扶金额为16.5万元。9月,集团工会共计对82名困难职工子女发放助学金,帮扶金额为19.3万元,对6名困难职工子女发放中(高)考助学成长奖学金,共计2.1万元。"十一"国庆期间,共计对151名困难职工发放帮扶款,帮扶金额为15.85万元;大病慰问共45人,发放金额25.5万元;走访慰问劳模,发放金额5.2万元。全年走访慰问驻外员工、购买驻外员工保险等,共计6.55万元;全年走访慰问发生突发事件、意外困难、住院职工和重病职工等群体,共计6.89万元。2018年集团工会总计对1561人次进行援助服务,全年共计191.67万元。 (陆 益)

【中国宝武工会深入开展帮困送温暖活动】 2018年,中国宝武认真落实《关于进一步完善帮困送温暖长效机制的指导意见》,组织开展以"心系职工情,温暖进万家"为主题的送温暖活动。元旦春节期间,中国宝武工会为23家单位下拨慰问金112万元,各单位全年共投入帮困慰问资金2174.6万元；各级领导班子成员、管理人员和工会工作者走访与慰问困难职工2627户，慰问节日期间坚守岗位职工36691人次，慰问工匠劳模、八钢、韶钢支撑团队成员、援藏、援青和定点扶贫挂职干部等400余人次。金秋助学期间，中国宝武共发放助学款227.415万元，资助困难职工子女1344人。 （陈佩红）

【上海石化工会做好困难职工帮扶工作】 元旦春节、中秋国庆期间，上海石化工会做好299名困难职工及首患大病职工的慰问工作，发放慰问金48万元，慰问品19.19万元；向125名劳模先进发放慰问品7.5万元。7名公司领导分别探望了18户困难职工和劳模家庭，各级领导干部1306人次走访慰问困难职工、各类劳模先进1516人（次）。年内，公司帮扶基金会有会员12606名，全年累计向3447人次发放各类帮困补助金511.73万元。 （徐 军）

【上汽集团工会开展元旦、春节暖心行动】 1月中旬，上汽集团工会启动2018年上汽集团元旦、春节暖心行动。本次集团及总部计划走访近40人，走访慰问的对象标准均为因职工本人或家庭成员患大病重病、意外事故、突发性灾难等情况导致家庭生活发生严重困难的职工或困难退休劳模等，其中困难企业的特困职工将优先纳入走访范围。同时，集团工会还指导各企业工会精心组织，周密部署，结合企业实际，制订全员家访慰问年度方案，充分发挥各级工会网络作用，做到职工患病住院必访、女职工生育必访、职工家庭有困难必访、职工思想有情绪必访、职工本人（配偶）或直系亲属去世必访、职工家庭遭遇突发事件必访。要求各企业工会认真对困难职工状况进行普遍排摸，准确掌握本企业困难职工的数量、致贫原因及利益诉求，进一步完善困难职工档案，对已建档的困难职工家庭情况发生变化的要及时更新调整，做到"广覆盖、不遗漏、少重复"；要求加大对劳模先进、技术骨干、外派员工、拉杆员工等职工家庭的慰问关心，有针对性、有实效地关心这类职工群体的生活，为他们排忧解难。 （范 融）

【上汽集团开展2018"助梦计划"】 2018年，上汽集团工会继续开展2018年困难职工子女"助梦计划"，共有39家企业（含沪外企业5家），申报符合条件的困难职工300多人，助学子女400余人，共计金额180多万元。相较2017年增加助学子女30人，增加助学金额约10万元。 （范 融）

【中国远洋海运集团工会深入开展金秋助学活动】 2018年，中国远洋海运集团各级工会在新学期来临之际，协助本单位党政，认真开展了"金秋助学"活动，将组织关怀送达困难职工家庭。各级工会积极践行"四个一"理念，坚持同舟共济、和谐共进的企业文化，坚持公开、公平、公正原则，通过入户走访、结对子等多种方式，准确掌握困难职工子女升学信息，实施动态化管理；加强组织领导，规范助学流程，坚持一户一策，对不同就学阶段的困难职工子女实施精准帮扶；把扶贫与扶智扶志相结合，努力解决困难职工子女上学难问题，为困难职工子女安心上学创造条件。各级工会多渠道筹措帮扶资金，共发放助学款88万元，资助困难职工子女543人。（陈 珺）

【中国远洋海运集团工会认真做好职工帮扶慰问和关心关爱工作】 中远海运集团结合元旦春节送温暖、高温慰问、金秋助学等活动，及时做好劳模、先进和困难职工的档案梳理，及时跟踪好一线船舶、车间、站点的慰问对象，完善慰问计划，抓好措施落实，做好慰问帮扶和关心关爱。2018年，集团各单位工会以多种形式开展慰问、帮困送温暖活动，共慰问职工208542人次，发放慰问金4357万元；慰问困难职工14369人次，发放帮困金1625万元。 （刘建强）

【市运输工会组织开展"金秋助学"专场活动】 8月15日，市运输工会在上海院士风采馆举办"金秋助学"专场活动，来自集团系统的45名助学对象代表、学生家长代表、基层工会保障干部、女工干部参加了活动。活动安排受助学生参观"上海院士风采馆"，受助学生深受教育和启发，表示要向上海院士学习，弘扬爱国精神，登攀科技高峰，以只争朝夕的精神刻苦学习，用优异的成绩来感谢运输工会的真诚关怀，回报家长和社会。 （夏文庆）

【上海机场集团工会走访慰问困难职工】 2月11日，集团公司主要领导带队，分3路深入困难职工家庭和医院，走访看望因病致困的职工，代表集团公司党政领导班子送上对困难职工及家庭的关怀和牵挂，并向职工及家人致以诚挚的新春问候。走访慰问中，集团领导与职工和家人亲切交谈，询问工作生活情况，了解职工及家人的实际需求，及时解答职工关心的有关问题。元旦春节期间，集团工会共慰问困难职工、劳模和高技能人才等204人次，发放慰问金和慰问品近百万元。 （朱媛萍）

【上海建工集团工会开展新春慰问送温暖】 春节前夕，建工集团工会分多路看望了离退休老干部、老红军、劳动模范、困难职工、退休困难职工以及沪外工作职工家庭，走访在建项目，送上慰问金和节日问候。集团开展了以"心系职工情，温暖进万家"为主题的帮困送温暖活动。25666人参加"一日捐"活动，共收到捐款234.38万元；元旦春节前夕，走访慰问16053人，发放慰问金505万元；慰问困难职工2493人，发放慰问金194万元；慰问劳模先进57人，慰问沪外工作职工家庭1416户；慰问各类离退休13561人，发放慰问金310万元。 （余轶群）

【市交通委工会帮困送温暖】 2018年，慰问行业83个困难职工家庭和1000名一线职工，总计慰问金和慰问品近30万元。组织交通行业劳模迎新春电影招待会，来自行业50位一线劳模代表参加活动；看望慰问委系统退休和在职劳模33位。 （王 芳）

【鲁中矿业工会认真做好各类帮困送温暖工作】 2018年春节期间，鲁中矿业工会救助特困职工59人，发放救助金10.12万元，二级单位工会共走访慰问398人，发放慰问金12.71万元。在金秋助学活动中，救助72人，发放救助金10.67万元。对57户符合条件的特困职工家庭发放了特困职工证，发放特困证生活救助金2.8万元。 （李宗峰）

【市人社局工会开展维权服务】 2018年,市人力资源和社会保障局系统各级工会干部心系广大职工,对480余名职工开展了日常慰问工作,为36名患病职工办理了互助保障补助。元旦春节期间,走访慰问困难职工39名,慰问金额3万元。结合实际,不断研究帮扶助困工作的重点、难点、特点,进一步完善《关于局系统困难职工帮扶助困工作的暂行办法(试行)》的运行机制,深化困难职工的帮扶助困工作,对10家基层工会上报的72名特别困难职工进行审核,对49名符合帮扶条件的职工发放帮扶金,共计金额10.8万元。 (瞿葆仁)

【市卫生计生委领导兵分多路“送温暖”】 元旦春节期间,市卫生计生委黄红、邬惊雷等委办领导兵分多路,上门看望和慰问退休和在职劳模、患病困难职工、援外医护人员以及老干部、老院士等,送去了党和组织的关怀和温暖。市医务工会共向246名慰问对象发放慰问金,共发放130余万元慰问金,其中包括:在职和退休劳动模范、国家卫生计生委突出贡献中青年专家、基层在职困难职工、援藏、援疆、援青和援摩队员,市卫生系统退休老领导、老职工等,慰问金额近50万元。同时还向基层单位发放一线职工元旦春节慰问专项经费80余万元。

(徐 园)

【SMG工会组织多项帮困慰问活动】 2018年元旦节后首日,在台、集团领导班子带领下,员工们纷纷捐出一日工资,参加工会组织的爱心“一日捐”传统活动,整个活动共收到31家单位(部门)职工捐献的爱心款,注入台、集团的帮困互助金。根据《台(集团)工会帮扶资金使用条例》,全年,31人次因患特种重病、意外身故,申请并给付“台(集团)工会帮扶金”。元旦春节和盛夏酷暑两季,SMG工会共为生患重病和经济困难家庭的575人次职工送上慰问金。此外,SMG工会组织各基层工会为所有在高温战线上工作的职工送上防暑降温夏季清凉用品,并在多家职工食堂提供长达4个月的消暑饮品绿豆汤,在午餐时向职工免费提供。 (秦伊龄)

【市民政局工会深入开展帮困送温暖活动】 元旦春节期间,市民政局工会广泛开展帮困走访送温暖活动,通过社会组织筹措帮困资助金100多万元下拨各基层单位,重点用于民政集团公司的下岗残疾职工、困难职工的春节送温暖活动以及日常的助困、助残、助医、助学。同时,各基层工会广泛开展“爱心一日捐”和走访慰问职工活动,合计捐款21万元,走访慰问1000多人次,发放慰问金87万元。年内,全局共实施生活困难帮扶920多人次,医疗帮扶71人次,助学帮扶120人次,实施意外帮扶6人次,合计发放慰问金138万元。 (胡积伟)

【锦江国际集团工会深化服务职工工作】 锦江国际集团工会坚持以职工为中心,扎扎实实为集团职工做好事、办实事、解难事,一是加大帮扶力度,扩充和完善锦江国际“5+2”帮困维稳基金,建立集团帮困维稳基金管理委员会和管理办公室,发挥三级帮困体系作用。2018年工会所属3项基金共帮扶290人次,帮扶资金102.54万元,真正让职工共享改革发展成果。二是因企制宜健全完善服务关爱一线职工,做好“春送岗位、夏送清凉、金秋助学、冬送温暖”等传统品牌工作。高温季节,组织集团领导深入一线,分头前往锦江汽车公司、锦江乐园等11家基层单位的户外工作岗位,进行高温慰问,了解职工群众工作情况,提高职工满意度。三是推进实事项目,职工技能晋升配套奖励4.7万元;带教师傅配套奖励3.6万元。落实女职工幸福关爱行动,创建联谊大厦“爱心妈咪小屋”,健全女工委员组织。深化“安康杯”竞赛活动,与集团综合办公室联合举办安全月活动。积极参与上海市政府实事项目——12家户外职工“爱心接力站”的创建活动。 (张祥伟)

【城投集团举行金秋助学活动仪式】 8月15日,城投集团工会举行2018年金秋助学活动仪式,表彰城投职工在培育子女中取得的成效,发挥示范引领作用。2018年城投集团工会共助学68名职工子女,投入14多万元助学金,同时,表彰33名优秀职工子女,授予育苗奖。集团工会在助学仪式上,对职工及其子女代表们表达了希望。 (汪燕菲)

【号百公司工会开展第十届“一日捐”活动】 1月5日,号百公司工会举行“捐一日工资、献一份爱心”捐款仪式,公司党委委员、工会主席刘苏南代表公司管理层,公司中层管理人员、公司工会两委委员、女工委委员、各部门(基层)工会干部代表近30人参加了仪式。活动共收到捐款3.01万元,员工参与率达99%。 (童合明)

【号百公司工会积极参与公益性扶贫项目】 10月9日,中国电信集团工会召开电视电话会议,向全国下属企业部署“一元基金”公益扶贫工作。号百公司工会积极响应,组织各部门落实公益性扶贫捐款工作。通过部门工会宣传,员工踊跃参与,共收到捐款30650元,员工参与率达到95%。

(童合明)

【五冶集团上海公司工会积极开展助学帮困和送温暖活动】 开学季前夕,五冶集团上海有限公司工会积极落实“幸福五冶”目标任务,在摸底调查基础上,对公司26户特困家庭子女进行助学帮困。部分二级公司工会通过困难补助形式对特困家庭进行了助学帮困。一年一度的帮困助学送温暖是上海五冶有限公司工会长期坚持的一项公益活动,自2005年起已持续13年坚持开展帮困助学送温暖活动,累计帮困助学480户特困家庭。

(王 娟)

【上海市工人疗养院工会深入开展元旦春节送温暖活动】 元旦春节期间,市工人疗养院工会以“心系职工情、温暖进万家”为主题围绕困难职工调查摸底与建档、专项帮扶(帮困救助)、“爱心一日捐”、走访慰问、活动总结等五方面开展了系列送温暖活动。一是以本次活动契机,针对单位内患重大疾病、意外等原因致困的干部、职工进行一次全覆盖调查摸底,依照“先建档、后帮扶、实名制”的原则,着力开展排摸、梳理、统计工作。经严格筛选,确定今年主要帮扶对象(困难职工)集中在“因病致困”上,共计6名。二是在1月初开展的爱心“一日捐”活动上,全院职工踊跃参与,共有

157名职工参加募捐，所得捐款用于充实本院的帮困互助基金，主要针对今后工疗因患重大疾病、遭受自然灾害、突发事件影响等原因致困的干部、职工的一次性生活帮扶工作。三是为确保帮扶资金分配合理、运作规范，依托工会财务经审的力量，对资金的发放、使用条件从流程上严格监管，做到“申请、审核、审批”同时进行。对符合条件的职工，做到按时足额发放；对不符合条件的职工，也要做到精神上关怀。（梁　栋）

对口援助

【概要】 2018年，上海工会按照《2015年—2018年上海工会对口援疆（援藏）工作规划》和《2017年—2019年上海—遵义工会对口交流合作框架协议》，紧紧围绕社会稳定和长治久安的总目标，坚持发挥工会优势，推动经济社会发展，促进民族团结的基本思路，坚持从实际出发，以“产业发展、人才培养、民生保障、文化建设”为重点，推动受援五地工会在促进本地区繁荣发展和和谐稳定的进程中更好地发挥工会组织的重要作用。市总工会积极与喀什、日喀则、果洛、迪庆、遵义五地受援方工会协调沟通，按照“中央要求、属地需求、上海所能”原则，分别制订了《2018年上海工会对口援助工作方案》及《2018年上海工会对口援助项目计划表》，积极统筹安排预算资金，并按时间节点规范资金拨付，有序推进项目落实。全年援助五地工会项目29个，援助资金1017万元。（余嘉毅）

【推进对口援助地区工会干部培训】 2018年，市总工会依托上海工会管理职业学院培训平台，与受援地工会合作举办工会干部培训班，推动提高受援地工会干部工作水平。全年，为果洛、迪庆、遵义三地举办三期为期7天的工会干部来沪培训班，共培训112名当地工会干部；建立送教培训机制，选派3名上海工会优秀教师赴日喀则、遵义举办了2期工会干部培训班，培训当地各级工会干部150名；支持受援地工会因地制宜开展职工技能培训，共拨款27.5万元，用于日喀则工会开展50名职工唐卡制作技能培训。（余嘉毅）

【开展对口援助地区的帮扶服务工作】 2018年，上海工会进一步明确以困难职工、困难劳模、困难工会干部等为重点人群，将援助资金向困难帮扶项目倾斜，扩大受惠面，提高保障能力，帮助解决受援地区职工群众急难愁忧问题的工作思路。一是开展“元旦春节送温暖”“大病救助”“女职工关爱行动”等项目，给予喀什、日喀则、果洛、遵义2827名当地的困难劳模、困难职工、困难工会干部、单亲困难女职工及患大病职工一次性帮扶。二是开展“金秋助学”项目，对喀什、日喀则、果洛、遵义920名当地困难职工子女给予一次性帮扶。三是依托上海工会疗休养院所资源，组织果洛、迪庆、遵义三地150名劳动模范和一线职工来沪休养、体检。四是援建当地关心关爱一线职工的设施，在果洛援建了4个环卫工人爱心驿站。（余嘉毅）

9月26日，上海工会管理职业学院承办云南省工会干部高级研修班开班（刘一民）

【推进对口援助地区职工文化建设】 2018年，市总工会结合受援地工会工作需要，积极推进对口援助地区的职工文化建设，进一步丰富当地职工群众的业余文化生活。全年，在喀什、果洛和迪庆资助和指导建设职工书屋14个，完成喀什12个职工活动室的建设。（余嘉毅）

【加强援外干部的关心关爱工作】 2018年，市总工会进一步健全完善对上海援外干部关心关爱机制。一是市总工会领导参加市党政代表团赴新疆、云南、青海、贵州地区交流考察时，对330名上海援外干部开展关心慰问；二是在年初援外干部统一回沪休假期间，安排339名援外干部及家属赴沙家浜、西山开展为期3天的疗休养；三是支持援助地区工会活动经费21.2万元；四是出资120万元，为273名市委组织部派出的援外干部家属提供一张往返探亲机票；五是为派驻新疆、西藏、云南三地的援外干部建设职工书屋各1个。（余嘉毅）

【徐汇区总工会与云南红河州总工会开展结对签约和项目捐赠】 根据上海与云南扶贫协作工作具体要求，徐汇区总工会研究制订了对口帮扶三年行动计划，将之纳入徐汇区与红河州对口帮扶总体框架。同时，由区人大常委会副主任、总工会主席朱伟红带队，动员和组织街镇总工会、集团公司和非公企业工会参与，赴云南红河州以及屏边、元阳、石屏、泸西4个县，为助力红河州脱贫攻坚、增进两地的合作往来，与当地总工会开展座谈交流，进行实地考察，并看望慰问了荣获上海市工人先锋号的徐汇援滇干部。区总工会共完成了“区州、街县”两级层面总工会“1+4”的结对签约，完成职工之家援建、法律维权热线、家政技能

8月10日，徐汇区总工会与云南省红河州总工会结对签约暨项目捐赠仪式举行 （叶　著）

培训等各类捐赠项目11个、相关协议6份。 （叶　著）

【金山区总工会开展云南普洱市困难职工“节日阳光”帮扶活动】 9月，金山区总工会赴云南普洱市考察。考察期间，金山区总工会、普洱市总工会签署了《上海市金山区总工会云南省普洱市总工会困难职工定向帮扶援助项目协议书》，由金山区总工会连续3年定向帮扶宁洱、墨江、景东、镇沅4个县的100户建档立卡困难职工家庭，每年提供20万元帮扶资金，并将“普洱市总工会困难职工定向帮扶援助项目”纳入“爱在鑫工”困难职工精准帮扶系列项目之一。国庆、中秋期间，金山区总工会共帮扶当地困难职工100人次，帮扶金额20万元。 （郁　蔚）

【普洱市工会干部赴金山区参加培训】 5月，98名云南省普洱市工会干部分两期在金山区工人文化宫接受为期一周的工会知识培训。培训内容主要为工会理论知识、改革成果、业务知识现场教学等。培训期间，学员们参观了“鑫港湾”金山工业区群团基层服务站、陈林根劳模创新工作室、金山海岸线、金山嘴渔村等。根据《上海市金山区总工会与普洱市总工会缔结友好工会协议》框架，2017—2018年期间，共计培训普洱市工会干部200名。 （戴美娟）

【青浦香花桥街道落实3项举措提升服务职工工作实效】 一是以评先创优激发基层活力。在基层工会广泛开展最美职工、基层工会工作先进单位等评选活动，激发基层工会工作的热情。制作下发《匠心路上最美职工》画册。二是以法律宣传提高维权能力。在微信公众号每周定期推出“以案说法”栏目，用典型案例剖析劳动关系中的矛盾，引导劳动关系双方学法、知法、守法。定期组织劳动法律沙龙活动，提升企业工会干部、人事人员专业知识水平。三是以多彩活动释放工作压力。关注女职工日常工作中精神压力的释放，在浦宇公司开展“女性压力管理”讲座，坚持每季度开展一次工会女工干部活动，通过搭建活动平台，倡导“快乐工作，健康生活”的理念。 （朱建强）

【上海电建培训中心工会健全完善职工关怀帮扶体系】 上海电建培训中心自2002年体制改革后受多方面因素影响，长期存在在职职工与退休职工人数倒挂现象，现有在职职工11人，离退休职工89人。针对上述情况，2018年，工会强化了离退休职工关爱机制，健全完善职工关怀帮扶体系。组织安排了2018年度全体职工体检工作，并结合培训中心年龄结构特点，针对性的调整体检项目，为职工建立了职工健康档案，充分满足广大职工了解自身身体状况的切身需求；对培训中心中患有重病的教职工，及时上门探望、慰问，并为84位退休职工办理了各类保险计划的续保和理赔工作；对高龄、独居、长期生病的退休教工进行定期访问；开展夏日送清凉活动，对退休教职工进行慰问。工会密切关心教职工的身心健康，努力改善教职工的工作条件，为广大教职工排忧解难，解除他们的后顾之忧。 （陈　琪）

【中国宝武落实对口支援、定点扶贫工作责任，全力投入脱贫攻坚战】 2018年，中国宝武建立健全集团扶贫

9月5日，金山区总工会代表团赴普洱市总工会交流并签订友好合作项目协议 （郁　蔚）

工作各项制度。集团公司党委书记、董事长担任扶贫领导小组组长，成立扶贫工作办公室，明确了各单位责任分工。召开公司扶贫工作领导小组会议，集团公司领导亲自研究、亲自部署扶贫工作，实施了扶贫资金倍增计划，增派了2名村第一书记驻深度贫困县，完成了援滇干部轮换；公开选聘了优秀干部到云南普洱挂职任副市长、驻村第一书记，普洱市扶贫办副主任、副县长等职务，组织完成了中国宝武与定点扶贫及对口支援县之间的领导干部调研联席会，公司每位领导均到宝武相关扶贫点开展扶贫工作调研，2018年达到19人次，推进脱贫攻坚责任落地。开展扶贫领域作风专项治理和专项审计，加强对扶贫工作的督导检查，完成《关于扶贫领域作风问题情况的报告》和《中国宝武关于扶贫领域作风问题整改情况的报告》，立行立改，并将结果报国务院国资委。制订并下发《中国宝武助力对口帮扶地区打赢脱贫攻坚2018—2020行动计划》。修订完善《中国宝武定点扶贫工作管理办法》《中国宝武援藏援青工作经费使用管理规定》《中国宝武扶贫援派干部管理办法》《中国宝武援藏援青项目资金管理办法》等文件。（陈佩红）

【宝钢股份工会助推云南定点精准扶贫】 2018年，宝钢股份工会按照中国宝武和宝钢股份党政有关定点扶贫工作的要求，认真落实云南定点扶贫任务，组织定点扶贫县制订《中央单位定点扶贫目标责任书》，公司党政主要领导带队赴云南扶贫考察调研，按时完成2018年扶贫计划项目资金拨款，并根据对口帮扶地区提出的困难需求，及时落实定点扶贫四县增加扶贫项目资金。重点推进扶贫项目化管理，严把项目遴选和资金拨付验收。突出产业扶贫重点，对深度贫困地区加大帮扶力度，围绕改善脱贫对象生产生活条件目标，以项目为载体，积极推动“云南产品走进宝钢，宝钢职工走近云南”活动。宝钢股份定点云南普洱宁洱县经国检评估，成功脱贫摘帽。10月获得“云南省2018年脱贫攻坚奖”先进集体称号。（韩　杰）

【上港集团国际客运中心工会与西藏日喀则总工会座谈】 6月28日，上港集团国际客运中心工会接待了来自西藏日喀则总工会的同仁一行，作为上海市工会干部培训基地的国客中心工会就公司在厂务公开、民主管理方面的做法与西藏日喀则总工会的同仁们展开了广泛、深入的探讨。日喀则工会同仁参观了国客中心旗下的“尚9一滴水”和“上港邮轮城”，并在北外滩滨江平台上合影留念。（楼　凯）

【中国电信上海市工会举办对口扶贫四川省木里县农产品展销会】 12月20日，中国电信上海市工会在沪举办四川省木里县农产品展销会，集团公司公司33家基层工会负责人，以及上海公司热心公益、关注扶贫的业务合作伙伴的企业代表及上海公司周边社区街道的居民代表250余人参加了农产品展销会。活动当天，意向采购的订单金额突破100万元，四川省木里县和上海公司签署意向采购协议。展销会现场销售农产品22种，销售金额达8.08万元。上海通服德律风物业公司开通“德食惠APP网上扶贫专区”，将通过线上线下相融合的模式，为上海公司员工以及关联企业提供更便利、更周到的服务。（殷　茵）

6月28日，上港集团国际客运中心工会接待西藏日喀则总工会来访
（刘文镔）

【上海医务职工志愿服务队送医到新疆建设兵团】 6月下旬，市卫生计生委党委副书记、市医务工会主席郑锦率上海医务职工志愿服务队赴新疆建设兵团四师开展职工志愿服务。8位专家分别来自肺科医院、中山医院、儿科医院、肿瘤医院、瑞金医院、第六人民医院、中医医院、光华中西医结合医院的劳模创新工作室、上海工匠创新团队及重点学科。活动期间，专家们辗转边境团场74团、75团、72团，开展医疗咨询，服务2215余人次。6月30日，两地专家们在四师医院联合举办大型义诊，服务当地职工群众556人次。专家们还为职工群众举办多次健康科普讲座，讲授关节炎、高血压、寄生虫等疾病的治疗方案及饮食方法。并就健康城市建设、医疗公共管理、医院发展等主题进行交流研讨。（马艳芳）

【上海工会管理职业学院承办遵义市工会干部培训班】 9月3日，上海对口援助遵义市工会干部培训班开班式在学院举行。院长李友钟、遵义市总工会调研员赵文艳出席开班式。来自遵义各县（区、市）总工会，部分重点工业园区、乡镇（街道）和重点行业的工会干部50人参加了为期7天的培训。培训课程内容注重针对性、指导性和实用性，授课教师用生动而简洁的方式梳理了工会工作的重点、难点，介绍了上海工会工作的经验，案例生动，紧扣实际，广受学员欢迎。（钟文娜）

【上海工会管理职业学院赴日喀则送教】 9月25—28日，由学院党委副

书记、纪委书记马景红带队一行6人赴西藏日喀则送教，此次送教是上海市总工会对口援助项目的组成部分。学院高度重视本次送教任务，多次沟通确认培训需求，精心设计送教方案和教学计划，选派优质师资承担授课任务，获得学员们的一致好评。（钟文娜）

劳动保护

【概要】 2018年，各级工会以贯彻落实《中共中央国务院关于推进安全生产领域改革发展的意见》为抓手，以开展“安康杯”竞赛活动为载体，全面深化工会劳动保护工作。一是广泛开展“安康杯”竞赛等群众性安全生产活动和“安康杯”竞赛“安全生产金点子”征集活动，并对申报本市“安康杯”竞赛的优胜单位由市总工会、市安全生产监管局联合进行表彰。二是着力加强安全生产监督检查和事故调处工作。建立本市工会生产安全事故报告制度，参与生产安全事故调查处理和加强劳动保护监督检查等活动。三是开展本市规模以上企事业单位劳动保护干部业务知识专项培训。（邬明亮）

【推进“安康杯”竞赛活动】 2018年，市总工会继续在全市范围内广泛开展“安康杯”竞赛等群众性安全生产活动，共有8708家单位参赛，职工参赛人数达到257.4万人；对申报本市“安康杯”竞赛的优胜单位由市总工会、市安全生产监管局联合进行表彰，对本市申报全国“安康杯”竞赛优胜企业组织发布、评审，对全国“安康杯”竞赛三连冠以上单位进行回访检查，对在“安康杯”竞赛中表现突出的单位和职工推荐授予上海市五一劳动奖状（奖章）；开展“安康杯”竞赛“安全生产金点子”征集活动，共有41个区局（产业）工会申报近200个“安全生产金点子”，并在市总工会网站、《劳动报》和《安全生产》等宣传媒体上宣传“安康杯”竞赛典型经验和案例。本市“安康杯”竞赛活动得到了市政府的高度重视，从2018年起，“安康杯”竞赛活动纳入市政府对本市各区级人民政府和市安委会成员单位安全生产绩效考核内容。（邬明亮）

【即时授予在“安康杯”竞赛活动中成绩突出的优胜单位和个人“上海市五一劳动奖状（章）”】 2018年，为进一步扩大“安康杯”竞赛活动社会影响力，市总工会对在全国“安康杯”竞赛活动中做出突出贡献的、获得全国“安康杯”竞赛优胜单位五连冠（含）以上的上海中石化工物流股份有限公司、上海桥升商贸置业有限公司和国网上海市电力公司市南供电公司等3家单位授予“上海市五一劳动奖状”；对在全国“安康杯”竞赛中表现突出的上海申新电气有限公司王国强和上海恰尔斯电力（集团）有限公司刘庆朝等2人授予“上海市五一劳动奖章”。（邬明亮）

【开展工会劳动保护干部业务知识培训工作】 2018年，为进一步提高本市企事业工会劳动保护干部理论水平和业务能力，充分发挥工会劳动保护监督维权作用，市总工会继续对本市规模以上（是指职工人数超过100人的单位）企事业单位的工会主席和劳动保护干部进行劳动保护业务知识专项培训。全年，共举办18期工会劳动保护业务知识培训班，17个区局（产业）工会组织1649名工会干部参加培训，1608名工会干部经考试成绩合格，获得市总工会发放的《上海市工会劳动保护干部业务知识培训合格证》。（邬明亮）

【开展安全生产金点子征集评选活动】 2018年，市“安康杯”竞赛办公室在全市范围内组织开展了“安全生产金点子”征集活动。各分赛区办公室认真征集和选拔，推荐上报了近200个“安全生产金点子”。经前期筛选和专家现场评审，上海卢湾市政工程有限公司《窨井防坠网（板）为安全“兜底”》荣获特等奖，上海黄浦环城固废转运有限公司《登高作业防坠安全预警装置》等2个金点子荣获一等奖，上海上电漕泾发电有限公司《6KV开关柜机械闭锁改造》等3个金点子荣获二等奖，上海外高桥第三发电有限责任公司《加装小小防尘罩，改善安全大环境》等6个金点子荣获三等奖，巴斯夫新材料有限公司《反应釜（R120和R220）的取样器改造》等35个金点子荣获优胜奖。（邬明亮）

【建立本市工会生产安全死亡事故网上报告制度】 2018年，市总工会在全市工会组织中建立生产安全事故报告制度。要求本市各区局（产业）工会按规定进行生产安全事故报告，并在“申工通”网上工作平台上设置“生产安全事故报告”栏目进行网上申报，做到全覆盖、无漏报。全年，本市各区局（产业）工会上报生产安全死亡事故数为255起，发生死亡事故数为220起（其中，35起事故为区总工会和产业工会同时上报），死亡234人。（邬明亮）

【市总工会落实高温慰问工作】 7—9月，市总工会共拨出高温慰问专项经费75.88万元，组织落实夏季劳动保护和防暑降温工作。一是开展“五个一”活动，即：一次主题宣传教育培训工作，一次安全隐患大排查工作，一次应急预案演练或急救技能提升工作，一次职工职业健康体检工作，一次高温慰问送清凉工作，把防暑降温工作与推进非公企业工会工作相结合，与创建“放心职工食堂”工作相结合，与服务职工工作相结合。二是开展高温慰问活动，市总工会领导分11路对本市建筑施工、环卫等户外作业场所，电力、船舶、石化等高温岗位，非公企业、进博会重点保障单位进行高温慰问送清凉。三是开展高温期间事故隐患和职业危害排查，各级工会共组织开展安全隐患检查2.51万次，查实问题2.33万个，督促整改2.27万个，涉及职工51.78万人次。（蔡　瑾）

【普陀区四套班子领导高温慰问一线职工】 7月26日，普陀区四套班子领导曹立强、周敏浩、罗勇伟、钱城乡、孙萍带队分5路走访慰问高温下坚守岗位的一线职工，为他们送去清凉、传递关怀、致以敬意。区领导曹立强、李松海、张伟一行先后到普环第一分公司陈扣娣劳模班组和区交警三、四大队，慰问高温一线环卫工人和执勤交警。区领导周敏浩、杨元飞一行先后到区城管执法局机动中队和武宁路快速化改建工程项目部慰问。区领导罗勇伟、黄庆伟一行到区中心医院急诊室看望慰问在急诊一线的医护人员。区领导钱城乡、欧阳萍一行到武威路改扩建及配套工程(管廊)建设中心慰问。区领导孙萍、姜坚一行到普环第四分公司机扫冲洗班慰问。高温季节期间,区总工会以高温岗位职工、一线职工和农民工以及中小非公企业职工、重点工程重大实事项目职工、劳模先进、退休困难职工等五类职工为重点对象高温慰问,各级工会共安排专项经费136万余元,走访500余家企事业单位,慰问15000余名职工。 (陆　蕾)

【杨浦区总工会集中开展高温慰问活动】 8月1—2日,杨浦区人大常委会副主任、总工会主席麦碧莲带队开展高温慰问活动,先后走访杨浦区沪东老年护理院、杨树浦置业有限公司、上海理工大学附属小学、民办阳浦小学、上海依科绿色工程有限公司,慰问医疗护理、重大工程、基础教育、高新技术领域的劳模先进和一线职工,并送上工会组织的问候和关怀。区总工会持续在旧改征收、重大工程、家庭医生、绿化市容、公共文化等领域,面向劳模先进和立功竞赛的一线职工,深入开展高温慰问"送清凉"活动;各基层工会也通过调研排摸、个别访谈、走访慰问等形式,及时了解掌握职工需求,关心关爱职工生活,努力做好夏季劳动保护和防暑降温工作。(张东寅)

【静安区总工会举办安全生产应急管理培训】 6月15日,静安区总工会在海上文化中心举办安全生产应急管理培训活动,全区各级工会干部160余人参加。培训将理论和实训相结合,通过事例介绍应急安全理论,传授各种应急逃生、自救、急救的操作要领和使用技巧。活动还展示了各种高楼逃生缓降器、消防VR宣传展板等最新的应急安全装备和安全教育装备。 (丁臣亮)

【闵行区总工会开展劳动保护业务知识培训】 6月11—13日,闵行区总工会组织开展了2018年劳动保护干部业务知识培训,全区规模以上企事业单位的工会主席和劳动保护干部共120余名参加了培训。培训课程涵盖工会劳动保护概论、"安康杯"竞赛、职业安全卫生防护"工具包"、劳动保护法律法规、班组安全建设、相关行业安全管理专业知识等。通过系列培训助推劳动保护干部熟练掌握劳动保护知识和技能,在实际工作中维护企业职工群众在生产劳动过程中的安全与健康,保障企业生产的顺利进行。 (卫佳雯)

【闵行区总工会组织劳动保护知识竞赛】 6月1日—8月28日,闵行区总工会和区安全生产监督管理局联合举办了"劳动最美、安全常伴"闵行区劳动保护知识竞赛。竞赛分为初赛、复赛和决赛3个阶段,以劳动保护和安全生产内容及相关法律法规为主,采用"线上+线下"的知识竞赛形式,吸引1000余名职工参与线上答题,各街镇总工会和安监所同步组织区内企业进行现场答题,完成2万余份劳动保护试题。 (王　凯)

6月1日—8月28日,闵行区举办"劳动最美、安全常伴"劳动保护知识竞赛 (李乘风)

【松江区各级领导高温慰问一线劳动者】 7月下旬,松江区启动各级党政工领导高温慰问一线劳动者活动。区四套班子、区总工会、街镇(开发区、委局)党政班子及工会组织和广大基层工会"四级联动",做好高温慰问工作。区委书记程向民、区人大常委会主任唐海东、区委副书记刘其龙等分别带队,慰问坚守在城市建设和管理一线的工作人员。7月11—20日,区总工会党组书记、副主席陈军康等区总班子领导分4路,赴全区47个基层单位的生产一线和露天高温工作一线,慰问1万多名坚守在城市建设和生产一线的职工。各街镇(开发区)、委局及直属公司党政工领导分别带队进行高温慰问,各基层企业积极采取防暑降温措施,在配齐防暑降温用品的基础上,开展高温慰问送清凉活动。 (邹丽梅)

【青浦区总工会注重做好工会劳动保护工作】 充分运用"安康杯"竞赛载体,推动全区安全生产工作,年内,参加市级安康杯竞赛企业169家,参赛班组1525个,参赛职工41169人。近80%的企业参加了青浦区级的"安康杯"竞赛活动。围绕进博会服务保障工作,广泛开展专项慰问和"送清凉"活动,慰问覆盖职工4万余人。积极组织安全生产事故调查处理和职业病危害检查,举办企事业单位工会劳动保护业务知识培训。 (朱建强)

【青浦区总工会慰问高温一线职工】 7月中旬以来,青浦区总工会领导班子分4组赴全区11个镇、街道基层单位,慰问奋战在高温一线的职工,全面启动2018年工会送清凉系列活动。7月26日,区人大常委会副主任、区总工会主席赵宏林一行来到上海沪工焊接集团股份有限公司慰问,并调研企业职工职业技能培训开展情况。 (朱建强)

【市总工会领导慰问进博会建设者并调研企业】 8月16日,市人大常委会副主任、市总工会党组书记、主席莫负春一行分别前往进博会建设项目西虹桥地区架空线入地整治工程项目部、泾北河整治工程施工现场、相关企业开展送清凉和调研。在上海正伟印刷有限公司，莫负春深入车间一线慰问正在紧张作业的职工，向他们送上清凉用品，关切询问生产一线职工工资收入、工作时间等日常生产生活情况，并与企业管理者、工会工作者和职工代表进行座谈交流。（朱建强）

【市仪电工会为基层企业送清凉】 高温季节期间，市仪电工会陆续前往仪电分析、仪电物光、江苏亚明、上飞汽控、仪电数字技术、仪电物联厦门分公司等单位和部门进行高温慰问，并进行工会改革等工作调研。仪电工会为基层企业送上了慰问金，为一线职工送上了慰问品。在工作调研中，仪电工会认真听取相关单位的工作汇报，与他们进行充分的沟通。根据企业实际情况，分别提出了加强产业工人队伍建设、加强集体协商、加强劳模创新工作室、加强异地工会组织和会员管理等相关工作要求。（邵秀根）

【市总工会副主席桂晓燕高温慰问国网上海市电力公司一线员工】 7月26日，市总工会副主席桂晓燕一行到市区供电公司，慰问高温下坚守岗位的一线员工。桂晓燕对公司在生产生活中关心关爱员工，积极履行劳动保护，保障员工合法权益，创造了安全、健康、和谐、幸福的企业氛围予以肯定，同时嘱托大家克服高温气候带来的工作压力，全力以赴确保电网安全，保障供电有序。（潘　锋）

【国网上海市电力公司多家单位在全国“安康杯”竞赛中获奖】 2018年，国网上海市电力公司系统3家单位获全国“安康杯”竞赛优胜单位。8家单位获全国“安康杯”（上海赛区）优胜单位，2个班组获上海赛区“安康杯”优胜班组，1名职工获竞赛先进个人。同时，经上海市总工会“安康杯”竞赛办公室推荐，已连续5年获全国“安康杯”优胜单位的市南供电公司即时被授予上海市五一劳动奖状。（陈　纯）

【上海电建公司举办工会劳动保护监督员培训班】 6月22日，上海电建工会举办劳动保护监督员培训班。各基层单位共56名一线劳动保护员接受专题培训。安环部专家介绍了公司现阶段的安全生产面临的形势；从职业健康、环境保护、节能减排3个方面，对“三项业务”进行了宣贯；重点讲解了工会劳动保护员的安全监督工作；通过多个视频案例分析了各类安全事故的原因和预防方法。培训后，组织学员进行了劳动保护业务知识考试，对合格的学员颁发上海电建《劳动保护业务培训合格证》。（傅　诚）

【中国宝武集团工会深入推进安全“1000”班组创建活动】 2018年，中国宝武集团工会会同安监部、团委对安全“1000”班组创建活动进行深入调研，制订下发《关于深化安全“1000”班组创建活动的通知》，进一步把“我的安全我管理、我的生命我珍惜”为主题的岗位安全风险描述活动作为安全“1000”班组创建活动的一条重要内容，深入开展创建活动，安全管理标准化示范班组创建初显成效。6月，组织班组11.3万人次员工参加全国安全生产月“应急和安全知识竞赛”学习和竞赛答题，7月，举办安全“1000”班组研修班，近100名来自中国宝武各基层班组员工交流分享了安全管理标准化示范班组创建经验，9月，评选表彰100个“2017—2018年度安全1000标准化示范班组”，中国宝武2个班组荣获全国“安康杯”竞赛优胜班组。（徐　卫）

【中国宝武集团工会深化员工岗位安全风险描述安全自主管理活动】 中国宝武集团工会制订下发《关于工会认真做好2018年劳动安全保护民主管理和民主监督工作的通知》。4月18日，连续第二年在武钢集团召开安全自主管理现场会，总结交流推进岗位安全风险描述自主管理的经验做法，各级工会建立了风险描述与隐患整改情况“一分析二报告”工作制度，狠抓风险隐患整改，加强岗位安全风险描述和辨识闭环管理，做到一线班组100%全覆盖，“我要安全、我会安全、我能安全”的氛围在职工队伍中逐步形成。全年集团共有13.4万名员工参与岗位安全风险描述活动，查找岗位风险87.74万条，其中：“需完善规章制度或操作规程”的风险数量6.9万条，“需要对设备设施进行整改”的风险的数量9.07万条，由于条件不具备实施整改的风险数量3039条已采取防范措施，其余全部得到落实。（徐　卫）

【宝钢股份工会开展“安康杯”竞赛“五个一”活动】 宝钢股份工会响应全国“安康杯”竞赛，会同安保部、团委等部门组织开展了“五个一”活动，即：一次员工安全知识竞赛、一次班组安全主题讨论活动、一次安全隐患查改案例征集活动、一项安全技能比武大赛、一次安全微课大赛。其中以“安全是幸福的起点”为主题的员工安全知识竞赛，旨在引导组织宝钢股份员工开展安全知识和技能学习，提

上海电建公司工会举办职工安全知识竞赛活动（傅　诚）

高安全风险防范意识，营造“我的安全我管理、我的生命我珍惜”的安全自主管理氛围。共有22家单位组队报名参赛。（韩　杰）

【宝钢股份开展岗位风险描述和安全环境建设工作】 2018年，宝钢股份工会会同安全保卫部、团委等部门组织开展“我的安全我管理、我的生命我珍惜”安全主题专项劳动竞赛，进一步调动全体员工的积极性和创造性，营造员工安全自主管理的良好氛围。各单位根据竞赛要求，积极发动全体职工开展岗位风险辨识（描述），引导职工加强安全自我保护，实现“要我安全”向“我要安全”持续转变；积极开展围绕“三室一堂一所”的安全隐患查改工作，保障员工拥有健康安全的职业环境。全公司参与岗位风险描述活动的员工5.93万人，参与活动的员工占比97.44%，共查找风险的数量37.56万个，其中“需完善规章制度或操作规程”的风险数量1.94万条，“需要对设备设施进行整改”的风险的数量4.45万条，已及时整改的风险数量23.22万条，由于条件不具备实施整改的风险数量903条。（韩　杰）

【宝钢工程工会深入开展劳动安全保护工作】 2018年，宝钢工程深入开展以“我的安全我管理、我的生命我珍惜”为主题的岗位安全风险描述活动和安全“1000”班组创建活动，发动员工和班组积极、主动查找身边、岗位中的风险点和隐患，做到熟知岗位安全风险和防范措施，并对自己的岗位安全风险描述和辨识形成闭环管理，努力实现“安全第一、违章为零、隐患为零、事故为零”的安全“1000”目标。通过开展“最佳手书风险表”评选、“安康代表在履职”行动、班组长和安康代表履职能力培训、安全管理“金点子”征集活动、安全自主管理成果发布会，评选安全“1000”达标班组和示范班组等举措，丰富工会劳动安全保护工作的实践内涵。（范萍萍）

【宝钢发展工会加强工会劳动保护工作】 2018年，宝钢发展工会结合安全“1000”标准化示范班组创建活动，以班组为单位深入开展全员安全自主管理，进一步深化全员岗位安全风险描述活动，制订下发《关于进一步深化全员岗位安全风险描述活动的通知》，组织班组长开展岗位安全风险描述培训，完善“一人一表”，督促基层单位落实“一分析二报告”工作制度；做好活动的过程跟踪和闭环管理，工会协同安全环保部、现场管理提升专项工作组联合组成专项检查组，对各基层单位开展安全风险描述活动现场专项检查，并于8月底组织召开阶段性总结会，通报督查巡视情况，交流活动经验和做法。全年组织发动一线职工查找岗位安全风险描述3.61万条，确保了活动覆盖率和隐患整改率100%。同时根据安全“1000”标准化示范班组的创建要求，组织开展创建评比活动，做好基层班组的指导及终端验证工作，3个班组获评集团公司级安全“1000”标准化示范班组。12月，工会会同安环部组织开展安全自主管理课题发布活动，10个课题进行发布，进一步交流和分享安全自主管理工作成果。（朱　宏）

【上海石化工会开展“安康杯”竞赛活动】 2018年，上海石化有12家二级单位403个班组7208人参加2018年的安康杯竞赛活动。腈纶部《金阳装置全员安全积分卡活动》获评2018年市“安全生产金点子”优胜奖；腈纶部金阳腈纶联合装置运转乙班获2016—2017年度全国“安康杯”竞赛（上海赛区）优秀班组称号；塑料部获2016—2017年度全国“安康杯”竞赛优胜单位称号。（徐　军）

【中船上海船舶工会高温慰问一线职工】 8月15日，中船上海船舶工业有限公司党委书记、董事长高烽，党委副书记、纪委书记、工会主席朱大弟专程赶赴沪东中华，慰问高温下奋战在一线的干部职工，并送上一台由市工人文化宫茉莉花艺术团出演的精彩文艺演出，讴歌改革开放40年成果，唱响“大国制造”主旋律，传播“大国工匠”精神。（刘亦明）

【上海化工区中法水务公司、医疗中心开展急救技能培训】 7月，上海化学工业区中法水务发展有限公司、上海化学工业区医疗中心共同举办心肺复苏与职业健康培训。医疗中心专业人员结合《职业病防治法》与急救操作技能，应用教学道具进行了现场演示，重点培训心肺复苏等技能，使参训人员进一步了解心肺复苏的基本急救知识、掌握中暑预防及窒息性气体中毒紧急自救的方法，提高企业员工自救互救意识和能力。（张　俊）

【中远海运能源公司工会深入开展“安康杯”竞赛活动】 结合2018年“安全生产月”活动和“安康杯”竞赛活动，中远海运能源公司工会以贯彻“生命至上、安全发展”理念出发，组织开展了安全生产知识竞赛、安全生产劳动竞赛和“隐患大家找，安全随手拍”等活动，其中安全生产知识竞赛活动共有船舶60余艘、职工1400余人参加。“安全隐患随手拍”公司共收到160余幅照片及文字说明材料。（王　欢）

【上海长江轮船公司工会持续开展“安康杯”竞赛活动】 2018年，上海长江轮船公司工会坚持“以人为本”，紧紧围绕“落实全员安全责任，促进企业安全发展”竞赛主题，坚持贴近生产一线、贴近职工群众，面向船舶班组、面向车间班组的原则，深入推进安康杯竞赛活动。一是积极组织实施群众性安康工程，不断提高广大职工的安全健康意识和素质，提高杜绝违章作业、抵制违章指挥、遵守劳动纪律的主动性和积极性。二是围绕“十个一”，开展形式多样、寓教于乐的安全生产、劳动保护宣传教育和安全教育培训活动，增强职工特别是农民工的安全意识，提高他们应对各类突发事件和保护自救的处置能力，不断提高职工参与竞赛的积极性，扩大活动的覆盖面，确保竞赛效果。三是加大安全巡查力度，持续对所属各单位、船舶进行安全巡查，并将检查情况在公司网站进行了公示。公司及所属各单位共组织安全检查306次，查出安全隐患435条，整改435条，投入整改资金220.15万元。四是切实做好夏季劳动保护工作。高温季节期间，公司工会投入高温慰问款2.94万元，各级党政工领导深入车间、码头、船舶等作业场所，慰问坚守一线职工群众，为职工送去了毛巾、香皂、绿豆、白糖、清凉饮料等防暑降温物品，并关切地询问职工生产安全情况和高温期间的生活安排，实地了解查看了职工宿舍、厨房等地，要求基层工会在高温季节做好防暑降温工作以及食品卫生工作，合理安排职工作息时间。（王艳艳）

【邮轮港公司工会开展“安康杯”竞赛活动取得成效】 2018年，邮轮港公司工会将安全生产与职业卫生管理工作纳入企业目标责任制考核，定期开展职业健康培训。岗前培训、日常安全生产教育以及个人劳防用品均按照规范执行。在高温季节拨出专款慰问一线员工。重视职业病防治工作，组织职工定期健康检查。并对从事特种作业的安检员配备了个人辐射计量片。注重安全从源头抓起，及时消除隐患。认真对待游客的合理化建议，使游客满意度达到了90%。在“安康杯”竞赛活动中，组织开展形式多样的安全宣传教育活动，有安全培训讲座、安全建言献策、规范操作技术比武、警示标语、安全知识竞赛、消防演练、安全随手拍等。积极开展“贯标”工作，建立了覆盖防台防汛、火灾、大客流、反恐、公共卫生安全等方面的应急预案和响应程序。开通投诉热线架起了与游客之间沟通的桥梁等，使吴淞口国际邮轮港的服务质量、管理水平和运行效率都得到了有效提升。（顾方杰）

【交运集团工会召开2017年度“安康杯”竞赛评审会】 1月17日，运输工会召开“安康杯”竞赛评审会，来自各参赛单位分管领导、工会主席、安保部门负责人、工会干部等50余人参加会议。2017年，交运集团工会各参赛单位紧紧围绕“安全培训提素质、班组管理强基础”的“安康杯”竞赛主题，基本做到组织领导有分工、安全管理有方案、班组建设有活动、安全培训有机制、职工监督有考核、事故控制有记录、竞赛形式有创新。系统共有14家单位参加全国“安康杯”（上海赛区）竞赛活动，所有基层单位参加了集团“安康杯”竞赛活动。交运巴士公司连续四年荣获全国“安康杯”竞赛优胜单位；轮渡公司连续两年荣获全国“安康杯”竞赛优胜单位。会上，参赛单位交流发布了开展“安康杯”竞赛活动工作情况。经过评审，轮渡公司、交运大件公司、汽修公司、英提尔交运公司、浦江游览公司、长途公司、交运沪北公司、联运公司、资产二经部、制造公司等10家单位荣获2017年度交运集团“安康杯”竞赛活动优胜单位。（袁俐俊）

【上海邮政工会做好夏季劳动保护工作】 6月，上海邮政工会下发《关于认真做好2018年夏季劳动保护和防暑降温工作的通知》，要求各单位认真宣传落实。7—8月期间，上海邮政工会组织了对43个基层单位进行高温慰问，在督促检查基层单位做好防暑降温、员工劳动保护和食堂卫生安全等工作的同时，对6500余名战高温的一线邮政员工进行现场慰问。（陶　晔）

【上海邮政工会组织开展“安康杯”竞赛活动】 4月，上海邮政工会下发《关于开展2017年度“安康杯”竞赛活动的通知》，共组织有30家单位、1122个班组、1.01万人参加此次“安康杯”竞赛活动。组织各二级单位开展全国职工公共安全卫生应急避险知识普及教育活动及全国“安康杯”竞赛安全文化宣传活动等，强化员工劳动保护和安全生产意识。5月，组织开展“安康杯”上海邮政赛区知识竞赛活动，普及安全生产相关业务知识、法律法规等，全公司共87名选手参加比赛。8月，参加市总工会“安康杯”竞赛中途检查活动，邀请市总工会第十三组“安康杯”竞赛中途检查小组至邮区中心局进行交流检查。竞赛活动末期，由市分公司工会作为2016—2017年度全国“安康杯”竞赛（上海赛区）优胜单位评审工作第七小组组长单位，组织上海移动工会、上海运输工会、上海长江轮船工作、黄浦区总工会，对第七组2016—2017年度全国“安康杯”竞赛（上海赛区）优胜单位推荐候选单位进行年度评审，共评审候选单位14家。（杨　娟）

【机场集团公司工会开展劳动保护专题调研】 3月14日，机场集团公司工会对浦东国际机场货运站有限公司劳动保护工作开展专题调研。调研中，货运站汇报了2015年至2017年发生的工伤事故，研究分析了工伤事故发生的地点、时间、工种及员工基本情况、工伤发生原因等多个维度进行详细分析，并从货量、翻班影响度、淡旺季等角度对其与工伤事故发生的关系进行验证。集团公司工会会同货运枢纽事业部工会就相关整改工作进行专项指导，并审核了货运站工伤事故的分析和预防保护计划。调研组针对劳动保护措施执行情况、工伤事故数量等责成货运站加大整改力度、完善相关措施、限期制止工伤事故高频率发生的状况。集团公司工会办公室持续跟踪货运站的劳动保护工作落实情况，督促对标“安康杯”竞赛活动相关要求，做好职工的劳动保护。（吴云舟）

【上海建工集团工会组织职工代表开展劳动保护巡视检查】 7月27日、7月31日，建工集团职工代表来到龙耀路越江工程、新开发银行总部大楼、上海轨道交通14号线工程土建4标、上海徐家汇中心、徐汇滨江城开中心等多个重大工程施工现场以及集团装配式建筑产业基地PC柔性流水线车间，开展劳动保护巡视检查工作，重点检查项目和车间防暑降温、职工宿舍和放心食堂等工作落实情况。（余轶群）

【上海海洋石油局工会开展安全技能大比武活动】 6月，上海海洋石油局工会开展了以“识别大风险、消除大隐患、杜绝大事故”为主线的全公司范围内的劳动安全技能大比武活动。活动设有笔试、隐患识别、背空呼、铺设水龙带等多项内容。在为期一个月的时间里全公司8个分赛区共计1000余人参加了理论和实操等选拔赛，最终选出的90名职工进行现场大比武，在全公司形成了良好的劳动安全氛围。（耿卫军）

【鲁中矿业工会扎实开展“安康杯”竞赛活动】 2018年，鲁中矿业工会以创建“五星六型”班组为重点，持续深化“安康杯”竞赛活动。一是在班组中开展了“强意识、查隐患、反违章、保安全”活动，各班组通过主题班会、班组学习、班前一刻钟、现场隐患排查等形式，提高班组安全管理水平。二是开展“组织一次安全隐患检查、忆

上海海洋石油局工会开展安全技能大比武（耿卫军）

一次安全事故教训、组织一次安全生产应急演练、讲述一个班组安全故事、接受一次安全生产知识培训”的班组“五个一”活动，提高职工的安全意识和防护能力，夯实公司安全生产基础。三是开展“安全家书”征集活动，活动期间收到职工安全家书1000余篇，编印成册下发班组学习。小官庄铁矿荣获全国安康杯竞赛（上海赛区）优胜单位称号。（李宗峰）

【市科技系统召开“安康杯”竞赛活动推进会】 市科技党委召开2018年市科技系统开展“安康杯”竞赛活动推进会暨系统2017年度竞赛活动总结表彰会。市科技党委副书记、市科技工会主席陈龙出席并讲话。系统80多家单位近130位行政部门负责人和工会负责人参加了会议。会上，下发了关于开展2018年度“安康杯”竞赛活动的通知，明确系统2018年“安康杯”竞赛努力实现全覆盖、参赛职工力争超过2.4万人、确保安全生产等方面的工作目标。（冯莺）

【市卫生计生委和市医务工会联合举办安全培训】 1月23日，市卫生计生委、市医务工会联合举办的卫生计生单位安全生产、节能减排、职工劳动保护监督培训班在交大医学院举行。培训邀请了市级安全生产、消防安全、节能减排、职工劳动保护监督专家和领导，就医院合理用能指南、电气安全检测的必要性和可行性、新安全生产法的工作要求、新时期工会劳动保护监督工作的重点等方面给大家做了详尽的讲授和解读。来自全市172家卫生计生单位的安全生产、节能减排、职工劳动保护工作人员近400人参加培训。（徐园）

【市民政局工会深入开展“安康杯”竞赛活动】 2018年，市民政局工会组织发动25家基层单位、264个班组、3548名职工参加了2018年本市“安康杯”竞赛活动，充分发挥工会组织在推进安全生产和维护职工健康权的助推作用。各基层工会在竞赛中，广泛开展“十个一”等活动，形成“人人学安全、处处讲安全、层层抓安全”的良好局面。积极创建安全生产1000班组，努力做到安全第一、违章为零、隐患为零、事故为零，不断提高安全生产和劳动保护工作实效，为全局安全工作形势的稳定发挥积极作用。（胡积伟）

【锦江国际集团工会认真做好防暑降温工作】 高温季节期间，锦江国际集团工会下发《关于认真做好2018年夏季劳动保护和防暑降温工作的通知》，基层高度重视，认真落实，本着关爱职工的理念，采取有效措施，做好劳动保护和防暑降温工作。从7月起，集团工会领导亲自带队分条线，分批奔赴各所属企业，深入基层一线，广泛开展送清凉工作，主动关心和慰问高温作业岗位、高温场地的职工，尤其是奋战在室外高温环境下的导游、驾驶员、维修工、停车管理等人员，给高温一线岗位职工送上高温慰问品。同时，进一步要求企业工会加强宣传教育，在职工中普及防暑降温基础知识，提高员工自我保护意识和防护能力。引导职工遵守企业安全生产各项规章制度和安全生产操作规程，落实安全生产举措，确保广大职工平安度夏。并督促企业严格按照《防暑降温措施管理办法》和本市的相关规定，结合本单位安全生产实际，对职工作息时间进行有效分配，合理安排，轮换作业，露天作业避开烈日高温时段，推行“做二头、歇中间”。同时，适当增加职工

6月19日，锦江国际集团工会举办迎接进博会安全生产、劳动保护工作培训会（张祥伟）

的休息时间和减轻劳动强度，严格控制加班加点，减少和避免超时劳动，严防职工中暑事故发生。（张祥伟）

【市级机关开展高温“送清凉”专项活动】 8月上旬，市级机关工作党委副书记杨莉、副书记李云龙、纪工委书记黎荣、副巡视员田霞等领导，分别深入市商务委、市经信委、市机管局、上海海关、上海边防检查总站、国家会展中心（上海）有限责任公司等单位的服务窗口、口岸查验、露天施工现场等，亲切慰问坚守在高温一线的职工，为他们送上清凉解暑用品，向他们战高温、斗酷暑的精神表示敬意。工委机关各党支部积极参与此次高温慰问活动，深入基层一线，听取基层干部职工心声，访实情做实事。截至8月下旬，市级机关各级工会组织共走访慰问市级机关基层一线服务窗口、露天作业单位29家，慰问干部职工7055名。（王　颖）

【申通地铁集团工会关爱服务一线职工】 2018年，申通地铁集团公司进一步关爱服务一线职工。高温慰问活动本着扩大受益面，积极改善一线职工生活设施条件的出发点，将慰问对象的设定重点为各运营单位的高架站点、户外工作区域或生活设施配置条件相对薄弱区域的职工、各项目公司在建施工工地的职工。为改善职工工作环境过程中所需的防暑降温电器，主要添置：空调、电扇、电冰箱、微波炉等设施设备，共计为72各站点添置设备99633.24元并按工会固定资产管理相关办法执行。针对施工工地现场露天施工操作，购买高温慰问品近十万元防暑降温劳防用品用于集团领导高温季节到施工现场慰问。深入推进集团职工大病医疗互助，截至2018年年底，大病医疗互助补助人员176人次，补助金额231.72万元。投入35万元，用于梅陇基地、龙阳基地、治北基地等7个用于服务运营车站、维保基地一线职工的“阳光小屋”建设。继续推行和深化上海工会会员服务卡工作结合集团实际情况，根据市总工会权益保障部《2018年权益保障部工作要点》的通知要求，结合集团公司的实际情况，做了《2018年申通地铁集团“上海工会会员服务卡”办理工作要求》的通知，开展了新一年的员工工会会员卡的办理工作，2018年共计完成保障费支付的人数为26532人。（徐志华）

【申通地铁集团工会开展安全生产管理建议征集活动】 2018年，申通地铁集团工会围绕“寻找身边风险源，我为安全献一计”主题，在一线班组、职工中深入开展征集安全生产管理建议活动。8—10月，各单位工会认真组织、扎实推进，共有1649个班组、2.18万名职工参与，收到各类安全生产、管理建议1277条，梳理并向集团选送各类安全生产管理建议188条。集团工会会同安监室等业务部门，经专家评委评选，“关于制作移动式列车车头端面三层检修平台小车的建议”等3条建议获一等奖，“关于各类等级证书的电子化管理的建议”等8条建议获二等奖，“关于车辆基地智慧水务建设的建议”等13条建议获三等奖。（姜　雪）

【绿地集团工会开展高温慰问活动】 高温季节期间，绿地集团工会领导来到青浦绿地中心、嘉定菊园、浦东星弘、申万等项目现场，慰问在高温环境下坚守工作岗位的一线员工，为他们送上了绿地精准扶贫特别产品——梁家河绿色杂粮等防暑降温食品。集团下属各级工会全面开展夏送清凉活动，高温慰问项目工地一线员工。（金佳艳）

【世纪出版集团工会开展“夏送清凉”职工慰问活动】 7月23日—8月2日，世纪出版集团工会集中开展“夏送清凉”职工慰问活动。集团领导分赴世纪出版集团所属15家基层单位，向高温期间坚守在室外场地、印刷机台、物流库房、销售柜台等一线岗位的职工表示慰问。（江　文）

【市工人疗养院开展“高温慰问到一线、情系基层送清凉”活动】 7月，市工人疗养院开展“高温慰问到一线、情系基层送清凉”活动。工疗党政工领导等一行先后走访、慰问了嘉定公寓、工疗体检中心、康柏苑酒店等一线职工，为他们发放高温慰问品，并关心询问职工群众们的工作情况与作业环境，叮嘱大家在工作的同时也要注意采取有效措施防暑防晒、劳逸结合、健康工作。（梁　栋）

互助保障

【概要】 2018年，上海工会互助保障工作积极发挥联系职工、服务职工的桥梁纽带作用，着力破解工作中的瓶颈难题，打通服务职工“最后一公里”。一是稳步推进，做好互助保障的参保和给付工作。2018年，各项互助保障计划参保人数均有不同程度的增长。至12月底，有效会员达1249.37万人次，同比增加42.24万人次。全年共有268.15万人次获得互助保障金14.98亿元，分别比2017年增加48.93万人次和1.99亿元。二是创新工作方式，提高服务水平。结合上海工会会员服务卡的整体推进和部署，推动互助保障数据库与医保部门信息数据互联互通，实现在职住院保障金自动给付，让职工切实感受保障金自动进卡的便利。上下联动，将互助保障窗口延伸至16个区工会互助保障服务处，实现在职职工保障计划“就近参保”和“就近给付”。改窗口受理为主动上门办理，跨前一步，主动服务职工。三是推出及优化保障项目，促可持续发展。以大调研为抓手，会同市总权益保障部、基层工作部、财务资产管理等，设计《灵活就业群体工会会员专享基本保障》。根据“退休住院保障计划”筹资正常增长机制，经市政府同意，4月1日起调整缴费标准，促可持续发展。四是改进培训模式，顺利完成社区参保工作。配合各区街镇互助保障服务点的工作，按区域就近参加的原则，先后举办6场社区互助保障业务培训，覆盖全市16个区服务处、220个街镇服务点。6月社区参保人数达95.24万人，创历史新高。（顾艳斐）

【市职保中心、市职保会实现在职住院保障金“自动给付”】 结合上海工会会员服务卡的整体推进和部署，推动互助保障数据库与医保部门信息数据互联互通，从1月1日起，对参加“在职住院保障计划”，且持有工会会员服务卡的职工启动“自动给付”，实现“让数据多跑路，让职工少走路”。1月2日，市人大常委会副主任，市总工会党组书记、主席莫负春，副主席姜海涛、李友钟、桂晓燕以及市总各部门负责人和市总直属单位党政领导参加了自动给付启动仪式。为了让职工切实感受保障金自动进卡的便利，当天将基层工会2017年7月1日以后，未办理的职工住院医疗信息一并纳入自动给付范围，并通过短信告知。当天共向4.46万人在职职工，给付3544.23万元互助保障金。截至年底，“自动给付”共给付14.52万人次，给付金总计1.84亿元。（顾艳斐）

【莫负春调研互助保障工作】 8月9日，市人大常委会副主任，市总工会党组书记、主席莫负春，副主席张得志赴市职保中心调研，关心了解在职住院保障金“自动给付”、退休住院保障金“直接给付”情况及“灵活就业群体工会会员专享基本保障”方案的设计情况。莫负春充分肯定了职工互助保障工作近几年取得的成效，对进一步扩大覆盖面、推进“灵活就业群体工会会员专享基本保障”提出要求。一是要深入剖析原因，进一步扩大在职住院保障金“自动给付”、退休住院保障金“直接给付”的覆盖面；二是要进一步完善“灵活就业群体工会会员专享基本保障”方案；三是要广泛听取各行业工会对“灵活就业群体工会会员专享基本保障”的建议。（顾艳斐）

【市职保会调整“退休住院保障计划”缴费标准】 根据“退休住院保障计划”筹资正常增长机制，经市政府同意，4月1日起调整“退休住院保障计划”缴费标准。一是参加“在职住院计划”或“综合保障计划”的单位组织退休职工团体参保，缴费标准为每年300元/人。二是未参加“在职住院计划”或“综合保障计划”的单位组织退休职工团体参保，缴费标准为每年315元/人。三是社区参保对象中的续保人员、新退休一年内首次参保人员，以及断保后一年内再参保人员，缴费标准为每年315元/人，退休一年以上未参保或断保超过1年（不超过2年）的人员，缴费标准为630元/人；退休两年以上未参保或断保超过2年的人员，缴费标准为945元/人。其中，未参保或中断参保的年份，不享受保障待遇。（顾艳斐）

【市职保中心做好工会大病职工慰问金审核及给付工作】 市职保中心切实继续做好2018年度大病职工慰问行动的受理、审核和发放工作，年内，共对6988人次工会会员发放大病慰问金698.8万元。（顾艳斐）

【市职保中心积极谋划灵活就业会员保障计划实事项目】 2018年，结合市总工会对本市货运、家政、快递、送餐等灵活就业人员群体保障专题调研，关于切实提高他们抵御和防范疾病、意外风险能力的要求，市职保中心设计了《灵活就业群体工会会员专享基本保障》，扩大了互助保障覆盖面，并列为2019年度上海工会服务职工实事项目。（顾艳斐）

12月19日，市职保中心党员送服务到基层（顾艳斐）

【市职保会命名2018年度上海职工互助保障工作考核优胜、达标工作委员会】 2018年，上海职工互助保障工作在不断巩固工会互助保障覆盖面、扩大工会互助保障受惠面、提高非公企业的互助保障参保率等方面取得了良好成效。根据考核达标工作要求，命名上海市浦东新区总工会、上海市机电工会等75家单位为上海职工互助保障工作考核优胜工作委员会，命名中国电信集团工会上海市委员会、上海水产（集团）总公司工会为上海职工互助保障工作考核达标工作委员会。（顾艳斐）

【市职保会实现在职职工就近办理互助保障业务】 2018年，互助保障业务信息管理系统开发工作取得了阶段性成效。1月12日，率先在黄浦区、浦东新区工会服务处上线调试在职住院保障计划“就近参保”新模块，年内不断完善程序，改进设计方案。10月，召集各区工会布署落实新系统上线运行工作。12月，分批组织各区互助保障工作人员参加新系统操作培训。年底，互助保障窗口已延伸至16个区工会互助保障服务处，实现了在职职工保障计划“就近参保”和“就近给付”。（顾艳斐）

【市职保会主动服务电信参保职工】 根据参加“电信协议”的都是退休职工的情况，从7月1日起，“电信协议”改互助保障窗口受理为主动上门办理，每周2天前往受理点上门办理保障金给付，并将受理点从2个扩大到5个，方便就近办理。（顾艳斐）

【市职保会举办互助保障年度培训】 4月24日至5月4日，市职保会先后举办6场互助保障业务培训，按街镇服务点就近参加培训，覆盖全市16个区服务处、220个街镇服务点，723名区服务处和街镇服务点的工作人员参加。（顾艳斐）

【市职保中心党员送服务到基层】 12月19—20日，26—27日，市职保中心党员分别前往上海大学、上海财经大学、静安区总工会职工援助服务中心、长宁区总工会职工援助服务中心开展送服务到基层活动，现场为前来办理的职工提供互助保障现场咨询及受理服务，加强与基层工会互助保障工作的联系。 （顾艳斐）

【上海石化组织职工参加补充医疗保障计划】 2018年，上海石化共有15878人次职工参加"综合补充医疗、意外（工伤）互助（B类）保障计划"，22283人次职工参加"住院补贴（A、B类）保障计划"，234人次参加"特种重病团体医疗互助保障计划"；234人次参加从业人员意外伤残团体保障计划。上海石化工会贴补投保金额120.98万元，全年共有1516人次获得保障理赔225.18万元。发挥好公司帮扶基金作用。全年帮困补助3447人次，金额共计511.73万元。开展"一日捐"活动，9840人参加捐款，捐款金额94.37万元。 （徐　军）

【东方国际集团各级工会积极落实上海工会会员专享基本保障计划】 2018年，东方集团所属各投资企业、直属单位工会为职工有效注册"上海工会会员专享基本保障"人数为1.25万人。其中，购买A类会员专享基本保障903人，购买B类会员专享基本保障1.16万人，全年参保费用共计47.5万余元，集团工会补贴7万余元。年底，发生重大疾病职工共计40人，获理赔给付金额为68万元；发生疾病身故职工4人，获理赔给付金额为4万元。 （陆　益）

【上海邮政工会切实做好互助保障工作】 2018年，上海邮政工会继续做好员工重病和住院医疗互助保障计划工作。全年1.87万名上海邮政员工加入重病医疗互助保障计划。年内，重病医疗互助计划为78名员工支付保障金101.4万元，住院医疗互助保障计划为911人次支付保障金209.78万元。同时，上海邮政工会为全体会员参保上海工会会员专享基本保障（B类），共为32名参保会员申请到56万保障金和2.7万元慰问金。 （陶　晔）

【SMG工会做好职工保障服务工作】 继续为全体会员续办《工会会员服务卡》。年内共为1.53万人完成工会会员续卡注册，新办服务卡1262人。39人次因患特种重病、意外身故等，申请并给付"工会会员服务卡"保障金78万元。根据《上海广播电视台（上海文化广播影视集团有限公司）工会帮扶资金使用条例》，35人次因患特种重病、意外身故，申请并给付"台（集团）工会帮扶金"36.5万元。 （秦伊龄）

农民工权益和服务

【概要】 根据2018年上海工会统计，本市职工人数729万，其中农民工职工240万人；工会会员697万，其中农民工会员225万人，农民工职工数和农民工工会会员数分别比2017年下降了22.6%和24.2%。为农民工提供更为精准的工会服务，大力提升工会组织对农民工的吸引力和凝聚力，已经成为本市工会的一项重要工作。一是积极创新农民工建会入会模式。市总工会明确把农民工与主要构成人员的物流快递员、护工护理员、家政服务员、商场信息员、网约送餐员、房产中介员、货运驾驶员、保安保洁员等八大群体的入会工作作为围绕中心服务发展的重要内容，制订下发了推进八大群体建会入会的相关文件，通过条块结合、依托平台公司上海总部、借助国企优势、创新入会渠道等多种方式统筹安排推进农民工建会入会工作。同时，以江南造船（集团）有限责任公司为试点，通过建立"党委、党支部、党员"3个层级的党工共建机制，改革劳务单位工会管理模式，推进农民工（劳务工）建会入会新模式。二是大力提升农民工劳动经济权益。通过推动2018年本市月最低工资、环卫行业最低工资、一线职工月平均工资标准调整，提高农民工工资收入水平；通过参与本市社会救助、疾病防控、工伤保险、公积金等政策的制定调整，设计出台《新型就业群体工会会员互助保障计划》，从源头上提高农民工社会保障水平；通过推进上海工会职工疗休养、健康体检、大病职工慰问行动等实事项目，开展以农民工为主要对象的各类就业服务以及帮困送温暖活动，开展农民工通讯费补贴、火车票补贴、健康医疗补贴等关心关爱系列活动，有效提升了农民工帮扶服务的力度。高温季节，市总工会领导兵分13路深入基层，慰问奋战在高温一线的职工和农民工。三是依法维护农民工劳动经济权益。2018年，市总工会直接指导各级工会参与调处化解群体性劳资纠纷126起，涉及职工11116人，其中农民工人数占比60%以上；各级工会通过上海工会法律援助服务平台为职工提供法律援助服务近39291起，其中农民工17796起，包括代写法律文书803起，参与协商、调解服务12618起，代理仲裁诉讼服务4375起；配合劳动保障监察机构开展农民工工资支付情况专项检查活动；市总工会继续指导环卫行业开展集体协商，保障环卫职工工资待遇和福利水平的逐年提高，指导河道养护和排水养护《行业一线职工工资福利待遇工作指导意见》的有效实施，覆盖河道、排水养护行业农民工1.3万余名。 （杨　驹）

【市总工会携手市劳动监察大队联合开展农民工工资支付专项检查】 2017年末至2018年元旦春节期间，根据国家人力资源和社会保障部、发展改革委、公安部、司法部、财政部、住房城乡建设部、交通运输部、水利部、人民银行、国资委、工商总局、中华全国总工会联合下发《关于开展农民工工资支付情况专项检查的通知》，市总工会高度重视，认真部署，市、区总工会积极配合市、区劳动保障监察机构开展专项检查活动，对本市招用农民工较多的建筑施工、加工制造、餐饮服务及其他中小型劳动密集型企业、个体工商户等进行重点检查。全市共检查用人单位12504户，涉及劳动者54.22万人；查实存在欠薪行为的用人单位845户，涉及劳动者2.5万名，涉及金额2.36亿元，春节前已清欠1.59亿元；共向媒体公布欠薪严重违法单位15户，向公安机关移送涉嫌拒不支付劳动报酬案件7件。总体而言，本市欠薪矛盾总体平稳可控，检查期间未发生因欠薪引发的重大恶性事件。 （杨　驹）

【市总工会积极做好春节前夕农民工工资支付权益保障工作】 2017年12月8日，根据市委领导关于切实防止

市总工会携手市劳动监察大队联合开展农民工工资支付专项检查
（杨　驹）

年终各类讨薪群体性事件的要求，市总工会将掌握的近期本市欠薪类群体性劳资纠纷情况书面报告市维稳办，为清理欠薪工作提供针对性的工作信息。12月17日，市总工会为推进联合开展农民工工资支付情况专项检查工作，结合12月13日国务院人力资源社会保障部等十二部门办公厅关于召开做好2018年春节前保障农民工工资支付工作视频会议精神要求，下发《上海市总工会关于切实做好农民工工资支付工作的通知》，要求各区局（产业）工会持续跟踪了解欠薪案件的处置情况，督促每一起欠薪纠纷件件有落实；进一步加大“零门槛”法律服务力度，主动实施“应援尽援”，为农民工提供免费的法律援助服务，确保农民工合法权益得到有效维护；充分运用舆论监督力量，加大对违法欠薪企业公开曝光谴责力度，形成压力机制，督促企业保障职工权益，依法规范用工，发展和谐劳动关系。
（杨　驹）

【市总工会推动提升农民工安全健康意识】　市总工会会同市安全生产监管局联合开展对农民工的安全教育免费培训工作，年内，累计免费培训农民工1.6万多人次；组织开展“安康杯”竞赛活动，将农民工列入重点参赛对象，进一步增强他们的安全意识和提高他们的安全技能；会同市建设工程安全质量监督总站，加强对外省市进沪建筑施工队伍开展“安康杯”竞赛进行归口管理；通过购买社会服务的方式，组织开展高温劳动保护急救技能培训工作，推出百场工会劳动保护急救技能免费培训，让农民工了解高温危害、后果和防护方法，掌握自救和互救的能力；在全市16个区推广实施职业安全卫生防护“工具包”项目，覆盖具有职业危害因素的企业，共惠及包括农民工在内的职工9.6万人次。
（杨　驹）

【开展农民工系列关爱行动】　元旦春节前后，市总工会聚焦新灵活就业群体和农民工群体，加大关心关爱力度。继续会同市人社局联合开展农民工工资支付情况专项检查，各级工会指定专人协调联络，抽调专职工会干部参与一线检查，定向检查拖欠工资、最低工资、超时加班、劳动合同等涉及农民工劳动保障权益情况，并加强对重点地区、重点行业、重点单位的农民工工资支付情况的摸排和掌控。同时，继续深入开展农民工通讯费补贴、返沪火车票补贴和健康医疗补贴等关爱行动，投入资金总计294.295万元，惠及农民工2.54万人次。（蔡　瑾）

【普陀工会举办“带副春联回家乡 红红火火过大年”新春联欢会】　1月28日，由普陀区总工会、区国资委工会、区网约送餐行业工会、区家政服务行业工会联合举办的“带副春联回家乡，红红火火过大年”普陀区环卫工人、网约送餐员、家政服务员新春联欢会热闹开场。市总工会副主席李友钟，区人大常委会副主任、区总工会主席李松海，区总工会党组书记、副主席李戌渊等领导以及近150名环卫工人、网约送餐员、家政服务员代表参加联欢会。外来务工人员为联欢会献上广场舞《最炫民族风》、歌曲《我的好兄弟》、情景歌舞《志愿者之歌》等各具特色的节目。区总工会通过新春大礼包，向3个行业的职工代表送上新春的祝福和慰问。区家政服务行业工会向环卫工人和“饿了么”小哥等户外工作者送上手工编织手套。现场还开展书写春联、包饺子比赛、欢乐猜灯谜和免费理发活动。（陆　蕾）

【闵行区开展服务农民工公益法律服务行动】　2月9日，“尊法守法·携

2月9日，闵行区开展服务农民工公益法律服务行动　（李秉风）

手筑梦”闵行区服务农民工公益法律服务行动在梅陇镇友谊南方商城广场拉开帷幕。活动由区总工会、区法宣办、区司法局、区人社局、区律工委和梅陇镇联合举办。现场设置职工维权、劳动和社会保障普法、法律服务、司法执法和民生服务等5大宣传版块，邀请区职工维权律师志愿团专业律师提供现场法律咨询服务。律师就职工切身利益相关问题进行现场解答，同时普及《劳动法》《劳动合同法》等相关法律政策。活动向前来咨询职工群众发放了200多份宣传折页和法律知识读本。（王　凯）

【闵行区总工会举办“助力进博会、服务进工地”主题日活动】 7月27日，闵行区总工会在南虹桥公司进博会临时指挥部项目工地举办“助力进博会、服务进工地”主题日活动。活动共分为综合服务以及慰问演出活动两部分。区总工会整合各方资源，为高温奋战在进博会项目工地的建筑工人“送法律、送安全、送健康、送便民服务”。活动现场进行了法律知识、劳动保护、食品安全、急救等知识宣传，还提供了量血压、缝纫修补、修鞋、理发、小家电维修等特色便民服务。联合商户在活动现场开展专项优惠活动，为工友们提供毛巾、牙具、洗衣粉等日常生活用品。晚上在露天场地为职工举办“向劳动者致敬”专场演出，近230余名建筑工人观看演出。（王　凯）

全国农村留守儿童关爱保护“百场宣讲进工地”活动走进中建八局西北公司（杨　晨）

【中建八局承办全国农村留守儿童关爱保护“百场宣讲进工地”活动】 8月27日，由民政部、中建集团联合主办，上海市农村留守儿童关爱保护联席会议办公室、上海市民政局、中建八局承办的全国农村留守儿童关爱保护“百场宣讲进工地”活动，在中建八局总承包公司上海世博绿谷项目部举行。本次活动旨在加强政策宣传，进一步强化家庭监护意识，增强外出务工父母与留守儿童的亲情沟通，使农村留守儿童得到更好关爱保护，促进安全生产，推动实现务工人员和农村留守儿童双收益。上海市民政局副局长、上海市老龄办副主任蒋蕊，上海社会科学院社会学研究所副所长程福财老师，中建八局党委副书记、工会主席于金伟等领导及30余个留守儿童家庭、项目管理人员、劳务工人代表等200余人参加了大会。活动以留守儿童独唱拉开帷幕，世博绿谷项目经理范怀伟带领在场全体职工、工友发出了“我是法定监护人”集体倡议，承诺将切实履行家庭监护主体责任，呵护子女健康快乐成长。上海社会科学院程福财老师围绕“做‘打工’‘养娃’两不误的现代农民工”主题，为现场工友朋友和留守儿童们宣讲。项目部还精心组织了留守儿童书画作品拍卖，用这些充满童真的精美图画换取守护工友生命安全的安全帽。最后，与会领导为留守儿童们送上书包和文具、为一线建设们送出一份夏日清凉物资。（李现花）

上海市职工互助保障中心各区服务处（点）一览表

序号	单位	电话（办公）	地址
1	浦东新区总工会服务处	38475088－805、806	樱花路429号
2	浦兴社区工会服务点	38420335－210	凌河路69号
3	金杨社区工会服务点	50370500－191	银山路330号
4	洋泾社区工会服务点	38992119	巨野路219号1号楼
5	潍坊社区工会服务点	51029075－8015	潍坊路131弄1号
6	塘桥社区工会服务点	58737200	峨山路488号

续 表

序号	单位	电话(办公)	地址
7	南码头社区工会服务点	50905272	南码头路400号
8	上钢社区工会服务点	20224821	昌里路335号
9	周家渡社区工会服务点	50788875	南码头路1136弄35号乙
10	东明社区工会服务点	50842255	上南路4206弄1号
11	陆家嘴社区工会服务点	68767121-2033	栖霞路120号206
12	沪东社区工会服务点	58505256	兰城路247号
13	花木社区工会服务点	50452710-8135	梅花路289号
14	川沙镇工会服务点	68397955-8106	妙境路1336号一楼
15	高桥镇工会服务点	50586511	张杨北路5168号
16	北蔡镇工会服务点	68926111-1009	沪南路1105号
17	三林镇工会服务点	58415367	长清路2188号
18	张江镇工会服务点	58956721	张江江东路1458号7号窗口
19	曹路镇工会服务点	50683818	龚丰路85号
20	唐镇镇工会服务点	58965096-773	唐镇唐兴路495号116室
21	合庆镇工会服务点	58976868	合庆镇东川公路7777号
22	金桥镇工会服务点	58545450	佳林路585号1号楼401室
23	高东镇工会服务点	58482837	光明路433号
24	高行镇工会服务点	68975572	新行路340号
25	惠南镇工会服务点	68090376	人民西路555号
26	周浦镇工会服务点	20922217	祝家港路190号
27	宣桥镇工会服务点	58186410	南六公路500号
28	康桥镇工会服务点	20913221	沪南公路2538号
29	航头镇工会服务点	58229649-8118	航头路1538号
30	新场镇工会服务点	58171717-8152	新奉公路331号
31	祝桥镇工会服务点	58108833-6208/6217	南祝公路5058号
32	老港镇工会服务点	58053082	建中路556号
33	大团镇工会服务点	68082756	永春东路10号4号楼
34	万祥镇工会服务点	58041107	万和路188号

续 表

序号	单位	电话(办公)	地址
35	芦潮港镇工会服务点	20943150	芦硕路 298 号
36	书院镇工会服务点	58190037	新卫路 8 号
37	泥城镇工会服务点	58072950	泥城镇鸿音路 3152 号
38	申港社区工会服务点	68283330-803	南汇新城镇竹柏路 487 号
39	徐汇区总工会服务处	54182060	桂林路 46 号底楼大厅
40	湖南路街道工会服务点	64330573	淮海中路 1788 号
41	天平街道工会服务点	54658110	衡山路 17 弄 1 号
42	斜土街道工会服务点	64045999-2209	茶陵路 38 号
43	田林街道工会服务点	64839361	宜山路 655 弄 3 号
44	康健街道工会服务点	54210576-8029	浦北路 268 号
45	凌云街道工会服务点	64552736-8023	老沪闵路 1039 弄 48 号
46	长桥街道工会服务点	64771771-1122	罗秀路 616 号
47	龙华街道工会服务点	54121093	天钥桥南路 399 号
48	华泾街道工会服务点	54821212-1240	华泾路 505 号
49	徐家汇街道工会服务点	34199741	斜土路 2431 号
50	枫林街道工会服务点	33638109	小木桥路 680 号
51	虹梅街道工会服务点	34207920	虹梅路 2017 号
52	漕河泾街道工会服务点	34140991	冠生园路 211 号
53	长宁区总工会服务处	62106198	愚园路 1250 号 2 楼
54	天山街道工会服务点	62598183	天山二村 64 号乙
55	北新泾街道工会服务点	62389379	新泾一村 144 号 1 楼
56	华阳街道工会服务点	32201205	万航渡路 1268 号
57	新华路街道工会服务点	62944625	法华镇路 521 号 3 楼
58	江苏街道工会服务点	62256600-126	江苏路 563 弄 8 号
59	周家桥街道工会服务点	52061155-128	长宁路 1488 弄 6 号 2 楼
60	仙霞街道工会服务点	62959244	虹古路 206 号
61	虹桥街道工会服务点	22850753	中山西路 1030 弄 51 号
62	程家桥街道工会服务点	22300113	虹桥路 2282 号

续 表

序号	单位	电话(办公)	地址
63	新泾镇工会服务点	62386651	泉口路66号
64	普陀区总工会服务处	32250855	兰溪路182号安居兰亭10楼
65	曹杨新村街道工会服务点	62544510	枫桥路8号
66	甘泉新村街道工会服务点	66251663	宜君路9号
67	长寿街道工会服务点	62277887-1151	胶州路1095号
68	真如镇工会服务点	52781773	兰溪路1018号
69	长风街道工会服务点	62430029	中山北路3500号
70	宜川新村街道工会服务点	66610109	华阴路218号三楼
71	石泉新村街道工会服务点	60837527	宁强路25号
72	桃浦镇工会服务点	66267866-9018	武威路789号315
73	长征镇工会服务点	62063773	清峪路127号(社保中心二楼)
74	万里街道服务点	51987655	真金路459号
75	静安区总工会服务处	62672387	昌平路888号
76	彭浦新村街道工会服务点	56477367	安泽路78号
77	大宁街道工会服务点	56033336	彭江路188号
78	宝山街道工会服务点	56301203-8025	宝昌路519号
79	芷江西街道工会服务点	66583382-109	芷江西路151号
80	彭浦镇工会服务点	66313084-809	灵石路725号
81	临汾街道工会服务点	36601651	临汾路335号
82	共和新街道工会服务点	56332621	平型关路487号
83	北站街道工会服务点	63173396	南星路40号
84	天目西街道工会服务点	66283561-7222	沪太路150号
85	南京西路街道工会服务点	62897058	延安中路955弄67号
86	江宁路街道工会服务点	52527445	常德路818号
87	石门二路街道工会服务点	62563321	武定路139号
88	静安寺街道工会服务点	54035567	常熟路115号
89	曹家渡街道工会服务点	62112892-805	万航渡路676弄46号
90	虹口区总工会服务处	25658877　25658857	飞虹路528号

续 表

序号	单位	电话(办公)	地址
91	凉城街道工会服务点	65287439	凉城路465弄41号甲
92	曲阳街道工会服务点	35391722	伊敏河路88号
93	欧阳街道工会服务点	65222978	曲阳路483弄1号
94	四川北路街道工会服务点	56662498	新广路296号
95	嘉兴街道工会服务点	65794908	三河路388号
96	广中街道工会服务点	51812224	水电路120号
97	提兰桥街道工会服务点	65851980	新建路195号
98	江湾镇工会服务点	65612083	奎照路280号
99	杨浦区总工会服务处	65846612	靖宇东路118号
100	四平地区总工会服务点	65139206	鞍山路158号
101	江浦地区总工会服务点	65853519	许昌路1150号
102	长白地区总工会服务点	55832029	延吉东路107号
103	延吉地区总工会服务点	65482211-147	延吉中路77号
104	定海地区总工会服务点	65670011-2050	长阳路3066号
105	平凉地区总工会服务点	65375488	吉林路18号110室
106	五角场地区总工会服务点	65557359	政通路100弄11号
107	控江地区总工会服务点	55803685	黄兴路572号
108	大桥地区总工会服务点	65191987	平凉路1730号
109	殷行地区总工会服务点	65881593	国和路1049号
110	五角场镇总工会服务点	65582183	国和路425号
111	新江湾城地区总工会服务点	55252927	政悦路329号
112	黄浦区总工会服务处	53832096	重庆南路229弄5号
113	豫园街道工会服务点	63365917	河南南路288号
114	南东街道工会服务点	63271866-5522	江阴路101号
115	小东门街道工会服务点	63325622	白渡路252号
116	老西门街道工会服务点	63696363-2018、63769098	大吉路71号
117	外滩街道工会服务点	63295081	河南中路568号
118	半淞园路街道工会服务点	63120055-1097	西藏南路1360号

续 表

序号	单位	电话(办公)	地址
119	五里桥街道工会服务点	53023712	瞿溪路768号
120	淮海街道工会服务点	53831172	马当路349号
121	瑞金二路街道工会服务点	53060094-8062	皋兰路6号地下一层
122	打浦街道工会服务点	63041102-8116	南塘浜路103号
123	宝山区总工会服务处	36071834	吴淞口路519号
124	张庙街道工会服务点	56766139	泗塘二村108号
125	吴淞镇街道工会服务点	56572073	淞清路151号
126	大场镇工会服务点	61671008	沪太路2518号
127	月浦镇工会服务点	36303757	德都路111号
128	淞南镇工会服务点	66186370	长江南路583号
129	庙行镇街道工会服务点	56476890	长江西路2700号
130	友谊街道工会服务点	56122053	永清路899号
131	顾村镇工会服务点	56042969	电台南路7号
132	罗店镇工会服务点	66860113	祁北东路209号
133	杨行镇工会服务点	36020265	松兰路826号
134	高境镇工会服务点	66793005	河曲路108号
135	罗泾镇工会服务点	56873627	陈行街125号
136	闵行区总工会服务处	33885232	闵行区莘东路505号
137	江川路社区(街道)工会服务点	64632352	鹤庆路398号
138	浦锦街道工会服务点	34790305	浦瑞路326号(浦秀路1065号)
139	梅陇镇工会服务点	54289346	莘朱路1925号
140	华漕镇工会服务点	62214122	平乐路25号
141	古美街道工会服务点	54163600-623	古龙路1139号
142	七宝镇工会服务点	64611008	沪松公路577号
143	吴泾镇工会服务点	64520590	宝秀路555号
144	虹桥镇街道工会服务点	64658822-2108	合川路2885号
145	新虹街道工会服务点	52962110	申滨路777号
146	莘庄街道工会服务点	34709930	莘西南路158号

续 表

序号	单位	电话(办公)	地址
147	颛桥镇工会服务点	51987090-1015	联农路297号
148	马桥镇工会服务点	64090718	银春路2016号
149	莘庄工业区工会服务点	34909876-1108	春光路710号
150	浦江镇工会服务点	34302496	江航南路950号
151	嘉定区总工会服务处	69067255	合作路1505一楼大厅
152	嘉定镇街道社区事务受理中心	59928106	塔城路360弄8号
153	新城路街道社区事务受理中心	59993005	新城路155号
154	真新街道社区事务受理中心	59997603	清峪路985号
155	菊园新区社区事务受理中心	69016002	平城路811号
156	安亭镇社区事务受理中心	69578873	民丰路988号
157	南翔镇社区事务受理中心	39120108	古猗园路358号
158	江桥镇社区事务受理中心	69570790	华江路129弄
159	嘉定工业区事务受理中心	69960031	永盛路2703号
160	徐行镇社区事务受理中心	59552028	新建一路1568号
161	外冈镇社区事务受理中心	39106697	瞿门路518号
162	华亭镇社区事务受理中心	59975360	高石路1433号
163	马陆镇社区事务受理中心	39153262	沪宜公路2228号
164	奉贤区总工会服务处	37185525	南桥镇南桥路188号8楼
165	奉城镇服务点	57520547转362	奉城镇兰博路2009号
166	西渡街道服务点	57436398	西渡街道西闸公路1278号
167	南桥镇服务点	67196048	南桥镇新建西路160号
168	海湾镇服务点	57504779	海湾镇海农公路1478号
169	四团镇服务点	57534388转303	四团镇天鹏街54弄32号
170	青村镇服务点	57565387转801	青村镇南奉公路2955号
171	柘林镇服务点	57447096	柘林镇新寺新塘路198弄180号
172	金汇镇服务点	57486215	金汇镇金碧路2028号
173	庄行镇服务点	57466997转807	庄行镇新苑路2号
174	金海社区服务点	67103903	金海社区嘉园路258号

续 表

序号	单位	电话(办公)	地址
175	海湾旅游区服务点	57120047-624	海湾旅游区新海街18号
176	奉浦街道服务点	67109669	奉浦大道111号
177	松江区总工会服务处	57819333	松江区乐都西路867号4号楼
178	岳阳街道工会服务点	57820693	人民北路73弄1号
179	永丰街道工会服务点	67814945	仓华路623号
180	中山街道工会服务点	67743703	茸梅路139号1楼大厅
181	方松街道工会服务点	37021536	文涵路733号
182	广富林街道工会服务点	37655613	人民北路3456号1号楼
183	九里亭街道工会服务点	67890270	九里亭街道涞坊路408号
184	泗泾镇工会服务点	57611712	泗泾镇文化路298号
185	洞泾镇工会服务点	67670253	洞泾镇同乐南路4号
186	佘山镇工会服务点	57652626-918	佘山镇佘新路358号
187	石湖荡镇工会服务点	57759038	石湖荡镇学府路160号
188	泖港镇工会服务点	57860567	泖港镇中南路35号
189	叶榭镇工会服务点	67800093	叶榭镇强恕大道138号
190	新浜镇工会服务点	57891915	新浜镇新绿街398号
191	车墩镇工会服务点	57604759	车墩镇影视路28弄1号楼101大厅
192	新桥镇工会服务点	57642162	新桥镇新站路460号
193	九亭镇工会服务点	57632481	九亭镇九新公路219号
194	小昆山镇工会服务点	57761030	小昆山镇文翔路6000号
195	金山区总工会服务处	57951843	杭州湾大道601号
196	枫泾镇工会服务点	57355422	枫泾镇枫杰路51号
197	朱泾镇工会服务点	57319559	朱泾镇人民路360号
198	亭林镇工会服务点	57235352	亭林镇亭升路550弄33号
199	漕泾镇工会服务点	67252955	漕泾镇中一西路601号
200	山阳镇工会服务点	57245712	山阳镇亭卫公路1500号
201	金山卫镇工会服务点	57263691	金山卫镇古城路319号
202	张堰镇工会服务点	57213394	张堰镇东贤路951号

续 表

序号	单位	电话(办公)	地址
203	廊下镇工会服务点	57395078	廊下阵景乐路 228 号
204	吕巷镇工会服务点	57371365	吕巷镇溪南路 58 号
205	石化街道工会服务点	57935013	卫零路 485 号
206	金山工业区工会服务点	57270173	恒顺路 280 弄 15 号
207	青浦区总工会服务处	59732688	青浦区车站路 35 号
208	徐泾镇社区事务受理服务中心	59765378	明珠路 800 号
209	朱家角镇社区事务受理服务中心	59240498	沙家埭路 18 号
210	赵巷镇社区事务受理服务中心	59751231–8045	镇中路 580 号
211	华新镇社区事务受理服务中心	59797200	华强街 585 号
212	重固镇社区事务受理服务中心	59786641	赵重公路 3025 号
213	白鹤镇社区事务受理服务中心	59212666	建屯路 130 号
214	练塘镇社区事务受理服务中心	59255965	章练塘路 900 号
215	金泽镇社区事务受理服务中心	59261029	金中路 19 号
216	香花桥街道社区事务受理服务中心	59224315	香大路 1001 号
217	夏阳街道社区事务受理服务中心	59731779	城中南路 58 号
218	盈浦街道社区事务受理服务中心	69223601	胜利路 119 号
219	崇明县总工会服务处	69693900	崇明县城翠竹路 1501 号
220	新村乡社区事务受理中心	59650863	新村乡新中村新跃路 287 号
221	绿华镇社区事务受理中心	59351071	绿华镇嘉华路 8 号
222	三星镇社区事务受理中心	59600005	三星镇宏海公路 4291 号
223	庙镇社区事务受理中心	59365708	庙镇合作公路 70 号
224	港西镇社区事务受理中心	59671520	港西镇三双公路 1573 号
225	城桥镇社区事务受理中心	69617125	城桥镇寒山寺路 164 号
226	建设镇社区事务受理中心	59333533	建设镇建星路 108 号
227	新河镇社区事务受理中心	59688727	新河镇新申路 801 号
228	竖新镇社区事务受理中心	59491270	竖新镇前竖公路 3150 号
229	堡镇社区事务受理中心	59426130	堡镇化工路 17 号
230	港沿镇社区事务受理中心	59461362	港沿镇港沿公路 1198–1 号

续 表

序号	单位	电话(办公)	地址
231	向化镇社区事务受理中心	59443733	向化镇向华大街149号
232	中兴镇社区事务受理中心	69445119	中兴镇广福路37号
233	陈家镇社区事务受理中心	59401252	陈家镇北陈公路1454号
234	长兴镇社区事务受理中心	66859005	长兴镇海舸路509号
235	横沙乡社区事务受理中心	56899054	横沙乡新环路57号
236	东平镇社区事务受理中心	59666777-8139	东平镇东冉路783号
237	新海镇社区事务受理中心	59655101	新海镇海展路80号

上海市工会职工援助服务中心一览表

序号	单位	电话(办公)	地址	邮编
1	上海市总工会职工援助服务中心	65467722	黄浦区西藏中路120号2楼	200001
2	浦东新区职工援助服务中心	38475088	浦东新区樱花路429号	201204
3	徐汇区总工会职工服务中心	54182060	徐汇区桂林路46号	200233
4	长宁区职工服务中心	52831014	长宁区愚园路1250号二楼	200050
5	普陀区职工援助服务中心	52661128	普陀区兰溪路182号安居兰庭商务中心10楼	200062
6	虹口区职工服务中心	25658877	虹口区飞虹路528号	200086
7	杨浦区总工会职工服务中心	65868338	杨浦区靖宇东路118号	200093
8	黄浦区总工会职工援助服务中心	63848620	黄浦区重庆南路229弄5号	200025
9	静安区总工会职工援助服务中心	52763321	静安区昌平路888号	200040
10	宝山区职工服务中心	56166873	宝山区牡丹江路215号	200940
11	闵行区职工服务中心	33362755	闵行区莘东路505号(区证照中心)11楼	201199
12	松江区职工援助服务中心	57819333、57727982	松江区乐都西路867-871号4号楼2楼	201600
13	嘉定区职工服务中心	69067218	嘉定新城合作路1505号	201821
14	金山区职工服务中心	57951843	金山区石化杭州湾大道601号	200540
15	青浦区工会职工援助服务中心	59721345	青浦区车站路35号	201799
16	奉贤区职工援助服务中心	37185526	奉贤区南桥镇南桥路188号8楼	201499
17	崇明区职工服务中心	69691358	崇明区城桥镇朝阳门路11号14楼	202150

宣传教育

综　述

2018年,上海工会宣传教育工作以学习贯彻党的十九大精神为引领,贯彻落实全国宣传思想工作会议精神和上海市宣传思想工作会议精神,突出重点,着眼于改革创新融合发展,推动"体面劳动、舒心工作、全面发展"工作理念的落实。一是积极推动新时期职工思想教育,开展"关于上海发展现代服务业背景下职工思想状况"调研,探索工会开展职工思想建设的新路径、新手段、新阵地。加强职工职业道德建设,印发《上海市总工会关于开展2017—2018年度上海市职工职业道德建设"双十佳"评选表彰活动的通知》并有序推进,协同市工人文化宫完成评选表彰工作。推进职工素质工程建设,实施"上海百万在岗人员学力提升行动计划",推进EBA培训,2018年培训6000余人。积极推进"职工书屋"建设工作,命名2018年10家上海工会"职工书屋"示范点,31家全国"职工书屋"示范点。二是加强劳模宣传、管理和服务。弘扬劳模精神,宣传先进典型,制作拍摄《上海工匠》电视宣传片,以劳模年度人物为主题,举办"中国梦·劳动美"上海市庆祝五一国际劳动节特别节目。拍摄劳模口述历史短片40个,制作劳模课堂小课件40个。劳模"三金"发放工作制度更加规范、流程不断优化。三是促进职工文化体育繁荣发展。搭建职工文体活动展示平台,举办"中国梦·劳动美"第二届上海职工文艺汇演,举办"最美劳动者"上海职工微电影节,承办"中国梦·劳动美"第五届全国职工摄影展上海站采风活动。加快推动文化宫公益转型,加强回归后工会文体场馆阵地功能与运维管理指导。加强职工文艺创作,通过职工文艺汇演、微电影、摄影、书画等多种形式,开展职工主题文艺创作。积极推进职工健康、体育融合发展,与市体育局合作,对职工体育场地、设施建设、人才队伍建设、赛事组织等方面提供专业性的指导。与市卫计委合作,积极推进职工职业健康管理工作,联手对18个工会试点单位,为8类职业的一线职工进行健康体测,建立健康档案、推送健康处方、提供健康咨询服务,形成初步的职业健康报告和职工健康服务管理模式。搭建职工体育网络服务平台,积极打造"阅动上海"职工文化寻访平台,倡导健康生活理念,在活动中感受城市工业发展,文明进步。　(宋　昶)

4月4日,杨浦区举行"读响十九大,劳动最光荣"创新路上的劳动者诵读大赛　(张东寅)

宣传思想工作

【概要】 2018年,上海职工宣传思想工作坚持深入学习宣传贯彻党的十九大精神、全国宣传思想工作会议精神和上海市宣传思想工作会议精神,全面落实全国工会十七大和上海工会十四大要求,着眼改革创新融合发展,围绕中心大局,突出重点,扎实推进。加强职工思想引领,深入推进党的十九大精神的学习宣传贯彻,用习近平新时代中国特色社会主义思想武装头脑、指导实践,组织引导广大职工群众听党话、跟党走。深入开展"中国梦·劳动美"职工主题教育实践活动,凝聚、激励广大职工群众为新时代中国特色社会主义建设做贡献。培育和践行社会主义核心价值观,引导广大职工增强道路自信、理论自信、制度自信。注重网络思想引领,深化职工思想政治工作,弘扬主旋律,传播正能量。加大调研力度,更好地了解职工的所思所想所盼所需,正确认识和把握新时代职工思想政治工作的特点和规律,创新职工思想政治工作方式方法,不断增强针对性和实效性,润物无声做好职工思想政治工作。(陈　洁)

【杨浦区开展"读响十九大,劳动最光荣"诵读大赛】 4月4日,"读响十九大,劳动最光荣"创新路上的劳动者诵读大赛决赛在上海市现代音乐职业学校举行。杨浦区人大常委会副主任、总工会主席麦碧莲出席活动。活动由区总工会、区国资委联合举办,分为线上海选和海选两部分。活动通过与阿基米德APP合作,实现网上报名、网上参赛、网上培训、网上直播,共收到个人和集体诵读作品622份,参赛职工通过诵读十九大原文、经典美文和原创诗歌,尽情表达对"中国梦"的追求、对"劳动美"的赞颂、对中华民族美好未来的向往。通过网络点赞投票和专家组评审相结合的方式,23组个人和集体选手入围总决赛。大赛设置三期人气作品线上票选互动,产生9名人气选手,最高票数达到80万张,职工"好声音"得到百万余人次的热情点赞、留言。大赛期间还举办名师导读和沙龙活动,分别邀请著名语言学家过传忠、朗诵艺术家狄菲菲为诵读爱好者讲授理论知识,开展面对面辅导,受到职工欢迎。　(张东寅)

【松江区总工会举办学习十九大精神报告会】 3月4日,松江区总工会在区委党校举办以"十九大精神进企业,新思想指导促发展"为主题的松江区企业工会干部和班组长学习十九大精神报告会，邀请区委党校副校长、行政学院副院长陈超做题为《面向新时代的政治宣言和行动纲领》的专题报告，来自109家企业的252名企业工会主席、工会干部、班组长、部分在职劳模代表和各街镇、开发区专职副主席参加。（杨　韵）

【市机电工会开展“主人翁精神”学习讨论活动】 3月底，市机电工会发出《关于开展“主人翁精神”学习讨论活动的通知》，决定从4月起至10月底，在全体干部、职工中组织开展“主人翁精神”学习讨论活动。活动具体为“五个一”：开展一次“主人翁精神大家谈”班组学习讨论活动。利用班组学习，组织班组成员学习有关主人翁精神的文章，并结合干部、职工的工作职责和岗位要求开展座谈，激发广大干部、职工的使命感、责任感；组织一次“我与企业共命运”主题征文活动。以“我”为主，立足岗位，通过讲述“我”与企业休戚与共，同呼吸、共命运的一段故事或切身感受，反映作者追求事业发展、追求美好生活的情怀；开展一次“想主人事、干主人活、尽主人责”主题演讲活动。结合机电工会开展的学李斌活动和上海电气“李斌式职工”评选表彰活动，充分挖掘“主人翁精神”内涵，通过演讲身边典型人物的精彩故事，把更多“想干事能干事干成事”的人的精神风貌充分展示出来；开展一次员工微信互动活动。以机电工会微信平台为载体，以职工对“主人翁精神”感悟的一句话进行互动；组织召开一系列座谈会。由机电工会邀请部分企业领导、劳模先进，共同座谈如何弘扬“主人翁精神”。（彭伟光）

【中国宝武集团工会开展企业改革稳定发展形势任务教育】 2018年，中国宝武工会紧紧围绕公司聚焦融合、转型发展的中心工作，制订下发《职工思想教育工作的指导意见》，深入一线班组了解职工的思想动态，撰写调研报告供公司领导参考决策，举办厂情通报会、职工代表座谈会、职工代表座谈会、开展宝武管理者问卷调查，广泛宣传公司“一基五元”战略规划，宣讲深化整合融合、治僵脱困、压减工作的重要意义，提士气、鼓干劲。（陈佩红）

【中国电信上海市工会开展文艺巡演活动】 6月5日，中国电信上海公司学习宣传贯彻党的十九大精神文艺巡演小分队在中英海底系统有限公司的“福安号”海缆船上开展首场巡演。作为“乌兰牧骑”文艺小分队巡演宣传的首站，公司工会精心挑选适合船上表演的精彩文艺节目，将党的十九大精神的微宣讲与员工文艺展示相结合，为服务“一带一路”网络建设的电信海缆干部员工们送演出、送慰问、送精神食粮，推动党的十九大精神“大学习、大宣传、大落实”工作的贯彻实施。（殷　茵）

【市烟草工会组织开展学习十九大精神演讲赛】 3月23日，市烟草工会组织开展上海烟草职工“深入贯彻十九大，砥砺前行烟草人”学习党的十九大精神演讲比赛。单位参赛选手紧紧围绕比赛主题，以个人或班组的形式，通过情真意切的讲述，结合工作实际，传递学习十九大精神的深刻感悟。最后通过激烈的角逐，烟印公司和松江烟草分获工业组和商业组一等奖。（汤筱珺）

【上海机场集团公司工会开展十九大报告知识竞赛】 4月4日，上海机场集团公司工会启动以网络微信为载体举办的十九大报告知识问答竞赛。各级工会高度重视，积极响应，13000余人次参与竞赛。职工实际参与率普遍超出集团公司工会要求，最高达到80%，营造学习贯彻党的十九大精神的浓厚氛围。（张雯倩）

【上海建工集团出版故事专辑《传承》】 由上海建工集团党委书记、董事长徐征题名，党委副书记、总裁卞家骏作序，党委副书记张立新和工会主席卞炯主编的上海建工故事《传承》一书，9月29日出版。3月始，集团开展“讲好建工故事、传播建工声音、弘扬建工文化”系列活动，以上海建工的发展历程为主线，深入挖掘、认真提炼，共征集266篇故事。这些发生在上海建工人身上的真实故事，是上海建工人面对险阻不退缩、身处逆境不畏惧，战胜困难、创造奇迹的精神力量源泉。（佘轶群）

【市人社局工会开展宣传教育系列活动】 市人力资源和社会保障局工会积极开展庆祝改革开放40周年职工群众性主题宣传教育活动。根据中华全国总工会办公厅《关于组织开展庆祝改革开放40周年职工群众性主题宣传教育活动的通知》的精神，积极落实由党办、工会、团委共同主办的“展改革成果、亮人社风采”纪念改革开放40周年文化健步行活动。开展2018年局系统职工书画作品征集展示活动，收到书法、字画作品72幅。由专家从上报的72幅作品中，挑选35幅优秀作品制成展板进行展示。

6月5日，中国电信上海市工会开展学习宣传贯彻党的十九大精神文艺巡演活动（殷　茵）

将展示活动纳入"展改革成果、亮人社风采"纪念改革开放40周年主题宣传教育活动中,亮出人社职工的风采。积极组织职工参加"中国梦·劳动美""光明田缘杯"2018年上海市班组(团队)文化网络大奖赛,并做好组织引导等工作,局系统共有42支队伍,240人参赛,获优秀组织奖。(瞿葆仁)

【市科技工会举办"改革开放40年,高歌唱响新时代"主题音乐会】 12月19日,由市科技工会主办,科技春天合唱团承办的"改革开放40年,高歌唱响新时代"暨上海科技春天合唱团成立20周年合唱音乐会在市科技创业中心举行,科技系统各单位的职工代表200余人参加。音乐会在《毛泽东诗词十六字令三首》中拉开序幕,在全场齐唱《共筑中国梦》歌声中圆满落幕。音乐会吸引中科院上海生科院、中电51所、中科院上海技物所等单位爱好合唱的文艺团队参与。

(冯　莺)

【市医务工会举行表彰主题活动】 1月12日,"汇聚行业力量,守护百姓健康"上海市医务工会2017年度总结表彰主题活动在复旦大学附属中山医院举行。市总工会巡视员何惠娟应邀出席。市卫生计生委主任、党委副书记邬惊雷致辞。市卫生计生委党委副书记、市医务工会主席郑锦,市卫生计生委副主任吴乾渝、赵丹丹等以及各医学院校、有关单位领导出席。各区卫生计生委、市级医疗卫生计生单位、企业职工医院的党政工领导、先进代表、工会代表、职工代表和青年代表、退休职工代表500余人参加。主题活动分时代引领、改革创新、展望未来三大板块,以视频的形式从先进引领、素质提升、职工文化、民主管理、职工之家5个方面对一年来上海医务系统的工会工作成果进行回顾和总结。对上海市卫生计生系统劳模和"上海工匠""上海市五一劳动奖状""上海市劳模创新工作室""上海市工人先锋号"等一批先进单位和个人进行表彰。10多家医疗卫生单位的医务职工为大家献上一台精彩纷呈的文艺节目。

(马艳芳)

【市监狱管理局工会开展线上健步行宣传"红烛"精神】 10月20日,监狱局工会在世博公园举办"重走红烛路"启动仪式暨滨江健步走比赛,为期两个月的"重走红烛路"线上健步行活动利用手机微信功能,把广大会员每天健康步行与"互联网+"有机结合,线上共设16关,通过闯关答题,使全局干警职工进一步了解"红烛"精神发源、历史沿革和传承发展。共有20个基层单位的6090名会员报名参加,占全体会员90%以上,取得良好效果。局工会按照团体和个人单关和总成绩情况,分别评出一、二、三等奖和优秀组织奖。(江海群)

3月1日,市工人文化宫举办《不忘初心,牢记使命——迎接建党100周年革命圣地系列之"跨越时空的井冈山精神"》主题展　(金　喆)

【中国商用飞机有限责任公司工会举办宣传十九大精神学习研讨班】 7月5日,中国商飞公司工会宣贯十九大、落实公司党代会精神精准学习研讨班在上海工会管理职业学院举行。学员围绕如何深入学习贯彻习近平新时代中国特色社会主义思想和党的十九大精神,学习贯彻公司党代会精神,加强工会干部队伍建设,提升工会干部工作能力和整体素质,不断适应新形势下工会工作的需要开展深入的交流和讨论。公司党委副书记、副总经理刘林宗出席开班式并做开班动员。上海工会管理职业学院党委书记王厚富做专题培训。(阎　超)

【绿地集团编印企业文化故事集《初心》】 7月18日,绿地集团推出讲述身边绿地人、绿地事的企业文化故事集《初心》,用文化故事阐释"两个永不"的绿地精神、演绎"背影效应"的动力源泉、展现"不忘初心"的使命和责任。经过各单位挖掘遴选,从近百篇故事中选取43篇汇编成书。(金佳艳)

【市工人文化宫举办"跨越时空的井冈山精神"主题展】 2月24日,由中共上海市委组织部、上海市总工会、中共上海市委党史研究室主办,上海市党建服务中心、上海市工人文化宫承办,井冈山革命博物馆协办的《不忘初心,牢记使命——迎接建党100周年革命圣地系列之"跨越时空的井冈山精神"》主题展,在上海市工人文化宫三楼展厅拉开序幕。本次展览历时45天,在全市各级党组织和广大党员中引起了热烈反响,参观人数达15.4万人,留言万余条,单日最高参观人数达2.25万人。展览期间,新闻综合频道,上海基层党建网与市总"申工社"官微、《劳动报》《解放日报》《文汇报》《新民晚报》及上海政府网、东方网等各大新闻媒体相继报道,展览有机结合微党课等创新形式,在上海掀起一股到市宫看一次红色展、上一次微党课的高潮。(王家辉)

职业道德建设

【概要】 2018年,上海工会以深入开展职工职业道德"双十佳"评选为载体,注重评选过程的交流,注重职业道德建设的规范要求，注重职业道德建设所蕴涵的行业进步和产业发展，注重职业道德建设对职工在践行社会主义核心价值观方面的内化作用，发挥先进的激励和辐射作用，引导广大职工树立崇高的职业精神，形成良好的职业作风和严格的职业纪律。推动基层职工职业道德培育工作，选树职业道德先进人物和先进集体典型，并在本地区、本系统、本行业内进行职业道德典型交流；积极运用新媒体手段宣传职业道德典型和行业规范，激发职工群众参与职业道德实践活动，探索更加便捷、有效的方式。（陈　洁）

【开展职工职业道德建设“双十佳”评比】 3月20日，市总工会下发《上海市总工会关于开展2017—2018年度上海市职工职业道德建设“双十佳”评选表彰活动的通知》。从3月下旬至9月下旬，通过宣传发动、候选人提名、网络投票评选、候选人公示等环节，最终产生“双十佳”单位和个人，并于12月21日召开会议进行表彰。“双十佳”标兵和集体还分别被授予上海市五一劳动奖章和上海市五一劳动奖状。此次评选体现出参与面广、行业特征明显、一线职工为主、候选人年轻化等特点，共有57个区局（产业）工会报送55个单位和78名个人的先进事迹材料，覆盖15个区，本市规模较大的局、产业行业基本覆盖；社会服务业是职业道德建设的主体力量，20个入围标兵候选单位、个人，服务业与制造业之比为6∶4；一线职工占比68%，10位入围标兵候选个人中，有8位在教育、医疗、制造、服务等行业的一线岗位工作；职业道德先进年轻化，78名个人中，80后20人，70后40人，最年轻的是中国船舶工业集团公司第七〇八研究所的团委副书记杨添，他是申报对象中的唯一一名90后，并入围标兵候选个人。（陈　洁　陈　蓓）

【长宁区总工会举办职工“道德讲堂”活动】 5月18日，长宁区总工会在区图书馆举行长宁职工“道德讲堂”活动，长宁区各系统（集团、公司），街道（镇、园区），直属单位工会干部以及职工代表200余人参加。“道德讲堂”特邀全国劳模、“全国五一劳动奖章”获得者——宝钢技能专家王军，为与会人员讲述如何从一个技术工人成长为技能专家的成长历程。与会人员与王军进行了互动交流。（王亚文）

【中远海运集运工会开展讲述最美中远海运集运人故事活动】 为深入践行“以奋斗者为本”的理念，营造“人人争做奋斗者”的氛围，2018年，中远海运集运工会组织开展“最美中远海运集运人”职工摄影作品征集活动。活动得到各级工会的积极响应，摄影爱好者聚焦身边的奋斗者，拍摄大量鲜活生动的摄影作品，形成“寻找最美、传递最美、争当最美”的职工文化风尚。在此基础上举行“向奋斗者致敬——讲述最美中远海运集运人背后的故事”现场展示活动。活动现场，16位讲述者从不同角度给大家带来他们心中最美中远海运集运人的感人故事，与会人员共同感受奋斗者的脉搏，接受奋斗者的熏陶，向坚守信仰的奋斗者致敬，向开拓创新的追梦人致敬。（钱　华）

学习培训

【概要】 2018年，上海工会坚持“体面劳动、舒心工作、全面发展”为宗旨，按照《上海终身教育促进条例》、上海市教育委员会等七部门《关于进一步推进本市学习型社会建设的若干意见》的要求，积极贯彻落实《关于推进新时期上海产业工人队伍建设改革的实施意见》《上海职工素质工程“十二五”发展规划》《上海职工素质工程建设五年规划（2016—2020年）》的要求，围绕实现上海工会“建设工会大学校”目标，持续推进职工教育培训工作，以改革创新精神，不断开创职工素质工程建设新局面。（陈　洁）

【开展职工素质工程建设工作】 推进实施“上海百万在岗人员学力提升行动计划”。与开放大学进一步合作沟通，借助其教育优质资源和整合资源的优势，深入项目对接，探索对不同职工群体开展不同教育启蒙的实现路径，不断加强在岗职工继续教育，推动在岗职工提升学历层次和职业水平。推进EBA培训，2018年培训6000余人（含接读大专）。推进学习型企事业单位建设，总结宣传学习型企事业单位优秀典型事迹，配合《2018年上海学习型建设白皮书》编撰工作，总结近年来学习型企事业单位建设情况，做好上海市第三次学习型社会建设与终身教育推进大会的相关工作。（陈　洁）

【积极推进职工书屋建设工作】 市总工会对全市各级职工书屋进行进一步梳理和分类，开展全市职工书屋建设的调研。在加强对示范点指导，宣传优秀典型和经验的同时，深入基层，加强一线职工书屋，特别是非公企业职工书屋的联系，建设平台，搭载项目，充分发挥职工书屋的文化建设主阵地的作用。对全市2000余家职工书屋进行书展票、报纸订阅单、相关杂志等书籍、视频、文化产品的配送。命名2018年10家上海工会职工书屋示范点并进行扶持，对20家历年已建的并缺乏一定资金的职工书屋进行图书补配。命名2018年31家全国职工书屋示范点。（陈　洁）

【杨浦区总工会举办职工文体活动指导员培训班】 10月9日，杨浦区总工会、区体育局联手举办2018年三级社会体育指导员暨杨浦工会职工文体活动指导员培训班，各行业、基层单位共50多名工会干部参加为期3天的培训。培训班结合职工体育健身的特点，特邀上海师范大学教授陆遵义、上海体育学院副教授沈建刚和华东师范大学教授刘桂海等6名专家授课，从科学健身、体育锻炼与心理健康等全民健身知识和体育赛事活动组织和开展、职工体质与运动干预等职工体育活动知识，向学员讲解。学员通过三天的培训，经考核合格获得“三级社会体育指导员”和“杨浦工会职工文体活动指导员”证书。（张东寅）

【“松江区职工心理港湾”开讲】 9月26日、28日，应松江区城市管理行政执法局工会、上海东洋电装有限公司工会及上海松江工惠社会服务中心的邀请，根据各单位的不同需求，松江区总工会心理培训师到企事业单位分别开展题为《情绪宣泄-拳击心理解压》《阳光心态幸福人生》《360度有效沟通》的讲座，共有200余人参加。

松江区总工会以关爱职工、服务职工为出发点，2018年度为松江区企事业单位共安排10场心理讲座。（姜　煜）

【崇明区总工会蓝领学校举办水路交通运输行业从业人员培训班】 10月30日始，崇明区总工会蓝领学校开展为期2个月的水路交通运输行业从业人员培训班，共授课39课，721人次参加。通过对交通运输行业从业人员服务礼仪、服务英语、崇明历史文化与景点知识、交通运输应急事件处理预案以及心理压力管理等内容的培训，全方位提升交通运输行业从业人员团队形象与综合素质软实力。（陈思佳）

【华东电力工委举办优秀班组长培训班】 8月下旬，华东电力工委先后举办两期华东电网系统优秀班组长培训班，来自华东四省一市电力公司、华东分部机关等单位近100名优秀班组长参加。培训方式有专题讲课、经验交流、工作探讨、参观学习等多种形式，围绕班组长角色定位、价值观念、能力素质、地位作用等方面精心设计。积极发挥国网公司领军人才的作用，借助工会培训平台，首次聘请国网领军人才进行讲课，普及特高压、全球互联电网知识，进一步锻炼国网领军人才，拓宽基层员工的知识面。通过培训，使大家进一步了解、掌握现代班组管理理念、技巧和方法，学习借鉴班组管理的经验，增强班组长的团队精神和团队意识。（施炜伟）

【市绿化市容局工会、行业工会组织开展工会干部培训班】 8月28日，市绿化和市容管理局工会、市绿化市容行业工会在上海植物园举办工会干部培训班，局各直属单位、各区绿化市容局、市绿化市容行业等近120名工会干部参加培训。市绿化市容行业工会主席肖龙根作开班动员。中国农林水利气象工会副主席孙涛以“新思想，新作为——努力开创新时代工会工作新局面”为主题，深入浅出的解读习近平中国特色社会主义思想的理论体系和《中共中央关于加强和改进党的群团工作的意见》中对工会工作提出的要求、工会工作面临的突出问题、采取的工作举措等，提出基层工会要从围绕中心、服务职工、职工之家、文化建设、提高素质、行业发展6个方面进一步做实、做好工会工作。（汪韵杰）

【鲁中矿业工会举办班组长培训班】 10月26—28日，鲁中矿业工会举办2018年度班组长培训班，来自10家二级单位的253名班组长参加。培训班以“五星六型”班组创建为主要内容，从创建方案、评定标准、评审程序和管理要求等方面进行深入诠释，邀请4名基层优秀班组长走上讲台，分享自己的管理经验，对公司“五星六型”班组下一步如何更好地发展进行探讨。班组建设是鲁中矿业发展壮大的有效载体，是企业各项生产活动的落脚点，班组长的培训有助于促进和带动生产人员整体素质的提高，对企业可持续发展提供了有力支持。（李宗峰）

10月26—28日，鲁中矿业工会举办2018年度班组长培训班（李宗峰）

【市科技工会举办“工会主席微课堂”】 为进一步提升科技系统基层单位新任工会主席（干部）在新时代团结职工、服务职工、维护职工的履职能力，市科技工会邀请科技系统基层单位有经验的工会主席以案例形式向新任工会主席（干部）分享在工作中的体验和收获，让大家对工会组织和工会工作有更直观的认知，感受工会干部对于工会工作的情怀和初心，科技工会首期“工会主席微课堂”活动在市计算所开讲。中电32所工会常务副主席张晓燕、计算所工会副主席叶靖和上海硅酸盐所工会主席孙伟嬿与大家分享《困难与坚持》《互联与工会》和《做最好的自己》3个话题，系统内近20个单位工会主席和工会干部参加，大家还就新时代做好工会工作应具备怎样的职业素养、“互联网+”效应对工会工作的启发等话题作交流和探讨。（杨　莹）

【市科技工会举办工会干部培训班】 5月31日—6月1日，市科技工会在上海科技管理干部学院举办2018年科技系统工会干部培训班。各基层单位工会干部近100人参加。培训班开设《如何学习、宣传新时代党的政治思想理论》《新时代工会干部有效沟通艺术》《加强工会的维权服务工作、努力构建和谐劳动关系》等内容的专题讲座，受到学员们的欢迎。（冯　莺）

【市经济和信息化工作系统工会举办优秀班组长培训班】 9月5—7日，市经信系统工会在上海市工会管理职业学院举办系统优秀班组长培训班。系统各基层单位近70名优秀班组长参加。通过体验式的培训，系统地学习班组建设、班组管理的相关知识，交流班组管理经验。（黄　俭　顾　捷）

【上实（集团）有限公司工会首次举办EAP（员工心理管理）执行师培训】 8月2—4日，上海上实（集团）有限公司工会举办首次EAP（员工心理管理）执行师培训，从工会的心理学、工会的危机干预、“察言观色”沟通技巧

5月31日—6月1日，市科技工会举办2018年科技系统工会干部培训班 （余 斌）

以及家庭心理支持等方面，进行生动的讲解和互动式教学，受到培训者的广泛好评。通过培训，加强对职工的思想引领和教育培训，提升职工技能素质，促进职工全面发展，充分发挥工会“大学校”的作用。 （王玉君）

【世纪出版集团工会组织职工参观活字文化艺术展】 10月25—26日，世纪出版集团工会组织17个直属单位100余位职工前往中华印刷博物馆，参观由集团工会主办、印刷集团工会承办的“活字生香”活字文化艺术展。通过近距离观展，了解中国近代出版业发展历程，体验当代印刷行业顶尖技术，感受“劳动光荣、技能宝贵、创造伟大”行业典范，从而树立工匠意识，弘扬工匠精神。 （江 文）

读书活动

【概要】 2018年，上海市振兴中华读书活动以“逐梦新时代·悦读再出发”为主题，举办第二十届上海读书节。开展“深化改革·创新发展”纪念改革开放四十周年读书系列活动，其中包括“回眸四十载：与改革同行——纪念改革开放四十周年征文大赛”、“回顾与展望：逐梦新时代——纪念改革开放四十周年演讲大赛”，编辑出版“振兴中华”丛书“振兴中华，我们再出发——改革开放40周年征文优秀作品集”；推荐获奖选手赴北京参加由中华全国总工会主办的“中国梦·劳动美——学习贯彻习近平新时代中国特色社会主义思想和党的十九大精神”全国职工演讲比赛决赛。全市各行各业开展各类主题读书活动200多项。 （徐 睛）

【召开2018年度上海市振兴中华读书指导委员会主任会议】 4月8日，上海市振兴中华读书指导委员会假座上海市委宣传部203会议室，召开2018年度上海市振兴中华读书指导委员会主任会议。市委宣传部副部长、市文明办主任潘敏主持会议。会议讨论通过上海市振兴中华读书指导委员会副主任调整名单、第二十届上海读书节主题、开幕式方案及读书示范项目。上海市振兴中华读书指导委员会办公室下发《关于申报第二十届上海读书节示范项目的通知》，向市振兴中华读书指导委员会各成员单位和各区文明办、各区局（产业）工会、各区学习办、各区图书馆以及职工书屋广泛征集第二十届上海读书节示范项目。到3月底，申请读书活动项目的单位超过百家，经筛选确定年度示范项目182项。 （徐 睛）

【“逐梦新时代·悦读再出发”第二十届上海读书节开幕式】 4月24日，主题为“逐梦新时代·悦读再出发”的第二十届上海读书节在上海电影广场5号摄影棚启动。市委副书记尹弘，市人大常委会副主任、市总工会主席莫负春等出席开幕式。以此为平台，全市各行各业次第开展182项群众性读书活动，大力倡导城市全民阅读，营造书香上海浓厚氛围。来自全市各行各业的读书活动先进单位组织者、积极分子、示范项目单位代表和“职工书屋”代表近千人参加开幕式。读书节最终确定的182个示范项目，在年内相继开展，引领全民阅读。“第二十届上海读书节”获中华全国总工会颁发的“全国职工书屋品牌暨读书组织奖”。 （陈 鸿 王家辉）

【“深化改革·创新发展”——庆祝改革开放四十周年读书系列活动】 5月10日，市振兴中华读书指导委员会办公室下发《关于开展“深化改革·创新发展”纪念改革开放四十周年读书系列活动的通知》。通知要求5—11月在全市范围内组织开展“回眸四十载：与改革同行——纪念改革开放四十周年征文大赛”和“回顾与展望：逐梦新时代——纪念改革开放四十周年演讲大赛”，得到广大市民与职工群众的积极响应和广泛参与。征文大赛收到应征作品2600多篇，57人获单项奖，15个单位获优秀组织奖；优秀征文集《振兴中华，我们再出发——改革开放四十周年优秀作品集》由上海科技文献出版社出版。“回顾与展望：逐梦新时代——庆祝改革开放四十周年演讲大赛”，自8月起在全市范围内广泛开展，9月20—21日，进入复赛的各区、局（产业）单位和图书馆、街道（镇）、社区的64参赛队伍经过激烈角逐，最终14支队伍成功晋级总决赛。演讲大赛活动评出15个单位为“优秀组织奖”。市委宣传部副部长、市文明办主任潘敏，上海图书馆馆长陈超和市总工会副主席桂晓燕、市教委副主任倪闽景等到场观摩比赛。 （陈 鸿）

【推荐职工演讲选手赴京参加全国职工演讲比赛总决赛】 7月20—22日，市读书办带领优秀职工演讲选手唐震东（静安区纪律检查委员会宣传教育工作者）、何鑫（中铁十五局集团有限公司铁路一线职工）赴京参加由中华全国总工会主办的“中国梦·劳动美——学习贯彻习近平新时代中国特色社会主义思想和党的十九大精神”全国职工演讲比赛总决赛。唐震东、何鑫两位选手与来自20多个省、市、自治区的近百名选手同台竞技，全面展示上海职工奋发向上、锐意进取的精神风貌。（徐 晴）

【第二十届上海读书节闭幕式暨文化网络大赛展示会举行】 11月28日，第二十届上海读书节闭幕式暨“中国梦·劳动美”2018年上海市班组(团队)文化网络大赛展示会，在虹口区工人文化宫剧场举行。市人大常委会副主任、市总工会主席莫负春，市委宣传部副部长、市文明办主任潘敏等出席。会上授予“2018年上海市振兴中华读书活动优秀示范项目”的20个单位(组织)荣誉奖牌，表彰荣获庆祝改革开放四十周年系列活动(征文、演讲)“优秀组织奖”单位30个，举行《振兴中华，我们再出发——改革开放四十周年优秀作品集》首发仪式。在2018年上海市班组(团队)文化网络大赛中获奖的个人和单位代表，表演“改革开放我知道”“改革开放我赞颂”“改革开放我奉献”的朗诵、演讲及歌舞节目。全市各行各业职工近千人参与这一文化盛会。（陈 鸿）

【长宁区总工会举办第五届长宁职工读书节】 5月30日，“魅力长宁·书香同行”第五届长宁职工读书节在长宁图书馆开幕。区人大常委会副主任、区总工会主席刘英等领导出席。长宁职工读书节共收到基层工会组织申报项目70余项，其中28项被确定为精品项目。开幕式当天，与会职工代表捐赠一批爱心书籍，通过邮政快递的方式寄送至长宁区对口援建的青海果洛州甘德县“高原之家”，使山区职工群众能够和长宁职工共享书香，丰富精神文化生活。读书节开幕式上，与会人员观摩5年来的读书成果纪录片。（王亚文）

【静安区举办职工诗词大赛活动】 10月30日，由静安区总工会、静安区文明办、市振兴中华读书指导委员会办公室、市工人文化宫共同主办，静安区工人文化宫承办的静安人·静安情·静安好诗词——秀出你的“诗和远方”2018年静安职工诗词大赛落幕。大赛分诗词创作赛与诗词竞技赛两大类，活动自2月底启动，7月20日征稿结束，共收到150位参赛作者的244件参赛作品，其中古体诗107件，现代诗137件。诗词竞技赛先后举办三大赛事:7月的南点(静安区工人文化宫海选点)、北点(大宁音乐广场海选点)诗词竞技赛预赛，9月中旬在静安区工人文化宫举办的诗词竞技赛复赛，决赛于10月30日在800秀舞台举行。该项目获上海市振兴中华读书指导委员会、中共上海市委宣传部、上海市总工会、上海市精神文明建设委员会办公室颁发的“2018年度上海市振兴中华读书活动优秀示范项目奖”。（陆 乐）

【闵行区总工会举办红色经典诵读比赛】 5—7月，“闵行工会”微信公众号向全区职工发布第三届“那些年感动过我们的书和诗”红色经典诵读比赛活动。通过线上征集、展示、投票及专家评审环节，14支团队、18名个人选手进入线下决赛。团队组、个人组决赛于7月25日在闵开发工会(俱乐部)举行，邀请上海市总工会、上海市工人文化宫、中央电视台满堂彩栏目语言类节目上海导演和朗诵演员担任评委。由浦江镇总工会选送的上海戏剧学院闵行附属学校夺得团队组第一名，区医务工会选送的闵行区牙病防治所王永策获得个人组第一名，近200名职工到场观摩。（俞龙祥）

【松江区总工会开展微博读书活动】 7月20日—8月9日，区总工会在“松江工会”官方微博组织开展为期21天，以“文明修身”为主题的每日线上读书分享活动，以进一步激发公众的读书热情，为大家提供一个互相交流、分享读书体验的平台，让更多的人回归到书本的阅读世界。活动共发出原创微博22条，阅读总量12.76万次，收到转评赞总数1068条，共向粉丝送出图书210册。（吴 琼）

【市仪电资产工会开展读书征文活动】 4月，市仪电资产工会会同纪委团委，联合开展在阅读中发现世界读书征文活动。征文内容包括:各级领导读书思廉的心得;广大党员学习贯彻十九大精神的成果;团员青年立足岗位，敏于求知、勤于学习，勇于实践、乐于奉献的青春感悟;广大职工在日常工作生活中，通过读书提升综合素养的收获。开展征文评选，对优秀作品进行奖励。获奖作品在《仪电资产信息》职工作品板块中选登。（杨莼蔚）

【中船上海船舶公司举办纪念改革开放40周年朗读大赛】 12月27日，中船上海船舶纪念改革开放40周年系列活动颁奖仪式暨“回首改革四十载，扬帆中船新征程”朗读大赛在上海科技馆报告厅举行。中船上海船舶工业有限公司、市经济和信息化工作委员会领导及中船上海及苏皖地区成员单位党委、工会、团委相关负责人，劳模、工匠、优秀青年代表等出席。上海船舶纪念改革开放40周年系列活动包括“上海造船人杯”党的十九大知识竞赛、“造船人·中国梦”职工微电影作品征集、庆祝改革开放40周年摄影展以及“回首改革四十载，扬帆中船新征程”朗读大赛。上海船舶系统8956名职工参加“上海造船人杯”党的十九大精神知识竞赛，11个成员单位报送19部“造船人·中国梦”职工微电影，近百幅展示40年沧桑巨变的摄影作品参加征集活动。“回首改革四十载，扬帆中船新征程”朗读大赛，有12个单位17个团队参赛。（刘亦明）

【上海中远海运工会开展第六届“书香海运”读书活动】 7月24日，上海中远海运第六届“书香海运”读书活动“悦读马拉松”挑战赛开赛，来自所属及属地各单位近30名读书爱好者，用他们的专注与毅力“纸上跑马”，完成这场长阅读的自我挑战。作为2018年上海中远海运第六届“书香海运”读书活动的子活动，是一项检视阅读技能以及个人意志力的竞赛，摒弃碎片化的阅读方式，参赛者需要在一定时间内完成指定书目的阅读，训练参赛者的阅读的专注度和阅读能力。（陆莹莹）

【长江轮船公司工会推进职工书屋建设】 11月1日，长江轮船公司船员“职工书屋”建成开放。书屋涵盖航海技术、水运管理、海员文化、学习字典、唐诗宋词、中外名著等，为船员提

7月24日，上海中远海运工会开展第六届“书香海运”读书活动悦读“马拉松”挑战赛 （陆莹莹）

供一个良好的阅读平台。船员公司建立相应的“职工书屋”管理规定、借阅制度、工作制度，同时，把“职工书屋”建设有机地融入到“创建学习型组织、争做知识型职工”活动和企业文化建设等活动中去，以“职工书屋”为依托，广泛开展内容丰富、形式多样的读书活动，引导职工“爱读书、读好书”。 （王艳艳）

【中国电信上海市工会举办阅读马拉松比赛】 5月12日，由中国电信上海市工会主办，销售及渠道拓展部承办的“智慧阅力”——“渠道部杯”阅读马拉松比赛在邮电俱乐部举行。此赛作为上海电信“信息通信新时代、转型改革再出发”——第十二届全员读书日的重要活动之一，以“阅读马拉松”的形式，进行一场阅读技术和个人注意力的综合考验，通过阅读者在短时间内掌握一本书的脉络结构以及有效熟悉一本书的内容重点，培养阅读者智慧的阅读能力和良好的阅读习惯。来自上海公司25个部门的100名员工在3个小时内阅读完15万字的《新物种爆炸——认知升级时代的新商业思维》一书。 （殷　茵）

【上航局举办英文电影片段配音大赛】 7月12日，中交上航局工会、团委联合在2018年上航局新进员工培训班期间，举办上航局“The voice of SDC”英文原声电影片段配音比赛，参与职工450人，12家基层单位参赛，选择的英文电影有《疯狂动物城》《阿甘正传》《傲慢与偏见》等，让观众在不同的场景中感受英文配音的魔力，呈现美妙的视听盛宴。该赛是2018年上航局第七届“我阅读、我快乐、我成长”航道职工读书活动的主题项目，不仅丰富职工的精神文化生活，也展示上航人积极践行“大海外”战略的自信和实力。 （金　晶）

【市建设交通工会举办征文与演讲比赛活动】 为深入学习贯彻党的十九大精神，展示改革开放40年取得的丰硕成果，激发职工改革再出发的积极进取精神，市建设交通工会组织开展上海建设交通行业纪念改革开放40周年征文、演讲大赛。征文和演讲大赛得到建设交通行业各单位的积极响应和大力支持。“回眸四十载：与改革开放同行——纪念改革开放四十周年”征文大赛共收到223篇文章，“回顾与展望：逐梦新时代——纪念改革开放四十周年”演讲大赛共有30多个单位60多名选手报名参赛。（钱　蓉）

【市医务职工读书活动成果展示暨闭幕式举行】 11月16日，“医路书香、悦读修身——上海市医务职工读书活动成果展示暨读书活动闭幕式在上海教育电视台举行。市卫生健康委党委副书记、市医务工会主席郑锦出席活动并致辞。3月起，市卫生计生系统精神文明建设委员会、市医务工会联合举办“不忘初心　牢记使命——上海市医务职工系列读书活动”。在为期8个多月的活动中，共吸引125家医疗卫生机构61000余名职工参加，“爱读书，读好书，善读书”已在行业内蔚然成风。闭幕式上，一段以“医路书香，悦读修身”为题的总结视频，对读书活动进行总结。与会领导为读书活动优秀组织单位颁奖，对“职工书屋”代表举行送书仪式。（池朝霞）

【上海市医务职工读书活动知识竞赛落幕】 7月6日，由市卫生计生系统精神文明建设委员会、市医务工会联合主办、市胸科医院承办的“迎进口博览会，打响服务品牌”上海市医务职工读书活动知识竞赛落幕。市总工会副主席桂晓燕和市卫生计生委党委副书记、市医务工会主席郑锦出席并致辞。“不忘初心、牢记使命”上海市医务职工系列读书活动于4月全面启动。作为读书系列活动的一项重要赛事，“迎进口博览会·打响服务品牌”——医务职工读书活动知识竞赛得到基层单位和广大医务职工的热情参与。全市共有38个基层单位举办读书活动和知识竞赛，参与职工2万余人，上海市卫生和计划生育委员会监督所和上海市疾病预防控制中心获一等奖。 （池朝霞）

【市医务职工诵读大赛落幕】 “医路书香，悦读修身”上海市医务职工诵读大赛于8月31日在华东医院落下帷幕。作为“不忘初心，牢记使命”上海市医务职工系列读书活动的一项重要内容，全市广大医务职工积极报名、踊跃参与诵读比赛，有198件作品参与线上初赛。经过专家评审，49件作品晋级复赛，有23个单位的25件作品闯入决赛。华东医院《他就是这样的人》、浦东新区光明中医医院《滴水湖之恋》、中山医院《生命》获一等奖；市六医院《生命的交响》等8个单位获二等奖；胸科医院《改革开放的春天》等14个单位获三等奖。

（池朝霞　李易杰）

【市医务工会开展主题征文活动】 年内，市医务工会举办“不忘初心、牢记使命”主题征文活动，面向行业职工征集结合个人从医经历和切实感受，撰写相关学习心得和体会。征文活动得到基层工会和职工的积极参与，半个月内，共征集到132篇文章。经评选，有52篇文章获奖。(池朝霞)

【市新闻出版工会举办女编辑专题研讨会】 8月29日，以“最美时光·精彩绽放——纪念改革开放40周年”为主题，由新闻出版工会与有关单位联袂组织的“上海出版界女编辑专题研讨会”在上海图书馆举办。市新闻出版局、市总工会、市妇联等领导嘉宾，以及来自沪上40家出版社的近百位女编辑代表齐聚一堂，畅谈编辑工作的经验体会和“上海文化”的出版实践。研讨会由主题交流、现场对谈、优秀出版成果展等组成，既突出地反映上海出版界自改革开放以来取得的优异成绩，又生动地展现女编辑们聪慧时尚、自信坚韧、创新进取的时代情操。(方伟国)

【上海广播电视台举办“书香SMG”SMG书人展】 2018年，SMG工会将“书香SMG”的内容从“读书”延伸至“写书”——以线下的写书人分享会和线上的优秀征文发布，推广SMG的读书写书经验。在为期一个月的“SMG书人展”中，简平、曹可凡、武斌、曾雅杰、袁念琪、叶沙、黄豆豆、何婕等8位员工在东方明珠、上视、广播大厦、舞蹈中心等办公地点，举办6场写书人分享会，参与者超200余人次，他们因此获评“2018‘书香SMG’优秀推广人”称号；13篇记录着创作心得与感悟的优秀征文，在“SMG职工之家”微信公众号发布，获职工阅读转载，总阅读量8000余次。为响应第二十届上海读书节的号召，SMG工会积极组织职工参与市级读书活动。在“回顾与展望·逐梦新时代”庆祝改革开放40周年的演讲大赛和读书征文2项赛事中，SMG工会推选的东方广播中心宋宇皓获演讲大赛三等奖、广告经营管理中心刘彬获征文大赛优秀奖，SMG工会获优秀组织奖；东方明珠《OPG混合式阅读互动》被评为2018年上海市振兴中华读书活动优秀示范项目。(秦伊龄)

【市监狱管理局工会开展读书活动】 一是打造持续第二十五年的监狱局《知心》刊物品牌，举行《知心》座谈会，邀请《知心》投稿爱好者畅谈写作心得，提出意见建议，进一步将《知心》打造成为写作爱好者展示和交流的平台。二是配合开展纪念改革开放40周年征文比赛，开展“光影留声·时代镜界”——上海监狱系统主题书画摄影活动。组织参加上海市纪念改革开放40周年读书征文和演讲比赛，获个人三等奖和优秀组织奖。积极参加2018年上海书展暨“书香中国”上海周活动，局工会组织1000名会员参观书展，各基层单位自购参观门票，扩大参观覆盖面，近距离感受书香氛围，爱上读书。(江海群)

8月29日，市新闻出版工会举办上海出版界女编辑专题研讨会
(阚秀花)

【世纪出版集团工会主办职工美好生活系列讲座】 11月13—20日，由世纪出版集团工会主办、上海人民出版社工会承办的职工美好生活系列讲座——《传统汽车操作维护和新能源汽车特点》《“珍惜生命、关爱健康”体检报告的正确解读》《“用手机拍好照片”——微摄影技巧》陆续开讲。讲座内容丰富而实用，吸引百余职工到场听讲。(江　文)

职工文体

【概要】 上海工会把维护好职工的精神文化权益作为新时代工会宣教工作的主业主责。2018年，会同市文广局，推进工会与政府文化机构全面合作，在文化阵地建设、人才队伍建设、文艺创作发展等方面共享公共文化资源，把更多优质文化平台、文化服务、文化产品送入园区、楼宇、企业，促进职工文化繁荣发展；会同市体育局，在加强职工体育服务、赛事举办、补足职工体育短板等方面深化合作，推动健康上海建设。重点打造“工人、工厂、工运”主题文化寻访活动、红色文化寻访活动、上海职工网上艺术节、“中国梦、劳动美”上海职工主题摄影采风活动及微电影节、上海职工羽毛球联赛、台球比赛和乒乓、篮球赛等活动。(宋　昶)

【“上海电气杯”第二届上海职工微电影节】 为践行“中国梦、劳动美”工运主题，体现“体面劳动、舒心工作、全面发展”的工作理念，大力弘扬劳模精神、劳动精神和工匠精神，通过纪念改革开放40周年，展示上海职工文化创作成果，由市总工会指导，市职工文体协会、上海电影（集团）有限公司工会、上海市机电工会共同主办上海市职工微电影节。微电影节集作品征集、培训讲座、剧本研讨与创作、颁奖典礼于一体，在各级工会层层遴选基础上，共有200多部优秀作品脱颖而出。经评审，有近30多部作品荣获金银铜奖和单项奖，微电影作品生动反映身边感人的故事和人物，引导广大职工树立辛勤劳动、诚实劳动、创造性

劳动的理念，同时围绕改革开放40周年以来，各行业大变迁、大发展，职工身边感人故事和人物，真实反映和生动刻画改革开放40年来的巨大变化，回望改革开放40周年取得的辉煌成就。微电影大联播在全市40个区产业工会、工人文化宫展映优秀微电影作品，成为工会宣传、传播职工文化、工会观点的重要载体，提供强大的价值引导力、文化凝聚力和精神推动力。

（宋 昶）

【“中国梦、劳动美”上海职工文艺汇演】 市总工会开展“中国梦、劳动美”上海职工文艺汇演暨职工文艺节目征集，以文艺形式宣传和弘扬各行业劳模、先进和工匠精神，歌颂劳动光荣、创造伟大，展示上海职工文艺创作和职工丰富的文化生活的成果，彰显上海工人阶级和广大劳动者，在积极投身实现中华民族伟大复兴中国梦伟大实践中的时代风采。全市各区局（产业）工会积极择优推荐上报职工文化节目200多个，包括声乐、合唱、舞蹈、戏剧小品、创意融合、曲艺、器乐专场。2月1—3日在虹口区工人文体中心举行上海职工文艺汇演。优秀节目参加五一特别节目演出，并进企业巡演。（宋 昶）

【2018年上海市庆祝“五一”国际劳动节特别节目】 4月28日，在上海东视演播厅，举行2018年上海市庆祝“五一”国际劳动节特别节目。节目以大国智造、品质之城、迈向卓越三大篇章，展示劳模先进与上海工匠的风采，深情回望上海改革开放以来的劳动英雄，展示今日上海劳动者满怀“改革开放再出发”的信心和决心，在建设四个中心的征程上续写新的辉煌。历届著名劳模、2017年上海市劳模年度人物、上海工匠代表，全国和上海五一劳动奖状、奖章、工人先锋号获奖代表，以及各行各业的职工代表参加晚会，庆祝属于劳动者共同的节日。

（宋 昶）

【“阅动上海”上海职工城市定向文化寻访主题活动】 年内，市总工会开展“阅动上海”上海职工文化寻访活动，让职工文化寻访活动成为常态化。企事业单位可以自行发布寻访活动，

12月8日，浦东新区举办职工“四季彩虹”之“张江杯”自行车赛

（吴周筠）

自选线路，自主创新活动内容，实现体育与文化相结合，活动与主题相结合，活动与宣传相结合。活动突出“工人、工厂、工运、工匠”元素，线上线下相结合，对红色传承（三山会馆、劳动组合书记部、中共一大会址、中共二大会址、上海市人民英雄纪念碑）、百年滨江进行定向寻访，进一步了解上海工人运动的光荣历史，在工业寻访点设置微信二维码，近3000人次在参观寻访中了解历史、参与趣味答题，在活动中感受城市工业发展，文明进步，参与文化体验、感受文化魅力。

（余洪海）

【第四届“临港集团杯”上海职工羽毛球俱乐部等级联赛】 2018年第四届“临港集团杯”上海职工羽毛球俱乐部等级联赛按照职工体育工作年初规划，在职工文化体育协会羽毛球专业委员会精心组织下，发挥工会的组织优势，走社会化办赛模式，依靠网络联系爱好者，举行百场技术的培训，长达半年比赛，总参赛人次1.6万人，5天决赛并决出4个等级。（余洪海）

【“黄浦杯”上海职工台球俱乐部团体等级联赛】 为推进楼宇职工精神文化健康发展，丰富非公企业职工业余文化生活，市职工文体协会、黄浦区总工会共同举办上海职工台球俱乐部团体等级联赛，比赛分甲乙丙3个等级，共有136支队伍，500余人参赛，是上海最大规模的职工台球赛事。

（余洪海）

【浦东新区举办职工“四季彩虹”系列赛事】 12月8日，浦东新区举办第六届职工“四季彩虹”系列赛事——“张江杯”自行车赛，新区近500名职工参加比赛。赛事设置团体接力赛、团体定向赛和趣味挑战赛3个各具亮点的组别项目，通过竞技接力、定向任务、趣味挑战的方式，穿梭在高楼林立的科技之城浦东，考验参赛团队的默契配合度和个人的技术挑战能力。

（陈 维）

【浦东新区深入推进职工文化发展合作】 4月8日，浦东新区区委宣传部、区总工会举行浦东新区职工文化发展合作签约仪式，签署《关于推进浦东新区职工文化发展合作备忘录》；区工人文化宫与区文化艺术指导中心、浦东图书馆分别签署《浦东新区职工文化发展合作框架协议》。明确各街镇文化服务中心设立职工文体中心，职工书屋纳入区级公共图书馆服务体系。浦东新区公共文化四级网络与浦东新区职工服务四级体系实现全面对接，在文化阵地建设、文化产品配送、人才队伍建设、文艺创作发展等方面共享公共文化资源，把更多优质文化平台、文化服务、文化产品送入园区、楼宇、企业，构建资源共享、优势互补、联动发展、职工受益的职工文化

建设工作格局。（陈　维）

【黄浦区首届职工文化艺术节开幕】 4月27日，“匠心筑梦·创享未来”——2018年黄浦区庆“五一”先进表彰大会暨首届职工文化艺术节开幕仪式在白玉兰剧场举行。黄浦区委、区人大、区总工会有关领导及500余位基层工会主席、劳模先进、黄浦工匠、一线职工欢聚一堂，共庆劳动者的光辉节日。大会表彰全国先进、市五一劳动奖、工人先锋号、黄浦工匠等先进集体和先进个人。由黄浦职工自编自导自演的12个节目依次精彩呈现，通过合唱、舞蹈、器乐、联唱、小品、杂技、诗朗诵、情景秀、音乐快板等艺术形式，表达对岗位的热爱、对事业的追求，展现黄浦职工风采，唱响劳动光荣的主旋律。（陆中斌）

【普陀职工羽毛球赛暨“普工英”职工文体艺术节闭幕式】 11月24日，普陀区总工会、区教育工会联合举办“乐享运动·谁羽争锋”2018年普陀职工羽毛球赛暨“普工英”职工文体艺术节闭幕式，表彰2018年“普工英”职工文体艺术节优秀组织单位、“普陀职工文体之星”“我最喜爱的五一节目”等一批职工文体先进集体和个人。全区各系统、街镇的15支职工队伍、167名参赛选手经过紧张激烈的对决，最终角逐出教育、桃浦、曹杨等羽毛球赛八强队伍。（陆　蕾）

【虹口区“公益乐学”服务品牌进驻园区】 9月26日，虹口区总工会将市总工会服务职工的重点实事项目“公益乐学”送到北外滩街道的“天安数码城·虹控T创园”，这是虹口工会“公益乐学”四进工作——进园区，继“花园坊”分部之后的第二家园区。随着虹口工会“公益乐学”教学点——“虹控T创园”分部签约、揭牌仪式的举行，预示着虹控T创园的广大职工能进一步就近、就便地享受到虹口工会通过‘公益乐学’项目平台送来的丰富多样，优质便利的公益性职工文体产品服务和各类文化艺术和技术技能的培训服务。仪式结束后，“虹控杯”第一届乒乓球赛开始，来自辖区的16支企事业单位代表队参加活动。（徐　洁）

【杨浦职工摄影作品扮靓杨浦滨江】 1月5日，“走进新时代·感受新气象——‘浦江金岸·魔都炫彩’杨浦滨江新貌摄影展”在杨浦滨江举行。活动由杨浦区总工会、杨浦滨江投资开发有限公司、上海市摄影家协会共同主办，沪东工人文化宫承办。展出作品均来自杨浦滨江新貌摄影大赛，共收到来自全市近200名职工和摄影爱好者的投稿作品2100余幅。摄影展旨在进一步学习宣传贯彻党的十九大精神，激励广大职工群众关注滨江发展、参与滨江建设。展览分室内室外两部分，在滨江1号展示厅内，展示109幅作品，在通北路杨浦大桥沿线的2.0公里岸线展示260幅作品。摄影展延续到春节，供职工群众免费观展。（张东寅）

1月5日，杨浦区举办“浦江金岸·魔都炫彩”杨浦滨江新貌摄影展（张东寅）

【杨浦区总工会举办职工文化资源分享会】 7月17日，杨浦区总工会在上海诺亚投资（集团）有限公司举行2018年杨浦区职工文化资源分享会，邀请一批专业性强、社会美誉度高、与工会组织有合作基础的社会组织，与基层工会主席面对面交流，分享职工文化体育、教育培训、工会福利、亲子休闲和网上工会建设等工作资源。爱活力、力乐体育、领声伊洛、友时光文创、南中文化、大隐书局、建朗科技、麦闻梵婀、家家乐梦幻乐园、纳好福利10家社会组织，分享与工会组织合作开展的特色工作，介绍重点向基层工会和职工群众推荐的服务项目和活动资源。基层工会主席与社会组织代表开展互动交流。（张东寅）

【杨浦区举行上海浦江城市定向赛、黄浦江游览特别活动】 5月1日，“活力滨江·健康上海”2018年上海浦江城市定向赛（主会场）活动在杨浦区秦皇岛路游船码头启动。活动由市体育局、市总工会、市教委主办，区体育总会、区总工会、大桥街道办事处承办。活动共吸引全市劳模先进代表、职工群众、高校学生、社区居民、路跑爱好者和外国友人等1600余人参加。定向赛采用滨江两岸五区联动的形式，设3个会场、5条线路，在历史文化景点、工业遗址等地设置点标，确定比赛路径。参赛者以团队形式比拼，在规定时间内，按照任务书提示，集体穿越指定的城市点标，并完成相关任务。2018年是黄浦江两岸全面贯通开放后的第一年。当天上午，“精彩上海，乐游浦江”2018年黄浦江游览“五一”特别活动同步开展，区总工会组织30位历届劳模先进代表乘坐浦江游览船，在45公里滨江沿岸体验上海风情、品味历史文化、感受城市更新变化。（张东寅）

【杨浦区总工会开展职工文化服务圈专题调研活动】 3月至7月，杨浦区总工会以“不忘初心、牢记使命，勇当新时代排头兵、先行者”大调研为契机,先后在东、西、南、北、中5个“职工文化服务圈”组织开展专题调研活动。调研活动采用参观学习、座谈交流、问卷调查相结合的方式进行,先后走进社区、园区、校区、楼宇和相关企业,分别组织参观新江湾城社区文化活动中心、华平信息技术股份有限公司、铁岭中学、定海路街道职工夜校、家家乐梦幻乐园、创智坊基层服务站,学习了解职工文体活动阵地和项目运作情况。区总工会在汇总梳理基层工会和职工意见建议的基础上,修订完善《杨浦区职工文化服务圈联席会议制度》和《杨浦区职工文化工作经费补贴制度》,制订印发《2018年杨浦区职工文化服务菜单》,全年共推出职工文化服务圈赛事活动27项、职工文化培训课程58门、文体活动场馆免费公益场次近600场,进一步汇聚职工文化资源,激发创新创业活力。

(张东寅)

【杨浦区举行足球超级联赛】 9月22日,2018年“杨浦商贸杯”杨浦足球超级联赛在杨浦体育场收官,大赛设置青少年组、职工组和社会组,共有124支球队、近2000名队员参赛,形成覆盖青少年、职工、老年“三大人群”的业余足球竞赛体系。其中,职工组赛事由区总工会、区体育局共同主办,最终杨浦公安队获冠军,杨浦教工队、建设银行杨浦支行队分获亚军、季军。市体育局副局长赵光圣,区人大常委会副主任、总工会主席麦碧莲,副区长徐建华及主办单位领导出席颁奖仪式。职工组赛事作为区职工文化服务圈的区级赛事活动之一,历时近两个月,采用八人制赛制,共有20支球队角逐小组赛和淘汰赛,共进行48场比赛。参赛队伍中,区各行业、街镇、直属工会组队参赛的占40%,包括建设、国资、教育、医务、平凉、长白、法院、公安、科技工会等;区域内单位工会组队参赛的占35%,包括复旦大学、同济大学、上柴股份、杨浦建行、五矿钢铁、中航弱电、上海电控工会等;非公企业工会组队参赛的占25%,包括经纬设计、盈狐科技、叻通食品、统益生物、中国安联工会等。所有场次均通过腾讯视频在线直播,吸引超过15万人次在线观看。

(张东寅)

【黄浦区举办第三十七届庆“八一”军民长跑】 7月28日,2500余名长跑者在黄浦滨江体育园内汇聚一堂,共同参与上海市第三十七届庆“八一”军民长跑,庆祝中国人民解放军建军91周年。黄浦区区委书记、区长杲云为活动致词,区委副书记丁宝定向上海新世界股份有限公司颁发冠名奖杯,区人大常委会副主任、区总工会主席屠奇敏主持出发仪式。驻沪陆海空、武警部队和本市16个区以及黄浦区机关、街道、企事业单位的108支长跑队伍、计2500余人参加,其中部队官兵近500名。活动以“军民滨江健康行,携手共筑新时代”为主题,充分体现军民鱼水之情,在新时代里赋予全民健身与时俱进的内涵。参加“八一”军民长跑活动的还有市总工会、市体育局、市双拥办、上海警备区政治工作局、黄浦区委区政府等有关部门的分管领导。

(陆中斌)

【黄浦区总工会举行第四十四届南京路马路运动会】 11月23日,第四十四届南京路马路运动会在“中华商业第一街”鸣枪举行。马路运动会荟萃健身体育、休闲体育、民俗体育、技能体育精华,凸显“亲民、乐民、健民、利民”的宗旨,是上海市优秀职工体育品牌项目之一。马路运动会设置南京路长跑、“快乐员工”比赛、拳操展示、门前活动套餐 职工体质测试五大板块的活动。精彩纷呈、形式多样的活动覆盖整条步行街,彰显马路运动会“运动、健康、快乐”的活动主题。

(陆中斌)

【静安区总工会启动职工文化建设工程】 5月23日,静安区总工会联合静安区文化局举办“贯彻工会十四大精神,打造‘最美职工文化体验区’启动仪式”,推出“最美职工文化体验区”工程。静安区人大常委会副主任、区总工会主席叶坚华等出席。启动仪式上,静安区总工会、静安区文化局共同签署合作备忘录,叶坚华为首批6家静安职工文化体验站授牌,区总工会副主席覃振勇介绍打造“最美职工文化体验区”相关工作。与会人员参加第一期静安职工文化体验站项目体验活动。“最美职工文化体验区”工程通过完善职工文化服务体系,打造“五好”(即项目好、环境好、服务好、队伍好、感受好)职工文化体验区,实现项目丰富、参与便捷、社团活跃、收费公益的文化服务目的。

(陈迪嘉)

【静安区举办上海市纪念改革开放40周年职工集藏展】 为纪念改革开放40周年,由上海市静安区总工会、上海市工人文化宫主办,上海市静安收藏协会和上海市静安区文史馆等单位联合承办,以“转折、崛起、复兴”为主题的上海市静安职工集藏展于7月27日在市工人文化宫开幕。纪念展从7月27日—8月5日,展现40年来,中国在政治、经济、外交等领域取得的辉煌成就,百姓在衣、食、住、行等方面发生的翻天覆地的变化。参展藏品有票证、商标、门券、火花、邮品、磁卡、币章、模型、地图等门类,共有55名职工收藏爱好者的藏品展出。

(姚 磬)

【宝山区推动发展职工文体工作】 结合改革开放40周年、宝山“撤二建一”30周年等主题,宝山区总工会举办“我们走在大路上”五一大会、“八音盒·阅奏曲”读书节活动,将职工文化展示与群众性文化活动、社区精神文明建设等结合起来,以劳模工匠访谈、文艺节目、先进表彰、“互联网+阅读”修身行动等形式,展示宝山改革发展的奋斗历程,彰显宝山劳动人民的奋斗精神,15项职工读书项目入选第二十届上海读书节。依托新媒体平台,开展“幸福宝山路,文明修身行”主题健步走之“建区兴区路”活动,1.8万职工、2209个团队共走出69亿步,9.5万人次参加修身打卡和知识闯关,达到“健步强身,修身随行”的良好效果。积极推动区工人文化活动中心建设和功能设置,开展羽毛球、乒乓球、钓鱼、游泳、桥牌等职工体育活动,扩大对不同群体职工的覆盖,进一步凸显“十大职工文体赛事”的品牌效应。

(胡臻遥)

【第十七届沪苏浙三区三市职工文化交流活动在闵行区举办】 9月20—21日,第十七届“劳动美、幸福颂、工会情”沪苏浙三区三市职工文化交流活动在闵行区举行,来自上海嘉定、闵

9月20—21日，第十七届“劳动美、幸福颂、工会情”沪苏浙三区三市职工文化交流活动在闵行区举行 （李乘风）

行、青浦3个区总工会与江苏昆山、太仓市以及浙江义乌市总工会的代表齐聚一堂，就“践行群众路线、增强工会活力”等主题进行交流讨论。该活动由闵行区总工会承办。交流活动包括参观3家“闵行区职工文化体验基地”（宝龙美术馆、民族乐器陈列馆、纸箱王纸工艺展览馆）；举办沪苏浙三区三市职工文化交流活动暨闵行职工文化大舞台（声乐、器乐、舞蹈）展演；以及9月18—24日，在闵行区群艺馆推出“劳动美、幸福颂、工会情”沪苏浙三区三市职工剪纸优秀作品展。全区400余名职工参与文化活动体验。 （俞龙祥）

【闵行区开展“我眼中的进博会”职工摄影作品线上征集及展示活动】 10月底，闵行区总工会启动“我眼中的进博会”职工摄影作品征集活动。历时1个多月，采用线上征集的方式，收到来自全区各行各业职工选送的摄影参赛作品138组，参赛职工用镜头记录“进博会”立功竞赛的工作、活动场景以及建设者筑起的人文景观和进博会举办过程中的精彩瞬间。所有作品通过“闵行工会”微信号平台进行展示，通过网络投票评选出一、二、三等奖及优秀奖共38个。 （俞龙祥）

【闵行区首批职工文化体验基地揭牌】 3月13日，闵行区首批8家职工文化体验基地揭牌亮相：宝龙美术馆、格里芬汽车影院、光明酸奶展示馆、秦怡艺术馆、纸箱王纸工艺展览馆、民族乐器陈列馆、高诚陶瓷艺术馆、上海葡萄酒博览馆。文化体验基地是闵行区总工会、区文广局联动企业自建场馆等第三方力量共同为职工提供“一周七天不关门”的职工文化服务新阵地。通过在全区的工厂工运史、企业文化展、社会博物馆等可供职工群众参观、学习、活动的场所中，选择有条件、有特色的建成职工文化体验基地，通过购买公共服务的方式，凭区总工会、区文广局联合印制的参观套票，免费向职工群众开放。 （王　凯）

【闵行区总工会举办“向劳动者致敬”慰问一线职工专场演出】 6月5日，由闵行区总工会、闵行区文化广播影视管理局主办，闵行区建设和管理委员会协办的“向劳动者致敬”闵行区慰问一线职工专场演出活动在莘庄地铁站上盖项目工地举办。300余名建筑工人观看演出。2018年“演出进工地”系列项目中新增“职工文化大礼包”：一是“文艺演出进工地”，演出节目形式丰富多样，节目内容精彩纷呈；二是“万册配送图书进工地”，以区图书馆为主体，精心选择一批职工阅读需求旺盛具有积极引导作用的图书送进工地，充实工友们的业余生活。 （王　凯）

【嘉定工会“文化进企”嘉实集团专场音乐会暨嘉昆太区域工会共建启动仪式举行】 7月18日，嘉昆太区域工会共建启动仪式暨“中国梦·劳动美”嘉定工会“文化进企”嘉实集团专场音乐会举行。仪式上，上海市嘉定区和江苏省昆山市、太仓市共同启动“嘉昆太区域工会共建”项目。嘉定区、昆山市、太仓市总工会按照《关于打造嘉定区、昆山市和太仓市协同创新核心圈行动方案》的工作部署，围绕嘉昆太三地工会协同创新发展的目标，提出“五大共建行动”——职工文化共育共享行动、职工维权互联互通行动、职工素质共同提升行动、工会组建同向发力行动、干部教育主动对接行动。仪式后，嘉定工会为上海嘉实（集团）的职工呈上一场精彩的“文化进企”文艺演出。 （黄点点）

【金山区第四届文化艺术节闭幕】 12月5日，金山区总工会在金山区文化馆剧场举办“中国梦·金山情·劳动美”金山区总工会纪念改革开放40周年职工诗歌朗诵会暨金山区第十三届职工读书节、第四届职工文化艺术节闭幕式。本届职工读书节、文化艺术节共组织开展线上线下40余项内容丰富、形式多样的职工读书和文化艺术项目，吸引6万多名职工参与。以纪念改革开放40周年为主题，开展“改革开放40周年”之“职工眼中的金山”新老照片摄影比赛及诗歌创作比赛，共征得摄影作品280幅、诗歌创作作品50余篇。 （沈勇军）

【松江区总工会开展“带副春联回家乡”专场活动】 1月26日，由松江区总工会主办，新桥镇总工会协办的“带副春联回家乡”——松江区工会系统2018年文化惠民系列活动在新桥镇社区文化活动中心开展。活动邀请上海市书协会员、上海市青年书协副主席、松江区书协副秘书长方存双等8位书法家现场书写春联，共送出388副春联和468份福字联，新桥镇20多家企业近200名外来务工代表参加活动。 （杨　韵）

【松江区第二届业余足球联赛颁奖仪式暨第三届业余足球联赛启动仪式举行】 4月14日，由区总工会、区体育局和团区委联合主办的松江区第二届业余足球联赛颁奖仪式暨“松江电信杯”松江区第三届业余足球联赛启动

1 月 26 日，松江区总工会开展“带副春联回家乡”专场活动　（朱剑欢）

仪式在小昆山镇文化活动中心举行。活动现场播放区第二届业余足球联赛的精彩视频回顾，参加活动的领导和嘉宾依次为获奖单位和个人颁发最有价值球员、射手王、助攻王、最佳门将等个人奖项和冠亚季军的团体奖项。联赛历时 7 个月，共举行 277 场比赛，参赛球队 38 支，运动员 882 人，共打进 711 粒球，活动被媒体发布 52 次，赛事自媒体发布的视频和简报阅读量 30 万人次。（吴　琼）

【松江区第五届职工体育健身节开幕】 11 月 17 日，由松江区总工会、松江区体育局共同主办的 2018 年松江区第五届职工体育健身节在三新体育场开幕。区人大常委会副主任、区总工会主席徐卫兴讲话并宣布开幕。开幕式上，广富林街道总工会的大型集体舞《冬冬水兵舞》、上海华侨城工会的舞蹈《扣篮秀》、松江教育工会的广播操展示等节目精彩上演。开幕式后，广富林足球队、长飞光纤足球队在现场进行足球表演赛。全区各街镇、开发区总工会，各委局及直属公司工会主席、常务副主席、专职副主席，部分运动员代表和职工代表 800 人参加。职工体育健身节设羽毛球、乒乓球、篮球、足球、健步走、桥牌 80 分 6 个大项、9 个小项，近万名职工报名参赛。其中，健步走比赛通过“职工文化寻访”微信小程序以计步和答题的形式展开，全区 9000 多名职工组队参赛，永丰街道总工会、方松街道总工会、九亭镇总工会、医务工会的 6 支职工团队脱颖而出。足球赛从 4 月开始启动，共有 10 支职工队伍报名参赛。（吴　琼）

【松江区总工会举办“新时代印记”职工书画摄影展】 5 月 25 日—6 月 18 日，松江区总工会在松江美术馆举办“新时代印记”——松江区职工书画摄影展，展览免费向公众开放。展览集中展出在松江区第四届职工文化艺术节中脱颖而出的职工原创优秀作品，包括书法作品 30 幅、绘画作品 17 幅、摄影作品 [illegible]4 件。（杨　韵）

【青浦区总工会开展上海工会文化惠民系列活动】 1 月 13 日，“带副春联回家乡”——2018 年上海工会文化惠民系列活动暨“公益乐学”传统文化直通车青浦站启动仪式，在青浦工业园区会展厅举行。市总工会副主席李友钟等领导出席启动仪式。活动现场，市总、区总领导为职工代表赠送春联，并启动“公益乐学”传统文化直通车青浦站活动。600 余名职工现场请书画家写春联，参与灯谜、剪纸、折纸、草编、泥塑、糖画等“公益乐学”传统文化直通车项目展示互动。（朱建强）

【奉贤区总工会举办第三届职工文化节】 6—11 月，奉贤区总工会举办庆祝改革开放 40 周年主题展演暨第三届职工文化节，先后组织开展读书节、小组唱、桥牌、乐队、工间操、摄影、书画 7 大类赛事 9 场次比赛，参与职工 1.2 万人次，覆盖基层单位 500 余家。活动得到各级工会组织和职工群众的积极响应，做到“月月有活动，场场有精彩”，形成市、区、基层工会三级联动效应，丰富职工的精神文化生活。（陆晓岚）

【崇明区举行首届冬季长跑赛】 12 月 23 日，由崇明区体育局、区总工会主办的“快乐工作 · 健康生活”崇明区第一届冬季长跑赛暨 2018 年崇明区职工冬季长跑赛于明珠湖公园举

9 月 16 日，奉贤区总工会举办第三届职工文化节“能率杯”工间操比赛（钱　洁）

行。长跑比赛汇集全区各基层工会350名职工,决出男子青年、男子中年、女子青年、女子中年、团队竞速5个组别的前三名。参赛选手发扬坚持到底,永不言弃的精神,在健康运动中展现崇明区职工的风采。 (陈思佳)

【上海仪电举办文化体育节】 11月17日,"智慧展活力·昂首新发展——2018年上海仪电文化体育节闭幕式暨'智慧活力·趣味共享'职工运动会"在东方体育中心训练馆隆重举行。上海仪电党委书记、董事长王强,总裁蔡小庆、纪委书记谢卫平等上海仪电党政工团领导班子成员、各重点子公司党政工团负责人和基层企业员工800余人参加。2018年上海仪电文化体育节从6月,先后进行徒步定向赛、飞镖、大怪路子、射击、插花、烘焙等多项比赛,参与职工2300余人。 (邵秀根)

【东方国际集团首届职工运动会举行】 9月15日,东方国际(集团)有限公司第一届职工健身运动会召开。运动会以"站在新起点、续写新蓝图"为主题,集中展现了集团职工强健体魄和奋发向上的精神。1200名职工欢聚一堂,比赛竞技。本届运动会恰逢首届中国国际进口博览会开幕倒计时50天,现场还专设了"东方国际进口博览会志愿者服务队"队旗授旗仪式。集团领导向27家单位授旗。本次运动会首次以集团内四大品牌分别冠名各运动竞赛大项,并设立"东方国际杯"卓越风采团队奖集体项目评比。 (张智伟)

【纺织工会与东方国际工会联手举办职工主题文化活动】 1月12日,"新时代·新起点·新跨越"职工诗词、书画、摄影、集邮主题创作作品联展开幕式和"颂扬新时代·携手迈征程"宣贯党的十九大精神职工原创诗词展演大赛活动在市工人文化宫举行。市总工会副主席李友钟,集团领导、工会干部、职工代表和相关职工文创协会团队成员等近300人参加。在联展开幕式上,首发集团历时4年编撰出版的首部《世界纺织题材邮票赏析》(中英文双语版)、集团工会精心编辑的《缘·融》职工摄影图文作品集;表彰在"发现匠心·找寻匠人"职工手机摄影图文作品创作大赛中获奖的7个单位;举行由中华全国总工会命名的"shangtex职工书屋"授牌仪式,共14个基层单位职工书屋被授牌。集团工会和上海图书馆,以及国际物流公司和长宁区图书馆、申达股份新纺联公司和嘉定区图书馆分别签署《战略合作协议》和《共建服务协议书》等,为职工书屋等文化阵地建设持续做实做优嫁接社会优质资源。 (张智伟)

【市医药工会举办"致敬四十年"员工风采展示大赛】 11月30日,"致敬40年——2018年上海医药集团员工风采展示大赛"开赛,集团直属的21个单位的19支参赛队伍在赛场上尽情展示新一代上药人的激情与热情。上海医药集团的各级领导与部分劳模代表、现场观众及通过网络直播同步观看的数万名上药员工观看赛事。活动通过线上直播的方式,共吸引30.9万人次的视频观赏量和147万人次的照片直播观赏量。经评委、评分,评出1个特别优秀奖、2个一等奖、3个二等奖、6个三等奖、6个优胜奖,通过在线直播观看比赛的观众评选出3个网络人气奖。 (陈玮雯)

11月30日,市医药工会举办"致敬四十年"员工风采展示大赛(陈玮雯)

【国网上海市电力公司举办首届职工运动会】 5月5日,公司首届职工运动会暨安全文化日活动在源深体育馆举办。运动会设广播操会操,韵律操、花式跳绳展示,并设置"能源互联""齐心协力""幸福向前""众志成城"4个趣味比赛项目。 (王曙华)

【上海电力安装第二工程有限公司工会开展职工文体活动】 2018年,公司工会根据年度工作规划,通过组织职工摄影、书法、羽毛球、篮球、乒乓球、网球文体协会并开展活动,进一步丰富公司职工的业余文化生活。中秋国庆期间,公司工会下基层送文艺,为句容项目举行别开生面的中秋晚会,活动获得一致好评;庐江项目的拔河和棋类活动,锻炼职工的意志及协作精神;宁东项目的"好声音"节日晚会,成为特色活动,深受职工的喜爱;中秋期间各项目的"猜灯谜"活动,深入职工,活跃节日气氛。 (沈陈皎)

【宝钢股份公司工会开展文艺作品进班组活动】 为大力弘扬和传承"爱岗敬业、争创一流、艰苦奋斗、淡泊名利、甘于奉献"的劳模精神和"精于工、匠于心、品于行,勇于创新"的工匠精神,宝钢股份工会举办了"弘扬、传承"劳模工匠精神员工文艺作品进班组为主题的系列活动,共收集职工书画作品185件(用于装点班组、创新工作室、员工休息室)进行巡回展。举办《纪念宝钢建设40周年——员工美术书法摄影作品展》《不忘初心 砥砺奋进——员工摄影纪实作品展》《绽放的玫瑰——宝钢股份女子油画作品展》,共展出作品550件。作品呈

现宝钢建设40年来发展成就和文化积淀，展示宝钢人继往开来、奋发有为、开拓进取的精神风貌。（韩 杰）

【上海石化公司工会举办纪念改革开放40周年职工合唱比赛】 为纪念改革开放40周年，11月20日，上海石化举办以“新时代·新征程·新作为”为主题的职工合唱比赛，21个单位的19支代表队参赛，700余名职工参与活动，进一步增强企业凝聚力，充分展示石化职工良好的精神风貌。（石小建）

【上海石化公司工会开展健康系列活动】 6—12月，上海石化以“魅力石化·我与健康同行”为主题开展健康系列活动，包括职工团队（家庭）日、“健康达人”评选、“我的健康我做主”微故事征集、网络健步走等项目，共有2000余名职工参加，活动体现“快乐工作、健康生活”的理念。（石小建）

【中船上海船舶工会举行第九届“腾飞杯”乒乓球比赛】 6月9日，中船上海船舶工业有限公司在上海虹口体育馆举行第九届“腾飞杯”乒乓球比赛，上海及苏皖地区的企事业单位19支队伍切磋球艺，展示高超球技。经过激烈角逐，沪东中华折桂，中船九院获亚军，中船澄西和4806厂并列季军。（刘亦明）

【上海烟草集团五月综艺歌会精彩纷呈】 5月24日，市烟草工会2018年“爱我中华”职工文体活动之“扬工匠精神·展上烟风采”五月综艺歌会在上海烟草中华会场举行，集团各单位的近800名职工参与歌会。歌会形式多样，既有传统的大合唱，也有新颖的歌舞秀、音乐舞台剧等。员工以高昂的激情展示上海烟草人朝气蓬勃的精神风貌，用嘹亮的歌声表达对祖国、对企业的热爱和祝福。（汤筱珺）

【上汽集团举行凝心聚力拔河大赛】 5月12—13日，纪念改革开放40周年上汽集团职工凝心聚力拔河大赛在嘉定体育馆新馆举行。大赛由上汽集团工会主办、上汽变速器工会承办。上汽集团党委副书记、副总裁周郎辉，上汽集团工会主席钟立欣，以及下属42个单位领导、教练员、600多名运动员及啦啦队等1500多人参加活动。（范 融）

上海化学工业区工会举办“绿色新园区·改革新征程”第三届文化艺术节（邹 毅）

【上海化学工业区工会举办第三届文化艺术节】 以“绿色新园区·改革新征程”为主题的上海化学工业区第三届文化艺术节，历经2个月圆满落下帷幕。艺术节分别举办书法、摄影、汉服、茶艺、歌唱等比赛，为进一步推进园区文化认同，促进园区文化繁荣，彰显园区文化力量，营造良好园区氛围，促进园区和谐发展起到积极作用。（张 俊）

【上海铁路局职工体育活动丰富多彩】 2018年，上海局集团公司体协以开展全民健身和赛事为抓手，各项体育活动贯穿全年始终。举办“重走长征路，当好排头兵”健步走活动，将手机APP等新媒体应用于职工健身领域，在同一时间、不同地区同时举办集团公司健步走活动启动仪式。有195个单位（部门）、71029人怀着重温光荣历史、缅怀革命先辈、当好铁路先行排头兵的热情踏上了“25000里长征路”，有11508人走完虚拟的长征路程胜利大会师。集团公司评选出1200名“健步达人”。坚持每季一赛，全年先后举办气排球、羽毛球、棋牌等赛事。积极组队参加全国、全路、省市举办的各类体育比赛，用优异的成绩展示局职工奋发向上、勇攀高峰的精神风貌。各级体协开展“送体育”活动指导沿线站区活动50多场次，丰富职工业余文化生活。各单位相继成立单项文体协会、兴趣小组1800多个并常年组织开展活动。连续40年，坚持不懈地在全局开展“百日冬锻”活动，为职工舒缓压力，精神饱满地投入春运工作发挥了积极作用。举办气排球、篮球裁判员培训班，有96名学员结业并获得国家二级体育指导员证书。（马 骊）

【中国远洋海运集团举办第二届职工运动会】 10月10日，由集团工会主办的中远海运集团第二届职工运动会在上海东方体育中心举行。集团直属单位25支代表队500余名运动员和1500名观众参加开幕式。职工运动会旨在进一步丰富职工体育文化生活，展示中远海运集团广大职工同舟共济、奋勇拼搏、昂扬向上的精神风貌，从5月起至10月，相继在广州、青岛和上海分别由中远海运散运工会、广州中远海运工会、中远海运物流工会、中远海运资产工会、中远海运特运工会、中远海运集运工会承办运动会羽毛球、游泳、乒乓球、足球和趣味运动比赛。（朱 江）

【中远海运集运工会引入“公益乐学”项目】 2018年，中远海运集运工会引入市总工会服务职工的重点实事项目“公益乐学”，于8月31日举行虹

10月10日，中远海运集团举办第二届职工运动会 （张　洁）

口工会"公益乐学"教学点——"中远海运集运"分部揭牌仪式。"公益乐学"这一送课上门的方式，让广大职工"足不出企"就能享受内容丰富、形式多样的文化、艺术、体育、休闲等公益乐学之旅，年内共开办"非遗"棕编、手机摄影、瑜伽、八段锦和颈椎呵护5个课程，累计开课逾30期，服务职工1000余人次。 （钱　华）

【上港集团职工文体中心体育馆启用】 1月25日，上港集团职工文体中心体育馆启用投入运行。该体育馆是2018年上港集团第一个投入运行的服务职工实事项目，体育馆内设羽毛球馆、乒乓球馆、台球馆、瑜伽房和多种健身设施，集团职工可通过"上港文体"APP在线预约活动场地及各项课程。职工文体中心体育馆的启用，进一步丰富职工的业余文化生活，增强企业凝聚力，为上港"和谐家园"建设作出新的贡献。 （袁旭芳）

【上海邮政工会举办员工文化艺术节】 2018年，上海邮政员工文化艺术节突出文体活动的群众性、普遍性及娱乐性，活动项目得到创新和调整，新增家庭才艺秀、集藏品展等活动新项目，全年共组织开展书法、美术、摄影、插花、集藏品展、征文、家庭才艺秀、绿衣达人秀8大类活动比赛，32个单位2000余名员工参与活动，通过活动不断提升职工的身心健康和身体素质。 （王　瑛）

【中国移动上海公司工会开展"幸福1+1"活动】 为进一步深化关爱员工，提升员工身心健康，中国移动上海公司持续开展"幸福1+1"活动，引导员工开展"1"项体育运动，培养"1"项兴趣爱好。在基层工会和文体分会层面，结合自身特色，每年开展"月月有主题"的"幸福1+1"员工身心健康提升活动，并不断创新活动形式，开展DIY制作、美食烘焙、读书沙龙、趣味运动、亲子互动、文化鉴赏等活动。年内，29个直属单位共开展400余次"幸福1+1"系列活动，参与率超过90%。 （陆幸诚）

【内蒙古乌兰牧骑与上海电信艺术团开展进博慰问演出活动】 11月12日，中国第一支乌兰牧骑——内蒙古苏尼特右旗乌兰牧骑来到首届进博会召开的举办地上海青浦，与中国电信上海市工会艺术团的小乌兰牧骑携手，在青浦文化宫为奋战在进博一线的电信员工们奉献一场浓郁精彩的草原歌舞专场慰问演出。同时，内蒙古乌兰牧骑的队员们与上海电信艺术团小乌兰牧骑的演员们就乌兰牧骑的成长、发展及下基层开展巡演工作的珍贵经验、有效做法和深刻体会等内容进行了座谈交流。 （殷　茵）

【中国电信上海市工会推进"健康乐动"项目】 2018年，中国电信上海公司工会以促进员工身体健康为目标，进一步开展"健康乐动"添活力项目，并将其纳入工会服务员工十大实事项目之一予以全面推进和实施。通过线上线下的系列活动，全面普及健康知识、加强健康教育、推广健康活动、倡导健康生活，引导和促进员工塑造自主自律的健康行为。公司工会的"健康乐动"项目通过三个维度实现职工参与。一是以健康精品课程教育为抓手，为各基层工会提供"如何舒缓减压""如何减轻疼痛""如何科学减肥"和"如何精致塑形"等6大类12节精品课程。二是以工位健身活力种子培训为基础，通过组织与教导基层工会的健身爱好者成为各班组工间操的小教练，以点带面，鼓励这些活力种子积极在本单位组织员工开展工位健身活动，让员工们"动"起来。三是以"健康""减重"专项"乐动"训练营为载体，针对体能低下人群、体重超标与肥胖人群，开展为期60天的健康生活指导和监督，通过线上线下综合管理最终让员工实现健康减重、增强体能、提升肌体活力的目标。 （殷　茵）

【第十三届世界著名在华企业健身大赛暨天翼城市定向赛举行】 11月24日，2018年"中智杯"第十三届世界著名在华企业健身大赛暨天翼城市定向赛在上海体育场举行。市总工会副主席桂晓燕等领导出席活动并为赛事发令。中国电信上海公司副总经理、工会主席常朝晖致辞。来自中国电信、三井住友海上火灾保险、埃克森美孚、当纳利印刷、泛亚班拿、杜邦、英国劳氏（中国）船级社等94家知名企业的近千名白领员工参赛。选手们用脚步去丈量上海改革开放40年以来的巨变，感受城市的美好风貌，更坚定改革开放再出发的信心与决心。 （殷　茵）

【上海机场集团举办职工健身节】 5月，上海机场举办职工健身节，活动紧紧围绕"健康提素质，喜迎进博会"主题，各类赛事精彩纷呈。股份公司工会、虹桥公司工会、指挥部机关工会和集团团委分别承办了球类运动会和智力趣味运动会的8个大项比赛，吸引2000多名体育爱好者参加。承办职工球类大赛的各单位工会也通过集团公司工会微信即时播报比赛实况和成绩，大大增强活动影响力，激发员工的

11月24日，“中智杯”第十三届世界著名在华企业健身大赛暨天翼城市定向赛在上海体育场举行（殷 茵）

自豪感和集体归属感，也让全民健身的理念更深入人心。（吴云舟）

【市建设交通工会举办第五届龙舟赛】 9月16日，市建设交通工会在市水上运动中心举办“使命在召唤，奋楫我为先”“建设交通杯”第五届龙舟赛决赛。赛事得到建设交通行业各单位的积极响应，市建设交通工作党委、市住建委、市交通委、市水务局、市绿化市容局、市房管局、市城管执法局、中建八局、中铁上海工程局、申通地铁等31个单位共组建29支队参赛。经过预、决赛的激烈角逐，市城管执法局、中铁上海工程局、中建八局代表队分获冠亚季军。（钱 蓉）

【市建设交通行业举行庆祝五一国际劳动节主题活动】 4月25日，“为排头兵喝彩，给先行者点赞”上海市建设交通行业庆祝“五一”国际劳动节主题活动在上海群众艺术馆举行。市文明办副主任宋慧、市总工会副主席李友钟、市建设交通工作党委副书记田赛男等出席活动。来自建设交通行业的700余名干部职工观看演出。主题活动以建交行业原有节目为主，采用朗诵、造型、声乐、器乐、曲艺、舞蹈、沙画、视频等多样化的艺术形式，经专业老师的编排、提升和创作者、表演者的共同努力，通过“不忘初心”“歌唱劳动者”“骄傲建交人”“点赞排头兵”“喝彩新时代”“圆梦未来”6个篇章的演绎，鼓励职工个人自我展示，呈现一场丰富多彩的群众性文化活动，集中展现建设交通行业广大劳动者昂扬向上的精神风貌。（钱 蓉）

【上海建工集团举办第五届职工健身行动暨羽毛球大赛】 6月9日，建工集团第五届职工健身行动暨羽毛球大赛在闸北体育馆开幕。集团党委副书记、工会主席张立新，纪委书记何士林出席开幕式。各参赛单位工会主席、团委书记和运动员代表共300余人出席。在随后进行的团体比赛中，二建集团、材料公司、市政总院、建工设计总院一路过关斩将，成功跻身四强。6月30日，集团第五届职工健身行动羽毛球大赛在闸北体育馆落幕。张立新出席闭幕式，并为获奖单位和个人代表颁奖。集团部分处室负责人、各单位工会主席、团组织负责人及运动员代表共200余人参加。集团23个单位300名选手参加比赛，近80人次获奖。在团体比赛中，市政总院、建工设计总院和二建集团分获冠亚季军。（佘轶群）

【“最美申城路·最美环卫人”摄影获奖作品展示启动仪式举行】 11月16日，由市绿化市容行业工会、市市容环境质量监测中心、市职工摄影家联盟共同举办的“人与环境”之“最美申城路最美环卫人”摄影获奖作品展示启动仪式在市工人文化宫举行。市绿化市容系统和各区绿化市容局、行业相关单位的工会主席、职工代表、摄影爱好者代表以及获奖作品人员参加启动仪式。摄影比赛于6月14日启动，历时5个月，吸引大批国内摄影家和摄影爱好者的积极参与，共收到来自社会各界人士2200余幅作品。（唐鸿仙）

【鲁中矿业举办“感动鲁矿”好矿嫂、道德模范颁奖典礼暨上海市总工会慰问演出】 3月29日，鲁中矿业“感动鲁矿”好矿嫂、道德模范颁奖典礼暨上海市总工会慰问演出在鲁中矿业职

11月16日，“人与环境”之“最美申城路 最美环卫人”摄影获奖作品展示启动仪式在市工人文化宫举行（唐鸿仙）

工俱乐部上演。市总文化宫党委书记谢鹰出席，鲁中矿业领导班子成员，各单位干部职工代表1300余人观看演出。颁奖典礼对好矿嫂和道德模范事迹进行简要回顾，褒扬他们助人为乐、见义勇为、爱岗敬业、孝敬老人、和睦邻里、奉献社会的优秀品德。慰问演出有舞蹈、歌曲、魔术、走秀、哑剧、朗诵等13个节目。（李宗峰）

【鲁中矿业举办庆祝改革开放40周年图片暨书画展】 11月23日，由鲁中矿业工会主办的庆祝改革开放40周年图片暨书画展在体育场开幕。展览共征集照片、书画作品近600幅，分为擎天撼地初长成、雄姿英发开拓行、二次创业酬壮志、做优做强筑宏图和不忘初心再扬帆5大展区，既有对艺术技巧的高超呈现，更有对主旋律的弘扬光大；既有光与影的变换无穷，更有诗书画印的灵动不一。每一幅作品都生动地展示矿山建设者的风采，企业文化的传承；记录矿山的巨大变化和改革开放的丰硕成果。展览持续一周，8000余人次观展。（李宗峰）

【中建八局举行成立35周年公益行健康跑活动】 9月29日，中建八局在上海、北京、济南等全国12个城市同时举行主题为“辉煌中国·精彩八局”公益行健康跑活动，并成立“益起跑”公益基金。参与活动的近万名八局人一同起跑，将运动与公益联动，庆祝改革开放40周年、建局35周年。该活动是中建八局庆祝建局35周年“八个一”活动的一项重要内容，也是参与人数最多、涉及范围最广的一项大型户外活动。活动中成立的“益起跑”公益基金实行集中管理，专款专用，接受会员监督，用于中建八局公益助学、精准扶贫等公益事业。（郝国元）

【中建八局在第三届“中建八局杯”上海职工摄影大赛中摘得一等奖】 10月18日，由劳动报、上海建设交通工会和中建八局联合主办的第三届“中建八局杯”上海职工摄影大赛决赛评审会在上海中建广场举行。评委会专家对大赛入选作品进行三轮评审，最终评出了一、二、三等奖及佳作奖作品共计106幅。中建八局局东北公司苏新河的作品《拼搏》，脱颖而出、获大赛一等奖。中建八局已连续第三年冠名并参与主办上海职工摄影大赛活动，今年主题为“新时代的建设者”的本届大赛，自今年5月1日拉开帷幕以来，在全市职工群众中产生热烈反响，共收到参赛作品1870幅（组），相比前两届大赛，本届参赛题材范围更广，参赛的全国、上海摄影家更多，整体水准有了新的提高。（陈 湘）

【市税务工会举办税务干部风采大赛】 为深化党建引领，纪念改革开放四十周年，市税务局党、工、团联合开展“携手改革路·共筑税务梦”税务干部风采大赛，历时四个月的活动吸引来自22个基层单位108名选手参赛，经过初赛遴选，24位选手在决赛舞台上通过制服年代秀、工作场景模拟、团队才艺展示等环节，展现税务干部投身改革、服务税收发展的精神风貌。（娄晓辉）

市税务局工会举办“携手改革路 共筑税务梦”税务干部风采大赛

（娄晓辉）

【市人社局工会开展微电影创作培训活动】 为提升局系统职工微电影拍摄水平，弘扬劳模精神、工匠精神，搭建展示文化才艺和成果的开放平台，让更多职工有文化获得感和体验感。局工会根据职工需求，举办与“上影艺术家面对面”暨局系统微电影创作培训活动，邀请著名表演艺术家、主持人崔杰，上影集团工会主席李雷等知名艺术家，与职工面对面地交流。通过经典、精彩电影片断的欣赏、点评，让职工更加喜爱电影、了解电影的艺术魅力，极大地鼓励职工拿起相机，自编、自导、自演，拍摄形式新颖、手法独特的微电影，以微电影艺术形式更好地宣传身边的先进模范人物，同时起到引导广大职工树立辛勤劳动、诚实劳动、创造性劳动的理念。（瞿葆仁）

【市人社局工会积极开展职工文体活动】 为推进基层单位职工活动的开展，局工会积极拓展局属单位冠名单项活动工作机制，支持和鼓励办公区域相对集中（天山路、梅园路、西乡路）局属单位联合开展文体活动，并落实相应经费保障，促进职工文化深度融合，深化局系统职工文体品牌。由局工会下拨资金，支持局属基层单位开展职工兴趣小组活动。举办职工微电影培训活动，组织60名女工干部参加2期“妇女与发展”系列文化讲座，组织开展女工立体刺绣文化培训。开展“健康人社、快乐生活”系列活动，举办斯诺克、乒乓球、篮球、羽毛球、电子竞技、瑜伽等比赛。组织职工参加第三届“森河杯”上海职工足球超级联赛，局足球队成功进入复赛。组织职工参加第一届电子竞技实况足球比赛，增进职工之间的互动与了解，培养职工互相配合的团队意识，积极发挥文化凝聚人心的作用。局系统各工会积极组织职工开展各类文体活动，参加人数1479人次。（瞿葆仁）

【市教育工会主办庆祝改革开放40周年合唱展演活动】 10月19日，由市教育工会主办、市教育工会合唱协会、上海理工大学承办的庆祝改革开放40周年合唱展演活动在上海理工大学大礼堂拉开帷幕。19所高校的近千名教师参与演出，用歌声赞美改革开放40年来取得的辉煌成就，展示上海市高校教工的风采，反映近年来各高校教育教学改革的特色与成效、创新与发展。市教育工会副主席吉启华、上海理工大学党委书记吴松、党委副书记孙跃东出席展演活动。（沈　瑶）

【市教工戏剧协会成立大会暨戏曲汇演活动举办】 12月8日，由市教育工会、市教工戏剧协会主办，复旦大学工会承办的上海市教工戏剧协会成立大会暨纪念改革开放40周年“走进新时代，共筑中国梦”戏曲汇演活动在复旦大学相会堂举行。上海地区的多所高校和教育组织的老师和学生参与演出，用醇厚的声腔和优美的动作赞美改革开放40年来取得的辉煌成就，展示市教育组织成员和学生的风采，反映近年来上海教育组织和各高校戏曲教育教学改革的特色与成效、创新与发展。市教育工会副主席吉启华宣布上海市教工戏剧协会成立。（沈　瑶）

【市医务工会星级社团评审结果揭晓】 为繁荣医务职工社团文化，鼓励医务职工社团健康发展，培育一批具有行业影响力的职工社团，2018年，市医务工会设立社团发展基金，并在直属基层工会中开展星级社团评审，共有73个社团申报，经初评，50个社团进入发布评审。各社团在评审会上作社团基础工作、活动开展、所获荣誉和工作设想等工作内容的汇报和展示。最终评出10个五星社团、18个四星社团和22个三星社团。10个五星社团是：华东医院舞蹈社团、仁济医院暴走社团、第九医院男高知合唱社团、市公共卫生中心悦骑社团、岳阳医院合唱社团、同济医院朗诵话剧社团、新华医院健康跑社团、华山医院悦读汇社团、瑞金医院话剧社团、第一医院足球社团。市医务工会对获评的星级社团给予一定的经费补助，并制定社团管理办法，以进一步推进医务职工社团的规范化、持续化发展。（李易杰　池朝霞）

【市体育局工会开展“小小运动员快乐共成长”亲子嘉年华活动】 6月3日，2018年市体育局“小小运动员快乐共成长”亲子嘉年华活动开幕，局系统各单位90户家庭，270余人汇聚一堂，感受亲子的快乐。活动现场分为：乐趣舞台区、中央互动区、动趣游园区、休闲儿童区和美食休息区。乐趣舞台区分时段上演泡泡奇幻秀和乐趣魔术秀，精彩的互动演出让现场的小朋友阵阵惊叹、热情叫好。中央互动区通过亲子互动游戏，让家长和孩子在游戏中找到快乐。动趣游园区设有7个挑战项目，让每组家庭通过完成任务赢得奖章，兑换精美的奖品。休闲儿童区为小朋友安排多项互动体验活动，让每一个小朋友通过动手和活动，体验不一样的乐趣。（张　亮）

【市经济和信息化工作系统工会举办庆祝改革开放40周年怀旧运动会】 10月21日，一场怀旧氛围浓厚的职工运动会在卢湾体育场举办，市经信系统的近千名职工欢聚一堂，以怀旧运动会的形式庆祝改革开放40周年。参加活动的职工既有50、60后参与改革开放的亲历者，也有与改革开放共同“成长”的70后，更有承接改革开放新使命的80、90后。市经信工作系统工会以运动会的方式融合不同年龄段职工的兴趣取向与需求，为经信系统职工搭建一个展示自我的平台。运动会16个项目的比赛分别产生了冠亚季军，并颁发优秀组织奖。（黄　俭　顾　捷）

【市监狱管理局工会依会员需求开展文体活动】 年初，市监狱局工会对“如何进一步开展好工会文体活动”进行调研和座谈，广泛听取基层会员群众意见。为体现低门槛，提升活动覆盖和参与率，局工会对全年文体活动项目进行优化组合，合理调整。除继续开展群众喜闻乐见的棋牌、足球、篮球、乒乓球等比赛外，还增设广受欢迎的垂钓比赛、线上健步行和专门为职工开展的趣味运动会。域外监狱在八一建军节期间，同驻监武警开展军民共建篮球友谊赛。为配合纪念红烛精神凝练传承30周年，局工会开展的“重走红烛路”线上健步行活动报名人数突破6000余人，占会员90%以上，通过微信小程序进行健步行比拼，既老少皆宜又寓教于乐，得到大家的积极响应和一致好评。（江海群）

【市监狱管理局警官合唱团成为文化建设对外交流的窗口】 2018年，市监狱管理局工会配合局政治部，做好监狱局警官合唱团的集训、排练、演出和管理。采取定期和不定期结合、工作时间和业余时间结合、合唱练习和乐理培训结合的集训方式，提高演唱质量。作为监狱局文化建设对外交流

1月30日，市监狱管理局举办第三届“我是歌王”大赛　（江海群）

和展示的窗口，警官合唱团多次受邀参加各类大型比赛和活动汇演，充分展现监狱局文化建设的成果和监狱人民警察的精神风采。局警官合唱团受邀参加“中国梦·劳动美”庆五一文艺汇演、上海法律人合唱音乐会、纪念上海监狱红烛精神凝练传承30周年等活动，受到一致好评。（江海群）

【市级机关举办庆祝改革开放40周年第九套广播体操展示活动】 12月1日，市级机关工会在华师大体育馆举办庆祝改革开放40周年市级机关第九套广播体操展示活动。市级机关工作党委副巡视员、机关党委书记田霞出席活动，市级机关23个单位的27支队伍680名干部职工参加展示，活动体现市级机关近年来推广广播操的水平，也体现了市级机关干部职工投身改革的精神面貌。其中，上海海关、市戒毒局等17个单位获得“优胜奖”，市发改委、市级机关工委等10个单位获得“优秀组织奖”。（王　颖）

【百联集团获上海职工微电影节银奖】 11月30日，第二届上海职工微电影节颁奖典礼在上海国际时尚中心隆重举行。百联集团工会选送的两部作品分获佳绩，第一医药拍摄的《让药变甜》首夺银奖，百联股份拍摄的《走近许宁》喜获优秀奖。集团工会从上半年自行开展的微电影大赛获奖作品中，精心挑选两部佳作，并在百联股份工会和第一医药工会的配合下，组成联合创作组，对剧本结构、人物塑造、摄制剪辑等进行二次创作，提升故事的吸引力，增强人物的表现力。在电影节举办期间，百联的两部微电影随入围作品一起，在“申工社”APP、网络新媒体同步展映，向社会公众展现百联职工在创新转型中攻坚担当、阳光诚信的职业品格和服务技能，受到专家评委的好评，引发广大观众的共鸣。微电影传播“让消费者更喜爱我们”的百联愿景，体现了百联职工努力建设上海“四个品牌”的决心与行动。（姜　杰）

【百联集团举行职工运动会】 12月1日，“‘健康百联·激情跨越’2018年百联集团职工运动会闭幕式”在百联世博源购物中心5区下沉式广场举行。集团党委书记、董事长叶永明，集团总裁、党委副书记徐子瑛，集团领导班子成员，集团总部相关部室负责人，各二级公司、中心党、政、工、团负责人，职工运动员等360人参加。在集团党委的领导下，各级工团组织精心筹划、用心组织，先后开展班组健康行、扑克牌80分、电子竞技、羽毛球、趣味三项、乒乓球、健身舞、篮球、足球共9项比赛，728支队伍、4000多名职工参赛，在集团创新改革发展的关键时期，激发职工潜力，释放班组活力，促进团队建设，提振队伍士气。（姜　杰）

【光明集团工会举办主持人大赛】 5月27日，由光明食品集团工会主办、上海农场海丰社区工会承办的“光明田缘杯”主持人大赛开幕，集团党委委员、工会主席潘建军出席活动，集团所属部分单位工会领导应邀出席。大赛有15个单位的64名选手参加初赛，通过朗诵、演讲、讲故事等形式，深情讲述光明的发展历程、品牌故事、创业担当，展现光明人自强不息、开拓创新、凝心聚力、追求卓越的光明精神。（杨耀宗）

9月9日，百联集团职工运动会开幕式在世博源举行　（王浩然）

【申通地铁集团举办第五届职工文化艺术节】 7—11月，申通地铁集团组织第五届职工文化艺术节。7月12日，集团第五届职工文化艺术节在上海国际舞蹈中心实验剧场拉开帷幕。艺术节共设“最美地铁人”礼仪、摄影、微电影、声乐、书法绘画篆刻、舞蹈、原创文艺、花艺、纪念物、宣传品设计10个项目，涵盖职工工作、生活方方面面。共有1150名职工直接参赛，7000余名职工参与其中，轨交民警积极投入，共创作产生微电影41部、宣传品创意53份、荣誉纪念品设计82个、书法绘画篆刻作品330幅、摄影照片681组。11月29日，申通地铁集团第五届职工文化艺术节在上海地铁人民广场音乐角落下帷幕。（姜　雪）

【申通地铁集团组织“最美地铁人”职工礼仪大赛】 7月12日，申通地铁集团组织“最美地铁人”职工礼仪大赛决赛。24强选手以情景剧、气质秀等形式，展开精彩而激烈的比拼，结合标准化作业服务要求，注重窗口服务一线职工文化礼仪，以“温馨和谐、人文情怀、文化艺术”的服务特色，为乘客提供舒适、优雅、有品位、有温度的轨道交通出行体验，赢得乘客的赞赏与肯定。在比赛现场，通过专家评委和大众评审团的评审，运一公司孙敖、磁浮公司赵婷摘得“最美地铁人”桂冠。运一公司吴文婷获评“标准之星”，运四公司徐子茜获评“阳光之星”，运三公司王筱熙获评“微笑之星”，运一公司孙敖同时获评“人气之星”。（任延顺）

【城投集团举办第七届职工运动会】 11月25日，以“快乐城投·健康城投”为主题的城投集团第七届职工运动会前后历时近3个月,闭幕式暨广播操比赛在源深体育中心举行。城投集团各职能部门、各直属及核心企业党政工领导、各类优秀党员、优秀青年、劳模先进、一线职工代表近800人出席。运动会共设"城投公路杯"大怪路子赛、"市政规划杯"乒乓球赛、"城投环境杯"羽毛球赛、"城投水务杯"7人制足球赛、"上海环境杯"3V3篮球赛、"城投环境杯"环城拉力线上健步走百强赛、"3398向上跑"上海中心登高接力赛、"城投水务杯"广播操赛、伤害预防类"公益乐学"健身讲堂9项赛事和活动。其中,乒乓球赛作为一项积极助推全民健身的活动赛事被纳入2018年上海城市乒乓球业余联赛。（朱文慧）

11月25日,城投集团举办第七届职工运动会闭幕式暨广播操赛
（陈志强）

【上海联通举办迎新春职工文艺汇演】 1月9日,上海联通在艺海剧院举办"不忘初心·聚心筑梦"上海联通2018年迎新春职工文艺汇演。市总工会、市精神文明建设委员会办公室、市通信管理局、市经济和信息化工作委员会、南京路好八连等单位负责人,上海联通公司领导班子、退休领导及970名干部员工观看演出。职工文艺汇演以"联通的盛会,联通的节日"为宗旨,按照"彰显企业精神,反映时代脉搏,展示联通风采"的总体要求,多维度、多层次地展现上海联通人的精神风貌,全方位、立体式地展示上海联通企业文化特色,包括支部书记红歌联唱、团干部的现代舞蹈、基层工会会员的配乐朗诵、戏曲、小组唱、民族舞、小品、魔术、组合弹唱、大合唱等,节目丰富多元、精彩纷呈,现场气氛热烈。在演出活动中,公司党委书记、总经理沈洪波向上海联通2017年度"十佳匠人"颁奖。作为上海联通工会"五心工程"中"匠心工程"的一项创新工作,"我本匠人"——上海联通2017年度"十佳匠人"评选活动旨在重点关注、寻找、挖掘基层各条线平凡岗位上的一线员工,宣传他们"不忘初心、爱岗敬业、精益求精、全力以赴"的匠人精神,打造上海联通匠人形象。（康　迪）

【上海联通举行第一届职工运动会】 11月24日,"五新联通聚人心,共燃激情再启航"上海联通第一届职工运动会在源深体育中心举办,市总工会、市通信管理局,上海联通公司领导班子及干部员工近3000人参加运动会。上海联通第一届职工运动会分为"初心篇""使命篇""辉煌篇""腾飞篇"和"胜利篇"5个篇章展开,由支部书记组成的党旗方阵、劳模代表组成的司旗方阵、小CEO方阵、团员青年方阵以及27个基层单位共计31个方阵、825名干部员工在运动场上一展风采,举行包括男子和女子100米,男子女子接力跳绳、8×100米接力赛、拔河比赛、小CEO专项项目、党员专项项目等10项比赛。市总工会副主席桂晓燕莅临现场发表贺词。（康　迪）

【上海飞机客户服务有限公司工会开展职工文化建设】 2018年,中国商飞上海飞机客户服务有限公司工会围绕"阳光事业、卓越团队、职工之家"的目标,努力开展职工文化建设。交流竞技,参加首届紫竹园区趣味运动会获得团体冠军,参加"大飞机杯"国际龙舟大赛,以19支队伍中第六名、中国商飞系统第二名的战绩创历史最好成绩;夺得紫竹第四届"英特尔杯"龙舟赛四连冠;开展职工冬季运动会,进行个人趣味和团队协作竞技。培育文化,开展"福"到了——"迎新春、写春联"活动,举办"职业发展跃迁·打造事业共同体"悦读活动,举办"书墨油彩拾年华"第二届职工书画摄影展。关爱女工,组织70余名女职工开展庆三八国际妇女节插花、女职工母婴健康知识讲座,开展"托育园"建设专题调研,做好"爱心妈咪小屋"建设管理。开展"公益·悦己",组织964名职工参与"大飞机爱心"一日捐活动;动员全体职工"公益商飞"注册,购买农产品;举办宁夏西吉基层党务干部及致富带头人培训班,30余人开展为期5天的课程培训;选拔优秀青年干部赴宁夏西吉县委挂职;5名志愿者加入"大飞机支教团",赴宁夏西吉开展为期一年的扶贫支教工作。（王俊玺）

【中国商飞民用飞机试飞中心工会推进全民健身活动】 年初,试飞中心工会制定全年试飞中心职工健身计划,加大工会经费投入,通过建设活动场所、丰富活动载体,全面推进职工健身活动;开展"万步走"活动,帮助职工养成健康的生活方式,每双月对达标职工进行物质奖励,年度共计605人次达标;创办文体协会,依据职工兴趣爱好,先后成立乒乓球、足球、篮球、羽毛球、网球、瑜伽、种养、书法、烹饪、桌球、钓鱼以及桌游(电竞)12个协会,各协会在工会指导与支持下开展有益职工身心的文体活动。（郭津泽）

【中国商飞四川分公司工会开展"大飞机讲堂进校园"活动】 2018年,中

国商飞四川分公司工会开展“大飞机讲堂进校园”活动，大飞机讲师团面向成都市中小学校宣传大飞机文化和大飞机创业精神。全年先后赴成都市棠湖外国语中学、成都育才中学、玉林中学、高新实验中学开展四期讲座，向师生们讲解航空发展简史、飞机基础知识、中国民航发展简史等航空知识，宣传大飞机人在研制试飞国产商用飞机过程中的感人事迹。在拓宽学生课外知识面的同时，点亮学生的大飞机梦想，鼓励学生从小树立航空强国的理想和志向，增强民族自豪感，共圆中国梦。（黄丽莎）

【中国商用飞机有限责任公司工会举行第四届“大飞机杯”国际龙舟大赛】 6月15日，由中国商飞公司与浦东新区祝桥镇人民政府联合举办的中国祝桥第四届“大飞机杯”国际龙舟大赛举行。中国商飞公司、祝桥镇、GE公司、霍尼韦尔公司、UTC公司、昂际航电、赛峰公司、复旦大学、交通大学、同济大学等19支队伍参加比赛。经过激烈的角逐，最终祝桥·新程队拔得头筹，祝桥·双宇队和同济大学队分别夺得亚军、季军。中国商飞公司所属单位组成的上飞·先锋队和客服·逐浪队两支参赛队伍获得优胜奖，分获第四、六名。（阎　超）

【临港集团举行2018年度员工大会暨成立15周年职工文艺汇演】 1月18日，临港集团举行2018年度员工大会暨成立15周年职工文艺汇演，总结年度工作、展望未来发展，表彰先进集体及个人，通过职工文艺汇演来致敬集团奋斗史、演绎临港故事、弘扬临港精神。临港集团党委书记、董事长刘家平，党委副书记、总裁袁国华出席并致辞，领导班子全体成员，集团退休老领导和中层干部，集团系统干部职工1000多人与会。集团坚守岗位的干部员工通过网络直播平台同步参与。2018年是临港集团成立的15周年。大会隆重表彰“15年15人临港建设功臣”，杨菁等3人获卓越贡献奖，王振富等12人获突出贡献奖，陆雯等10人获入围奖。会上还表彰临港集团2018年度获得上海市级及以上荣誉的集体和个人，集团2018年度先进工作者，集团“励精图治15年·不忘初心再出发——我与临港同行”企业文化系列活动的获奖者。员工大会之后，临港集团成立15周年职工文艺汇演拉开帷幕。来自集团系统的120多名员工用多姿多彩的艺术表演，真实再现临港集团艰苦奋斗的创业史，生动演绎感人至深的临港故事和催人奋进的临港精神。（闫昊鹏）

【号百信息公司举行第十届“全员健身日”活动】 9月7日，号百信息公司第十届“全员健身日”活动在中国电信学院文体活动中心乒羽馆举行。公司党委书记、总经理李安民率公司党政领导出席健身日活动。健身日以“健身365-聚焦‘码号’开新路，围绕‘三力’闯难关”为活动主题，紧扣公司年度目标要求。比赛项目的设计在传承基础上有创新，包括全员健步走和四个竞赛项目——入场式、珠行万里、大暴走、气排球。经过激烈的角逐，黄页公司队、智能连接队、大数据队表现出色，勇夺团体前三名。各代表队本着友谊第一、比赛第二的精神，积极拼搏，奋勇争先，公平竞争，在激烈对抗中充分展示出号百人团结协作、创新实干的精神风貌。（童合明）

9月28日，上实集团举办“迎国庆”职工歌会（王玉君）

【上实集团举办“迎国庆”职工歌会】 9月28日，“讴歌新时代·逐梦新征程——上实集团‘迎国庆’职工歌会”在上海儿童艺术剧场隆重举行，集团各企业的12支职工歌队用昂扬的精神、优美的歌声为建国69周年送上祝福。市总工会副主席桂晓燕出席，并为获奖队伍颁奖。（王玉君）

【绿地集团举办第十届家庭日】 5月26日，“Fly Your Dreams”绿地集团第十届家庭日活动举办。集团总部、材料公司、绿地康养、绿地科技以及安徽、武汉、长沙、美国、马来西亚等驻外事业部(公司)近60个员工家庭，160位员工及家属参加当天的活动。家庭日除小朋友们喜闻乐见的游戏活动之外，集团工会还特别为积极参加8年以上家庭日活动的“小绿地”们颁发“铁杆粉丝奖”。（金佳艳）

【上影集团工会拍摄电影《勇敢往事》】 从微电影走向大电影，是上影集团工会的一次成功跨越。6月，在拍摄176部微电影的基础上，上影集团工会首次参与拍摄、发行院线电影《勇敢往事》，并在上海国际电影节期间举行首映。这部低成本、正能量的电影入选宣传部、上影集团等单位举办的“我的电影党课”片单，入选上海国际电影节展映单元，并先后斩获温哥华国际华语电影节最佳新锐导演奖、第14届中美电影节“中国文化传播力奖”、美国东德克萨斯电影节“最佳外语片奖”等国际奖项。（高　羿）

【五冶集团上海有限公司工会举办第三届城市定向挑战赛】 6月9日，五冶集团上海有限公司工会举办第三届城市定向挑战赛。公司机关和9家分公司的10支代表队，100余人，参加比赛。大赛共设4个站点，分别为公司本部、炮台湾湿地森林公园、宝山星月广场、“半岛1919”文化产业园。每支队伍需遵循指定路线，途经各个站点，通力合作，完成指定挑战任务，且全程用时最短者获胜。经过2个多小时的紧张角逐，最终工程分公司钢铁侠队和交通市政分公司雄鹰队、检修分公司势不可挡队及机电分公司年轻无极限队、三分公司梦想起航队、宝钢工程分公司BGGC队，分别斩获一、二、三等奖。（孙　亮）

【世纪出版集团举办首届职工文化艺术节】 11月12日，世纪出版集团首届职工文化艺术节开幕式暨“庆祝改革开放40周年”职工书画摄影展在朵云轩艺术中心举行。集团领导，以及集团工会委员、总部职能部门负责人、集团直属单位分管领导和工会主席、职工代表近300人出席，市总工会副主席桂晓燕应邀出席，并作指导。职工文化艺术节以“中国梦、劳动美，庆祝改革开放40周年，奋斗新时代，改革再出发”为主题，举办4大类、20多项贴近实际、贴近生活、贴近群众的活动。（江　文）

【中国福利会成立80周年职工运动会】 10月13日，“不忘初心·缔造未来”中国福利会成立80周年职工运动会在上海宋庆龄学校举行。中国福利会副主席、党组书记、秘书长张晓敏宣布开幕。中福会机关和各基层单位共派出543名选手参与16项团体和个人项目的奖项角逐，共颁发个人奖27项，团队奖21项，以及集体奖12项。（汪陈婷）

【第六届“上海邮乐园”开幕】 11月9日，由市工人文化宫、市集邮协会主办的以“庆祝改革开放四十周年”为主题的第六届上海邮乐园暨第十届上海职工班组一框邮展在上海市工人文化宫开幕。活动有“方寸展华章，筑梦新时代”第十届上海职工班组一框展览，展出各基层职工邮协选送的邮集150框，其中以“改革开放”为主题的“命题集邮类”51框，反映改革开放40年来的伟大成就；也有2018戊戌年生肖一框邮集全国邀请展；还有“庆祝改革开放四十周年上海职工集邮知识竞赛决赛”，共17家基层邮协组织参加竞赛，6家进入决赛。各基层职工集邮组织还举办分会场活动，吸引广大职工集邮爱好者就近、就便参加活动。（王家辉）

【茉莉花艺术团全年举办大型活动91场】 2018年，市工人文化宫茉莉花艺术团先后赴中交山东泰安、临港、宝山、沪东中华船厂、长兴岛造船基地、外高桥造船厂、上海富士康等企业、园区、工地现场举办12场“茉莉飘香·情系职工”大型慰问演出，观众超过2万人次；“爱乐空间”全年共策划剧场式、企业植入式、音乐普及类公益音乐会10场，观众超过4000人次；“戏苑新风”全年共策划20场各类戏种的戏曲演唱会，观众超过6000人次；恢复成立“市宫京剧社”，加大弘扬传统文化国粹京剧在职工中的普及程度；恢复重建茉莉花交响乐团。市工人文化宫茉莉花艺术团全年举办大型慰问演出、公益专场、音乐会等文化活动共计91场。（王家辉）

【上海市工人文化宫举办茉莉花交响乐团专场音乐会】 12月10日，市宫交响乐团时隔30载重登舞台，举办庆祝改革开放40周年——上海市工人文化宫茉莉花交响乐团专场音乐会，推出歌颂工人、赞美劳动的原创主题作品《工人组曲(2018)》，用最朴实的劳动旋律讴歌产业工人于新时期的先锋形象，音乐会还选取《不忘初心》《工匠》《国家》《再一次出发》等经典的歌曲，邀请上海多位艺术家和职工歌手共同演绎。40多家区局产业工会代表观摩，领略改革开放四十周年间祖国的变化，共同感受上海职工文化散发的新魅力。（王家辉）

【上海劳模风采展接待百名全国劳模】 10月19日，百余名来自全国各地的劳动模范，从无锡华西村赶赴上海，参观位于中山东一路14号的《时代领跑者——上海劳动模范风采主题展》。市人大常委会副主任、市总工会党组书记、主席莫负春关观展劳模做全程讲解。《时代领跑者——上海劳动模范风采主题展》是由上海市总工会策划，市工人文化宫负责运营管理，以故事、图片、实物等形式，共展出154位劳模的140件展品实物、348张劳模照片、92部劳模视频。（王家辉）

【上海市班组(团队)文化网络大赛落幕】 11月28日，“中国梦·劳动美”——“光明田缘杯”2018年上海市班组(团队)文化网络大赛在虹口区工人文化宫闭幕。大赛面向上海行政区域内全市机关、企业、事业单位、社会组织在职职工及自由职业者，共有14600多个团队，5万多人报名参加。（王家辉）

【市工人文化宫举办庆祝改革开放40周年全国灯谜大赛】 11月3日，由上海市工人文化宫主办、上海市职工灯谜协会承办的上海庆祝改革开放40周年全国灯谜大赛在上海市工人文化宫拉开帷幕。大赛有来自北京、重庆、广东、福建、江苏、浙江、安徽、陕西、甘肃、辽宁、河南、江西、湖南等地的12支代表队以及国内40余位灯谜高手，进行团体决赛和个人笔试、半决赛、决赛等多场灯谜竞猜比赛。（王家辉）

【市工人文化宫举行“深化改革·创新发展”庆祝改革开放40周年读书系列活动】 5—10月，市工人文化宫举行“深化改革·创新发展”庆祝改革开放40周年读书系列活动。在全市范围广泛开展征文大赛、演讲大赛，得到市民、职工的积极响应和参与，其中演讲大赛参赛队伍上千支，66支队伍进入复赛，15支队伍会师决赛，评出优秀组织奖15家；征文大赛收到应征作品2500多篇，57人获得征文奖，15个单位获得优秀组织奖，获奖征文《振兴中华，我们再出发》改革开放40周年优秀作品集，由上海科技文献出版社出版，并在第二十届上海读书节闭幕式上举行首发仪式。（王家辉）

【市工人文化宫开展“传统文化直通车”系列活动】 “传统文化直通车”活动是上海市总工会为贯彻党的十九大精神，倡导社会主义核心价值观，弘扬中华优秀传统文化所搭建的一个工会文化惠民服务平台。年内，市工人文化宫共开展“传统文化直通车”活动21场，直接服务职工2万余人，通过报纸、杂志以及新媒体直播等手段共影响职工10万余人。活动主要面向园区、楼宇、企业的广大产业工人、非公企业职工和新兴就业群体。利用午休时间，在企业、园区等职工较为集聚的地方，通过"传统文化直通车"的形式将书画创作、民乐、戏曲表演、诗词吟诵、民间手工艺表演、灯谜会猜、传统游戏等中华优秀传统文化送到职工中间。 （王家辉）

【市工人文化宫开展"带副春联回家乡"系列活动】 1月13日，首场"带副春联回家乡"系列活动在青浦工业园区启动，2月14日于上汽安吉物流公司"带副春联回家乡"活动中落下帷幕，在市工人文化宫牵头组织和指导带领下，全市各区和各行各业基层群团组织开展此项活动50多场，近30万职工参与其中，送出春联35万余副，成为各级群团组织春节期间重要的文化慰问活动。 （王家辉）

【市工人文化宫开展"中国梦·劳动美——我要上五一晚会"上海职工文艺节目征集与汇演】 2月1—3日，由市总工会主办、市工人文化宫承办的"中国梦·劳动美——我要上五一晚会"上海职工文艺汇演在虹口区工人文体中心举行。整个汇演共有56支区局产业工会参加，节目数量达100多个。结合现场专家评委的打分，共评选出声乐、合唱、创意融合、器乐、舞蹈、曲艺、戏剧语言7类单项奖。 （王家辉）

【市工人文化宫开展庆"三八"女职工风采主题展示活动】 3月6日，由市工人文化宫主办的上海工会庆"三八"女职工风采主题展示活动在上海市群众艺术馆星舞台举行。活动以"美丽绽放新时代，巾帼建功新征程"为主题，旨在展现女职工爱岗敬业、创新创造、精益求精的巾帼风采。 （王家辉）

【市文化宫全年举办20场大型公益展览】 2018年，上海市工人文化宫举办《新时代·新起点·新跨越》职工诗词、书画、摄影、集邮主题创作作品联展；纪念马克思诞辰200周年、《共产党宣言》发表170周年马克思主义在中国的传播与旅俄华侨展；红星照耀新时代——上海首届红藏博览会文献实物展；品味上海系列——一城匠心中华老字号牌品文化展；浦江潮涌——黄浦区庆祝改革开放四十周年大型主题展等20场公益展览。共接待观众20万人次。 （王家辉）

新闻与网宣

【概要】 年内，市总工会网宣办实现职能转变，集中精力提升新闻宣传的社会效应。共与社会媒体宣传报道市总工会重点工作40余次，举行上海推进新时期产业工人队伍建设、上海五一劳动奖章奖状、上海工会十四大、中国工会十七大、上海工匠等新闻发布会10余场，举行新闻专题策划、研讨会5场。全年累计发布稿件近800篇，取得良好社会宣传效应。通过开展五一新闻奖评选，扩大新媒体参评范围，提高奖项的含金量，不断提高工会新闻网络宣传工作的传播力、影响力。全年共收到12个新闻单位49篇参评作品，其中新媒体作品11篇，新闻图片5篇。为打造全市工会网络工作"一盘棋"，以"申工社"为领头羊，进一步加强全市工会新媒体的联动、联合、联手。重要的工作、重大的政策、重点选题，各个新媒联动转发，形成宣传的同城效应。为促进全市新媒体的发展，网宣办建立"倒逼机制"——每月对各区局（产业）工会的信息采集、微信资讯发布量、点赞、评论等予以排名公布，通过舆情报告的方式发送到各个区局（产业）工会。2018年，申工社微信粉丝数从39万人增至11月底的59万人，增加20万人；微信平均阅读量在2万人以上，在职工群体间的影响力进一步提升。申工社APP的下载量达42万条，比年初增加9万条，其服务功能日益凸显。市总工会网评员队伍建设管理机制进一步健全。至11月，工会系统10名市级网评员共完成网信办交办指令39条，在市网信办的全市月度考评中月月名列前茅，多次获得专报表扬；市总工会二级网评员队伍完成市级专项指令3次，市总指令20余次，全市各区局（产业）工会利用微博、微信朋友圈等载体转发相关内容，累计得到近240家/次区局（产业）工会的响应。网宣办还通过到基层传授新媒体实务操作、新闻写作培训、舆情监控和新闻发布等，不断提高各级工会的网络信息员、宣传员、评论员三支队伍的政治站位、业务能力、新闻意识。 （陆 烨）

【市委宣传部、市总工会联合开展2017年度"上海市五一新闻奖"评选】 1月25日，由市委宣传部、市总工会联合举办的2017年度"上海市五一新闻奖"评选工作启动，共收到13个新闻单位50篇参评作品，其中新媒体作品13篇，新闻图片作品4篇。经由市委宣传部、全市各大新闻媒体负责人、老报人，市总工会相关职能部门负责人等组成的评委会评审，由上海广播电视台东方广播中心《市民与社会》栏目推出的《"倾听时代之声，走进产业先锋"全媒体系列报道》获"上海市五一新闻奖"特别奖；《解放日报》的《非公企业工会"建起来转起来活起来"》，《劳动报》的《烈日下的焦灼与无奈》等5篇作品获"上海市五一新闻奖"一等奖；上海广播电视台东方广播中心《高温下的城市温度系列报道》，《劳动报》的《护工入会调查》等9篇作品获二等奖；《文汇报》的《又一年"拖泥带水"过春节》，《劳动报》的《上海最低工资标准含金量全国最高》等10篇作品获三等奖。澎湃新闻《"匠星"系列报道》，《劳动报》的《"我是工人"系列》等3篇作品获"上海市五一新闻奖"新媒体奖一等奖；上观新闻《"上海工匠"新媒体系列报道》，东方网《上海工会改革：打通"神经末梢"做职工身边的"娘家人"》等3篇作品获新媒体二等奖；《劳动报》的《哆！滨江45公里怎么玩？最全指南！上海人都在收藏转发》，东方网《阿布扎比"我们来啦!"6位上海青年备战世界技能大赛》等3篇作品获新媒体三等奖。 （陆 烨）

【中交上航局工会加强工会网宣工作】 2018年，中交上航局工会坚持把网上工作作为工会联系职工、服务职工的重要平台，增强传播力、引导力和影响力。以上航局职工之家公众号作为宣教阵地，全年推送信息521条，点击量超30万人次。在上级和各界媒体发布50多条，进一步扩大工会影响力。针对“网上工会”打造，对工会公众号进行官方认证及系统升级，实现工作动态、职工建议、保障查询、电子书屋、健步走和职工俱乐部一体化服务，粉丝量较年初翻一番，覆盖面持续扩大，影响力持续提升。

（张广雷）

【SMG工会全面优化“互联网+”工会工作】 2018年，SMG工会把网上工作作为工会联系职工、服务职工的重要平台，增强传播力、引导力、影响力。以“SMG职工之家”微信公众号为平台，加大对工会工作的宣传力度，每天聚焦职工关心的热点，及时有效地传递“权威政策解读”“工会动态公布”“服务信息推送”“聚焦先进榜样”等内容。在市总工会宣教部（网宣办）每月统计的《上海工会系统微信指数报告》中，“SMG职工之家”长期保持全市区（产业）工会微信指数前10名的好成绩。“SMG职工之家”微信号配合SMG工会每一阶段的工作重点，在不同时期开通特别定制功能菜单。全年共推送400余篇微信，内容涵盖“我眼中的SMG工匠”事迹宣传、“SMG工会主席说”“SMG书人展”、关于“SMG人挑战风雪/台风/高温”等系列报道，以及职工体检安排查询、工会会员卡服务条例解读、工会活动预告回顾等宣传、服务信息，进一步实现工会与职工的互联互通，为分布在各个办公地点的职工提供最便捷、最优质服务。

（秦伊龄）

《劳动报》2018年工会新闻要目

日　期	篇　　目	作　者	版　面
1月1日	小小心愿勾勒幸福2018	赵竺安　裴龙翔 张锐杰　黄嘉慧	第4/5版
1月2日	工会代表履职“时时在线”	李轶捷	第4版
1月3日	为更好服务职工而奔走	徐　晗	第4版
1月4日	为更好服务职工而奔走	裴龙翔	第4版
1月5日	整合区域资源凝聚职工“巷心力”	黄嘉慧	第4版
1月6日	提升工会组织覆盖率和工作活力南桥镇总工会积极推进非公企业工会改革	赵思宇	第3版
1月8日	一个端口实现多重身份的切换	李轶捷	第4版
1月9日	工会的爱让职工天冷心不寒	徐　晗	第4版
1月10日	保障民主参与民主监督渠道畅通	赵思宇	第4版
1月11日	将工匠精神融入到每个制造环节	张锐杰　尚　飞	第4版
1月12日	新时代新思路新面貌新征程新作为		第8/9版
1月13日	更好地服务职工服务一线　上海工会宣教文体工作会议全面部署今年任务	徐　晗	第3版
1月15日	用创新锻造新时期高素质产业工人队伍	李仕婧	第4版
1月16日	要把工会改革持续进行到底	徐　晗	第4版
1月17日	职工服务站实行“七巧板”模式	张锐杰	第4版
1月18日	着力突破“四难三不足”　普陀区长征镇推“小二级”园区非公企业工会改革	郭翼飞	第5版
1月19日	六平方米背后的爱心接力	李轶捷	第4版
1月20日	做一名工会工作的行家里手　上海工会文化传媒公司举办首届“工会家”论坛	王　枫	第3版
1月22日	华东医院院长俞卓伟的养生“秘诀”：工作着快乐着	王　枫	第8版
1月23日	多措并举激发企业工会新活力	郭翼飞	第10版

续 表

日 期	篇 目	作 者	版 面
1月25日	做好低温雨雪天劳动保护工作 市总工会下发《紧急通知》要求	徐 晗	第7版
1月27日	让工会的温暖持续接力 本市各级工会做好低温雨雪天气劳动保护工作	赵思宇	第6版
1月29日	锤炼“火眼金睛” 保障工程安全——记全国五一劳动奖章获得者、上海市劳模褚伟洪	赵思宇	第8版
1月30日	工会聚力助推精准扶贫 奉贤区总工会深化探索对口帮扶项目	郭翼飞	第10版
1月31日	共建实习基地 创新比武形式 浦东多途径提升工会社工专业能力	李轶捷	第4版
2月1日	电力行业职工工资指导建议出台 长白街道总工会维护职工权益再出新招	赵竺安	第4版
2月2日	“工会是职工永远坚强的后盾”	徐 晗	第4版
2月3日	深化工会改革 拓展服务范围 松江区总工会做优服务职工实事项目	张锐杰	第3版
2月5日	他的化学课充满奇妙色彩	徐容莉	第4版
2月6日	听劳模故事 感受永不褪色的时代精神	徐 晗	第6/7版
2月7日	为寒冷的冬日添一份温暖	徐 晗	第4版
2月8日	道一声辛苦 一起动手包饺子	徐 晗	第4版
2月9日	上药信谊:以匠心文化助力百亿战略	裴龙翔	第4版
2月10日	培育精技艺富创意的未来工匠 嘉定区总工会2018年“工匠训练营”开营	裴龙翔	第3版
2月12日	为口腔患者守护美丽微笑——小记2017年度上海工匠、徐汇牙防所所长钱文昊	裴龙翔	第8版
2月13日	给职工一个冬日里的温暖屋	徐 晗	第4版
2月14日	让职工感受到工会的行动力	张锐杰	第4版
2月22日	现代学徒制联通理论与实践	张锐杰	第4版
2月23日	上海工会农民工关爱行动进行中	徐 晗	第3版
2月24日	合力助推劳动关系和谐 闵行区总工会推动“四方联动”高效运作	赵思宇	第3版
2月27日	只谈“情怀”不谈利益为哪般	郭翼飞	第5版
2月28日	搭建共享化平台推进便利化服务	张锐杰	第4版
3月1日	作风建设永远在路上	徐 晗	第4版
3月2日	让航天人安心投身科研生产	王 枫	第9版

续 表

日 期	篇 目	作 者	版 面
3月3日	找准职工需求 补齐服务短板 闵行区总工会“大调研”总结阶段性成果	赵思宇	第7版
3月6日	打造“数据工会”延长服务时间	赵竺安	第12版
3月7日	圆农民工的城市梦、技能梦、学历梦	郭翼飞	第8/9版
3月8日	礼赞铿锵玫瑰 送上特别祝福	集体	第6版
3月9日	拓宽服务渠道 实时回应诉求	裴龙翔 李轶捷 黄嘉慧 郭翼飞 姜 杰	第6版
3月10日	开设更多户外职工爱心接力站 北新泾街道总工会着力解决企业和职工实际困难	张锐杰	第6版
3月12日	一个电焊工人的长成	李轶捷	第9版
3月13日	劳动竞赛在“云端”	李轶捷	第6版
3月14日	聚焦五大方面 细化30项服务 闵行区颛桥镇总工会助力改善营商环境	赵思宇	第6版
3月16日	29年间，这场活动从未失约 长宁区总工会“三八姐妹运动会”点亮女职工的三月	张锐杰	第7版
3月19日	在新世界里做一个“守望者”	黄嘉慧	第8版
3月20日	精准对接需求助力优化环境	李轶捷	第6版
3月21日	护士遭“休克”式解除 “娘家人”提供一条龙援助	李轶捷	第13版
3月23日	“光荣退休的荣誉感又回来了”	裴龙翔	第4版
3月24日	“劳动保障联合接待窗口”方便职工杨浦区维护职工合法权益又有新举措	赵竺安	第3版
3月26日	一线职工为啥频摘市科技进步奖?	徐 晗	第4版
3月27日	2018年本市企业工资指导线公布	徐 晗	第6版
3月28日	徐汇成立首家众创空间联合工会	裴龙翔	第4版
3月29日	食堂职工有了休息的好去处	徐容莉	第4版
3月30日	深入推进十项温暖职工实事项目 黄浦区总工会召开二届四次全委(扩大)会议	黄嘉慧	第5版
3月31日	智能时代劳动者权益维护面临挑战 市政协总工会界别开展“规范用工制度，构建和谐劳动关系’大调研	王 枫	第3版
4月2日	蒙眼也能辨别出千种中草药	王 枫	第4版
4月3日	服饰搭礼仪舞蹈加手艺	裴龙翔	第6版
4月4日	安亭镇非公企业工会改革启动	裴龙翔	第4版

续 表

日 期	篇 目	作 者	版 面
4月9日	钻研“基因检测”为病患“量体裁衣”	赵思宇	第4版
4月10日	上海工会:大调研谋发展,新时代再出发	郭翼飞 王 枫 李轶捷 张锐杰 黄嘉慧	第4/5版
4月11日	年度个人最高可获保障金4万元	徐 晗	第5版
4月12日	强强联手打造资源共享新格局	李轶捷	第7版
4月12日	建功立业促创新转型以人为本筑和谐发展		第8/9版
4月16日	守护机场运行的“中枢系统”	徐容莉	第8版
4月17日	“小细胞”孕育大能量	张锐杰	第4版
4月18日	健全联动机制提升法援力量	黄嘉慧	第4版
4月19日	长白街道总工会首推“模拟课堂”	赵竺安	第4版
4月20日	2018年度“上海工匠”培养选树活动启动 本市工会会员不受年龄、学历、职级等限制	徐 晗	第4版
4月21日	动员有政治身份经营者带头建会 奉贤区总工会全面推进非公企业工会改革	赵思宇	第3版
4月23日	我为药品“塑形美体”	裴龙翔	第4版
4月23日	精准发力助推脱贫攻坚 对口支援传递上海温情	赵思宇	第6/7版
4月24日	上海工会挂职干部“接力棒”顺利交接	徐 晗	第5版
4月25日	第二十届上海读书节昨日开幕	徐 晗	第5版
4月26日	多管齐下,助推产业大军“强筋健骨”	徐容莉	第6版
4月26日	创新体制机制加快队伍建设	徐容莉	第4版
4月26日	勇立潮头 匠心传承 上海机场集团劳模、高技能人才创新工作室硕果累累		第15版
4月27日	聚焦工会主责主业助推G60科创走廊建设	张锐杰	第4版
4月28日	节日、生日、去世、退休慰问等工会经费各项使用标准具体细化 市总工会下发《上海基层工会经费收支管理实施办法》	徐 晗	第6版
4月28日	创意成就梦想 设计构筑未来 华东建筑集团股份有限公司2018年全国、上海市五一劳动奖风采	金卫星	第8版
4月29日	授人以渔 “扶智”造血 沪滇工会签订新一轮脱贫攻坚、职工技术技能提升协作协议	徐 晗	第3版
4月29日	减载服务争一流团结拼搏创品牌 上海浦远船舶有限公司“新双峰海”轮班组荣获全国工人先锋号	金卫星	第8版
4月30日	匠心筑梦 展现当代海港职工风采 上港集团宜东集装箱码头分公司荣获上海市五一劳动奖状	金卫星	第8版

续 表

日期	篇目	作者	版面
5月1日	唱响劳动礼赞　奏响时代强音——本市各级工会举办“五一国际劳动节”庆祝活动	赵思宇　赵竺安　裴龙翔　黄嘉慧	第3版
5月2日	带动更多劳动者争做新时代奋斗者	王　枫	第4版
5月3日	共享共建助农民工“跑步跟进”	徐容莉	第6版
5月3日	承载使命砥砺前行	史晓菁	第16版
5月5日	激活工会“神经末梢”为职工谋实事	郭翼飞	第3版
5月5日	科技创新　绿色引领　岗位建功	金卫星	第8版
5月6日	聚焦创新　助力上海智慧城市建设　上海理想信息产业(集团)有限公司荣获上海市五一劳动奖状	金卫星	第4版
5月7日	为衣物“望闻问切”的洗衣师	黄嘉慧	第4版
5月7日	为建设上海国际航运中心建功立业	金卫星	第12版
5月8日	争做新时代的奋斗者	金卫星	第16版
5月9日	“鸿俊保安”工会维权敢“亮剑”	赵竺安	第4版
5月10日	深入推进工会改革凸显工会主业主责	郭翼飞	第4版
5月11日	护航新时代,筑梦新征程——上海国际机场股份有限公司首届“优秀工匠”巡礼		第4/5版
5月12日	真正把民主管理工作落到实处　上飞公司工会开展职工代表巡视活动	张锐杰　刘维历	第3版
5月14日	夯实新时代高端制造产业根基　上海航天一线技能人才队伍现状分析	徐　晗	第4版
5月15日	建立职业技能提升平台促进技能工人全面成长	郭翼飞	第4版
5月15日	争当新时代的奋斗者	金卫星	第7版
5月16日	着力打造高技能城市建设运营主力军		第4版
5月19日	上海劳动模范风采展昨日开展　珍贵资料讲述154位劳模动人故事	徐　晗	第3版
5月19日	扬工会特色　展企业风采	李轶捷	第4版
5月20日	创新星火　源自基层		第4版
5月21日	创新工作方法　新时代谋新作为	赵思宇	第2/3版
5月21日	创新星火　源自基层　创新案例		第5版
5月21日	凝心聚力促发展　以人为本筑和谐　中建八局工会工作纪实	赵竺安	第8版
5月21日	立足主责主业　深化工会改革　全力推进新时期浦东产业工人队伍建设	李轶捷	第11版
5月21日	勇立潮头奋楫先　华能上海分公司2018年上海市五一劳动奖状、上海市五一劳动奖章、上海市工人先锋号风采	金卫星	第12版

续 表

日 期	篇 目	作 者	版 面
5月22日	聚焦一线做好事办实事解难事——本市各行业职工寄语上海工会十四大	徐容莉 赵竺安 张锐杰	第3版
5月22日	凝聚智慧力量 推动全面发展 上海建工集团积极探索产业工人队伍建设改革	徐容莉	第6版
5月22日	唱响改革发展主旋律 开创工会建功新时代——徐汇区总工会5年工作集萃(一)		第7版
5月22日	争当新时代的奋斗者——东方国际(集团)有限公司新一届全国、上海市五一劳动奖、上海工匠风采	金卫星	第8/9版
5月22日	美丽在奉贤 工会在身边——奉贤区总工会以优异成绩祝贺上海工会十四大召开		第10版
5月22日	奋进路上的上海交运员工 建功立业新时代 改革发展再出发		第11版
5月22日	以新作为跨步迈入新时代——闵行区总工会扎实推进工会工作纪实		第15版
5月22日	当好新时代的奋斗者 沃尔沃汽车(亚太)投资控股有限公司荣获上海市五一劳动奖状	金卫星	第16版
5月22日	上海工会十四大特别报道		A1–A8版
5月23日	上海工会十四大特别报道		第2/3/4版
5月23日	庆祝上海十四大·特刊		第6–11版 第15/16版
5月24日	上海工会十四大特别报道		第3–5版
5月24日	庆祝上海十四大·特刊		第6/7/9/12版
5月25日	上海工会十四大特别报道		第2/4/5版
5月25日	庆祝上海十四大·特刊		第8/9/16版
5月26日	找问题寻痛点 回应职工需求 松江区总工会推进产业工人队伍建设	张锐杰	第3版
5月26日	洋山自动化码头为世界树立中国标杆 上港集团尚东分公司荣获上海市五一劳动奖状	金卫星	第8版
5月27日	“邮轮铁军”打造黄金水岸 上海港国际客运中心开发有限公司荣膺上海市五一劳动奖状	金卫星	第4版
5月28日	服务职工不懈怠 勇立潮头树标杆	周 奇	第3版
5月29日	2018年上海职工科技节活动概览(精选)		第4版

续 表

日 期	篇 目	作 者	版 面
5月29日	打造"匠心工会" 助推航天新一轮腾飞	李 昕	第5版
5月30日	"我们工会的根在这里,大家不能忘!" 新一届市总工会领导集体参观中国劳动组合书记部	徐 晗	第4版
5月31日	凝聚职工奋斗伟力 激发新时代工会活力	朱伟红	第4版
5月31日	沪滇工会新一轮脱贫攻坚计划启动 市职工技协组织临沧小学教师研修班在沪开班	李仕婧	第5版
6月1日	搭建平台发挥产业工人队伍先锋作用	王建新	第5版
6月2日	把握职工新期盼 工会改革再出发	陆建国	第3版
6月2日	忠诚敬业 强港立人 上港集团振东分公司荣获全国"安康杯"竞赛优胜单位		第8版
6月3日	打造水上国门形象第一人 上海港引航站洋山分站引航员班组荣获上海市工人先锋号	金卫星	第4版
6月4日	十三项举措推进本市职业技能体系创新发展	徐 晗	第4版
6月5日	新时代工会事业是奋斗出来的		第4版
6月6日	努力打造静安工会工作升级版	叶坚华	第7版
6月7日	建设国际精品城区弘扬职工柱石精神		第4版
6月8日	面向新时代展现新作为	麦碧莲	第4版
6月9日	把改革创新精神贯穿工会工作始终	赵宏林	第3版
6月9日	勇立潮头奋楫先 中国邮政集团公司上海市浦东新区分公司世博邮政支局荣获全国工人先锋号	金卫星	第8版
6月11日	用心铸就大国外交主场	赵竺安 张 薇 英昌顺 丁坚璐 李卫东	第4版
6月12日	增强群众工作本领当好"娘家人"	朱喜林	第4版
6月13日	凝心聚力建功首届进博会	徐 晗	第4版
6月13日	凝聚思想共识汇聚奋进力量	于金伟	第5版
6月14日	切实保障广大职工的生命安全和健康 市总发出《通知》要求做好今夏劳动保护和防暑降温工作	徐 晗	第4版
6月15日	"担当"上彰显力量"建设"中贡献智慧	王丽燕	第4版
6月16日	凝心聚力抓落实 砥砺奋进谱新篇	胡 军	第3版
6月18日	专注"电路",不走寻常路——记国家电网华东电力调控分中心主任工程师曹路	张锐杰	第3版
6月19日	教育系统28万教职工整装再出发	成旦红	第4版

续 表

日 期	篇 目	作 者	版 面
6月20日	无合同无考勤，靠什么拿回劳动报酬	郭翼飞	第4版
6月21日	在新时代展现普陀工会新作为	李松海	第5版
6月22日	发挥工会力量助城市精细化管理升级	徐 文	第4版
6月23日	开创新时代黄浦工会新局面	屠奇敏	第3版
6月25日	让种蘑菇的老手艺“转型升级”	郭翼飞	第4版
6月26日	以强港建设的新作为建功立业	庄晓晴	第4版
6月27日	凝聚职工为卓越城市建设添砖加瓦	朱东海 马思华	第4版
6月29日	新时代肩负新使命新担当展现新作为	徐卫兴	第4版
6月29日	一份亮眼成绩单背后的决心、恒心与信心	裴龙翔	第7版
6月30日	条块牵手扩大“机场模式”试点 虹桥机场非公企业工会联合会成立	徐容莉	第3版
7月2日	他把“节油”当成一门艺术	李轶捷	第6版
7月3日	牢牢盯住最具隐患的企业 奉贤区精准执法推进安全专项整治	李轶捷 李 斌	第4版
7月3日	砥砺奋进、铿锵前行，为国资运营平台保驾护航		第8/9版
7月4日	3年建成50个职工文化体验站 静安启动“最美职工文化体验区”工程	王 枫	第4版
7月5日	上海交大首届暑期成长营欢乐启航 4个班名额被“秒杀” 课程设置贴近孩子需求	裴龙翔	第5版
7月6日	上海工会职工亲子工作室暑托班开班 安全防范做到位 职工暑期少牵挂	赵思宇 王 枫 李轶捷 裴龙翔	第4版
7月7日	问题解决率达到88.6%的背后 宝山区总工会到基层找“办法”	徐容莉	第3版
7月9日	上海工匠“小字辈”网络维护“大哥大”——记全国五一劳动奖章获得者、中国电信上海公司周学明	王 枫	第4版
7月10日	“工匠”对谈创新与高新智造 第二期上海工匠研修班主题论坛在吴泾镇举行	赵思宇	第4版
7月11日	高温安全作业 浦东搭起多级防护网 多家企业派队“出战”职业防护技能大比拼	李轶捷	第4版

续 表

日 期	篇 目	作 者	版 面
7月12日	适应新形势 回应新诉求 市政协总工会界别委员为构建和谐劳动关系建言献策	李轶捷	第4版
7月13日	奋力拼搏集训时刻赛出上海精气神	徐 晗	第14版
7月14日	赛场上争做建功立业的先锋 嘉定召开迎进口博览会立功竞赛推进会	裴龙翔	第3版
7月16日	深刻自我革新开创群团工作新局面	裴龙翔	第4版
7月17日	评选临港工匠厚植工匠文化	李轶捷	第4版
7月18日	筑牢职工劳动保护和安全生产防线	赵思宇	第4版
7月19日	酷暑高温天身体多保重	陆 烨	第3版
7月20日	4天驱车800公里服务2000余人次	马艳芳 王 枫	第4版
7月21日	在全区推动“顾村经验”成果转化 宝山区总工会抓重点强特色	徐容莉	第3版
7月23日	稻花香里，谁知粒粒皆辛苦	赵思宇	第9版
7月24日	沪建千余家户外职工爱心接力站	徐 晗	第5版
7月25日	六大系统手机一键监控	赵竺安 王广滨	第4版
7月26日	职工流动率20%工会会员不减反增	徐容莉	第4版
7月27日	台前幕后都能感受到工会温度	黄嘉慧	第4版
7月28日	施工现场有“清凉亭”遮阳避暑——记者探访淞沪路-三门路下立交项目部	张锐杰	第3版
7月30日	竞赛场上发现培育高技能人才	徐容莉	第4版
7月31日	选举产生81名上海出席中国工会十七大代表	徐 晗	第4版
8月1日	做实最优服务护航家门口的盛会	裴龙翔	第4版
8月2日	建功进博会上海工会在行动	王 枫	第4版
8月3日	聚焦五大保障领域各级工会层层助力	赵思宇	第4版
8月4日	寻找邮轮出入境通关的“提速密码”——记上海吴淞口国际邮轮港发展公司港口运营总监徐红	徐容莉	第3版
8月6日	“这一份清凉是你们应得的”	张锐杰	第7版
8月7日	市总工会分多路慰问高温岗位职工	徐 晗	第4版
8月8日	大力营造服务进博会的浓厚氛围	张锐杰	第4版

续 表

日 期	篇 目	作 者	版 面
8月9日	普陀推动国企工会改革驶上快车道	裴龙翔	第4版
8月10日	“的哥”苦练本领迎“进博会”	赵思宇	第4版
8月11日	民族药企的研发新锐——记上海上药信谊药厂有限公司药物研究所所长助理邵奇	裴龙翔	第3版
8月13日	10个竞赛项目覆盖核心区域	裴龙翔	第4版
8月14日	想干事能干事干成事	张锐杰	第4版
8月15日	人人岗位建功，提供最佳航空服务	徐容莉	第4版
8月16日	这里就是他们的“家”	黄嘉慧	第4版
8月17日	破除“肠梗阻”，创新管理模式	徐容莉	第4版
8月18日	服务是她生命中最华美的乐章——记上海市劳模、巴士三公司热线服务员徐美玲	赵竺安	第3版
8月20日	提升中城颜值以靓丽市容迎“进博会”	裴龙翔	第4版
8月22日	以精细化为标杆以专项竞赛为载体	赵思宇	第4版
8月23日	建立服务职工为导向的工会运行机制	王 枫	第4版
8月24日	上海工会金秋助学、阳光就业进行时	徐 晗	第4版
8月25日	只要业主有需要，他总能随叫随到——记新长宁集团仙霞物业有限公司水电维修工李崇华	张锐杰	第7版
8月27日	沪滇真情“医”线牵	徐 晗 范晨光	第4版
8月28日	普陀非公企业工会改革按下“快进键”	裴龙翔	第4版
8月29日	以职工为阅卷人答好“时代问卷”	张锐杰	第4版
8月30日	“一纲十目”创新立意顶层设计志存高远	赵竺安	第8/9版
8月31日	“新虹易公里”共享班车正式通车	赵思宇	第4版
9月1日	让崇明水仙香飘万家	黄嘉慧	第4版
9月3日	沪设立职工科技创新最高奖项	徐 晗	第4版
9月4日	创新机制巧破题全力助推企业与职工和谐发展	赵思宇	第8/9版
9月5日	诠释好“上海服务”的品牌内涵	黄嘉慧	第4版
9月6日	用创新成效诠释使命担当 打造国企工会“徐汇样板”——新徐汇集团加强和改进国有企业工会工作全解析	裴龙翔	第8/9版

续 表

日 期	篇 目	作 者	版 面
9月7日	“从今天起我也是工会的一员”	张锐杰	第4版
9月8日	在全球舞台上讲好中国制造故事——记上工申贝董事长兼总裁、全国劳模张敏	李轶捷	第3版
9月10日	不遗余力让更多职工加入工会	张锐杰	第4版
9月11日	职工收入从“拖尾巴”升到平均线	王 枫	第4版
9月12日	“手指动动”即可加入工会	张锐杰	第4版
9月13日	四大板块展现“中国质造”水准	张锐杰	第4版
9月13日	四轮驱动助推国企改革劳动竞赛建设美丽家园	王 枫	第8/9版
9月14日	夯实基层工会“四梁八柱”基础	赵竺安	第4版
9月15日	关注医疗卫生行业职工身心健康 市医务职工职业健康促进协会成立	王 枫	第3版
9月18日	与商圈职工共建幸福“新天地”	黄嘉慧	第4版
9月18日	一张“课程表”“养分”真不少	张锐杰	第5版
9月19日	2018年“上海工匠”候选人今起公示	徐 晗	第6版
9月19日	哪里有职工，哪里就有工会工作	张锐杰	第7版
9月19日	锐意改革求发展，六十华诞再启航	徐容莉	第8/9版
9月20日	台风天他们彻夜守候在车站 上海地铁职工“三比三赛”迎接进博会	王 枫	第4版
9月21日	比武大舞台上秀出职工“绝技”	张锐杰	第5版
9月21日	夯实基层基础激活工会每一个细胞	殷 茵 王 枫	第8/9版
9月22日	她让公厕变身“星级卫生间”——记全国劳模、静安城发集团作业清厕部总监理李影	王 枫	第3版
9月25日	难题破解中凸显工会温度和作为	赵思宇	第4版
9月25日	筑“巢”商户型企业打造职工“乐园”	李轶捷	第5版
9月26日	“流动”的货运司机有了“娘家人”	张锐杰	第4版
9月27日	擦亮邮政窗口把好安全闸门	王 枫	第4版
9月27日	手机定位考勤权益边界在哪里	杨学义	第5版
9月28日	要把保障职工安全放在工作首位	徐 晗	第4版
9月28日	“做职工最坚强的后盾”	张锐杰	第5版
9月29日	青春在讲台绽放 建功在岗位一线 第三届上海高校青年教师教学竞赛圆满落幕		第4/5版

续　表

日　期	篇　　　　目	作　者	版　面
9月29日	班组文化网络大赛攻略来了　比赛报名时间延长至10月6日　知识竞赛题目提前知晓	孔孝元	第6版
10月2日	国庆假期,你需要"家"班吗?	赵思宇	第3版
10月8日	超九成爱心接力站获评高分　市总工会对全市1003家户外职工爱心接力站开展考评	张锐杰	第4版
10月9日	5千余名建筑设计职工有了"娘家"　杨浦区总工会组建行业工会再下一城	赵竺安	第4版
10月9日	"一切为了女职工的幸福"背后的故事——上海工会女职工工作五年纪实		第8/9版
10月10日	"四联"助力"党工一体化"	张锐杰	第4版
10月10日	奔小康的路上　一个职工也不能掉队	裴龙翔　赵竺安 徐容莉　黄嘉慧	第8/9版
10月11日	新时代共同奋斗让女职工更幸福	徐　晗	第3版
10月11日	聚焦三个重点做好五大项目	赵竺安	第4版
10月12日	内容贴近职工活动丰富多彩	张锐杰	第4版
10月13日	劳动法律监督成劳资和谐"动力臂"	徐容莉	第3版
10月15日	"凝心聚力进博会、建功立业创一流"	张锐杰	第4版
10月16日	聚力推进"双实"企业工会组建　闵行区"百日"建会275个、发展2.5万余会员	赵思宇	第6版
10月16日	关注用工环境　维护职工权益　市政协总工会界别开展企业业务外包与劳动者权益保障情况调研活动	裴龙翔	第7版
10月17日	推动非公企业工会建起来转起来活起来	张锐杰	第7版
10月17日	打造高素质劳动者大军与上海一同迈向"卓越"	王　枫	第8/9版
10月18日	6大关键词见证上海工会改革	张锐杰	第8/9版
10月19日	以服务为初心打造文化品牌	张锐杰	第4版
10月19日	坚持为职工权益代言推进劳动关系和谐	赵思宇	第8/9版
10月20日	七大上海代表团团长、市人大常委会副主任、市总工会主席莫负春接受本报专访	徐　晗	第3版
10月21日	传递职工声音　共商工会发展　出席中国工会十七大的上海代表对大会充满期待	王　枫　张锐杰 赵思宇　范晨光	第3版
10月22日	权益保障"空白点"亟待填补	赵思宇	第3版
10月22日	期盼工会改革带来更多"红利"	王　枫　张锐杰 赵思宇	第4版
10月22日	"妙手回春"的电气维修"双师"	徐容莉	第5版

续 表

日 期	篇 目	作 者	版 面
10月23日	“四个着力”六大任务 绘就未来五年蓝图	王 枫 张锐杰 赵思宇	第4/5版
10月23日	一个赋予电信技术“温度”的专家	赵竺安	第6版
10月24日	团结动员广大职工建功新时代	王 枫 张锐杰 赵思宇	第3版
10月24日	产业工人队伍建设瓶颈如何破解?	王 枫 赵思宇	第4/5版
10月24日	改革开放再出发“上海智造”新征程	黄嘉慧	第8/9版
10月25日	接地气贴民心提士气	王 枫 赵思宇 张锐杰	第3版
10月25日	非公企业工会改革阔步向前	张锐杰	第4/5版
10月25日	未来工会发展,我们充满信心	王 枫 赵思宇	第6版
10月25日	搭建工会会员的“乐享社区”	徐容莉	第8版
10月26日	让工会组织更充满活力 更坚强有力 围绕今后五年主要工作任务 代表们积极建言献策	赵思宇 王 枫	第4/5版
10月26日	非公企业工会改革存在四大难点 破解急需法律政策等各方面支撑	张锐杰	第6版
10月27日	“工会娘家”援手助力大学生群体就业	徐容莉	第3版
10月27日	求职套路深,擦亮眼睛别“入坑” 找一份理想的工作是年轻人追寻梦想的开始,但往往因为相关知识的贫乏而受骗上当,或者个人权益受到侵犯	余 梓	第6版
10月29日	深化改革,实现工会事业新突破	张锐杰	第4版
10月30日	努力开创新时代上海工会工作新局面	徐 晗	第4版
10月30日	立功竞赛在浦东煤气厂鸣响“第一枪”	徐容莉	第5版
10月31日	立足新起点体现新作风展示新气象	朱伟红	第4版
10月31日	20余年间帮助数万名职工再就业	王 枫	第5版
10月31日	聚焦主业主责,做实事办好事解难事	徐容莉	第9版
11月1日	“办好进博会离不开一线劳动者”	张锐杰	第6版
11月1日	嘉定工会加速协调劳动关系体系建设	裴龙翔	第7版
11月1日	用“工具包”为职工送上安全健康的“幸福包”	裴龙翔 黄嘉慧	第8/9版
11月2日	“进博会,我们准备好了”	张锐杰	第4版
11月2日	凝聚职工建设国际精品城区	刘 英	第5版

续 表

日 期	篇 目	作 者	版 面
11月5日	工作新局面——贯彻落实习近平总书记关于工人阶级和工会工作重要论述系列之一	赵思宇	第8版
11月5日	用细心、耐心、卓越心建功进博会　百年强生在细节中展现“上海服务”精髓	赵竺安	第8版
11月6日	用劳动成就梦想铸就辉煌	裴龙翔	第12版
11月7日	维护职工合法权益竭诚服务职工群众	李轶捷	第10版
11月7日	奋楫扬帆，奏响新时代奋斗者之歌	胡　军	第11版
11月8日	站在新起点实现工会事业新发展	麦碧莲	第8版
11月8日	增强工会“三性”改革永远在路上	张锐杰	第9版
11月9日	“四叶草”背后的上海建工人		第8/9版
11月9日	强基固本，激发基层组织生机和活力	徐容莉	第12版
11月9日	吹响工会号角展现黄浦作为	屠奇敏	第13版
11月12日	团结带领广大职工用新业绩为上海增添新光彩	徐　晗	第4版
11月13日	担负三个责任　深化工会改革		第4版
11月13日	让“专业的人”做“专业的事”　杨浦区定海路街道总工会探索非公企业工会改革队伍建设	张锐杰	第5版
11月14日	莫负春带队深入基层为职工作宣讲	徐　晗	第4版
11月15日	280名上海工匠创新力强发明专利多　市总工会发布《上海工匠队伍建设发展情况报告》	徐　晗	第4版
11月16日	走进百家企业提供多样服务	张锐杰	第4版
11月19日	打造行业第一的“特种机器人”	瞿依贤	第4版
11月20日	坚定方向持续改革开创工会工作新局面	李松海	第6版
11月21日	竭诚服务职工团结奋斗新时代	王丽燕	第4版
11月22日	推进基层工会健康发展　上海嘉定工业区深化非公企业工会改革	张锐杰	第5版
11月22日	甘做新时代的创新“愚公”——记2018上海工匠、上海城投水务集团排水机修分公司副经理顾士杰	黄嘉慧	第6版
11月23日	实现工会工作高质量发展	王建新	第4版
11月23日	团结凝聚力量搭建“梦想平台”	张锐杰	第5版
11月23日	细节品质打造“青浦样本”	黄嘉慧	第9版
11月26日	“劳模垂马队”问鼎中国第一高楼	张锐杰	第4版
11月26日	他们撑起了进博会的成功与精彩	张锐杰	第5版
11月27日	适应新时代创建新模式让更多职工群众加入工会大家庭	马思华	第4版
11月27日	强化党建联盟创新建会路径	张锐杰	第5版

续　表

日　期	篇　　目	作　者	版　面
11 月 28 日	持续完善产业工人技能形成体系	裴龙翔	第 3 版
11 月 28 日	五大工作机制推动非公企业工会改革	张锐杰	第 4 版
11 月 28 日	本市两年内要建成 1000 个工会联合会	徐　晗	第 5 版
11 月 28 日	固本强基勇担强港使命锐意进取奋进改革新时代	裴龙翔	第 8/9 版
11 月 29 日	在新起点上实现工会工作新突破	赵宏林	第 3 版
11 月 29 日	上海读书节书香飘逸百万人受益	裴龙翔	第 4 版
11 月 29 日	打通“最后一公里”让工会改革举措精准落地	张锐杰	第 6 版
11 月 30 日	四大着力”实现工会改革再出发	徐卫兴	第 4 版
11 月 30 日	“非公企业工会改革更加向园区聚焦”	张锐杰	第 5 版
11 月 30 日	转作风转方式“坐诊”基层	王　枫	第 6 版
12 月 3 日	凝聚智慧和力量建设世界级生态岛	张建英	第 4 版
12 月 4 日	新时代呼唤更多“小尔愉”	李轶捷　徐　晗	第 3 版
12 月 4 日	深化改革创新强化责任担当	陆建国	第 4 版
12 月 5 日	“八一”军民长跑 37 年不停歇	黄嘉慧	第 4 版
12 月 6 日	夯实基础，争做楼宇工会建设排头兵	张锐杰	第 4 版
12 月 6 日	学习中凝心聚力实干中担当作为	卞　炯	第 5 版
12 月 6 日	2018 上海智慧城市建设“智慧工匠”选树、“领军先锋”评选活动巡礼		第 8/9 版
12 月 7 日	引领广大职工共建航天强国	李　昕	第 4 版
12 月 10 日	第八批“上海市劳模创新工作室”命名	张锐杰	第 4 版
12 月 10 日	进博会上建功立业服务社会争先创优	赵竺安	第 12 版
12 月 11 日	上海工会启动元旦春节送温暖活动	陆　烨	第 4 版
12 月 11 日	提升政治站位强化使命担当	于金伟	第 5 版
12 月 11 日	全力保障职工“舌尖上的安全”		第 8/9 版
12 月 12 日	引领职工打造城市精细化管理标杆	徐　文	第 4 版
12 月 12 日	“娘家人”助职工跨过维权“三道坎”	裴龙翔	第 5 版
12 月 13 日	团结职工助力船舶工业高质量发展	朱大弟	第 4 版
12 月 13 日	生命至高无上，安全责任为天	陆　晔　徐　晗	第 8/9 版
12 月 14 日	劳模精神引领职工建功立业	张锐杰	第 4 版
12 月 17 日	夯实地基，改写城市天际线	徐容莉　徐　巍	第 4 版
12 月 18 日	花园饭店拉开外资企业工会组建序幕	王　枫	第 6 版
12 月 19 日	集聚工匠智慧共筑崇明生态梦	黄嘉慧	第 11 版
12 月 20 日	商户主动申请加入工会	张锐杰	第 4 版

续 表

日 期	篇 目	作 者	版 面
12月21日	加强文化引领彰显工会作为	赵思宇 王 枫 郭翼飞	第4版
12月24日	长三角地区职工技能迈向"共享时代"	张锐杰	第4版
12月25日	"团队办案"提升法律援助实效	张锐杰	第4版
12月26日	多个首创紧贴时代脉搏职工需求 徐汇区职工服务中心14年成长记	裴龙翔	第5版
12月27日	从"亮一点"到"亮一片" 劳模创新工作室14年前从上海建工启航	徐容莉	第5版
12月28日	发挥优势,在服务大局中作更大贡献 市总工会召开2019年务虚会	裴龙翔	第4版
12月31日	始终坚持"产老百姓放心的药"	赵思宇	第3版

女职工工作

上海工会年鉴

2019

综　述

2018年，各级工会女职工组织按照市委和全总、市总工作要求，围绕广大女职工需求和基层工会女职工工作实际，全力推进素质提升、建功立业、权益保障、幸福关爱、组织建设"五大行动"，各项工作取得一定的成效。一是思想政治引领工作更加深入人心。通过劳模宣讲、时政讲座、论坛研讨、班组学习、主题教育等形式，引导女职工学思践悟，更加坚定党的领导，坚定发展信心。二是组织动员女职工参与示范性劳动竞赛、参加技术技能培训，推动女职工科技创新和选树先进典型，激发女职工创新创造活力。三是强化源头参与和普法宣传，依法维护女职工合法权益和特殊利益。四是拓展女职工幸福关爱系列项目，扎实推进爱心妈咪小屋和职工亲子工作室建设，举办单身青年职工交友活动，加大力度关爱特殊女职工群体。五是召开市总女工委七届一次全委（扩大）会议，举办工会女职工委员、女工干部培训班，扎实推进女职工组织建设。（郜　晶）

素质提升

【概要】 2018年，各级工会女职工组织学习贯彻习近平新时代中国特色社会主义思想和党的十九大精神以及中国工会十七大、市第十四次工代会精神，通过劳模宣讲、时政讲座、论坛研讨、班组学习、主题教育等形式，推动相关精神在女职工群体中入耳入脑入心。参与开展形式多样的庆祝改革开放40周年主题活动，开展"书香滋润心灵"系列读书活动，组织好书推荐、读书沙龙、主题征文、演讲比赛。推进"培育好家风——女职工在行动"主题实践活动，组织推选十大爱情故事，发挥女职工在家庭文明建设中的独特作用。以周末学校、五一巾帼大讲堂、公益乐学等公益性、网络化学习平台为依托，促进女职工人文素养不断提升。（郜　晶）

【闵行区总工会开设女工干部"美丽修身学堂"】 4月3日，闵行区总工会在区体育公园举办第一期女工干部"美丽修身学堂"。区总工会女职委委员、区属工会女职委主任、女工干部代表等参加培训。培训以手机微摄影为主题，邀请上海市摄影家协会女摄影家、女工干部授课。女工干部"美丽修身学堂"每两个月举办一期，通过多样的培训形式和丰富的培训内容，帮助女工干部培养新的思维模式和工作方式，提升女工干部整体素质。（王　凯）

【上海石化开展女职工应急救护技能竞赛】 10月中旬，为提高女职工安全意识，提升应对突发事件和意外伤害事故的应急救援和自救互救能力，上海石化举办女职工应急救护技能竞赛，二级单位近80名女职工参加培训，30名女职工参加竞赛。（潘萍萍）

【市绿化市容局工会女职工委员会开展庆三八"悦读·越美"朗读比赛】 3月7日，市绿化市容局工会女职工委员会组织开展庆三八"悦读·越美"朗读比赛活动。市绿化市容局系统一线女职工、女科技工作者、工会女干部代表等80余人参加活动。朗读比赛吸引系统内热爱朗读、热爱书籍、热爱文化的女职工，经过前期初赛，有13组选手参加决赛。上海市市容环境卫生水上管理处、上海市园林科学规划研究院、上海市市容环境质量监测中心等6个单位分获一二三等奖。（冯　磊）

【上海女教授创新主题讲坛举行】 4月20日，"建功新时代·绽放她精彩"2018年上海女教授创新主题讲坛在上海大学举行。市教育工会、上海大学、上海音乐学院、上海戏剧学院等领导和全市教育系统近百名优秀女教师、女干部及女学生代表参加。上海女教授讲坛整合各校女教授联谊会的资源，给女教师们搭建一个学习交流的平台，让女教师的创新精神从这个讲坛延伸，不断影响和引领广大的女教师"建功新时代，绽放她精彩"。（彭超波）

【市新闻出版工会组织开展庆"三八"系列活动】 在纪念国际劳动妇女节108周年之际，新闻出版工会以"出版争一流，巾帼展风采"为主题开展活动。以图片形式选送展板，参与市总工会女职工风采展示，并经微信公众号推送；组织女编辑合唱团参加"中国梦·劳动美——我要上五一晚会"，获合唱类"优秀展演奖"；组织系统内女先进、女职工代表及家属观摩电影，发放"女性随笔"丛书。（方伟国）

【市民政局工会庆祝三八国际妇女节】 3月6日，市民政局工会举行以"新时代、新女性、新风采"为主题的三八国际劳动妇女节庆祝活动，特邀党的十九大代表、上海劳模代表宣讲团成员，上海南站长途客运有限公司检票组组长郑琦，为大家分享作为十

4月20日，上海女教授创新主题讲坛举行（彭超波）

3月6日，市民政局工会召开庆祝三八国际妇女节大会　　(闫文伟)

九大代表参加大会的所见所思所悟，介绍自己在服务中的经验和做法；局女职工代表交流立足本职、敬业奉献的工作体会。局机关女干部为庆祝活动表演旗袍秀。　　(胡积伟)

【百联集团工会开展庆祝三八妇女节主题活动】　3月2日，百联集团工会开展庆祝三八妇女节主题活动，集团领导，集团女劳模、三八红旗手、女先进、女性管理者、女工干部代表共80人相聚东方商厦。集团总裁、党委副书记徐子瑛代表集团向女职工表示节日问候。东方商厦(旗舰店)介绍企业创新、员工转型的情况。与会人员现场观摩咖啡制作微课堂及演示，体验美妆摄影和手工作坊的特色服务。　　(姜　杰)

【世纪出版集团召开纪念“三八”暨主题诗文诵读大会】　3月8日，世纪出版集团召开纪念三八国际劳动妇女节108周年暨“颂扬巾帼情·共筑中国梦”诗文诵读大会，10名女职工用诗歌抒发着对母亲对人生的热爱，对春天对自然的赞美。三八节前后，集团各直属单位工会女工委组织开展插花、烘培、刺绣、陶艺等手工活动，庆祝自己的节日。　　(江　文)

建功立业

【概要】　2018年，上海工会女职工委员会组织广大女职工积极参与“践行国家战略、助力创新创业”“凝心聚力进博会、建功立业创一流”“市重大工程立功竞赛”“打通公共文化最后一公里”等引领性、示范性劳动竞赛，激励女职工立足岗位，争先创优。动员女职工参加技术技能培训，推动企业将职业女性创新教育和岗位培训纳入职工教育培训体系，帮助女性人才打破职业发展瓶颈，432名女职工获得技能人才职业发展助推奖励。推动女职工科技创新，236名女职工获得市总工会一线职工岗位创新激励奖励，7名女劳模领衔的创新工作室获评第八批上海市劳模创新工作室，36个巾帼创新工作室获评市级职工创新工作室。选树女职工先进典型，90名先进女职工获评全国、市五一劳动奖章，推荐选送12个集体和11名个人为全国五一巾帼标兵岗(标兵)、全国巾帼文明岗，其中上海核工程研究设计院人因工程创新团队被授予全国五一巾帼奖状，10名女职工入选第三批“上海工匠”。　　(部　晶)

【青浦区总工会注重平台建设激发女职工创新创造活力】　青浦区总工会积极开展“践行新理念、建功‘十三五’”职工技能创新活动。全区320多家女职工组织开展合理化建议、“五小”等群众性科技创新活动，参与女职工2400多人；组织机械、物业、窗口服务等行业8000多名女职工开展技能比武活动。积极培育选树建功立业领军人物，年内5名女职工获评2018年度上海市五一劳动奖章，36名女职工获得高级技师、技师、发明专利等奖励，1名女职工获评上海工匠。提升女职工综合素质，依托“公益乐学”、社区学院、企业职工文体中心等阵地有针对性地开展园艺、烹饪、烘焙、服装制版等多项适合女职工需求的培训项目。　　(朱建强)

【东方国际集团工会推进巾帼建功评选】　3月，东方国际集团工会召开纪念三八国际劳动妇女节108周年暨“三八”活动周表彰总结大会，集团旗下各直属单位的女工会主席，女专职干部、女劳模、女工匠、三八红旗手、一线优秀女职工代表等110人参加会议。集团工会主席黄勤向集团全体女职工和女干部们致以真诚的祝福与问候，并为“2017年度上海市巾帼文明岗”和“2017年度上海市巾帼建功标兵”的获奖集体与个人授牌、颁发荣誉证书。大会特邀第十三届全国人大代表王伟，与女职工们分享她成长经历中的所想所感。会上还向全体女职工发出《巾帼建功新作为·美丽绽放新时代——集团女职工奋进新时代倡议》。在3月19—21日集团工会主办的“三八”活动周系列活动中，260余人次的女职工参与插花艺术、烘焙西点、竹编台灯、油画艺术、百变丝巾等活动。　　(陆　益)

【国网上海市电力公司召开纪念“三八”节女职工先进表彰会】　3月9日，公司召开纪念三八国际劳动妇女节108周年女职工先进表彰会。公司系统各条战线的250余名女职工出席会议。公司工会主席娄为代表公司向广大女职工致以节日的问候和祝愿，并希望女职工们在幸福企业建设中发挥好先行者、引领者的作用，在公司发展中彰显巾帼风采。大会对“全国巾帼文明岗”市北供电公司营业班、“上海市巾帼文明岗”市区供电公司营业班、“上海市巾帼建功标兵”周璐、公司27个先进集体以及37名“三八红旗手”进行表彰。　　(王曙华)

【国网上海市电力公司工会开展女职工主题征文活动】　11月28日，国网上海市电力公司工会组织召开“迈进新时代·书写新篇章”主题征文评审会，公司各基层单位的工会委员对复审环节的150篇稿件进行终审，最终分别评出征文活动的一、二、三等奖及优秀组织奖。征文中有几代上海电力人对改革开放的深刻体会，有新时代电力职工对自身精神的追求，有通过阅读书籍抒发对企业幸福感的深刻体悟，抒发广大职工为电力事业建功立业的美好愿望。（王曙华）

【宝钢股份女职工工作取得新成绩】 2018年，宝钢股份女职委围绕公司管理变革、整合融合和生产经营中心任务，在工作中注意把提升女职工队伍素质作为有效履行工会职能的抓手之一，“岗位立功”大赛场、“巾帼”英雄谱、女工创新工作室等特色鲜明，成为宝钢股份工会有影响力的亮点工作品牌，有效促进女职工和企业共同成长。在公司成本削减、技术创新、环境保护、现场改善等方面涌现出一大批优秀女职工和先进集体，电厂集控系统首席工程师聂慧明获得上海市“巾帼建功标兵”，梅钢公司能源环保部高炉水处理作业区、中央研究院情报中心档案对外支撑小组、工业公司铁制品成品作业区行车班等3个女职工先进集体获上海市“巾帼建功文明岗”称号。（韩　杰）

【宝钢发展持续推进女职工“丝带关爱行动”】 2018年，宝钢发展进一步搭建平台，推进女职工岗位奉献、岗位成才，组织参加上海市妇联“建功十三五，巾帼展风采”评选活动，集体和个人分别荣获“上海市巾帼文明岗”“上海市巾帼建功标兵”；参加2016—2017年度宝武集团女职工工作先进评选，1项成果获“玫瑰绽放最佳实践”奖，1人获“玫瑰培育”奖；组织开展2016—2017年度宝钢发展优秀女职工工作者（最佳实践）评选活动，评选表彰“优秀女职工工作者”和“女职工工作最佳实践”各6名；以“巾帼展风采、健康伴我行”为主题开展三八国际妇女节纪念活动，举办女职工综合素质提升系列讲座——手机摄影专题讲座，开展主题为“如诗如画·美丽瞬间”的女职工手机摄影比赛，丰富女职工业余文化生活，提升女职工人文艺术修养。（朱　宏）

【中船上海船舶工会组织召开“扬帆新征程，巾帼建新功”座谈会】 3月23日，中船上海船舶工会在中国船舶大厦召开“扬帆新征程，巾帼建新功”座谈会。上海船舶系统4名全国、市先进个人和1名先进集体代表，与参加座谈的50多名女劳模、女先进分享工作体会。中船9院的陈云琪、江南造船的朱瑞霞、上海船厂的陶国全、上船院的徐旭敏、沪东中华的乌晓红，在会上交流发言。（刘亦明）

【上汽集团举行三八妇女节纪念大会】 3月7日，上汽集团举行纪念三八国际劳动妇女节108周年大会。会上，集团对获得上海市巾帼建功标兵的先进个人和获得上海市巾帼文明岗的先进集体进行表彰，为2家获得上海市五星级爱心妈咪小屋的企业和5家获得上海市四星级爱心妈咪小屋的企业授牌。来自上汽的5家企业工会代表分享各自在女职工工作开展方面的心得。（范　融）

3月23日，中船上海船舶工会召开“扬帆新征程，巾帼建新功”座谈会
（刘奕明）

【市建设交通行业召开纪念三八国际劳动妇女节108周年大会】 3月2日，市建设交通行业纪念三八国际劳动妇女节108周年大会在上海影城召开。会上，市建设交通工作党委副书记田赛男致辞，大会对建设交通系统2017年度上海市巾帼建功标兵和上海市巾帼文明岗进行表彰，为女先进和先进集体代表颁奖。建设交通行业各单位工会女主席、女工委主任、女先进代表等260余人出席大会。（钱　蓉）

【市绿化市容局工会与市三八红旗手联谊会签定战略合作协议书】 3月7日，市绿化市容局工会与市三八红旗手联谊会签定战略合作协议书，建立融洽的战略合作伙伴关系，在各自领域中尽可能寻找更多的合作可能，整合双方资源以取得良好的社会效益和经济效益，实现优势互补、合作共赢。局系统12名市三八红旗手、巾帼建功标兵加入市三八红旗手联谊会，局工会组织开展一期上海市女性人才“走进绿色、走进生态”活动。（冯　磊）

【中建八局工会女工委召开五届一次全委会暨巾帼建功先进表彰会】 4月18日，中建八局工会女工委五届一次全委（扩大）会暨巾帼建功先进表彰会在中建广场召开。局属各单位工会女工委主任、女工委员、巾帼先进代表等40余人参加。会议总结局工会女工委2017年工作，并对2018年女工工作做出安排。会上，通报2017年度女职工特殊疾病互助保险金使用情况，审议通过增（替）补局工会第五届女职工委员会委员的决议，展播局三八节活动介绍、5个上海市巾帼文明岗团队的事迹，表彰上海市巾帼建功标兵、巾帼文明岗。（陈　湘）

【上海教育系统举行纪念“三八”先进表彰大会】 3月6日，市教育系统举行纪念三八国际妇女节108周年暨先进表彰大会。大会以“教苑巾帼竞芬芳”为主题，教育系统获得上海市2017年度巾帼创新奖、新秀奖、巾帼建功标兵、巾帼文明岗、“妇女之家”等先进集体和个人代表，市教卫工作党委、市教育工会领导以及高校、区教育系统的党委、工会、妇委会负责人共250多人出席会议。市教卫工作党委书记虞丽娟致辞，代表市教卫工作党委、市教委和市教育工会向广大女教职工致以节日的问候和美好祝愿，向获得各项荣誉的教苑群芳表示祝贺和敬意。大会宣读《关于表彰2017年度上海市教育系统妇女岗位建功先进集体（个人）的决定》和《关于表彰第十一届“上海市教育系统比翼双飞模范佳侣”的决定》并为获奖者颁奖。第十届上海市创新奖获奖代表、2017年度全国三八红旗集体、全国巾帼文明岗获奖集体、2017年全国“最美家庭”获奖者等在大会上进行交流发言。 （彭超波）

【市卫生计生系统举办纪念三八国际妇女节108周年主题活动】 3月9日，市卫生计生系统纪念三八国际妇女节108周年主题活动在上海交大医学院举行。市卫生计生委党委书记、妇委会主任黄红出席并讲话。活动现场表彰一批先进个人和集体，其中包括获得“2017年度最具影响力医务女性”殊荣的4名杰出女性：中国科学院院士、中国福利会国际和平妇幼保健院黄荷凤；国家科技进步二等奖获得者（第一完成人）、上海交通大学医学院附属瑞金医院王卫庆；第八届国家卫生计生委突出贡献中青年专家、复旦大学附属华山医院耿道颖；上海中医药大学附属岳阳中西医结合医院刘慧荣。各基层单位的400余名党政领导、妇委会主任、专职妇女干部、获奖集体代表和妇女代表参加。

（徐 园）

【市经济和信息化工作系统工会女职工委员会召开纪念三八国际妇女节暨巾帼表彰会】 3月12日，市经济和信息化工作系统工会女职工委员会召开纪念三八国际妇女节108周年暨巾帼表彰会。对获得全国三八红旗手和三八红旗集体、上海市巾帼文明岗和上海市巾帼建功标兵的集体和个人进行表彰。系统工会女职工委员会向女职工发出“巾帼创制造，建功新时代”的倡议。市经信系统近150余名女职工干部、先进代表参加会议。会后，上海人民广播电台主持人梦晓为系统女干部开设“一个好女人幸福三代人”的讲座。 （黄 俭 顾 捷）

【市级机关召开纪念三八国际妇女节108周年暨先进表彰大会】 3月8日，市级机关工会、妇委会召开纪念三八国际妇女节108周年暨先进表彰大会。系统近180名工会主席、妇女干部、先进代表出席会议。大会号召巾帼建功再出发、美丽绽放新时代。大会对2017年度全国“最美家庭”、2017年度上海市“海上最美家庭”、2016—2017年度上海市巾帼建功标兵和上海市巾帼文明岗获奖个人和集体进行表彰。 （王 颖）

【城投集团工会开展纪念三八节系列活动】 3月，城投集团各级工会组织开展“城投巾帼建功新征程新风采”主题纪念活动以及座谈会、主题教育参观、女性健康讲座、DIY手工培训等丰富多彩的集体活动。3月8日，集团工会通过微信平台推送了“城投巾帼喜报”专帖，通报上海中心大厦观光团队等5个被授予2017年度上海市巾帼文明岗集体，表彰获2018年城投巾帼示范岗先进的10个集体和13位个人。集团女工委参与市总工会组织的“美丽绽放新时代、巾帼建功新征程——2018年上海工会民‘三八’女职工风采主题展示活动”，收获1500余人次的助力点赞。“城投巾帼家文化秀”以全家福、合家宴、职工之“家”活动等图文并茂方式，展现女职工在和谐企业建设、和谐家庭生态中的优势作用。集团工会还结合“妈咪小屋”“公益乐学”等实事项目深化服务女职工的各项工作。 （朱文慧）

3月8日，上海航空工业公司举办三八妇女节女职工颁奖典礼

（薛腾章）

【上海航空工业（集团）有限公司开展巾帼筑梦数字上航活动】 三八国际劳动妇女节来临之际，上航公司工会举办“巾帼筑梦·数字上航”颁奖典礼活动，为荣获2017年度中国商飞公司和上航公司“三八”红旗集体、“三八”红旗手，中国商飞公司巾帼建功标兵候选人、最美家庭获奖者颁奖。活动现场还进行舞蹈、合唱、旗袍秀等才艺表演，充分展现上航公司女职工们动人的风采。 （薛腾章）

权益保障

【概要】 市总工会女职工委员会开展工作场所性别平等机制建设调研，完成《企业性别平等机制建设上海调研报告》。参与政府《关于促进和加强本市3岁以下幼儿托育服务工作的指导意见》等托育“1+2”文件制订。推进女职工特殊利益保障制度化，全市单独签订女职工权益专项集体合同1.05万份，覆盖女职工61.5万人；4667家企业集体合同中含有女职工权益保护专章或附件，覆盖女职工27.26万人。与劳动监察部门形成联合检查机制，市区联动，选择侵权投诉较多、女职工较集中的单位，进行女职工权益维护、专项集体合同签订、职场环境等重点督查。坚持开展普法宣

传，组织“市总工会女律师志愿团”等联手浦东新区总工会开展“尊法守法，携手筑梦，依法维护女职工合法权益和特殊利益”大型咨询宣传活动；邀请资深律师以案例分析、互动探讨等形式，为基层女职工普及法律知识，提升女职工法律素养和维权意识；制作“以案释法”宣传短片，在上海电视台“法治天地”栏目播放，扩大女职工劳动保护、特殊利益维护等法律法规宣传效应。建立健全工会女职工“零门槛”法律援助服务体系，办理涉及女职工的法援案件15714件，其中调解12873件，成功率94.2%；代理劳动仲裁和诉讼2384件，胜诉率78.6%；“朱雪芹职工法律援助工作室”援助的女职工生育津贴差额案入选全国“依法维护妇女儿童权益十大案例”。 （郜　晶）

【配合全国总工会开展企业性别平等机制建设调研】 3月19—21日，全总女工部到沪开展企业性别平等机制建设调研。在沪期间，走访上海柴油机股份有限公司、国网上海市北供电公司、上海森松压力容器有限公司、百事通信息技术股份有限公司4家企事业单位，通过问卷调查、访谈、座谈会的方式，了解企业性别平等相关情况、实践经验及意见建议。全总女工部在调研基础上，形成《职场性别平等指导手册(征求意见稿)》。市总女工委根据本地实际，针对《指导手册》涉及的6个工作环节，提出意见建议及典型案例。 （郜　晶）

【开展“三八”女职工维权法治宣传活动】 3月8日，市总工会联合嘉定区总工会共同开展三八国际劳动妇女节法制宣传咨询活动，特邀请市总工会女律师志愿团的专家律师现场接受市民群众的法律法规咨询、解答，并在现场发放《上海女职工假期与待遇示意图》《女职工劳动保护特别规定》《上海市集体合同条例》等宣传册，宣传涉及女职工权益保护的相关法律法规。3月8—15日，市总工会联合市人力资源和社会保障局、市妇联在本市联合开展维护女职工劳动权益的专项检查活动，市、区检查组对企业中有关女职工权益保护、专项集体合同签订、工时制度、社保缴纳、产假期间待遇支付等执行情况进行认真检查，积极宣传相关法律法规。联合检查单位47个，涉及女职工7833人，查出未按规定给予妇科检查单位5个，涉及女职工591人，未按规定支付工资单位7个，涉及女职工365人，违法延长工作时间单位8个，涉及女职工264人。监察执法人员按照相关法律规定责令单位限期整改。 （蒋慧勤）

【杨浦区总工会开展维护女职工劳动权益专项检查】 3月8—15日，杨浦区总工会联合区人社局、区妇联，在全区服装针织、加工制造等劳动密集型企业以及商业零售、医疗美容、轻纺制造、餐饮服务业等女职工较为集中的用人单位，集中开展维护女职工劳动权益专项检查。共出动执法人员258人次，检查用人单位603个，其中餐饮55户，服装加工6户、轻纺制造18户，商业零售73户，其他用人单位451户，涉及劳动者14035人，其中女职工6187人。 （张东寅）

【依法维护女职工特殊利益大型咨询宣传活动在嘉定举行】 3月8日，为纪念三八国际劳动妇女节108周年，本市“尊法守法·携手筑梦·依法维护女职工特殊利益”大型咨询宣传活动在嘉定南翔智地园区举行。市总工会巡视员、女职工委员会主任何惠娟，嘉定区人大常委会副主任、区总工会主席王建新出席活动。会上，为“爱心妈咪小屋”志愿者颁发嘉定工会“爱心公益使者”聘书、为非公企业女工干部代表赠送专项体检卡、为女职工代表送上维权书籍，并举行了区总工会女职工维权服务点揭牌仪式。 （黄点点）

【松江区总工会开展维护女职工劳动权益专项检查】 3月13日，松江区总工会女职工委员会联合区妇联、区劳动监察大队等职能部门，邀请人大女代表参与执法监督，组成联合执法工作组，在全区范围内集中开展维护女职工劳动权益专项执法检查。专项检查涉及3M中国有限公司、上海六和服饰有限公司、上海发之源电器有限公司等8家女职工比较集中的劳动密集型企业。联合执法工作组重点了解女职工健康体检落实情况、妇女“四期”保护有关措施，向企业赠送《妇女权益保障法》《反家庭暴力法》、平安家庭建设等法律法规宣传册。同时对女职工签订劳动合同、工资支付、工时制度以及缴纳社会保险费等情况进行检查。对于检查中存在的个别违法行为，联合执法工作组当场进行教育并发出限期整改通知书。区总工会对部分经营困难企业女职工开展免费乳腺病和妇科病的筛查，切实维护女职工的健康权益。 （邹丽梅）

【松江区总工会职工法援中心开设女职工维权专家门诊】 3月5—9日，松江区总工会职工法律援助中心邀请5位女律师组成“专家门诊”，开展为期一周的女职工维权和普法宣传活动。活动期间，律师就经济补偿金、加班费、女职工四期维权等相关问题进行解答，为女职工提供协商调解等法律援助服务。活动共解答法律咨询28人次、协商调解6人次，发放《松江区总工会职工法律援助便民卡》40余份。 （顾洪平）

幸福关爱

【概要】 年内，新增爱心妈咪小屋735家，下拨建屋补贴资金557.45万元，较2017年增长89%，10个区将爱心妈咪小屋纳入区政府或区总实事项目，提供配套资金补贴；提升小屋服务品质，把小屋建设纳入工会职工之家、职工服务站等管理考核序列，开展2018年度爱心妈咪小屋星级评定，新增124家五星级小屋；在申工通、申工社等工会网上平台搭载小屋管理模块和电子地图，提高工作效率，方便女职工就近就便享受小屋服务；延伸小屋服务功能，发起“我与小屋共成长”图文征集，把妈咪课堂、女性沙龙、公益讲座、心理咨询、亲子活动等项目搬进小屋。实施职工亲子工作室实事项目，市总划拨补贴资金202万元，69个机关事业单位、企业、园区、开发区等举办寒暑托班、晚托班，其中35家已连续两年举办，帮助3000多个职工家庭解决后顾之忧；修订《上海“职工亲子工作室”设置及管理暂行办法》，对场地要求、消防安全、应急预案、购买保险、食品安全等做出详细规定；各级工会加强监督检查，帮助亲子工作室排除安全隐患，规范管理；10家职工亲子工作室获评“全国工会爱心托管班”。关爱关注女职工身心健康，7706名困难企业女职工接受免费“两病”筛查，3.9万名女职工参加市总组织的职工疗休养或健康体检，16.6万人次女职工参加防暑降温劳动保护培训，10万多人次高温作业岗位女职工参加专项健康体检，开展女性压力管理互动课程、EAP心理咨询服务；71.6万名女职工加入《女职工团体互助医疗特种保障计划》，639人获得给付，给付金额692.4万元。举办单身青年职工交友联谊活动，推动各级工会女工委组织青年职工交友活动百余场，着力为单身青年职工寻觅缘分。关心外来务工人员，万名女农民工在“电话诉亲情、温暖进万家”活动中获赠通讯费、在农民工“平安返乡返城”等活动中受惠。 （郜　晶）

【上海工会开展2018年上海工会爱心妈咪小屋星级评定工作】 3—5月，市总工会女职工委员会委托橙丝带公益项目管理委员会在全市范围内开展2018年度爱心妈咪小屋星级评定工作。依据《上海工会爱心妈咪小屋星级评定办法（试行）》，经各区局（产业）工会推荐、上海橙丝带公益项目管理委员会实地核查和抽查，共评出五星级爱心妈咪小屋124家，四星级爱心妈咪小屋205家，三星级爱心妈咪小屋302家。 （郜　晶）

【上海工会举办爱心妈咪小屋暨职工亲子工作室建设总结展望主题活动】 6月5日，上海工会举办“奉献有你关爱有我”——爱心妈咪小屋暨职工亲子工作室建设总结展望主题活动，上海工会“职工亲子工作室”志愿者服务队宣布成立。市总工会巡视员、女职工委员会主任何惠娟出席会议并致辞。上海工会“爱心妈咪小屋”项目自2013年启动以来，秉承着“幸福有你，关爱有我”的大爱精神，历经5年快速发展，覆盖面从体制内向体制外拓展，小屋数量呈现阶梯式增长，在各级工会及社会各界的大力支持下，爱心妈咪小屋数量迅速扩大至2500余家，星级小屋2000余家，覆盖了机关事业单位、国企、外企、民企等各种所有制企业。各级工会累计投入资金1000余万元，并通过社会化运作筹措4000余万元资金、物资等用于小屋建设和开展活动。为推动小屋建设，市总工会把爱心妈咪小屋项目纳入服务职工实事项目，该项工作还被作为上海服务八大案例之一参与2018年中国品牌日博览会活动。随着“全面两孩”政策的放开，市总工会于2017年创新性地推出爱心妈咪小屋升级版——上海工会“职工亲子工作室”。全年共创建职工亲子工作室70家，仅在暑期两个月，就帮助2500余职工家庭解决子女托管问题，受到广大职工和社会各界的好评。有10家职工亲子工作室获评年度全国工会爱心托管班称号。市总工会为加大力度推进职工亲子工作室创建工作，下发《关于进一步推进上海“职工亲子工作室”创建工作的通知》，进一步建立健全管理制度，细化工作流程，形成可复制可推广的工作模式。市总工会还积极与市教育工会对接，面向上海师范类高等院校招募志愿者。 （郜　晶）

【举办“预备·爱——秋日‘思’语”卡卡趣味交友活动】 10月14日，市总工会“预备·爱——秋日‘思’语卡卡趣味交友活动”在上海静安体育馆举行。市总工会副主席、市总工会女工委主任桂晓燕，市总工会副主席刘言浩出席活动，启动“预备·爱”活动。400多名单身青年职工，参加指压板接力跑、企鹅漫步、坐地起身、乾坤大挪移等多项趣味健康运动。活动结束时，有十几对青年成功交友。市总工会女工委将持续打造“四季恋歌”交友品牌，运用线上平台交友新模式，嵌入工会会员卡自带的身份鉴别功能，为更多单身职工提供便捷有效的交友方式。 （郜　晶）

【浦东新区总工会举办女职工文化艺术风采展】 5月19日，由浦东新区总工会、区总工会女职工委员会主办的“展东方之韵·秀浦江之美”2018年浦东新区总工会女职工文化艺术风采展在浦东图书馆开展。风采展分旗袍歌舞和书画两大项，展现新时期浦东职业女性知书能文、慧质兰心的新形象。活动自3月启动，共收到基层单位选送的114件旗袍、歌舞作品以及351件书画作品，两项作品分别决出一、二、三等奖及优胜奖共32个。 （陈　维）

【长宁区总工会举办青年联谊“爱”运会活动】 5月5日，长宁区总工会联合区体育局、团区委、区妇联举办2018年长宁青年联谊“爱”运会，280位男女嘉宾参与活动。“爱在奔跑”“爱在定向”活动陆续展开，单身男女带着运动的激情，在运动中挑选适合自己交往的对象。活动当天共有5对男女嘉宾成功交友。 （王亚文）

【静安区总工会举行纪念三八国际劳动妇女节108周年活动】 3月5日，静安区总工会举行“巾帼建功新静安”纪念三八国际劳动妇女节108周年活动。市总工会巡视员、女职工委员会主任何惠娟，区人大常委会副主任、区总工会主席叶坚华等出席。活动对一年来获得工会系统荣誉的女职工进行宣传和风采展示，观摩雷允上药城分公司“上海工匠”吴昊的拿手绝活“包药包和蒙眼识药”、根据“爱心妈咪小屋”工作创作的《爱的小屋》情景剧，对大宁德必易园等12家获“星级”爱心妈咪小屋进行表彰，对具有里程碑意义的第100家新建小屋授牌。会上，发布2018“月越精彩”女职工幸福一小时体验坊菜单。区总工会还创新推出“女职工维权工作坊”项目，邀请3位资深法律界专家作为“女职工维权工作坊”的项目担当，双月一次，为女职工开展案例分析等法律知识活动。 （沈诗贤）

【静安区第100家爱心妈咪小屋建立】 3月8日，静安区第100家爱心妈咪小屋在市北高新园区成立，自2011年7月，沪上首家商务楼宇关爱女性白领的哺乳室——“爱心妈咪小屋”在石门二路街道凯迪克大厦诞生，7年内，100间爱心妈咪小屋成为静安区各级工会关爱女职工群体的重要载体。静安区总工会要求新建“爱心妈咪小屋”须健全“申请、使用、管理”三项制度。采用“三个一点”即：区总助一点、二级工会贴一点、企业出一点的方法，分别提供冰箱、饮水机、微波炉等设备。创新三种模式：依托楼宇建立区域性共享爱心妈咪小屋；服务社会，在园区、医疗单位等建立开放性爱心妈咪小屋；在规模企业建立独立有个性的爱心妈咪小屋。建设“妈咪课堂”，区总工会创造实体建站、线上互动、线下活动的“三位一体”服务新模式。利用白领午休时间，推出“女职工幸福一小时”主题系列活动新项目，开展政策咨询、职工维权、手工DIY等服务。（沈诗贤）

【奉贤区总工会召开庆“三八”活动暨“爱心妈咪小屋”创建推进大会】 3月7日，奉贤区总工会召开庆“三八”活动暨“爱心妈咪小屋”创建推进大会。会上回顾2017年工会女职工工作，明确2018年的主要工作任务。庄行镇总工会、金铃子幼儿园、爱思帝达耐时（上海）驱动系统有限公司分别作交流发言。会上还对爱心妈咪小屋评选评议活动中获奖的单位和个人进行表彰。区人大常委会副主任、区总工会主席陆建国出席会议并讲话。（钱　洁）

【奉贤区“职工亲子工作室”让职工带娃上班】 奉贤区总工会在女职工迫切需求，且有条件的企业内部建立“职工亲子工作室”。暑期，四团镇政府、上海田强环保有限公司、上海天阳钢管有限公司、奉贤巴士集团的职工亲子工作室开出暑托班，开设暑期安全教育、国学诵读、创意美术、手工制作、户外采摘等兴趣课程，还开设“从您的岗位路过”活动，让小朋友们体验父母的工作，体会到父母工作的劳累。（钱　洁）

【奉贤区总工会全方位关爱女职工】 奉贤区总工会为女职工提供“零门槛”的法律援助服务，以100%签订女职工专项集体合同为抓手，维护女职工合法权益和特殊利益。开展男女平等国策进企业活动，进企业开展宣传28场，共计5000人次参加。进一步做好女职工关爱实事项目，新建“爱心妈咪小屋”34家，为三期女职工提供私密舒适、功能齐全的温馨家园；建立5家“职工亲子工作室”，开设暑托班、寒托班和晚托班，帮助100多个职工家庭解决后顾之忧；帮扶困难、大病女职工1630人次，发放帮扶慰问金150万元；资助困难单亲女职工子女72人，发放助学款13.1万元；与区妇联、团区委联合举办“贤城有爱・缘来是你”青年联谊活动。关心外来务工人员，为200位困难女农民工免费开展“两病筛查”；457名女农民工在“电话诉亲情、温暖进万家”赠送通讯费、农民工“平安返乡返城”等活动中受惠。（钱　洁）

【东方国际集团工会落实暖心工程】 东方国际集团工会为备孕期、怀孕期和哺乳期的女职工提供一个私密、干净、舒适、安全的休息场所，制订“爱心妈咪小屋”助推计划的实施方案，在基层企业建有15家“爱心妈咪小屋”。集团工会首家职工亲子工作室寒暑托班继续开班，用于单位自身职工的寒暑假托育服务，全额免费，受到职工好评。（陆　益）

3月7日，奉贤区总工会召开庆“三八”活动暨“爱心妈咪小屋”创建推进大会（钱　洁）

【市医药工会举办“三八“主题活动】 3月16日，市医药工会举行“拥抱幸福・出彩上药新时代”2018年先进女职工表彰大会。会议对荣获上海医药集团年度“三八红旗集体”“三八红旗手”“三八红旗手标兵”称号的先进代表进行表彰。会议同时开设专场访谈，邀请部分优秀销售人员、先进代表进行成长经历分享。上海医药集团党委副书记、工会主席陈欣以及集团工会女职工委员会委员、各企业工会主席、各基层工会女职工代表等160余人出席大会。（陈玮雯）

【上汽工会举办“宝贝加油”六一专场亲子活动】 5月27日，由上汽集团工会主办的“宝贝加油”六一专场亲子活动在上汽荣威儿童文化中心举行。活动通过线上线下联动，邀请劳模先进、外派员工、拉杆员工、单亲家庭以及微信粉丝约500组家庭参加活动。上汽集团工会主席钟立欣出席活动，向所有小朋友表达节日的祝福，向所有奋战在上汽各条战线上的爸爸妈妈们表示衷心的感谢和慰问。“宝贝加油”亲子系列活动开展2年来，与资产经营、环球车享等业内外企业合作，每月1—2次通过线上线下结合的方式有序开展DIY手工制作、新能源共享汽车试乘试驾、各类博物馆参观等丰富模式的活动，为职工周末带娃提供好去处，增强职工的归属感，年均惠及近2000个家庭。（范　融）

【上港集团举行2018“爱就一起走”公益徒步活动】 6月9日，上港集团2018“爱就一起走”公益徒步活动在滴水湖畔举行，集团党委书记、董事长、“8.15”爱心基金会理事长陈戌源宣布活动开幕并为活动发令。这是上港集团“8.15”爱心基金会成立21周年系列活动之一，也是上港集团连续第二年举办公益徒步活动。活动以弘扬集团和谐家园共建共享精神为主题，积极引导全港职工团结互助、共享美好生活，“8.15”爱心基金会向集团特殊困难职工子女进行定向捐助。集团各基层单位职工代表、劳模先进代表及家属1000余人参加。（袁旭芳）

【中国移动上海公司工会深入开展女工关爱工作】 中国移动上海公司工

5 月 27 日，上汽工会举办“六一”专场亲子活动 （金　易）

会深入开展女工关爱工作，为广大女员工解除后顾之忧、展示巾帼风采创造条件。举办“建功新征程·巾帼新风采”纪念三八国际劳动妇女节主题活动，表彰女职工先进；开展“移动女性”沙龙活动，为女厅经理、女客户经理、女工程师，搭建交流平台；开设暑期亲子学堂，为长寿地区 7 家直属单位（本部）工会的员工子女提供暑期学习、休息场地。公司爱心妈咪小屋建设工作进一步推进，爱心妈咪小屋总数达到 24 个，四、五星级小屋数占 75%。 （张晨洁）

【中国电信上海市工会发布“翼时代·她力量”女职工关爱工作品牌】

“三八”节，中国电信上海市工会举行了“巾帼建功新时代、翼起绽放新风采”主题活动，对获得 2016—2017 年度上海公司“巾帼建功”先进集体、个人、工会女职工优秀品牌、巾帼岗位能手等荣誉称号的女职工先进进行表彰，发布“翼时代·她力量”上海电信工会女职工关爱工作品牌，举行女职工创新创业微论坛。公司纪委书记马明、公司女职工委员会委员、来自公司各条线的女职工先进代表、基层女职工委员会主任和一线女职工代表出席活动。 （殷　茵）

【机场集团公司工会举行“金秋乐学”项目启动仪式】 8 月 5 日，“非你莫‘暑’，启航‘夏’一站”——机场集团公司工会“金秋乐学”项目启动仪式在虹桥机场 2 号航站楼举行，集团公司工会主席张永东、各大单位工会主席出席活动并为秋季升学的职工子女代表送上祝福。启动仪式上，通过集团公司工会微信公众号网络报名海选产生的小演员进行才艺表演。启动仪式结束后，“小小机场人”职工亲子职业体验活动拉开帷幕，来自上海机场与空港社区兄弟单位的 100 组职工家庭参加活动。活动通过小朋友们体验爸爸妈妈们工作的各个机场岗位，了解父母工作的不易，传递“劳动最光荣”的价值观。 （张雯倩）

6 月 9 日，上港集团举行 2018“爱就一起走”公益徒步活动 （傅俊杰）

【市绿化市容局工会举办青年联谊活动】 4 月 14 日，市绿化和市容管理局工会与上海船舶运输科学研究所工会在滨江森林公园举办“环保手牵手，相约星期六”青年联谊活动。局各直属单位、中海环境科技（上海）股份有限公司、中远海运科技有限公司等单位的 40 余名单身青年参与。 （冯　磊）

【SMG 工会全面关爱女职工身心健康】 3 月 5 日，SMG 工会女工委举办“绽放三月，点赞巾帼”2018 年 SMG 庆祝三八妇女节先进分享会，表彰 2017 年获上海市级以上女性先进奖项的个人、集体；六一儿童节，举办“谁是复刻王”活动，面向台集团全体员工家庭，征集“超级亲子脸”，吸引了SMG旗下各单位的100多位员工参与;11月17日,集团女工委还与团委携手举办青年交友活动,近百名单身男女青年与相关共建单位的青年职工,赴东方绿舟参加“遇见彩虹遇见你”青年户外交友活动。为贯彻落实“全面二孩”政策,女工委积极配合市总工会实施的“爱心妈咪小屋”助推计划,SMG下属共有7间爱心妈咪小屋,年内均获得三星级评定。

（秦伊龄）

【市经信系统举办单身青年交友活动】 9月15—16日,“共画改革,牵手未来”——市经信系统单身青年交友活动在崇明东滩举行。活动由市经济和信息化工作系统工会、市经济和信息化妇工委、市经济和信息化团工委等主办,近180名单身青年参加包括骑行、篝火晚会、团队拓展等联谊项目,共有16对单身青年在活动现场成功牵手。（黄俭顾捷）

【临港产业园区工会举办临港青年金秋派对】 9月21日,由临港产业园区工会主办,临港浦东新经济发展有限公司联合工会委员会承办的2018“有你有我”临港青年金秋party在上海鲜花港举办。来自临港地区各企事业单位的150多名青年职工在愉快的活动中相识、相知。临港产业园区工会主席韩国华对参加活动的青年职工表示欢迎,并希望大家在临港这片热土上成就事业、缔结友谊、收获爱情。最终,有7对男女成功牵手。

（闫昊鹏）

【世纪出版集团举办“六一”主题读书游园会】 6月3日,世纪出版集团工会携手上海安徒生童话乐园,举办庆六一“游童话乐园·读中国好书”集团职工子女主题读书游园活动。集团工会主席何向莲向职工子女赠送集团所属出版社获得“中国好书”奖的图书。通过职工亲子互动,强化文化纽带作用,更好地促进企业文化与职工家庭文化建设的交融,增强企业的凝聚力和向心力。（江文）

【世纪出版集团工会创建职工亲子工作室】 7—8月,世纪出版集团工会以上海朵云轩艺术发展有限公司所属朵云轩艺校为试点,创建世纪出版集团职工亲子工作室,开办两期暑托班——《艺术新苗计划》夏令营,以解决集团部分职工家庭暑期子女无人照管的问题,切实帮助职工群众排解后顾之忧。（江文）

组织建设

【概要】 召开市总女工委七届一次全委(扩大)会议,回顾总结过去五年工作成果和经验,提出今后五年工作主线、总体要求和目标任务,选举产生新一届市总女职工委员会主任、副主任、常委。深入开展大调研,完成“上海女职工美好生活新需求”课题调研,探讨新形势下女职工成就职业理想和幸福家庭的新途径新方法。举办各级工会女职工委员、女工干部培训班,提升各级工会女职工干部做好群众工作的能力和水平。（部晶）

6月3日,世纪出版集团工会携手上海安徒生童话乐园,举办庆六一“游童话乐园·读中国好书”集团职工子女主题读书游园活动（周文强）

【市总工会举办庆“三八”女职工风采主题展示活动】 3月6日,上海工会庆“三八”女职工风采主题展示活动在上海市群众艺术馆举行。市人大常委会副主任,市总工会党组书记、主席莫负春代表上海市总工会,向全市广大女职工和女干部们致以节日的祝贺和亲切的问候。莫负春指出,上海工会女职工工作在学习宣传贯彻党的十九大精神、拓展女职工服务项目、维护女职工合法权益、提升女职工素质、推动女职工建功立业等方面做了大量工作,取得良好成效。全市广大女职工在各自岗位上为推动国家重大战略和上海经济社会发展作出了积极的贡献,展示了新时代上海职业女性的良好形象。会议要求全市各级工会要深入推进“女职工幸福关爱行动”,继续抓好五一巾帼创新工作室、女职工周末学校等品牌建设,扎实推进爱心妈咪小屋、职工亲子工作室等实事项目,让广大女职工有更多的获得感、幸福感和安全感。会上,市妇联主席徐枫与市总工会巡视员、女职工委员会主任何惠娟以及与会的市总女工委副主任们共同启动《春天的约定》——上海工会女职工奋进新时代倡议。

（部晶）

【上海市总工会女职工委员会召开七届一次会议】 10月10日,市总工会召开上海市总工会女职工委员会七届一次会议。全面总结市总工会第六届女职工委员会五年来的工作成效,选举产生第七届女职工委员会主任、副主任、常委;确定今后五年上海工会女职工工作的总体要求和“新时代,共奋斗;女职工,更幸福”的工作主线,以及建设“高素质”女职工队伍、搭建“高质量”女职工发展平台、创造“高品质”女职工幸福生活、体现“高水平”女职工工作能力的目标任务。

（部晶）

【举办上海工会女职工委员会委员履职培训班】 11月28—30日，市总工会女职工委员会举办“2018年上海工会女职工委员会委员履职培训班”，各级工会女职工委员会委员、各区局产业工会女职工工作干部80余人参加培训。市总副主席、女职工委员会主任桂晓燕做开班动员，她要求各级工会女职工委员会委员和女职工工作干部要认真学习习近平总书记关于中国工会和工人阶级的重要论述，不断加深对工会十七大精神的理解，结合改进工作作风、提升工作成效、深化改革创新等，扎实推进工会女职工工作；要忠诚党的事业，加强实践探索，提高维权服务的能力，竭诚服务女职工，团结动员广大女职工建功立业新时代。为期3天的培训班有全国工会十七大和习总书记重要讲话精神解读、资深的企业工会女职工工作者工作案例分享、女劳模创新工作室的现场教学，为学员们相互启迪、学思践悟，为谋划好明年的工作打下基础。 （郜 晶）

【长宁区总工会女职工委员会举办女工干部培训会】 3月7日，由长宁区总工会女职工委员会主办、区教育工会承办的长宁工会系统学习贯彻党的十九大精神女工干部培训会在区工人文化宫举行。党的十九大代表、上海市普陀区居村协会会长、桃浦镇社区党委副书记、居民区带教书记梁慧丽作专题报告。来自全区各系统、集团（公司）、街道（镇、园区）、直属单位工会的近300名女工干部出席此次培训会。作为上海劳模代表宣讲团成员之一，梁慧丽与大家分享作为长期工作在一线的居民区书记参加党的十九大的所见所闻，并对如何贯彻落实十九大精神，尤其是如何在新时期群众工作中以人民利益出发，面对新目标、踏上新征程，完成新任务畅谈思想认识。 （王亚文）

【杨浦区总工会女职工委员会召开六届一次全体会议】 5月30日，杨浦区总工会女职工委员会在杨浦区图书馆召开六届一次全体会议。区人大常委会副主任、区总工会主席麦碧莲出席了会议。麦碧莲要求新一届女职工委员会要团结凝聚广大女职工为建设杨浦“三区一基地”努力奋斗；要围绕群团改革要求，准确把握杨浦工会女职工工作改革发展的特点和规律，不断创新组织方式和服务机制；围绕“一切为了女职工的幸福”，拓展服务项目，促进全区女职工工作更富成效。她希望新时代女工工作要提高站位，增强使命感和责任感，组织动员全区广大女职工投入到杨浦建设大局的火热实践中，为推动“三区一基地”建设作出更大贡献。 （张东寅）

【奉贤区总工会举办女工干部履职培训班】 11月12—13日，奉贤区总工会举办区女工干部履职培训班，来自全区各街镇、社区、开发区、委局院、区属公司、基层工会共计60余名女工干部参加培训。培训班开设女职工劳动权益保护知识、女干部党性修养、女性领导力提升、创幸福家庭做幸福女人等课程，在爱心妈咪小屋、职工亲子工作室开展现场教学。培训班还邀请爱贝早教中心主任对企业内建立0—3岁托育机构的相关规定做解读。 （钱 洁）

【上海建工集团举行纪念三八妇女节暨党的十九大精神学习报告会】 3月9日，上海集团举行“建功新时代，绽放新风采”纪念三八国际劳动妇女节108周年暨党的十九大精神学习报告会。集团工会女职工委员会委员、基层单位工会女职工委员会委员、先进女职工代表等180余人参加。会议邀请党的十九大代表、上海市三八红旗手联谊会建功新时代讲师团成员，曾荣获全国先进工作者、全国三八红旗手、全国“人民满意的公务员”等荣誉称号的上海浦东海事局危管防污处处长、高级工程师陈维，分享了她参加党的十九大的亲身经历，畅谈了她对学习贯彻党的十九大精神的理解与感悟，会上二建集团、机施集团、房产公司、园林集团、市政总院的5位先进女职工和女工委代表还分别从聆听党的十九大精神报告的体会和如何践行党的十九大精神，从成长足迹与步伐、弘扬劳模精神立足本职岗位、凝聚巾帼力量绽放巾帼风采等方面发言交流。 （余轶群）

【上海建工集团举办女职工干部培训班】 11月15日，集团工会2018年女职工干部培训班在集团管理学院开班。集团工会主席卞炯出席开班仪式，卞炯要求完善制度、提高认识，组织广大女职工深入学习习近平新时代中国特色社会主义思想和中国工会十七大、全国妇联十二大等相关会议精神，把女职工工作放在企业发展的高度，充分调动女职工积极性、主动性和创造性。集团各单位工会女主席、女职工干部、女先进代表等80余人参加培训。 （余轶群）

【市经信系统强化女工干部思想建设】 6月1—8日，市经信系统妇工

6月1—8日，市经信系统举办“不忘初心，牢记使命”女工干部专题培训班 （黄 俭 顾 捷）

市监狱管理局举办女职工风采主题展示活动　（杨国峥）

委、市经信系统工会女职工委员组织了“不忘初心，牢记使命”女工干部专题培训班。培训班共分两部分。第一部分，在上海市商业会计学校进行培训动员并传达市妇联十五次会议精神。第二部分，培训班成员于6月3日赴井岗山革命根据地开展“让信仰点亮人生”的实地培训。培训贯穿“井岗山革命精神、井岗山革命道路”理想信念教育的主线，开展内容丰富，形式多样的培训活动。

（黄　俭　顾　捷）

【市监狱管理局工会突出三个“新”加强女工工作】 市监狱管理局工会加强女工工作，发挥女干警女职工“半边天”作用，主要抓好三个“新”：一是调整完善女工组织，力求女工工作新突破。局五次工代会后，选举产生新一届局女工委，由工会主席肖美芳同志任女职工委员会主任，在此基础上，对基层工会女工委组织分别进行了全面的调整完善。二是维护妇女特殊权益，寻求工作新亮点。对77名困难女职工进行定向、助学和节日帮困；开展妇科体检工作，组织困难企业女工50人进行免费妇科体检；“女职工团体特种保障计划”参保率达100%。三是加强自身建设，展现工作新面貌。定期召开工会女职工委员会会议，及时制订工作计划部署相关工作；参加市总组织的女工干部培训班；加强女工先进和工作室选树，女子监狱“晓东工作室”被评为市巾帼创新工作室。四是发挥女工半边天作用，力求女工活动新创新。组织开展“魅力女警，花样生活”三八节系列活动。邀请专家授课，开展手工培训；制作“巾帼建功展现英姿风采，警花绽放汇聚美丽人生”监狱局女工工作主题展板，参加市女职工风采主题展示活动，展现了监狱局女警的优良形象；利用上级工会资源，组织300余位女会员开展女性公益讲座；组织100多名青年未婚会员参加市万人相亲会活动和“上海工会青年职工交友”活动；组织女会员参加拼布缝纫大赛，11幅作品参赛，2幅作获得网络人气奖和优秀作品奖，局工会获得优秀组织奖。

（江海群）

【市级机关工会举办妇女干部培训班】 9月3—4日，2018年市级机关工会妇女干部培训班在上海工会管理职业学院举办，来自市级机关各单位的80余名工会妇女干部参加培训。培训班设置《不忘初心，牢记使命，学习贯彻党的十九大精神》《国学与人生智慧》《互联网时代的心理调适与有效沟通》《女干部卓越执行力打造》适合妇女干部特点的课程，分别邀请交通大学、华东理工大学、黄埔商学院等专家教授进行授课辅导。（王　颖）

2019

退休职工工作

综 述

2018 年，市退管办立足主责主业，引领全市各级退管组织积极作为，主动作为，平稳有序扎实推进各项退管工作和为老服务工作，确保全市退休职工队伍稳定和谐。一是强化退管理论研究工作，加大指导基层退管工作力度。结合退管工作实际，深入基层退管组织、深入退休职工开展广泛调研，了解基层退管组织的工作状况和退休职工的实际需求；加大对全市各级退管组织开展涉老政策、法律法规的宣传教育力度；完成上海市退休职工管理研究会换届选举工作；积极开展退管工作理论研究活动。二是拓展为老服务工作的深度和广度。市退管办注重工作重心下沉至社区，通过带资金和项目与区、街道（社区）联办合办等形式，开展社区为老服务活动，不断加大社区为老服务工作的力度和广度。先后与宝山区、嘉定区、黄浦区和金山区退管会联合组织开展社区为老服务专场活动。持续开展“冬送温暖夏送清凉”“重阳关爱”“帮困关爱”等系列工作；开展千名特困老人免费体检活动；扎实推进退休职工住院保障计划参保工作；组织各基层退管会以单位投保形式为退休职工购买“银发无忧”意外保险；先后与宝山区、嘉定区和金山区退管会联合组织开展社区为老服务专场活动，会同市民政局等单位在重阳节举办敬老节大型为老服务活动；制作发放高龄老人优待证，让更多的退休职工享受到就近、就地、便利、优惠、贴心服务；组织开展申城老人看“今日新上海”活动和为老服务志愿者疗休养活动。三是丰富退休职工的精神文化生活。充分发挥《上海退休生活》杂志和“银发服务网”的作用，杂志和网站根据新形势新要求，紧扣工作主线，努力传播正能量，引领广大退休职工感恩新时代，展现全市退休职工积极向上的精神风貌；结合纪念改革开放 40 周年，组织开展以“赞美时代、赞美生活、赞美退休”为主题的征文和摄影比赛，“我看改革开放新变化”上海老年摄影展，“改革开放颂，唱响新时代”九九关爱重阳歌会，第十二届“清凉杯”扑克牌比赛等系列活动。四是满足退休职工终身学习需求。上海市退休职工大学针对老年学员需求旺盛与学习名额难求的突出矛盾，充分挖掘潜力，有效利用与合理配置教学资源，努力提高教学质量，满足退休职工不断增长的终身学习愿望和需求。五是维护退休职工合法权益。实时了解、动态掌握各级退管组织信访情况，搭建交流平台，开展信访培训，指导基层提高及时化解信访矛盾的能力，全年退管系统共接待来信来访来电 12.5 万件，总体信访情况平稳，无新增重访、群访事件发生。六是加强退管工作者素质能力建设。及时修订《上海退休人员管理服务工作手册》，重新修订评估标准，通过自评、互评、实地检查指导等方式，对各区局集团（公司）退管会近 3 年的退管工作开展评估；加大退管干部队伍业务能力建设力度，开展全市性退管工作人员培训；着眼内部规范化建设，突出建章立制，规范办事流程。

（黎　颖）

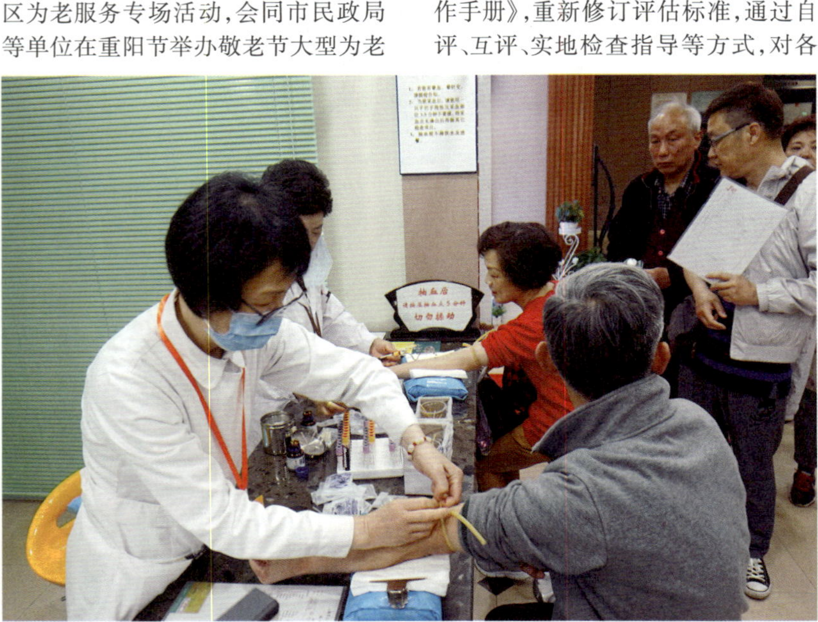

市退管办开展千名困难退休职工免费体检活动　（胡　磊）

为老服务

【概要】 2018 年，市退管办扎实指导为老服务工作的开展，继续加强全市退管队伍建设，注重提升退管工作人员的综合素质，继承和发扬优良的工作作风和传统，在帮困关爱、社区为老服务、关注老人健康、信访接待调处、退管理论研究等方面起到示范引领作用。全市各级退管组织紧跟时代步伐，立足自身特点，彰显各自特色，紧抓工作亮点，聚焦退休职工最关心的热点难点问题，在工作实践中创新为老服务新举措，将关心关爱送到退休职工身边，充分发挥退管组织的桥梁与纽带作用。　（黎　颖）

【开展两送慰问及系列帮困关爱工作】 市退管办指导全市退管系统的各级退管组织，坚持开展“冬送温暖夏送清凉”及帮困关爱系列工作。在普惠与特惠相结合的前提下，注重在帮困工作精准化上下功夫，加大对特殊困难人群的关爱和帮扶力度，切实做到对困难退休人员全关爱、全覆盖，使退休人员有更多的获得感、幸福感、安全感。全年各级退管组织共走访慰问退休职工 124.2 万人次，慰问金额达 4.67 亿元。　（黎　颖）

【开展千名困难退休职工免费体检活动】 4 月 10 日，市退管办联合上海康汇体检中心和上海爱尔眼科医院两家爱心企业启动为期一个月的千名老人免费体检活动，活动以“关爱老人送健康，携手共建银发乐”为主题，为 967 名独居、困难退休人员提供免费体检。此项活动已连续开展七年，旨在以健康需求为导向，引导退休人员关注疾病预防，做到早发现、早诊断、早治疗，降低因病致贫率，切实提高退休人员的生活质量。　（黎　颖）

【市退管办举办敬老日大型为老服务活动】 10 月 17 日，是全国第六个

"老年节"、上海第三十一个"敬老日",上海市退管办会同市老龄办、市老龄事业发展中心、黄浦区总工会、黄浦区老龄办、黄浦区退管办等单位主办的为老服务大型活动在复兴公园举行,60余名各领域专家提供现场专业咨询,内容涉及医疗服务、养老服务、老年婚姻、教育、维权、老年综合津贴政策咨询、手机使用技巧、防范金融诈骗等老年人日常生活的方方面面。百余名为老服务志愿者现场提供理发、维修、织补、血糖血压检测、白内障预检、安全用药、听力测试、老年推拿等便民服务。现场还为老年人精心准备一台精彩纷呈的文艺演出,60家区局集团(公司)退管会在活动现场以展板形式,集中展现日常关爱和服务退休职工的工作及活动场景。 (黎 颖)

【市退管办携手爱心企业扎实推进尊老社会一条龙服务工作】 市退管办根据退休职工的实际需求,全年制作和发放8万张高龄老人优待证,积极协调49家爱心单位参与为老服务项目,为年满70周岁以上的持证老人提供免费、优先、优惠服务,形成尊老社会一条龙服务。 (黎 颖)

【市退管办开展退管系统工作人员业务培训】 5月15—18日,市退管办连续举办4场面向全市退管系统工作人员的业务培训,各级退管组织的千余名退管工作者参加。市退管办邀请上海社会科学院、市委党校、市国资委、市信访办的专家讲授上海经济形势发展及民生热点,介绍退休人员社会化管理工作情况,解读当前信访工作形势及基础业务,并向每位学员发放市退管办新编的《上海退休人员管理服务工作手册》等学习材料。 (黎 颖)

【市退管办完成上海市退休职工管理研究会换届选举工作】 11月8日,市退休职工管理研究会召开第七次会员大会,会议审议并通过《上海市退休职工管理研究会第六届理事会工作报告》《上海市退休职工管理研究会第六届理事会财务工作报告》《关于修改〈上海市退休职工管理研究会章程〉的报告》和《关于调整上海市退休职工管理研究会会费标准的决定》,会议还选举产生研究会第七届理事会理事和监事。会议选举产生第七届理事会领导成员。市退管办主任刘培顺当选为新一届研究会会长。 (黎 颖)

【市退管办编印工作手册指导退管工作扎实开展】 为适应退管工作的新形势和新要求,市退管办编印了《上海退休人员管理服务工作手册》,内容涵盖了退管工作的职能、规范和要求,以及相关的法律法规、工作文件和参考资料等。手册以"敬业、奉献、务实、担当"的工作理念鞭策每一位退管工作者,要尽力为退休人员提供贴心、热心、真心的服务,为确保退休人员队伍和谐稳定做出贡献。《上海退休人员管理服务工作手册》在全市退管系统免费发送,受到各级退管组织的好评,已成为退管工作者不可或缺的工作指导读物。 (黎 颖)

【市退管办开展退管系统工作评估】 市退管工作对全市117家区局集团(公司)退管会近三年的退管工作开展评估。根据退管工作的新形势和新要求,重新修订评估标准,通过自评、互评、实地检查指导等方式进行综合评定,51家单位荣获优胜称号。 (黎 颖)

【静安区退管会举办庆祝敬老节文艺演出活动】 静安区退管会在庆祝上海市第三十一个敬老节期间,假区青少年活动中心举行"夕阳红彤彤,同圆静安梦"文艺演出活动。区人大常委会副主任、区总工会主席叶坚华致辞。区委常委、副区长、区退管会主任刘燮为获得先进荣誉的42人颁奖。市退管会主任刘培顺等一起为新成立的静安区退休职工合唱沙龙、静安区退休职工摄影沙龙、静安区退休职工收藏沙龙揭牌。 (顾新生)

【宝山区退管会举办为老服务专场活动】 4月24日,由上海市退管办、宝山区总工会、宝山区退管办主办,吴淞街道总工会、吴淞街道退管会、宝山公惠职工事务服务中心承办的"真情助老暖人心,工会服务惠职工"大型社区活动在宝山区诺亚新天地广场举行。近30家机关及企事业单位150余名志愿者,为1500余人次的老年朋友提供法律、公安户籍、社会保险、老年长期护理保险、心理咨询、食品安全咨询、眼科保健、职工互助保障、老年优待证办理等30多项咨询服务。活动现场还提供了理发、裁剪、磨刀、修伞、修鞋、配钥匙、小家电维修等便民服务项目,工会会员卡部分优惠商户也到现场为老年朋友提供优惠产品。 (黎 颖 胡臻遥)

【嘉定区退管会举办为老服务专场活动】 6月8日,由上海市退管办、嘉定区总工会,嘉定区退管办联合举办的"真情助老暖人心"大型为老服务

4月24日,宝山区退管会举办为老服务专场活动 (胡 磊)

活动在嘉定镇街道桃园社区举行。活动现场为老人们提供24项服务项目，分为便民类、保健类、咨询类、工会"大篷车"以及"一台戏"。既有燃气具检修、裁剪缝纫，磨剪刀等贴合老年人日常生活需要的项目，也有老人们关注的生活医疗服务，如市退管办的"保健推拿"、工会的"量血压"、桃园社区的理发等。工会带来的"大篷车"优惠购，以足够优惠的价格让老人们在家门口即可尽情选购各类日常用品和食品。活动的举办让社区老人实实在在地享受到生活的便利和优惠，受到老人们的普遍欢迎。（黎　颖）

【金山区退管会举办为老服务专场活动】 12月14日，由上海市退管办、金山区总工会和金山区退管会联合举办的"情暖冬日·爱鑫助老"大型活动在朱泾镇紫金广场举行，80余名志愿者参与，1000人次的老人享受到各类服务。活动现场设置20项便民服务，有老年保健、银发婚介、小家电维修、修伞、磨刀、理发、裁剪、修羊毛衫、修鞋、修洗眼镜、血糖检测、测量血压、白内障预检等。市退管办银发艺术团提供一台由专业艺术家及老年文艺爱好者共同演出的文艺表演。活动现场还提供法律咨询、长护险咨询、燃气使用咨询、妇幼保健咨询、公益倡导、公益乐学展示及工会"大篷车"优惠购等服务项目。志愿者们就金山区创建全国文明城区进行宣传，引导居民人人参与创城，说文明话、办文明事，做文明人。（黎　颖）

【百联集团退管会加强退管工作专业化管理】 百联集团退管会不断加强退休职工管理工作精细化和服务工作精准化，尤其在顺应形势，适应需求，建立制度，深化管理方面花力气下功夫。根据退休职工去世的实际情况，拟订《临终关怀全年无休电话值班制度》和《临终关怀全年无休电话值班操作流程》，改变以往仅靠口口相传处理临终关怀的工作模式。根据退休工伤人员的工伤情况和实际报销药费的情况，拟订《退休工伤人员医药费报销工作流程》，并建立健全退休工伤人员报销信息，为及时和全面掌握退休工伤人员医药费报销情况创造了条件。（黎　颖）

【市纺织集团退管会加强推进帮困关爱工作】 市纺织集团退管会根据本集团实际情况，持续推进退休职工的帮困关爱工作。通过向市老年基金会申请高龄失能老人帮扶救助项目、老三届人员因病返贫帮扶救助等项目，获得帮扶资助金20万元，通过全面排摸和精准评估，全部资助金均用于困难退休职工，为他们送上来自集团的关爱和慰问。集团退管会还就退休职工关注的热点问题组织退管工作人员开展研讨，围绕如何完善保障计划、如何在医疗护理方面为退休职工排忧解难、关心关爱退休职工心理状况等课题进行深入探讨，以理论指导退管工作实践，切实做好困难退休职工的帮困关爱工作。（黎　颖）

【久事集团退管会打好服务"组合拳"】 久事集团退管会为了服务好退休职工，贯彻"少跑几趟路，少上几层楼，少盖几个章，多一份省心"的原则，整合服务资源，拓展服务内容，创新服务方式，让更多退休职工享受到"看得见、摸得着"的实惠。各基层退管会形成一门式服务，安排公司人力资源部、计划财务部、营运业务部、党委工作部、工会、退管会等部门科室设立服务窗口，每月定期集中办公。各部门实行挂牌服务，明确服务内容和程序，及时解答协调相关问题，极大方便了职工办理退休手续，现场还放置便民服务台，增设饮用水、座椅、发放办事窗口流程图及便民告知单等，让前来办理手续的职工一进门就知道办什么事、找什么人、该怎么办。这一举措的推出，将退休职工原先办理手续的时间从一个小时缩短到10分钟左右，兜转一圈就办理完了退休手续，职工对此拍手称好。（黎　颖）

【上海电信退管中心组织志愿者参与退管工作】 上海电信退管中心每周两次开设"老友驿站"接待室，以电话或面对面的方式，倾听疏导、解疑释惑，帮助老职工解决生活中遇到的烦心事难解事。接待人员是由一群曾在公司从事政工、法务和管理岗位的退休志愿者组成。接待室成立以来，不仅使退休人员来信来访数量较以往有明显下降，而且也为退管中心开展调研，修正为老服务的内容和方式，不断提高管理服务水平提供宝贵的第一手资料。退管中心还在部分有条件的块组成立"老友携手"爱心志愿者队伍，让低龄退休员工与高龄、大病及行动不便等特殊群体老人结对帮扶，在陪伴中引导和鼓励老人，提高他们的晚年精神生活质量。目前电信公司已在总部试点的基础上向各基层单位逐步推广"一帮一，老帮老"志愿服务活动。（黎　颖）

【市仪电退管会多渠道关心困难退休职工】 市仪电集团退管会充分利用各种形式、通过各种渠道关心关爱困难退休职工。春节前夕，集团领导参与送温暖活动，带领本系统317名退管工作人员上门探望慰问6068名退休劳模、困难退休职工、高龄老人和为老服务志愿者，慰问金总额（含物）合计300多万元，向老人们送上组织的关心和节日的问候。全年根据对高额自费医疗困难退休职工实施救助办法的标准，经审核，有495名生大病的困难退休职工受益，获得救助金额102.09万元。对本系统生活不能自理的退休人员情况进行全面排摸调研，通过参与市老年基金会希望工程——仪电失能老人生活不能自理一次性生活器具援助项目，让334名老人落实轮椅、防褥床垫、座便器、尿不湿等生活器具和慰问金15万元。（黎　颖）

【市仪电社保中心多元关爱退休人员】 市仪电社保围绕退休人员的所思所想所需所求，提供人性化、亲情化、个性化真情服务。坚持不断细化和深化服务内涵，通过联手社区签订共建协议，巩固双重关爱工作机制，建立仪电退休人员组成的志愿者队伍，发挥志愿者服务作用等方法，帮助困难老人解决实际困难，不断深化双重关爱机制。通过推进退休人员社会化管理试点工作、企社联手联建服务平台，严格落实助医帮扶救助办法，加大困难退休老人帮扶力度，扩大受益面。通过耐心倾听来电、热情接待来访、处理合理诉求、解读信息政策、送上关心祝福等方法，为退休人员提供暖心服务。全面落实《上海市退休职工住院补充医疗互助保障计划》民心工程，通过“无病我助人，有病人帮我”的互助互济机制，帮助退休人员减轻医疗费用负担，退休职工把这一保障计划称为“职工的第二医保”。各分中心召开专题会议部署参保、续保工作，确保“全覆盖，不遗漏”。（倪林华）

【上海电力建筑工程有限公司工会成立“老同志自愿者服务队”】 上海电力建筑工程有限公司有退休职工1370人，随着人数逐年增加，给退休职工的管理服务工作带来一定的难度。为合理引导他们逐步适应退休生活，解决他们的民生问题，公司工会尝试召集一批由退休的支部书记、工会主席和热心人，组成“老同志自愿者服务队”，开展退休职工的服务关爱工作。经常邀请退休工人‘回家’坐坐，倾听他们的心声，一方面了解他们的生活，引导他们合理安排好退休生活，以适当的方式给予引导疏通。随着信息化的普及，“服务队”的老同志们建立微信群，将退休职工的服务工作从线下拓展到线上，增强相互联系，退休职工有什么问题和困难也可以通过微信进行沟通。（杜英宏）

【中国宝武稳妥推进退休人员社会化管理试点准备工作】 2018年，中国宝武认真贯彻落实《国务院关于印发加快剥离国有企业办社会职能和解决历史遗留问题工作方案的通知》（国发〔2016〕19号）及其配套政策文件精神，召开退休人员社会化管理试点工作专题工作会议和2018年度退管工作会议，全面部署退休人员社会管理试点准备工作，制订中国宝武退休人员社会化管理试点工作推进计划，成立以董事长、总经理为组长的领导小组和党委副书记为组长的工作小组，并报国资委改革局。年内，各级退管会认真做好退休人员日常管理和服务工作，全面开展退休人员信息完善、档案梳理、党员组织关系移交和退管工作信息化平台建设工作。（陈佩红）

【中国邮政上海分公司落实为老工作实施办法】 按照《中国邮政集团公司上海市分公司为老服务工作实施办法》为工作要求，中国邮政上海分公司落实好各项为老服务工作制度。一是组织开展“冬送温暖夏送清凉”、“回娘家”等传统办实事活动。2018年春节期间，离退休中心走访慰问43位离退休老领导、老干部、老劳模、老同志，送上邮政企业和组织的关爱。在高温季度来临之前，为切实做好保障离退休职工安稳度夏，清凉度夏，使离退休职工有更多的获得感、幸福感、安全感，让广大离退休老同志充分感受党和企业的关怀和温暖，离退休中心下发《关于做好2018年度“送清凉”工作的通知》，离退休中心在这项活动中走访慰问老领导、老干部、高龄、生病住院、困难退休职工等132人次。二是认真组织落实“六必访”等有关工作制度。为关心离退休老同志生活情况，掌握第一手资料，年内工作人员和块组长共走访慰问24446人次。三是安排落实离退休人员的健康体检。共有近500名退休职工参加了体检，23名离休干部参加了慢性病住院检查治疗。四是认真做好住院互助保障计划参保工作。共有10660位退休职工参保，参保率达到98.49%。五是进一步做好帮困送温暖工作。发挥退离休扶困基金会作用，加大对生活困难老同志的帮扶力度，扶困基金会共对154人次给予定期补助4.8万元，对111人次给予临时补助13.39万元。继续做好退休人员重病补贴工作，共对104人次重病补贴52万元；继续做好生活不能自理的无子女老同志家政服务补贴工作；关注关心关爱失独（失能）、身患重病的“空巢”独居老同志，与团员青年志愿者开展结对服务活动，敬老节前夕，实业总公司、普陀区分公司、虹口区分公司、浦东新区分公司青年志愿者上门看望结对服务的离休干部、退休劳模和退休职工。（王　瑛）

【市监狱管理局工会做好退管会工作，关爱老人身心健康】 市监狱管理局工会在2018年着重做好三方面工作：一是积极为退休老人办实事。开展“两送”工作，慰问金12.6万元，在国定假日期间由局工会主席带队开展对高龄、重病老人的慰问；组织40名困难退休职工参加市千名老人健康体检活动。二是丰富退休职工生活。组织退休人员参加市老年摄影展“我看改革开放新变化”采风活动，其中选送的摄影作品获得1项优秀奖，2项入围奖；组织退休职工参加浦江一日游活动；敬老节期间组织退休职工参加复兴公园大型为老服务活动。三是依托市退管办资源，组织退管干部参加市退管系统培训班和短期休整活动，在市退管工作考核评估中，局退管工作被评为2016—2018年退管工作优胜单位。（江海群）

【市总工会洞庭西山休养院开展敬老为老活动】 为弘扬中华民族尊老、敬老、爱老的传统美德，市总工会洞庭西山休养院于10月14日组织全体党员、发展对象、积极分子，开展第三届“九九重阳节，浓浓敬老情”敬老为老活动，为30多位平均年龄在70多岁的老人准备茶话会、团圆饭以及唱歌活动。通过活动让老人们感受到老有所养、老有所依、老有所为、老有所乐的和谐氛围。（蔡玉蓉）

文化生活

【概要】 市退管办紧扣工作主线，结合纪念改革开放40周年主题，组织开展征文、摄影比赛、九九关爱重阳歌会等系列活动，丰富广大退休职工的精神文化生活，引领他们感恩新时代，传播正能量，展现积极向上的精神风貌。各级退管组织发挥重点优势，在党建引领、读书学习、文体活动等方面主动创新作为，努力满足退休职工不断增长的精神文化需求。（黎　颖）

【市退管办组织申城老人“看今日新上海”活动】 9月28—30日，市退管办联合市老年基金会，以“乐游黄浦江·畅玩迪士尼”为主题组织申城老人看“今日新上海”活动，来自41家各级退管组织的600余名退休职工报名参加。活动通过参观浦江两岸发展变化和迪士尼风貌，让退休职工亲身感受上海城市的快速发展。（黎　颖）

【市退管办举办“我看改革开放新变化”老年摄影展】 10月10—13日，由市退管办联合市老龄办、市老年基金会共同举办的“我看改革开放新变化”2018上海老年摄影展在文艺会堂开幕。摄影展分“摄影创作”组（相机

10月10日，市退管办举办“我看改革开放新变化”老年摄影展（胡　磊）

动的开展促进退管系统一级关心一级的优良传统，继承和弘扬“小老人服务老老人”的社会风尚。（黎　颖）

拍摄）及“随手拍”组（手机拍摄）。摄影展“随手拍”项目旨在鼓励更多的老年摄影爱好者灵活运用手机，及时抓拍身边的美好瞬间，让更多的老年人参与到活动中。活动共收到各级退管组织近5000幅摄影作品，经专家甄选，两个组别分别评选出金镜头奖2幅、银镜头奖6幅、铜镜头奖12幅、优秀奖30幅和入围奖若干。摄影展的举办受到广大退休职工及老年摄影爱好者的欢迎。（黎　颖）

【市退管办组织开展“赞美时代·赞美生活·赞美退休”征文及摄影活动】 2018年，为展现上海退休职工积极向上的精神风貌和生活状态，市退管办结合改革开放40周年开展“赞美时代·赞美生活·赞美退休”之“不忘初心四十年”征文和“我的美好城市”摄影活动。活动得到全市各区局集团（公司）退管会的支持和参与，申城退休职工通过文字和镜头表达对上海这座城市的热爱，对幸福生活的珍惜，感恩社会、感恩时代的美好感情。活动共收到380余篇征文和1800余幅摄影作品，经多位专家的筛选评选，最终评出各类奖项280个。（黎　颖）

【市退管办依托研究会平台开展退管理论研究工作】 市退管办积极发挥上海市退休职工管理研究会的作用，组织各区局集团（公司）退管会及研究会各会员单位开展退管工作理论研究活动，拟定与退休人员密切相关的10个参考课题，在全市退管系统中广泛征稿。各级退管组织积极参与课题研究，共有312篇材料参加评选。经专家组的初评及复评，评出获奖论文和调研报告80篇，并编印“优秀论文选集”。（黎　颖）

【市退管办举办“清凉杯”扑克牌比赛】 8月21—23日，市退管办举办上海市退休职工第十二届“清凉杯”扑克牌比赛。比赛吸引57个区局（集团）公司退管会的182支队伍参赛，除“80分”比赛及“大怪路子”比赛，增设玩法简单、娱乐性强、老少皆宜的欢乐3打1。（黎　颖）

【市退管办组织举办九九关爱·重阳歌会】 9月2日，在上海音乐学院贺绿汀厅，由市退管办会同市老年基金会和上海科技助老服务中心联合举办“改革开放颂·唱响新时代”为主题的九九关爱·重阳歌会，99支团队报名参加，其中30支优秀团队进入总决赛，最终按照综合组、社区组2个组别，分别产生一等奖1名，二等奖2名，三等奖3名。（黎　颖）

【市退管办组织开展退管系统疗休养活动】 为激励基层退管组织更好地做好退休人员的管理服务和为老服务工作，市退管办于5月至11月分批组织500余名退休块组长及为老服务志愿者，分赴五地开展疗休养活动。活

【国网上海市电力公司退管会开展红色教育活动】 10月22日—11月26日，国网上海市电力公司退管会分批组织老劳模、老专家、为老服务志愿者以及独居离退休人员赴青浦陈云纪念馆、练塘特高压变电站、青浦现代农业园等处开展学习参观活动，感受现代科技农业发展成果，学习老一辈无产阶级革命家的崇高精神和革命风范，体验电力公司改革开放以来电力事业的巨大变化和最新发展成果。同时利用公司的“传承红色基因，守护领航灯”微信公众号，将红色教育基地的有关内容发布至“离退休在线”微信平台，组织离退休干部党员开展网上学习，积极引导离退休干部追寻红色记忆、强化党性锻炼和初心再出发，使离退休干部为上海和公司改革发展建言献策的积极性得到进一步提升。（黎　颖）

【杨浦区退教系统开展系列活动】 5月，杨浦区退教系统纪念改革开放40周年暨第十届文化艺术节启动。通过《春咏》硬笔书法比赛、“美哉，中华”颂诗会、书画作品展，“改革开放硕果丰，砥砺奋进新时代”集邮展览等系列活动的开展，以艺术节活动为载体，为退休教工展现才艺和文化底蕴搭建平台，提供舞台。广大退休教工积极参与各类活动，以倡导享受快乐、愉悦精神的养老方式，反映老人们“老有所学，老有所乐”的生活态度。（黎　颖）

【静安区退管会开展敬老日系列文艺演出活动】 10月12日，静安区退管会在区青少年活动中心举行“夕阳红彤彤，同圆静安梦”退休职工庆祝“敬老节”文艺演出活动，新成立的退休职工合唱沙龙、摄影沙龙、收藏沙龙举行揭牌仪式。11月13日，区退休职工合唱团到青浦区的中福会养老院，开展公益慰问演出，为老人们送上一台精彩纷呈的演出，并在“没有共产党就没有新中国”的歌声中，为老人们系上围巾，送上一份温暖，场面温馨感人。（黎　颖）

【松江区退管会借势借力搭建老有所乐活动平台】 2018年，松江区退管会每年坚持开展"老有所乐"系列活动，受到了退休职工的广泛欢迎。年初，区退管会结合本区退休职工实际，拟定工作计划，确定活动项目，制定比赛规则和活动奖励方案，并且借势借力，充分利用各方资源开展活动，做到既保障活动有序开展，又确保退管经费合规使用。5—11月，区退管会先后组织开展80分、飞镖、室内迷你高尔夫球、夹弹子、保龄球等比赛活动，共有21家基层退管会参与。通过活动，促进退休职工的身心健康，丰富退休职工的精神文化生活。（黎　颖）

【上药集团退管会开展庆祝敬老节系列活动】 10月16日—11月15日，上药集团退管会组织开展敬老日主题系列活动。包括：上药医械退管会举办的"看上海发展，秀美好生活"退休职工敬老节活动、上药药材退管会组织的以"体验中医文化·留住药植美丽"为主题的敬老日活动、信谊退管会举办"信谊制药人：看上海发展，秀美好生活"主题活动，直属块、党委块也分别举办的体育类活动、庆祝敬老节活动专场。集团退管会以丰富多样的形式和内容吸引本系统退休职工的积极参与，充分展示了上药退休职工多姿多彩的艺术才华和精神风貌。

（黎　颖）

【市科技系统退管会注重文化传承开展系列活动】 科技系统退管会以注重文化传承为主线，牵头带领系统内各单位退管会开展各种形式的系列活动，老一辈科技人讲经历，谈体会，将潜心治研、艰苦奋斗、无私奉献、开拓创新的精神传承给新一代的科技人，引导和鼓舞年轻一代取得更大更多的研究成果。4月23日，上海市科技创业中心退管会组织退休老同志参观位于临港的科技创业中心，作为参与建设的老同志看到他们的开拓精神得以传承，园区呈现出一片欣欣向荣之势，感慨万千；4月24日，中国电子科技集团公司第三十二所退管会的新老同志欢聚一堂，召开"不忘初心六十载，共铸航天新时代——2018年中国航天日主题座谈会"，曾经奋斗在航天战线上的离退休老同志代表，与在座的新一代航天人一起分享他们当年参与航天科研的故事；10月17日"敬老节"之际，中国科学院上海植物生理研究所退管会举行"纪念殷宏章院士诞辰110周年座谈会"，共同追忆缅怀与殷宏章先生共事、治学和交往的点点滴滴，把殷宏章先生坚持科学真理、实事求是、热爱祖国、为人胸襟宽广、一生淡泊名利以及关爱提携后辈等优良品质作为大家今后学习和努力的标杆；11月7日，上海药物所举办"药文轶事留声机"老同志讲故事活动，活动由离退办和研究生处联手合办，邀请药物所90岁高龄的离休老同志、老专家胥彬先生，以自己的科研实践经历，向研究生们讲授药物所的悠久历史。（黎　颖）

【复旦大学退管会开展传承家风】 由复旦大学退管会精心策划设计制作的金婚纪念册，在10月16日敬老节来临之际举办的复旦大学2018年离退休教职工金婚纪念活动上，送到323对复旦金婚夫妇手中。金婚纪念册的酝酿、搜集、整理、制作历时年余，是复旦大学退管会的创新之举，在全国高校中尚属首例。纪念册犹如一部静态的纪录片，呈现复旦伉俪节俭的品德、醉心学术研究、以及在艰苦岁月中坚持理想的动人故事，既是家风的传承，也是复旦文化的传承。纪念册设计完成后，校党委书记焦扬、校长许宁生寄语作序。在金婚纪念活动中，焦扬书记和常务副校长桂永浩为纪念册颁发揭幕，并为金婚夫妇代表颁发纪念册和献花，将浓浓温情送到每一对金婚夫妇手中。（黎　颖）

【上海广播电视台退管会开展"阳光情怀"系列活动】 10月16日敬老节前夕，上海广播电视台退管会开展"阳光情怀"系列活动，成功举办2018年《阳光·情怀》离退休员工书画摄影展，以"看改革开放40年三大变化，忆上海电视60载成就，展阳光心态美好生活"为主题，共展出书画摄影作品近百幅。同日还表彰"十佳为老服务志愿者""优秀离退休共产党员"等荣誉的获得者，组织"良师益友"团员青年志愿者与老同志举行结对仪式，并为书画摄影作品的获奖者颁奖。11月24日，200余位退休党员在阳光教室齐聚一堂，聆听由离退休党委组织的"阳光·课堂"专题报告会——《当前国内外形势与改革开放40周年的历史思考》，丰富离退休职工的精神文化生活。（黎　颖）

【工商银行上海分行退管会多形式开展精神文化活动】 年内，工商银行上海分行退管会先后举办"增添正能量、共筑中国梦"和"我看改革开放新成就"两个主题系列活动。活动包括：一场研讨——由各个层面老同志代表参加的"改革开放新成就"专题研讨；两次访谈——走访两位具有代表性的老同志，回顾银行业改革开放过程中的重要事件与节点；三个座谈——分别召开工作人员座谈会、退休支部书记座谈会和老同志联络组长座谈会；四项主题活动——老同志摄影作品征集、个人收藏品展览、参观"我看上海新地标"和优秀联络组长评比等活动。另外还开展老同志"桌面才艺秀"系列活动，内容包括书法才艺大赛、插花才艺展示、厨艺大赛等，每项活动都吸引上百名老同志参赛或观摩。（黎　颖）

【建行上海分行离退人员管理部开展系列活动】 8—12月，建设银行上海市分行离退人员管理部围绕"庆祝改革开放四十周年"开展系列活动，分别举办了"申银杯"书画摄影征文作品比赛、座谈会和访谈会、教学成果汇报演出等活动。老同志们踊跃参加，以各种形式回顾建行发展光辉历程，共同讴歌改革开放40年来的发展变化和取得的历史性成就，充分展现当代老年人阳光心态和美好生活。

（黎　颖）

【上海航天局退管会引导退休干部为党和航天事业再添正能量】 上海航天局退管会以专题报告会、撰写回忆录、健康健步走等各种活动形式，组织引导退休干部为党和航天事业再添正能量。7月11日，上海航天局退管会举办"改革开放再出发"专题报告会，此次报告会是"讲好航天故事，传承航天精神"系列座谈会中的一场。会上邀请退休老总讲述老一代上海航天人不畏艰险，攻坚克难，确保成功等发展故事；组织退休干部撰写回忆录，编

7月11日,上海航天局退管会开展"讲好航天故事,传承航天精神"座谈会 (薛恒盛)

辑书籍《风暴长空·笑傲苍穹》,补充和完善上海航天早期科研型号的历史资料;组织"不忘初心,健步远行——退休职工庆祝改革开放40周年健步走"活动,以健步走的方式,让老同志们亲眼目睹上海航天40年来改革开放的新发展新气象。 (黎 颖)

【市卫生系统退管会注重退休职工精神文化需求】 4—11月,市卫生系统退管会为丰富退休人员的生活,组织开展各类活动,力求充分满足他们的精神文化需求。组队参加第二十八届上海白玉兰颁奖晚会、"我们的美好生活"上海市行业老年教育第二届艺术教学成果展演、"2018九九关爱·重阳歌会"、上海市"6.6海派旗袍文化推广日五周年系列活动"等演出和比赛。组织召开庆祝第三十一个敬老节大会暨"赞美时代·赞美生活——综艺喜乐汇"综艺大赛,并与市卫生高级专家协会合作,组织多名高级专家,赴闵行区的大型养老社区"新东苑快乐家园",为200余名老人送去义诊医疗服务及义演。 (黎 颖)

【上海社科院退管会举办老年人权益保护知识讲座】 4月26日,上海社科院退管会举办"老年人权益保护"知识讲座,邀请上海市老年维权先进个人、上海市老年维权十大标兵律师李东方律师主讲。李东方凭借自身多年的法律服务经验,并结合财产纠纷、遗产继承权等实际案例,为老同志深入浅出地讲解老年人权益保障、家庭财产继承等相关的法律知识,帮助大家树立正确的依法维权观念,并与现场的老年同志建立普法知识微信群。 (黎 颖)

【上海电信退管中心搭建老有所乐和老有所学活动平台】 上海电信退管中心通过开展"敬老月"系列活动,为退休职工不同的精神文化需求搭建活动平台。组织开展"我们的退休生活"朗读比赛、"桑榆书香"2018年敬老月开幕式暨大型配乐朗读表演、广富林文化遗址公园的"寻根之旅"、"登高鸟瞰"上海中心大厦及参观迪斯尼乐园、"重温童趣"弄堂老游戏比赛、"放飞心情"退休职工风筝比赛等活动。退管中心还注重加强老年人学习与团队的建设,在加以引导的同时,让志同道合的退休职工自主创建、自主管理6支老年学习团队。其中上海银铃民乐队、上海电信"夕阳美"武术队、上海电信天翼摄影团队、上海电信天翼戏曲团队、上海电信"乐夕阳"歌舞团队被评为上海市行业四星级团队,上海电信天翼电声乐队被评为三星级。让更多的退休职工走出家门,快乐生活。 (黎 颖)

【上海海关退管办"以书为媒"开展离退休党员读书活动】 上海海关退管办以书为媒,组织离退休党员开展读书系列活动。3月,与开发区海关举行"结对子"赠书仪式和讲党课活动,赠授《讲海关故事·助海关发展——上海海关离退休干部正能量活动之"讲故事"文集》等5套书籍,由退休党员代表讲授"铭记历史,不忘初心,红烛永续"主题党课;5月在党务干部读书班上,开展"关于推进机关系统离退休干部党建工作的几点思考"专题讲座;6月举办"让读书成为习惯和生活方式"的讲座;10月,与开发区海关再次联办"书香浸润海关梦,阅读助推'再出发'"主题"结对子"读书交流会,通过交流发言、点评诠释、媒体展示等方式营造良好文化氛围。 (黎 颖)

【中国铁路上海局集团公司老年体育活动丰富活跃】 2018年,中国铁路上海局集团公司老年体协以科学健身为重点,以抓好老年健身活动为载体,通过开展太极拳剑操、门球、气排球、乒乓球、羽毛球等活动,积极组织和引导广大老年人走出家庭,融入社会。集团公司举办庆祝改革开放40周年老年集中展演活动,来自5个地区800多名老年文体骨干登台亮相,展示的15个精彩文体节目,把体育元素与文化内涵融为一体,充分展示老同志的健康阳光心态。因地制宜做好"老年家园"建设和指导老年人科学开展健身活动。老年队在全路、省市的比赛中屡获好成绩,展示上海局老年职工的风采。 (马 骊)

【上海长江轮船有限公司"浪花"诗词社践行初心】 上海长江轮船有限公司老干部处"浪花"诗词社成立于1996年春,社员大都是耄耋老人,这群耄耋老人,他们在战争年代、为了新中国的诞生,贡献青春热血;建国后在浩瀚的长江上,为航运事业、付出毕生精力。在改革开放大潮中,他们年过花甲,陆续离职休养。国逢盛世,在享受着含饴弄孙的天伦之乐的同时,抱着生命不息、战斗不止的信念,把中国古典文学之一的诗词,作为自己陪伴终老的好友。社长王传康定期组织社员开展诗词创作研讨活动。2018年,"浪花"诗词社先后出版诗刊两期,诗词作品120余首。作品涵盖"歌颂党的十九大""纪念改革开放40周年"

"讴歌新时代中国特色社会主义思想"等内容,这些作品凝聚着老干部对党和国家的深厚感情,浸润着老干部对生活积极向上的追求和对美好未来的向往,体现着老干部对诗词创作的无限酷爱和孜孜追求,凸显着老干部对党的敬仰之心,也展示"浪花"诗词社社员们在诗词创作领域取得的丰硕成果。 (陈 挺)

老年教育

【概要】 2018年,随着退休职工学习热情的日益攀升,上海市退休职工大学学员突破3.5万人次。面对学员不断增长的学习需求与学习名额有限的突出矛盾,市退大积极完善制度,加强队伍建设,创新课程设置,合理配置教学资源,努力提高教学质量,并着重开展教师素质教育、培养志愿者团队、组织成果展示活动,积极推动行业老年教育的健康发展。年内,市退休职工大学有复旦、浦东、沪西、静安、移动、电力、工行、瑞金医院、电信、金山区、建行、邮政、杨浦区退教协、海洋石油等14所分校。校本部全年开设班级341个,学员13522人次;14所分校共开设班级883个,学员共计21756人次。学校围绕教学、管理、素质教育、志愿者工作、团队建设、行业老年教育等方面工作,全面完成各项目标和任务。 (黎 颖)

【市退大完善各项教学管理制度】 市退休职工大学在建立健全工作制度和规范上下功夫,努力提高学校的管理水平。一是坚持精细化管理,建立和修订任课教师聘用、学制设置、教学情况反馈、学员、班长、教师考勤、新学期开学准备等工作操作规程,力求工作精细化;二是重视学员民主管理,定期听取民主管理委员会成员意见建议,修订章程,改善年龄结构;三是开展无记名测评,为学校改进工作发挥作用,2018年度满意度测评达93.7%;四是坚持开展教师节慰问活动,及时探望生病住院的教师,让教师感受到学校的关爱;五是严格安全管理,监督落实各项安全制度和安全措施,确保学员人身、财产安全和正常教学秩序,健全教室、办公室的安检制度与值日制度。 (黎 颖)

【市退大加强教师队伍建设和创新课程建设】 市退休职工大学不断加强教师队伍建设,制定教师守则,规范教师行为;开展班主任听课制度,有记录有点评;每学期进行无记名满意度测评,广泛征求学员对学校的意见和建议,促进学校改进工作;分类设定任教老师的年龄上限,改善任课教师的年龄结构;坚持规范教学,做到教学方法科学实际,教学程序合理有序。在课程建设方面坚持创新,坚持科学合理地设置新课程,探索尝试开设文史类课程,让更多的老年朋友了解中华优秀传统文化;不断优化和调整课程和学制,使其更符合老年学员的学习特点和要求。同时,通过志愿服务开展素质教育,推动学校的志愿者工作。学校号召学员加入志愿者队伍,鼓励老年学习团队把退大学到的知识、技能回馈社会,将志愿服务作为团队活动的重要内容。 (黎 颖)

【市退大扎实推进老年学习团队的持续发展】 学校围绕《上海市老年教育发展"十三五"规划》中关于培育老年学习团队的要求,努力推动老年学习团队的培育和发展。学校现有老年学习团队81个,2018年获批一星级团队16个,三星级团队2个,舞蹈队被评定为2018—2019年度老年学习团队工作室。老年学习团队的培育、发展和日常管理工作已纳入了学校的日常工作,形成长效机制。落实专人负责、专人联络、定期反馈各团队情况,发现问题及时协调解决,确保学习团队健康可持续发展。 (黎 颖)

【市退大组织开展老年教育成果展活动】 作为老年教育的重要工作之一,学习成果展示交流向来受到学员的期盼和欢迎。7月4日,上海市退休职工大学在兰心大戏院举办了以"我们的美好生活"为主题的上海市行业老年教育第二届艺术教学成果展演活动;全年分类举办了摄影、彩色铅笔画、钢笔风景写生、水彩和素描作品展览;分别举办了声乐和舞蹈展演活动;组织学校舞蹈队和民族舞班学员参加了兴业银行上海分行第三届"安愉人生杯舞"魅娘舞蹈大赛,荣获一、二等奖;组织学校舞蹈队参加上海市2018年"金色广场"老年人创编舞蹈大赛,荣获二等奖;组织学校合唱队参加上海市第十三届老年艺术节"中银常青树杯"合唱展演,获得了二等奖的佳绩。 (黎 颖)

【市退大推动行业老年教育健康发展】 上海市退休职工大学在承办上海市行业老年教育指导中心基础上,分别在浦东新区、宝山区、嘉定区、卫计委系统退管会、华谊集团、中国电信上海公司设立了6个分中心。通过召开调研会议,互通信息,交流经验,到分校、分中心实地走访了解实际情况,掌握一手资料。对老年学习团队、志

7月4日,市退大举办以"我们的美好生活"为主题的上海市行业老年教育第二届艺术教学成果展演活动 (李 唯)

愿者工作、教师注册等工作,进行现场指导和服务。选派任课老师至行业分中心和行业分校,有效缓解老年学校普遍存在的师资紧缺问题。在以"我们的美好生活"为主题的上海市行业老年教育第二届艺术教学成果展演活动中,所有节目均来自各分中心和分校,呈现老年艺术教育的丰硕成果。在纪念改革开放40周年上海市行业老年教育摄影展活动中,各分中心和分校选送的摄影作品,充分展示了老年摄影教学成果。 (黎 颖)

【市退大电信分校学员突破1000人次】 市退休职工大学电信分校以办老年人满意的学校为宗旨,从优化、提升、激励、创新、推动和开展等6个方面扎实开展工作。分校广泛听取退休职工意见,以征询函的方式设置课目。通过召开教学研讨会,听取老师和学员的建议和要求,创造性地开展工作。学期末还开展了评优工作,激发学员的学习热情。目前,电信分校共设有6个教学点,开设36个班,学员1071人次,已成为全市规模最大的企业级老年大学之一,80.23%的学员到课率在全市同类学校中保持领先。

(黎 颖)

【市退大建行分校打造学习活动阵地】 市退大建行分校坚持"为了健康,为了快乐"的办学理念。年内,在已有合唱队、舞蹈队、书画队、摄影队的基础上,新成立了棋牌和乒乓两个老年学习团队,积极推动和组织各团队参加市级比赛和活动。根据课程需要,专门聘请了多名具有高级职称的兼职任课老师,有效提升分校师资力量。同时,分校斥资改造教学环境,增添和更新教学设施设备,设置教学成果展示窗口,全面打造更为良好的学习环境和氛围,激发学员的学习热情和积极性。目前,市退大建行分校共设8个班级,全年超过2万人次在此参加学习和活动。 (黎 颖)

【市退大电力分校注重文化养老加强阵地建设】 市退大电力分校秉持"让退休生活更多彩"的办学理念,根据本系统退休职工的实际需求,加强各类兴趣班和课程的开设,邀请艺术造诣较深、教学经验丰富的老师定期授课,努力丰富老同志精神文化生活。组织分校各老年学习团队积极参加各类活动,其中,合唱队在"九九关爱·重阳歌会"比赛中,获得市级优胜奖;舞蹈队的瑜伽舞在上海市老年教育第二届艺术教学成果展演中受邀亮相,获得高度好评,充分展现了老同志良好风貌和文化养老的丰硕成果。

(黎 颖)

党建与自身建设

综 述

2018年,市总组织部认真做好市第十四次工代会和中国工会十七大组织人事工作,着力加强干部队伍建设,严格落实各项制度,规范直管事业单位人事管理工作,为深化上海工会改革提供组织保障。一是认真做好市第十四次工代会、中国工会十七大、市总七届一次女工委会议相关组织人事工作,对830名市工代会代表、92名中国工会十七大代表候选人、155名市总委员候选人、29名市总经审委员候选人、108名市总女职工委员会委员候选人人事材料,严格审核把关,实现了重要文件零差错。制定选举工作方案,细化流程、责任到人,确保各项选举任务顺利进行。二是加强工会干部队伍建设,强化对机关系统干部资源统筹,启动第二批挂职干部选派工作,落实好干部监督工作,做好干部协管工作,开展干部队伍调研,深化干部教育培训工作。三是落实中心组学习制度,制定党组中心组全年学习计划安排,聚焦工会主责主业、基层建设、党的建设等领域的新情况新问题,组织专题研讨和参观等,把学习成果转化为推进改革创新、提升工作水平的实际成效。四是做好工会界别市政协委员调研工作,发挥好政协委员参政议政作用。五是推进直管单位人事管理工作,指导开展事业单位工作人员公开招聘工作,规范事业单位选人用人行为。指导事业单位建立健全对职工业绩的考核办法,加强直管事业单位绩效工资的规范管理。六是认真落实好老干部各项政策,开展形式多样的文娱活动,丰富老干部精神文化生活,不断提高老干部工作质量。

(庄 勤)

组织建设

【概要】 认真履行干部协管职责,坚持工会干部配备的要求和标准,完善工作规范和流程。年内共指导完成24家区局(产业)工会换届改选、41家区局(产业)工会届中调整的干部协管工作,共调整工会领导班子成员203人次。新组建上海市市场监管工会工作委员会和东方国际(集团)有限公司工会(上海市纺织工会)。

(王继平)

【虹口区工会召开第六次代表大会】 10月30—31日,虹口区工会第六次代表大会在区政府召开。虹口区各基层组织选举的200名代表参加会议。市人大常委会副主任、市总工会党组书记、主席莫负春,虹口区区委书记吴信宝出席会议并讲话。区人大副主任、总工会主席胡军作了《深化改革促发展砥砺奋进谋创新团结凝聚广大职工为推动虹口实现高质量发展、创造高品质生活而努力奋斗》的报告,总结全区工会5年以来工作,明确今后5年的工作任务。大会选举王成东等41人为区总工会第六届委员会委员,选举蒋红心等9人为区总工会第六届经审委员会委员。大会结束后,召开区总工会六届一次全委会议,选举胡军为虹口区总工会主席,蒋红心为虹口区总工会经费审查委员会主任。

(马伟杰)

【金山区工会召开第五次代表大会】 4月25日,金山区工会第五次代表大会开幕。金山区委书记赵卫星、市总工会巡视员何惠娟、区人大常委会主任杜治中、区政协主席王美新等领导出席会议。区人大常委会党组副书记、副主任,区总工会党组书记、主席朱喜林作工作报告。报告指出,过去5年金山区各级工会在金山区委和市总工会的领导下,按照中央、市委、区委关于党的群团改革工作要求,紧紧围绕金山转型发展大局,充分发挥工会联系服务职工群众的桥梁纽带作用,圆满完成金山区工会第四次代表大会提出的目标任务。今后5年,金山工会将继续以党的十九大精神为引领,紧紧围绕区第五次党代会确定的奋斗目标,团结带领全区职工群众为加快打造"三区""五地"、全面建设"三个金山"而努力奋斗。4月26日,在金山区总工会第五届委员会第一次全体会议上,选举产生朱喜林、汪敏良、曹冠、季蕾、童上高和胡赟星组成的新一届金山区总工会领导班子及15名常务委员会委员。选举汪敏良为经审委员会主任,选举曹冠为女职工委员会主任。

(郁 蔚)

【松江区召开工会第五次代表大会】 8月28日,松江区工会第五次代表大会在区办公中心大会堂开幕。市人大常委会副主任、市总工会党组书记、主席莫负春,区委书记程向民,区人大常委会主任唐海东等出席大会。区人大常委会副主任、区总工会主席徐卫兴代表区总工会第四届委员会作工作报告,区总工会党组书记、副主席陈军康主持开幕式,团区委书记丁汀代表人民团体向大会致贺词。莫负春对过去5年松江工会工作给予高度评价,他希望松江各级工会组织在习近平新时代中国特色社会主义思想的统领下,以工代会为契机,聚焦松江发展需求、聚焦职工服务需求,充分发挥工会大学校、大舞台、大家庭和大平台的作用,努力走出一条具有时代特征、上海特色、松江特点的工会建设新路子,为推动区域经济社会发展做出贡献。大会现场进行了微直播,近500人参加开幕式。

(邹丽梅)

【青浦区工会召开第五次代表大会】 4月17日,青浦区工会第五次代表大会在区会议中心召开。来自全区各行各业的237名代表参加大会。区工会第五次代表大会会期一天,在下午召开的大会第二次全体会议上,选举产生区总工会新一届委员会、经费审查委员会和出席市工会第十四次代表大会代表;表决通过《关于青浦区总工会第四届委员会工作报告的决议》《关于青浦区总工会第四届委员会财务工作报告的决议》和《关于青浦区总工会第四届经费审查委员会工作报告的决议》。

(朱建强)

【奉贤区总工会召开四届四次全委(扩大)会】 7月16日,奉贤区总工会召开四届四次全委(扩大)会议。会议补选许燕玲为区总工会第四届委员会常务委员、副主席,杨莲、朱勇全两人为区总工会第四届委员会委员,表决通过陆建国为出席中国工会第十七次全国代表大会代表候选人。会议总结上半年工作,部署下半年任务。区总工会第四届委员会委员、第四届经费审查委员会委员,各镇、街道、社区、开发区、委局院、区属公司、行业工会主席、专职副主席,区总工会中层干部出席会议。

(钱 洁)

【市机电工会召开第七次代表大会】 12月25日，市机电工会第七次(上海电气集团股份有限公司工会第二次)代表大会在上海电气培训基地召开。市人大常委会副主任，市总工会党组书记、主席莫负春，上海电气集团党委书记、董事长郑建华到会祝贺并讲话。上海电气集团党委副书记、总裁黄瓯作经济形势报告。朱斌代表市机电工会第六届委员会作工作报告。大会以无记名投票方式，选举产生新一届工会委员会和经审委员会。选举朱斌为主席，李斌、袁胜洲、万敏莉、李敏4人为副主席，选举刘奋、李黎、何延庆、余耀、辛健、单文静、顾伟伦、徐京亮、黄桂芳、麻秀娟、章敏、傅海鹰12人为常委。共250多名代表参加开幕式。 (彭伟光)

11月23日，中船上海船舶工业有限公司工会第七次会员代表大会召开 (刘奕明)

【东方国际(集团)有限公司工会召开第一次代表大会】 4月17日，东方国际(集团)有限公司工会第一次代表大会召开。会议选举产生集团工会第一届委员会和经费审查委员会，黄勤当选集团工会主席，邵玉虎、陈敏、吉伟忠、郭愚等4人当选集团工会副主席，邵玉虎当选集团工会经审主任。大会提出未来5年集团工会工作的指导思想和主要任务。东方国际(集团)有限公司党委书记吕勇明出席会议并讲话。 (朱江伟)

【宝钢工程开展工会组织建设专项检查】 宝钢工程工会依据《工会法》《中国工会章程》《企业工会工作条例》《工会基层组织选举工作条例》等相关法律法规，对各基层工会组织建立、组织选举、组织管理、档案管理、经费管理等情况，拟定了组织建设专项检查方案，并于7月上旬开展工会组织建设专项检查。检查范围主要为直属工会、三级、四级独立法人单位工会、分公司工会。在被检查的13家单位中，共发现问题及不足23项。宝钢工程工会将问题进行汇总归集，在工会主席例会上进行报告分析，会后以"一企一表"的形式下发整改通知及项目，督促基层工会进行整改，切实加强基层工会组织规范化建设，提升基层工会组织的公信力、影响力、凝聚力。 (蔡兴目)

4月13日，上汽集团召开第三次工代会暨三届一次职代会 (金 易)

【上海石化工会召开二届十九次全委会】 3月1日，上海石化工会召开二届十九次全委会。会议以举手表决方式，同意潘萍萍辞去中国石化上海石油化工股份有限公司工会第二届委员会委员职务，增补石小建为中国石化上海石油化工股份有限公司工会第二届委员会委员。 (裘 玮)

【中船上海船舶工业有限公司工会第七次会员代表大会召开】 11月23日，中船上海船舶工业有限公司工会第七次会员代表大会。市总工会副主席张得志、上海船舶公司副总经理施卫东、王晓旭、姚力及上海地区部分成员单位党委书记出席开幕式，张得志代表上海市总工会讲话。大会以无记名投票方式选举产生中船上海船舶工业有限公司工会第七届委员会和中船上海船舶工业有限公司工会经费审查委员会及新一届委员会成员，审议并通过第六届委员会工作报告、财务工作报告和经费审查委员会工作报告，圆满完成了各项会议议程。 (刘亦明)

【上汽集团第三次工代会暨三届一次职代会召开】 4月13日，上海汽车集团股份有限公司第三次工会会员代表大会暨三届一次职工代表大会召开。会议审议和通过上汽集团第二届工会委员会工作报告，选举产生上汽集团第三届工会委员会和第三届工会经费审查委员会，以及出席上海市工会第十四次代表大会代表。市人大常委会副主任，市总工会党组书记、主席莫负春出席大会，上汽集团党委书记、董事长陈虹发表讲话。出席大会的正式代表有328名。大会现场，行政和工会双方签署了《上汽集团集体合同》，以及工资、女职工、劳动安全和职业健康三个《专项集体合同》。在第三届工会委员会第一次会议上，钟立欣当选第三届委员会主席，甘平和祝培莉当选副主席，祝培莉当选第三届工会经费审查委员会经审主任。（范　融）

【上海化学工业区召开第四次工会代表大会】 11月30日，上海化工区工会第四次代表大会召开，市总工会副主席刘言浩出席大会并讲话。大会审议通过化工区工会第三届委员会工作报告、财务工作报告以及第三届经费审查委员会报告，选举产生15名区工会第四届委员会委员和3名经费审查委员会委员，李庆红当选工会主席，庄彬英、郭盛、支宏斌、邬平平当选副主席，庄彬英兼任经审委员会主任。管委会、发展公司有关领导、化工区基层工会单位党政领导、区内部分企业负责人及工会代表共百余人出席会议。（张　俊）

【国药控股工会召开第三次代表大会】 6月13日，国药控股股份有限公司工会第三次代表大会召开。国药控股股份有限公司党委副书记、董事长李智明，市总工会副主席周奇、中国医药集团有限公司工会副主席、集团党群工作部部长杨秉华出席大会开幕式并讲话。来自国药控股系统各单位的108名代表出席会议。大会审议了工作报告，表决通过《国药控股股份有限公司工会第三次代表大会关于工会、工会财务、工会经费审查工作报告的决议》，选举产生国药控股股份有限公司工会第三届委员会和经费审查委员会。新一届国药控股工会委员会将紧密围绕国药控股在经营管理和改革发展中心任务，倾力营造和谐劳动关系，为国药控股改革发展稳定发挥组织保障作用。（尤　倩）

【中国电信上海市工会召开第四次代表大会】 2月8日，中国电信上海市工会召开第四次代表大会，会议确立了未来五年工会工作的指导思想和主要任务，强调以员工对于美好工作生活的向往作为工会工作的奋斗目标。市总工会党组副书记、市总工会副主席姜海涛，中国电信集团工会副主席刘卫丽出席会议并讲话。公司党委书记、总经理马益民代表公司党委对进一步做好工会工作提出要求。大会选举产生中国电信集团工会上海市第四届委员会和经费审查委员会。常朝晖当选工会主席，金小铭、陈晓军当选工会副主席。（殷　茵）

2月8日，中国电信上海市工会召开第四次代表大会　（殷　茵）

【市建设交通系统（行业）工会工作联席会议召开】 2月8日，市建设交通系统（行业）工会工作联席会议在建工大厦召开，市建设交通工会主任刘选游主持会议，市建设交通工作党委副书记田赛男出席会议并讲话。建工集团“完善和创新厂务公开民主管理工作”、中建八局“项目工会工作站建设”、市公积金中心“推动工会工作创新发展”、中铁上海工程局“开展精准帮扶”、隧道股份“开展区域群团建设”和市绿化市容行业工会创设“爱心接力站”等工作在会上进行经验交流。会上对全国住房城乡建设系统先进集体、先进工作者和劳模代表，第七批上海市劳模创新工作室和2017年上海工匠代表，市建设交通工会先进单位和工人先锋号进行了表彰。刘选游以“齐心协力　团结奋进　共谱建设交通行业工会工作新篇章”为题通报了市建设交通行业工会工作，田赛男对进一步做好工会工作提出要求。市建设交通行业部分单位、市建设交通系统各单位工会主席，各区建设交通委、房管局工会主席，部分先进代表100余人出席会议。（钱　蓉）

【上海建工集团在南京和江西地区成立联合党委、工会、团委】 6月13日，上海建工集团江西地区联合党委、工会、团委成立暨志愿服务总队授旗仪式在江西建设公司举行。6月14日，集团南京地区联合党委、工会、团委成立仪式在四建集团江苏公司举行。集团党委副书记、工会主席张立新，集团党办、人力资源部、工会、团委及相关单位主要负责人出席。张立新强调，在南京和江西地区建立联合党委、联合工会、联合团委，是促进区域市场各单位加强合作，更好地服务“三全”战略的重要举措。联合党委要以提升组织力为重点，突出政治功能，继续发挥区域化党建思想引领、组织支撑、队伍凝聚作用，不断探索开展区域化党建工作的多种实现形式，围绕区域市场发展，注重党建工作创新、形成亮点特色。（余轶群）

【市水务局（市海洋局）工会召开第四次代表大会】 6月2日，市水务局

（上海市海洋局）工会召开第四次代表大会。局系统 95 名正式代表、12 名列席代表出席会议。大会听取并通过工会第三届委员会工作报告、财务工作报告和经费审查工作报告，选举产生工会第四届委员会和经费审查委员会。中国农林水利气象工会副巡视员刘季英，上海市总工会副巡视员吴萌莅临会议并讲话。副局长朱石清代表局党组对局工会提出工作要求，副局长王华杰对新一届工会委员会履职尽责提出要求。 （王佐仕）

6 月 2 日，市水务局（市海洋局）工会召开第四次代表大会 （吴泽民）

【市信息化行业工会联合会召开第二届委员会第二次全体会议】 5 月 15 日，市信息行业工会联合会举行第二届委员全体会议。会议增补李然梅、周丹、张晓燕、袁劲松 4 人为市信息化行业工会联合会第二届委员会委员；替补李爽、张冬莉、金小铭、徐方 4 人为市信息化行业工会联合会第二届委员会委员；选举徐方为副主席。 （黄 俭 顾 捷）

【市监狱管理局工会召开第五次代表大会】 6 月 25 日会议召开。局党委书记钟杰、市总工会副主席刘言浩出席会议并讲话，对工会工作给予充分肯定并提出希望和要求。大会通过上海市监狱管理局工会第四届委员会工作报告和财务工作报告，通过局工会第四届经费审查委员会工作报告。与会代表通过无记名投票选举产生监狱局工会第五届委员会委员和经费审查委员会委员。在召开的五届一次全委会上，肖美芳当选为新一届工会主席。 （江海群）

【百联集团召开工会第三次代表大会】 6 月 19 日，百联集团有限公司工会第三次代表大会召开，市总工会党组副书记、副主席姜海涛出席并讲话，集团党委书记、董事长叶永明，党委副书记、总裁徐子瑛等集团领导班子成员、集团老领导、老干部代表，以及集团工会代表出席会议。姜海涛代表市总工会对大会的召开表示祝贺。集团党委副书记、工会主席许国良作题为《筑梦新时代，建功新征程——在创新转型发展中发挥主力军作用》集团工会第二届委员会工作报告。全面回顾总结了过去 7 年集团工会工作取得的实效，并明确了今后五年的工作指导思想和工作任务。大会选举产生 17 名百联集团有限公司工会第三届委员会委员；选举产生 5 名百联集团有限公司工会第三届经费审查委员会委员。 （姜 杰）

4 月 16 日，上海隧道公司召开工会第十一次代表大会 （陆 政）

【上海隧道公司召开工会第十一次代表大会】 4 月 16 日，上海隧道工程有限公司召开工会第十一次代表大会。大会听取并审议通过工会第十届委员会工作报告，审议通过公司工会第十届委员会财务工作报告和公司工会第十届经费审查委员会工作报告。选举产生工会第十一届委员会委员、经费审查委员会委员，选举王放伟为工会主席，张国屏为工会副主席，选举张国屏为经审会主任，吕涛、唐志明为经审会副主任。 （顾歆臻）

【五冶集团上海有限公司工会召开第二届第一次会员代表大会】 7 月 25 日，五冶集团上海有限公司工会第二届第一次会员代表大会暨第二届第一次职工代表大会，在科技楼六楼会议室召开。公司工会主席倪治寿代表有限公司工会第一届委员会作工作报告，报告回顾总结过去五年工会工作取得的成绩，提出今后五年工作的目标和任务，选举产生有限公司工会第二届委员会委员、第二届经费审查委员会委员、第二届职代会民主管理专门委员会委员、出席集团公司第二届工代会代表和出席集团公司第二届职代会的代表。新当选的工会委员会和经费审查委员会组织召开工会委员会第一次全体会议及经费审查委员会第一次会议，选举产生新一届工会委员会主席、经费审查委员会主任，协商产生女职工委员会及主任。（刘晓龙）

【临港产业园区工会第一次代表大会举行】 9月7日，临港产业园区工会第一次代表大会在豪生酒店临港厅举行。临港集团纪委书记王春华出席会议并讲话。临港产工委副主任陈英作临港产工委工作报告。会议采取无记名投票的方式，选举产生临港产业园区工会第一届委员会委员及第一届经费审查委员会委员。韩国华当选为工会主席、邰惠青当选为工会副主席、叶娣当选为经费审查委员会主任。

（闫昊鹏）

干部管理

【概要】 着力加强机关系统干部队伍建设，为深化上海工会改革提供组织保障。结合工会事业发展需要与机关系统干部队伍实际，加大市总机关系统干部和岗位资源的统筹力度，拓宽选人用人视野，在全系统平台上综合比选，着力选用有激情、善突破、敢担当的干部。开展市总第一批挂职干部期满考核鉴定、总结反馈和第二批挂职干部集中选派工作，有关区局（产业）工会和直管单位共推荐12名优秀年轻干部到市总机关挂职。根据本市其他事业单位实施绩效工资的总体要求，参与开发直管事业单位薪资管理系统，指导事业单位建立健全对职工业绩的考核办法，根据考核结果进行收入分配，加强直管事业单位绩效工资的规范管理。根据市委组织部有关要求，积极参与“加强换届后上海工会干部队伍建设”课题调研，认真总结群团改革、工会改革以来，本市工会干部队伍建设的经验和做法，对换届后工会干部队伍建设面临的瓶颈和难题进行梳理并提出相应对策建议。（凌　颖）

【宝山区总工会加强干部管理工作】 2018年，宝山区总工会积极构建工会干部、工会社工、工建服务党建志愿者梯队。举办宝山工会干部系列培训班，邀请市总工会职能部室负责人和理论研究专家开设工会财务、经审、职工素质工程建设、权益维护等系列课程，覆盖工会干部3000人次。实施宝山区社区公益服务项目“社会化工会工作者职业培育”项目，年内，通过公开招聘，录用工会社工20人，社工总数达79人。完善社工薪酬管理、绩效考核制度，举办职业资质培训、团队建设等活动，24名社工获得“劳动关系协调员（高级/三级）”证书。（胡臻遥）

【机场集团公司工会开展工会主席集中述职考评】 12月13日，机场集团公司工会召开2018年度工会主席集中述职考评会议。各直属单位工会主席围绕“学习贯彻落实党的十九大精神”“围绕中心组织调动职工群众积极性”“加强职工能力和素质建设”“打造全方位关爱帮扶体系”“开展丰富多彩的文体活动”“夯实工会基层和基础工作”等6方面重点工作进行述职。集中述职考评对各单位工会申报的特色和创新工作进行单独打分，结合前期职工满意度测评情况，依据权重确定最终的考评成绩。（顾　胤）

【绿地集团工会开展工会干部考评】 年末，绿地集团工会会同集团各直属党组织联合开展2018年度工会干部考评工作。考评采用“四维度”考评方法，即“个人自评—领导评价—党员（员工）代表评议—集团党务部门（工会）评审”的方式对被考评人进行考核。集团直属工会干部中，张力、潘银芳、姜甜甜等10人获“绿地集团2018年度优秀党务干事、工会主席”称号，并在集团党建工作年度会议上受到表彰。（金佳艳）

教育培训

【概要】 年内，制订《2018年上海工会干部教育培训计划》并报市总工会党组会议审议通过，全面部署全市工会干部教育培训工作，对机关各部室的培训项目进行预算汇总和经费执行预审。组织开展上海工会学习贯彻中国工会第十七次全国代表大会精神专题学习班，聚焦十七大精神和习近平总书记同全总新一届领导班子集体谈话重要讲话精神，不断加深理解、指导实践、推动工作。根据对口援助工作要求，协调落实西藏日喀则、贵州遵义等地工会干部来沪培训班及送教上门。根据全总组织部、市委组织部、市委党校等调训要求，全年共完成局级干部调训28人次，处级干部调训62人次。（王继平）

【静安区总工会举办“党的十九大精神宣讲会”】 1月22日，静安区总工会举办“党的十九大精神宣讲会——静工学堂剧场版专场”，并现场特邀全国劳模李斌作《新时代，新思想，新目标，新征程》的宣讲。李斌讲述了作为一名全国劳模，是如何认真学习贯彻党的十九大精神，同时充分发挥劳模先进“传、帮、带”作用，凝聚、动员身边的职工以党的十九大精神为引领，开展勤奋劳动、诚实劳动、创新劳动。本次宣讲会作为2018年“静工学堂”的剧场版专场，拉开了新一年度静安职工文化活动的序幕。

（姚　馨）

【静安区总工会举办新任工会主席上岗培训】 8月22—23日，静安区总工会举办了2018年新任工会主席上岗培训。本次培训分为基层企业工会专题和机关事业工会专题两期举行，共有85名新任工会主席参加。专题培训围绕工会组织建设、民主管理、工会经费使用等工作展开详细介绍。

（张　欣）

【闵行区开展工会干部理想信念教育】 5月27—31日，闵行区总工会组织部分基层工会主席，前往革命圣地井冈山，参加“理想信念教育暨工会业务知识”专题培训。培训通过现场教学，专题教学、互动教学、激情教学等学习互动形式，让基层工会主席近距离接触、感受老一辈无产阶级革命家的精神和感人事迹。培训还邀请了南昌理工学院党委委员、副校长、工会主席柯进水就“如何当好一名优秀的工会主席”做专题讲座。（王　凯）

【金山区总工会举办工会干部培训班】 11月1—3日，金山区总工会举办工会干部培训班，来自区总直属工会的主席、专职副主席、部分工会干部,新一届市总委员、新一届区总委员以及区总部室长和文化宫领导班子等组成70余人参加培训。本次培训班开设4堂专题课,围绕做好新形势下工会工作、如何开展社会主义劳动竞赛、工会经费的管理和使用、推进街镇工会工作创新发展,邀请有关领域的专家学者给学员授课,课程设置丰富、强调实务性以及前瞻性。培训班还安排参观中国商用飞机有限责任公司"大飞机"项目,给学员们上了一堂别开生面的现场党课,参观国产大飞机的风采,感受大飞机人坚定的信仰和"永不放弃"的精神。 (戴美娟)

【青浦区总工会举办推进长三角更高质量协同一体化发展专题讲座】 2月18日,青浦区总工会五届五次全委(扩大)会议召开,邀请中共上海市委党校发展研究院原院长鞠立新教授作"推动长三角更质量协同一体化发展"专题讲座。会议要求,各级工会组织要加强与长三角周边地区工会合作,在加强与推进工会改革,在服务职工文化需求、职工素质提升等方面展现青浦工会新作为。第五届委员会全体委员,各镇、街道总工会主席、副主席、专职干部,各委、局、区级公司工会干部,区总工会机关、文化宫全体干部参加专题辅导讲座。 (朱建强)

【市化学工会开展各类工会工作者培训】 2月份,上海市化学工会组织开展了工会经费票据软件培训,集团下属各单位工会财务根据要求落实了对2010—2017年工会经费专用收据的清理和汇总。9—10月,市化学工会在华谊党校组织举办了2018年度基层工会主席、工会委员培训班,共有110名工会干部参加培训。培训课程开设"深刻领会习近平新时代中国特色社会主义思想""基层工会重点工作""提升职业素养,做最好的工会干部""群众工作中的沟通艺术"等,进一步拓展与丰富了工会干部的视野和知识。 (张雪莲)

【中国宝武集团工会加强工会干部队伍职业化能力提升】 三季度,中国宝武集团工会举办工会工作者履职能力提升培训班。培训采取理论授课、经验交流、专题讨论、行动学习等方式,提高培训的针对性和有效性。理论学习模块主要围绕学习党的十九大精神、《新时期产业工人队伍建设改革方案》等政策文件,《工会法》《中国工会章程》《劳动法》《劳动合同法》等劳动法律法规以及工会财务制度、深化国企改革等主题开展。工作实务模块围绕工会工作实务以及心理疏导、"互联网+"等主题,聚焦解决"三最"问题、运用心理学方法关心职工、增强网上做好群众工作本领等内容开展实务培训。专题分享模块通过资深工会工作者现身说法,讲案例、讲方法,分享工作经验,拓展各单位工会工作者们的工作思路,增进业务、文化、感情融合。行动学习模块聚焦工会工作者履职过程中的热点难点问题,结合本单位实际,就工会工作者如何深化围绕中心、服务大局、服务职工、提升价值创造能力开展行动学习。全集团沪内外各级工会干部600余人次参加学习。 (李士伟)

【上海石化公司工会举办工会干部培训班】 7月,上海石化公司工会举办第十四期工会干部培训班。培训对象为公司和二级单位专兼职工会干部以及部分基层工会主席,共87人参加。培训邀请市总工会、市经信委的专家讲课,内容包括职工互助保障计划解读、《上海市职工代表大会条例》分析及解读、基层工会组织标准化建设、工会财务经审实务等方面,共6讲。培训结束,每位学员通过网上平台参加考试,并全部获得合格证书。 (裘 玮)

【上汽集团工会组织新任工会主席培训】 7月4日,上汽集团工会联合上海工会职业管理学院举办了为期3天的2018年上汽新任工会主席培训班。培训对象为近期新上任且未参加上岗培训的企业工会主席、规模较大的分公司(厂)工会主席(包括沪内外),并开设了工会工作坊、工会经费的管理与使用、企业民主管理、社会保障与工会工作、协调劳动关系中的沟通艺术以及十九大以后中国经济形势分析等各类课程,帮助工会主席尽快了解岗位,进入角色。 (范 融)

【华东电网系统举办基层工会主席培训班】 12月3—7日,华东电力工委举办基层工会主席培训班,来自全网基层单位近60名工会主席参加学习培训。培训班讲授了如何在新形势下做好企业基层工会工作以及加强职工文化建设、提升职工综合素质两个专题课程。本次培训内容充实、重点突出,既有中央精神学习,又有理论知识培训和实践经验指导,对于加强工会干部能力建设,提升工会工作水平具有指导作用。 (施炜伟)

【机场集团公司工会举办工会工作实务培训】 年内,机场集团公司工会举办两期工会工作实务培训。培训以实际工作出发,开设经费审查、财务预算、工会组织建设、职工代表大会制度、职工技能竞赛、劳模先进培育等方面的知识讲座。培训中以分组形式对议题开展讨论和交流汇报。同时创新培训方式,采用网络报名签到、二维码扫码下载培训资料、手机端"扫码在线提问"等形式,起到了活跃课堂气氛、提升培训质量的效果。(张雯倩)

【市教育系统工会举办工会主席培训班】 11月13日,市教育系统工会主席培训班在东华大学举行,各高校工会、区教育工会、直属单位工会的主席、副主席、妇(工)委主任、副主任、市教育工会机关干部等120余人参加了学习培训。培训班学习传达了中国工会第十七次全国代表大会精神,开设了《上海经济形势与改革创新》《事业单位工会工作条例》和《上海市职工代表大会条例》等讲座报告。上海大学工会、华东理工大学工会、上海东海职业技术学院工会、市教育科学研究院工会、徐汇区教育工会等单位在结业典礼上围绕着上述内容进行了大会交流。 (张 芳)

【SMG工会加强工会干部教育培训工作】 10月,SMG工会举办2018年工会干部专题培训会。SMG工会委员会、经审委、女工委和基层工会主席、工会财务150余人,听取上海工会管理职业学院副教授袁雪飞就《上海基层工会经费收支管理实施办法》所作的政策解读报告。与会工会干部从总则、工会经费收入、工会经费支出、财务管理、监督检查、附则等6个方面,详细了解《上海基层工会经费收支管理实施办法》,并通过丰富的实例展示,就如何更好地贯彻《办法》,提升工会组织财务管理水平有了进一步的认识。 (秦伊龄)

【市体育局工会举办局系统工会干部实战训练营培训】 10月16日,为了让局系统工会干部全面了解掌握工会业务知识,增强工会服务职工意识,市体育局工会举办局系统工会干部实战训练营。培训通过针对性强、实务性强的课程,以参与、互动、体验、实操等培训形式,进一步增强了局系统工会干部开展工会工作、服务职工群众的水平和能力。 (张 亮)

【市经济和信息化工作系统工会举办工会主席培训班】 8月8—10日,市经济和信息化工作系统工会举行2018年工会主席培训班。来自市经信系统工会和市信息化行业工会联合会所属单位的近百名工会主席参加培训。培训班邀请了上海工会管理职业学院、北京金诚同达(上海)律师事务所等单位的专家,围绕中美贸易、职工维权、工会经费使用、人工智能等主题讲解,并与工会主席进行交流。在分组讨论环节,工会主席们围绕提升产业工人队伍素质,工会工作融入、促进、服务企业中心工作,维护好职工合法权益以及如何做好劳模、技师等先进典型的培育、选树、服务工作等话题展开讨论。 (黄 俭 顾 捷)

【市民政局工会举办工会干部培训班】 6月28—29日,市民政局工会举办基层工会主席业务培训班,来自局属56家基层工会的主席、工会干事等共计80余人参加培训。培训邀请了上海工会管理职业学院的专家教授,分别以"新时代如何做好工会工作""工会工作法律保障""民主管理与职代会运作""社会保障与工会工作""工会干部的职业形象设计与管理"和"工会干部的压力情绪管理"为课程,结合生动实例,对工会基础理论、业务知识和技能、工会法律法规及十九大后工会工作面临的新形势、新任务、新要求作深入浅出的讲解。 (胡积伟)

【市监狱管理局工会举办工会干部培训班】 9月3—5日,市监狱管理局举办2018年度局系统工会干部培训班,70余人参加培训。邀请市总工会宣教部部长陈必华,上海工会管理职业学院教授王仁富,副教授朱虹、袁雪飞等专家学者授课,分别以《互联网+工会宣教工作》《工会工作法律保障》《新时代下如何做好工会工作》《工会经费的管理与使用》为题就如何更好的开展工会工作为大家进行讲解,提升工会干部理论和业务水平。同时开展工会主席资格证书考试,全员合格。 (江海群)

【市级机关举办工会主席培训班】 6月13—15日,市级机关工会在上海工会管理职业学院举办2018年市级机关工会主席培训班,市级机关工作党委副巡视员、直属机关党委书记田霞出席开班式并作动员。来自市级机关系统80名工会主席和工会干部参加了培训。培训采用专题讲座、学习讨论等形式,工会学院党委书记王厚富、黄浦区委党校教授杜言敏就工会干部贯彻落实党的十九大精神作了精彩讲演;市政府发展研究中心信息处周师迅处长与大家分享了改革开放对促进上海中心建设的研究成果;工会学院副教授袁雪飞详细解读了新的工会经费管理和使用的政策规定。课后,参训学员围绕学习贯彻党的十九大精神,就如何开展好机关工会工作、提升工会组织的能力和水平,团结引领干部职工打响"四大品牌"积极开展立功竞赛、培育和弘扬劳模精神等开展分组讨论,对进一步推进机关工会工作提出意见和建议。 (王 颖)

【上海工会管理职业学院承办北京市社会化工会工作者培训班】 5月21—25日,首期全国工会干部教育培训特色班——北京市社会化工会工作者培训班在学院举办,来自北京市总工会的51名社会化工会工作者参加了培训。此次培训的课程设置注重理论与实践相结合,既有理论知识学习,又有实践模拟互动;既有课堂教学,又有赴基层现场实践教学。通过老师与学员、学员与学员之间的互动交流,使学员加深了对社会化工会工作的理念、理论知识和业务操作的认识,为今后更好地从事工会工作积累了宝贵的方法和经验。 (钟文娜)

【上海工会管理职业学院承办街镇(园区)总工会主席副主席培训班】 11月14—16日,学院承办了上海市街镇(园区)总工会主席副主席培训班,74位工会干部参加培训。本次培训的主要目标是提升街镇工会主席、工会干部的履职能力。来自市总工会、市委党校和学院的专家、学者就"习近平关于工人阶级与工会工作重要论述""当前宏观经济运行与中美贸易摩擦的应对策略""网络舆情和媒体应对""产业工人队伍建设""'小三级'工会建设"做了专题讲座,培训班学员就街镇工会工作热点、难点等议题进行分组讨论。 (钟文娜)

【上海工会管理职业学院承办全国工会就业质量提升(服务)培训班】 6月5日,全国工会就业质量提升(服务)培训班在学院开班。全国总工会权益保障部部长粟斌、学院院长李友钟出席开班式。本次培训班是今年学院承办的首期全国总工会计划内培训班,来自各省、区、市总工会及新疆生产建设兵团工会负责就业工作的86名工会干部参加培训。本次培训的主要目的是全面贯彻党的十九大精神,研究分析当前我国就业形势、存在问题和发展趋势,关注新经济、新业态、新模式下的新就业,交流工会就业服务工作经验。 (钟文娜)

【上海工会管理职业学院承办上海工会学习贯彻中国工会十七大精神专题学习班】 12月25—26日,上海工会学习贯彻中国工会十七大精神专题学习班在学院奉贤校区举办。市总党组和主席室领导,各区局(产业)工会、市总工会机关部(室)、市纪委驻市总机关纪检组、市总直管单位党政等主要负责人150余人参加了培训。学习班特邀中华全国总工会研究室副主任陶志勇,市人大常委会副主任、市总工会党组书记、主席莫负春等专家领导授课,深入学习贯彻落实中国工会十七大和上海工会十四大提出的目标任务。在分组讨论中,5个学习小组就"如何深刻理解习近平总书记关于工人阶级和工会工作重要论述的丰富内涵和实践要求，努力构建与上海社会主义现代化国际大都市特点相适应的工会工作新格局”“如何准确认识工会工作面临的时代背景和发展形势，切实履行好维护职工合法权益、竭诚服务职工的基本职责”“如何全面深化工会改革创新，建立健全党建引领、联系广泛，服务职工的工会工作体系”“如何坚持以人民为中心的发展思想，不断提高工会参与社会治理创新的能力水平”等4个议题深入研讨，结合实际工作交流学习心得。市总工会党组副书记、副主席姜海涛作学习班总结讲话。（钟文娜）

【上海工会管理职业学院承办上海社会化工会工作者初训班】 为使新招录的社会化工会工作者系统掌握工会理论知识，熟悉工会工作业务，了解工会工作形势，2018年学院共承办5期上海社会化工会工作者初训班，325名社会化工会工作者参加了为期一个月的培训。培训课程包括职业素养、工会知识、工会业务、素质能力四大模块，课程体系和教学设计突出实务训练，在原有实训项目的基础上新增“职代会运作模拟训练”“学员服务站模拟训练”等实训项目，不断提高培训的“针对性、专业性、操作性”。（钟文娜）

【上海工会管理职业学院承办社会化工会工作者轮训提高班】 6月27—29日，学院承办了2018年首期社会化工会工作者轮训提高班，来自全市10个区的72名社会化工会工作者参加了培训。此次培训按照市总工会加强社会化工会工作者队伍建设的总体要求，面向优秀社会化工会工作者，以“新的工会形势、新的工作政策、新的工作方法”为主要课程模块，引导学员自觉更新知识、提高本领，增强岗位适应能力，把学习成果转化为服务职工的成效和破解工作难题的本领。全年共开展2期轮训提高班，培训社会化工会工作者149人。（钟文娜）

【上海工会管理职业学院承办优秀班组长能力提升培训班】 6月27日，2018年首期优秀班组长能力提升培训班在学院吉林路校区举办，来自本市各区局（产业）工会的100多位工人先锋号班组负责人、业务骨干参加培训。市总工会副主席李斌、学院党委书记王厚富出席开班式。本次培训旨在深入贯彻落实党的十九大精神，提升本市班组建设水平和班组长管理水平，从而提高职工队伍整体素质，培训内容涉及十九大精神、班组长角色定位及管理技能提升、班组合理化建议与工作改善等。（钟文娜）

【上海工会管理职业学院承办云南省工会领导干部高级研修班】 9月26日，云南省工会领导干部高级研修班在学院开班。云南省人大常委会副主任、省总工会主席王树芬，上海市总工会党组成员、副主席周奇，学院院长李友钟出席开班式，云南省总工会党组成员、副主席、经费审查委员会主任杨卫中主持开班式。来自云南省各州市总工会、省级产业系统公司工会、省总工会机关等的66名领导干部参加了为期一周的培训。培训班采用专题讲座、现场教学、互动研讨等形式，引导学员深学深思，有效提升了培训效果。（钟文娜）

【上海工会管理职业学院举办劳动关系协调员职业培训】 学院不断创新劳动关系协调员职业培训项目的培训模式，拓展培训渠道，今年共举办劳动关系协调员职业培训班7期，培训学员311人，学员考核通过率达到87.1%，超过上海平均合格率。在区人社局进行的过程督导和结果督导中，7个班次各项评分都在90分以上。同时，该项目还被市人力资源和社会保障局认定为上海市2015—2017年度职业培训机构（项目）办学质量和诚信等级评定A级单位。（钟文娜）

【上海工会管理职业学院学报《工会理论研究》质量不断提高】 12月在第七届上海市高等学校学报评优活动中，学院学报《工会理论研究》再次被评为“上海市高校优秀学报”。据中国人民大学人文社会科学学术成果评价研究中心发布《复印报刊资料》转载统计报告显示，2018年度《工会理论研究》共有10篇文章被《人大复印报刊资料·工会工作》全文转载，创历史最好成绩。学报的内容质量、编校质量和传播质量不断提高，学术影响力稳步提升。（钟文娜）

【上海工会管理职业学院与沪上陈列馆签约共建“上海工会干部教育培训基地”】 4月13日，学院与中共上海地下组织斗争史陈列馆暨刘长胜故居、上海蔡元培故居陈列馆在刘长胜故居举行共建“上海工会干部教育培训基地”签约揭牌仪式。通过合作共建，共同挖掘基地的教育资源，创新教

4月13日，上海工会管理职业学院与中共上海地下组织斗争史陈列馆暨刘长胜故居、上海蔡元培故居陈列馆签约共建上海工会干部教育培训基地（刘一民）

学形式，以更生动、更具感染力的教学方法，引导工会干部不忘初心、牢记使命、坚定信念。学院全年新增浦东公惠社工服务中心、长宁区文化宫、上海电装有限公司等4个教育培训基地。

（钟文娜）

机关党建

【概要】 2018年，市总机关系统党组织以习近平新时代中国特色社会主义思想和党的十九大精神为指导，坚持把政治建设摆在首位，按照市总党组和市级机关工作党委的要求，结合深化群团改革的任务，深入推进“两学一做”学习教育常态化制度化，扎实开展党建工作，取得新成效。一是加强政治建设，筑牢思想根基。通过开展中心组学习、组织支部党员学习、举办专题研讨等方式，认真学习习近平新时代中国特色社会主义思想，学习中国工会十七大和上海工会十四大精神，深刻领会党对群团工作的要求。认真开展“不忘初心，牢记使命，贯彻落实党的十九大精神”学习实践活动，在机关系统广泛开展“践行新思想，逐梦新时代”诵读活动，把“两学一做”常态化制度化落实到每个支部、每名党员。二是服务改革大局，发挥表率作用。机关党建以“争当工会改革实干家，争做职工信赖娘家人”为主题，深入开展“改革先锋，岗位建功”活动，把党建和落实工会改革任务紧密结合，激励党员干部立足岗位、担当作为，发挥先锋模范作用。大力开展“不忘初心，牢记使命，勇当新时代排头兵先行者”学习调研实践活动。推动党员干部“走基层、访职工、办实事、做调研”，不断改进工作作风，提升服务职工能力和水平。三是夯实党建基础，提升党组织战斗力。修订了《市总工会机关系统抓基层党建责任制的实施意见》等党建工作制度，进一步明确机关系统党组织的工作职责和操作流程，加强规范化建设。建立了换届工作书面提醒制度，机关党委对直管单位党组织发布换届提示，直管单位负责督促下属支部按期换届，形成一级抓一级的工作态势。按照党组要求，各直管单位党委配备了专职人员从事党建工作，党总支配备以党务为主的兼职党务工作者，加强了党建工作力量，基层党组织整体水平得到提升。根据党建重点工作安排，下发工作提示，明确主题党日活动内容。举办为期两天的“新时代·新使命·新作为”市总机关系统党务干部培训，有效提升机关系统党务干部业务工作水平。四是压实主体责任，把全面从严治党落到实处。通过建立“四责协同”工作机制，进一步明确职责分工，强化党组织主体责任、书记第一责任，做到党的纪律建设与业务工作“两手抓、两手硬”。召开市总机关系统加强党风廉政大会，开展集体廉政谈话，落实党员领导干部“一岗双责”要求。机关部室党支部、直管单位党组织认真梳理廉政风险点，修订风险防控措施，结合内控管理，加强风险防控。按照党组部署，对五家直管单位开展专项巡察，完成巡察工作两年“全覆盖”。

（黄建军）

【开展“不忘初心，牢记使命”学习实践活动】 为深入学习宣传贯彻党的十九大精神，扎实推进“两学一做”学习教育常态化制度化，市总机关系统党组织开展了“不忘初心，牢记使命，贯彻落实党的十九大精神”学习实践活动。一是原原本本学十九大报告、党章等文件材料，认真学习领会习近平总书记带领中央政治局常委集体瞻仰中共一大会址时的重要讲话精神，认真学习贯彻《中共中央政治局关于加强和维护党中央集中统一领导的若干规定》和《中共中央政治局贯彻落实中央八项规定实施细则》，认真学习《习近平谈治国理政》第二卷，以及习近平总书记关于工人阶级和工会工作的重要论述。二是坚持学做结合，通过开展形式多样的组织生活和学习调研，把学习成果转化为贯彻落实习近平新时代中国特色社会主义思想的生动实践。坚持需求导向、问题导向、效果导向，大力开展“不忘初心，牢记使命，勇当新时代排头兵先行者”学习调研实践活动。坚持对照检视、正风肃纪，认真召开党员领导干部民主生活会，基层党支部要召开专题组织生活会，开展民主评议党员工作，做到自观初心、自悟初心、自净初心、自践初心。真正把习近平新时代中国特色社会主义思想内化于心、外化于行。

（黄建军）

【“争当工会改革实干家，争做职工信赖娘家人”主题活动】 为进一步坚定市总机关系统党员群众“改革开放再出发”的信心和决心，提振干事创业的精气神，进一步发挥基层党组织聚焦中心工作、推动改革发展的战斗堡垒作用，市总工会党组决定，以各级党组织为组织主体，在市总机关系统深入推进“争当工会改革实干家，争做职工信赖娘家人”主题活动。活动由市总工会机关各部室、各直管单位；市总工会机关系统全体党员、群众参加。机关系统各级党组织牵头，按照组织引导与自主设计相结合的方式开展，以“三学”（学习领会习近平新时代中国特色社会主义思想和党的十九大精神；学习贯彻上海建设“五个中心”、打响“四大品牌”、推动改革开放再出发等决策部署；学习李强书记在调研工青妇工作时的重要讲话精神，掌握建设“工会大学校”“工会大舞台”“工会大家庭”和“工会大平台”所需的知识和本领。）“三亮”（亮明“双争”今年底要达到的目标，亮明所承担的职责责任，亮明采取的具体措施。）“三创”（实践创新、岗位创效、服务创优）为主要内容，围绕上海工会十四大提出的目标任务，推进各单位聚焦主责主业和年度重点工作，优化服务内容，创新工作方法，努力打通联系职工“最后一公里”。激励党员干部和群众爱岗敬业、积极作为，以实际行动争当工会改革的“实干家”和职工信赖的“娘家人”。

（黄建军）

【召开市总机关系统庆祝建党97周年大会】 6月26日，市总工会机关系统召开庆祝建党97周年大会。市人大常委会副主任，市总工会党组书记、主席莫负春以上海新时期产业工人队伍建设改革为主题，向全体机关干部和直管单位班子成员上了一堂生动的党课。会上，莫负春解读《关于推进新时期上海产业工人队伍建设改革的实施意见》，他指出，上海是党的诞生地，也是中国工人阶级的发祥地，产业工人是上海工人阶级的主体力量。他要求市总机关系统全体党员干部认真贯彻中央和市委的决策部署，以习近平新时代中国特色社会主义思想为指导，发挥工会大学校、大舞台、大家庭和大平台的作用，积极推进上海产业工人队伍建设改革，在政策协调、技能提升，维权服务等方面充分发挥作用，切实承担起团结凝聚职工群众坚定不移跟党走的政治责任。市总工会党组副书记、副主席姜海涛主持会议。

（黄建军）

【举办市总工会机关系统党务干部培训】 11月11—12日，市总直属机关党委在上海工会管理职业学院举办"新时代·新使命·新作为"2018年市总机关系统党务干部培训。市总工会党组副书记、副主席姜海涛为党务干部上党课。机关系统党组织书记、委员和党务干部共计60多人参加党课学习和党建业务培训。培训班上，上海市委讲师团、市委党校、市级机关工作党委的专家教授围绕《浅谈如何做好新时代机关系统党建工作》、新版《中国共产党纪律处分条例》解读、《加强新时代基层党建服务品牌创建》等专题进行授课。党务干部还就进一步加强市总机关系统党建工作深入开展研讨。市工人文化宫党委书记谢鹰、劳动报社党委书记邵新宇、海鸥集团党委书记吕泰康和市总职工援助服务中心党总支书记陈鲁代表4家单位党组织进行了交流发言。

（黄建军）

【召开市总机关系统加强党风廉政建设大会】 2月28日，市总工会召开机关系统加强党风廉政建设大会，传达学习了习近平总书记在十九届中央纪委二次全会上的重要讲话精神和李强书记在十一届市纪委二次全会上的重要讲话精神，市总工会党组书记、主席莫负春总结了2017年党风廉政建设工作，部署了2018年市总机关系统全面从严治党、加强党风廉政建设各项任务。莫负春指出，要充分认识党面临风险挑战的长期性、复杂性、严峻性，持之以恒、永不懈怠、坚定不移地把市总工会机关系统党风廉政建设不断向前推进。要始终把政治建设摆在首位，认真学习习近平新时代中国特色社会主义思想特别是全面从严治党思想，与中央保持高度一致；要严守规矩，坚决维护党中央权威和集中统一领导；要抓落实，严格执行中央和市委的决策部署。要把党风廉政建设融入党的建设和工会工作的各领域，与事业发展紧密结合。要健全完善党风廉政建设责任体系，进一步强化党委主体责任、纪委监督责任、党委书记第一责任、班子成员"一岗双责"的"四责协同"机制，既抓工作又管队伍、既防工作风险又防廉政风险、既对事业负责也对同事负责。要持之以恒加强作风建设，严守中央"八项规定"精神的"红线"，继续开展专项巡察，强化压力传导，持续整改提高，保持作风建设常态化。要切实加强纪律建设，通过加强纪律教育、健全完善并严格执行相关纪律规章、运用好监督执纪"四种形态"，使铁的纪律转化为党员、干部的自觉遵循。市总工会机关系统领导干部要发挥表率作用，对党绝对忠诚、严以律己、敢于担当。市总工会党组副书记、副主席姜海涛主持会议。市纪委驻市总工会机关纪检组组长高黎萍传达了十一届市纪委二次全会精神，部署了纪检组2018年重点工作项目。市总工会领导何惠娟、桂晓燕等出席会议。

（黄建军）

【建立"四责协同"机制建设实施方案】 7月，市总工会党组制订《市总机关系统关于全面从严治党"四责协同"机制建设的实施方案》。强化党要管党、从严治党的政治责任，紧扣工会主责主业，进一步明确党组（党委）主体责任、纪委监督责任、党组（党委）书记第一责任和班子成员"一岗双责"的"四责协同"工作机制，形成知责、履责、督责、述责、问责"五环闭合"的责任体系。为强化"四责协同"的整体合力，《实施方案》建立健全五项工作机制，包括：研究会商机制、工作推进机制、情况通报机制、监督检查机制和考核评价机制等，力求通过一系列制度建设，压紧压实市总机关系统全面从严治党责任，做到知责明责更清晰，履责尽责更到位，督责问责更有力，以良好的工作作风推动工会改革发展。

（黄建军）

【开展党组专项巡察工作】 根据市总党组统一部署，下半年，由市总党组副书记、副主席姜海涛牵头成立专项巡察组，对市职工技协服务中心、市总工会职工援助服务中心、市职工保障互助中心、市总工会幼儿园和市退休职工服务中心（退管办）5家单位党组织开展专项巡察，并延伸巡察市职工技术协会、市职工保障互助会。巡察组由市总党组副书记任组长，被巡察单位分管主席任副组长，组员由市总直属机关党委、纪委、组织部、财务资产管理部、经审办人员以及其他人员组成，巡察工作办公室常设于市总直属机关纪委。2018年巡察重点围绕五个方面开展：一是加强党的建设情况；二是落实群团改革精神，增"三性"去"四化"促"三转"情况；三是遵守党规党纪和中央"八项规定"精神、反对"四风"问题的情况；四是加强干部队伍建设情况；五是落实市委巡视整改情况。

（黄建军）

【金山区总工会组织开展习近平中国特色社会主义思想专题党课学习】 5月16日，金山区总工会组织开展习近平中国特色社会主义思想专题党课学习，邀请区委党校、副教授刘娥苹为大家授课。专题党课由区总工会副主席季蕾主持，区总机关、区工人文化宫全体党员干部和云南普洱工会干部金山培训班的全体学员参加学习。刘娥苹从实践基础、理论来源、基本内涵、指导作用等方面深刻论述《习近平谈治国理政》第一、二卷编辑出版的重要意义和重要作用，全面介绍编辑过程和创新亮点，着重对党员干部学习的重点进行导读和阐释。通过丰富详实的历史和现代事例，使广大党员对进一步深入学习、深刻理解习近平新时代中国特色社会主义思想具有十分重要的指导作用。

（戴美娟）

【奉贤区总工会开展纪念建党97周年"七个一"系列活动】 为纪念中国共产党建党97周年，扎实推进"两学一做"学习教育常态化、制度化，充分发挥党员的先锋模范作用，"七一"期间，区总工会开展了"七个一"系列活动，分别是：上一堂主题党课：原机关党工委书记徐明云为全体党员干部上了一堂以"强化担当、狠抓落实"为主题的党课；举办一次主题党日活动：组织区总机关、事业和全体社工参观年丰公园和贤园，了解奉贤经济社会发展取得的巨大变化，从而进一步凝聚改革发展共识，激发工作热情；举行一次老青牵手庆"七一"：组织部分团员青年和年轻党员上门慰问退休老同

3月9日，中共上海市工人疗养院委员会组织开展“不忘初心，牢记使命”主题参观活动 （王 珏）

志，关心关爱老同志的晚年生活，以活动促共建，以互动促发展；一句话感言征集活动：发动机关党员撰写“我的政治生日”一句话感言，唤醒入党初心，引导全体党员进一步增强党的意识和党员意识；组织一场健步走活动：在古华公园开展“读党史、跟党走”健步走活动，沿途开展知识问答，让广大党员在强身健体的同时，重温党史，时刻提醒自己不忘初心、继续前进；举办一次考法活动：围绕新修订的宪法和党章内容，开展了一次“学宪法学党章”考法活动，教育引导广大机关党员干部进一步增强尊法学法守法用法意识，建设新时代法治型党组织；开展一次大讨论活动：围绕作风建设落实年“四项清单”中查找出的突出问题，区总机关、事业、社工全体人员结合所在岗位需要承担的职责，就如何进一步解放思想、务实作风、提升能力等问题开展“作风建设之我见”大讨论活动。 （钱 洁）

【奉贤区总工会与奉贤邮政举行“党建·工建”共建签约】 5月30日，奉贤区总工会与奉贤邮政联合举行2018年“党建·工建”共建签约。双方就共建工作展开交流，明确了党建带工建的工作基调，要立足新时代，充分发掘工会工作的奉贤特点、上海特征、全国视野、世界眼光，充分整合双方资源，加强联动合作，助力工会活动，提升会员的获得感和幸福感。区人大常委会副主任、区总工会主席陆建国，上海邮政党委委员、副总经理、工会主席黄来芳参加活动并讲话。 （钱 洁）

【奉贤区总工会召开党建工作会议暨主题党日活动】 3月2日，奉贤区总工会在劳模之家召开党建工作会议暨“贯彻十九大、逐梦新时代、打造新高峰”主题党日活动。会议总结2017年、部署2018年党建工作，机关、中心、社工支部书记进行述职述廉。会议传达了区委党的工作会上韦明部长讲话精神进行传达，鼓励广大党员在新的一年中要开拓有为、支持善作善为、问责无所作为、惩治腐败行为。区总工会党组与党总支、党总支与党支部签订2018年度党风廉政建设责任书，分管领导与各部室中心负责人签订2018年度党风廉政建设责任书，形成上下联动、齐抓共管的党风廉政建设新格局，深入推进廉洁自律工作。 （朱丽娜）

【市工人疗养院组织开展“不忘初心，牢记使命”主题参观活动】 3月9日，市工人疗养院党委组织全体党员和入党积极份子赴中共一大会址组织开展“不忘初心 牢记使命”主题参观宣誓活动和《周恩来在上海》图片展。通过瞻仰建党圣地，重温入党誓词，铭记奋斗历程，时刻不忘中国共产党人的初心和使命，时刻做到看齐追随、投身实践，始终以走在前列的标准要求、永不懈怠的精神状态和一往无前的奋斗姿态，传承红色基因、守卫红色血脉，勇当岗位的排头兵和先行者。 （梁 栋）

【市总工会洞庭西山休养院开展党课培训】 9月19日，为进一步贯彻落实李强书记重要讲话精神，推进“两学一做”学习教育常态化制度化，市总工会洞庭西山休养院组织全体党员开展以“争做充满激情、富于创造、勇于担当好干部”为主题的党课活动。党课围绕李强书记讲话精神，结合西院工作实际，从党员先锋模范作用的集中表现、如何发挥好党员的先锋模范作用、优秀共产党员的3个重要组成部分、故事分享及总书记寄语5个方面展开学习分享。 （蔡玉蓉）

理论研究

综　述

2018年，市总工会聚焦产业工人队伍建设等重点工作，切实发挥文稿起草、理论研究、决策服务等在服务全市工会工作大局方面的职能作用，各项工作取得积极进展和成效。一是承办推进产业工人队伍建设改革研究中的相关工作。在与市委组织部等相关部门进行反复研究、磋商并广泛征求意见的基础上，形成《关于推进新时期上海产业工人队伍建设改革的实施意见（送审稿）》（简称《实施意见》），并由市委、市政府于3月29日印发；市委、市政府于4月25日召开产业工人队伍建设改革推进会，全面部署实施改革各项目标任务，改革工作整体有序推进；研究起草上海工会贯彻落实《实施意见》要求的文件，明确工会推动产业工人队伍建设改革的基本思路、要求及改革任务分工、重点项目清单等。二是全力做好市十四次工代会及中国十七大相关文稿起草、联络服务工作。完成市十四次工代会工作报告及其他文稿起草工作，牵头做好分团联络服务相关工作；积极参与做好迎接学习宣传贯彻中国工会十七大有关工作。三是牵头推进市总大调研和课题研究工作。及时研究制订《在全市工会系统开展“不忘初心、牢记使命，勇当新时代排头兵、先行者”大调研的实施方案》，明确工会系统深入开展大调研活动的总体要求、目标任务、工作要求、责任分工等；定期跟踪研究大调研工作，及时下发大调研工作提示要求，推动各级工会干部深入基层一线、走访职工群众，形成市总大调研“四张清单”；结合大调研工作推动重点课题调研，确定市总年度重点课题、委托课题等，形成一批调研成果。四是统筹推进其他相关工作。围绕市总重点工作，认真做好重大文稿起草、内刊采编等工作，扎实推进统计、年鉴及《上海工会志》编纂等工作，就合作开展工运理论政策研究与复旦大学达成战略合作协议，完成第九届上海工运研究会换届工作，充分发挥了理论研究、调查研究等各项基础性工作在推动工会事业发展中的重要作用，为服务全市工会工作大局做出积极努力。　（崔校军）

课题研究

【概要】 2018年，市总工会结合市委关于开展“不忘初心、牢记使命，勇当新时代排头兵、先行者”大调研有关要求，切实把理论研究相关工作作为一项常规性、基础性工作深入开展，取得积极进展和成效。一是开展重点课题调研。明确由市总工会领导牵头，市总工会各部门分工负责，开展先进制造业产业工人队伍建设、现代服务业职工队伍思想状况、职工队伍发展趋势及劳动关系协调机制建设、新型就业群体社会保障完善、工会代表大会代表和工会委员会委员作用发挥、构建智慧工会、“四位一体”立体经审监督体系建设等重点课题的调研工作，为进一步推动工会事业和工会工作创新发展夯实理论基础。二是开展招标课题调研。确定加强和改进事业单位工会工作、新时代劳动和技能竞赛机制研究、完善本市政府与工会联席会议制度等招标课题，采取申报立项方式，由市总工会相关部门等承接并开展相关调研，取得相应的调研成果。三是开展委托课题调研。确定深化非公企业工会改革、加强和改进本市国企工会工作、健全服务职工工作体系等课题，采取申报立项方式，委托部分区局（产业）工会、市工运研究会团体会员单位、市总基层调研点单位等开展调研，并及时加强对各委托课题的跟踪和指导。此外，结合职工队伍状况调查工作，积极梳理汇总推进工会改革与职工队伍建设的调研成果和政策建议，向市委专题汇报。3月17日，市委尹弘副书记对《上海职工队伍发展状况调研报告》做出积极肯定。　（武吉波）

【上海先进制造业产业工人队伍建设调研报告】 由市总工会基层工作部负责，市总工会权益保障部、职工技协服务中心等参与，是市总工会重点课题之一。报告阐述先进制造业与产业工人队伍建设之间存在的相互影响、相互制约的耦合关系，梳理市总工会过去几年在加强本市产业工人队伍建设中取得的进展和成效以及上海先进制造业及产业工人的现状。同时，指出产业工人队伍中存在的结构性矛盾、与先进制造业发展不匹配等主要问题，从培养方式等不适应新时代发展要求等层面分析问题存在的成因。最终，经参考美国、德国、日本等发达国家在制造业人才培训方面的先进经验，提出相关的政策建议，即：督促贯彻好《关于推进新时期上海产业工人队伍建设改革的实施意见》等相关文件，坚持以业调人、人才优先两大原则，处理好市场与政府、外引与内育、安居与乐业三大关系，落实提高产业工人政治经济社会待遇的相关政策、推动深化职业教育培训体制改革、优化提高技术工人技能水平和创新能力的渠道、改善对产业工人的社会认知等四大举措。　（武吉波）

【上海现代服务业职工队伍思想状况调研报告】 由市总工会宣传教育部负责，工人文化宫、劳动报社参与，是市总工会重点课题之一。报告对上海现代服务业职工思想状况作出总体研判，认为丰富多彩的群众性精神文明创建活动，在提高现代服务业职工队伍思想道德素质方面取得明显成效。但在总体形势积极向好的同时，也存在一些突出问题，包括：对职工主人翁责任关注程度不够，角色冲突与能力不足是工作压力重要来源，对主旋律关注度不够，等等。在对问题可能的诱发原因进行分析的基础上，提出相应的对策建议，主要有：积极探索互联网背景下职工思想状况与思想宣传教育工作的发展规律；加强传统文化教育，突出“家国情怀”教育，纠正职工不良思想倾向，重塑职工积极价值观；结合“上海文化”品牌，开展“上海文化”+“上海服务”行业特色创建活动，丰富职工精神生活；加强企业工会的专业化程度和工作力度，通过职工共助互助，改善职工福利，引导职工积极心理建设。　（武吉波）

【深化自贸改革、扩大开放背景下上海职工队伍发展趋势及劳动关系协调机制建设研究】 由市总工会劳动关系工作部负责，上海工会管理职业学院参与，是市总工会重点课题之一。报告首先分析深化自贸区改革和扩大开放背景下上海经济发展、劳动用工与职工群体呈现的新特点新趋势。同时，从职工队伍新变化对维权机制提出新要求等6个方面，指出当前劳动关系协调机制存在的主要问题。在详细梳理分析市场经济条件下国际通行劳动关系协调机制的新动向之后，提出进一步完善中国特色劳动关系协调机制的思路，即掌握市场经济条件下和谐劳动关系所遵循的内在逻辑，处理好优化营商环境与维护职工权益、资本追求自由度与劳动关系和谐稳定、职工对美好生活的期待与企业生存压力下行等几个关系，探索构建劳动关系公共服务体系、建立劳资纠纷预防预警机制、建立健全劳动关系三方机制、完善企业民主协商机制、促进集体协商机制提质增效、充分发挥社会组织的作用、加强劳动立法和执法力度、强化非制度化方式的协调功能等八大工作路径。（武吉波）

【推动本市新型就业群体社会保障完善的调研报告】 由市总工会权益保障部负责，职工保障互助中心、职工援助服务中心等参与，是市总工会重点课题之一。报告基于新业态背景下新型就业群体社会保障的政策供给视角，主动适应和对接新经济模式下就业形态演进的现实需要，以优化和深化本市新型就业群体的社会保障为导向，以探索建立新业态从业人员参保制度框架为目标诉求，通过对物流快递员等重点群体参加社会保障所涉及的法律规制、政策演变、劳动关系、参保路径及劳动权益等现状开展实证调研，提出推动完善本市新型就业群体社会保障的若干政策建议，主要包括：加强深度调研，动态跟踪和关注新型就业群体的变化趋势；强化顶层设计，加快新型就业群体的劳动关系规制及地方立法；合理分类认定，实施新型就业群体的劳动标准认定区域试点；分类推进新型就业群体的基本社会保险参保试点；强化执法，探索新型就业群体用工制度的“包容审慎”监管模式；以安全生产为导向，建立新业态就业群体急需的职业安全保护制度；强化服务导向，搭建新业态企业人力资源公共服务平台。（武吉波）

【关于切实发挥工会代表大会代表、工会委员会委员作用的调研报告】 由市总工会组织部、办公室负责，市总工会基层工作部参与，是市总工会重点课题之一。报告梳理总结近年来本市各级工会在代表、委员发挥作用、履行职责方面的经验和做法，对面临的瓶颈和存在的问题进行深入分析研究。为推动代表、委员依法履职尽责，充分发挥在密切联系和服务职工群众、推进工会改革中的示范表率作用，报告就如何在工会改革背景下切实发挥代表、委员作用提出相应对策建议，主要包括：着力提高认识，增强行动自觉；制定相关制度规范，推动代表、委员作用发挥；建立保障机制，抓好工作落实；加强组织领导，不断推动工作深化。（武吉波）

【关于“构建智慧工会”的研究报告】 由市总工会办公室负责，市总工会宣传教育部参与，是市总工会重点课题之一。报告对“智慧”工会的内涵进行分析，指出构建“智慧工会”的内在紧迫性与必要性，并且详细梳理上海工会信息化建设发展沿革及构建智慧工会的初步探索与实践。同时，从思想认识、信息化统筹、一网通办、制度供给等4个层面，指出上海构建智慧工会面临的瓶颈问题。在此基础上，提出构建智慧工会的思路和建议，主要包括：坚持融入党政的建设方向，坚持开放共享的建设理念，坚持用户为本的建设理念，坚持数据集成的建设目标，坚持网络安全的建设底线，坚持制度人才的建设配套。（武吉波）

【上海市总机关系统内控体系建设研究】 由市总工会财务资产管理部负责，市总工会经审办公室参与，是市总工会重点课题之一。报告从市总工会机关系统开展内控建设的方式、途径和制度化的办法为角度来研究，通过对市总工会机关系统内控现状的实证分析，指出市总工会机关系统内控建设在单位层面、业务层面和监督层面存在的共性或个性化问题。在对问题分析的基础上，提出完善市总工会机关系统内控建设的建议，主要通过创造良好的内控环境、做好风险分析和选择适当的风险应对策略、做好业务流程中风险的控制环节、推动内控建设与信息化建设的融合、推进内控建设运行维护等举措，进一步强化廉洁反腐工作的各项措施，提升内部管理水平和风险防范能力，提高经济活动的效率和效益，为实现市总工会的战略规划目标作贡献。（武吉波）

【构建工会“四位一体”立体经审监督体系的思考与探索】 由市总工会经审办公室负责，是市总工会重点课题之一。报告立足新时期工会改革创新发展中工会经费监督体系建设要与社会大环境的要求相匹配、与职工会员的期望相适应的大背景，详细分析工会经审工作的特点及法律规范，梳理上海基层工会经审工作现状，指出基层工会经审工作存在的问题和不足。在此基础上，对未来工会经审工作作出探索与思考，提出要充分认识构建立体经审监督体系的必要性和重要性，牢牢把握“四位一体”立体经审监督体系的基本特征，并且把握好“四位一体”立体经审监督体系建设的几项重点工作，主要包括：抓好宣传教育工作，健全经审工作制度机制，强化工会内部审计的独立性，强化上级经审组织的咨询服务职能，加强经审组织建设，强化外部审计监督力量，加大职工会员监督力度，改进审计模式和技术，强化审计回访，避免政策风险，加强工会经费绩效审计等。（武吉波）

【关于加强市总机关系统干部作风建设的调研与思考】 由市总工会机关党委负责，市总工会组织部参与，是市总工会重点课题之一。包括围绕贯彻新时代党的组织路线，对照群团改革增“三性”、去“四化”的原则，对市总工会机关系统干部队伍建设情况进行梳理，并着重研究市总工会机关系统在干部队伍结构、思想状况、工作作风等方面存在的不足，特别立足是否坚持群众路线、是否敢于担当负责、是否勇于开拓创新等方面，深入查找作风建设的薄弱环节。在分析原因的基础上，提出加强机关系统干部队伍建设、助推工会改革发展的意见建议，主要包括：强化统筹协同，形成工作合力，连通机关系统干部队伍建设的断点；提高政治站位，强化责任感和使命感，筑牢干部担当作为的思想根基；在干部素质培养体系中强化作风建设；建立健全科学合理的考核评价体系。（武吉波）

【关于加强和改进本市事业单位工会工作的调研报告】 市总工会研究室

承担并撰写调研报告，是市工运研究会招标课题之一。报告阐述加强和改进事业单位工会工作的重要性和必要性，梳理全市事业单位职工队伍基本特点及全市事业单位工会基本情况。在指出事业单位工会工作面临的问题和挑战的基础上，提出相应的对策建议，主要包括：进一步加强党的领导，积极争取行政支持；明确事业单位工会的职责任务，推动事业单位工会服务党政工作大局、服务职工全面发展；加强事业单位工会干部队伍建设，不断提升其素质能力；进一步提升事业单位民主管理工作的针对性和实效性；创新事业单位思想政治工作方法和载体；加强对事业单位非在编职工的团结凝聚力度；着力破除事业单位工会“四化”特别是“行政化”倾向，推动事业单位工会更加密切同职工群众之间的联系。（武吉波）

【关于完善本市政府与工会联席会议制度的问题研究】 市总工会劳动关系工作部承担并撰写调研报告，是市工运研究会招标课题之一。报告首先从联席会议制度的历史发展与演进谈起，阐明推进联席会议制度的价值内涵，指出本市推进联席会议制度的实践与不足，总结新形势下本市推进联席会议的主要内容和特点，就本市推进联席会议的实操路径进行探索分析，最终对进一步加强联席会议建设提出相关的意见和建议，主要包括：以更高站位全面认识政府与工会联席会议制度的重要性，统筹协调联席会议制度与其他议事协调机制间的关系，攻坚克难推动联席会议制度向纵深发展，进一步完善相关配套制度与保障机制。（武吉波）

【关于非公企业重大调整中履行民主协商程序实务操作的研究】 市总工会劳动关系工作部承担并撰写调研报告，是市工运研究会招标课题之一。报告阐述非公企业重大调整中依法履行民主协商程序的重要意义，指出非公企业重大调整中履行民主协商程序应当遵循依法依规、利益兼顾、规范有序、注重实效、确保稳定等几项原则。同时，把非公企业重大调整中履行民主协商程序分成酝酿起草、审议决定、执行落实3个阶段，对其具体内容进行详细说明。在此基础上，提出推进非公企业重大调整中履行民主协商程序的工作建议：一是建议尽快形成多方参与的工作合力，二是建议制订出台相关操作指引，三是建议进一步加大基层企业的培训指导力度。（武吉波）

【上海外来从业人员住房问题专题调研报告】 市总工会权益保障部承担并撰写调研报告，是市工运研究会招标课题之一。报告梳理上海外来从业人员基本情况及其住房状况，阐明外来从业人员住房需求。同时指出，制约外来从业人员在沪购房的主要因素分别是资金、政策和流动性，制约外来从业人员租房的主要因素则分别是房租价格偏高、租赁市场缺乏规范性、保障性租赁品种覆盖不足。在对外来从业人员住房公积金建立情况进行详细分析的基础上，提出解决外来从业人员住房问题的政策建议，主要包括：加大保障性住房对外来从业人员的倾斜，发展租赁型职工集体宿舍，改革住房公积金制度，等等。（武吉波）

12月7日，上港集团工会举办工会理论研究专题培训（任闵昱）

【上海各区工人文化宫转型公益现状调研】 市总工会宣传教育部承担并撰写调研报告，是市工运研究会招标课题之一。报告首先肯定各区工人文化宫公益转型取得的成效，认为其功能运维不断优化，文化服务功能增强、设施建设布局更趋完善、服务方式更加丰富和多元化、与文广体育系统合作对接得到加强。同时，也分析各区工人文化宫发展中存在的问题，就如何发挥文化宫退租还文场馆面积最大效用、根据升级新型业态合理建设文体设施、加强财政保障、完善配套管理措施等进行思考。在此基础上，提出相应的对策建议，主要包括：明确工人文化宫文化服务功能定位；加强文化宫人才队伍建设；开展工人文化宫管理、文艺人才培训；进一步深化研究和规范多种运维模式；推动融合发展，增强文化宫辐射功能；优化工人文化宫功能开发和运维。（武吉波）

【上海女职工美好生活新需求调研报告】 市总工会女职工委员会、市运输工会组成联合课题组开展调研并撰写调研报告，是市工运研究会招标课题之一。报告指出准确把握上海女职工美好生活新需求的重要意义，详细梳理上海女职工队伍现状和发展趋势，并从性别平等机制建设、工会女职工组织自身建设、工会女职工干部队伍建设3个维度，指明工会女职工组织服务女职工新需求的主要问题。在此基础上，提出相应的对策建议，主要包括：大力弘扬劳模精神、劳动精神、工匠精神，拓展女职工职业发展空间和能力；促进性别平等机制建设；优化女职工服务工作品牌；加强工会女职工组织自身建设。（武吉波）

【上港集团工会举办工会理论研究专题培训】 12月7日，上港集团工会举办工会理论研究专题培训，邀请上海工会管理职业学院专家为集团60余名两级工会负责人进行辅导培训。培训内容结合中国工会十七大对工会理论研究提出的新任务，以及上海工会改革对工会理论研究提出的新要求，详细介绍上海工会理论研究、工作研究的基本情况，并结合当前部分区局（产业）工会推进工会理论研究、课题研究的主要做法，立足于工会实践经验和集团实际，就集团如何推进工会研究工作提出了务实可行的参考建议。（张　容）

【市交通委工会开展道路养护行业课题调研】 年内，市交通委工会会同市路政局、市公路学会开展课题调研，了解道路养护行业现状、职工诉求，以2018年市路政局中标企业和有代表性的国有企业、浦东新区养护管理企业为基础，充分发挥非公企业的积极性，提出初步组建方案，为下一步筹建上海市交通工会道路养护行业分会做好前期准备。（方蔚萍）

工运研究会

【概要】 2018年，市工运研究会完成学会换届工作，同时以换届为契机，进一步完善组织机构与规章制度，有序推进各项工作。一是完成换届工作。在挂靠单位上海市总工会领导下，在市社联、市社团局的指导下，依照社团管理相关规定，于11月27日召开第九届会员大会，选举产生第九届工运研究会理事会、领导班子，顺利完成换届工作。二是进一步完善学会组织机构与管理制度。配合换届要求，研究会修订完善学会章程、建立健全系列配套制度，规范社团内部治理工作。同时贯彻工会改革精神，成立市工运研究会秘书处，与上海工会管理职业学院研究部实行“一套班子、两块牌子”运作，研究会日常运作由工会学院承接，有效整合工作力量。三是以课题研究为中心，有序开展学会各项工作。包括面向各专业学科委员会及其他会员单位，开展研究会课题招标立项工作，确立12个招标课题，均形成调研成果；加强专业学科委员会运作和市工运研究会团体会员管理，推动会员加强理论研究与工作研究；编辑出版内部调研交流刊物《上海工运研究》《上海工运研究·资料专辑》，免费向会员赠阅；积极参加市社联、市社团局组织的各项活动与培训。（邹卫民）

【闵行区工会工作研究会上下联动抓调查出成果】 围绕工会工作重点任务、职工需求，闵行区工会工作研究会组织力量、上下联动开展课题调研。一方面，在区级工会层面，结合大调研工作，设计组织闵行区职工需求大调研，网络问卷调查与线下实地调研结合，线上参与人数突破2万人，线下调研参与人数2472人，全面调研了解职工需求；结合工会重点工作，相继开展关于“职工技能培训需求”“非公企业工会组建”“职工互助保障计划满意度快速调查”等调研；组织落实产业工人队伍建设专项调研，形成《闵行区关于开展公共服务对产业工人有效覆盖情况的专题调研报告》《闵行区打响“上海制造”品牌——培育当代工匠专题调研报告》等专题调研成果，为区产业工人队伍建设改革的有效推进提供了理论数据支撑。另一方面，坚持每年推出课题调研计划，指导区属各级工会开展课题研究，2018年开展了“园区工会组织建设状况和运行机制调研”等17项委托课题调研，收到各级工会申报的调研报告（论文）78篇，汇编形成《闵行工会优秀论文集》。（邹卫民）

【松江区总工会工运研究会以工运研究为抓手促职工思想素质建设】 一是开展理论学习，引导职工听党话、跟党走。通过召开主题学习报告会、宣讲讲座、女职工周末学校等多种形式，组织职工群众和工会干部学习习近平新时代中国特色社会主义思想，学习贯彻全国工会十七大、上海市工会十四大精神。二是结合大调研和松江职工队伍特点，开展有针对性调研研究，其中设立专题调研松江产业工人队伍建设的群体特征，了解企业工会工作的基本情况，形成《面向产业工人的工会工作及基础工作调研报告》《与G60科创走廊相适应的产业工人队伍意识形态工作研究》等课题研究论文。三是强化工会干部队伍建设，组织开展专题学习、座谈会、读书活动、学习考察等各类党性活动，提升工会党员干部的党性修养和能力素质；以调研为基础，加强基层工会考核工作，建立考核结果通报制度和职工考核评价机制，增强工会干部的责任意识。（邹卫民）

【奉贤区总工会工运研究会以大调研牵头推进各项工作】 结合工会改革任务，奉贤区总工会工运研究会着力开展大调研，以大调研推动各项工作。2018年，围绕职工职业技能提升、构建和谐劳动关系、落实困难职工精准帮扶、工会服务体系建设，走访村委、居委、企事业单位、实体实地企业、一线职工，了解企业状况、职工需求。通过大调研，一是探索突破工作难点，结合建立全市首个商圈工会联合会，通过调研找难点、补短板，持续推进难点企业工会组建工作。二是找准职工需求，深入调研了解环卫工人、外卖小哥、快递员、交警辅警、协管员等户外工作者工作生活状况，推动完善区“户外职工爱心接力站”创建。三是助推区域高质量发展，结合首届“奉贤工匠”评选、承接“公益乐学”项目等工作，对接职工需求、项目设置，取得了较好成效。2018年，共形成《坚持职工需求导向，把握当前工会履职关键点，深入推进工会服务能力建设》等3篇调研报告。（邹卫民）

【市运输工会工运研究会发动二级、三级工会共同开展工运理论研究】 一是下发年度课题调研选题规划。年初制定全年理论学习与课题研究计划，以产业工人队伍建设、国有企业工会改革等为选题，确立十个工会理论研究参考选题。二是整合力量开展重点专题调研。由运输工会常委牵头，会同相关单位工会，承接1个市总工会课题、完成“加强和创新新时代企业职工思想政治工作”“推进物流企业产业工人队伍建设”“加强新时代企业工会组织自身建设”3个重点专项课题。三是开展优秀论文评选。组织各基层工会申报优秀论文，共收到上报的工运论文20篇，经评选，5篇论文获评优秀工运论文，10篇获评参与奖。（邹卫民）

【上海电信工会工运研究会聚焦工会

改革与职工需求深入工运理论研究】 一是强化理论学习,长期坚持以“课题组攻关”形式开展理论研讨活动,2018年组织开展各类思想理论研讨9次,学习中国工会十七大、上海市工会第十四次代表大会、新时期产业工人队伍建设改革方案等精神。二是聚焦工会改革开展研究,确定了“国企工会改革”“工会工作网络化、信息化”“健全服务职工工作体系”等重点课题研究方向,形成系列调研报告。三是聚焦职工需求开展大调研,制定“聚焦职工感知、服务员工发展”大调研方案,以职工实事项目、职工美好生活需求为调研突破口,收集职工诉求、排摸职工思想动态、倾听职工心声,全年共征集员工意见建议1662条,形成广开言路、解决问题、推动发展的内生动力。 (邹卫民)

【市卫生计生系统工会工作理论研究会召开第二十一届年会】 9月12日,市卫生计生系统工会工作理论研究会第二十一届年会在市疾控中心召开。会议总结2017年度工会理论研究工作,表彰一批优秀工会理论研究成果,并且就下一阶段的有关工作进行部署。市总工会研究室主任崔校军应邀出席会议,并对市医务系统的工会理论研究工作给予充分肯定,他强调扎实做好工会理论研究,要在三个方面进一步推进深化:一是要围绕中心工作,自觉服务大局;二是要自觉深入群众,凝聚职工队伍;三是要勇于工作创新,进一步提升行业影响力。市医务工会副主席何园代表系统工会工作理论研究会作工作报告。会上,华东医院工会、肿瘤医院工会、闵行区医务工会作为获奖代表发布各自最新的工会理论调研成果。 (李易杰)

【上海大学工会工运研究会完善制度深化调研】 为鼓励广大教职工会员积极参与工会工作调研和理论研究,上海大学工会工运研究会进一步完善研究会制度建设,制订《上海大学工运研究会课题经费资助与奖励管理办法(试行)》,以工运理论研究、工作研究的开展打牢制度基础。2018年申报《加强和改进事业单位工会工作调研》,获得了市总工会委托课题立项,形成相关研究成果。同时,依托校院两级工会组织,每年定期开展征文活动,组织引导院所工会研究新情况新问题,探索工会工作的新思路新方法。《新时代背景下高校基层工会工作创新探讨》《新时代高校海归青年教师职业发展工会服务融入机制研究》《增强高校工会影响力和感召力的研究——以S高校为例》等3个课题获得了2018年市教育系统工会理论研究会立项课题。 (邹卫民)

【闵行区工会工作研究会结合大调研深化调查研究】 3月27日,闵行区工会工作研究会2017年年会暨2018年工会调研课题指导培训会在区政府会议室召开。区人大常委会副主任、区总工会主席倪学斌出席会议并作重要讲话。市总工会研究室主任崔校军受邀就“调查研究与课题研究报告的撰写”作专题指导。会议总结了闵行区工会工作研究会2017年的工作,表彰30篇年度优秀调研报告(论文)。会议提出要围绕中心重点工作,切实增强工会研究的实效性,结合大调研对职工利益诉求开展研究;结合盲点难点和瓶颈问题开展研究;结合产业工人队伍建设开展研究。会上部署了17项闵行区工会2018年度调研报告(论文)选题的重点方向。闵行区属工会主席及工会干部,直属事业单位以及部分获奖论文作者等百余人参加会议。 (王 凯)

3月27日,闵行区召开工会工作研究会2017年年会暨2018年工会调研课题指导培训会 (李乘风)

优秀论文

论文题目:关于加强换届后上海工会干部队伍建设调研报告

作者:上海工会管理职业学院

内容摘要:为深入分析换届以来特别是群团改革以来上海工会干部队伍建设现状,市总工会成立专题课题组,采用问卷调查、座谈交流、实地走访和文献分析等方法,共回收工会干部有效问卷1371份(含非公企业工会干部有效问卷365份)、工会组织有效问卷92份;面向各级各类工会干部共召开10场座谈会;整理汇总上海工会统计大数据,收集市总工会,16个区总工会,部分局(产业)工会、街道(园区)工会、基层工会干部队伍数据信息,形成课题报告。报告提出,2015年群团改革以来,上海各级工会按照改革要求,在干部队伍建设方面进行了包括领导班子实行“专挂兼”、机关工作人员“2+1”、加强工会社工队伍建设等探索和实践,但同时存在专职干部数量与面临的工作任务不匹配,工会干部职业发展通道、培养通道较狭窄,挂职干部产生培养、使用激励机制尚不完善,兼职工会主席履职机制仍待优化,工会社工管理使用及激励发展机制仍需健全,工会干部专业水平亟待提升等建设发展问题,就加强工会干部队伍建设提出五方面的对策建议:一要从完善工会干部协管制度、畅通工会干部培养交流渠道机制入手,进一步加强党对工会干部队伍建设管理的组织领导；二要从完善兼职副主席履职机制、健全机关挂职干部培养使用及管理长效机制入手，进一步按照群团改革要求完善兼职、挂职干部产生及履职机制；三要从优化干部培养路径、改进工会干部选拔任用制度、优化对非公企业工会干部的激励保障制度入手，进一步强化工会干部的培养选拔激励机制；四要进一步拓展社会化工会工作者职业晋升通道；五要进一步完善工会干部培训体系建设。

（邹卫民）

论文题目：基层工会主席实践指导站建设的思考与探索

作者：杨浦区总工会

内容摘要：杨浦区总工会针对当前非公企业改革中基层工会主席队伍建设这一瓶颈问题，选取定海路街道总工会为样本，以“基层工会主席实践指导站”建设作为着力点，进一步深化街道非公企业工会改革。报告认为，影响基层工会主席作用发挥的瓶颈问题主要存在于3个方面，一是街道三级工会干部体系连接不紧密、联系机械化，二是专职工会干部群众工作本领有待提升，三是基层企业工会主席普遍存在履职能力短板。建立“基层工会主席实践指导站”是定海路街道总工会解决上述问题的一个探索，建设内容包括：探索由街道总工会专职副主席担第一站长、外聘资深工会工作者任第二站长的“双站长”工作责任制；探索街道工会干部、工会社工和企业工会主席短期轮流轮换“双挂职”交叉任职；探索集中培训与个性问题分散培训相结合的基层工会主席“双维度”培训方式；探索街道总工会及职工会员对基层工会主席“双评价”工作机制等。报告同时提出，“基层工会主席实践指导站”建设要抓住“建立感情纽带”这一关键，进一步设置与基层实际相符的制度机制，按照“全科医生”标准建好配套工会社工队伍，并抓紧编制《基层工会主席工会工作实践指导手册》。（邹卫民）

论文题目：后街工会：工会组织在后街经济中的作用发挥初探

作者：静安区总工会

内容摘要：以大型商圈周边支马路发展起来的后街经济，是一种新的经济形态，其包括后街的沿街商铺及居民楼内建筑作为经营载体的小企业、个体工商户、经营者等所形成的各类经营业态。后街经济正在逐渐丰富辖区商业生态，对商圈发展具有重要作用，也是街道发展的重要组成部分。作为上海最知名的商圈之一，静安区率先发布了《静安区南京西路后街经济战略规划》，为了更好地了解街道各级工会组织在后街经济发展中的工作现状和未来努力方向，南京西路街道总工会以巨鹿路、丰盛里和大沽路小商圈为例，围绕《工会组织在后街经济中的作用发挥》这一课题开展调研，形成课题报告。报告显示，南京西路街道后街经济组织从业人员中，男女均衡，外来人员显著较多，80、90后是就业主体，职工收入低于全市平均工资，但大部分人对工作现状仍感满意，美食类经营业态是主流，商户规模以小微型居多。从工会组建情况看，后街职工加入工会组织的比例不高，大部分职工对工会的了解有限。而从他们对工会组织的主要需求与期盼看，在职工权益类项目中需求最大的是劳动维权服务和定期体检，最希望工会提供的是法律类服务，超过半数经营者希望街道总工会能为其拓展资源。报告建议：在后街区域中建设中要实现由联合工会到工会联合会的转变，打通服务职工“最后一公里”；要进一步保障会员的合法劳动权益，让个体商户及其员工“申述有门”；要推进“互联网+工会”工作新模式，扩大工会工作辐射效应；要聚焦服项目，引导资源共享，打造后街商户从自治到参与社会共治新局面。（邹卫民）

论文题目：非公有制企业工会改革的实践与思考

作者：宝山区总工会

内容摘要：群团改革以来，宝山区推动工会改革向基层延伸，围绕依法建会、依法管会、依法履职、依法维权，有效破解非公有制企业工会瓶颈难题，凝炼形成“顾村经验”。本文系统梳理了宝山区非公有制企业工会改革的发展实践，概括总结了改革的基本内容、特点和启示，认为依法建会，扩大工会组织有效覆盖；依法管会，加强工会经费使用管理；依法履职，激发工会干部队伍活力；依法维权，提升职工维权服务效能是宝山区非公企业改革的主要实践与成效。同时，提出面对新情况新任务，当前还存在着工会改革推进各地发展不平衡，实现职工维权服务需求困难依然不少，干部队伍建设仍然存在短板等问题。据此，报告提出四方面工作建议：一是深入宣传，提高工会的知晓率和传播面；二是顺应时代，聚焦新就业模式和重点人群；三是持续推进，强化维权的及时性和常态化；四是竭诚服务，满足职工群众的多元化需求。（邹卫民）

论文题目：青浦区快递物流行业工会工作的思考

作者：青浦区总工会

内容摘要：近年来，青浦区快递业发展迅速，已成为区域经济社会的重要产业之一。全国近60%的品牌快递企业的全国总部和区域总部集聚青浦，快递物流产业平台初具规模，2016年12月，成功创建“全国快递行业转型发展示范区”。报告分析当前区域快递企业职工队伍情况特点。截止2017年底，青浦全区有全国和区域快递总部11家，有业务经营许可加盟店（门店、网点）62家，从业人员近1.5人，大部分为外来务工人员。从年龄结构来看，主要集中在18岁以上至35岁的青壮年；从文化结构看，5年来快递行业从业人员的文化素质显著提升，2013年占总数43.4%的学历业在高中及以下，2017年则上升为大专、本科及以上学历占47.6%。适应行业发展特点，2017年4月20日，全市第一家由区域工会牵头成立的快递物流行业工会联合会在青浦成立。报告认为，要进一步加强快递行业工会工作建议，一方面要着力促进快递物流行业和谐劳动关系创建，推进行业规范健康、转型发展；另一方面要着力建立行业集体协商制度，推进签订行业集体合同工作。（邹卫民）

论文题目：新业态企业工会建设调研报告

作者：上汽集团工会

内容摘要：报告认为，上汽集团当前正向新业态企业产业升级发展，以“电动化、智能网联化、共享化、国际化”为特征的新业态企业日趋成为新常态。报告分析了新业态企业工会组织工作的现状与困难,包括党组织建设有难度,工会建设进度受到影响;企业发展规模大,基层人数有限,工会建设全覆盖难度较大;企业发展速度快,工会同步建设难度较大等。从企业员工特点与需求分析,则呈现新业态企业员工流动性大,传统活动开展难度较大;员工思想活跃,传统活动开展吸引力不足;企业发展压力大,对工会活动契合业务发展的要求更高;因职工人数较少,工会经费有限,活动开展难度较大等困难。针对上述问题,报告提出三方面对策建议:一是坚持党的领导,坚定工会组织建设,坚持党建带工建工作要求,让新业态企业的工会组织"建起来";二是持续推进工会组织覆盖面,持续完善工会组织的纽带作用,持续规范工会组织基础建设;三是探索行业联合建会、探索区域联动共建、积极推进沪外企业工会组织建设,有效创新工会组织形式;四是依法科学维护职工权益,加强对沪外基层工会的指导,让新业态企业的工会职能"转起来";五是针对不同员工群体的不同需求,有针对性地开展思想建设、文化建设,运用"互联网+"重塑工会工作流程,让新业态企业的工会职能"活起来"。 (邹卫民)

论文题目:上海市科技系统构建"职工梦想家园"的实践与思考

作者:市科技工会

内容摘要:市科技工会在本市科技系统基层工会中抽取了32家基层工会作为样本,开展了在提升和加强职工之家建设中构建"职工梦想家园"的调研,总结和归纳了历年来职工之家建设中的成绩与存在的问题,找出其发展趋势以及构建"职工梦想家园"的探索与思考,形成调研报告。报告提出"职工梦想家园"是聚焦职工科技梦想的升级版的职工之家建设,并归纳出"职工梦想家园"的建设内涵、建设标准以及建设的举措。报告认为,加强新时期职工之家要致力于提高建家工作对科研创新贡献度、加强建家工作在职工群众中的认可度、解决工会自身建设如何与时俱进问题。针对新时代科技系统职工对事业发展和精神追求有着新的诉求,对科技创新的事业梦想有着更强烈的需求,建设"职工梦想家园"是新发展阶段工会建家工作的奋斗目标。就此,报告提出如下思考建议:一要清晰认识"职工梦想家园"的内涵,明确建设思路;二要探索"职工梦想家园"的建设标准,更加突出科技系统的侧重点和引导性;三要强化职工需求导向,将满足职工需求作为建设"职工梦想家园"的重点环节;四要创新建家工作方式方法,完善多级联动的工作模式。
(邹卫民)

2018年《工会理论研究》要目

类别	题目	作者	期数
特稿	回溯中国工会理论创新四十年(上)	陶志勇	2018-3
	回溯中国工会理论创新四十年(下)	陶志勇	2018-4
	学习贯彻习近平总书记重要讲话及中国工会十七大精神的几点思考	桂晓燕	2018-6
	中国工会十七大的时代价值和工会工作走向	石　云	2018-6
理论探讨	上海顾村经验:非公企业工会改革的范本	汤洪伟　杜　星	2018-1
	江苏非公企业工会改革的探索实践	丁泽英	2018-1
	工会改革向基层延伸问题探析	刘　昉	2018-2
	学习型组织理论对中国工会的影响研究	曹凤月	2018-2
	非全日制用工规定的缺陷及其完善	王静元	2018-3
	论台湾劳动契约分类及其借鉴意义	王婷婷	2018-3
	新时代弘扬劳模精神的价值意蕴	任　鹏　李　毅	2018-4
	上海劳动力市场分层研究	牛雪峰	2018-5
	改革开放40年来中国就业制度的转变	王大	2018-6
热点透视	我国教育工会在高校内部治理结构中的作用分析	李亮山	2018-1
	高校基层工会提升青年教师"获得感"的实践及困境	王子蕲　包婧元	2018-1
	工会推进师德师风建设的现状与对策	周治华	2018-1
	高校工会基层组织活力建设探索	李小禾	2018-1
	习近平新时代中国特色社会主义思想对工运事业发展的战略指导作用	戴文宪	2018-2

续 表

类　别	题　　目	作　者	期　数
	新时代中国特色社会主义与工会工作新探索	王艳霞	2018-2
	筑牢弘扬劳模精神、工匠精神的基石	邹卫民	2018-5
	浅议“庖丁解牛”与工匠精神	马轻轻	2018-5
	社会治理创新与新时期上海区域化工建	李学兵　戴　菁	2018-6
	工会参与社会治理创新:地位、作用、问题与路径	姚仰生	2018-6
工运广角	新业态发展背景下物流货运行业工会组建的实践与思考	林　辉	2018-1
	引入互联网思维去除工会组织“四化”顽症	邹瑞琼	2018-1
	论宝钢的“工匠精神”	屠国华	2018-1
	广东工会基层组织建设的创新实践	范小雨	2018-2
	工会推进高素质产业工人队伍建设的实践和思考	黄　峰	2018-2
	浙江省职工劳动权益保障问题的探索与思考	刘若实	2018-2
	移动互联时代工会新媒体建设发展路径的思考	王晓真　倪朝霞	2018-2
	浅谈国有企业思想政治工作一体化格局的实践路径	邹允文	2018-2
	关于加强新生代职工文化建设的思考	陈　晓	2018-3
	新常态下高校工会的责任与作为	刘有军	2018-3
	教育工会在高校教师教学经验交流中的纽带作用和支持机制研究	杨小燕等	2018-3
	加强非控股合资企业工会管理的实践和思考	张华辰	2018-3
	新时代工会干部培训的新要求	王华生	2018-4
	高校工会维护保障青年教师职业发展权的应然与实然	陈　前　魏　巍	2018-4
	浅析提高产业工人素质的路径	罗鹏翔	2018-04
	国有企业改革与基层工会职能发挥	陈　洪	2018-4
	关于上海职工服务站建设和管理工作的思考	燕　翔	2018-5
	非公企业工会规范化建设的思考	张　举	2018-5
	高校工会法律援助机制的实践与完善	周登谅	2018-5
	高校非专职工会干部工作状况调查	严小丽　刘　蕊	2018-5
	充分发挥工会组织在企业文化建设中的作用	张滨鲜	2018-6
	工会改革背景下推动街镇级行业工会“建转活”的思考	陈姣姣	2018-6
国际工运/港澳台工运	印度海员工会介绍及经验启示	赵丽娟等	2018-1
	韩国民主转型对劳动关系的影响与启示	杨洪晓	2018-2
	美国现代大学制度中的工会效能及其借鉴	文　丰	2018-3
	新加坡工会发展模式及其启示	张莉芬	2018-4
	香港劳资冲突中的工会	黄安余	2018-5
	美国公立部门工会会费案评析	柯振兴	2018-6
封面人物	全国先进工作者阎克路教授	东华大学工会	2018-1

续 表

类 别	题 目	作 者	期 数
	上海市先进工作者刘英教授	上海音乐学院工会	2018-2
	全国先进工作者滕平	上海市高安路第一小学工会	2018-3
	全国先进工作者张洁华	上海市宝山区培智学校工会	2018-4
	上海市五一劳动奖章获得者方广锠	上海师范大学工会	2018-5
	上海市先进工作者胡礼忠教授	上海外国语大学工会	2018-6
工运历史	对陕甘宁边区产业工人队伍建设历史的再思考	李 欢	2018-4
企业社会工作	我国企业社会工作者的核心能力构成及其培养	刘斌志 吕静淑 秦 藤	2018-5
	企业社会责任:企业社会工作发展新途径	周 梦	2018-5

2018年《工会理论研究(增刊)》(第一期)

类 别	题 目	作 者	出版年月
群团改革	搞活非公企业工会工作的实践与思考——以闵行区非公企业工会改革为研究对象	闵行区总工会	
	关于群团改革背景下基层服务站工作的研究	闵行区马桥镇总工会	
	群团改革背景下党组织领导工会推进学校内部沟通协商机制建设的实践研究	闵行区教育工会	
	运用新媒体渠道 探索新时期工会管理模式	闵行区医务工会	
	夯基础、促活力、强保障——浅谈颛桥镇非公企业工会改革工作	闵行区颛桥镇总工会	
劳动关系	闵行区劳动关系发展变化及劳动争议调处情况分析报告——以闵行区网格化平台数据为参考	闵行区城市管理行政执法局工会	
	履行基层司法行政职能构建和谐劳动关系的思考	闵行区七宝镇司法所	
	浅谈非公企业工会在协调劳动关系中的作用	闵行区颛桥镇总工会	
	关于群体性劳动争议纠纷调解过程中工会履职作用发挥的实证案例	闵行区华漕镇总工会	
	关于闵行区建筑行业女职工特殊权益实现状况的调研	闵行区建设受理服务中心工会	
	上海市闵行区建筑业工伤保险参保现状的研究	闵行区社会保障服务中心工会	
工运广角	对建立和完善工会经费监督体系的几点思考	闵行区总工会	
	关于"工匠"培育选树工作的思考——以闵行法院"工匠"培育选树工作为研究视角	闵行区人民法院工会	
	关于新形势下加强劳模服务管理工作的对策研究	闵行区江川路街道总工会	

续 表

类 别	题 目	作 者	出版年月
	关于工会参与社会治理工作的思考	闵行区司法局工会	
	工会组织如何在社会治理中发挥作用	闵行区莘庄镇总工会	
	学校民主管理中发挥教代会作用的机制构建研究	上海市七宝中学工会	
职工之家	闵行区农委系统工会职工之家建设的调研与思考	闵行区农委工会	
	关于深化商务楼宇职工之家建设的思考和探索	闵行区梅陇镇总工会	
	关于直管公房联合工会如何发挥职工之家作用的几点思考	闵行区直管公房资产管理有限公司联合工会	
文化与思想建设	关于产业园区职工文化建设的实践与思考	闵行区莘庄工业区总工会	
	关于森马上海园区职工文化建设的实践与思考	上海森马服饰有限公司工会	
	奇士产业园区职工文化建设“联动模式”的研究与思考	上海奇士企业发展有限公司工会	
	机关事业单位工会深化桥梁纽带作用暨工会文化团队建设的实证性研究	闵行区交通委工会	
	闵行区借势借力开展职工体育活动的尝试和思考	闵行区总工会	
	关于新媒体时代职工思想建设的研究	闵行区浦锦街道总工会	
	浅谈如何利用新媒体来开展职工思想建设	闵行区虹桥镇总工会	
封面人物	全国五一劳动奖章获得者谷文平		
光荣榜	2017 年度闵行区工会调研报告(论文)获奖名单		

2018 年《工会理论研究(增刊)》(第二期)

类 别	题 目	作 者	出版年月
新医改	浦东新区基层医务人员对新医改政策认知情况的调查研究	杨晓笛等	
	全面深化改革背景下医师多点执业中工伤认定困境的探析	高深甚	
	新医改形势下浦东新区人民医院护士人文管理感知的调研分析	江 萍等	
	新形势下医务人员积极性的相关因素调研	吴菲菲等	
权益维护	关于全面二孩政策背景下女职工权益实现状况的调研报告	张鸿丽等	
	上海市三甲综合性医院在全面二孩政策背景下护士权益实现状况的调研报告	陈蓓敏	
	EAP 与区域卫生计生行业职工权益保障	江欲红等	
	从暖心工程着手 探索职工帮扶机制建设——以闵行区医疗机构基层工会推行职工暖心工程为例	沈文英等	

续 表

类 别	题 目	作 者	出版年月
工运广角	新媒体时代推进职工福利工作的思考与探讨	王丽莉等	
	工会视角下创建及管理“职工亲子工作室”的思考	张洪寅子等	
	新形势下加强工会经审工作规范化建设的思考	管芝云等	
	增强医院工会工作能力 提高工会服务职工水平	耿 芸等	
	品管圈在提升工会活动职工参与度中的应用	陆 敏等	
职工队伍建设	建设学习型单位 全面提升医院文化	沈 超	
	关于静安区卫生计生系统工会组织建设的几点思考	吴 荻	
	浦东新区医疗机构公共卫生人力资源现状和对策调研报告	王远萍	
	上海部分三甲医院劳务派遣工队伍发展的研究	张弛东等	
	门诊文员队伍稳定状况研究	邱坚中	
	杨浦区医疗护理机构护工队伍现状及做好维权服务工作的建议	江欲红等	
	金山区众仁老年护理医院青年医务工作者工作满意度调查研究	陈 丽	
	上海市某三甲专科医院职工文化需求调查报告	周 韵等	
心理健康	上海医务职工的心理健康状况研究——以黄浦区为例	俞丽辉等	
	医务人员心理健康及影响因素研究	华 健	
	医改形势下医护人员心理健康和心理素质现况调查研究	江 萍等	
	上海市公立医院医务人员心理危机预防、预警和干预的研究	苏家春等	
	职业愿景与压力对医疗骨干人员的健康影响研究	俞思伟等	
	医院视角下医生情绪管理能力的问题分析与策略	唐 凯等	
	以积极心理学为基础的EAP项目对护士主观幸福感的影响	卢 霏等	
光荣榜	上海市卫生计生系统工会工作理论研究会第二十一届年会获奖名单		

综合工作

财务与资产管理

【概要】 2018年，市总工会切实贯彻中央、市委有关会议和全总十七大、上海工会十四大精神，坚持围绕中心、服务大局，持续推进工会财务和资产管理，进一步加大服务职工和基层工会经费保障，为上海工会改革发展提供财力和物力支持。进一步加强工会财务管理，出台《上海基层工会经费收支管理实施办法》。对全总《基层工会经费收支管理办法》原则规定的开支项目细化支出范围、标准和程序等，对基层工会经费财务管理和检查监督提出明确要求，对于进一步加强本市基层工会经费收支管理，保障工会服务职工工作具有重要作用。完成上海市总工会机关及直属事业单位内部控制体系建设。梳理并确定上海市总工会机关及直属事业单位统一的管控清单、业务表单，收集机关部室意见，完成机关及直属事业单位内控手册。根据内控手册，督促市总机关及8家直属单位的现有制度进行修订。强化预算绩效管理，建立以职工满意度为导向的工作评价机制。对财政资金、市总实事项目、直管单位重点项目开展预算绩效管理工作，完成上年度项目的绩效评价报告和本年度项目的绩效跟踪报告的编制工作，保证资金使用规范有效。推进上海市总工会机关及直属事业单位财务集中核算管理信息系统建设。年初完成市总机关及直属事业单位核算系统初始化，实现核算系统上线。年中完成市总机关费用报销系统上线，推进全面预算管理、会计核算与财务管理一体化、财务管理与业务管理一体化。推进事业单位政府会计制度转换准备工作。选择2家事业单位进行试点，事业单位各财务主管分组讨论、集体学习，为2019年顺利实施政府会计制度做好准备。加强工会系统及直属单位财务干部队伍建设。组织开展《上海基层工会经费收支管理实施办法》培训，邀请专家学者，开展直属事业单位财务干部业务培训，提高财务干部业务能力、职业素养和廉洁自律意识。落实“两非一无”项目经费年度预算及拨款，配合修订出台延续政策。与市财政局联合签发《关于印发〈服务灵活就业群体工会会员项目经费使用管理办法〉的通知》，为今后五年工会组织更好地组织和服务灵活就业群体会员提供了经费制度保障。进一步推进工会企事业资产管理。继续推进机关、事业单位和国有企业工会投资开办企业清理规范工作。通过实地走访，帮助相关单位协调、解决清理过程中的发现的问题，指导相关工会，根据实际情况做好被托管工会企业的清理规范，做到条件成熟一家，处置一家。直管事业单位开办企业清理工作。根据《市总直管事业单位所办企业处置方案》相关要求，多次与有关事业单位、海鸥集团沟通协调，指导直管事业单位开办企业办理关、停、并、转手续或归口海鸥集团管理，推进企事分开。职工服务阵地清理整改工作。按照全总关于加强和规范工人文化宫、疗休养院管理有关文件精神和市总关于文化馆清理整改“四个一批”的工作要求，召开专题会议，传达、部署，实地走访积极推进清理整改工作。工会资产管理审批工作。为全市各级工会提供资产配置、使用、处置相关指导、解释、咨询等服务，按规定办理工会及工会所属企事业单位的资产配置、使用、处置事项审核、批复手续。承办第25届全国城市工会资产监督管理工作交流会议。全国29个城市工会51名资产工作分管领导和部门负责人参加会议，全总资产部李庆堂部长出席会议并讲话。推进市总重点工程项目的筹备和建设工作。根据“公益性、公共性、群众性和专业性”要求，深化西宫项目功能定位；与普陀区政府、久事集团充分协商，推动武宁路公交停保场地的腾地搬迁工作实施；与市发改委投资处，社会发展处充分协商，明确项目实施路径和财政资金补贴渠道。推进闵行养老院项目前期工作，上半年取得建设用地规划许可证和建设用地批准书，通过闵行区规土局设计方案审定。四季度完成设计扩初方案。推进市宫外立面修缮项目前期工作。年初全面启动，已完成外立面修缮设计方案的历史保护评审批复和项目估算评审。推进市宫茉莉花剧场改建项目前期工作。上半年正式启动，已完成概念方案设计、项目申请报告的批复和设计招标工作。推进东宫项目建设。完成全部施工内容，设备调试、竣工验收等工作，并正式投入使用。完成劳模风采主题展项目。切实贯彻党的十九大报告提出的“建设知识型、技能型、创新型劳动者大军，弘扬劳模精神和工匠精神，营造劳动光荣的社会风尚和精益求精的敬业风气”要求，在市总工会办公大楼一楼实施“劳模风采主题展”项目，5月工程完毕，通过调试验收，正式对外开馆。修订完成《关于加强对市总直管单位基本建设项目监督管理的实施意见》，明确总投资200万元以上的基建项目统一由海鸥集团负责实施，对进一步加强对市总工会直管单位重大建设项目的监督管理，规范建设程序和投资行为，提高建设资金的使用效益和项目管理水平，具有重要作用。（黄银萍）

【出台《上海基层工会经费收支管理实施办法》】 根据全国总工会工作要求，切实贯彻中央、全总、市委有关精神，在市总工会相关职能部门支持配合下，结合本市工会财务工作实际，通过走访调研部分基层工会、召开不同类型、不同层面工会座谈会，召开市总相关职能部门专题会，书面征求市纪委、监察委、财政局、人社局、审计局意见等程序，在广泛听取意见建议的基础上，制订出台《上海基层工会经费收支管理实施办法》，对全总办公厅印发的《基层工会经费收支管理办法》原则规定的开支项目细化支出范围、标准和程序等。一是对市总2014年以来印发的关于基层工会经费收支管理的制度文件进行梳理，对相关规定予以融合重申。二是按照既符合工会服务职工工作要求，又有利于基层工会操作，同时防范风险的要求，对基层工会经费开支范围和标准做进一步明确，包括对会员婚育、生病住院、会员本人或直系亲属去世的慰问等，细化标准；对到龄退休离岗的工会会员，明确不超过1000元的纪念品标准；对文体活动中按规定开支的伙食补助费明确“不得发放现金”的要求；对组织工会会员春秋游活动、逢年过节慰问品的发放形式等都根据工作实际作出明确规定；对评选表彰优秀工会干部和积极分子，非工作日组织活动的基层工会人员劳务费、兼职工会干部补贴等项目，明确相应标准、程序、适用对象等管理要求。《上海基层工会经费收支管理实施办法》对基层工会经费收支、财务管理和检查监督提出明确要求，具有很强的指导性和操作性，对于全市基层工会切实贯彻中央“八项规定”精神，进一步加强经费开支管理，确保工会经费使用规范有序，更好地服务保障工会工作大局具有重要意义。（徐冬梅）

【推进上海市总工会机关及直属事业单位财务资产信息化系统建设】 在2017年底完成市总机关及直属事业单位预算模块上线的基础上，2018年初完成财务核算模块初始化，实现财务核算系统上线，通过预算执行情况表，及时了解各单位预算执行情况，使财务核算与预算执行挂钩。9—10月在完成费用报销系统上线培训、系统搭建、硬件设备准备、网上报销流程梳理等工作的基础上，11月实现市总机关费用报销系统上线。费用报销系统上线后，改变过去必须纸质报销凭证传递给各级审批领导，领导再在纸质凭证上签字的传统报销模式，费用报销凭证经扫描入系统后，会根据内控流程图的设置走网上的审批流程至各级领导处确认，从而实现费用从报销发起的源头就全面进入预算管理系统，实现会计核算与财务管理、预算管理一体化。（陆娟）

【加强重点课题调研，进一步加强工会财务管理工作】 根据市总大调研工作部署，按照“改革工会经费管理机制，进一步加强服务职工经费保障”重点课题调研要求，进一步加强财务管理调研，将调研工作与重点业务工作相结合，并完成市级层面制度设计，取得实效。一是针对市总领导基层大调研汇总问题，对上海工会经费收支管理制度尚待完善的方面认真开展调研，出台相应制度办法，对缺乏具体标准基层急需指导的已有开支项目，如退休职工慰问品及婚育、住院、去世慰问等明确标准；对春秋游是否可开支门票、是否可以发放兼职干部补贴，逢年过节慰问必须发放实物，操作上能否更方便等基层单位的疑问等，做出明确规定。二是配合推进服务新型就业群体会员的经费保障政策制订。针对市总大调研基层工会反映的“两非一无”政策延续性不明朗、资金适用对象不够明确具体、资金使用流程和范围不够明确，申报平台需要进一步优化和改进的问题，结合两年来“两非一无”工作推进实际，配合基层工作部，与市财政局积极沟通，在调研基础上，坚持问题导向，对原“两非一无”政策予以修订，重新界定政策适用范围，补充完善经费开支管理规定，11月上海市总工会、上海市财政局联合出台《关于印发〈服务灵活就业群体工会会员项目经费使用管理办法〉的通知》，为进一步做好新形势下灵活就业群体会员服务工作提供制度保障。（徐冬梅）

【加强财务信息化建设，提高全面预算管理水平】 市总机关积极推行财务信息化建设，除原账务处理模块外，2018年完成预算编报和费用报销模块的开发和上线运行。预算编报模块设置编报到三级预算明细，要求对每一个预算支出项目逐级分解，细化费用，提高预算编报的精确度。费用报销模块根据预算模块的数据，预先分配各项目的预算执行额度，严格把控项目的每一笔支出，从源头上杜绝无预算超预算支出。两大模块的无缝对接，加之严格的审批流程，为实现全覆盖、全过程的全面预算管理奠定扎实的基础，进一步加大预算控制力度，提高预算精细化水平。（黄珂）

【推进上海市总工会机关及直属事业单位内部控制体系建设】 至2018年底，市总机关及直属事业单位内控建设工作初步完成，已完成预算管理、收支管理、资产管理、合同管理、采购管理、建设项目管理6个核心业务流程及其他相关领域的流程梳理，绘制流程图并编制内控手册初稿。期间，根据主席室要求，收集机关办公室、党委、经审办等相关部室意见，逐一梳理并确定上海市总工会机关及直属事业单位统一的管控清单、业务表单。督促市总机关及8家直属单位对现有制度进行修订。同时，根据市总内控领导小组的要求，在建设财务资产管理信息化系统过程中，多次与内控建设小组、信息化平台建设小组开会研究，把内控建设过程中发现的问题通过信息化建设来弥补、完善和落实。（陆娟）

【推进事业单位政府会计制度转换准备工作】 2017年底财政部印发了《政府会计制度—行政事业单位会计科目和报表》（财会〔2017〕25号），要求各级行政事业单位自2019年1月1日起执行新制度。2018年初，全总也发文明确工会下属事业单位自2019年1月1日起执行新制度。为确保《政府会计制度》顺利实施，9月邀请市财政局专家在工会管理职业学院召开专题培训会。10月由金蝶软件公司就政府会计制度在市总财务资产信息化系统中实际应用做讲解，继续解读政府会计制度会计科目和报表及新旧衔接规定等，逐一讨论、商定各单位的共性和个性化的科目设置。同时，为更好地做好事业单位政府会计制度新旧衔接准备工作，11月选择市工人文化宫和工会管理学院两家事业单位进行工作试点，各事业单位各财务主管采取分组讨论、集体学习的模式，完成明年政府会计制度下科目确认、平行结账、科目余额表转换、固定资产折旧补提、坏账准备计提等模拟新旧衔接工作，为2019年初顺利实施政府会计制度做好准备。（陆娟）

【市总资产管理部加强工会资产管理工作】 一是切实做好工人文化宫、疗休养院清理整改工作。根据全总清理整改工作要求和市总重点工作安排，扎实推进全市工人文化宫、工人疗休养院清理整改工作，至年底，本市工人文化宫采取提前或到期收回整改措施的有8家，已收回或计划收回对外出租承包面积约2.5万平方米；采取物理隔离和运作隔离整改措施的有6家，隔离面积约1.7万平方米；采取规范合作整改措施的有4家，合作面积约8000平方米；屏风山工人疗养院和东钱湖休养院均采取到期收回整改措施，收回面积约2.2万平方米，取得了一定的成效。二是认真开展工会企业清理规范“回头看”。按照市委部署要求，继续对工会企业清理规范工作进行“回头看”，通过创新工作方法、破解清理难题，认真做好相关后续工作。至年底，全市575家机关、事业、国企工会开办的企业中，505家企业已完成相关清理工作，另70家企业正在办理关、停、并、转相关手续。通过清理规范，实现相关工会组织与其所办企业在业务关系、隶属关系上完全脱钩，在产权归属上彻底剥离，消除工会企业经营过程中存在的风险隐患。

（吴定俊）

【修订出台加强和规范市总工会重大建设项目监督管理的实施意见】 12月14日，经修订完成的《关于加强和规范上海市总工会直管单位重大建设项目监督管理的实施意见》，印发各直管单位。《实施意见》确定以海鸥集团为代建主体，负责实施市总工会直管单位新建、改建、扩建、修缮、装修等投资总额400万元及以上的、资金来源为市总工会拨款的工程项目，为规范建设程序和投资行为，提高建设资金的使用效益和项目管理水平，推进基建工作开展和基建资金的进一步规范科学管理奠定基础。（祁铭峰）

【市经济和信息化工作系统工会举办工会财务干部培训班】 7月8—10日，市经信系统工会在上海市国家会计学院举办工会财务干部培训班，系统工会副主任汪羽作开班动员，开班仪式由副主任徐方主持。全系统直属工会近70人参加培训。本次培训班开设工会经费收支管理最新政策解读、加强工会经审工作完善审计监督、大数据思维在财政工作中的运用和财税改革热点与趋势等相关专业课程，对于提升系统工会财务干部的专业素质与业务水平，完善知识结构提供了良好的学习机会。

（黄　俭　顾　捷）

【市监狱管理局工会规范工会财务规章制度】 市监狱局工会以全总和市总工会下发的《基层工会经费收支管理办法》为抓手，进一步建立健全各项财务规章制度体系。局工会举办专题培训，并对基层工会经费使用、管理情况开展专项互查活动，到各基层单位实地检查工会经费使用情况并就工作中遇到的问题现场解答。同时，各基层单位根据上级工会要求，制订适合本单位的财务规章制度，局工会将此项工作纳入年度考评，以自查和实地检查相结合，规范各基层工会财务规章制度，做到执行上不折不扣、合理规范，推动基层工会会计基础工作，进一步收好、用好、管好工会经费。

（江海群）

【光明食品集团工会获“全国省市级工会财务工作先进单位”称号】 2018年，光明食品（集团）有限公司工会被授予“全国省市级工会财务工作先进单位”称号。集团工会已连续7年获此殊荣。集团工会财务工作始终紧紧围绕光明食品集团党委开展的“串职工门、知职工情、凝职工心”活动，落实“员工第一、爱与尊重”光明文化，“重学习、重基层、重落实”的工作方针，严格按照“八项规定”要求和全总、市总新文件要求，将工会经费向基层倾斜、向一线倾斜；从完善财务管理制度入手，严格规范财务操作程序，从提高财务人员学习新政策、新规定、新制度入手，经费预算执行情况、财务管理等呈现良好态势，经费收入持续稳步增长，为集团工会工作开展奠定坚实的经济基础。（朱菊英）

经审工作

【概要】 2018年市总工会第十三届经审会届满，经上海市工会第十四次代表大会全体代表选举产生了上海市总工会第十四届经费审查委员会。市总工会经审会认真学习贯彻党的十九大和中国工会十七大、上海工会十四大会议精神，积极落实中央党的群团改革工作总体要求，围绕中心，服务大局，深入推进“四位一体”立体经审监督体系建设，认真履行审查审计监督职责，进一步拓宽审计视野、创新工作方法、提升审计效能。召开市总工会经审会第十三届第十二次全体会议，讨论、审议并原则同意市总工会2017年经费收支决算和2018年经费收支预算（草案）以及《关于上海工会2017年经费审查工作情况和2018年经费审查工作安排的报告》。召开市总工会经审会第十四届第一次全体会议，经过选举，丁巍为上海市总工会第十四届经费审查委员会主任，倪伟琦为副主任，丁巍、倪伟琦、韦理、许耀武、金伟荣、祝培莉、黄银萍为常委。召开市总工会第十四届第一次常委会议，讨论、审议并原则同意市总工会和市总工会资产管理委员会2018年上半年经费收支情况和2018年预算调整，传达全总第十七届代表大会和全总经审会一次全委会的会议精神。开展对同级工会预算执行情况和财务收支情况的审计。委托公开招标的中标事务所对市总工会9家直管单位半年以及全年的预算执行情况和财务收支情况进行审计、对5名市总工会直管单位主要领导干部进行离任经济责任审计，对25个区局（产业）工会的预算执行情况和经费收支情况进行审计、对7个区局（产业）工会的专项资金进行审计，同时对11个基建项目进行造价审计等。组织参与对下审计的会计师事务所开展培训，提高审计人员的业务水平。继续组织区局（产业）工会经审主任培训班和新上任经审干部培训班。配合组织部和工会学院为市总基层委员、新上任工会主席进行经审知识培训，并为有需要的区局（产业）工会进行工会经审干部岗位培训。定期召开区局（产业）工会经审互助组工作例会，建立经审互助组微信群，为区局（产业）工会经审干部政策咨询、工作沟通提供平台和途径。

（柴丽琼）

【市总工会经审会召开第十三届第十二次全委会】 1月9日，市总工会经费审查委员会第十三届第十二次全体会议召开。市总工会经审会主任桂晓燕主持会议。市总工会财务资产管理部部长赵伟和副部长唐文韵列席会议。赵伟和唐文韵向经审委员汇报市总工会2017年经费收支决算和2018年经费收支预算（草案）的编制情况。会议讨论、审议并原则同意市总工会2017年经费收支决算和2018年经费收支预算（草案）。会议认为，2017年预算执行情况整体良好，经费支出项目合理，体现向工会重点工作、向一线职工、向基层工会倾斜的原则；2018年预算安排合理，更加注重对预算支出的控制，体现“压缩本级、支持下级”的原则。会议审议并原则同意《关于上海工会2017年经费审查工作情况和2018年经费审查工作安排的报告》。会议认为，2017年上海工会经审组织在全面推进“四位一体”立体经审监督体系建设中做了大量工作，取得一定成效。报告中也指出审

计中发现的问题和经审工作存在的不足，并对2018年的经审工作进行全面部署。（柴丽琼）

【开展2017年度本级审计】 根据上海市总工会《本市各级工会经审会对同级工会年度经费预算执行情况审查审计监督的暂行办法》的规定，市总工会经审会于2月15日起对市总工会财务资产管理部2017年度本级核算的相关账户的财务收支和财务管理情况进行审计。市总工会经审办共审计市总工会（机关）、市总工会（本级）、市总工会资产管理委员会、市总工会恒森房款、中共上海市总工会直属机关委员会、女职工周末学校、市总工会工会会计学会（筹）、市总工会工人文化宫筹建项目等8个账套。（柴丽琼）

【开展对区局（产业）工会的预决算和专项资金的审计】 2018年，市总工会经审办共对上海石化公司工会、市烟草工会、上海华虹（集团）有限公司工会等25家区局（产业）工会开展2017年预算执行情况和财务收支情况的审计，并对其中的7家工会2017年度中央财政专项帮扶资金、上海工会建档困难职工一次性生活帮扶金、支援外地建设退休（职）回沪定居人员一次性特困补助款等专项资金进行审计。本次审计通过委托会计师事务所进行第三方审计，市总工会经审办做好受托会计师事务所的培训、管理以及与被审单位的协调、沟通工作。（柴丽琼）

【开展市总工会直管单位审计】 2018年，市总工会经审办共对9家市总工会直管单位（工会管理职业学院、市工人文化宫、劳动报社、职工技协服务中心、幼儿园、职工援助服务中心、保障互助中心、退休职工活动中心和海鸥集团）2017年度和2018年上半年的预算执行情况和财务收支情况等内容进行审计。对5名市总工会直管单位主要领导干部开展离任经济责任审计。对工会管理职业学院、市总工会幼儿园、工人文化宫等单位的11个固定资产投资项目进行工程结算审计。同时，继续对沪东工人文化宫改扩建工程进行跟踪审计，实现项目动态管理、资金严格控制、审计关口前移。（柴丽琼）

1月9日，市总工会经审会召开第十三届第一二次全委会　（周　杰）

【市总工会经审会召开第十四届第一次常委会】 11月26日，市总工会经费审查委员会第十四届第一次常委会召开。市总工会经审会主任丁巍主持会议。市总工会财务资产管理部部长黄银萍和副部长梁军等列席会议。黄银萍汇报市总工会和市总工会资产管理委员会2018年上半年预算执行情况和2018年预算调整的说明，并解答各位经审委员提出的问题。会议讨论、审议并原则同意市总工会和市总工会资产管理委员会2018年上半年经费收支情况和2018年预算调整。会议认为，上海工会坚持依法收缴、严格经费预算、注重使用绩效，为确保工会各项工作全面开展提供资金保障，但应进一步提高预算编制的科学性、合理性、全面性，实现预算的精细化管理。会上，丁巍传达全总第十七届代表大会和全总经审会一次全委会的会议精神。（柴丽琼）

【市总工会开展经审工作培训】 2018年，市总工会经审会采用多种形式，对经审干部进行分类培训。在工会学院奉贤校区组织为期三天脱产的区局（产业）工会经审主任培训班，共培训经审主任81名；开展新上任经审干部培训，培训经审干部76名；对市总工会社会中介机构审计备选库中的5家会计师事务所、各区总工会聘请的会计师事务所的80名审计人员开展培训；配合组织部和工会学院为新上任工会主席进行经审知识培训，为有需要的区局（产业）工会进行工会经审干部岗位培训，为基层工会提供更多服务。（柴丽琼）

【宝山区总工会加强经费审查审计工作】 年内，宝山区总工会加强工会经费“四位一体”立体经审监督体系建设，建立与国家审计机关的联动机制，在全市率先将直属工会经费审计纳入单位经济责任审计并出具专门报告；建立与社会审计机构的合作机制，委托区审计局完成6家直属工会审计，委托会计师事务所完成22家工会单位账户和2个专项资金审计。突出工会内审的规范化，组织直属工会对照“八不准”开展经费自查，完成市财政帮扶资金专项检查工作；突出职工会员监督的常态化，推动直属工会实施工会财务状况和审计结果公开制度。推进工会经费收缴制度改革，加强工会经费收缴管理，编印《工会经费收支管理及经审工作操作实用手册》，完成机关事业单位工会经费计提按国家统计局工资总额全口径核算，街镇园区总工会按照年度工会会员人数、本市最低工资总额和规定的留成比例确定收缴基数，工会会员按时足额缴纳会费，做到工会经费应收尽收。（胡臻遥）

**【闵行区举办工会财务、经审干部专

题培训班】 6 月 14—15 日，闵行区总工会举办工会财务、经审干部培训班，帮助基层工会进一步适应工会财务、经审工作形势发展需要，提高工会财务、经审干部业务素质能力，规范工会财务、经审工作，更好地贯彻落实中央全面从严治党的要求，确保工会经费合法、合规、合理使用。培训由区总工会纪检组长、经审主任袁飞主持，各区属工会财务、经审干部 86 人参加培训。培训解读最新出台的《上海基层工会经费收支管理实施办法》，并对工会财务如何正确编制会计科目作现场指导。 （金 靓）

【市仪电工会举办工会财务和经审干部培训班】 9 月 20 日，市仪电工会举办工会财务和经审干部培训班，有关专家解读《上海基层工会经费收支管理实施办法》，讲授如何做好工会经费审查工作。来自基层企业近 160 名工会主席、工会干部、工会财务和经审人员参加培训。培训从工会经费收支管理制度体系、工会经费收支管理的 6 大原则，以及工会经审会的产生、性质、目的、责任、监督形式，监督内容以及新时期工会经审主要工作等方面，进行全面的阐述、细致的解读和辅导，对仪电各级工会组织和工会干部进一步理解并做好工会经费的管理和使用工作提供帮助。 （邵秀根）

【中国宝武工会加强经费审查监督工作规范化建设】 中国宝武工会认真落实《上海市区县局（产业）工会经审工作规范化考核标准》等文件精神，修订完成《中国宝武 2018 年基层工会经审工作规范化考核数据表》，推进基层工会经审工作规范化、标准化、体系化建设。对二级单位工会 2017 年度经审工作规范化建设情况进行评比表彰，宝钢股份、上海不锈、宝钢特钢、宝武炭材、宝钢资源、宝钢金属、宝钢工程、华宝投资、宝钢发展、欧冶云商 10 家二级单位工会经审委被评为优秀单位；宝信软件、宝地资产、宝武环科、一钢公司、浦钢公司、五钢公司、集团机关 7 家单位工会经审委被评为合格单位。 （李士伟）

【宝钢发展工会加强工会财务管理】 2018 年，宝钢发展工会加强工会财务制度建设，梳理工会财务审计工作制度，根据新情况新问题，修订完善《宝钢发展基层团队建设活动经费实施办法（修订版）》和《宝钢发展工会财务管理细则》，并对市总工会新颁布的《上海基层工会经费收支管理实施办法》进行专项解读，帮助指导各级工会进一步规范经费的收支和使用管理。加强工会经费审查与监督力度，完成 2017 年工会经费决算及 2018 年预算编制工作，开展 2017 年度基层工会经费审查和财务检查，评选表彰四家“2017 年度基层工会财务和经审工作先进单位”，并对检查发现的问题限期督促整改，确保工会经费用好管好。 （朱 宏）

【中国远洋海运集团工会认真做好工会经费管理和经审工作】 中远海运集团工会从基础管理入手，认真抓好工会财务和经审工作。一是加强工会经费预决算管理。以服务大局、服务基层、服务职工为重点，合理安排经费支出，优化工会经费支出结构，确保经费使用向基层、向一线职工倾斜；二是加强工会财务制度管理。印发《集团工会关于落实全总〈基层工会经费收支管理办法〉等文件精神的实施办法》《关于开展中国远洋海运直属单位工会经审工作规范化建设考核的通知》，进一步规范工会经费使用；三是做好工会经费的经审工作。做到按年度计划普审和主席离任必审，确保工会经费使用监督到位。 （刘建强）

【中国移动上海公司工会建立工会经费嵌入式风险防控管理体系】 中国移动上海公司工会顺应时代新要求，创建“六位一体”的嵌入式风险防控管理体系，从工会工作的发起、执行、结果、评估等各阶段出发，在意识、目的、制度、手段、平台、结果等 6 个环节分别设立嵌入式的“防控机制”，并依次对各防控环节设置提前化、精准化、规范化、专业化、透明化、互动化“六个目标”，实现管好用好工会经费、服务会员感受幸福的初衷与使命，进一步加强工会财务信息化管理的精细程度，促进工会经费使用效益提升，进而让员工有更多的获得感。中国移动上海公司工会自主创新而成的“六位一体”嵌入式风险防控体系在集团内、行业内多次进行经验介绍和分享，产生示范效应。 （万晓红）

【市人社局工会加强经费监管和审查】 为规范工会财务管理，进一步加强内部监管，完善自我监督机制，依法依规使用工会经费，市人力资源和社会保障局工会从 6 月起，聘请第三方审计机构上海文汇会计师事务所有限公司对局属各单位工会 2017 年度财务收支情况进行驻场审计，针对审计中经费预算收入、经费预算执行、经费财务收支方面存在的问题，采取积极的整改措施。一是加强工会干部业务能力培训。根据局系统工会 2017 年度财务专项审计情况，举办财务知识专题培训班，不断提高各单位工会主席和工会财务人员的财务管理水平。二是完善相关的内控制度。由局工会将第三方审计报告反馈给各单位工会，要求各单位工会针对审计报告中查出的问题，举一反三，查找经费管理中的短板和薄弱环节，并结合本单位的实际情况，制定具体的整改措施，进一步完善各单位工会相关的内控制度。三是强化第三方审计的力度。根据局系统工会 2017 年度财务专项审计的情况，将继续委托第三方审计机构，对 2018 年度局系统各单位工会的经费管理情况开展审计，着力提高经费管理水平。 （瞿葆仁）

【锦江国际集团工会加强建立经费保障监督机制】 锦江国际集团工会认真学习贯彻《基层工会经费收支管理办法》，加强工作经费、会费管理，落实“四位一体”立体经审监督体系。一是邀请市总工会财务经审方面的人员作最新政策文件解读和业务培训；二是在市总工会推荐名录中，比对确定 2 家专业审计机构，按企业类别对集团所有基层工会上一年度经费收支情况进行专项资金的审计；三是加强年度经费使用预算决算管理工作，完善经审委员例会制度，完成年度预算决算审核工作，确定年度经审工作计划，持续优化工会经费支出结构；四是根据集团党委、纪委《关于开展履职待遇、业务支出专项检查抽查工作的通知》要求，对所属 8 家单位近两年的工会经费使用情况进行抽查，发现问题及时提出书面整改意见。 （陈 怡）

【世纪出版集团举办工会财务经审工作培训班】 8月10日，世纪出版集团工会举办财务经审工作培训班，集团党委副书记、工会主席何向莲出席开班式并讲话，集团工会常务副主席王云斌作培训总结，集团工会经审委主任张佩芳主持。集团工会及直属单位工会负责人、工会财务、经审人员50余人参加培训。培训特邀市总工会财务资产管理部、经审办老师，做专业知识和财务政策指导。 （江 文）

网上工作平台建设

【概要】 上海工会网上工作平台（申工通）2017年9月正式上线试运行，2018年完成了项目二期建设。平台创新"政务网+互联网"连接形式，依托电子政务外网信息高速公路，承载工会事务一网通办的职能。通过互联网连接市总工会、直管单位、各区局（产业）工会、街镇（园区）工会，让每一级工会组织都能在平台上开展业务工作，实现纵向到底的四级工作网络。工会组织数据库录入工会组织5万家，覆盖基层单位82277家；工会会员库录入实名会员474.7万名（占年度统计62%），工会干部库、会员服务卡库等数据库基本建成。对应全总十大系统，平台构建了"申工通"的"八六型"架构，即建立"八库六系统"。八库分别是"工会组织库、工会会员库、工会干部库、劳模先进库、技术工人库、困难职工库、工会师资库、会员服务卡库"。六系统分别是"组织管理、权益维护、职工服务、劳动宣传、经费资产、综合办公"。在"八库六系统"平台架构下，实现数据移动化、应用化、智能化并建成六大系统下的34个子系统，推动各级工会互联互通，实现工会资源一体化管理。市总工会先后印发《申工通平台管理总体职责》《申工通平台用户管理办法》《申工通信息安全保密管理办法（试行）》《申工通平台UKEY管理办法》《关于加强申工通平台网络专管员队伍建设的指导意见》等制度办法，确保上海工会网上工作有序推进、规范持续运行。"申工通"工作平台与"申工网"网站、"申工社"服务平台联动，形成"三申一体"立体协同的上海工会网络工作体系，为智慧工会的实现打下坚实的基础。 （周礼昊）

【市纺织工会建立集团工会微信公众号】 2017年集团工会开通了上海市纺织工会微信平台，扩大了集团工会的宣传阵地。丰富的信息和活动受到广大职工的关注与参与。2018年相继开展跨年倒计时、积分大转盘、安康杯劳动保护知识问答、宪法知识普及、集团工会十大新闻评选、砸金蛋等大型活动，涉及线上6000余人参加。据统计，截至年底，推文阅读人数124432人，总阅读次数237561次，在全市190家工会微信公众号中位于局（产业）工会微信排名第九位。 （周 斐）

【机场集团公司工会举行微信社区"云宝学院"功能启用仪式】 12月26日，机场集团公司工会微信社区"云宝学院"功能启用仪式暨班组管理基本规范推广活动在浦东机场职工之家举行。基于上海机场集团企业号集团公司工会专区打造的"云宝学院""微课堂"与"课程预约"功能，旨在构建职工网上学习园地，以努力培养更多的知识型、技能型、创新型劳动者。微课堂集在线视频学习、打卡点赞、互动交流等功能于一体。课程预约实现了集团公司工会现有学习资源整合，心理EAP课程、午间一小时课程、班组实训、劳模智库等课程均可在线预约。 （张雯倩）

【市金融工会加强网上工会阵地建设】 上海金融APP（职工家园）是市金融工会响应习近平总书记"通过网络走群众路线"的号召，在市金融党委的支持下打造的网上工会平台。目前覆盖了系统55家单位84696名职工，注册职工16556人，绑卡职工12355人。上海金融APP聚焦职工群众需求，加强网上服务职工项目建设，着眼打造成为服务职工的新窗口，联系职工的新纽带，教育职工的新平台。 （李 伟）

【光明食品集团工会积极探索"互联网+工会"工作模式】 2018年，光明食品集团积极探索"互联网+工会"，大力开展网上工会建设，切实解决服务职工"最后一公里"。把"网上工会建设"列为集团工会的"1号课题"，并取得成效。集团6万多名工会会员的信息输入市总工会的网络信息平台，与上海工会网络信息端口对接，通过线上手段实施职工技能素质培养计划，培养选树"种""养""育""销""建""造"等方面更多的能手，与劳动模范、劳动模范集体、五一劳动奖章、五一劳动奖状、工人先锋号、巾帼标兵、巾帼班组等各类先进的评优树优工作结合起来，实现与集团发展需求相适应的网上工会工作平台。 （朱菊英）

信息督查

【概要】 2018年，市总工会信息工作坚持问题导向、围绕改革主线，特别是工会重点工作的进展动态、基层工会的创新做法和劳动关系领域的突出矛盾，为领导决策提供参考。编发《工会简报》29期，《专报》9期，上报全总职工反响26篇，多篇得到市委、全总、市总领导批示；积极参与全市工会系统大调研活动，撰写完成"上海工会大调研工作简报"11期；积极参与市总重点课题调研，形成《关于"构建智慧工会"的研究报告——基于对上海工会工作网络化、信息化的调研》。一是加强信息针对性。每季度根据市委、全总和市总工作重点制订季度信息需求要点，发放至各区县局（产业）工会，明确季度信息工作的重点。收集基层工会特色工作的信息线索，深入了解形成信息，为领导决策提供参考。二是注重信息实效性。结合工会年度重点工作以及工会预防化解群体性劳资纠纷履职情况通报工作，编辑报送职工队伍整体情况、职工队伍稳定类信息。对掌握的群体性劳资纠纷、基层工会反映的现实困难等情况，进行综合分析研判，积极向党政反映普遍性、趋势性、倾向性的问题，发挥服务职工、稳定大局的作用。《上海职工队伍发展状况调研报告》《关于成功化解上海浦东一汽解放专用车有限公司职工集体访事件的报告》等信息得到市委、全总主要领导批示。三是突出信息时效性。抓住重要时间节点、围绕全总及市总重点工作编辑报送信息。及时上报市总工会全委会信息及传达学习贯彻中央、全总有关会

议和领导讲话精神信息。 （戴 菁）

【2018年市总工会督查工作持续深化】 年内，市总工会督查工作围绕中央、市委、市府和全总工作重点，开展督促检查，全年编报20篇督查报告。一是重点工作督促检查。年初，根据市总全委（扩大）会议精神，以各项重点工作作为督查工作重点，梳理出市总工会年度重点督查项目清单，涉及10个部室共36项。二是全总市委市政府工作推进落实情况督促检查。完成全总关于上海工会推进中央改革重点任务落实的专项督查报告、关于上海工会改革进展情况的督查报告、关于贯彻全国工会党风廉政建设工作会议精神的督查报告；完成市委市政府关于贯彻执行中央八项规定精神的自查报告、关于推进本市群团改革的督查报告；完成市委对市委常委会工作要点贯彻落实的季度督查；完成市政府重点工作绩效考核督查等督促检查工作。三是领导重要讲话精神督促检查。深入学习领会领导重要讲话精神内涵，结合工会意识形态工作，强化对工会干部、职工群众的思想理论引领。特别是关于学习宣传贯彻习近平总书记给中国劳动关系学院劳模本科班学员回信精神的督促检查，在全市工会系统营造尊重劳动、尊重知识、尊重人才、尊重创造的氛围，掀起尊重劳模、崇尚劳模、学习劳模、争当劳模的热潮。四是领导批示指示督促检查。对于领导予以表扬的批示，及时将相关批示传阅到相关职能部门和相关工会，进一步激发做好工作的主动性与积极性。对于领导高度关注的专项内容，督促相关部门及时报送书面材料。全年，共完成领导同志批示抄清22篇，完成专项督查项目3件。五是做好人大代表书面意见、政协委员提案督办以及提案办理回访调研和市委市政府督查考核工作，全年共督办人大代表书面意见4件、政协委员提案14件。 （戴 菁）

【长宁区总工会举办网宣信息员培训会】 9月4日，2018年长宁区工会系统网宣信息员培训会在区工人文化宫举行，来自长宁区各系统（集团、公司）、街道（镇、园区）、直属单位以及部分基层单位工会的100余名网宣员参加培训。培训特邀《解放日报》首席评论员朱珉迕以及摄影工作室专职顾问、技术指导陈曦2位老师主讲，介绍“互联网舆论引导与时评写作”“手机摄影技巧”。培训剖析了当下的时事热点，对工会干部长期困惑的手机摄影水平进行现场操作。

（王亚文）

信访工作

【概要】 全年，市总工会受理和办理职工群众信访的总量为141005件（次），与去年同期相比上升46.15%。其中来信1263件，同比上升8.3%；联名信13件，同比上升8.3%；来访802批1100人次，同比批次下降20.7%，人次下降45.5%；集访10批240人次，同比批次下降54.5%，人次下降70.6%；来电138940件（次）含12351热线电话123159件（次），同比上升47.4%。信访反映的主要矛盾集中在互助医保、生活保障、历史遗留等方面。主要工作：一是认真全面贯彻《信访条例》。严格按照《信访条例》中的有关规定规范操作，做到职工群众来信来访登记及时、事项准确、内容完整、符合规范，确保信访工作规范有序。年内未发生因信访问题导致职工群众闹访或越级进京上访等影响稳定的重大事件。二是加强工会网上信访工作建设。认真做好全国信访信息系统上海分系统的工会信访运行工作，加强信息系统的规范应用和信访基础业务的规范操作。加强工会网上信访工作体系建设，11月11日，正式运行“申工通”信访工作板块，建立信访数据网上录入、流转及办理信息系统，实现信访办理工作的痕迹化管理、动态化预警、常态化监控。三是坚持每季度的各区县、产业（局）工会信访例会，组织工会信访干部传达学习全总、本市信访会议精神和市总工会领导的指示要求。四是开展信访干部政治理论、政策法规和业务知识等培训，提升工会信访干部办信接访和处理疑难问题的能力和水平。 （丁贤颖）

【闵行区总工会实施“三步”信访工作法】 2018年，闵行区总工会加强工会信访工作规范化建设，强化责任意识。在日常接访工作中，坚持实施“三步”信访工作法，有效推动了信访矛盾的化解和处理。一是明确职责，建立信访处理台账。设立专门信访接待窗口，派专人实行A、B角轮值制度，明确接访工作人员的工作职责，每天清理台账，坚持做到“四要”：要耐心听取陈述，要明确答复问题，要正确宣传政策，要做好思想工作。二是分级办理，健全信访处理流程。坚持主要领导审批、相关部门督办、基层工会落实的三级办理制度，做到件件有领导批阅，事事有基层回复，桩桩有办理结果。三是分类处置，提高信访处理效率。对于市总信访转信的案件，先登记备案录入台账，审核后由主要领导批示，并转交至相关部门处理。对于劳资纠纷案件，经法律部核实后，为来访人提供法律援助，引导来访人通过仲裁、诉讼和行政复议等途径依法公正解决问题。对于举报单位案件，联合区属工会派专人前往被举报企业核实，有问题的责令企业整改，并答复举报人处理结果。 （沈正南）

【上海邮政工会做好员工诉求处理工作】 根据“属地管理、分级负责”和“谁主管、谁负责”的信访工作原则，上海邮政工会在注重员工诉求机制建设的同时，加强市分公司、区分公司和支局（生产科）三级“维护员工权益协调推进发展”工作小组建设，着力把苗头性问题解决在基层，解决在第一时间。拓展员工合理诉求表达渠道，通过员工维权热线、工会主席信箱、民主恳谈会、员工思想动态信息反馈、局务公开栏和劳动争议等6个员工诉求表达渠道反映和解决问题。年内，市分公司维权小组受理和处理员工诉求19件次，处理办结率100%。

（陶 晔）

【市监狱管理局工会积极做好信访工作】 市监狱管理局工会坚持落实责任制，加强对信访工作的领导，对每起信访件都做到认真调查核实，分类解决，矛盾化解；健全和完善两级工会信访管理网络，明确工会主席为信访工作第一责任人，对信访事项认真调查核实，会同有关部门和基层分类解决，做到“事事有回音，件件有落实”；参加工会信访干部培训班，提高信访干部履职能力；抓住重要节日时点，联合

行政对信访老户做好家访和慰问工作，着力做好平反落政补助等历史遗留信访件的处理回复。 （江海群）

对外交往

【概要】 上海工会坚持中国特色的工会外交，主张互相尊重、求同存异，与友好工会建立更紧密的伙伴关系。面对各种全球性挑战，我国工会倡导双赢的理念越来越得到他国工会的赞同，并在许多议题上形成合作共识。2018年应上海市总工会邀请来访的外国友好工会团组有韩国劳总釜山地域本部、挪威市政工会、俄罗斯圣彼得堡市和列宁格勒州工联。代表团受到了市总工会领导的热情欢迎，与有关部室、单位和企业进行全面深入的交流，并赴外省市考察工会工作，了解中国经济社会发展状况。同时，国际运联、全日本港湾工会、古巴马坦萨斯省总工会、日本信息产业工会联合会、日本化学能源工会协议会、越南承天—顺化省劳动联团、日本横滨市劳联、日本联合静冈·静冈县劳福协、挪威职工技能交流代表团、墨西哥工农革命联合会、叙利亚工联、韩国海员工会、全日本自治团体工会等外国工会应中华全国总工会、上海市政府和其他兄弟省市工会的邀请访沪。

上海市总工会积极开展本会及直管单位、各区局（产业）工会与国（境）外工会的业务交流。同20个国家和地区的工会签署友好交流协议，形成覆盖亚、非、欧、美、大洋等五大洲的友好合作交流格局。年内，市总工会应邀分别赴摩洛哥和埃及访问。与摩洛哥公用事业工会就社会保障和职工关爱等情况进行座谈，并了解摩洛哥劳工联合会马拉喀什分会因地因时制宜成立旅游业行业工会和开展工作的情况。在与埃及工会同仁的会谈中，听取埃及公用事业工会参与政府立法、保障职工医疗社会福利等方面的情况；双方表示将推动两国工会更多交流，尤其是推动技术工人的交流与培训。 （管一珉）

2018年上海工会与外国工会主要交往简表

团　名	时　间	交往	人数
国际运联代表团	2月1—2日	来访	2
全日本港湾工会代表团	4月26—27日	来访	5
市总工会代表团访问摩洛哥和埃及	6月21—28日	出访	6
上海市教育工会随团访问日本	7月25—29日	出访	1
墨西哥工农革命联合会代表团访华	8月15日	来访	5
古巴马坦萨斯省总工会	8月20—21日	来访	2
韩国劳总釜山地域本部代表团访华	8月27—31日	来访	6
挪威市政工会代表团访华	8月28—31日	来访	6
俄罗斯圣彼得堡市和列宁格勒州工联代表团访华	9月10—15日	来访	6
日本信息产业工会联合会	9月20—21日	来访	5
日本化学能源工会协议会	10月15—16日	来访	5
越南承天—顺化省劳动联团	10月16—17日	来访	5
澳大利亚昆士兰州工会理事会	10月25—31日	来访	3
越南胡志明市劳动联合会	11月11—16日	来访	5
日本横滨市劳联	11月20日	来访	18
日本联合静冈·静冈县劳福协第十二次代表团	11月21—22日	来访	6
挪威职工技能交流代表团	11月21—23日	来访	9
叙利亚工联代表团	11月22—24日	来访	6
韩国海员工会代表团	11月30日	来访	5
全日本自治团体工会代表团	12月6—7日	来访	5

【上海工会代表团出访摩洛哥、埃及】 应摩洛哥公用事业工会和埃及公用事业工会的邀请，由市总工会副巡视员吴萌率领的上海工会代表团一行6人，于6月22—29日对摩洛哥和埃及相关工会进行访问。代表团在卡萨布兰卡拜会了摩洛哥劳工联合会总部，该工会总书记艾尔·米卢迪·穆哈拉克与代表团成员亲切会见，并回顾摩中两国工会的友好交往历史；与摩洛哥公用事业工会主席艾哈迈德·哈利利、司库布夏卜·阿卢什等进行工作会谈，并参观卡萨布兰卡职工疗休养中心；代表团还前往马拉喀什，与摩洛哥劳工联合会马拉喀什分会主席、摩洛哥全国旅游行业工会主席及工作人员会谈，并参观马拉喀什职工疗休养中心。在埃及期间，代表团与埃及公用事业工会主席阿德尔·纳斯米及多位执委工作会谈；访问埃及公用事业工会培训中心、与培训中心主任阿拉·艾尔蒂探讨发展培训项目事宜；与埃及公用事业工会副主席、开罗电力公司工会主席何桑·艾哈迈德及上埃及电力股份有限公司工会主席艾哈迈德·阿布·艾马吉德等企业工会工作人员会谈；拜访埃电力和能源部，与组织管理部主任默罕默德·卡蒙尔·索里曼等并进行工作会谈。

（管一珉）

【韩国劳总釜山地域本部代表团访华】 8月27—31日，应上海市总工会邀请，以议长徐荣基为团长的韩国劳总釜山地域代表团一行6人来华访问。在沪期间，市总工会副主席姜海涛在海鸥饭店会见并宴请代表团一行，市总秘书长宋钟蓓和办公室主任沈雄德参加。姜海涛向代表团介绍了上海经济社会发展情况和上海工会机构改革的概况以及上海工会加大工会组建力度、扩大工会覆盖面、维护职工权益、服务职工实事项目等方面的工作。同时，双方进一步探讨推进两地工会在劳动关系领域、国际和区域性工会活动方面的合作与交流等事宜。代表团团长徐荣基先生介绍了韩国工会的最新情况。另外，代表团还参观访问了上海洋山港四期自动化码头。参访洋山港时，由上港集团工会主席庄晓晴、上港集团尚东分公司党委书记沈森等接待并介绍了上港集团工会工作情况和自动化码头情况。代表团访问北京之际，全总国际部副部长李晓波会见代表团一行，向客人们介绍了全总与韩国劳总以及相关产业工会之间的友好交流情况。 （崔春吉）

8月28日，韩国劳总釜山地域本部代表团在上港集团参观交流

（朱燕娜）

【挪威市政工会代表团访华】 应上海市总工会邀请，由诺麦特主席率领的挪威市政工会代表团一行6人于8月28—31日访问上海。市总工会秘书长宋钟蓓会见代表团，在中挪关系回暖的大势下，双方决定重新签署进一步合作交流备忘录，明确隔年互访和加强职工技能交流合作的具体实施计划。在沪期间，代表团还参访华山医院，并与市医务工会进行交流。挪威市政工会隶属于挪威全国总工会，是最大的产业工会，有相当的政治影响力。拥有36万会员，根据行业分为4个部门：健康和社会服务部门，教堂、文化、青少年部门，公共交通和技术人员部门，办公和行政人员部门。2012年，在挪威全国总工会的推动下，挪威市政工会多次访问中国并希望与上海市总工会开展互访交流。2017年，上海工会代表团受邀参加于奥斯陆召开的挪威市政工会第四次全国代表大会，挪威市政工会提出建立长期固定友好交流的意向。

（管一珉）

【圣彼得堡市和列宁格勒州工联访华代表团访华】 应上海市总工会邀请，由弗拉基米尔·德尔宾主席率领的俄罗斯圣彼得堡市和列宁格勒州工联代表团一行6人于9月10—15日访华。市总工会主席莫负春会见并宴请该代表团。在沪期间，代表团还走访了化学工会和医务工会并进行座谈交流。代表团另前往三亚，与海南省总工会及三亚市总工会开展交流，参观三亚市援助服务中心。圣彼得堡市和列宁格勒州工联是俄罗斯最大的地方总工会之一，具有光荣的革命传统，在该地区的工人运动中有着较大的影响。该联合会成立于1905年11月，隶属于俄独立工联，下辖42个产业工会，办公地设在劳动宫内。圣彼得堡市工联的主要任务是维护工会会员的政治、社会和经济权利，协调工业政策、劳动关系、职工就业、工资分配、劳动保护、环境保护、医疗保健等涉及职工利益的问题。在国家实现工业化、卫国战争、开展社会主义劳动竞赛、组织职工参与企业管理、关心和改善职工生活和劳动条件，以及对职工进行思想、文化、技术的教育和培训等活动中做了大量工作。 （管一珉）

【澳大利亚昆士兰州工会理事会代表团访华】 应上海市总工会邀请，由助理总书记迈克尔·克利福德率领的澳大利亚昆士兰州工会理事会代表团一行3人于10月25—31日访华。市总工会秘书长宋钟蓓会见代表团。在沪期间，代表团前往上海农商银行参观并与金融工会开展交流，前往上海西郊国际农产品交易公司与光明集团开展交流。代表团一行另赴苏州高新区富士胶片公司考察党群服务中心，与苏州市总工会座谈交流，前往西安参观考察陕西省职工援助服务中心。昆士兰州工会理事会隶属于澳大利亚工会理事会，下辖27个产业工会，约有36万会员。下属产业工会涵盖了交通运输、通讯服务、传媒娱乐、肉类制造、森林矿业、教师及专业人才等各行各业。该会在集体谈判、职工培训和劳动保护等方面的工作颇有成效。主要任务是：支持和协调下属工会，改善工作条件，增加会员人数；组织昆士兰州工运活动；在产业、政治和社会层面影响政府和公共政策；通过教育、培训和宣传活动增加工运认知度等。

（管一珉）

【胡志明市劳动者联合会代表团访华】 应上海市总工会邀请，由副主席范之三率领的越南胡志明市劳动者联合会代表团一行5人于11月11—16日访华。市总工会秘书长宋钟蓓会见代表团一行。在沪期间，代表团参观了市工人文化宫、市职工援助服务中心，并与中心工作人员交流座谈，另前往杭州与浙江省总工会开展交流，参观杭州市职工活动中心。胡志明市劳联在越南劳动者总联合会和胡志明市共产党委员会的领导下开展工作，下辖19个郡、5个县总工会和30个产业工会，有基层工会组织1.97万个，工会会员130万人，入会率约为80%。胡志明市劳联是越南颇有实力的地方工会组织，在职工群众中有较大的影响，工作也较有特色。在市场经济条件下，该劳联积极参与社会政治活动，参与劳动法、工会法等有关法律、法规和条例以及有关政策的制定，监督法律和政策的执行情况，通过协商签订集体协议和劳动合同，保障会员和工人的就业和收入，为职工提供培训，维护劳动者的合法权益。

（管一珉）

【上港集团工会接待韩国釜山港湾公社港运劳动组合访华团】 3月7日，上港集团工会主席庄晓晴在洋山港区四期接待韩国釜山港湾公社港运劳动组合总联盟委员长池龙寿一行。上海港工会与釜山港劳动组合自2002年缔结友好交流协议，连续多年开展互访活动，会谈中双方就两港发展、尤其是洋山四期自动化码头前期建设，生产运营等情况进行充分的交流和沟通。庄晓晴希望双方进一步加强联系，加强交流，为实现合作互通、增进彼此友谊作出新的贡献。上港集团尚东分公司党政工领导参与接待并介绍情况。

（张　容）

【上港集团工会接待韩国港湾研修院访华团】 11月28日，上港集团工会主席庄晓晴在洋山港区四期接待韩国港湾研修院崔奉弘理事长率领的访华团。庄晓晴向代表团回顾了上海港和釜山港的友好交往历史，介绍上港集团以及集团工会的工作情况，双方还就两港工会干部教育、工人培训、工会建设等方面进行交流。上港集团尚东分公司相关负责人参加接待，并就洋山四期自动化码头的建设及生产运营情况作了介绍。

（张　容）

【中澳两地教育工会工作论坛在华东师范大学举办】 9月29日，澳大利亚昆士兰州教师工会、独立教育工会代表团、上海市教育工会领导以及上海部分高校、区教育局工会主席在华东师范大学举办第四届中澳两地教育工会工作论坛。市教育工会副主席吉启华主持论坛。吉启华就上海市教育工会基本情况、工作特色、目标理念以及当前正在开展的主要工作情况等，向澳大利亚昆士兰教育工会同仁作了介绍。上海交通大学工会主席于朝阳介绍了如何做好职工权益保障工作，特别是学校近来推出教职工门急诊医疗保险的工作。澳大利亚昆士兰州教育工会和独立教育工会客人着重介绍网上会员发展等特色工作。澳方代表团团长、昆士兰独立教育工会秘书长特伦斯·帕特里克·布克先生对上海教育工会热情的接待和周到、细致的论坛安排表示感谢。双方期望加强合作交流，互相学习借鉴，在推进本国教育发展和教师工会事业发展上发挥作用。

（焦丽佳）

国务院关于做好当前和今后一个时期促进就业工作的若干意见

国发〔2018〕39号

各省、自治区、直辖市人民政府，国务院各部委、各直属机构：

就业是最大的民生，也是经济发展的重中之重。当前，我国就业局势保持总体稳定，但经济运行稳中有变，经济下行压力有所加大，对就业的影响应高度重视。必须把稳就业放在更加突出位置，深入贯彻习近平新时代中国特色社会主义思想和党的十九大精神，全面落实党中央、国务院关于稳就业工作的决策部署，坚持实施就业优先战略和更加积极的就业政策，支持企业稳定岗位，促进就业创业，强化培训服务，确保当前和今后一个时期就业目标任务完成和就业局势持续稳定。为此，提出以下意见：

一、支持企业稳定发展

（一）加大稳岗支持力度。对不裁员或少裁员的参保企业，可返还其上年度实际缴纳失业保险费的50%。2019年1月1日至12月31日，对面临暂时性生产经营困难且恢复有望、坚持不裁员或少裁员的参保企业，返还标准可按6个月的当地月人均失业保险金和参保职工人数确定，或按6个月的企业及其职工应缴纳社会保险费50%的标准确定。上述资金由失业保险基金列支。（人力资源社会保障部、财政部负责。列第一位者为牵头单位，下同）

（二）发挥政府性融资担保机构作用支持小微企业。充分发挥国家融资担保基金作用，引导更多金融资源支持创业就业。各地政府性融资担保基金应优先为符合条件的小微企业提供低费率的担保支持，提高小微企业贷款可获得性。（财政部、工业和信息化部、人民银行、银保监会负责）

二、鼓励支持就业创业

（三）加大创业担保贷款贴息及奖补政策支持力度。符合创业担保贷款申请条件的人员自主创业的，可申请最高不超过15万元的创业担保贷款。小微企业当年新招用符合创业担保贷款申请条件的人员数量达到企业现有在职职工人数25%（超过100人的企业达到15%）并与其签订1年以上劳动合同的，可申请最高不超过300万元的创业担保贷款。各地可因地制宜适当放宽创业担保贷款申请条件，由此产生的贴息资金由地方财政承担。推动奖补政策落到实处，按各地当年新发放创业担保贷款总额的一定比例，奖励创业担保贷款基金运营管理机构等单位，引导其进一步提高服务创业就业的积极性。（**财政部、人力资源社会保障部、人民银行、银保监会负责**）

（四）支持创业载体建设。鼓励各地加快建设重点群体创业孵化载体，为创业者提供低成本场地支持、指导服务和政策扶持，根据入驻实体数量、孵化效果和带动就业成效，对创业孵化基地给予一定奖补。支持稳定就业压力较大地区为失业人员自主创业免费提供经营场地。（**人力资源社会保障部、科技部、财政部、住房城乡建设部、市场监管总局，各省级人民政府按职责分工负责**）

（五）扩大就业见习补贴范围。从2019年1月1日起，实施三年百万青年见习计划；将就业见习补贴范围由离校未就业高校毕业生扩展至16—24岁失业青年；组织失业青年参加3—12个月的就业见习，按规定给予就业见习补贴，并适当提高补贴标准。（**人力资源社会保障部等有关部门和单位负责**）

三、积极实施培训

（六）支持困难企业开展职工在岗培训。2019年1月1日至12月31日，困难企业可组织开展职工在岗培训，所需经费按规定从企业职工教育经费中列支，不足部分经所在地人力资源社会保障部门审核评估合格后，可由就业补助资金予以适当支持。（**人力资源社会保障部、财政部负责**）

（七）开展失业人员培训。支持各类职业院校（含技工院校）、普通高等学校、职业培训机构和符合条件的企业承担失业人员职业技能培训或创业培训。对培训合格的失业人员给予职业培训补贴，补贴标准根据培训成本、培训时长、市场需求和取得相关证书情况等确定；2019年1月1日至2020年12月31日，对其中就业困难人员和零就业家庭成员在培训期间再给予生活费补贴。生活费补贴政策每人每年只享受一次，且不可同时领取失业保险金。（**人力资源社会保障部、财政部、教育部等有关部门和单位负责**）

（八）放宽技术技能提升补贴申领条件。2019年1月1日至2020年12月31日，将技术技能提升补贴申领条件由企业在职职工参加失业保险3年以上放宽至参保1年以上。参保职工取得职业资格证书或职业技能等级证书的，可在参保地申请技术技能提升补贴。所需资金由失业保险基金列支。（**人力资源社会保障部、财政部负责**）

四、及时开展下岗失业人员帮扶

（九）实行失业登记常住地服务。失业人员可在常住地公共就业服务机构办理失业登记，申请享受当地就业创业服务、就业扶持政策、重点群体创业就业税收优惠政策。其中，大龄、残疾、低保家庭等劳动者可在常住地申请认定为就业困难人员，享受就业援助。（**人力资源社会保障部、财政部、税务总局，各省级人民政府按职责分工负责**）

（十）落实失业保险待遇。对符合条件的失业人员，由失业保险基金发放失业保险金，其个人应缴纳的基本医疗保险费从失业保险基金中列支。（**人力资源社会保障部、医保局负责**）

（十一）保障困难群众基本生活。对符合条件的生活困难下岗失业人员，给予临时生活补助，补助标准根据家庭困难程度、地区消费水平等综合确定。对符合最低生活保障条件的家庭，及时纳入最低生活保障范围。对符合临时救助条件的，给予临时救助。通过综合施策，帮助困难群众解困脱困。（**财政部、人力资源社会保障部、民政部等有关部门和单位按职责分工负责**）

五、落实各方责任

（十二）落实地方政府主体责任。地方各级人民政府要切实承担本地区促进就业工作的主体责任，建立由政府负责人牵头、相关部门共同参与的工作机制，因地制宜，多措并举，统筹做好本地区促进就业工作，分级预警、分层响应、分类施策。各省、自治区、直辖市人民政府要在本意见印发之日起30日内，制定出台具体实施办法，组织有关部门结合本地实际和财力水平合理确定享受政策的困难企业范围，突出重点帮扶对象，合理确定补贴等标准，确保各项政策尽快落地。（**各省级人民政府负责**）

（十三）明确部门组织协调责任。人力资源社会保障部要统筹协调促进就业政策制定、督促落实、统计监测等工作。财政部要加大资金支持力度，保障促进就业政策落实。其他有关部门和单位要立足职能职责，积极出台促进就业创业的政策措施，开展更多有利于促进就业的专项活动，共同做好促进就业工作。（**各有关部门和单位按职责分工负责**）

（十四）切实抓好政策服务。各地各有关部门要积极开展政策宣传，向社会公布政策清单、申办流程、补贴标准、服务机构及联系方式、监督投诉电话，深入企业宣讲政策、了解困难、做好帮扶。对申请享受就业创业扶持政策和就业创业服务的困难企业、下岗失业人员，要建立实名制管理服务信息系统。要优化流程，精简证明，加强监管，确保各项政策资金规范便捷地惠及享受对象。（**各有关部门和单位，各省级人民政府按职责分工负责**）

（十五）指导企业等各方履行社会责任。要引导困难企业更加注重运用市场机制、经济手段，通过转型转产、培训转岗、支持“双创”等，多渠道分流安置职工，依法处理劳动关系。引导职工关心企业生存与发展，困难企业与职工协商一致的，可采取协商薪酬、调整工时、轮岗轮休、在岗培训等措施，保留就业岗位，稳定劳动关系。引导劳动者树立正确就业观，主动提升就业能力，通过自身努力实现就业创业。广泛调动社会各界积极性，形成稳定、扩大就业的合力。（**各有关部门和单位，各省级人民政府按职责分工负责**）

从工业企业结构调整专项奖补资金中安排部分资金并适时下达，由地方统筹纳入就业补助资金，专项用于当前稳就业工作。各地要对现有补贴项目进行梳理，在保持政策连续性、稳定性的基础上，对补贴项目、补贴方式进行归并简化，提高资金使用效益。各地贯彻落实本意见的有关情况及发现的重要问题，要及时报送人力资源社会保障部。

国务院
2018年11月16日

区局（产业）工会概况

区总工会概况

【浦东新区总工会】 辖基层工会8291个，工会会员797130人，其中女会员356814人。1. 加强职工思想教育引领。组建十九大精神、中国工会十七大精神劳模工匠宣讲团，深入基层开展宣讲。举办浦东"中国梦、劳动美"主题教育十佳案例评选，完成第八届浦东职工职业道德"双十佳"评选活动。2. 组织动员职工建功立业。持续探索赛证合一机制，年内共组织全国第六届职工职业技能大赛各级各类劳动和技能竞赛5280场次，覆盖职工105余万人。成功获评五一系列奖全国、市、区级251项。创建市级劳模创新工作室2家，全区创新工作室动态保持70家左右。命名"浦东工匠"19名，成功入选"上海工匠"3名。各基层企事业单位申报科技创新项目1177项，选送市职工科技创新评比获各类奖项27项。年内拨付职工职业培训补贴资金8035万元，受惠企业855家。3. 深化职工维权服务保障。累计排摸"产能过剩""产业结构调整"企业179家，涉及职工2000余人，完成环卫工人、集卡司机等专项排摸。全区工会系统共化解劳资纠纷638起、涉及职工5497人、金额近2.1亿元；提供法律援助5978件，金额近1.16亿元。陆家嘴、外高桥等6家区属国企工会改革试点工作稳步实施。形成《企业民主管理工作指引》。国有企业职代会制度建制率96.2%；非公企业职代会制度建制率94.4%。签订集体合同覆盖企业1.95万家，覆盖职工人数106.03万人。开展"尊法守法·携手筑梦"等法宣活动78场，惠及职工近20万人。组织"安康杯"竞赛覆盖3216个单位、29.9万职工。开展高温送清凉、帮困送温暖等各类慰问活动1752次，慰问职工45万人次，金额5995.2万元。完成职工疗休养7969人次、体检1304人次，新增工会会员服务卡8.6万张。投保职工互助保障70.89万人次，给付金额1.74亿元。成立女职工十大服务基地，新建86家爱心妈咪小屋、6家职工亲子工作室。与区文广局签署浦东职工文化建设融入区公共文化服务体系备忘录及框架协议。举办各类职工体育赛事259项，文化活动183项。4. 推动改革持续深化。共建成各级职工服务站点385家。推进非公企业工会改革，8家街镇总工会、11家区域性、行业性工会联合会被市总确定为改革示范单位。成立全市文化领域第一家工会组织。吸纳1.8万名"两非一无"和企业外职工入会。制定下发《浦东新区工会代表大会代表常任制实施办法》。指导18家直属工会完成换届选举及届内主席、副主席选举，推动911家基层工会到期按时换届选举，工会主席直选率95%。网上工会已录入实名会员67万余人，累计受理网上入会3868人，工会通APP注册用户38万。"浦东工会通"累计发布信息895条，粉丝达18万余人，微信影响力清博指数于5月起成为上海各区工会微信榜第一名。大调研累计走访企业295家，收集调研信息893条．加快推进"四位一体"立体经审监督体系建设完善区总工会内控制度。工会干部教育年内累计培训1.2万人次。 （陈　维）

【徐汇区总工会】 辖基层工会1857个，涵盖单位13437个，建会率74.09%；有工会会员295788人，入会率77.15%。区总工会直辖工会有40个，其中街道总工会13家，国有企业公司工会9家，系统（大口）工会11家，直属工会7家。1. 加强政治思想引领。把学习贯彻习近平新时代中国特色社会主义思想、党的十九大精神和习近平在上海考察时的讲话精神作为一项重要的政治任务，组织全区各级工会学深学透。开展"劳模话改革、逐梦新时代"系列主题宣传展示。积极落实地方教育附加费政策，2018年收到项目申报1213个，金额8100余万元；核发2017年补贴项目金额1900余万元。2. 认真做好全国、市先进推荐评选工作。全区共获得全国五一劳动奖章1个，上海市五一劳动奖状（章）、工人先锋号28个，上海工匠2人，上海市"劳模创新工作室"2家。坚持走访慰问劳模，发放劳模"三金"127.4万元，惠及417人次。恰尔斯电力（集团）公司工会被评为全国模范职工之家，区中心医院第28康复科工会小组被评为全国模范职工小家，韩泰轮胎销售有限公司工会主席金龙国被评为全国优秀工会工作者。3. 深入开展"两非一无"群体的入会建会、会费收缴、经费申请、会员服务等工作。全年完成入会5114人，有1095名职工通过网上申请入会，596人成功入会。4. 组织街道工会劳动监察员每季度开展工会劳动法律监督，共上门检查64个单位。依托事中事后综合监管平台"双随机"功能，对10个单位开展随机监督。开展厂务公开民主管理调研检查，对6个基层企事业单位开展实地抽查。建会企业开展工资集体协商、集体合同签约率96%，职工代表大会制度建制率97%。构建区工会、人社、法院、司法"四方联动"机制，实现工会劳动争议调解工作室进驻区法院诉调对接中心。依托区总工会普法讲师团律师团队，面向农民工和中小企业职工开展劳动法律系列讲座和法律沙龙活动，共举办讲座12场、沙龙7场。全年各类窗口共接待咨询3202人次，参与调解劳动争议911件，成功调解881件；提供法律援助139件，其中群体性争议1件。5. 竭诚服务职工群众。聚焦非公企业和职工集聚的开发区、园区、商务楼宇，开展"午间一小时"送服务活动，全年共组织23场，惠及职工近9000人次。推进"户外职工爱心接力站"建设，为户外职工提供日常生活服务。积极帮助职工解决就业问题，举办各类招聘会5场，现场达成就业意向531人次。持续关注职工心理健康，全年举办各类心理讲座36场，咨询35次，共服务职工2000余人次。全年共配送文化、医疗、健身等服务43次，服务职工2191人次。开展上海南站春运志愿者服务等活动54场，服务各类人群7000多人次。开展文体活动，坚持举办职工低碳健步走活动，参与人数达1103人，品牌影响力进一步扩大。组织举办徐汇区职工体育健身大联赛，共组织10项赛事，吸引职工参与3776人次。推进职工文化进企业、进园区、进社区、进工地，先后在滨江建设者之家、龙南佳苑公租房项目等基层一线举办文艺演出、文化活动和展览21次，服务职工11000余人次。6. 坚持向农民工、协管类等困难人群倾斜，开展帮困送温暖工作。帮扶慰问困难职工1952人次，金额134.48万元。进一步做好互助保障理赔办理事务，在职参保人员获赔3307人，金额619.9万元；退休参保人员获赔10507人，金额1685.8万元。7. 加强队伍建设，提升履职能力。举办街镇总工会、系统、集团公司工会主席、副主席培训班和基层工会干部岗位培训班。推进落实区总机关正科实职岗位交流。加强工会专业社工队伍建设，初步形成队伍建设管理方案。制定“四位一体”经审监督体系建设实施细则，形成常态化工作机制。履行审查审计监督职责，对15家下属工会开展2016至2017年度预算执行和财务收支审计。区总本级2018年度决算收入3,956.08万元，全年支出总额2,836.47万元，其中，补助下级支出985.11万元；职工服务支出91.7万元；维权支出281.94万元；职工活动支出61.85万元。（叶　菁）

【长宁区总工会】 辖基层工会1617个，工会会员216437人，其中女会员95649人。1.以学习宣传贯彻党的十九大精神为主线，动员广大职工凝心聚力、共促发展。开展“不忘初心、牢记使命，学习贯彻党的十九大精神”主题教育活动，举办宣讲会5场、报告会100余场。集中表彰1个全国工人先锋号、5个市五一劳动奖状、11名市五一劳动奖章、11个市工人先锋号。开展“凝心聚力进博会，建功立业在长宁”专项立功竞赛活动。审核申报83名技师、高级技师的晋升奖励，30人次的一线职工授权发明专利以及4项职工先进操作法优秀成果。2.以持续深化改革为目标，着力夯实工会组织的工作基础。申报虹桥世贸商城楼宇工会联合会和长房国际楼宇工会联合会作为市级第一批非公企业工会改革示范性单位。于6月中旬成立虹桥机场区域非公企业工会联合会。继续加强家政行业工会管理工作，组织家政职工为300多户困难家庭、劳模家庭进行家政服务，长宁区家政行业工会创新模式获2017年度上海市基层工会十大创新案例奖。命名表彰区十佳先进职工之家、183家区先进职工之家。3.以维护职工合法权益为重点，着力促进区域劳动关系和谐稳定。全年共为1500余名困难职工发放慰问金共计106万余元，做到“全覆盖、不遗漏”。开展就业创业活动12场，惠及人数2090人次。全区参加各类医疗互助保障计划12.26万人次，16477人次获得2993.03万余元互助保障给付金。在新华街道试点建立职工劳动争议联合调解工作站，在临空园区设立劳动仲裁调解工会分中心，引导职工合法理性维权。继续开展集体协商“要约行动”，全年签订工资专项集体合同、女职工专项协议的企业6461家，覆盖职工80184人。4.以建设服务型工会为抓手，着力增强工会组织对职工群众的凝聚力。创建两批共46家“户外职工爱心接力站”，办理会员服务卡46917张，受理保险理赔人数84人，理赔金额91万元。组织2732名一线职工疗养，安排2275名非公企业职工体检。组织93家基层工会2700余名职工参与由区总工会配送的急救知识普及课程。举办21场心理知识讲座，惠及1000余名职工。会同区卫计委制定《长宁区“家庭医生进企业送健康”三年行动计划（2018年—2020年）》，并在周桥、虹桥街道设立“health工享站”，为楼宇内的企业职工提供医疗保健服务。开展“公益乐学”活动，设计70余项公益课程，惠及职工学员人数近13000人次。举办第九届长宁区“百川之音”歌手大赛活动，近百个单位的200余名职工参与。（杨柳青）

【普陀区总工会】 辖基层工会34个，其中街道镇总工会10个、系统工会11个、直属企业工会5个、行业工会8个。基层工会1845个，覆盖单位5409个（其中独立工会1553个，联合工会292个，联合工会覆盖单位3856个）。职工15.49万人，工会会员15.02万人，其中女会员6.51万人、农民工会员6.44万人。1.聚焦学习宣传贯彻党的十九大、中国工会十七大、市工会第十四次代表大会精神和纪念改革开放40周年，广泛开展劳模宣讲、报告会、工运文化寻访等群众性主题宣传教育活动。评选市五一劳动奖状（奖章）15个、市工人先锋号9个，选树全国模范职工之家（小家）2个、全国优秀工会工作者1名；选树1名“上海工匠”、命名11名“普陀工匠”；培育市区级劳模（技师/职工）创新工作室3家。2.深化职工素质工程建设，推送茶艺、书法、声乐等“公益乐学”课程为全区各党群工作站、园区、楼宇企业送课上门70多期，惠及职工4300余人次。开展3场“普工英”职工文艺汇演，举办2场“普工英”职工运动会，丰富职工精神文化生活。3.探索做好新型就业群体建会入会工作，新建工会组织76家、覆盖单位221个、吸收新会员7202人。成立网约送餐员行业工会联合会入选“上海市基层工会十大创新案例奖”。在长征工业区、桃浦未来岛园区深化推进非公企业工会改革，形成《关于巩固和深化非公有制企业工会改革进一步加强协调劳动关系制度建设的实施意见》及5个配套办法，进一步细化改革举措。在中环集团试点推进国企工会改革工作，召开加强和改进国有企业工会工作推进会，发挥国企工会引领性、示范性、表率性作用。牵头成立区产业工人队伍建设改革领导小组，会同组织、宣传、人社、教育等20多个部门谋划推进改革工作。4.以“朱雪芹职工法援工作室”为主阵地，在天地软件园、景源、新杨、长征等10个园区楼宇布点设站，上下联动及时处置突发事件与群体性纠纷。会同区人社局成立“普陀区劳动人事争议联合调解中心工会分中心”，深化劳动关系“四方联动”机制。5.坚持基层导向，推进实施6大类11项年度服务职工实事项目。开展工会服务大篷车进园区、为老服务进社区、心理援助讲座进企业等17场次，服务受益面达3299人次。完成市府实事项目10个“户外职工爱心接力站”建设。各级工会累计帮扶困难职工316万余元。组织21.7万余职工参加工会互助保障，累计为7.2万人次赔付6975.5万元。工会经费使用坚持向基层倾斜、向一线职工倾斜，全年回拨补助基层工会工作经费948万元，以项目化运作方式支持基层开展服务职工等重点工作，补贴基层工会项目经费475万元。推进光新体育场改造，完成区职工文体活动中心项目建设前期工作。6.强化网上工会工作，大力宣传普陀发展热点、工会工作动态和民生焦点。拓展网上服务项目，定期推出福利送、优惠购等活动，惠及职工1.2万余人次。“普工英”获评“普陀区十佳优秀新媒体”。

（陆　蕾）

【虹口区总工会】 辖基层工会1371个，独立建会1141个，会员109804人其中女会员40856人。1.以困难职工、劳模先进等作为重点调研对象。共走访居民190户、企业120家、社会团体3家，下属街道和企业工会47家，收集到与工会有关的问题15个，上报大调研办新闻线索3篇，案例2篇。深入推进帮扶工作，启动困难职工入户调查。对全区已建工会和注册资金5000万元（含5000万元）以上的企业开展深度排摸，共涉及2826家企业、1176户困难职工家庭。全区帮扶困难职工百余人次，发放帮扶资金近30万元。2. 发挥工会组织在构建和谐劳动关系中的积极作用。录入上海工会法律援助服务平台案件共计403件，其中以代为协商调解形式给予援助的共计355件，调解成功的190件，其中8件为群体性案件，为劳动者挽回经济损失466万元；以代理仲裁诉讼形式给予援助的共计48件，已结案35件，为劳动者挽回经济损失66万元。以侵犯劳动者权益或拒不建制的企业为重点，集合劳动关系三方开展联合督查，对12家企业进行工会定向劳动法律监督。3. 开展企业工会改革。健全“四位一体”工会维权体系，在街道层面积极开展区域性、行业性工会联合会建设，欧阳街道网格工会联合会、养老护理行业工会联合会、北外滩街道航运行业工会联合会等单位被市总工会选树为非公企业改革示范性单位。4. 坚持职工文体活动“工会主导、企业主体、职工主角”的工作理念。推进公益乐学进高校、进楼宇、进央企、进园区。打造文化宫“虹宫双微”新媒体（自媒体）网络平台，完成区总工会举办的劳模话改革开放40周年主题活动、区第六次工代会等网络直播，阅读量累计达12万人次。5. 丰富工会会员卡服务功能，增强工作针对性和有效性。新办会员卡近万张，全区持有效卡会员达到59474人，财政支出93.5万元。以工会会员卡为载体，团组45个、共有2500多名职工参加工会疗休养，24家非公企业1000多名职工参加工会补贴体检，47人获得职工晋升技师奖励，66人获得带教师傅、一线职工授权发明奖励。完成一年一度的社区参保，全区共有5.4万人次通过社区缴费参加互助保障计划，同比增加11.5%。至11月上旬，全区在职职工互助保障通过单位集中参保3万余人次，退休职工通过集中参保8.7万人次，通过互助保障受益的职工达到1.7万人。6. 进一步发挥劳模协会的服务功能。常态化开展“遍访劳模、关爱劳模、比学劳模、争当劳模”活动，与大众交通股份有限公司签约，为虹口区70岁以上劳模提供免费预约出租车上门接送服务。胡蕴琪全国劳模工作室与市总工会幼儿园签约，为幼儿艺术教育事业发展助力。（徐　洁）

【杨浦区总工会】 辖行业、街道（镇）和直属工会组织32个；全区基层工会2094个，涵盖单位11489个，工会会员21.9万人，建会率93%，职工入会率91%。1. 围绕服务大局，发挥职工主力军作用。持续深化重大工程、旧区改造、家庭医生、绿化市容立功竞赛，新增公共文化立功竞赛，深入推进各具特色的“五比五赛”，会同区人社局举办职工技能大赛，命名23个劳模（先进）、技师创新工作室，2个技师工作室被命名为市级创新工作室，2项创新成果被评为上海市一线职工先进操作法，71人晋升技师、高级技师。会同区委宣传部开展“最美劳动者”选树，命名10名首届“杨浦工匠”、20名首届杨浦区“最美劳动者”。1个集体获“全国五一劳动奖状”，28个集体和个人分别获“上海市五一劳动奖”“上海市工人先锋号”。1个集体获“2017—2018年度上海市职工职业道德建设十佳标兵单位”。3人获2018上海智慧城市建设“领军先锋”及“领军先锋”提名称号。2. 深化改革创新，扩大工会改革成效。新发展会员7309名，新建单独工会80个，新增工会联合会15个、联合工会7个，覆盖企业425家，全区企业建会率和职工入会率保持在90%以上。新建区建筑设计行业工会联合会，深化区医养照护行业工会联合会职工文化、行业维权、专项保障等6项服务举措。7个工会联合会被评为上海非公企业工会改革示范点。会同区委组织部、区国资委召开区国企工会改革工作推进会。3. 维护合法权益，构建和谐劳动关系。全面加强“四位一体”工会维权体系建设，逐步开展重点行业重点岗位职工工资标准发布工作并实现区域性公开。形成多元预防化解劳动争议格局，化解群体性纠纷17起，涉及职工270余人。发挥“三个窗口”维权职能，法院委托工会调解窗口成功调解案件94件，区劳动人事争议仲裁院工会调解工作室调解劳动争议案件210件，会同区人社局新设劳动保障联合接待窗口，成功调解劳动争议纠纷132起。深化落实小区议事会制度，全区共制定171份“和谐劳动关系文明公约”，探索建立小区议事会“紧急约见”制度，促进区域劳动关系稳定。开展应援尽援零门槛服务，惠及职工千余人。4. 聚焦关切期盼，切实提升职工获得感幸福感安全感。实施职工文化“菜单式”服务，开设名师导读等72门“百领学堂”公益培训课程，举办杨浦足球超级联赛等20余场百领赛事活动，提供近千场次文体活动场馆免费预约服务。开展沪东工人文化宫剧场微改造，初步建成东宫职工文体中心“百领汇”。全面完善“一卡六助”特色服务，为持工会会员服务卡会员提供普惠、特惠、商惠服务。举办48场职场招聘会，帮助解决就业1954人。组织3700名职工参加疗休养和健康体检，关心关爱职工健康。举办“四季恋歌”交友活动，努力满足青年职工交友择偶需求。新建31家“爱心妈咪小屋”、14家“户外职工爱心接力站”，区总工会职工服务中心被评为2018年度上海市重点工程实事立功竞赛优秀团队。举行第14期特困家庭优秀子女初、高三升学辅导班，为150名职工子女提供免费升学培训。通过一张“小红卡”畅通劳模就医绿色通道的工作实践获评上海市基层工会十大创新案例提名奖。深化安全生产工作，区总工会获全国“安康杯”竞赛优秀组织奖。5. 加强自身建设，持续激发工会干部干事创业热情。走访2260个单位，解决问题191个，形成调研报告76篇，推进网上工作平台应用，完善“杨浦职工之家”微信公众号，推动工会活动线上线下同步开展，健全培训线上报名、场馆线上预约、项目线上评估等网络服务功能，全年推文354篇，粉丝峰值3.2万余名。（张东寅）

【黄浦区总工会】 辖街道总工会、产业（局）工会、区管企业集团（公司）工会41个。基层工会2860家，涵盖单位13471个，职工309775人，其中女职工129400人、农民工85173人。工会会员300325人，其中女会员127130人、农民工会员82847人。工作机构设办公室、基层工作部、宣传教育部、财务资产管理部、维权保障部5个部室。直管事业单位有职工援助服务中心、工人文化宫、工人体育馆和工人体育场。主要工作：1.深化非公企业工会改革。形成“星级工会创评机制、组织全岗通培训和建立履职津贴制度”等一批特色工作；新建18家“上海户外职工爱心接力站”。新建工会组织79家，覆盖企业单位324个，发展会员10208人，实地实体建会率74%。工会经费收缴率稳步提高，新建企业工会经费收缴面不断扩大。加强职工之家建设，获全国模范职工之家红旗单位1家、全国模范职工之家1家、全国优秀工会工作者1名。2.弘扬劳模精神、工匠精神。举办黄浦区首届职工文化艺术节、“中国梦·劳动美”主题宣讲等活动。获全国、市五一劳动奖章9人，市五一劳动奖状6个，工人先锋号9个，上海市选树“上海工匠”2名、“黄浦工匠”11名。创建首批黄浦职工（工匠、技师）创新工作室12个，对117名新晋升为技师及高级技师的职工、29名带教师傅给予奖励。3.依法维护职工权益。完善职工法律援助“零门槛”服务实体运作，接待法律咨询4338人次，答疑10806个，受理法律援助申请645个，受理法律援助案件605个。全区各级劳动争议联合调解中心共立案调解825件，调解成功772件，调解成功率93.6%。制订《关于加强和改进黄浦区国有企业工会工作的实施意见》，全年签订集体合同1242份，覆盖企业9520家，涵盖职工17.20万人。签订工资协议1259份，覆盖企业9449家，涵盖职工16.85万人。4.竭诚服务职工群众。全年发放帮扶资金161.3万元，惠及困难职工2373人次。会员服务卡累计注册10.8万人，新办理1.5万人，参加各类专享保障12.3万人，申请理赔262人，理赔金额439.2万元。组织6272名劳模和一线职工疗休养活动，3069名退休劳模和一线职工参加体检。向1007名农民工赠送通讯费和健康医疗补贴，组织805名困难女职工、农民工免费“两病”筛查。开展“爱心一日捐”活动，捐款金额618万元。积极推进“爱心妈咪小屋”建屋，全年新建14家，8家小屋新升星级。完成区工人俱乐部和区工人文化宫的撤并，推进场馆退租还文、公益转型工作。各文体场馆为576个单位提供1246场次体育公益服务，惠及职工6.5万人次。举办“上海黄浦杯”职工城市台球邀请赛、第37届上海市庆“八一”军民长跑和第44届南京路马路运动会等体育赛事，黄浦职工台球队代表中国队参加“九球世界杯”获得季军。开展体育项目进企业、楼宇活动，惠及职工6051人次。新建职工书屋27家。5.加强工会自身建设。深入学习宣传贯彻习近平新时代中国特色社会主义思想，扎实开展“不忘初心、牢记使命，贯彻落实党的十九大精神”学习实践活动。开展工会规范化建设、法律援助、财务经审等专业化业务培训，培训1143人次。（陆中斌）

【静安区总工会】 辖街道总工会13个，镇总工会1个，园区总工会1个，机关事业工会17个，企业集团工会14个。基层工会2347个，涵盖单位10749家。职工220206人，女职工103130人。工会会员213653人，其中女会员100228人，农民工会员31681人。工作机构设办公室、基层工作部、劳动关系部、维权保障部、宣传教育部。另有工人文化宫、工人体育场、职工援助服务中心、事业管理服务中心4个事业单位。主要工作：1.围绕学习贯彻重要会议精神，引领广大职工建功立业。广泛开展学习党的十九大精神系列教育活动。及时宣传贯彻中国工会十七大和上海工会十四大精神。组织引领全区职工聚焦中心服务大局。继续推动职工素质工程建设。2.围绕维护职工合法权益，推动构建和谐劳动关系。着力突出维权主业主责。完善劳动关系预警机制。选树典型，深化民主管理。3.围绕职工美好生活需求，切实提高服务职工精准度。提升静安职工文化体验。加强各类服务站点建设。完善精准帮扶工作机制。4.围绕群团改革创新，做好工会改革的答卷人。进一步深化非公企业和国有企业工会改革。着力推进产业工人队伍建设改革。打造指尖上的静安工会。5.围绕工会自身建设，提高工会工作水平。提高工会干部履职能力。强化阵地建设，启动中国劳动组合书记部旧址修缮工作。各级工会大兴调查研究之风。（蒋康乐）

【宝山区总工会】 辖有直属工会41家，基层工会2118个，覆盖单位15490个，会员380838人（其中女会员137122人，农民工127706人）。区总工会工作机构设办公室、基层工作部、宣传教育部、权益保障部，另有直属事业单位2家和民办非企业单位1家。1.开展评先创优工作。推荐、评选产生全国五一劳动奖章1人、工人先锋号1家，成功申报上海市劳模创新工作室1家，上海市职工（技师、巾帼）创新工作室3家。开展“2018年中国技能大赛上海选拔赛”，“2018年上海职工科技节暨职工科技创新活动”，获评优秀组织奖。申报一线职工授权发明专利奖励38项，上海市职工晋升技师、高级技师奖励80项。举办“我们走在大路上”五一大会、“八音盒·阅奏曲”读书节活动，开展“幸福宝山路，文明修身行”主题健步走之“建区兴区路”活动，1.8万职工、2209个团队共走出69亿步，9.5万人次参加修身打卡和知识闯关，达到“健步强身，修身随行”的良好效果。组织4.4万名职工，2748个班组参加“安康杯”竞赛，获评全国先进3家组织、市级先进19家，区总工会获评全国“安康杯”竞赛优秀组织单位。2.推进非公企业工会改革。结合网上工作平台数据库建设和劳动监察的企业数据，对各街镇、园区的企业情况进行全面排摸，制订《关于进一步夯实街镇园区基层工会基础建设的实施意见》，明确建会目标，落实工作举措。推进“双实”企业建会和体制外职工入会，全区“双实”企业工会组织1704家，覆盖6366个单位，建会率87%；工会会员20.6万人，入会率83%。推进行业工会运作模式创新实践。成立区级物流货运行业工会联合会，首批44个会员单位加入，覆盖2300名会员。协同区国资委等单位，研究出台《关于加强和改进宝山区国有企业工会工作的实施办法》，开展国有企业工会改革试点，加强国有企业基层工会组织建设，推动工会组织、职代会、职工董（监）事、工资集体协商、协调劳动关系等制度融入企业治理结构和管理制度中。3.完善工会维权工作机制。全区公有制企业、事业单位职代会建制率达到100%，非公企业职代会建制率动态保持在85%以上，集体合同、工资专项集体合同签订率分别达到90%和80%。在法院设立“工会劳动争议调解工作室”和“工会法律人才实训基地”，建立法院委派、委托工会调解劳动争议案件机制和工会法律人才轮岗培训机制。参与法律援助案件1456起，其中代为协商调解922起，诉讼仲裁代理534起，参与处置群体性劳资纠纷11起，结案率100%。4. 提升职工群众会员服务。14万人参加工会会员服务卡专享保障计划，保障费用达162.4万元。完成会员卡注册10.6万人，新办卡3.48万人，会员卡成功理赔77人，金额101万元。推出工会会员服务卡叠加服务，在全市首创会员卡"三惠活动"（即普惠、特惠、商惠），供本区内会员卡持卡人享特约服务商户活动。扩大职工互助保障覆盖面，全区23.1万人次参加互助保障计划，参保金共计5431万元，理赔5.99万人次，给付6121万元。"为十万职工送专享基本保障计划"区政府实事项目覆盖13.8万人。帮扶各类困难职工5339人次，发放帮扶金560.46万元。（胡臻遥）

【闵行区总工会】 辖直属工会39家，其中产业（局）工会25家，街镇总工会13家，工业区总工会1家。全区基层工会组织5290个，其中独立基层工会4970个，联合工会320个，基层工会涵盖单位15002个。全区基层工会会员508233人，其中女会员227069人，农民工会员264388人。1. 培育选树2018年闵行"当代工匠"10人，推荐产生"上海工匠"3人。评选出全国五一劳动奖章1人，全国工人先锋号1个，上海市五一劳动奖章18人，上海市五一劳动奖状10个，上海市工人先锋号16个。培育创建1个市级劳模创新工作室、5个区劳模（职工）创新工作室、3个市技师创新工作室。全区举办各类技能比武项目109个，组织60个职工科技项目参加第二届国际发明创新博览会，获得55个奖项。实施职工技能提升助推计划，给予126名职工晋升技师、高级技师奖励，70名职工获得一线职工专利发明奖励。2. 提供工会法律援助服务案件12351件，其中协商调解件7098件，工会法律援助案件数占全区劳动争议案件总数的38.62%。全区设立15个劳动争议联合调解委员会，建立居村、园区（楼宇）职工法律援助工作站54个，举办64场农民工公益法律服务活动，组织全区职工线上法律知识竞赛、推出53堂"闵晓法"课程、10部"职工身边的法"微电影。3. 签订集体合同1383份，覆盖企业3467家，覆盖职工212113人；签订工资专项集体合同1298份，覆盖企业3269家，覆盖职工191771人，区域性、行业性集体合同193份，覆盖企业数2277家。4. 建立闵行职工文化体验基地8家，服务职工40000人次。全年举办15项区级层面职工体育赛事，参加职工5500余人。举行"向劳动者致敬"慰问一线职工专场系列演出8场，11300余名职工观看演出；开展百场公益电影进园区、进企业活动，播放电影74场，惠及8436名职工；建立职工书屋40家，累计书刊收藏量达到51000余册。（王　凯）

【嘉定区总工会】 辖基层工会3029个，工会会员412169人，其中女会员152633人。1. 加强政治思想引领，大力弘扬劳模精神和工匠精神。组建工会宣讲团、举办学习报告会、征集感言体会等，开展"学习十九大、永远跟党走"主题教育活动，学习宣传党的十九大精神。开展"中国梦·劳动美"主题活动，产生"市职工职业道德建设十佳标兵单位"1个。举办"匠心筑梦新时代"——2018年嘉定区庆祝五一国际劳动节暨国家技能人才激励试点工作推进会，产生"上海工匠"2名、"嘉定工匠"终身成就奖1名、"嘉定工匠"5名、技能标兵5名、技术能手10名，高技能人才培育示范单位23个，创新工作室21个。推荐产生2018年全国五一劳动奖章1名，市五一劳动奖章13名、奖状6个，市工人先锋号8个，评选表彰区工人先锋号205个、示范岗58个。制作《嘉定工匠》电视宣传片，举办"工匠训练营"，出版《奋斗者——2018年"嘉定工匠"事迹、高技能人才事迹》一书。2. 推动工会改革创新深入发展。推进产业工人队伍建设改革，围绕非公企业工会改革目标任务，指导各街镇总工会结合地域与产业结构特点制订工作方案。以国际汽车城零部件配套工业园区工会和区货运行业工会为上海市园区、行业非公企业工会改革试点单位并取得明显成效。选树非公企业工会改革典型，产生6个市非公企业工会改革示范点单位。研究制订《关于加强和改进本区国有企业工会工作的实施意见》，召开嘉定区国有企业工会改革推进会议，全面开展本区国有企业工会改革工作。指导各国企工会根据文件要求出台各自改革方案，加强协调推进，掌握进度，研究解决改革过程中的新情况新问题。3. 组织动员职工建功立业，发挥工人阶级主力军作用。有28名职工获晋升技师奖励、18名职工获晋升高级技师奖励，3名职工获带教师傅奖励。运用地方教育附加专项资金，开展以班组长培训、职工岗位成才、合理化建议、职工安全意识等课程为主要内容的职工培训工作，办班263个，培训职工3.8万人。产生市职工先进操作法优秀成果奖1项、创新奖4项，市职工合理化建议项目创新奖5项，有11名职工获发明专利奖励，在第30届市优秀发明选拔赛上获金奖3个。组织开展区第十三届职业技能大赛，有716名职工参加决赛，产生6名技师、9名高级工，490名职工取得各类职业技能合格证书。开展"凝心聚力进博会、建功立业创一流"嘉定赛区立功竞赛活动，有25个单位、170个班组，5766名职工参赛。围绕安全生产劳动保护工作，组织开展安全生产1000班组建设和"安康杯"竞赛，有8.52万名职工分别参加上海赛区和嘉定分赛区竞赛。4. 强化维权主业主责，维护职工合法权益。深化"四方合作"预防化解劳动关系矛盾工作机制，为农民工讨薪、群体性劳资纠纷和工会提供法律援助的劳动争议案件开辟"绿色通道"。建立由45名律师组成的工会法律服务律师志愿团，建成区镇两级8个实体化职工法律服务点。区职工法律援助窗口接待咨询5234件，受理法律援助案件891件，结案715件，为职工追诉经济权益1936.1万元，职工法律服务点完成劳动争议案件调解125件。实施劳动关系现状评估，在10家典型非公企业中试点开展劳动关系免费"体检"，促进企业健康发展。开展农民工工资清欠、货运司机等群体性劳资矛盾隐患的预警排摸工作。全区建会企业集体协商建制率动态保持在90%以上。5. 加大服务职工工作力度。投入资金近700万元，实施2018年嘉定工会服务职工12个实事项目。全区有效会员卡数达17.78万张，合作商户达133家、744个门店。组织开展15场工会会员服务"大篷车"活动，组织35个基层单位、3000余名职工参加疗休养。"四项医疗互助保障计划"全区投保单位达750个，投保职工22.4万人，投保金额4171.4万元，为9694名职工办理理赔、理赔金额1605.5万元。统筹各方资源建设完善58家户外职工“爱心接力站”，加强规范化管理运营，为户外职工提供便捷优质服务。深入开展帮困送温暖活动，筹措资金247.4万元，慰问困难劳模、职工、农民工等1387人次。6.繁荣发展职工文化。聚焦园区、非公企业，面向一线职工、农民工送文化服务12场。举办“中国梦·劳动美”职工文化作品展4届，面向全体职工提供公益影片86场、“艺术课堂”229课次，乒乓房、健身房等场馆服务职工2.59万人次，举办“带副春联回家乡”“中国梦·教师情·工会心”等主题活动。7.夯实基层基础，工会组织体系日趋健全完善。全年新建单独基层工会116家，新增工会会员1.1万名，其中农民工会员2858名，通过企业体制外单体入会会员324名，工会组织和职工入会率动态保持在93%以上。加强对基层工会建设经费保障，向区总直属工会下拨工作经费补助260万元，对116家新建工会提供启动资金补助54.2万元，对获得荣誉的46名非公企业工会、联合工会兼职工会主席给予工作补贴10.92万元。评选表彰24家区先进职工之家示范单位、35家区三星级职工之家（小家），推荐产生全国模范职工之家1个、全国优秀工会工作者1名、全国工会系统劳动模范1名。

（黄点点）

【金山区总工会】 辖直属工会36家，基层工会1759家，联合工会353家，工会联合会36家，工会会员26万余人。设4个机关部室：办公室、组织部、基层工作部、维权保障部。1.全力服务中心大局，建功立业展现新作为。获评全国级奖项5个，市级奖项19个，评出区级奖项192个。上海石库门酿酒有限公司毛严根当选“上海工匠”并入选《上海工匠》第四季宣传对象。成立区内首家劳模育人工作室——蔡蕴敏劳模（工匠）育人工作室。培养选树2018年“金山工匠”10名、“金山工匠提名奖”10名。在全区工会系统开展“争当鑫工巧匠、建功两区一堡”主题劳动竞赛活动，开展或统筹劳动竞赛28项，培育“鑫工巧匠”154名。发挥地方教育附加专项资金作用，与区人社局等共同组织职工参与各级各类职业技能比赛，并对相关企业予以补贴。主动加强与上海石化股份有限公司工会、上海化学工业区工会、普洱市总工会、嘉兴市总工会的合作联动。2.不断完善体制机制，维权工作迈上新台阶。区总工会、区法院、区人社局、区司法局联合下发《劳动关系矛盾预防化解工作的实施意见》，明确四方在矛盾预警预报、矛盾联动调解、法律援助对接和矛盾后续跟踪等方面的职责。开展“零门槛”援助服务，设立街镇、工业区职工法律援助工作站。推动各街镇、工业区总工会成立劳动法律监督组织，开展定向劳动法律监督。以民主管理为抓手，强化职代会维护和协商职能，增强企业稳定发展内生动力。法律援助、法律监督、集体协商和民主管理“四位一体”维权体系不断完善。组织137个基层单位参加群众性安全生产竞赛；举办“工具包”项目联席会议暨专项培训，培育20个“工具包”项目示范单位。依法履行安全生产事故调查处理职责，参与全区生产安全事故调查处理10件。3.聚焦精准帮扶工作，服务职工彰显新力度。开展“精准帮扶困难职工”项目，细化入户调查、信息核对、公示公告、复核认定等工作，制订《金山区职工需求调查办法》，开展“爱在鑫工”16项精准帮扶实事项目投入资金361万元。最大限度满足职工疗休养和体检需求，补贴总额261.61万元。依托“公益乐学”实事项目，借助全区6个“鑫港湾”群团基层服务站、40个职工文化活动基地、42个户外职工爱心接力站等平台，下沉教学资源至企业和职工身边，打通文化惠民服务职工的“最后一公里”。提升工会官网、“鑫工号”“鑫工友”网络服务能力，实现网上服务常态化。聚焦灵活就业人员，做实企业外入会，完善网上入会工作。

（郁　蔚）

【松江区总工会】 辖有镇、街道、开发区总工会18个，委、局工会26个，直属公司工会2个，行业工会5个，基层工会2691个，基层工会涵盖单位12385家。职工总数404740人，其中女职工172379人、农民工210278人。工会会员392164人，其中女会员167694人、农民工会员205278人。工作机构设有办公室、基层工作部、宣传教育部、权益维护部。下属事业单位有松江区工人文化宫（职工援助服务中心）。1.加强思想政治引领。组织全区各级工会共开展66场传达学习会，受教育职工3800余人。表彰一批先进个人和先进组织。举办庆祝改革开放40周年“劳模话改革，扬帆再远航”主题报告会。创建1家市级劳模创新工作室、3家区级劳模创新工作室。开展第三届职工科技节，培养选树首批10名“松江工匠”。深入推进群众性劳动竞赛，参赛职工累计达1万多人次。开展松江区职工合理化建议和先进操作法评选活动，共命名65项合理化建议、先进操作法优秀成果及创新项目。1名职工获评“上海工匠”。2.持续深化工会改革。以产业工人队伍建设改革综合试点区为契机，形成《关于推进与G60科创走廊相适应的松江产业工人队伍建设改革的实施意见》和《松江区加强公共服务有效覆盖与G60科创走廊相适应的产业工人三年行动计划（2018—2020年）》，形成“1+1+X+Y”的工作机制。制订《松江区总工会关于深化非公企业工会改革加强协调劳动关系制度建设的指导意见》，全区18个街镇全部启动深化非公企业工会改革推进工作，5个单位获上海市非公企业工会改革示范点单位。出台《关于加强和改进松江区国有企业工会工作的指导意见》。3.打造服务职工品质工程。松江区职工综合活动中心新建工程项目于年底开工建设。全年新建29家“爱心妈咪小屋”、3家职工亲子工作室，创设24家“户外职工爱心接力站”，1家“全国工会职工书屋示范点”、18家“全区工会职工书屋示范点”。18个街镇、开发区总工会全部建立法律援助工作站。签约4家专业化律师事务所，聘请50位专业律师和20余名劳动争议调解员，建立“4+50+20”法援队伍新模式，在全市率先实现街镇（开发区）总工会调解员全配备。新办理会员服务卡4.75万张，累计超过27万张。4.加强基层工会建设。全年新建工会367家，其中独立建会335家、联合工会32家。发展会员18235人，推进2家产业集群建会。叶榭镇总工会组建全市首家现代家庭农场行业工会，获评“上海市基层工会十大创新案例”。以“不忘初心、牢记使命，勇当新时代排头兵、先行者”为主题开展“进百家企业、访万名职工”大调研活动，进企业300多家，收集问题232个，解决问题204个。招录30名职业化社会化工会工作者。编写《松江区基层工会经费收支管理操作实用手册》。获中华全国总工会“2017年度市级工会财务工作先进单位”。

（高秀珍）

【青浦区总工会】 辖镇、街道总工会11家，委、局工会30家，区级公司工会7家，行业工会8家（纺织、建筑、旅游、餐饮、物业、环卫、印刷、快递物流）。全区基层工会组织1924家（包括工会联合会），涵盖建会单位11139家，入会会员322249人，其中：独立建会1759家，会员223174人。主要工作：1. 深入开展主题教育，推动党的十九大精神和中国工会十七大精神进企业、入车间、到班组。举办全区劳动先进工作者和先进集体表彰大会，召开“庆五一·话工匠”劳模、先进工作者代表座谈会。成立青浦工会职工志愿者服务总队，引导非公企业培育和践行社会主义核心价值观。“公益乐学”培训项目累计培训职工2.3万人次。2. 组织职工建功立业。开展进博会立功竞赛活动，组织七大赛区共有72个单位3万多名职工参赛。区总工会获上海市服务保障进博会立功竞赛优秀组织奖。深化职工技能比武活动，发动500多家企业1.5万余职工开展合理化建议活动。推进职工职业技能提升，联合区人社局培养选树首批“青浦工匠”12名，2名职工获评“上海工匠”。3. 深化工会改革。11家街镇全部启动深化非公企业工会改革推进工作，赵巷、华新、徐泾等5个工会组织、单位被评为2018年上海市非公企业工会改革示范点单位，区快递物流行业工会联合会建设工作获上海市基层工会十佳创新案例奖。会同区委组织部、区国资委制订《关于加强和改进本区国有企业工会工作的实施方案（试行）》，推进实施青浦新城公司、青浦工业园区、青浦巴士公共交通公司3家单位改革试点工作。积极主动牵头协调相关单位，形成《推进新时期青浦产业工人队伍建设改革的实施意见》（征求意见稿）。4. 聚焦维权主业主责。全年各级工会参与劳动争议调解315件，提供法律援助561件，为职工挽回经济损失1.2亿元。建立完善区、街镇和企业三级职工文化服务体系，推动盈浦街道职工文体中心试点运作。全年新建爱心妈咪小屋13家，建设户外职工爱心接力站21家，新办工会会员卡2.5万余张，组织企业一线职工体检和疗休养8600余人。职工互助保障受理各类理赔6700余人次，理赔金额1171万元。5. 推进自身建设。召开青浦区工会第五次代表大会，完成18个直属工会组织及物业、印刷、绿化市容三大行业工会换届工作。推进大调研活动，调研各类企业3700多家。对接云南省德宏州总工会，开展职工帮扶等援滇合作。全年获评全国工人先锋号等国家级奖项4个，市级各类先进集体、个人奖项53个。

（朱建强）

【奉贤区总工会】 辖委、局、院、镇、街道、社区、开发区、区属公司工会、行业工会65个，基层工会2288个，辖区企事业单位5368家，职工总数22.8万，工会会员20.9万。设办公室、基层工作部、劳动关系部、宣传教育部、权益保障部；直属事业单位1个；主管社团组织1个。1. 推进职工素质工程。建立职工学院1所，职工学校46所，百人以上企业固定教学点617个和百人以下企业流动教学点（或联合教学点）1114个，车间（班组）课堂5600多个，累计培训职工100多万人次。累计创建全国职工书屋2家，其中1家为全国职工书屋示范点，市级职工书屋8家，其中6家为市级职工书屋示范点，区级职工书屋139家。开展“百堂讲座进企业”，送课进企业152场次，制作84个微课视频，惠及职工1万余人次。开展书画、诵读、化妆、摄影、瑜伽、绿化养护、插花等实训课程135期，5000余人次参加培训。劳模讲师团10位讲师年内共开展宣讲18次，惠及职工4000余人次。举办奉贤区第三届职工文化节系列活动，开展7个项目9场次比赛，总计参与职工数达1.2万人次。创评上海市五一劳动奖状4个，上海市五一劳动奖章6个，上海市工人先锋号9个。评选出首届“奉贤工匠”12名、“奉贤工匠”提名奖13名，推荐获评“上海工匠”1名。获得职工晋升技师、高级技师奖励37名，一线职工授权发明专利奖励6人，带教师傅奖励3名。组织参加上海市职工科技节活动，获得合理化创新奖项目8个、先进操作法创新奖项目4个。年内新创建市级技师（巾帼）创新工作室3家。创建市级劳模创新工作室1家，区级劳模工作室8家。2. 推进基层工建改革创新。6个街镇、园区获评上海市非公企业工会改革示范点单位。牵头区发改委、人社局等33个部门起草《奉贤区加快推进新时期产业工人队伍建设改革方案》。新建基层工会153家，覆盖企业294个，新增工会会员17531名；区级工会联合会2个。全区独立建会企事业单位建立职代会1496个，建制率91%，签订集体合同1435份，覆盖企业3632家，签订工资专项集体合同1290份，覆盖企业3053家，集体合同和工资专项集体合同制度建制率分别达95%和85%；集体协商达标单位636家，申报示范单位34家。256家企业申报市级和谐企业。3. 构建和谐劳动关系。建立以区职工援助服务中心为主轴，12个街镇、社区、开发区职工援助分中心和32个职工密集企业职工援助服务站为分支的“三级联动”职工援助服务网络。在各分中心开设法律援助服务窗口和来信来访窗口，设置劳动争议调解室。4. 关爱服务职工。更新困难职工信息档案数据库，帮扶重大病职工、困难职工、农民工、困难职工子女、低收入职工3245人次，发放中央、市、区三级帮扶慰问金300.84万元。慰问劳模412人次，发放慰问金42.6万元；慰问困难劳模406人次，发放市区两级帮扶金219.5万元。市职保会参保110335人次，投保金额2599.8万元，给付18614人次，给付金额1975.9万元；区职工救急济难互助会入会147740人，给付1018人次，给付金额156.4万元。参与法律援助案件1884件。与区劳动监察大队联手举行农民工工资支付专项检查，帮助1039名农民工追回欠薪779.4万元。开展“法律进企业”“为老服务日”“退休劳模庆重阳”等活动，覆盖在职职工、退休职工3000余人。968家企业、3840个班组、6.23万名职工参加“安康杯”竞赛，区总工会获评全国“安康杯”竞赛优秀组织单位。“春风送岗位”公益招聘会参与企业182家，共推出1000个岗位。区域合作商户达到47家。新建42家“户外职工爱心接力站”,34个“爱心妈咪小屋”,1家“职工亲子工作室”。加强对援外干部职工的关心关爱工作,落实与贵州省务川仡佬族苗族自治县的结对扶贫工作,投入30万元帮扶金,资助红丝乡基层党建活动阵地和红丝中心学校的建设改造。

（钱　洁）

【崇明区总工会】 辖18个乡镇总工会、2个园区总工会、23个委局、区管公司工会和41个直属工会,1139个基层工会组织,8.7万名工会会员。设“三部一室”,分别为办公室、基层工作部、宣传教育部、维权保障部。1. 加强思想政治引领,组织工会干部深入学习领会习总书记关于工人阶级和工会工作的重要论述精神,中国工会十七大精神、上海工会十四大精神以及区委一届五次全会精神,大力宣传崇明生态发展理念,动员广大职工争做创城主人翁、生态环境治理践行者。2. 加强职工队伍建设。弘扬劳模精神、劳动精神、工匠精神,举办“奋进新时代·扬帆新征程”庆祝“五一”国际劳动节暨“最美崇明劳动者”“崇明工匠”表彰会,命名表彰“最美崇明劳动者”10名和“崇明工匠”10名。崇明招待所副厨师长陈斌荣获“上海工匠”称号。承办“匠心共筑生态梦”上海工匠助力崇明生态岛建设专题论坛暨结对签约仪式,为崇明招才引智。开设首期“崇明工匠”创新人才研修班,搭建交流学习平台。3. 维护职工合法权益,深化和谐劳动关系建设。深化“零门槛”法律援助服务,全年共接待来信来访505件528人次,成功调解劳动争议279件,代写法律文书9件,代理仲裁112件。推进工会劳动保护工作,深入企业车间开展季节性安全生产检查,指导和帮助企业落实一线职工安全防护措施,高温期间慰问1.2万名一线职工。4. 推行服务职工实事项目,为10429名职工办理工会会员卡,为189名职工提供会员专享保障,理赔267万元,注册会员卡6万张。与中石化合作,为工会会员提供加油打折优惠。组织职工体检5585名、职工疗休养956名,为1648名困难女职工免费开展妇科体检。建立户外职工爱心接力站17家、“爱心妈咪小屋”4家、职工亲子工作室6家。为280名职工申报中央财政困难帮扶资金,帮扶深度困难职工。5. 加强工会改革创新,提升工会工作水平。召开崇明区深化企业工会工作改革推进会,推进非公企业工会改革,做好重点人群入会工作,8937名“两非一无”人员加入工会,占全市10%。加强工会干部队伍建设,开展大调研,实地走访调研20个企事业单位等不同对象和796户竖新镇仙桥村农户。举办10期基层工会培训班,550名基层工会主席参加。

（陈思佳）

区总工会主席、副主席、经审主任名录

单位名称	主席（主任）	副主席（副主任）	经审主任
上海市浦东新区总工会	王辛翎	李幼林　吴　毅　邵建康（挂职）　薛英平（兼职）　刘华新（兼职）　洪　刚（兼职）　姚红钢（党组成员）	刘京蕾（女）
上海市徐汇区总工会	朱伟红（女） 吴元华（党组书记）	吴元华　钱建平　杨　杰（挂职）　王海斌（兼职）　王　承（兼职）　孙小林（调研员）	徐敏宇（女）
上海市长宁区总工会	刘　英（女） 邱　刚（党组书记）	孙志文　田　慧（挂职，女）　戴轶青（兼职）　杨　军（兼职）	赵永康
上海市普陀区总工会	李松海 李戌渊（党组书记）	李戌渊　王　鹏　曾　章（挂职）　于井子（兼职，女）　钟　频（兼职，女）　莫荣良（副调研员）	任春海
上海市虹口区总工会	胡　军（女） 袁忠民（党组书记）	蒋红心　黄守虎　朱　琦（女）　钱　健（挂职）　倪集禾（兼职）　张　伟（兼职）	蒋红心
上海市杨浦区总工会	麦碧莲（女）	陈梗宝　朱晓雯（女）　陈卫国（挂职）　刘海燕（兼职，女）　杭国栋（兼职）　刘晓莉（副调研员，女）	王　岚（女）
上海市黄浦区总工会	屠奇敏（女） 阮顺红（党组书记）	阮顺红　柏茜雯（女）　许卫峰（挂职）　周文武（兼职）　王　奇（兼职）　葛家敏（副调研员，女）　刘洪飞（副调研员）	朱旭峰
上海市静安区总工会	叶坚华 郑志勇（党组书记）	郑志勇　谭振勇　许　俊（挂职，女）　徐　晔（兼职，女）　安从真（兼职）	张　伟

续 表

单位名称	主席(主任)	副主席(副主任)	经审主任
上海市宝山区总工会	王丽燕(女)	李中政　戴建美(女)　赖拥军(挂职)　万慧云(兼职,女)　沈晓东(兼职)　吴振祥(调研员)	谢术平(女)
上海市闵行区总工会	倪学斌 赵芝娟(党组书记,女)	许向东　于　璐(女)　李伟(挂职)　胡振球(兼职)　谷文平(兼职)　何爱群(副调研员,女)　李　红(副调研员,女)	袁　飞
上海市嘉定区总工会	王建新 金伟荣(党组书记)	金伟荣　章　华(女)　徐军熠(挂职)　李　炜(兼职)　陈其康(兼职)	胡素丰(女)
上海市金山区总工会	朱喜林	汪敏良　曹　冠(女)　季　蕾(挂职,女)　童上高(兼职)　胡赟星(兼职)	汪敏良
上海市松江区总工会	徐卫兴 陈军康(党组书记)	陈军康　王　斌　孙禄君(挂职,女)　朱　蕾(兼职,女)　薛鸿斌(兼职)　刘建其(兼职)　潘　瑛(调研员)	孙爱华(女)
上海市青浦区总工会	赵宏林 吴　春(党组书记)	朱俊华(调研员)　倪　健(女)　蔡学锋　黄春风(挂职)　周振波(兼职)　黄　敏(兼职,女)	冯永新
上海市奉贤区总工会	陆建国 张辉凤(党组书记,女)	张辉凤(女)　吴永强　许燕玲(挂职,女)　顾　帅(兼职)　王宇升(兼职)	吴永强
上海市崇明区总工会	张建英(女) 秦文新(党组书记)	秦文新　王可杰　陆　杰(挂职)　施　烨(兼职)　沈　斌(兼职)	王可杰

局(产业)工会概况

【上海市机电工会】 辖基层工会145家,工会会员45471人,其中女会员9268人。召开上海电气集团工资集体协商会议,就制订2018年工资专项集体合同达成共识。召开上海电气集团二届三次职代会,表决通过并签订《上海电气集团2018年工资专项集体合同(草案)》。召开职代会联席会议,选举产生集团职工董事1名、职工监事2名。推出"菜单式"法律服务模式,全年共受理非诉类事务88起,其中:法律咨询53起,处理来信3起,代书30起,非诉调解2起。参与集团对企业改革方案评审22起。开展"一日捐"活动,参加的65个单位共募集帮困资金532万元,机电工会全年拨出帮困资金630万元,对9020人次的困难职工和农民工进行节日帮扶、助学帮扶、大病救助、离岗体检。在市总实事项目基础上,推出12项服务职工实事项目,修订《上海电气关于关心海外职工生活的意见》,改进海外职工回国医疗体检、疗休养等服务。李斌技师学院通过举办各类培训班,全年培训12000余人。实施劳务工"学历+技能"提升计划,为1200名劳务工进行专业技能培训。组织开展2018年上海电气"李斌杯"技能大赛、"数字化技术"大赛、"创意创新"大赛、法律实践竞赛、班组长管理技能竞赛。组织开展"再次创业争先锋,突破千亿立新功"主题劳动竞赛、海内外工程项目建设专题竞赛和"节能减排,降本增效"专项竞赛,调动职工的积极性。开展2018年优秀合理化建议、技术创新成果征集评比,不断提升合理化建议科学化水平。分三期对342名班组长进行企业发展目标、班组长沟通与执行力、安全生产及安全事故应急处理等内容的培训。高温慰问延伸至非控股合资企业和异地企业职工。会同集团安环部开展高温安全检查和企业安全考评工作。组织开展"主人翁精神"学习讨论"五个一"系列活动,即一次微信互动、一次主题征文、一次班组学习讨论、一次主题演讲、一次专题座谈研讨。开展2016—2017年度先进职工评选,共评出15名"李斌式职工标兵"、51名"李斌式职工"、10个"李斌式班组标杆"、45个"李斌式班组"。举办第三届"电气杯"职工羽毛球比赛、"当好主人翁,建功电气梦——庆祝改革开放四十周年"职工摄影比赛和职工棋牌比赛。

(彭伟光)

【上海市仪表电子工会】 辖63个独立基层工会,其中代管单位工会1个。职工13338人,其中女性4040人。工会会员13208人,女会员4014人。工作机构设办公室、基层工作部。学习贯彻落实党的十九大及中国工会十七大精神。组织近100人工会干部培训班。组织职工创新活动,鼓励职工技术创新,2个单位获市"五一"劳动奖状,4个班组获"市工人先锋号"称号;强化基层班组建设,组织基层班组长积极分子培训班,2家公司获全国"安康杯"竞赛（上海赛区）优胜单位，1个班组获全国“安康杯”竞赛优胜班组；学习对标劳模先进，加强职工队伍建设，对2018年度取得相关专业技能证书或仪电紧缺人才目录相关资格证书的职工，以及取得发明专利、开展高师带徒的职工等45人次实施奖励，组织开展系统紧缺人才项目管理师（PMP）和集成项目管理师培训，对取得资质证书的员工进行奖励；举办“智慧展活力昂首新发展”仪电文化体育节，开展徒步定向赛、飞镖、大怪路子、射击、射箭、插花、烘焙等文化体育项目比赛，共计2300余人次参赛；开展送温暖帮扶工作，落实会员专享基本保障，全年参保13900余人；完成助医助学帮困1992人次；组织市级以上先进和先进集体代表疗休养；向劳模发放体检卡，组织申报全国劳模和市（部）劳模特困申请128人，市（部）劳模生活困难申请24人，为全国劳模和近140名高龄劳模送上春节慰问品；开展满意度评价工作，提高服务职工水平；组织开展业务培训，支持基层工会工作。组织召开职代会民主管理委员会会议和仪电集团一届四次职代会；组织职工代表开展提案和巡视检查工作；推动公司制企业职工董事和职工监事建制，有序推进民主评议领导干部工作。强化“互联网+工会”载体建设，创新工会工作方式；强化工会财务经审工作，建设“四位一体”监督体系。（周黎俊）

【上海市化学工会】 辖基层工会84个，工会会员10593人，其中女会员2377人。围绕“一项任务”加强工会组织思想引领，即通过各种形式推进学习活动，带领广大工会干部把思想统一到党的十九大精神上来，把力量凝聚到实现集团生产发展的各项任务上来；围绕“两个服务”推动工会建设与时俱进，即“围绕中心、服务发展大局；围绕维护职工合法权益，服务职工发展”入手，开展工会建设工作；深化“三个结合”建设服务职工新平台，即精准帮扶与普惠服务相结合，强化帮扶平台功能，文体活动与文化建设相结合，强化文化平台功能，思想引领和典型引领相结合，强化教育平台功能。围绕华谊集团开拓“三元业务”、推动创新转型、建设“阳光华谊”的新形势、新任务、新要求，聚焦集团发展的重点工作，为全面完成全年各项目标任务，在实现集团战略目标中发挥工会组织的积极作用。（张雪莲）

【上海市轻工业工会（上海轻工业工会联合会）】 辖7个基层工会，职工2789人，其中女职工800人。工会会员2782人，其中女会员799人。现有15个行业工会，会员单位287个。工作机构设办公室、组织部、民管部、法律部、经济工作部、宣教部、生活保障部、财务部、技协三产办公室。选树第三批上海“轻工工匠”，经推荐和评审，从9个行业和1家集团公司、2家企业，共25位轻工职工中评选出10名2018年度上海“轻工工匠”。上海造币有限公司马庆获2018年上海市五一劳动奖章；上海造币有限公司朱凯锋技师工作室被授予上海市职工（技师、巾帼）创新工作室；上海印钞有限公司印码生产部“陆晔程机台”获2018年上海市工人先锋号。结合庆祝改革开放40周年，组织开展“上海轻工职工庆祝改革开放40周年征文”活动，汇编由上海轻工劳模工匠、著名品牌企业老总、优秀工会主席、先进职工代表撰写的《砥砺向前进，共圆中国梦——上海轻工职工征文选》；开展“2018年度上海轻工行业巾帼示范岗”评选活动，有40个示范岗集体获命名；上海造币有限公司朱凯锋提出的《降低冲光工序401品坯饼缺陷产品的漏废率》合理化建议获2017年度上海市职工合理化建议创新奖。与上海钟表行业协会合作，举办“2018年度上海市钟表行业手表装配技能比武大赛”。深入到国有及非公民营企业（上海民乐一厂、上海大阿福童车有限公司、上海长江企业非遗展示馆）开展企业经营发展、劳动关系现状调研。成立“上海轻工职工文体俱乐部”，同纸业玻璃行业联合分会、室内装饰行业分会、照明行业分会等合作，举办“2018上海轻工职工羽毛球交流赛”“2018上海轻工职工钓鱼邀请赛”等活动。职工文体俱乐部组队参加上海职工钓鱼比赛并获得团体第三名的好成绩。组织女职工服饰搭配技巧和永生花DIY技能交流活动；组织30名巾帼示范岗代表参加疗休养。举办培训班，开展工会业务知识竞赛等活动。（徐俊彦）

【东方国际（集团）有限公司工会（上海市纺织工会）】 辖基层工会68个，工会会员10276人，其中女会员4243人。东方国际（集团）有限公司是由具有150年历史的原上海纺织集团和从事外贸近70年的原东方国际集团于2017年联合重组而成的拥有先进制造业与现代服务业，以时尚产业、健康产业和供应链服务为核心主业，以科技实业、产业地产、金融投资为支撑的集团公司。4月，东方国际（集团）有限公司工会（上海市纺织工会）第一次代表大会召开，选举产生新一届工会领导班子。新组建的集团工会在履行集团工会职能的同时，继续履行上海市纺织产业工会的职责。集团工会围绕集团“集成优势、全球布局、跨国经营”的战略，改革与创新工会工作。开展“站在新起点，续写新蓝图”“我的企业（品牌）我代言”PPT制作展评大赛、“再昂首”文学创作征文等系列主题活动。弘扬劳模工匠精神，落实上海“时尚工匠”的选树培育和技师工作室创建计划。开展“立足岗位做贡献，争当能手立新功”百日劳动竞赛活动。联合闵行区总工会举办“泾彩杯”2018年上海纺织行业服装制版师技能竞赛。组队参加“富怡杯”第五届全国十佳服装制版师大赛和全国“睿能杯”横机工职业技能竞赛等。对接服务助力进博，开展专题劳动竞赛，并在工会微信公众号上设立进博会倒计时100天专栏，推出100天大事记活动。集团进博会推进办被命名为“上海市工人先锋号”“上海市巾帼文明岗”。搭建服务实事平台，活跃职工业余活动。集团12家“爱心妈咪小屋”全部通过星级评定，新建3家“爱心妈咪小屋”、4家职工书屋。首家职工亲子工作室暑托班如期开班。以“奋进新时代，迈向新征程”为主题，举办集团首届职工健身运动会和“相约公益，为爱助力”交友活动。按照加强和改进本市国有企业工会工作的指导意见，对原集团工会的42项制度进行修订，形成《东方国际（集团）有限公司工会（上海市纺织工会）制度汇编》，确定纺织品进出口公司和时尚发展公司为工会改革试点，推进集团所属园区入驻非公企业建会工作，已有16个园区（占47%）与所在街道工会建立联系与合作，已建园区联合工会7家，覆盖企业75家，发展会员4126名。组织各区纺织行业工会开展工作调研，关注研讨职工舆情，在中国工会十七大期间，集团工会提交“关于弘扬工匠精神，搭建职业技能鉴定平台，推动产业工人队伍建设的提案”，得到全总的高度重视。（林裕良）

【上海市医药工会】 辖基层工会71个，其中独立基层工会70个、基层工会涵盖单位72个。职工20871人，会员19827人。机构设办公室、权益保障部、经济宣教部、组织民管部、女工部及财务室。1.加强职工思想引领，繁荣职工文化生活。做好年度五一劳动奖状获得者、“上海工匠”的事迹宣传。组织5家企业的360名员工参加上实集团“迎国庆”职工歌会比赛，获得1金1银3铜；结合改革开放40周年主题，举办“致敬40年”上海医药集团员工风采展示大赛，吸引沪内外21个企事业单位的19支代表队参赛。2.发掘培养优秀员工群体，组织开展全国和上海市五一劳动奖状、奖章、工人先锋号及“上海工匠”的评选，共获评1个全国五一劳动奖章、3个上海市五一劳动奖章、4个上海市工人先锋号、1个上海市五一劳动奖状、2个“上海工匠”。推进创新工作室的创建，奚春明抗生素传承劳模创新工作室被评为上海市劳模创新工作室；张雄毅首席技师工作室3个工作室被评为上海市职工（技师、巾帼）创新工作室。3.深化群众性经济技术创新活动。做实全剂型同线劳动竞赛，引导职工解决岗位上的重点和难点。通过初审、复审和部分项目答辩，评选出21个年度同线竞赛优秀项目。开展“我的岗位我创新”全员持续改进提案活动，收到基层提出的3000余条提案，组织员工参与市级职工创新创效活动，获得市优秀发明金奖1个、市职工合理化建议创新奖5个、职工先进操作法创新奖2个。4.探索加强和改进国有企业工会工作。初步建立专职、挂职、兼职工会干部任用机制，拓宽工会干部的来源。推进上药新亚、上药药材华宇两家基层企业工会的改革试点工作并形成相关实施方案。推进“互联网+”工会建设。开通集团工会官方微信公众号“上药幸福家”，推动集团工会网络宣传、服务职工的平台建设。5.加大服务职工和帮困工作力度。爱心一日捐活动中，共计有16634名员工参加，捐款总金额121万余元。全年落实各类大病帮扶、助学帮扶、一次性临时帮扶1761人次，总支出帮困金118.1万元。开展困难女职工“关爱行动”，为4家企业的7名女职工支付特殊重病帮扶金2.1万元。6.推进以工资集体协商为主要内容的平等协商集体合同工作，集团下属企业中两项合同签订率均为100%；做好年度女职工专项集体合同的续签工作，全年合同签订率96.5%。完善基层工会主席民主选举制度，工会主席直选比例为100%。组织工会干部90余人开展年度培训，拓宽工会干部的视野，提升实际工作能力。（陈玮雯）

【国网上海市电力公司工会】 辖工会31个，分工会201个，工会小组1146个，工会会员13695人，专职工会干部81人，兼职工会干部252人。主要工作：提升民主管理水平，持续深化民主管理各项制度，进一步构建和谐稳定劳动关系；全面加强幸福企业建设，导入并实施员工帮助计划，推进年度EAP重点工作；积极实施班组建设再提升，建设“生命体”班组、“幸福”班组和“匠心”班组；深化建功建家，持续深化先进选树，坚持抓好劳动竞赛，扎实推进职工创新；提升职工文化建设水平，拓宽文化活动的载体和平台，加强职工文化创作和文艺展示，推进职工文化中心建设；加强工会自身建设，深入学习贯彻党的十九大精神，积极落实公司战略要求，强化工会工作成效。（潘　锋）

【上海电力建设有限责任公司工会】 辖10个基层工会委员会，工会会员3932人，女会员538人。1.开展厂务公开民主管理工作。公司系统单位全部实行职代会评估制度，严格履行职代会提案制度、职工代表听政制度、职工代表监督制度、领导干部职代会述职制度，无记名测评制度等，提升职代会的运行质量，加强系统职代会制度建设。严格集体协商程序，提高协商质量，把协商的重点落实到职工的经济、安全、保障等权益上，提高集体合同履行的质量。完善项目（分支机构）职代会建设制度，有效拓展厂务公开民主管理工作的新途径。2.开展以“齐心协力促发展，砥砺奋进展宏图”为主题劳动竞赛系列活动，推进“五比五促”竞赛内容，组织职工技术创新活动，2项成果分获“上海市职工先进操作法创新奖”和“上海市职工先进操作法优秀成果”，3项成果获“上海市职工合理化建议项目创新奖”；公司工会获“2018年上海市职工科技节暨职工科技创新活动优秀组织奖”，1人获得第六届全国职工职业技能大赛上海选拔赛焊工工种个人优胜奖。3.开展“安康杯”竞赛和劳动保护活动。通过“班组安全论坛”“班组安全演练”“安全文化演播”“安全知识竞赛”“安全成果展示”等形式丰富竞赛内容。系统内在沪2个单位继续保持全国安康杯竞赛优胜单位荣誉，2个单位获全国“安康杯”竞赛（上海赛区）优胜单位荣誉，1个单位获全国“安康杯”竞赛示范企业荣誉。4.加强工会自身建设，与基层单位工会签订《2018年工会工作目标责任书》，下发《关于开展“新时代·新动能”主题活动实施意见》，举办第八期“最具活力工会工作”成果发布会。5.落实职工保障工作，开展困难职工帮扶慰问工作，节假日全系统企业帮扶困难职工503人次，帮扶资金共103.7万元；开展高温送清凉慰问施工项目46个，慰问人数2500余人，高温慰问金额60余万元。公司建立职工大重病医疗互助基金，对患大病、重病的职工给予经济资助104.2万元，资助213人次。完善职工后勤生活保障工作，制定实施海外职工医疗管理办法和海外职工项目后勤生活管理办法，解除远赴海外工作职工后顾之忧。（傅　诚）

【中国宝武钢铁集团有限公司工会委员会】 辖子公司、直属工会24个，会员16.1302万人。主要工作：1.充分发挥工会组织桥梁纽带作用，促进企业整合融合、改革发展稳定。举办以“使命、责任、担当”为主题的迎“五一”劳模先进交流会、组织开展中国宝武金牛奖、银牛奖等评选，弘扬先进、增进交流、促进融合。2.大力弘扬劳模精神、劳动精神、工匠精神。扎实开展“团队争先、岗位创优”劳动竞赛，助推公司经营业绩创新高；搭建“铸匠心·提技能”竞赛平台，高技能人才队伍建设显实效；3.深入推进工会劳动安全保护和安全“1000”班组建设，切实维护职工生命健康权。持续深化“我的安全我管理、我的生命我珍惜”为主题的员工岗位安全风险描述安全自主管理活动；深入推进安全“1000”班组创建活动，发挥标杆示范作用。4.开展以职代会为基本形式的职工民主管理，有效落实职工的参与权、知情权、监督权；指导基层规范履行民主程序，助推公司转型发展；加强规范厂务公开民主管理制度建设，修订完善《中国宝武职工民主管理基本制度》等。5.关心关爱职工，将职工“三最”诉求落到实处；组织开展以“心系职工情，温暖进万家”为主题的送温暖活动；组织开展“团队手拉手”系列文体活动，建立健全集团扶贫工作各项制度，落实扶贫办工作责任；稳妥推进退休人员社会化管理试点准备工作。6.加强工会自身建设，认真学习贯彻中国工会十七大精神，通过主席办公会、工会常委会、二级单位工会主席例会等方式学习贯彻工会十七大精神，学习传达中国妇女十二大精神。修订工会工作评价办法，开展工会干部履职能力培训；强化对基层财务管理指导服务，规范工会经费管理。（陈佩红）

【上海宝冶集团有限公司工会】 辖基层工会18个，工会会员5575人，女会员759人。按照“党政主导、工会组织、部门协同、项目实施”的立功竞赛机制，围绕国家重点工程——冬奥会雪车雪橇项目开展“1+N”竞赛，在第一阶段竞赛中勇夺业主考核第一名。开展第三届“合创杯”技术标简报制作大赛，提升市场营销人员技能水平。工会系统在67个项目开展立功竞赛活动，记大功30人次，记功195人，表彰先进集体50个。夯实职工创新活动基础，开展群众性职工创新活动，摘得“上海工匠”、劳模创新工作室、技师创新工作室、巾帼创新工作室等多项荣誉。围绕公司高技术高质量发展战略，助力关键核心技术研发和人才培养，选树命名公司第三批职工创新工作室，扩大职工创新工作室的规模，公司级创新工作室达到31个。创新工作室完成部级工法12部，技术成果20项，技术开发46项，申请专利322项，职业技能提升315人。开展安全生产“金点子”征集评选活动，开展全覆盖、多层次的高温送清凉慰问活动。组织职代会专门小组开展“职工放心食堂”专项检查，确保职工食堂夏季食品卫生安全。员工关爱活动暖人心，传递“宝冶·家”温度。推进“六个统一”标准化“职工小家”建设，创建“职工小家”102个，组织开展员工为“职工小家”捐书1500册，为“职工小家”增添书香气息。开展春节驻海外员工及家属慰问活动，为重点工程项目农民工写春联、送祝福。组织员工参加中国五矿集团“一对一”爱心助学活动，向云南、贵州贫困地区捐助高中生218人，大学生18人，共计捐款25.4万元。（毛一新）

【中国石化上海高桥石油化工有限公司工会】 辖基层工会17家，其中直属机关工会、作业部（业务中心）工会11家，合资企业工会4家，委托代管企业工会2家，共有会员5287人，其中女会员1135人。举办以学习贯彻党的十九大、工会十七大为主题的工会干部培训班、邀请专家授课、组织学习交流；公司3名职工获评中国石化劳动模范，1人获评上海市五一劳动奖章。开展主题劳动竞赛，全年共收到职工合理化建议1855条，采纳1235条，实施868条。完善维权服务工作，畅通公司和作业部（中心）两个层面的双向沟通渠道；做好职工关心帮扶，落实服务保障职能，全年共对全公司范围内785人次生活发生困难的在职和退休职工、困难劳模等实施帮困补助及慰问，帮困慰问金额151万元，金秋助学75位困难职工，共有77位子女获得助学金额18.63万元。共走访职工2282人，走访率52.3%；走访一线班组262个，走访率100%；召开双向沟通座谈会54个，征集职工意见建议306条，已落实解决或报上级协调解决284条，占比92.8%。加强职工文化建设，举办2018年迎新春职工汇报演出、职工迎春长跑比赛、第三届“高化之夏”等职工文体系列活动。加强工会自身建设，开展2016—2017年度公司职工小家验收和优秀工会干部、优秀工会之友、工会积极分子评选活动。加强公司“职工之家”微信公众号建设，营造“有意义、有趣味、有温度”的网宣氛围；按照“统筹兼顾，保证重点”的使用原则，切实发挥好工会经费使用在促进工会工作、惠及广大职工方面的积极作用。（吴　斌）

【中国石化上海石油化工股份有限公司工会】 辖基层直属单位工会委员会23家，有会员12984人。工会机构设办公室、民管宣教科、权益保障科等。主要工作：1.开展“创先争优、建功立业”竞赛活动，采用全员劳动竞赛及专项劳动竞赛相结合的“1+3”竞赛模式，即：1个“增收节支”全员增效项目，“成本核算进班组”“包机制”“DCS报警管理”等3个专项劳动竞赛项目，全年共有23个单位的102个项目参与，全年实际增效5.37亿元；开展“绿色发展，我们在行动”主题活动、“安康杯”竞赛活动、群众性劳动保护检查及高温慰问等工作；2.加强职工素质工程建设，重点推进班组示范点暨“三标”班组、“特色班组”“学习型组织”等群众性创建活动，组织开展2016—2017年度公司先进和标兵评选工作和“匠心”讲坛活动，探索和改进工会“互联网+”应用新模式，全年“上海石化职工e家”官方微信粉丝达8000余人，工会会员服务卡绑定6100余人；开展“新时代、新征程、新作为”纪念改革开放40周年职工合唱比赛、“魅力石化，我与健康同行”健康系列活动等，共计4000人次的职工参加。3.深入实施送温暖工作，开展职工“普惠性”慰问、“五必访”重点慰问等，组织职工参加“一日捐”和上海市职工保障互助计划，把关心服务职工的各项细节落到实处，公司职工帮扶互助基金全年累计发放各类补助款3447人次、511.73万元。4.建立健全工会“走基层、访万家”活动长效机制，全年“走基层”班组联系点数量1633个，“访万家”走访职工8041人次；推进实施“职工小屋”服务职工实事项目，22个单位共投入工会经费105万元，2018年年底所有项目全部投入使用，帮助职工群众解决实际问题。（石小建）

【上海航天局工会】 辖基层工会34个，职工18920人，其中女职工5676人，农民工852人，会员18920人。加强思想引领，做好典型培育，学习宣传贯彻十九大精神，将十九大精神学习列入班组学习重要内容，利用“护航工社”APP平台，制作5期学习十九大精神的视频。选树3名2018

年度"上海工匠"。推荐6名技能大师、工会干部参加国防邮电新时代工匠学院的学习。加强职工素质能力建设，优化考评晋级机制，班组建设、创新工作室建设再上新台阶。通过班组四季论坛、班组长学习交流等方式提升班组长业务能力。按照"八个有"的标准，扎实推进创新工作室的建设工作。通过发布、评审等方式选出航天第一批27个优秀职工创新工作室，并给予每个工作室2万元创建经费。承办第六届全国职工职业技能大赛上海选拔赛（加工中心、钳工），并组建钳工集训队，代表上海参加全国决赛，获得团体总分第十名。一线工人代表149厂王曙群获国家科技进步二等奖，为工人身份获得的科技类最高奖项。举办纪念改革开放40周年系列活动，举办"芳华十载，书润航天"第十届职工读书节，举办职工创新创意大赛、"建功新时代"2018年职工科技创新节、职工创新创意项目基金和第二届"领航者"职工创新创意大赛、第十届"启明星"青年创新大赛，及多场"领航者"创业沙龙，航天创客参加"创业沙盘模拟课程"。做优常规关爱项目，实施《2018年航天局工会九大实事项目实施方案》，局工会共帮扶528人次，发放帮扶慰问金及实物56.8万元；组织职工家属看航天16场次共计1200余人，组织特殊一线职工家属体检14批共计700人。开办"天之骄子"寒托班和暑托班。强化两级工会自身建设，加强民主管理，优化"指尖上的职工之家"使用体验。812所工会获中国国防邮电工会"最美职工之家"荣誉称号。（周　博）

【中船上海船舶工业有限公司工会】 辖基层工会20个，工会会员56219人，农民工会员37097人。中船上海船舶系统各级工会，认真学习中国工会第十七次全国代表大会精神，按照《中船集团高质量发展战略纲要》要求，结合中船上海船舶工业有限公司工会第七次会员代表大会报告的要求，落实好"三项重点"工作，抓好"六大工程"，聚焦主业主责，创新工作方法，使工会真正成为职工群众的"知心人""贴心人""娘家人"。激励广大职工群众争做新时代的奋斗者，立足工会职能，转变思想观念，明确工作重点，谋求工作实效，积极引领船舶系统各级工会组织、全体工会干部和广大职工群众认清形势、直面挑战、创新实践、奋勇拼搏。创新方式方法、拓展工作路径、强化自身建设、提升工作能力，在围绕形势任务、助推经济发展、维护职工权益、促进和谐稳定等方面取得良好工作业绩。（姚　莹）

【上海市烟草工会】 辖基层工会10个，职工7535人，工会会员7535人，其中女职工1421人。机构设办公室、一科、二科、机关工会、退管办。紧扣党建带工建，加强职工思想引领。通过全年班组主题学习，3次工匠精神专题讲座，"党的十九大"演讲比赛，改革开放"40周年"座谈会，"爱我中华"职工文体系列活动，五月劳动主题综艺歌会和新春表彰文艺汇演，为实现上海烟草集团"品牌新动力、产能新布局、改革新势能、文化新内涵"年度目标任务凝心聚力。立足产业工人队伍建设，深化劳模工匠培育。通过加担子、立项目，进一步发挥52名在职劳模、14家工作室在技术攻关、成果输出、队伍建设方面的带头作用，2018年获评"上海市技师创新工作室"、"上海市巾帼创新工作室"和"上海市劳模创新工作室"各1个。启动上海"烟草工匠"选树工作，用五年时间培养选树百名行业内扎根基层一线，具有高超技艺、敬业精神、优秀品质的能工巧匠；2018年1名职工获"上海工匠"称号。服务中心大局，搭建岗位建功平台。围绕"五好"标准和特色亮点，深化以团队学习为支撑，以"工匠精神"培育为重点的实践活动，年度创评69个局级"工人先锋号"，获评"上海市五一劳动奖状"各1个、"上海市工人先锋号"、"全国工人先锋号"。完善合理化建议活动，全年共征集建议16599条，人均建议1.8条，采纳率79%，反馈率100%；年末召开成果发布会，以PPT、视频等形式进行发布比拼，评选出12条优秀建议。组织494个班组7181名职工参与2018年"安康杯"竞赛，开展安全知识竞赛和隐患随手拍活动，提高职工岗位安全意识，2条安全提案获市级"安全生产金点子"三等奖和优胜奖。提高服务职工能力。召开七届五次职代会，闭会期间共进行5次民管会、2次集体协商，组织2018年集团情况通报会，督促5份提案落实，闭环率100%。全年落实大病救助、救急济难、住院互助、节日补助、助学帮困800余人次；组织7批254名先进职工开展疗休养，赴基层单位22个一线作业点慰问高温岗位职工2350人，设立"爱心妈咪"小屋12个，为全体会员发放七大国定假日慰问品。（王蓓蕾）

【上海汽车集团股份有限公司工会】 辖直管企业工会48个，工会会员109540人，其中女会员20741人。集团工会设经费审查委员会、女职工委员会、工会资产监督管理委员会，综合管理部和权益保障部。1.深化网上工会建设，提升职工集团意识。通过"上汽职工之家"微信平台，对获全国、省市"五一奖"、工人先锋号、先进女职工的集体和个人，进行集中宣传，通过职工喜闻乐见的网络语言和宣传模式，不断激发职工的创新意识和实践行动；围绕重点工作，加强合作协同，打造品牌传播志愿者队伍，在公众新媒体上的正面评论数超过3.2万条，为提升集团品牌知名度，发挥积极的作用；配合集团宣传部完成13多万名员工的满意度调研；打造学习大厅，提升培训实效，线上也已经开通8大频道，8大栏目，学员数突破15万人；鼓励职工自发上传课件，全站课件累计阅读量近50万人次。2.营造全员创新氛围，提升职工队伍素质。联合久事集团工会、锦江集团工会开展"建功进博会，展示新风采"——上汽接待用车服务保障工作立功竞赛，确保全方位保障、全时段服务、全天候响应；建立集团4个重点竞赛项目，全部完成预定目标。开展全员创新活动，50个单位参加合理化建议网上申报，共有17.55万名职工参加合理化建议活动，提出216.48万条合理化建议，实施196.74万条，节约金额31.7亿元。举办工程师创新论坛300多场，参加人数逾6000人次，加强工程师之间的思想碰撞。提升职工技能水平，组织职业技能竞赛实施项目101项，参赛人数30830人，1943名职工实现技能晋升。3.聚焦工会主责主业，提升职工满意度。建立10亿帮扶资金，进一步拓宽帮扶范围，保障困难职工及家属的基本生活；优化"点亮心愿""助梦计划""为爱畅行""88共享出行""健康训练营"

"宝贝加油"等一系列实事服务项目，满足不同职工群体的实际需求。4. 加强工会自身建设，提升服务企业和职工的能力。按照响应群团工作改革和国资国企改革的要求，健全工会工作制度，优化工会组织结构，建立10个沪外党群联建平台，实现体系复制、工作覆盖；在之前完成197家工会企业清理的基础上，清理完成8家工会企业。

（范　融）

【上海市漕河泾新兴技术开发区发展总公司工会】 辖7个基层工会，会员922人，女会员298人。加强思想引领，广泛组织开展各类宣教活动。企服公司平台服务事业部获"2018年度上海市工人先锋号"，赵巷公司朱翊元获上海市五一劳动奖章。在临港集团系统开展"15年·15人——临港建设功臣"评选活动，总公司工会推荐的韩宝富、谷伟新成功当选。推进基层工会组织体系建设。完成物业公司、创业中心的工会增补工作以及赵巷公司建会工作。创建文化活动品牌，举办迎新春游园会、旗袍沙龙专场活动、总公司系统少儿经典诵读比赛，组织科创嘉年华健康跑比赛和品牌栏目"漕河泾电影艺术沙龙"。完善民主管理制度，构建和谐劳动关系，集体合同签订覆盖率100%；制订"提质增效共助科创"劳动竞赛方案，公司工会获得上海市职工技协《降本增效》论文创新奖。做好"网上申请""网上入会""网上维权"等一系列网络建设实事，通过会员服务卡等大数据信息，提升网上统计审核的精准性，做到工会会员的科学管理、精准管理。坚持以服务职工为导向，开展元旦春节帮困送温暖，五一劳模慰问等工作。参加市职工互助保障会综合补充医疗保障计划，每月为职工举办上门简易门诊服务。加大基层工会经费审计监督力度。严格按照规定督促基层工会财务及时足额收取拨缴经费收入，确保上级回拨经费及时到位。

（虞　润）

【中国能源化学工会华东电力工作委员会】 辖基层工会4个，工会会员1532人，其中女会员411人。弘扬劳模精神，积极组织引导职工深化建功立业活动。举办华东电网第四轮技术技能竞赛（调度自动化及网络安全）。加强日常民主管理工作，服务企业稳定发展大局。关心关爱职工，完善帮扶长效机制。组织开展华东电网劳模疗休养活动，关爱劳模、先进的工作、生活。组织文体活动，促进职工身心健康。征集华东机关摄影书画作品，征集读书征文；邀请专家进行健康、心理教育等专题讲座。举办华东电网系统第十五届"团结杯"网球友谊赛。加强工会自身建设，举办培训班，提升工作水平。曹路获"上海市五一劳动奖章"。上海辰华网络技术服务有限公司获"上海市五一劳动奖状"。东甸物业千岛湖服务部获"上海市工人先锋号"。华东电力调控分中心继电保护处获"国家电网公司先进班组"。

（施炜佚）

【上海化学工业区工会委员会】 辖工会会员8197人，其中女会员2190人；工会干部206名，其中女工会干部96名。深入开展职工思想教育，以"中国梦·劳动美"等主题活动为载体，积极践行社会主义核心价值观，培育和选树具有时代特征、化工区特点和社会影响力的劳动模范和先进典型。深入开展群众性立功竞赛和科技创新活动，充分调动职工群众参与企业技术创新的积极性。开展安全生产系列活动。结合化工区"安全生产月"、环境日、质量月、公众开放日等活动，开展"安康杯"竞赛，增强企业职工的安全健康意识和自我防范能力。开展技术培训、岗位练兵、技能竞赛、师徒帮教等活动，为化工区持续创新驱动发展提供后续保障；组织开展工会干部业务培训，提高其服务广大会员职工的业务能力和工作水平。发挥工会组织在协调劳动关系上的作用，为区内企业提供法律咨询和指导，有序推进专项集体合同的协商和签订，稳步落实女职工劳动权益保护。加强服务职工经费保障，落实服务职工实事项目，为园区33家企业的7401名职工办理工会会员卡，落实会员专享基本保障；组织企业生产经营一线先进职工3批（次）114人（次）参加市总工会和区工会疗休养活动；开展冬送温暖、夏送清凉活动，慰问企业生产一线职工2829人（次）。组织开展以"绿色新园区改革新征程"为主题的化工区第三届文化艺术节，提升工会组织的吸引力和活力。制订《上海化学工业区工会关于加强和改进国有企业工会工作的总体计划》，明确园区国有企业工会改革总体目标、主要任务和重点举措。构建工会"四位一体"立体经审监督体系，发挥工会内审主体作用，引入第三方社会审计机构组织开展下审一级工作，全年完成审计项目14个，组织开展基层工会财务经审两个规范化建设考核评比，夯实工会财务和经审基础。

（张　俊）

【国药控股股份有限公司工会】 辖基层工会20个，会员5323人。其中女会员3005人。在厂务公开、民主管理方面，发挥"互联网+"作用，运用网站、内网、微信公众号开展厂务公开，建立网上网下全方位公开体系，对公司的经营状况及重大经营策略，职工关心、诉求强烈的企业事务，与职工切身利益有关的内容进行公开。在保障职工生活方面，上海地区16家子公司共募集爱心款19.92万余元。走访慰问困难职工29人，送上慰问金7.4万元。为上海地区共4746名职工办理工会会员服务卡，实现上海地区基层单位工会会员卡办理全覆盖。在职工先进文化建设方面，举办中秋主题活动、卡卡会员日活动、举行国药控股第五届"沃凯杯"羽毛球赛、秋季健康走跑赛。此外，开展瑜伽、魔术、羽毛球、足球、篮球、乒乓球、垂钓社团等职工文体活动。在工会财务和审计工作方面，加强工会经费收、管、用的监督审查，完善内部约束机制，规范经审工作程序，提升经审工作管理水平。

（尤　倩）

【中国铁路工会中国铁路上海局集团有限公司委员会】 辖基层工会36个，工会会员178669人，其中：职工会员总数149616名，劳务派遣工会员16020名，集体职工、铁路公安等其他用工会员13033名。集团公司工会设办公室、组织部、生产宣传部、保障和女工工作部、财务部、经费审查委员会办公室6个机构，下设集团公司职工艺术团、文化体育场馆、职工帮扶中心3个附属机构，代管集团公司体协、退休职工管理委员会办公室。1. 开展群众性劳动竞赛。开展"我为复兴号品牌聚合力、我为客运提质作贡献、我为货运增量添光彩”3项劳动竞赛，以及春运立功竞赛、迎进博立功竞赛等群众性竞赛活动。组织基层单位工会开展各具地域特色和系统特点的劳动竞赛95项。依托“上铁职工家园”APP，搭建“金点子”随时提、及时办、快用快奖平台，共征集金点子8.2万条、产生效益6000余万元，实施合建技改项目468项，评选10个“创新团队”、10名“职工创客”、10个职工创新资助项目。深化“安康杯”竞赛，开展“安全我行我秀”手机微秀。2. 推进集体协商，修订集体合同管理办法，签订新一轮《集体合同》。做好职代会提案征集、审理和立案工作，115件职工代表提案中立案和办理64件，占比56%。依托局域网、“上铁职工家园”APP，拓展厂务公开载体途径。组织职工代表视察活动，深入5个地区36个基层单位，召开民主恳谈会座谈交流，促进集团公司决策部署的贯彻落实。3. 改善职工生产生活条件。牵头制订集团公司《深入改善职工生产生活条件工作方案(2018—2020年)》。协调推进“三线”建设，年内投入2.8亿元，其中工会补充投入7100万元，同步建成杭黄、连盐生产生活设施，完成沿海、宁杭客专生产生活设施达标建设，改造既有线、合资铁路61个站区、254个生产生活岗点。深入推进健康上铁建设，建成健康保健室800个。创新“互联网+工会”服务方式，开展网上心理健康和利益诉求咨询、医疗补助查询服务，组织网上温暖大放送、送清凉2.2万人次。开展冬送温暖、夏送清凉、一年四季送关爱活动，筹集资金1.65亿元、帮扶救助3.9万人、慰问职工22余万人次。4. 牵头制订《关于落实〈新时期产业工人队伍建设改革方案〉的实施细则》。制订劳模先进阶梯式培养计划，积极培育选树先进典型。有8个单位、15名个人、16个集体获全国、省部级五一劳动奖状、奖章和工人先锋号，有5个集体、27名个人获得火车头奖杯和奖章。举办“榜样的力量”颁奖晚会、“劳动者之歌”职工艺术家音乐会。深化劳模工作室创建，铁路总工会命名局火车头劳模和工匠人才创新工作室4个，组织369名劳模先进荣誉性休养。5. 丰富职工精神文化生活。举办首届职工艺术节，开展职工文化大讲堂等系列活动，100余个基层单位参与，组织文艺汇演、寻访观摩等活动74项，数万名职工现场观演。组织“上铁工匠”微电影大赛，“不忘初心、牢记使命”主题诵、说、讲大赛。组织气排球、羽毛球、乒乓球、游泳、棋牌等比赛。举办“重走长征路，当好排头兵”健步走活动。投入3314万元，建成职工活动中心10个、塑胶球场90个、乒乓球室47个。6. 加强工会自身建设。开展年度“两模三优”评选，指导29个基层单位召开工代会。有16个集体、21名个人获得省部级及以上模范职工之家(小家)和优秀工会之友、优秀工会工作者、积极分子称号。“上铁职工家园”APP 2.0版上线，注册人数超过12万人。加强对外交流，圆满完成日本名古屋铁路工会第十次友好访华代表团来访。举办纪念三八国际劳动妇女节108周年活动，推动铁路爱心屋建设，建成命名爱心屋32个。集团公司、集团公司工会先后荣获全国五一劳动奖状，全国厂务公开民主管理先进单位，全国模范劳动关系和谐企业和全国“安康杯”竞赛示范单位、优胜单位，全国“书香三八”读书活动特别优秀组织奖等荣誉。

(唐宏泉　白　杰)

【上海国际港务(集团)股份有限公司工会】 辖直属基层单位工会40家，工会会员18034人，其中女会员3117人。制定实施《上港集团职工代表大会工作制度》《上港集团职工代表提案管理办法》《上港集团职工代表巡视管理办法》，制度体系更加完善；50件职工代表提案全部落实，职工代表提案处理满意率100%；两级工会累计开展职工代表联系活动14323人次、巡视活动234次，提出并整改问题299项；累计召开厂情发布会、共商会80次，职工厂务公开工作满意率92.6%。浦远公司“新双峰海”轮获全国工人先锋号，尚东分公司黄华获全国五一劳动奖章和“上海工匠”荣誉称号，冠东公司被评为全国模范职工之家，尚东分公司、国客中心获上海市五一劳动奖状，沪东公司何平、张华浜分公司华军获上海市五一劳动奖章，受理中心业务受理部等四个集体获上海市工人先锋号。职工队伍建设取得新成效，102对“师徒结对”纳入2018年带教计划，14名徒弟获得技能等级或专业技术职称的晋升，师徒合作取得15项职工技术创新、流程优化等项目成果，总结提炼出14项操作法、带教法；完成6名高级技师、16名技师、11名带教师傅和2个职工发明专利奖励申请并给予配套奖励，向25名高级工发放技能登高奖励；22个创新工作室共完成各类创新工作项目160余项。聚焦职工对美好生活的向往，“上港之爱”APP和服务职工保障平台双双上线，实现“一站式”办理、“一门式”服务；集团“一号课题”全面升级，完成食堂套餐、一次性餐盒升级，启动流动厕所升级试点，全面实施“明厨亮灶”，试点建设“户外职工驿站”，实施“8.15”月帮、节帮、助学帮困共1141人次，使用帮困金103.85万元；1204人次通过APP和保障平台申请帮困，支付帮困金413.51万元；办理特殊医疗帮困、一次性助学帮困、定向帮困、节日帮困共675人次，使用帮困金50.10万元；慰问困难职工、承包工，发放款、物共计473.36万元，慰问退休职工发放款、物共计582.75万元。做好国企工会改革试点工作。完善工会工作纳入集团党建责任制考核机制，加强和改进工会组织建设、职工会员评价工会工作形成工作方案，工会议事规则执行和集团工会联系基层单位工会、基层单位工会联系一线班组、工会干部联系职工的“三大工作机制”得到强化。

(张　容)

【上海长江轮船公司工会】 辖基层工会组织12个，工会会员949人，其中，女会员328人，农民工101人。深入推进“安康杯”竞赛活动。组织开展“十个一”活动，邮轮港公司被评为安康杯上海赛区优胜单位；组织开展安全生产金点子、合理化建议征集活动，由公司工会推荐上报的《船舶视频监控系统》、邮轮港公司《行李托运帐篷大客流管控模式》分别获上海市安全生产金点子、安全生产合理化建议优胜奖。组织开展护理人员技能竞赛、汽车维修与服务技能竞赛、内河船舶驾驶、轮机技能等竞赛。做好劳模先进选树工作。汽服公司荣获上海市五一劳动奖状；殷敏获上海市五一劳动奖章；船员公司——长新江轮劳务班组获上海市工人先锋号；快乐船长公司“船长8”号获上海市建交系统三八红旗集体称号；公司启动“寻找身边长航上海工匠”活动。丁先银等4人被授予长航“上海工匠”

荣誉称号。做实帮扶工作。为在职职工办理住院补充医保，落实发放公司级定补、市级定补、金秋助学、两节送温暖、住院慰问等帮扶费用累计达7万元，修订《上海长江轮船有限公司职工救急济难基金会实施办法》。高温期间购置2万多元慰问品慰问一线职工。组织50名先进和一线骨干职工到庐山疗养院疗休养。支持船员公司筹建职工书屋，丰富船员的业余文化生活。制订《上海长江轮船有限公司工会经费收支管理实施细则》和《上海长江轮船有限公司工会审计实施办法》，进一步规范工会经费的使用和管理；对所属长发海运等5家单位进行抽查，形成专项检查工作报告。选送5名新任基层工会主席参加上海市的工会干部资格证培训。组织开展文体活动。在“新长航杯”职工游泳比赛中取得两项单人冠军和一项集体第三的好成绩，选送摄影作品12幅，书法作品10幅，美术作品2幅参加“领航新目标、奋进新长航”职工书画摄影展，选送由邮轮港公司原创文艺舞蹈剧《快乐港口》和诗朗诵《诗话长江》2个节目，参加“再谱长江新曲，共绘长航新篇”文艺汇演。举办2018年公司羽毛球比赛，公司及所属11家单位共56名运动员参加比赛。（王艳艳）

【上海市运输工会】 辖基层工会63个，工会会员8563人。工作机构设有办公室、宣教部、保障部、事业部等，并设有女职工委员会和退休职工委员会，所属事业单位有上海交通运输工人俱乐部和交运休养院。1. 广泛开展群众性立功竞赛活动，凝心聚力助推集团“提升能级、创新发展”。以“三争三新”为主题开展立功竞赛活动，以安全促发展、安全保生产、安全增效益为目标，开展“安康杯”竞赛活动，推进企业安全生产和职工劳动保护工作。2. 提升职工技能素质，全力打造高素质的上海交运产业工人队伍。做好第二届“上海工匠”、上海市五一劳动奖状（章）的推荐申报工作。发挥集团劳模工作室的引领示范作用，形成岗位建功良好示范。加大对集团劳模、首席员工（技师）工作室的创建和扶植力度，组织集团13家工作室与行业系统、兄弟单位的劳模工作室开展学习交流。举办船舶驾驶、厢式车驾驶员节油、安全生产知识、企业信息应用与技术管理、企业风险管控、高客车修理工、机器人焊接、酒店服务管理等8项技能操作比赛，共有3000余名一线职工与管理人员参与，400余人进入决赛，38名职工获得各类奖项，得到工资晋级和一次性奖励。3. 深化落实民主管理各项工作制度，积极构建稳定和谐的企业劳动关系。实现交运集团系统各级职代会建制的全覆盖。推进以职代会为基本形式的厂务公开，坚持职工代表“观察员”巡视制度，开展巡视检查，保障职工权益。开展“六金”公示反馈制度，形成职工社保权益的常态化保障机制。4. 拓展实事工程项目的覆盖面和受益度，为职工落实各类实事项目185项，工会会员服务卡有效覆盖90%以上，开展以“人人奉献爱心，共创美好生活”为主题的“爱心一日捐”活动，集团系统累计捐款人数近8500名，共募集帮困资金近40万元。组织开展市级和集团级“三八”红旗集体（手）评选工作。加强工会财务检查和审计工作，对集团20个基层单位进行财务大检查，对8个单位的工会主席离任进行审计，运输工会被市总工会评为审计工作先进单位。（杨伟民）

【中国邮政集团工会上海市委员会】 辖基层工会29个，工会会员19156人（其中女会员6265人），工会专兼职干部69人。深化企业民主管理工作，研究探索多种渠道为投递不节来沪务工人员提供临时住宿的相关举措，并在浦东新区分公司试运行。坚持开展员工体检体测、员工心理疏导咨询工作，帮助员工舒缓工作生活压力。组织147名一线劳模先进参加休养活动。坚持推进为老服务工作，努力为离退休老同志提供精准化、个性化服务，丰富离退休老同志精神文化生活。完善上海邮政劳动竞赛组织领导机构，组织开展群众性劳动竞赛活动。共获得全国工人先锋号1个、上海市五一劳动奖章5名、上海市工人先锋号8个、上海市五一劳动奖状3个、全国邮政系统先进个人4个、全国邮政系统先进集体2个、2016—2017年度全国安康杯竞赛上海赛区优胜单位5个、2016—2017年度全国安康杯竞赛上海赛区先进个人1个、2016—2017年度全国安康杯竞赛上海赛区优秀班组1个、2018年度全国安康杯竞赛安全文化宣传工作先进单位3个、2018年度全国安康杯竞赛安全文化宣传工作先进个人1个、全国职工劳动安全卫生防护与自救逃生知识普及竞赛活动优秀组织单位1个、全国职工劳动安全卫生防护与自救逃生知识普及竞赛活动优秀个人3个、上海市三八红旗手1名、上海市三八红旗手集体1个、上海市巾帼文明岗1个、上海市技师（巾帼）创新工作室2个、上海城市服务保障进博会立功竞赛先进个人1个、上海市建设交通系统三八红旗手2名、上海市建设交通系统三八红旗集体1个。同时，在“中国交通．辉煌40年——交通联合杯”全国交通运输行业微视频大赛中《承诺》荣获优秀奖。（王瑛）

【中国移动通信集团工会上海市委员会】 辖基层工会29个，工会会员数8000余人。以党的十九大，中国工会十七大精神为指引，完善工会组织建设提升工会自身履职能力，组织劳动竞赛和技能竞赛助力提升员工转型发展能力，深化幸福员工关爱行动提升员工维权服务能力。开展职业道德十佳团队（个人）选树，加强工会理论研究和工会干部队伍建设，持续开展工会主席巡回联系日活动，切实发挥工会思想引领作用。构建新时代和谐劳动关系，召开职工代表大会并征集职代会提案，推进两个集体合同履行情况评估，深化企务公开工作。弘扬劳模工匠精神，培育选树各级工匠，助推核心竞争力提升，组织开展2018年度劳动竞赛和进博会立功竞赛，收获多项市级荣誉，班组建设助力员工技能提升。融合“幸福1+1”理念，深入推进“互联网+”文体落地，开展咪咕“趣”系列线上活动，组织召开公司第五届运动会，开展多项员工喜闻乐见的活动。深耕幸福关爱员工行动，在全市开设户外职工爱心接力站119个，彰显移动的“温度”，开展暖心工程建设提升“软装文化”，建设需求完成率100%，工会会员服务卡覆盖率达99.5%，持续开展心理关怀、法律援助、员工关爱讲座，提升“和工社”服务能级，深化女工“三大品牌”，“移动女性”沙龙展职场丽人新风采。实现线上经费管理，进一步加强工会财务信息化管理的精细程度，构建“六位一体”工会经费嵌入式风险防控管理体系。（阮铭捷）

【中国电信集团工会上海市委员会】 辖基层工会34家，挂靠工会2家，三级部门工会376个，工会小组1418个，会员总数31226人。1.坚持党建统领，发挥桥梁纽带作用。公司工会获"全国工会财务工作先进单位"；移动互联网部被评为"全国模范职工之家"；宝山局、西区局、崇明局、移动互联网部被评为"全国安康杯优胜单位"（全国赛区）。"爱心集享格"项目获"上海市基层工会十大创新案例"奖，集团客服运营支撑中心被授予"上海工会干部教育培训实践基地"。组织基层工会学习十九大精神，开展"翼起奋进新时代"党的十九大精神宣贯巡演活动，结合各单位和区域党建需求巡演11场。公司第12届全员读书日以纪念改革开放40周年活动为主题，开展"信息通信新时代、转型改革再出发"系列读书活动。推进国企工会改革试点，作为上海市级层面10家试点单位之一，确定改革重点难点，围绕"建机制、强功能、增实效"的目标，形成实施方案。建立一套基层工会评价机制、2项工会干部激励措施、5个基层工会工作平台，初步形成具有上海电信特色的工会工作机制和制度体系，着力激发基层工会活力。2.坚持以人为本，推动企业员工共同发展。年内公司内有6名员工获得"中央企业技术能手"称号；向上海市总工会成功申报晋升技师、高级技师23人、发明专利奖励32项、高师带徒奖励10人。公司在职工科技节上共获市职工合理化建议优秀成果奖1项/创新奖3项、职工先进操作法创新奖3项；组织27个项目参与"第30届优秀发明选拔赛"。组织参加"2018年上海工匠选树评选活动"，在信息安全、云、大数据、移动物联网等专业方向推选候选人，2位上海公司员工被评为"上海工匠"。1人获"全国五一劳动奖章"、8人获"上海市五一劳动奖章"、2个单位获"上海市五一劳动奖状"称号；6个集体获"上海市工人先锋号"称号。以"四小"建设为主线，制定岗位成才、维权服务、办公环境、文体服务、生活服务、健康服务、节庆慰问、经费保障等8大类10大实事25个项目的"服务员工十大实事项目实施方案"。组织开展"劳动光荣休养快乐"先进员工疗休养活动，组织劳模先进参加市总工会黄山休养。推进"爱心妈咪小屋"和"员工亲子工作室"建设。推进"爱心集享格"项目，有16家单位的58个柜格投入使用，开展基层文体服务配送服务。组织实施"健康乐动训练营"和"工位健身活力教练培训"，以"健康减重"专项"乐动"训练营为载体开展训练营11个，吸引316位员工参营。开展"巾帼建功新时代、翼起绽放新风采"主题活动并发布"翼时代她力量"女职工关怀服务品牌；组织开展"体验智慧新生活，争做科普小达人"庆祝儿童节活动。举行"幸福来CALL"项目，开设员工心理健康讲座与培训。年内组织并完成首批48名国家心理疏导员的培训认证。上海公司有108家营业厅成为爱心接力站成员，漕溪北路营业厅被授予001号站牌。3.坚持务实创新，注重强基固本，努力增强群众工作本领。大调研期间共发现问题248项，已制定措施解决245项，待解决3项。大调研活动还通过"上海翼家人"微信公众号策划"听员工说"栏目。制定出台《中国电信上海市工会关于物资采购及服务购买的有关规定》《中国电信上海市工会经济事项审批权限列表》《关于进一步加强工会经审监督工作的意见》，建设"四位一体"监督审查制度。（殷　茵）

【中国海员工会交通运输部上海打捞局委员会】 辖基层工会7个，工会会员1044人，其中女会员65人。工会围绕中心，服务大局，聚焦打捞主业，把握职责定位，主动贴近职工和工作实际，积极履行工会职能，稳步推进各项工作。强化工会组织队伍建设，举办"学习贯彻十九大精神做好新时代工会工作"为主题的工会干部培训班。不断提升职工队伍素质，认真部署开展"安康杯"竞赛，聚焦抢险打捞主业，开展主题鲜明的技能比武、劳动竞赛等活动，全年共1750人次参与。积极探索"互联网+"工作模式，"网上职工之家"建设初见成效，"上海打捞局工会服务站"微信企业号全年共发布消息354条，阅读量为37419人次。发挥基层三级工会的作用，提倡"快乐工作、健康生活"的理念，各单位船舶、班组、车间职工活动丰富多彩。积极践行职工实事项目，局工会指导各单位工会根据自身实际情况，研究制订本单位的一线环境改造三年实施方案，并根据各单位2018年度的完成情况下拨28.5万专项资金；全年为1083名在职职工续办工会会员专项保障B类，为1044名在职职工、1835名退休职工办理《上海市在职、退休职工住院补充医疗互助保障计划》的参保手续，持续开展元旦春节帮困送温暖、五一慰问、高温慰问、重大工程慰问和"六一、金秋"助学活动，全年共计发放各类慰问金近30万元。（王　立）

【中交上海航道局有限公司工会】 辖基层工会14家，会员4581人，其中女会员448人。1.深入开展劳动竞赛。公司竞赛活动考评有五个方面24项，使竞赛活动规范化、制度化，设立专项劳动竞赛经费，促进公司承接的重大工程建设。开展"两金"压降专项劳动竞赛，超额完成全年两金目标任务，投入竞赛奖励近400万元。获得2018年度上海市重点工程实事立功竞赛优秀公司2家、优秀团队8个、建设功臣3名、优秀建设者7名。焦永强获上海市五一劳动奖章；新海鸥轮获上海市工人先锋号；勘察设研公司长江南京以下12.5米深水航道课题组荣获全国工人先锋号。"安康杯"竞赛活动做到全覆盖，上海交建公司、中港疏浚公司、上航建设公司连续多年获全国"安康杯"竞赛优胜单位。上航局职工谷银远获"上海工匠"称号。2.深化素质工程。开展第七届"我阅读、我快乐、我成长"职工读书活动，该系类活动被评为第二十届上海读书节优秀示范引领项目。工会、团委联合颁发《公司职工俱乐部管理办法》，组建篮球、羽毛球、乒乓球、足球、桥牌、英语等6个职工俱乐部，开启职工文体活动自治模式。举办航道职工篮球赛，近百余名选手分别代表10个基层单位参赛。举办"The voice of SDC"英文原声电影片段配音大赛，参与职工近500人。3.弘扬劳模精神。开展劳模创新工作室工作，劳模樊祥生、钱杰寐、谷银远领衔的工作室先后被命名为上海市劳模创新工作室，高级技师张日国、施卫星、苏满全的工作室被命名为上海市技师创新工作室，季岚航道治理创新工作室、陈海英长江口治理创新工作室被命名为上海市巾帼创新工作室。举办在职劳模、先进座谈会，组织在职劳模、五一奖获得者及家属进行体检，安排退休劳模每年一次体检。开展“情系航道、奉献航道——海外建功标兵”评选活动，表彰5名“海外建功标兵”和10名“海外优秀建设者”。编印2018年班组学习手册《形势与任务100问》，下发到各船舶、班组。4. 深化企务公开。公司二十一届一次职代会，收到提案41份，立案25件。开展职工代表履职考核工作，2个部门为优秀提案承办部门。召开2018年企务公开民主管理工作会议暨总经理信息发布会，向职工代表通报公司生产经营情况和集体合同执行情况。5. 加强工会自身建设。按照《公司工会考核评价试行办法》，从组织、民管、竞赛、劳动保护、法律、素质工程、宣教文体、财务经审、自身建设9个方面，对14个基层工会进行考核。制定下发《公司直管项目部工会经费筹集使用管理规定》，对项目部工会经费的筹集、使用、管理作出明确规定。打造“上航局职工之家”微信订阅号，及时更新工会工作动态、市总工会资讯、劳权保障、各类最新资讯等信息。（于美庆）

【中交第三航务工程局有限公司工会】 辖基层工会13个，职工9780人，工会会员9780人，另有农民工会员307人，女会员1341人。提高政治站位，引导广大职工听党话跟党走。学习贯彻十九大精神和工会两会精神。以技能提升为重点，推进产业工人队伍建设改革。制订《中交三航局关于劳务派遣员工入会及新时期产业工人队伍建设改革方案》。组织第十八届职工技能大赛，动员和组织职工以主人翁姿态投身重点工程立功竞赛、职工技术创新和文明工地创建等活动，调动和发挥广大职工的积极性、主动性和创造性，努力实现企业与职工的共同发展；健全和完善职代会制度和平等协商、集体合同制度，坚持职代会民主评议领导班子、领导干部制度，积极推进职工民主参与、民主监督和民主管理工作，工会维护职能得到体现，职工权益得到保障；举办纪念改革开放40周年，喜迎第七次党代会书画大赛、第十五届“青工杯”足球赛、第三届“羽航杯”职工羽毛球混合团体赛和中国交建第六协作区“永远跟党走、建功新时代”主题演讲活动。（黄书展）

【上海机场（集团）有限公司工会】 辖基层工会45个，工会会员21202人，其中女会员6092人。1. 加强思想政治引领，动员广大职工建功立业。贯彻落实习近平新时代中国特色社会主义思想和党的十九大报告精神，组织开展网络知识竞赛。传达学习中国工会十七大精神，开展学习心得交流活动。围绕进博会立功竞赛，组织职工开展培训、比武、练兵等活动。集团工会荣获上海市首届进口博览会立功竞赛“优秀组织奖”。发挥职代会、职工代表民主管理作用，通过集团公司税收递延型商业养老保险实施计划、集团公司企业年金等方案，对12家单位开展职工代表巡视工作。2. 弘扬劳模工匠精神，推动职工素质能力提升。启动“百师百徒”结对活动。举办第十二届职工技能大赛，参与职工逾1万人。组队参加中国民航机场助航灯光电工职业技能竞赛。两支代表队分获竞赛团体综合成绩一、二等奖，6名队员分获个人一、二、三等奖，其中2人获全国民航“金牌员工”称号、1人获“全国民航技术能手”称号。制订《上海机场劳模（高技能人才）创新工作室管理办法》，召开年度创新成果评审会，汇编38项创新成果。年内，30家创新工作室完成50余项创新成果。按照《上海机场集团公司基层班组管理基本规范》要求，推进班组达标考评工作。选树并命名5家班组实训基地，以点带面提升基层班组整体管理水平。3. 以职工为中心，加大服务职工力度。完成51家职工之家（小家）完善工作。健全普惠制帮扶保障体系。开展职工双保保障计划、职工帮扶基金、女职工团体互助医疗特种保障等，参与市总工会会员服务卡专享保障和大病慰问行动、大病定向帮困。建设职工水上运动中心，组织开展健身节、艺术节、球类运动会等。开展“金秋乐学”实事项目，惠及1700余名职工子女。出台“民航职工圆梦大学”配套奖励政策，开展集团公司EAP心理关爱项目，开通“云宝学院”微课堂与课程预约功能。搭建女职工学习平台，组织开展“智美心光”“巾帼讲堂”系列活动，开展上海市首届女职工篮球赛、花漾市集、职工亲子互动体验等活动。4. 深化国企工会改革，加强工会自身建设。推进“属地建会，条块结合”非公企业建会机场模式，实现浦东、虹桥两机场地区组织层面全覆盖。非公企业工会改革工作获得“上海市基层工会十大创新案例奖”和“上海市非公企业工会改革示范点”称号。修订集团工会45项工作制度和管理办法，引入第三方审计机构对30家基层单位开展工会经审工作。（张文倩）

【上海海事局工会】 辖基层工会22个，会员2752人，其中女工会员447人。1. 坚持政治引领，强化组织建设。扎实推进“不忘初心、牢记使命，贯彻落实党的十九大精神”主题实践系列活动，会同全国劳模、十九大代表陈维同志开展“十九大”精神学习宣传演讲会15场。召开上海海事局工会六届四次全委会会议。2. 立足经济建设，引导职工岗位建功。围绕“建功十三五，争当排头兵”及“凝心聚力进博会，建功立业创一流”立功竞赛主题，成功服务国家重点项目及上海国际航运中心建设。深化引领职工创新，年内共有9个集体区队获得上海市职工创造发明及合理化建议奖项，再创历史新高。浦东海事局喜获上海市五一劳动奖状集体，测绘中心数据信息中心及局指挥中心获得上海市工人先锋号荣誉集体称号。浦东海事局职工顾智勇获评“上海工匠”称号。3. 做好劳模宣传服务。牵头慰问劳模先进85人次，同时加强对困难老劳模的帮扶关怀力度。加大职工优秀创新成果培育力度，培育一批“劳模（职工、巾帼）创新工作室”“姜龙巡航救助劳模创新工作室”获评上海市劳模创新工作室称号，“阳光安检工作室”“钱雁工作室”及“蓝盾工作室”“刘文龙创新工作室”获评上海市职工创新工作室称号。加大宣传教育力度，协同办公内网连载“践行海事核心价值观，我身边的劳模故事”15篇，充分发挥劳模的榜样作用和典型引路作用。各基层工会相继开展核心价值观主题教育集体观影活动、“书香中国”职工读书、主题征文、演讲比赛、好书推荐等活动。4. 深化职工服务，保障职工权益。为全局1549名在职职工及897名退休职工办理上海市总工会职工医疗互助系列保障计划。完成全局2176人会员服务卡新办卡与注册工作。建立分级帮扶工作机制，有重点、有针对性地开展各类帮扶工作。积极开展中西医义诊、“三八节”赏梅踏青等活动，落实“重阳节”慰问困难退休职工工作。

（陆智静）

【上海市城乡建设和交通工会工作委员会】 辖基层工会55个，职工57386人，其中女职工11594人；会员55281人，女会员11130人。1. 大力选树先进典型，组织职工岗位建功。推进劳模创新工作室及联盟创建工作。有创新工作室386个，其中劳模创新工作室142个，技师创新工作室、巾帼创新工作室244个。多渠道选树先进，共评选出全国、上海市五一劳动奖状各1个，上海市五一劳动奖章3人，上海市工人先锋号6个。举行建设交通行业“三八节”纪念活动，表彰2017年度巾帼建功标兵、巾帼文明岗。开展架空线整治、物业管理行业劳动竞赛、“凝心聚力进博会、建功立业创一流”立功竞赛活动。成立市重点工程实事立功竞赛市住建委赛区，有效促进建设交通行业的重点工作。2. 切实加强民主管理，维护职工权益。加强对各企事业单位职代会监督检查和指导帮助，开展第十五次厂务公开民主管理工作调研。3. 推进职工岗位创新，提升职工素质。推荐项目获上海市科技进步奖二等奖1项，获上海市职工合理化建议和先进操作法优秀成果奖、创新奖6项，53名职工获技师晋升和发明专利奖励，1名职工被评为上海工匠，3家工作室命名为上海市职工创新工作室。开展首届“建交工匠”培养选树，推进“安康杯”竞赛活动，开展“安全生产金点子”征集。承办迎进博会物业服务形象展示活动暨上海第二届“最美物业人”颁奖盛典，全面提升物业行业服务水平。4. 丰富文体活动载体，促进职工全面发展。承办建设交通行业“颂党·倡廉”职工诵读展示会，举办“为排头兵喝彩，给先行者点赞”上海市建设交通行业庆祝五一国际劳动节文艺展演活动、纪念改革开放四十周年征文和演讲大赛、“使命在召唤，奋楫我为先——建设交通杯”第五届龙舟赛。5. 加强自身建设，落实各类实事项目。完成上海市第十四次工代会代表等推荐选举工作，完成市妇代会和全国妇代会代表推荐选举工作。指导基层工会组织工作，规范工会换届，落实工会主席直接选举。深入服务窗口单位、工地一线开展慰问活动。组织劳模、一线职工疗休养，发放劳模“三金”，落实困难劳模补助。推进爱心妈咪小屋建设、工会会员服务卡等。

（钱　蓉）

【上海建工集团股份有限公司工会】 辖基层工会62个，其中直属工会23个。会员36060人，女会员7372人。1. 坚定政治方向，凝聚奋进力量，开展“不忘初心、牢记使命，贯彻落实党的十九大精神”学习实践活动，在加强宣传工作中讲好建工故事。通过开展职工职业道德建设、职工读书活动、学雷锋职工志愿服务活动，营造劳动光荣、创造伟大的企业氛围。2. 围绕重大工程，构筑建功舞台。策划组织进博会立功竞赛专题活动，为进博会圆满成功贡献力量。集团一批先进集体和先进个人被授予市重大工程实事立功竞赛多项荣誉。在市重点工程实事立功竞赛检查中，建工赛区获中途通报表扬和年度先进赛区称号。在市总工会“凝心聚力进博会、建功立业创一流”立功竞赛专项表彰中，获上海市五一劳动奖状（章），上海市工人先锋号等多项称号。集团工会荣获竞赛优秀组织奖。3. 聚焦产业发展、突出素质提升。召开“2018年中国技能大赛上海建工职工技能比武开幕式暨上海建工‘精品杯’立功竞赛推进会”，承担第六届全国职工职业技能大赛上海地区砌筑工比赛的培训、交流和选拔工作。1个劳模创新工作室、1个技师创新工作室、1个巾帼创新工作室分别获得市级命名称号。2人被评为“上海工匠”，1名女职工获上海市巾帼创新奖。集团工会先后获2018年中国技能大赛第六届全国职工职业技能大赛上海选拔赛优秀组织奖、2018年上海职工科技节暨职工科技创新活动优秀组织奖。4. 推进实事工程，更好地满足职工群众美好生活需要。组织职工代表开展巡视检查，落实防暑降温、防寒保暖工作，积极推进“一冷一热”（冷空调、热水浴）工程。为徐家汇体育公园等15个项目的2400余名建设者送上巡回健康咨询、医疗问诊服务。1家妈咪小屋获评上海市“三星”爱心妈咪小屋，6个基层单位被授予“上海市和谐劳动关系达标企业”称号。5. 加强调查研究，提高履职能力，形成《上海建工集团技师、高级技师队伍现状分析》《上海建工集团员工职业发展通道建设情况》调研报告。按照国企工会改革的要求，推进改革试点单位加强组织实施和方案落实，确保改革各项举措落到实处、取得实效。

（余轶群）

【上海市交通委员会工会】 辖基层工会16个，工会会员2366人，其中女会员890人。加强思想政治引领，结合纪念改革开放四十周年系列活动，深化“中国梦·劳动美”主题活动。组织工会主席和信息员专题培训，加深对习近平新时代中国特色社会主义思想的学习和理解。组织职工积极参加全市庆祝改革开放40周年征文和演讲大赛。发布上海公交首部纪实性报告文学《前行的力量》。弘扬劳模精神、工匠精神，开展迎进博会主题活动，提升职工为交通事业建功立业的热情。委系统获评市五一劳动奖状1个，市五一劳动奖章3名，市工人先锋号2个，市三八红旗手1名，进博会先进集体2个，进博会先进个人3名。由交通工会推荐的行业先进中，获评市五一劳动奖状2个，市工人先锋号1个，进博会先进集体2个，进博会先进个人1名，市巾帼文明岗2个。推荐获评本市公交行业首位“上海工匠”。落实市推进产业工人队伍建设相关工作，加强行业工会自身发展，推进组织体系建设。按照市产业工人队伍建设改革领导小组会议要求，协调业务部门指导做好嘉定、闵行、松江3个试点区的交通配套工作。做好春节慰问、冬送温暖夏送清凉等工作。出资近10万元为每位会员购买年度医疗保险，并将此项计划列为常态工作。组织行业劳模、一线优秀管理人员近1000人开展疗休养活动。组织公交行业纯电动车驾驶员专项培训近1000人。进一步深化“争当工会改革实干家，争做职工信赖娘家人”活动，结合大调研，走访交通行业一线单位和站点共12个，倾听职工呼声，为一线职工改善工作和生活环境提供帮助。

（陈　健）

【中国石化集团上海海洋石油局有限公司工会】 辖基层

工会 8 个，职工 1426 人，工会会员 1419 人，其中女会员 223 人。加强职代会制度建设，健全完善相关制度和办法，落实好职代会各项职权，召开上海海洋石油四届四次职代会、职代会联席会议等，及时对涉及公司发展、职工利益等重点问题进行讨论审议，确保重大决策必须听取职工意见。职代会期间共收到职工提案 32 项，其中受理案件 27 项，并对 5 项不予受理提案及时进行解释答复。源头参与维护员工合法权益，定期向党委反映职工合理诉求，推进职代会代表提案和合理化建议工作。监督 6 个二级单位集体合同的执行落实，关心职工切身利益得到保障。召开上海海洋石油情况发布会，就职工关心的热点问题、企业生产经营的重大事项等，进行公开发布和说明。推进“当好主力军、奉献在岗位、建功十三五”为主题的技能比武、创新创效、合理化建议等劳动竞赛活动，建立竞赛方案、保障措施、评估办法等工作机制。持续开展“创建学习型企业、争做知识型员工”系列活动，其中“不忘初心 逐梦海洋”职工读书项目获上海市振兴中华读书活动优秀示范项目。钻井分公司获得上海市“五一劳动奖状”荣誉称号，两人被评为上海市“五一劳动奖章”，发现 6 号、勘探 225、特分井下作业部被命名为上海市“工人先锋号”。实施职工关爱工程，制定《上海海洋石油工会建立“走基层、访万家”工作长效机制实施意见》的制度，结合夏季、冬季“两送”慰问，深入基层一线和重点职工家庭，了解职工实际情况和现实需求，完善保障机制，及时梳理调整困难职工档案，做好困难职工的动态管理和帮扶，51 名困难职工获得帮助，慰问金额 15 万元。建立职工健康档案，做好上海市总工会互助保障及出险理赔等工作。加强女职工人文关怀，开展女职工专项问卷调查、女职工专场文化活动，开展家庭整理收纳、瑜伽、香薰等特色活动。举办“上海海洋石油全民健康行”“2018 迎新春职工好声音歌唱大赛”、第四届“海油杯”职工篮球赛比赛、第四届“海油杯”职工羽毛球比赛等文体活动。加强职工思想引领和队伍建设。认真学习贯彻党的“十九大”精神，学习习近平总书记系列重要讲话，深入开展“中国梦，劳动美”主题教育活动和形式多样的形势任务教育。开展工会干部业务培训，促进工会干部学习新知识、了解新形势、掌握新技能，自觉转作风。加强“石化海洋石油 e 家亲”微信公众号建设，扩大工作影响力和覆盖面。（耿卫军）

【上海市绿化和市容管理局工会】 辖基层工会数 25 个，工会会员 1680 人，其中女会员 772 人。围绕进博会市容环境保障等重点领域，深入开展行业特色的劳动竞赛活动。涌现了一批先进集体和个人。弘扬劳模精神、劳动精神和工匠精神，大力培育选树先进典型，组织参加上海市五一劳动奖状（奖章）、工人先锋号（上海工匠）、上海市劳模创新工作室和上海市建交工匠等推荐参评工作。积极开展大调研活动，努力推进行业职工权益保障。分别形成本市环卫、绿化养护行业职工工资福利待遇情况分析报告和大调研报告。主动开展环卫、绿化养护行业集体协商，切实维护职工合法权益。先后组织召开上海环卫行业第八次集体协商签约仪式和上海绿化养护行业第三次集体协商签约仪式，印发《2018 年上海市绿化养护行业工资福利待遇工作指导意见》和《2018 年上海市环卫行业工资福利待遇工作指导意见》。严格落实职工代表大会制度，强化厂务公开民主管理，对 4 个单位开展厂务公开民主管理工作调研。加大服务帮扶职工力度，做好冬送温暖、夏送清凉等工作。市区两级二会元旦春节期间，共慰问一线职工、农民工、困难职工、困难劳模 10414 人，发放各类慰问款物达 242 万元。持续发动社会力量，深化“爱心接力站”创设，目前，由社会单位申报创设并通过验收、挂贴统一标识的“爱心接力站”已达 6500 余座。用心组织开展关爱环卫工人专项行动，评选表彰 2018 年度市“十佳城市美容师”、“十佳爱心接力站”和“十佳关爱环卫工人社会共建案例”。培育选树女职工先进，市园科院张冬梅获上海市巾帼建功标兵称号。组织 800 余名环卫一线女农民工参加市总工会免费妇科“两病”筛查实事项目。组织开展形式多样的文艺活动。选送农民工合唱团表演的大合唱《共筑中国梦》、绿化市容局一线职工群口剧《使命》剧组参加市建设交通行业三一文艺汇演。组织行业职工参加市总工会“中国梦·劳动美”上海市职工网络摄影大赛，承办上海市职工网络摄影大赛颁奖仪式、获奖作品巡展首发式暨上海职工摄影公益大讲堂。联合市质监中心组织开展“人与环境”系列摄影比赛之“最美申城路·最美环卫人”摄影大赛活动，多次举办相关摄影培训和采风等活动，并在市工人文化宫举办摄影成果展。加强工会组织规范化建设，指导 6 家任期届满的基层工会以公推直选的方式做好换届改选。评选表彰一批行业先进职工之家、职工小家和优秀工会干部。进一步拓展宣传渠道，创建“上海绿容职工之家”微信公众号。（唐鸿仙）

【华东建筑集团股份有限公司工会】 辖基层工会 16 个，工会会员 6596 人，其中女会员 2538 人。开展以“提升幸福力、奋进新时代”为主题的专项突破行动，把职工对美好生活的向往作为工会新的使命。参与中国国际进口博览会等 121 项次市重大工程。华东总院、上海院分别获金杯公司、金杯团队称号，都市总院获上海市五一劳动奖状，华东总院事业三部获上海工人先锋号，上海院陈国亮获全国五一劳动奖章，建设咨询董峰获上海市五一劳动奖章。举办首届“华建工匠”评选，15 人获“华建工匠”及“华建工匠”提名奖，地下空间院（申元岩土）梁永辉、翁其平获 2018“上海工匠”称号。都市总院杨志刚、上海院徐晓明团队获上海市职工创新工作室。组织召开集团职代会，选举王玲为新一届董事会职工董事，选举姜凯耀、夏明为新一届监事会职工监事。13 个单位续签 2018 年工资集体协议专项合同。王玲出席市总第十四次代表大会、当选市总第十四届委员会委员，出席市妇联第十五次代表大会，并代表广大女职工在会上建言献策。组织开展“提升幸福力，奋进新时代”主题的调研活动，形成《2018 年度集团职工队伍状况报告》。注重职工健康文化建设，开展以“奋进新时代·华建新活力”为主题的第九届职工体育健身节。会同党政领导慰问走访重病困难职工，对 59 名患大病、重病造成家庭生活困难的职工实施助医、助学和生活帮困，资助金额 47 万元。做好年度职工健康体检。继续实施职工医疗互助保障计划。利用互联网+，进一步完善“华建康 NET 心”身心健康 APP 平台。规划院、地下空间院(申元岩土)、兰德公司 3 个单位新建“妈咪小屋”。加强工会自身建设,举办第四期工会干部培训班,指导集团基层工会换届改选,华建数创、设计中心完成工会组建工作。选送 9 位新任工会主席履职培训,做好各基层单位年底工会考核等相关工作。女职工先进推选工作有序操作,共推选上海市“三八红旗手”3 名、上海市“三八红旗集体”1 家。（谢志群）

【鲁中矿业有限公司工会】 辖 10 个二级单位工会,74 个车间(区队)工会,会员 4499 人,其中女会员 814 人。开展群众性经济技术创新活动。指导二级单位成立创新工作室 18 个,确立 9 个公司级创新工作室,与莱芜技师学院共同成立“纪广杰双创工作室”。纪广杰创新工作室、李民创新工作室获 2018 年上海市“职工创新工作室”称号。征集“五小”成果 108 个、合理化建议 105 条。选矿厂“实现溢流泵变频运输、稳定生产流程、提高铁金属收率”、小官庄铁矿“东区-300 米水平以上边缘残留矿体回收”获上海市职工合理化建议项目创新奖。莱新铁矿“2#副井操车系统优化”获上海市职工先进操作法创新奖。全年组织“职工讲堂”12 期,包括选矿工艺、焊接技术、创新工作室建设、职工健康、心理疏导等内容,近 900 名职工参加。开展“强意识、查隐患、反违章、保安全”活动,各班组通过主题班会、班组学习、班前一刻钟、现场隐患排查等形式,提高班组安全管理水平和职工安全技能。开展“安全生产金点子”征集,收到安全合理化建议 104 条。组织 6 次群监会检查,对查出的隐患,督促责任单位及时处理。开展安全家书征集,编印成册下发班组学习。小官庄铁矿获全国安康杯竞赛(上海赛区)优胜单位称号。举办 5 期班组长培训班,253 人参加。弘扬劳模精神,在电视、报纸、网络等媒体开办“劳模风采”专栏,及时更换宣传橱窗和劳模宣传道旗,组织在岗劳模休养,为省部级以上级劳模体检。召开庆“五一”劳模座谈会,组织“共话劳动美”劳模电视访谈,营造尊重劳模、关心劳模、学习劳模、争当劳模的良好氛围。选矿厂获 2018 年度上海市五一劳动奖状,张家洼刘兴昌获上海市五一劳动奖章,魏新峰被中华全国总工会评为“全国优秀工会积极分子”。举办乒乓球、羽毛球、春季长跑、“五一”拔河、女子排球、男子篮球等 9 个门类 17 项体育比赛,1400 余人次参加。组织职工及家属观看大型纪录影片《厉害了,我的国》,观影人数近 4000 人。举办“跨越时空的井冈山精神”从石库门到天安门图片展、“见证·崛起的风景”图片暨书画展。工会与党委工作部联合组织“感动鲁矿”好矿嫂、道德模范颁奖典礼,上海市总工会茉莉花艺术团专程来公司为广大职工奉献一场精彩演出,并深入矿区一线慰问职工。为 57 户符合条件的特困职工家庭发放特困证,为特困职工减免各类费用 28500 元,为 25 名符合上海工会会员 B 类保障条件的职工申请赔付保障金 43.5 万元,大病慰问金 9000 元,为 72 人发放助学帮困金 106700 元。申请中央财政帮扶救助 34 户,发放帮扶金 448211 元。为新婚夫妇送祝福,为退休职工举办退休仪式,为劳动模范和红旗标兵班组成员发送生日祝福等服务职工的实事项目。（李宗峰）

【上海市水务局(上海市海洋局)工会】 辖基层工会 17 个,工会会员 1162 人,其中女会员 416 人。1. 加强职工思想建设。组织工会干部和广大职工群众深入学习党的“十九大”和习近平总书记对新时代工人阶级和工会工作提出的新希望、新要求,学习中国工会第十七次全国代表大会和市总工会第十四次代表大会精神。组织职工参与“申工社”网络平台的网络文化艺术节、读书节等主题活动。推荐徐贵泉和顾秋平 2 位上海水务海洋系统劳模事迹参加市总工会组织的“时代领跑者”劳模风采主题展览。召开上海水务海洋行业劳模创新工作座谈会,命名“谭琼智能排水创新工作室”为局劳模创新工作室,举行“水生态环境劳模创新工作室联盟”加盟授牌仪式。做好上海市 2018 年度五一劳动奖状(奖章)、2016—2018 年度上海市水务局(上海市海洋局)先进等评选工作,市堤防(泵闸)设施管理处被授予上海市五一劳动奖状,市水务规划设计研究院水利规划设计所被授予上海市工人先锋号,李丕学被授予上海市五一劳动奖章,郑佐利被评为全国工会之友,市水务规划设计研究院谭琼被评为住建部先进工作者。持续开展中小河道综合整治劳动竞赛,召开中小河道整治劳动竞赛总结表彰大会,全市有 133 个先进集体,126 名先进个人受到表彰,其中,5 个单位获上海市五一劳动奖状、8 个班组获上海市工人先锋号、6 人获上海市五一劳动奖章等荣誉称号。对接中国农林水利气象工会“助推绿色发展、建设美丽长江”劳动和技能竞赛,市总工会、市水务局联合开展“碧水保卫战”劳动和技能竞赛,相继组织开展“建设精品工程　营造生态河湖”劳动和技能竞赛及“清源杯”系列的水环境监测、无人机应用案例、安全质量监督技能竞赛、水务执法等技能竞赛。2. 继续组织开展水务重点工程实事立功竞赛活动。水务局赛区有获表彰金杯公司 1 个,优秀公司 8 个、优秀团队 8 个,建设功臣 7 名、优秀建设者 13 名;水务局赛区连续三年被市竞赛办评为优秀赛区。组织开展中国首届进口博览会立功竞赛活动,上海市防汛指挥部办公室、市供水调度中心进博会保障组获上海市工人先锋号荣誉称号,市水利管理处河长制工作科、市水务局执法总队一支队获进博会立功竞赛先进集体称号。3. 开展职工技能提升活动。组织开展“上海市水务行业职业技能竞赛”,有闸门运行工(三级)、河道修防工(四级)和排水管道养护工(下水道养护工)三个工种的 234 名职工参加竞赛,71 人获职业技能等级晋升。连续 5 年开展防汛减灾预报比武活动,并与“水生态环境劳模创新工作室联盟”联合举办防汛减灾业务大讲堂,开展防汛减灾预报业务交流。举办“做智慧女性、创美好生活、建美丽上海”专题讲座,市水务局行政服务中心热线科和市水利处河长制工作科科长卢智灵被评为上海市三八红旗集体(手);市水务规划院供排水所被授予市建交委 2017—2018 年度三八红旗集体,市供水管理处吕立被授予市建交委三八红旗手。4. 维护职工合法权益。结合大调研活动,深入河道养护行业和排水管道养护行业成员单位调研,了解行业单位建设和集体协商工作开展实际情况,建立集体协商制度,明确行业最低工资标准。组织开展“安康杯”竞赛活动,做好元旦春节期间帮困送温暖工作,“一日捐”共获捐款 124678 元。落实上海市总工会2018年职工实事项目，为2500多位职工注册工会会员服务卡，市供水管理处工会建立“爱心妈咪小屋”。5.开展各类文化体育活动，举办上海水务海洋系统纪念改革开放40周年征文活动。组队参加2018年“舜杰杯”上海建交系统桥牌赛、“临港·南汇新城杯”帆船友谊赛和第五届“建设交通杯”龙舟赛，分别获得比赛第一名、第二名和第六名的好成绩。举办水务海洋第四届职工游泳达标赛和第五届健身行活动。6.指导6家基层单位工会完成换届选举工作。组织新当选的基层单位工会主席参加市总工会组织的工会主席培训班。深入10多家养护企业调研，就落实企业集体协商机制、科学制定养护定额、推动企业规范化建设等方面工作进行交流讨论。落实工会票据电子化工作，做好工会经费收缴和审核划拨工作。指导基层单位做好当年度工会经费预算管理工作。结合年度局党建巡查和内审，委托专业事务所对5家基层单位工会财务收支情况开展审计。（王佐仕）

【中国建筑第八工程局有限公司工会】 辖基层工会25个，会员32194人，其中女会员12330人。1.选树先进典型。全年共获得全国、省部级荣誉211个，地市级荣誉226个，其中获全国五一劳动奖章1个、全国工人先锋号1个、全国模范职工之家1个、全国模范职工小家1个，全国五一劳动奖章获得者苏亚武的事迹被全国总工会编入《劳动者之歌》丛书。2.完成工会改革试点任务。作为上海市级层面10家国企工会改革试点单位之一，按时完成“1+9”试点改革成果。制定的改革方案、形成的改革成果受到上海市总工会领导的充分肯定，在市总工会召开的两次座谈会和国企工会改革培训会上进行经验介绍，《劳动报》也整版介绍八局工会改革的做法。3.引领广大职工建功立业。新建劳模工作室58个，举办第六届劳模创新论坛，表彰16个局级工作室，推荐的3个工作室成功获评上海市劳模（职工、巾帼）创新工作室。3项成果获评上海职工优秀创新奖。先后在168个重点项目开展“铁军杯”劳动竞赛，参赛员工及农民工达9.8万人。获上海市立功竞赛金杯公司、金杯团队、建设功臣、优秀建设者等奖项38个，获上海市总工会服务保障进博会专项奖13个，局工会获上海市立功竞赛先进赛区、服务保障进博会立功竞赛优秀组织奖。举办第九届商务算量、第八届商务优化十佳案例评选、第五届施工技能大赛、第四届安全讲师大赛（巾帼专场）和第五届BIM应用大赛。全年各级工会共组织各类技能竞赛231场次，参赛员工及农民工达1.7万人次，涌现出一大批技术标兵、岗位能手。评选表彰首批15名八局工匠，1人成功获评“上海工匠”。4.维护职工合法权益。修订完善集体合同、工资专项集体合同、女职工权益保障专项集体合同，新签职业健康安全专项集体合同，形成具有八局特色“1+3”保障职工权益的合同体系。在560个项目上开展“全员安全五个一”、安全应急演练、安全隐患排查等活动，参赛职工及农民工达21万人。获全国安康杯竞赛优胜单位（班组）8个，省市级安康杯竞赛奖项31个。组建工会联合会156个，新建项目工会工作站154个，新建工友村58个，新增职工书屋137个。为6.57万名职工和农民工送温暖766万元，为9.4万名职工和农民工发放清凉用品1144万元，为262名职工及农民工子女发放金秋助学金50.76万元，为4363名病困职工送上415万元慰问金。以实名制管理、站家式服务、人性化关怀，增强职工获得感和农民工对企业的归属感。5.丰富职工文化生活。以“辉煌中国·精彩八局”为主题，开展局庆35周年公益行健康跑、职工摄影展活动。与《劳动报》联合举办第三届“中建八局杯”上海市职工摄影大赛。1部微电影获得第二届上海职工微电影大赛铜奖，4名职工在上海建交行业演讲比赛中获二、三等奖，相继承办3场“一带一路”建设者金融知识宣讲以及11场全国农村留守儿童关爱保护“百场宣讲进工地”活动，展示八局职工文化建设的丰硕成果和央企的责任担当。（陈　湘）

【上海大屯能源股份有限公司工会】 辖基层工会16个，会员15943人，其中女会员2909人。全面推进“素质工程建设、双创工程建设、群众文化建设、职工之家建设”，以公司第九届技能奥运会为擂台，开展练兵比武工种达50个，参与职工达5600多人次。以公司大型文体活动为舞台，召开第十三届职工运动会，9个大项、21个小项，1539名运动员参加比赛，2000多人参加。举办庆祝改革开放40周年“辉煌与梦想”歌咏大会，23支代表队，1800余位选手参与，4万多人次通过网络和电视收看实况。以职工创新创效活动为平台，开展“安全与创新”会员季活动，2万多人次参与。全年完成职工“五小”技术创新成果1260项，征集合理化建议8600条，表彰推广成果200多项，完成劳动竞赛260项。以深化巾帼岗位建功为舞台，开展“美丽绽放新时代、巾帼建功新征程”等具有时代特征、女性特点的主题活动和安全协管活动，逐步形成“走千米巷道、知亲人辛苦”“大手拉小手亲情祝安全”“候罐大厅协管服务”“幸福照片亲情祝福墙”等特色品牌，被上海市总、中煤集团工会表彰和推广。以温暖和谐职工之家建设为抓手，多措并举服务职工，全面推进“十大民生关爱工程”的落实，让公司改革发展的成果更多更公平地惠及广大职工。开展扶贫济困送温暖和节日慰问活动，开展职工荣誉疗休养活动，共安排39批次1600多名职工参加。慰问山西、内蒙、新疆等地外出创业职工，切实让广大职工感受到工会“大家庭”的温暖。（王安友）

【上海市金融工会工作委员会】 辖基层工会128个（独立工会125个、联合工会3个），工会会员数25.8万人，其中女会员人数13.2万人。深入学习宣传贯彻党的“十九大”精神，举办新时代新征程诗歌朗诵、纪念改革开放40周年文艺汇演、“一起读呃十九大”等学习主题活动；召开全国第十七次工代会、全国第十二次妇代会精神学习传达大会，团结引导职工群众听党话、跟党走。开展以“服务实体经济、防控金融风险、深化金融改革”为主题、以争创五星级“优质服务网点”“优质服务明星”为载体的立功竞赛活动，参赛单位91个，参赛职工人数19.3万人；开展“争当进博先锋，创建最美窗口，打响上海金融服务品牌”专项立功竞赛活动，参加专项立功竞赛活动共有84个单位，354个网点窗口，25669人；召开上海金融系统先进职工表彰暨迎进口博览会金融职工立功竞赛誓师大会。获评全国五一劳动奖章1个，获上海市五一劳动奖状集体9个、上海市五一劳动奖章19个、上海市工人先锋号集体13个。推进"金融系统职工实事项目"，举办"巾帼展风采、金融英姿绽芳华"系统三八节表彰会和基层网点负责人专题培训班，升级上海金融APP2.0，打造网上工会工作平台；帮扶54个单位689名困难职工137万余元，开展一线劳模先进疗休养活动；开展"上海金融职工身心健康大课堂"、急救培训活动和"1+1俱乐部"活动，完成40家健康小屋、28家运动小屋建设，新办工会会员卡人数为52227人，注册会员卡30476人。落实户外职工爱心接力站建设工作，全市银行业累计创建站点104家。召开市金融职工文体协会第四届理事会会议，选举产生新一届理事会主席、副主席等成员，举办金融系统文体系列活动。贯彻落实《上海市职代会条例》，进一步推进外资金融机构职代会制度建设，加大法律援助和法律支持，为权益受到侵害的职工群众提供法律援助服务，举办第四期劳动关系协调员培训班；召开系统工会全委会、女工委委员会和工会经审委员会等会议，继续加强工会干部的教育培训和实践锻炼，开展各类一线调研18次；加强先进职工之家建设指导，表彰先进职工之家29家、先进职工小家32家、优秀工会干部34人；海通证券股份有限公司上海分公司工会获得"全国模范职工之家"称号、中国太平洋财产保险股份有限公司上海分公司车意险理赔部工会获得"全国模范职工小家"称号。（李　伟）

【国家税务总局上海市税务局工会】 辖直属工会13家，其中机关工会9家，事业单位工会4家，会员1652人；系统基层工会16家，会员9000余人。1.服务中心大局，助推机构改革。在全系统开展"讲大局、聚人心、促改革、展风采"主题活动。党、工、团联合开展纪念改革开放四十周年"携手改革路，共筑税务梦"税务干部风采大赛，来自22个基层单位108名选手参赛。"我与改革共成长"主题书画摄影征集活动、新老税务人座谈会、经典诵读等活动，多角度呈现税务职工以实际行动为改革添砖加瓦的信心和行动。2.围绕主责主业，立足岗位建功。开展"访劳模、爱劳模、学劳模、当劳模"活动，采集汇编《流金税月——上海市税务系统劳模风采录》。嘉定、松江分局获市群众性劳动竞赛五一劳动奖状，原税务七分局、宝山分局原第十二税务所获市五一劳动奖状，稽查一局、浦东、普陀、静安分局有4个科所获市"工人先锋号"，长宁周传飞等7人获市五一劳动奖章。税务女职工"追梦新时代，蓬勃向未来"的创新实践成果，通过展板形式，在市总工会庆祝三八节活动中展示。徐汇、静安、虹口和宝山分局五个科所获市巾帼文明岗。普陀分局陈炜家庭代表上海市参评全国总工会开展的"乡约2018年中国十大爱情故事"，获提名奖。在进博会立功竞赛先进集体和个人表彰活动中，青浦分局获市五一劳动奖状，货劳处王秀准获市五一劳动奖章，货劳处获市工人先锋号，四分局咨询服务一科获进博会立功竞赛先进集体，纳服处张冰冰获进博会立功竞赛先进个人。各基层工会还以"放管服"改革、"便民办税春风行动"、优化营商环境等重点工作为契机，开展劳动竞赛，嘉定分局获市基层工会十大案例创新提名奖。3.聚焦素质提升，点亮税务文化。在"我要上五一"上海职工文艺节目征集与汇演中，税务工会获优秀组织奖，杨浦分局获优秀展演奖、长宁分局获展演奖、徐汇分局获入围奖。系统各层面文艺、体育兴趣小组建立开展。4.力求春风化雨，关爱无微不至。元旦春节帮困送温暖活动已成常态化，困难职工帮扶和送温暖慰问相互衔接的梯度帮扶格局已建立，做到走职工门，知职工情、暖职工心。职工阅览室、文体活动室、心理减压室和"爱心妈咪小屋""四位一体"的暖心工程在各分局建立完善。稽查一局、闵行、金山、四分局爱心妈咪小屋获评市总"五星级爱心妈咪小屋"。会员专享基本保障工作全面开展，保障类别得到扩大，合法权益和互助互济保障水平得到提升。举办系统工会干部"学习十九大、提升工作能力"专题培训班。修订《上海市税务系统基层工会经费收支管理实施细则》，为基层工会经费收支管理和使用提供依据。

（娄晓辉）

【上海市人力资源和社会保障局工会】 辖基层工会19个，工会会员2799人，其中女会员1558人。1.组织职工深入学习贯彻习近平新时代中国特色社会主义思想和党的"十九大"精神，引导职工准确把握习近平新时代中国特色社会主义思想科学内涵。组织开展大调研、开展座谈会等调研活动21次，813人次参加，梳理"组织制度存在缺失""竞赛工作缺乏深度""经费管理意识模糊""关心服务不够精准"等4个问题。扎实开展劳动竞赛活动，组织16个单位117名参赛职工进行word、excel、PPT及各类综合题的集中培训，组织选手参加全国高新技术考试，对65名考试成绩合格的参赛选手颁发合格证书。弘扬先进典型，认真组织开展五一劳动奖状（奖章）、工人先锋号评选活动，局信息中心获上海市五一劳动奖状，仲裁院程易获上海市五一劳动奖章，浦东社保分中心获上海市工人先锋号。2.以开展纪念改革开放40周年活动为契机，开展职工文体活动。开展"展改革成果、亮人社风采"为主题的文化健步行活动。开展职工书画作品征集展示活动，对征集的72幅作品进行评选，遴选出35幅优秀作品进行巡展。组织职工参加"中国梦·劳动美""光明田缘杯"2018年上海市班组（团队）文化网络大奖，有42支队伍，240人参赛，获优秀组织奖。开展"健康人社、快乐生活"系列活动，举办斯诺克、乒乓球、篮球、羽毛球、电子竞技、瑜珈等比赛，参加1479人次。3.做好工会实事项目为20个单位共计2544人办理工会会员办卡注册工作，实现局系统全覆盖。做好"爱心妈咪小屋"星级评定工作，已有11家五星，8家四星，8家三星。认真落实帮扶助困工作，对480余名职工开展日常慰问工作，为36名职工办理了互助保障补助，春节期间走访慰问困难职工43名，对49名符合帮扶条件的职工发放帮扶金，共计金额10.8万元。4.夯实工会基础工作。制定《局工会固定资产管理制度（暂行）》《局基层工会委员会选举制度（暂行）》《局基层工会换届选举工作的若干规定（暂行）》《局工会议事规则（暂行）》4项制度。举办《工会经费保障》专题培训班、工会宣传干部培训班以及专题讲座等8个班次，376名工会干部和会员参加。5.规范财务和资产管理。完成工投企业关闭工作。组织开展工会财务专项审计工作，聘请社会专业机构对工会固定资产残值进行评估，依法依规对局工会报废的固定资产进行处置、核销。完成局职工技协的税务、工商注销、银行账户注销及最终关闭鉴证审计工作，落实职工技协财务档案和文书档案的移交工作，完成局咨询事务所关闭工作。充分发挥工会货币资产应有的效能，在保证工会资产完整、安全和合理使用的前提下，完成工会货币资产运作工作。（瞿葆仁）

【中国教育工会上海市委员会】 辖基层工会81个，工会会员85893人，其中女会员42996人。积极落实全国总工会第十七次代表大会精神，大力弘扬劳模精神、劳动精神和工匠精神，踊跃参加“践行新理念、建功‘十三五’”劳动和技能竞赛，在民主政治建设、教师素质建设、生活保障建设和工会组织建设“四大工程建设”中取得新成绩。探索协商民主，推进学校协商民主的制度化建设与发展，将协商民主作为全市学校工会工作中维护教职工民主管理权的重要抓手；坚持立德树人，注重发挥劳模、先进的示范引领作用，将大力弘扬师德风范作为落实新时代教育工会工作的重要内容；坚定文化自信，弘扬中华优秀传统文化，将中华优秀传统文化根植于新时代教育工会工作的全方位、全过程；建好网上工会，提升网络环境下的教育工会工作水平，为新时代工会工作创新推动网络育人体系讲好工会故事；坚持需求导向，开展大调研活动，对基层工会和教职工群众的美好生活需要及时把握。（焦丽佳）

【上海市科技工会】 辖基层工会48个，职工30590人，其中女职工10372人；工会会员28379人。以习近平新时代中国特色社会主义思想为指导，通过会议、专题教育、讲座、培训和参观等活动，加强对广大职工的进行思想政治理论教育；利用多媒体平台和传统宣传阵地等形式，在广大职工群众中宣传改革，强化改革和创新意识；大力弘扬劳模精神。以宣讲报告、网络载体、文化活动等方式，讲好劳模成长故事，充分发挥劳模骨干作用。宣传贯彻新版《上海市职代会条例》。落实全国第十次厂务公开民主管理工作调研检查的会议精神，加大所务公开力度。落实市总和科技工会服务职工实事项目。构筑职工安全“防护网”，24561位会员参加“安康杯”竞赛活动。落实中国教科文卫体工会“助力脱贫攻坚职工志愿者服务活动”工作部署，向新疆艾里老师捐款，得到中国教科文卫体工会充分肯定。支持春天合唱团、春韵京剧社、科技摄影协会的工作，丰富职工群众精神文化生活。通过“一季一活动”，推进全民健身运动；举办“一季一培训”各类讲座及影视赏析，通过“一季一展示”推广各单位工作亮点，通过“一季一交流”对标先进工作理念，更好地服务大局。做好市科技工会的实事项目，“夏送清凉”、“冬送温暖”，全年累计完成24885名职工参保工会会员卡专项保障；职工技师、高级技师晋升奖励12人；师徒带教1人；职工创新工作室2个；一线职工501项授权发明专利；合理化建议和先进操作法创新（成果）奖6人；对24个单位困难职工发放住院补助，向17名职工发放特种重病补助。完成换届工作，选举产生新一届工会两委会。开展工会干部培训班、半年度工会工作交流、工会主席微课堂，为工会干部间搭建起学习交流平台。实施“互联网+”工会建设，上海科技工会信息管理系统2.0版上线。（冯莺）

【上海市医务工会】 辖工会55家，职工总数74584人，其中女职工52937人，占职工总数的71%；工会会员数73474人，比上年增加294人；女会员数52163人，比上年增加79人；会员入会率98.5%；女职工组织覆盖率100%。深化职工思想政治工作，通过在职工中组织辅导培训、开展专题学习及职工主题教育活动等各种形式，推动十九大精神入耳入脑入心。加大各类先进典型的培育选树力度，通过劳动报、医工报、上海市医务工会微信平台进行宣传报道，打响卫生计生系统劳模服务品牌。首次成立上海卫生系统市级劳模创新工作室联盟，鼓励和推动一线职工科技创新，组织开展第八期医务职工科技创新“星光计划”评审。开展“凝心聚力进博会 医疗服务创一流”立功竞赛活动，及时总结发现进博会立功竞赛中涌现的先进典型并进行表彰。先后组织开展了医务职工读书系列活动，包括主题征文、知识竞赛、诵读比赛等，继续开展文化活动中心职工培训项目。做好工会会员专项保障，推出系统内服务职工优秀实事项目，开展困难职工和特殊群体帮扶，启动医务职工健康促进工作。加强基层工会规范建设，持续开展基层工会年度工作考核，发挥行业工会优势作用，推动社会医疗机构工会组建和运作，关心关爱护工等非在编群体。积极推进网上工会建设，加强工会理论调查研究，认真做好工会财务经审工作、女职工工作、退管会工作。（马艳芳）

【上海市新闻出版工会】 辖基层工会27家，会员4479人，其中女会员1934人。举办上海市出版界女编辑专题研讨会，沪上40家出版社近百位女编辑代表探讨编辑工作经验体会和“上海文化”出版实践。组织72名优秀农民工代表参与上海书展活动。开展经审干部、财务人员专题培训班，解读《上海基层工会经费收支管理实施办法》，指导各基层工会建立健全经费使用管理办法。举办上海出版界职工“友谊杯”80分比赛，组织女编辑合唱团参加“中国梦·劳动美——我要上五一晚会”，荣获合唱类“优秀展演奖”。动员系统22家单位、62个班组、295名职工参加市总工会举办的文化网络大赛。组织开展爱心“一日捐”活动，47家单位、4452名职工参与，募集金额21.8万元。加大对困难职工的帮扶力度，做好冬送温暖，夏送清凉工作，累计发放各类帮扶款8.2万元；拨出29万元专款用于购买防暑用品，慰问系统全体职工。为系统25家单位、5236名会员办理注册工会服务卡会员专享基本保障险B类，支付金额17.52万元，13名患重病会员获理赔。拨出10.7万元专款，组织系统100名劳模先进、操作能手、高级技师等，赴市总工会指定基地开展疗休养。对已获得市人力资源和社会保障局主管部门颁发的2名高级技师，每人一次性奖励2000元；对24名技师，每人一次性奖励1000元。指导2家基层单位新建工会组织，督促5家基层工会换届改选，选送3名新任工会干部上岗培训，提高工会干部服务职工的能力和水平。1家基层单位和1

人分获上海市五一劳动奖状(章),3个班组获上海市工人先锋号,1家基层单位工会获“全国模范职工之家”称号。

(方伟国)

【上海社会科学院工会】 辖基层工会23个,工会会员745人,其中女会员368人。紧密配合党政各部门,团结和动员全院职工,围绕国家高端智库建设目标,积极作为。召开院第八届工会代表大会暨第四届职工代表大会第一次会议。选举产生院第八届工会委员会,通过《上海社科院职工重大疾病基金管理和使用办法》修正案等。组建上海社科院出版社工会。50多位出版社职工加入院工会。加强与外单位交流合作。6月,院工会与上海市工人文化宫达成战略合作协议。抓好工会理论研究工作,承担的上海市总工会《上海市外来务工人员群体调查》课题,获得上海市总工会调研报告、论文评比一等奖。同时,院工会在上海市工运理论研究会换届会议上,当选新的副会长单位。抓好《上海基层工会经费收支管理实施办法》文件精神的培训和落实工作,制订《上海社科院慰问规定》,指导和帮助各基层工会做好职工常规福利工作。

(杨鹏飞)

【上海市体育局工会】 辖基层工会29个,工会会员1617人,其中女会员596人。深入学习习近平新时代中国特色社会主义思想,全面贯彻党的十九大精神,组织工会干部专题会议、工会十七大专题讲座等学习活动。开展劳模年度人物选树。上海体育职业学院乒乓球队获“上海市五一劳动奖状”称号;上海体育科学研究所研究员、体质研究与健康指导中心主任刘欣获“上海市五一劳动奖章”称号;上海体育职业学院沙滩排球队获“上海市工人先锋号”称号。开展职工文化活动增强工会凝聚力。组织开展职工保龄球比赛、端午节龙舟大赛、广播操暨趣味运动会比赛、职工健步走活动,组队参加上海市班组(团队)文化网络大奖赛;举办第一届职工亲子嘉年华活动。职工子女暑期网球培训班;打造“职工微课堂”品牌活动,开展花艺美学沙龙、收纳整理技巧分享会等。推进职工实事项目,切实关心职工生活。元旦春节期间,局领导分别带领机关处室同志走访慰问局系统患大病重病的困难干部职工、教练员和伤残运动员等47户家庭,发放慰问金14.1万元。夏季高温期间,局工会主席带领工会干部深入到体育职业学院、水上运动中心等18个训练、场馆单位,为奋战在高温场地作业的一线职工送防暑降温用品1310余份。对患大病、重病等困难职工帮困救助9人,帮困金额2.8万元,进行医疗救助73人次、帮困金额6万元。加强工会自身建设,举办工会干部实战训练营,通过互动、体验、实操等形式进一步帮助各级工会干部更全面地掌握工会业务知识、增强服务职工的意识、丰富服务职工的方式方法。完成对上海市体育运动学校等11家基层工会财务收支审计工作,推进局系统工会经费管理工作制度化、规范化。

(张 亮)

【上海市经济和信息化工作系统工会工作委员会】 辖直属单位工会82家,工会会员7.0983万。其中,女会员2.8624万,农民工会员1156人,女性农民工会员377人。1.精心组织庆祝改革开放40周年系列活动。以“深化改革、创新发展”为主题,组织系统职工群众和各级工会干部积极参与“经心励志、信火相传”怀旧运动会、“不忘初心、砥砺前行”读书活动、“回眸四十载:与改革同行”征文活动、“回顾与展望,逐梦新时代”演讲比赛等,推荐优秀作品参加市总庆祝改革开放40周年系列活动,系统2名个人分获市总征文比赛二、三等奖,获得征文比赛、演讲比赛优秀组织奖。学习贯彻中国工会十七大和上海市工会第十四次代表大会精神。夯实系统广大职工群众共同奋斗的思想基础。2.加强先进典型选树,1人获得全国五一劳动奖章,4个单位获得上海市五一劳动奖状,4人获得上海市五一劳动奖章,3个集体获得上海市工人先锋号。组织召开系统“五一”表彰大会,对获得荣誉的集体和个人进行表彰,在《劳动报》上进行“劳动创造价值·创新引领未来”主题宣传。围绕产业和信息化中心工作,组织2018上海智慧城市建设“智慧工匠”选树,“领军先锋”评选活动。有680人报名参加,活动评出“智慧工匠”和“领军先锋”各10名,符合相关条件的4名个人和3个集体也分获上海市五一劳动奖章和工人先锋号荣誉。加强劳模(职工)创新工作室建设,召开劳模(职工)创新工作室座谈会,制定劳模(职工)创新工作室管理规定。对25家工作室进行现场检查,对新申报的18家工作室进行考核,新命名11家职工(技师、巾帼)创新工作室和3家“智慧工匠”创新工作室。1家被命名为上海市劳模创新工作室,3家被命名为上海市职工(技师、巾帼)创新工作室。3.推进职工技能得升。组织系统3个单位的5支队伍参加第六届职工技能大赛上海赛区的焊工、计算机网络安全员、数控机床、钳工等比赛。组织申报职工晋升技师、高级技师奖励48人,2人获得年度上海市职工合理化建议和先进操作法优秀成果,1人获得上海一线职工授权发明专利奖。4.建设和谐劳动关系,对系统重点单位厂务公开民主管理工作情况进行调研。重点检查《企业民主管理规定》《上海职工代表大会条例》《上海市集体合同条例》贯彻落实情况。开展劳务派遣工用工情况调研。5.落实帮扶职工实事项目。组织元旦春节帮困送温暖、高温慰问、金秋助学等各类帮扶活动,共发放各类帮扶金、帮扶品折合人民币106万元,累计帮助职工近7500人次。做好工会会员服务卡办理、注册、保障给付工作,办理新会员卡近1万余张,投入参保金额40余万。办卡单位已覆盖到65家单位,持卡会员4.9万余人。认真组织一线职工疗休养、中小企业共享计划等特色工作。开展职工文化建设,举办“能效杯”系统职工扑克牌精英赛,36家单位近百名职工参加了大怪路子和桥牌比赛。借助系统工会微信公众号载体,开展提升职工文化素养系列培训。建立与妇工委的协同工作机制,组织系统女职工纪念三八妇女节活动,对获得全国三八红旗手、三八红旗集体和上海市巾帼建功标兵、巾帼文明岗的个人和集体进行表彰。组织系统单身青年交友活动。加强女职工三期保障,新建爱心妈咪小屋5家,2家单位被评为4星级爱心妈咪小屋,2家单位被评为3星级爱心妈咪小屋。为36家小屋和2家亲子工作室配备书籍和设备,完善小屋服务功能。6.强化工会自身建设，开展“不忘初心，牢记使命”大调研。走访系统内外15家单位，了解问题42件，积极推进协调解决。收集调研论文近40篇，组织优秀论文评选表彰，汇编下发年度工会系统调研文集。其中1篇调研论文获得市总论文评比一等奖，2篇论文获得优秀奖。举办工会财务干部培训班和经审干部培训班，按照四位一体推进审计工作要求，探索引进第三方审计，对系统工会下属15家单位实行社会审计。

（黄　俭　顾　捷）

【光明食品（集团）有限公司工会】 辖基层工会247家。其中185家独立工会，62家联合工会。涵盖企业436个。基层工会组建率达到98%。1. 学习宣传习近平新时代中国特色社会主义思想和党的十九大精神。通过全委会，专题会，培训会，工会微信等形式开展学习宣传教育活动，引导广大干部职工学习领会习近平新时代中国特色社会主义思想深刻内涵和精神实质。通过微电影、微视频、工会微信、媒体宣传等多种方式，宣传集团先进典型。由集团工会创作编导，上海市“五一”劳动奖章获得者，全国优秀农民工顾大国主演的《我爱我平凡的世界》荣获上海职工第2届微电影大赛金奖，《构建上海城市底板的光明人》荣获大赛优秀作品奖。2. 带领员工岗位建功立业，开展以“建设殷实农场、构建实力光明”为主题的“光明田缘杯”劳动和技能竞赛，先后有糖酒集团、良友集团、上海农场、五四农场、光明乳业、蔬菜集团等单位，组织酒业技术、农机植保、奶牛养殖、蛋禽养殖、酒店服务、淡水养殖、消防安全及重大项目、关键技术等7个条线35个项目的劳动和技能竞赛，参与的职工超过12,000人。挖掘和产生岗位能手、技术骨干215名。有45名职工晋升技师，10名职工晋升高级技师，15名职工晋升为高级工。1名职工获得发明专利。组织开展劳模先进创新工作室的创建活动，集团有上海市劳模创新工作室3个，上海市职工创新工作室14个，集团创新工作室24个，子公司创新工作室28个。3. 聚焦国企工会改革。拟定《光明食品集团关于加强和改进工会工作的总体计划》，确定五四农场、蔬菜集团、海博投资等三家子公司工会作为试点单位，明确时间节点，提出工作措施。在维权服务职工，开展建功立业，提高员工素质，加强民主管理，员工休息休养等方面取得一定成效。4. 落实服务职工实事项目。制订《基层单位组织职工休息休养费用补贴办法（试行）》，参照市总工会及集团公务接待的有关规定，拟定《集团黄山、安吉基地职工休息休养方案》，对集团系统内组织职工休息休养给予1/3经费补贴。全年安排120多批5000多名劳模先进、一线员工赴黄山、安吉基地休息休养以及“光明职工看光明”活动，共补贴经费220多万元。动用历年经费结余4800万元扩建黄山疗休养基地项目。做好困难职工精准建档，精准帮扶，动态管理。为2700多名各类群体，补助208余万元。落实工会会员专享基本保障，补贴会员卡专享保障费用110万元，为123名大病会员办理理赔213万元，提供经费135万元，慰问高温一线作业员工11,000多人。提供经费65万元，两次购买光明牛奶、梅林罐头等生活必需品，慰问因非洲猪瘟生活受到影响的2000多名生猪养殖员工。建立4个亲子工作室，共下拨22万资金扶持工作室的建设。开展女职工幸福关爱活动，增加6个爱心妈咪小屋。参与上海市实事工程项目建设，为户外职工建立22个爱心接力站，提供经费20多万元。落实职工代表巡视检查安全生产、劳动保护及职工实事项目，提出意见建议30多条。5. 开展选树评优工作。东海老年护理医院蔡泽中等4人获上海市五一劳动奖章称号，农工商绿化公司、海丰现代农业公司获上海市五一劳动奖状称号，光明乳业研究院配方部液态奶项目组等4个班组获上海市工人先锋号称号，俞剑骁、毛严根获上海工匠称号，葛怀亚获首届进口博览会立功竞赛先进个人，领先物流、海博出租获得首届进口博览会立功竞赛先进集体，捷强连锁第七分店等5个巾帼班组获上海市巾帼文明岗称号。6. 加强工会自身建设。制订《光明网上工会建设行动计划》。集团工会微信服务号上线，关注人数接近2万人，全年发布微信130篇，制订《开展2018年调研工作计划》，确定调研课题16个。收到调研报告31篇。引入社会审计监督，加大对集团及子公司工会的经费审计力度，年内完成12家二级子公司的预算执行情况的社会审计和延伸审计。集团工会获全国省市级工会财务工作先进单位。集团经审荣获市总工会经审工作规范化建设考核优秀奖，承办“光明田缘杯”第二届上海市职工班组（团队）文化网络大赛。光明职工足球队全年参加15场比赛，取得历年来的最好成绩，参加第二届上海职工足球超级联赛晋级4强。承办第三届“光明田缘杯”上海职工风筝大赛吸引全市56个班组参加。还获得“中国梦劳动美”首届上海职工网络摄影大赛优秀组织奖。

（朱菊英）

【上海市民政局工会】 辖二级工会3个，基层工会53个，职工5206人，工会会员4097人，其中女职工2807人，女会员2240人。深入开展劳动竞赛活动，16个班组被授予局“工人先锋号”称号。在市社会福利中心和市殡葬服务中心系统开展职工职业技能竞赛活动，4个集体获优胜单位称号、31名个人获优胜个人。以“新时代、新女性、新风采”为主题举办纪念三八国际劳动妇女节108周年活动。表彰新一批荣获全国、本市和局先进荣誉称号的集体和个人。做好上海工匠选树工作，市第三社会福利院养老护理员黄琴被命名为2018年“上海工匠”。组织25家基层单位、264个班组、3548名职工参加本市“安康杯”竞赛活动。局系统部署开展第十五次厂务公开民主管理调研检查工作。开展夏季走访基层单位送清凉活动。推进职工书屋建设，对28家评估达标的基层职工书屋发放局职工书屋铜牌，并给予经费资助。开展元旦、春节送温暖活动，通过市社会组织等支持，筹集100多万元帮困款加大对困难职工帮扶力度。按照市总工会的统一部署，为53家基层单位3753名职工续办会员卡专项保障。（胡积伟）

【上海市监狱管理局工会】 辖20个基层工会，会员7251人，其中女会员1194人。加强劳模先进选树，扩大工会工作影响力。荣获全国模范职工小家1个，市五一劳动奖状1个，市工人先锋号1个，市五一劳动奖章1人；创建市劳模创新工作室1个，市巾帼创新工作室1个；1名个人被评为“上海工匠”。开展职工文化活动，举办棋牌、足球、篮球、乒乓球等比赛，增设垂钓比赛、健步行、职工趣味运动会和域外监狱共建篮球友谊赛；开展改革开放40周年征文比赛、书画摄影等活动，参加市级读书征文和演讲比赛，取得好成绩。开展帮困关爱工作，帮困款共计130余万元；办理7000张电子会员卡，对取得职业资格等级证书会员奖励共计6.45万元；组织会员参加享受补贴的短期休整900人次，开展健康EAP体质检测，组织100多名单身会员参加交友活动，在市体育局的支持下，对皖南农场给予体育健身设施50万元援助，为援疆干警购置体锻健身器材等。推进素质工程，开展监狱系统第四届职业技能竞赛，对在民警职业技能竞赛中表现突出的1人授予市“五一劳动奖章”，3个监狱培训分中心获得市“工人先锋号”称号。举办工会干部培训班，组织新上岗工会主席培训班，开展“魅力女警，花样生活”等各类女性活动；举办专题培训，对基层工会经费使用、管理情况开展专项互查、督查等。（江海群）

【锦江国际（集团）有限公司工会】 辖基层工会81家，会员45010名，其中女会员17400人，入会率达100%。加强工会组织建设。在集团内选拔懂工会、爱职工、群众工作经验丰富的同志担任工会领导，积极开展“企业所需，工会所能，职工欢迎”的各项文体活动，增强工会组织的吸引力和凝聚力。加强劳模管理工作。集团现有劳模83名，上海市“劳模创新工作室”4个，“上海市首席技师工作室”5个，锦江国际“劳模创新工作室”9个。抓好职工队伍建设和技术技能培训工作。锦江国际职工现有技术工人3615人，其中技师205人，高级技师206人。制订集团困难职工“大走访、送温暖”工作计划，建立500万元的职工“重危疾病救急基金”，提高新一轮特困职工帮扶金额标准，投入1800万元为职工办理“商业补充医疗保险”。落实劳动保护工作措施。“安康杯”竞赛工作小组结合夏季安全生产劳动保护工作的特点，重点检查各企业高温作业场所，确保职工安全和健康。（张祥伟）

【上海市东湖（集团）公司工会】 辖基层工会组织10个，工会会员数3947人，其中女会员1356人。加强班组建设，在《东湖报》上每月刊登班组学习辅导文章，紧扣时事形势要点，宣传中央和市委的大政方针，全年共刊登“班组学习”11期，组织“三八”妇女节“不忘初心、砥砺前行”主题活动，举行自编自导的文艺汇演。开展五一劳动奖章、上海市工人先锋号的遴选和申报工作，上海工匠选树工作。东湖宾馆客房部1号楼班组被评为上海市工人先锋号，虹桥迎宾馆陆勤松被评为上海市五一劳动奖章；开展东湖集团首届工匠评选，陆春凤等8人被评为东湖工匠，积极参加市总“上海工匠”培养选树千人计划工作和“上海工匠”选树工作，虹桥迎宾馆张李、瑞金宾馆陆春凤获2018年“上海工匠”称号；西郊宾馆、虹桥迎宾馆被评为上海市职工职业道德建设先进单位、瑞金宾馆孙骏被评为上海市职工职业道德建设先进个人；汽车公司周耀良被授予上海城市服务保障首届中国国际进口博览会立功竞赛活动先进个人。深入持续开展年度“安康杯”安全竞赛活动，配合行政做好安全生产月的宣传、教育工作。竭诚服务职工群众，元旦春节期间，对患大病的在职、退休职工以及直系家属的职工作定向医疗救助和慰问活动，共有在职员工12人、退休员工16人、直系亲属26人，获得医疗救助金10.6万元。开展“一日捐”，高温慰问活动。做好职工“技能晋升”工作，全年共有5人晋升技师、9人晋升高技，共获总工会奖励23000元。做好职工团体医疗互助保障工作，全年为在职员工住院等理赔1208人次，理赔给付金额675133.8元；为特种重病患者13人发放慰问金36万元；意外死亡3人发放保障金3万元。为3846名职工办理工会服务卡。努力做好工会网上工作平台工作。强化工会自身建设。选送5名基层单位新任工会主席参加培训，评选集团文明班组27个。（胡　明）

【上海市衡山（集团）公司工会】 辖基层工会13个，会员3153人，其中女会员1105人。开展迎进博集团立功竞赛活动，参与上海市总工会迎进博倒计时50天上海市职工技能展示活动。召开集团“迎进口博览会，树衡山品牌服务”立项竞赛誓师大会暨职工运动会，提高员工体质和团队合作精神，增强凝聚力。在上海市总工会召开的先进集体和个人表彰大会上，集团工会获得“上海城市服务保障首届中国国际进口博览会立功竞赛活动”优秀组织奖，衡山宾馆、衡山汽服被授予上海市五一劳动奖状，上海大厦沈建中、国际贵都王珏、衡山宾馆汪炜被授予上海市五一劳动奖章，上海大厦17楼宴会厅班组、国际贵都安保部、市场营销部、明珠大饭店市场营销部前台班组被授予上海市工会先锋号；衡山宾馆沈华、衡山汽服王晓梅被评为上海城市服务保障首届中国国际进口博览会立功竞赛活动先进个人。召开集团第四届职工代表大会第六次会议，开展帮困送温暖活动，做好困难员工的帮扶工作，共定向帮困职工40人，发放慰问金慰问品17.2万元；应急性帮困救助13人，发放慰问金3.35万元。慰问高温一线员工2767人，发放慰问品18万元。参与市总职工互助保障计划，办理工会会员服务卡共2790人，并为持卡会员办理一份专享基本保障。组织基层员工疗休养共10批次，400人次职工疗参加。开展“三八节”主题活动。组织“衡山丽人显身手，姹紫嫣红迎40年”主题插花活动及“田园童趣，与你童乐”“六一”亲子主题活动。（王　艳）

【上海市市级机关工会工作委员会】 辖基层工会327个，会员48929人，其中女性会员18341人。1.广泛组织立功竞赛活动。华东能源监管局、上海海关、市机管局、市商务委、市虹桥商务区管委会、市财政局等单位参与，共有6个单位获五一劳动奖状，24个集体获工人先锋号，11名个人获五一劳动奖章；17个集体获进博会先进集体，27名个人获进博会先进个人，市级机关工会工委获得“上海市城市服务保障首届中国国际进口博览会立功竞赛活动”优秀组织奖。开展“庆祝改革开放40周年活动——市级机关第九套广播体操展示活动”，27个单位600多人参与。举办“节能降耗·保卫蓝天”节能健康走活动，17个单位900余名干部职工参与。组织各单位工会、妇女干部参观“始于1978文化·生活·艺术——‘纪念改革开放40周年’民俗收藏展”。2.积极选树劳模先进。“周欣司法为民劳模创新工作室”获市总工会挂牌。全年组织105位全国劳模及家属体检。向市级机关系统的90名全国劳模、268名市劳模发放劳模慰问金、劳模生活困难补助金、特殊困难帮扶金共计101.3万元。表彰荣获“上海市五一劳动奖章”先进个人3名，“上海市五一劳动奖状”先进单位6个和“上海市工人先锋号”先进集体9个。3.落实帮困送温暖工作。25个单位的10279名干部、职工参加“爱心一日捐”，募得捐款89.507万元。春节期间，走访慰问一线干部职工1736名，慰问患病干部、职工家庭673户，慰问金额共243.11万元。高温期间，为基层29家7055名干部职工发放慰问品约201万元，较去年增加127.02%。各级工会组织慰问职工13910人，发放防暑降温慰问品321万元。全年大病慰问102.82万元。新建10家“爱心妈咪小屋”，7家“亲子工作室”，开展“白玉兰”交友活动，举办“家长课堂”、举办红十字救助培训、健康讲座等。4.加强自身建设，规范经费制度。完成32家单位《工会法人资格证书》的更换工作。全年共培训4000多人次，组织300余名工会干部专题学习研讨，落实工会会员服务卡专享保障工作，400多家单位5万多名会员受益。举办工会主席、妇女干部、经审干部等培训班，600余人参加。贯彻落实《基层工会经费收支管理办法》，有针对性地开展工会财务培训。鼓励职工参与各级各类职业技能比赛，技师晋升奖励45人，完成带教师傅奖励2人。

（王　颖）

【百联集团有限公司工会】　辖基层工会127个，会员29919人，其中女会员14986人。集团工会围绕中心工作，为集团的创新转型提供保障。开展班组学习活动。学习传达中国工会十七大、上海市工会十四大精神，增强职工服从服务大局的意识，筑牢广大职工群众共同奋斗的思想基础。开展先进评选活动，获评1个全国工人先锋号、2个上海市五一劳动奖状、3名上海市五一劳动奖章、4个上海市工人先锋号、4名上海市群众性劳动竞赛五一劳动奖章、4个上海市群众性劳动竞赛工人先锋号。开展技能大赛活动，以“争当攻坚克难排头兵，敢为创新转型先行者”为主题，全年共开展51场职工技能比赛，吸引6000多名职工参赛。开展职工思想状况网上调查工作，3749位职工参与了问卷调查。做好关心职工工作，组织高温慰问职工5078人，金额128.1万元。为32471名会员办理工会服务卡，并投保128.76万元。组织481名职工参加市总工会流动车体检，50名职工参加市总工会疗休养。86个班组参加“改革开放我追寻”职工文化寻访活动，1个班组进入前100名成为“百强班组”，集团工会荣获“优秀组织奖”。

（姜　杰）

【申能（集团）有限公司工会】　辖直属工会6个，基层工会46个，会员15569人，其中女会员4845人。1.培养选树7名申能工匠，临港燃机吕勇根被命名为上海工匠；临港燃机、大众燃气技师工作室被评为“上海市职工技师创新工作室”；外高桥三发电、燃气浦东销售多年保持全国“安康杯”竞赛优胜单位称号；筹备建立市重点工程立功竞赛申能分赛区，LNG扩建工程项目部、奉贤热点工程管理部获市重点工程实事立功竞赛优秀团队，4人获优秀个人称号，1人获建设功臣称号；东方证券获上海市“五一”劳动奖状，奉贤热电工程管理部、燃气市北普陀办事处铜川路检修组获上海市工人先锋号，2名职工获上海市“五一”劳动奖章。2.完善工会维权工作体系。系统45家工会建立健全职工（代表）大会制度，30家单位签订综合集体合同，24家单位签订工资专项集体合同，23家单位签订女职工专项集体合同，6家单位单独签订高危行业劳动安全卫生专项集体合同；建立健全三级帮扶体系，修订完善《申能（集团）有限公司帮困慰问专用资金管理办法》，精准服务全体职工。举办以“能力新突破，管理新提升”为主题的工会干部培训班。3.大力推进文体活动，千名职工参与11个文体协会的活动中，外二发电“读书漂流”网上图书馆被评为上海工会职工书屋示范点；组织落实纪念“三八”国际劳动妇女节108周年系列活动，评选出系统11家三八红旗集体和29名三八红旗手，开展女职工厨艺大赛等活动；有7家基层工会建立爱心妈咪小屋，惠及女职工2653人；发挥“申飞扬·能无限”微信公众号的网络宣传作用，关注人数已达9970人，年发布量95期，推送信息305条。4.加强工会自身建设，完善组织机构，及时做好集团工会副主席的替补工作；聚焦群团改革要求，推进国企工会改革试点工作，外高桥二发电、燃气浦东销售2家试点单位稳步推进改革，努力形成可复制、可推广的经验；深入推进工会建家工作，评选出申能集团先进职工之家10家，先进职工小家49家，优秀工会工作者101名；燃气集团臧良荣获“全国优秀工会之友”称号；举办集团系统工会干部及财务人员培训班，规范集团系统各级工会经费的管理与使用。

（李晓萍）

【上海久事（集团）有限公司工会】　辖基层工会75家，工会会员58657人，其中女会员7734人。加强理论学习，举办学习党的十九大精神专题培训。夯实群团工作基础，分别召开了由部分基层工会主席、劳模、女职工、高技能职工和工会文体干部参加的座谈会。开展“凝心聚力进博会，建功立业创一流”立功竞赛活动。有2个集体、2名个人获上海城市服务保障进博会立功竞赛先进集体和先进个人称号，另有2家单位、2名个人和2个班组获上海市服务进博会专项五一劳动奖状、奖章和工人先锋号称号。扎实推进“安康杯”竞赛活动，召开“安康杯”竞赛中途检查交流会。有2家单位、1个集体获全国“安康杯”竞赛优胜单位、优秀班组称号；7家单位、1个集体和1名个人获“安康杯”市级优胜单位、优秀班组和先进个人称号。完善集团民主管理制度。建立《集体合同》《工资集体合同》和《女职工特殊权益保护集体合同》等制度。坚持做好各类先进的过程化管理，建立健全劳模先进数据库，对培育对象发展情况进行季度跟踪总结。有1个集体获全国工人先锋号称号、5个集体获上海市工人先锋号称号；4家单位、6名个人获上海市五一劳动奖状、奖章称号；3个集体、1名个人获上海市巾帼文明岗、巾帼建功标兵称号；1个集体、3名个人获上海市三八红旗集体、红旗手称号。鼓励职工提升职业技能，开展高师带徒活动。有16人晋升技师，4人晋升高级技师。高师带徒后，有50人晋升为高级工、9人晋升为技师、4人晋升为高级技师;1名个人获上海市技术能手;1个工作室被评为上海市技师工作室。加大服务职工工作力度,出资228.11万元为全体会员办理工会会员专享B类保障。对在开展组织建设和相关活动过程中存在资金困难的工会审核下拨各类经费784万元、回拨补助801万元、专项补助40.32万元。坚持做好帮扶工作,共向107名大病职工发放帮困金34.3万元。在防暑降温工作中,购置了24万元防暑用品,下拨18万元高温慰问专项资金,为在露天和高温场所工作的职工配备降温电器。举办第二届职工运动会,组建职工兴趣小组,组织职工及家属观摩上海马术赛、田径钻石联赛、F1赛车、斯诺克和网球大师赛等国际赛事,组织600余名职工参观上海久事美术馆展出的"百年交响——上海外滩百年历史变迁油画作品展"和市总工会举办的上海劳模风采展。加强工会自身建设,制定《关于贯彻落实〈关于加强和改进本市国有企业工会工作的指导意见〉的意见》。加强工会法制化建设,制定《久事集团职工代表大会实施办法》《职工代表大会质量评估工作制度》《工会财务管理办法》《工会经费收支管理实施办法》《工会经费审查管理办法(试行)》等制度。举办学习贯彻中国工会十七大会议精神专题会、民主管理专题培训、职工董监事培训、工会财务和经审工作专题培训。开展模范职工之家、模范职工小家,优秀工会工作者和优秀工会积极分子评选活动,共评出10个模范职工之家、10个模范职工小家、30名优秀工会工作者和30名优秀工会积极分子。有1人获全国工会积极分子称号。 (陈 珺)

【上海申通地铁集团有限公司工会委员会】 辖基层工会31个,工会会员26835人,其中女会员6391人。促进企业发展积极有为。组织开展建设立功竞赛、运营劳动竞赛共计25项;2个工作室被评为上海市职工创新工作室,23项职工创新成果、合理化建议、先进操作法等获市级奖项;定期进行职工思想动态排摸;按照厂务公开、民主管理程序,指导各直属单位召开职代会审议修订《企业年金方案》等涉及职工切身利益的重大事项;持续开展"走100个班组,访1000名职工"活动,深化工会干部基层联系点机制,帮助职工解决陈太路司机公寓洗澡用水等实际困难69项;推动梅陇基地、龙阳基地、治北基地等7个用于服务车站、基地一线职工的"阳光小屋"建设;开设5个职工减重健康训练营。累计用于职工困难帮扶、"职工之家"和权益保障资金累计超过283万元,职工宣传教育活动资金215万,组织第五届职工文化艺术节,开展职工文化体育活动23项。推动工会工作规范有序。2018年,集团工会经审获市总工会年度"经审工作规范化建设一等奖",1家直属单位工会获评全国模范职工之家;基层工会所在单位签订劳动合同31家,100%覆盖,其中,27家企业开展劳动关系和谐企业创建活动,单独签订综合集体合同13家,工资专项集体合同11家,指导5家二级工会完成换届,1家二级工会完成组建,推进维保、磁浮2家工会进行国企工会改革试点。弘扬劳模精神、工匠精神。年内,集团一线班组和职工先后获得全国工人先锋号1个、上海市五一劳动奖状2个、上海市五一劳动奖章4名,上海市工人先锋号5个,进口博览会立功竞赛活动先进集体1个、先进个人3名,上海工匠2名、智慧工匠1名,上海市巾帼文明岗6个、巾帼示范标兵1名。评选表彰集团风采人物(集体)12个、巾帼示范(文明岗)20个、竞赛先进个人(集体)1712个;组织评选年度"地铁工匠"5名、"地铁职工创新工作室"5个;集团进博先进个人(集体)181个;并组织1736个班组团队、2.5万余名职工参加"安康杯"竞赛活动。严格执行全总和市总各项经费开支标准,组织实施工会审计7项,编写审计案例52个,建立对账销号制度,确保工会经费合法、合规、合理使用。 (严婵琳)

【上海市城投(集团)有限公司工会】 辖基层工会131个,工会会员14863人,女会员4098人。深入开展城投五比五赛和进博会专项立功竞赛,实现金杯荣誉新的突破,44家单位和63位个人受到市级表彰。5家单位实现"安康杯"竞赛全国优胜连冠,1家单位获市"安全生产金点子"一等奖。评选出第九届"十佳"金点子、8家新一批"城投劳模、技师创新工作室"、7项工作室创新成果。2家工作室获评市级劳模、巾帼创新工作室;在第三十届市优秀发明选拔赛中获得1项金奖、1项银奖、4项铜奖。召开集团职工代表大会,推进集团职代会和所属基层单位民主管理制度的整合。建立集体协商,推进专业集团参与行业性工资集体协商,提高集体合同履约率。落实三级公开制度,逐步开展工会会务公开工作体系建设工作,不断完善"双通道"民意民情渠道,收集反映职工思想动态。开展第三届"城投工匠"评选工作,选出9名"城投工匠"和工匠提名,实现连续三年4名职工晋升为"上海工匠"。举办以"快乐城投·健康城投"为主题的第七届职工运动会九大赛事活动。以纪念改革开放40周年为契机,在《劳动报》系列宣传城投企业参与城市精细化管理过程中的举措和成绩。落实产业队伍建设改革要求,推出班组规范化建设、职工放心食堂满意度建设、职工文体设施资源共享建设、劳务工"三送"等9+4服务职工实事项目。实施巡回医疗进班组,在夏季高温、重大节日、进博会筹备推进期间深入一线岗位和工地现场慰问,组织各类先进、有毒有害、公共服务岗位人员开展疗休养活动。依托市慈善基金会、市老年基金会以及城投帮困基金平台,开展特困、大病、住院、孤老、失智失能、高龄等帮困助老服务,做好领导结对、帮困助学等帮扶工作,累计服务近5000人次,为全体会员购买会员专享保障。开展城投产业工人队伍建设调研,推进城投水务工会改革试点工作。加强对各级工会法人资格登记、变更的业务指导,完善工会组织建设,举办工会财务专题培训会,财务票据专项检查等。 (熊 巍)

【上海隧道工程股份有限公司工会】 辖基层工会110个,工会会员19522人,其中女会员5454人。完善工会组织体系,落实群团改革要求。成立由党委书记亲自挂帅的工会改革工作领导小组,把工会改革工作纳入股份公司党建工作总体规划。党委批准2家工会先行试点。两家工会积极推行各项改革措施,形成党组织和行政大力支持和保障工会独立自主开展工作的良好格局。把工会组织、职代会、职工董事监事、集体协商等制度纳入公司制度体系,在加强职工源头参与、完善职工民主管理制度等方面举措有力、成效明显。健全职工服务关爱机制，加强特困职工、劳务派遣工等特殊群体的关爱力度，为劳务派遣工入会开启绿色通道。加强区域工会组织建设，建立多方合作机制，发挥国企工会履行社会责任的作用，建立完善网格化工会工作机制。开展劳动竞赛活动，下放竞赛活动办赛权，增强竞赛活力，持续开展具有引领性、覆盖全产业链的九大板块专项劳动竞赛活动。开展合理化建议、"五小"和优秀发明选拔赛等群众性科技创新活动，激发职工的创新创造活力。争创市级创新工作室命名。实施"上海工匠"培养选树计划，发挥示范引领作用。持续推行技能晋升和一线职工岗位创新激励实事项目。组织参加"为排头兵喝彩，给先行者点赞"上海市建设交通行业庆五一主题活动、2018 上海国际摄影节及隧道股份改革开放 40 周年摄影展等主题教育活动；开展"追梦新时代，筑梦新征程"女职工征文演讲比赛；改革开放四十周年征文和演讲大赛，获征文三等奖一名，优秀奖一名。在"上海电气杯"第二届上海职工微电影节评选中收获银奖。开展困难职工家庭经济数据比对和信息共享工作，实施精准识别、精准建档、精准施策。针对不同群体，分类分层开展三大节日帮扶送温暖活动。全年定期帮扶困难职工 412 人次，开展实事项目 10 个，惠及职工共计 41162 人次。其中，工会会员基本保障参保惠及职工 19195 人。加大劳模关爱力度，进一步完善关爱机制。（牛泽鑫）

【中国联合网络通信集团工会上海市委员会】 辖基层工会 18 个，会员 5697 人，其中女会员 935 人。弘扬劳模精神，选树先进典型，发动职工寻找和挖掘身边的闪光点。竭诚服务职工群众，精准对接多元需求，以"抓两头、带中间"的工作思路，围绕职工群众最关心、最困难、最忧虑的实际问题，开展帮扶活动，倾听职工诉求，畅通渠道，化解矛盾。持续开展劳动竞赛，提升员工技能水平，不断健全完善"培训、练兵、比武、晋级"四位一体的员工职业技能发展机制，开展群众性安全生产教育活动，强化职工安全责任意识。创新文娱活动项目，丰富职工业余生活，以展示职工风采、凝聚职工力量作为重要内容，宣传企业文化，增添企业活力。坚持民主管理，强化工会自身建设，增强职工代表、工会干部理论素养与实践水平，提升履职尽责能力。荣获 2018 年中国国防邮电工会"最美职工之家"称号。（康　迪）

【上海电力股份有限公司工会】 辖基层工会 19 个，会员 6447 人，其中女会员 1037 人。深入学习宣传习近平新时代中国特色社会主义思想和党的十九大、中国工会十七大、中国妇女十二大精神，发扬爱国主义精神，团结带领广大职工听党话、跟党走。弘扬劳模精神，宣传选树先进典型。发动职工寻找和挖掘身边职工的闪光点，通过新媒体大力宣传先进，提倡"以奋斗者为本"价值理念。竭诚服务职工群众，精准对接多元需求，以"抓两头、带中间"的工作思路，围绕职工群众最关心、最困难、最忧虑的问题，开展帮扶活动，解决职工困难。开展劳动竞赛，提升员工技能水平，健全完善"培训、练兵、比武、晋级"四位一体的员工职业技能发展机制，广泛开展群众性安全生产活动，强化职工安全责任意识。创新文娱活动项目，丰富职工业余生活，以展示职工风采、凝聚职工力量作为重要内容，宣传企业文化，增添企业活力和温度。坚持推进民主管理，强化工会自身建设，增强职工代表、工会干部理论与实践水平，提升工作能力和工作实效。（陈威俊）

【中铝上海铜业有限公司工会】 辖基层工会 7 个。工会会员 671 人，其中女会员 128 人。认真宣传贯彻落实中国工会第十七次全国代表大会、上海工会第十四次代表大会精神，先后开展"学习十九大、喜迎新时代"主题系列活动，举办主题演讲比赛。按期召开上海铜业四届二次职工代表大会，审议公司行政工作报告和各项涉及职工切身利益的重大事项、公司重要决策，并依法履行民主程序。组织实施上海铜业精准帮扶目标，为困难职工建档，提高帮扶力度惠及职工 239 人次，投入资金 14.5854 万元。安排 4 期先进代表、部分职工等 195 人，分别赴杭州屏风山、常熟沙家浜等地疗休养。按时投保职工四项保障。惠及职工 680 人次，投入资金 2.72 万元。组织落实"安康杯"劳动竞赛工作，对行政服务分公司 3.5 万伏总降高配站进行跟踪检查和督查。积极参与市总工会劳模、劳模创新工作室评选工作，设立"高弘师徒带教工作室、陈卫春劳模创新工作室"。工程建设分公司新板带设备维护组获得 2018 年"上海市工人先锋号"。制订《中铝上海铜业有限公司工会经费收支管理实施办法》，规范工会经费预决算制度和使用制度，确保各项经费的合理合规使用。严格执行中央八项规定精神，定期审查监督工会经费收支和资产管理情况。建立健全工会专职或兼职工会干部培训制度，积极参加市总工会新任工会主席、职工代表大会条例、集体合同条例、劳动保护和监督等培训，完善工会网上工作平台，开通公司、基层二级工会网上注册登记、组织信息建立、会员信息导入、先进工匠选树申报审核等各项工作。（徐家富）

【中国商用飞机有限责任公司工会委员会】 辖基层工会 11 个，工会会员 11376 人，女会员 3225 人。以习近平新时代中国特色社会主义思想为指导，全面贯彻党的十九大和中国工会十七大精神，深刻领会习近平总书记关于工人阶级和工会工作的重要论述。按照公司第一次党代会确定的目标任务，围绕"三步走"总体安排、"三个一"阶段目标和"两个建成"奋斗目标，落实"严党建、强支部、大监督、聚群团"工作要求，以"双推双争双提升"主题实践活动为载体，更好地服务型号研制和公司发展建设；以"职工关爱五件实事"为载体，更好地服务职工群众；以"定点扶贫九大行动项"为载体，更好地帮助宁夏西吉县打赢精准脱贫攻坚战；以公司成立十周年系列活动为载体，更好地培育和发展职工文化；以公司工会成立十周年系列表彰为载体，更好地推进工会自身建设，不断增强工会组织和工会工作的政治性、先进性、群众性。（陈　晖）

【上海临港产业园区工会委员会】 辖基层工会 90 个，会员 7340 人，其中女会员 1753 人。紧紧围绕集团发展大局,结合产业园区特点,整合自身资源,发挥好工会职能。推进大工会平台建设,着力扩大工会影响力。随着临港集团走出去战略的实施,临港集团开发建设的园区辐射到浦东、徐汇、松江、奉贤、普陀、闵行、宝山、金山等15个区。产工委服务范围也随之扩散到各个园区,成立园区工会联合会;推进大文化平台建设,着力打响文化活动品牌。按照"一年文艺、一年体育"的工作思路,以"健康临港人"为主题,开展"我与临港同行"临港园区职工文化艺术节系列活动,活动涉及"文化同行"、"活力同行"及"健康同行"三大类共10项内容,丰富职工业余文化生活;推进大服务平台建设,着力打造职工保障品牌。完善一系列职工实事项目,用细心、贴心、暖心的服务让企业和广大职工感受到"职工之家"的温暖;推进工会体制改革,夯实工会工作基础管理。临港产业区工作委员会改制为临港产业园区工会。并于9月召开第一次会员代表大会,选举产生临港产业园区工会第一届委员会委员及第一届经费审查委员会委员。 (闫炅鹏)

【中国电信集团工会号百信息服务有限公司委员会】 辖基层工会2个,工会会员316人,其中女会员148人。公司工会通过员工权益保障平台、岗位创新平台、文化体育协会平台等载体,积极开展员工帮困救助、岗位练兵、文娱体育等活动;关切员工诉求,凝聚员工力量。在帮困扶贫精准化上下功夫,完善公司帮困救助实施细则,针对罹患大病职工、单亲职工和家庭变故职工开展精准帮扶,通过给予定补、助学帮困、特殊情况帮困等形式为职工救急救难。同时打造健康向上、奋发有为、勤于学习、协同高效的员工队伍,诠释"积极向上、创新实干、风清气正"的企业文化理念。2018年,获得各类集体与个人荣誉称号6项,包括"上海市工人先锋号""中国电信集团模范职工小家""中国电信集团优秀工会积极分子""中国电信集团岗位创新优秀团队""中国电信集团岗位创新能手"等。 (童合明)

【上海上实(集团)有限公司工会】 辖基层工会37个,工会会员3763人,其中女会员1055人。学习贯彻习近平总书记系列重要讲话以及党的十九大、工会十七大等会议精神,召开集团经营情况通报会,向职工代表通报集团经营情况;召开表彰大会,邀请先进个人和集体代表交流工作体会。维护职工合法权益,主动参与到企业改制的前置程序中,对于职工安置、分流等提出工会的建议和意见;对于新成立、新并购企业,主动对接了解建会情况;配合集团安委会做好安全生产检查工作,组织8家企业工会参加全国"安康杯"竞赛。开展劳动竞赛、职工创新,发挥职工创新团队在企业创新驱动、转型发展的示范、引领和骨干带头作用。开展"夏送清凉""冬送温暖"活动,慰问一线企业,发放慰问品1500余份。开展帮困工作,救助困难职工300多人次,帮困资金23.99万元。推进会员普惠计划,扩大工会会员服务卡覆盖面。举办"讴歌新时代·逐梦新征程——上实集团'迎国庆'职工歌会"、家庭日、女职工周末学校等活动;开展职工文体协会、兴趣小组活动。以国有企业工会改革为切入点,开展大调研工作;开展各类工会业务培训,推进经审工作规范化和制度化,及时调整充实各级工会领导班子。 (王玉君)

【上海市农业委员会系统工会工作委员会】 辖基层工会31个,会员3247人,其中女会员1220人。服务"三农"工作大局,深化职工素质工程建设。组织开展2018年度上海市五一劳动奖章、奖状和工人先锋号的推荐工作。上海兽医研究所李泽君获五一劳动奖章,上海市渔政监督管理处获五一劳动奖状,上海市农业科学院食用菌所加工技术与发酵工程研究室获工人先锋号;同时开展了先进事迹宣传和理想信念教育。职工专利发明奖励40项,获第六届中国(上海)国际进出口交易会职工专利发明银奖1个,铜奖3个。开展劳动竞赛,2个单位参加了全国比赛,2个单位参加行业比赛。举办改革开放40周年系列活动,积极开展各类文体活动。与系统团工委联合举办"改革开放再出发·乡村振兴启征程"征文、诵读系列活动,历时4个多月,共有22个单位70篇征文参加征文比赛,19个单位27个作品参加诵读比赛。选送征文《爸爸变了》参加市读书指导委员会举办的第二十届上海读书节,获优秀奖和优秀组织奖。与团工委联合组织"兴农杯"足球比赛,历时2个多月,共有26家单位16支球队200多名职工参赛。选送《妞妞下乡记》参加最美劳动者"上海电气杯"第二届上海职工微电影节,获铜奖和优秀组织奖。制订印发《市农委系统工会关于专项奖励、补助经费的管理办法》,完善《上海市农委系统困难职工补助办法》和《市农委系统工会关于职工技术创新、合理化建议及新晋升技师等的奖励办法》。认真做好困难职工帮扶工作,组织"爱心一日捐"活动,元旦春节慰问233名职工,全年大病帮困帮扶13人,金秋助学8人,共计帮扶资金18万余元。做好劳模体检、疗休养和特殊困难帮扶工作。为3位劳模申请特殊困难帮扶金。做好系统工会会员卡注册和新会员办卡以及投保工作,全年共注册2785人,新办352人,投保3030人,13名会员享受会员卡专项保障大病赔付共计27.3万元。组织"三八节"系列活动,组织系统16个单位334位女职工专项体检。做好工会换届选举工作。加强工会干部教育培训,组织基层新任工会主席参加任职培训,提高工会干部的工作能力和履职能力。做好第十五次厂务公开自查,采用多种形式推进厂务公开完善民主管理。做好工会财务管理,组织开展工会财务票据电子化培训,年内全系统工会财务实行电子化开票;完成工会财务经费收入专用票据核销汇总和财政帮扶资金自查工作。 (陈颖娅)

【上海国盛(集团)有限公司工会】 辖基层工会29个,工会会员1612人,其中女会员453人。在集团党委和上海市总工会的领导下,工会通过弘扬先进典型,引领、鼓舞和凝聚广大职工。获"全国工人先锋号","上海市劳模集体"称号,2人获"上海市劳动模范",1个直属企业获"上海市五一劳动奖状",4人获"上海市五一劳动奖章",4个集体获"上海市工人先锋号"等荣誉。在集团上下形成弘扬先进典型,全面加强基层工会建设的良好氛围。通过加强职代会建设,进一步加强企业科学、民主、规范管理,依法维护职工合法权益，保证资本运作、资产整合等各项任务顺利完成。弘扬“开放、包容、进取、分享”的国盛企业文化，设立上海市总工会“公益乐学”国盛集团教学点，开展形式多样、内容丰富的“公益乐学”教学课程，不断满足职工精神文化需求。（颜　妍）

【绿地控股集团工会】　辖基层工会13个，工会会员3714人，其中女会员1370人。围绕集团中心任务，开展立功竞赛活动。挖掘先进经验，树立先进典型，以《绿地报》、工会专栏、集团党建网、“绿地文化之窗”微信公众号为载体进行广泛宣传。启动员工职业技能比武竞赛活动，联合集团工程合约部、技发部、投资发展部、党务部，组织开展相关业务条线比武竞赛活动，培养一支“知识型、技能型、创新型”的骨干队伍。落实员工福利方案，在原有“三必访”、三八节慰问、生日慰问、夏送清凉、家庭日活动的基础上，新增7大节日慰问，并印发《关于切实做好防暑降温工作的通知》；组织开展59名、13批次劳模和先进员工疗休养活动。积极争取市级以上荣誉，多个集体和个人获“上海市五一劳动奖状（章）”“上海市三八红旗手”等称号。加强工会自身建设，完善工会工作制度，形成《绿地集团基层工会管理办法》《困难职工帮扶办法》《关于进一步做好员工关怀工作的意见》等长效管理制度；根据集团不断发展壮大的实际，及时在新成立单位中成立工会；开展工会干部培训、年度考评、“优秀党群干部”评选等工作，不断提高工会工作水平。（金佳艳）

【上海电影（集团）有限公司工会】　辖基层工会14个，会员2349人，其中女会员1047人。抓好从微电影走向大电影的文化建设。6月，在拍摄176部微电影的基础上，集团工会首次参与拍摄、发行院线电影《勇敢往事》，并在上海国际电影节期间举行首映。坚持“降本增效”工作，12年来共节省资金1.21亿元，产生标兵16人、先进集体54个。举办第九届“创新与特色——基础工会工作PPT展评”、“美食每刻——2018’厨艺秀”、“魅力上影·非凡女性”纪念三八节文艺联欢、“鱼乐无穷”第十二届职工钓鱼比赛、第十二届“SFG杯”职工乒乓球团体赛、第五届“三牌对决”职工80分扑克牌比赛、第三届“羽您相约”职工羽毛球团体赛、第四届楼宇职工乒乓球趣味比赛。（高　羿）

【五冶集团上海有限公司工会】　辖10个分工会，会员2637人，其中女会员549人。公司工会围绕公司“打造一流五冶、建设幸福五冶”发展战略，带领职工深入践行“持续创新，追求卓越”的发展文化，“严细新实，持续提升”的管理文化，“忠诚为先，业绩为重”的责任文化，“阳光科学，广聚英才”的用人文化。通过抓思想引领、团队建设、员工关爱、劳动竞赛、职工技术练兵、文化体育等活动，为公司各项发展目标的顺利实现做出了积极贡献。13名员工获得省部级以上劳模荣誉称号，其中：全国劳模1名，全国五一劳动奖章获得者1名，国资委劳模1名，上海市劳模4名，上海市五一劳动奖章4名，冶金部劳模1名。（孙　亮）

【上海化工研究院工会】　辖18个基层工会，其中二级部门工会13个，二级全资子公司工会5个，有工会会员941人，其中女会员323人。坚持职代会制度，规范职代会程序，先后召开公司十届九次、十次、十一次职工代表大会，会议审议通过公司行政工作总结、各项经费使用情况、《公司职工代表大会实施办法》《个人税收递延型养老保险实施方案》《年度工资专项集体合同》等。收到并处理职工代表提案20项。深入开展“安康杯”竞赛活动，提升安全工作水平。4个部门获优胜奖，8个部门获鼓励奖，25人获竞赛先进个人。积极推进企业文化建设，培育先进典型。检测中心综合部和公司人力资源部获评2017—2018年度上海市巾帼文明岗荣誉称号，检测中心倪晓芳获评2017—2018年度上海市巾帼建功标兵。先进材料事业部获评2018年上海市工人先锋号，技术开发中心王新威获2018年上海市五一劳动奖章。完成三年一届的基层工会换届改选工作。开展“职工之家”评选工作，评选出优秀“职工小家”6个。“优秀工会工作者”8人，“工会工作积极分子”11人。完成年度工会会员网上注册工作，新办工会会员服务卡两批共计121人，为全体职工办理职工互助保障计划A类和工会会员专享基本保障。认真做好帮困送温暖工作，开展“一日捐”活动，795名职工共计捐款7.1万元，全年救急济难基金帮扶6人次，合计5.8万元。全年慰问481人次，总计20.2万元。为1859名退休职工办理住院保障计划，慰问退休职工1694人次，64.9万元。慰问高温岗位职工493人，慰问外地单身住宿职工120人。全年安排职工疗休养6批次共计233人，每批满意率均在95%以上。落实职工福利，逢年过节为全体会员发放节日慰问品，为每位会员发放电影卡、读书卡，安装电子书屋触屏终端设备。每月开展生日慰问活动。在食堂开辟咖啡角，每天中午为职工提供平价咖啡。开展职工放心食堂满意度调查，满意度为83.58%，对职工集中的意见和建议督促承包方进行整改。积极拓展职工活动中心功能，改造音控室、活动室、室内球馆、篮球场等，各场馆累计参加活动超过2000人次。举办迎新春团拜游园活动、第十二届职工趣味运动会，组织开展公司62周年庆职工歌唱赛等活动，与公司团委联合举办迎新活动，累计参与达到1500人次。关心女职工，对爱心妈咪小屋进行设施升级，举办礼仪美容培训课程，妇女节组织全体女职工观看音乐剧，邀请普陀妇幼学会讲师开展中医育儿讲座，开设女职工瑜伽课，舞蹈培训班等。充分利用公司科研优势，与普陀区科协联合开展青少年科普夏令营活动。（喻静兰）

【上海世纪出版（集团）有限公司工会】　辖基层工会51个，工会会员4015人，其中女会员1572人。围绕中心，发挥工会组织作用。召开集团二次工代会暨二届二次职代会，审议并表决通过《关于〈上海世纪出版（集团）有限公司2017年主要工作和2018年工作要点〉的决议》和《集团职工代表大会提案工作条例》。关爱职工，推进实事项目落实。一日捐捐款达24.69万元。集团工会开展元旦春节帮困送温暖，慰问大病职工46人，发放慰问金9.2万元；慰问家庭困难职工154人，发放补助金14.62万元。

盛夏开展“夏送清凉”职工慰问活动，慰问职工3760人，发放慰问品和补贴36.48万元。组织350位先进职工疗休养。安排全部职工年度健康体检。为会员交纳保费15.97万元；为8个单位9名新患大病会员，申办大病理赔和住院慰问金；创建职工亲子工作室，解除职工后顾之忧。弘扬先进，加强企业文化建设。年内选树上海市五一劳动奖状2家、五一劳动奖章1人、工人先锋号1家；广泛开展了“上海工匠”选树培养活动，上海印刷(集团)有限公司曲云飞被评为“上海工匠”。举办三八妇女节先进表彰活动，上海科技出版社宛玲、印刷集团李敏君获得2017—2018年度上海市三八红旗手，上海文艺出版社当代文学原创中心获得2017—2018年度上海市三八红旗集体。认真做好退管工作。在元旦春节期间走访、慰问退休劳模。 (江 文)

【中国福利会工会工作委员会】 辖基层工会10个，工会会员1935人，其中女性会员1573人。举办中福会系统工会主席、工会干部培训班，共有13家单位，35名工会主席参加培训。加强工会组织建设，完善工会工作机制。指导中福会儿童艺术剧院和中福会托儿所两家单位进行工会换届选举工作，选举产生新一届工会委员会、经费审查委员会以及女职工委员会。积极申报专项荣誉，中国福利会幼儿园活动策划组工会小组获2018年全国模范职工小家。宋庆龄幼儿园多元文化部获2018年上海市工人先锋号；中国福利会老年福利发展中心主任施福刚获2018年上海市五一劳动奖章。中国福利会国际妇幼保健院医疗创新服务工作室获评市职工技师创新工作室。弘扬“工匠”精神，开展以“弘扬宋庆龄精神、建功新时代”为主题的2018年中福会保育员劳动竞赛和消防技能劳动竞赛。夯实职工文化建设，打造文体活动品牌。举办“不忘初心·缔造未来”中国福利会成立八十周年职工运动会，中福会12个单位的代表队共543名选手参与16项团体和个人项目的角逐，创下了中福会运动会史上参与人数之最。落实工会会员专享基本保障、职工互助保障的投保。全面推进“妈咪小屋”建设，开展星级“妈咪小屋”评定，宋幼虹桥园区获评4星级“爱心妈咪小屋”。保健院和出版社新建2家“妈咪小屋”。 (汪陈婷)

【上海诺基亚贝尔股份有限公司工会】 辖9个部门工会，5个二级工会，职工人数6900人，会员人数6869人。工会工作机构设工会主席室、工会办公室、权益维护部、组织宣传部、经济工作部、文体工作部。工会主席作为职工监事列席公司董事会、参与公司监事会，确保与行政的沟通渠道畅通。实行工会会员代表常任制，召开工会会员代表大会审议工会年度报告、经审报告、帮困报告等，并在闭会期间通过公司工会委员会和经费审查委员审议公司及工会重大事项。建立集体合同协商代表与行政协商沟通制度，签订新一版《集体合同》。运用完善的维权机制，依法依规积极主动协调劳动关系，履行好维护职工合法权益的基本职责。围绕改革开放40周年主题，开展以“文照初心、艺展新程”为主题的第四届职工文化艺术年展演活动，全年开展“辰山音乐节暨家庭日”“庆祝建党97周年歌咏大会”“欢乐家庭日”和“职工书画摄影作品展”等14项主题活动。各基层工会和工会协会俱乐部围绕全年主题开展丰富多彩的员工活动，展现员工的艺术才华。利用工会互联网+微信公众号，工会内网、职工画廊、食堂展板、年度工会画册等宣传阵地扩大工会影响。加大工会干部的能力建设，加大各部门班组建设培训力度，提高员工的综合素质。积极开展工会理论研究并组织论文撰写和评选工作。开展“工会先进集体”“模范职工小家”“优秀工会干部”和女员工“金叶子奖”等先进评选活动，并推荐优秀员工参加上级工会组织的各项先进评选活动，如上海巾帼文明岗、上海市巾帼建功标兵、中央企业先进集体和劳动模范。关注关爱员工，做好日常慰问，举办员工心理咨询讲座会。完善“妈咪小屋”的内饰和装备。加强不同地区间的工会联建活动，协调各独立法律实体间工会工作，建立工会联席会议制度，沟通交流工会工作情况。 (俞 静)

局(产业)工会主席、副主席、经审主任名录

单位名称	主席(主任)	副主席(副主任)	经审主任
上海市机电工会	朱 斌	李 斌 袁胜洲 万敏莉(女) 李 敏(兼职)	袁胜洲
上海市仪表电子工会	顾 文(女)	张 波 林华勇(兼职) 王海云(挂职,女)	林华勇
上海市化学工会	黄岱列	汪耀华 李爱敏(兼职,女)	
上海市轻工业工会(上海轻工业工会联合会)	庄 勤(女)	应蓓卿(女) 李 黎(兼职) 曹湛卢(兼职)	
东方国际(集团)有限公司工会(上海市纺织工会)	黄 勤(女)	邵玉虎 陈 敏(女) 吉伟忠(兼职) 郭 愚(女)	邵玉虎
上海市医药工会	陈 欣(女)	佘 群 陈 旻(女) 朱 阳(兼职)	张坚挺(女)

续 表

单位名称	主席(主任)	副主席(副主任)	经审主任
国网上海市电力公司工会	娄 为	华洁铭 潘 锋	丁 钧
上海电力建设有限责任公司工会	林德斌	钱晓政	陆秀国
中国宝武钢铁集团有限公司工会	傅连春	陈英颖(女)	陈英颖(女)
中冶宝钢技术服务有限公司工会	姜 武		文 俭
上海宝冶集团有限公司工会	裴志清		毛一新
上海高桥石油化工公司工会	李海东	梁端胜	梁端胜
中国石化上海石油化工股份有限公司工会	马延辉	陈宏军	陈宏军
上海航天局工会	李 昕	王 林 王 磊(女) 赵海燕(兼职,女)	王 林
中船上海船舶工业有限公司工会	朱大弟	姚 莹(女) 赵海东(兼职)	姚 莹(女)
上海市烟草工会	杨桂选	胡勤伟 征 嵘 王斯薇 挂职,女)	征 嵘
上海汽车集团股份有限公司工会	钟立欣	甘 平 祝培莉(女)	祝培莉(女)
上海市漕河泾新兴技术开发区发展总公司工会	孙雯莉(女)		张 红(女)
中国能源化学工会华东电力工作委员会	王 路		冯新卫
上海华虹(集团)有限公司工会	陈继旺	赵 蓉(挂职,女) 董骏平(兼职) 李鸿(兼职,女)	薛 遥(女)
中国华源集团有限公司工会	吴鸿妹(女)		
上海化学工业区工会	李庆红(女)	庄彬英(女) 郭 盛 支宏斌 邬平平(女)	庄彬英(女)
国药控股股份有限公司工会	冯 蓉(女)	沈 莉(女)	张 健(女)
中国铁路工会上海铁路局委员会	何元庆	邹开伟 包晓朵(女)	邹开伟
中国远洋海运集团有限公司工会	张善民	是 铮	是 铮
上海国际港务(集团)股份有限公司工会	庄晓晴(女)	王晶奇	王晶奇
中国海员工会上海长江轮船公司委员会			赵麒麟
上海市运输工会	张 正	王 勤(女)	李 军
中国邮政集团工会上海市委员会	黄来芳(女)	秦国敏(女)	罗坚石
中国移动通信集团工会上海市委员会	梁志强	刘德彪	沈国玮(女)
中国电信集团工会上海市委员会	常朝晖	金小铭(女) 陈晓军	陈晓军
中国海员工会交通运输部东海救助局委员会	马平原	宗爱君(女)	张 铭
中国海员工会交通运输部上海打捞局委员会	白成军	杨 康	陈 绮(女)
中交上海航道局有限公司工会	包中勇	汪 正	成彦璟(女)
中交第三航务工程局有限公司工会	傅瑞球		王 珏
中国民航工会华东地区管理局委员会	西绍波		雷 晓(女)
中国东方航空集团公司工会	袁 骏	高 峰	冯金雄
上海机场(集团)有限公司工会	张永东	于明洪	于明洪

续 表

单位名称	主席（主任）	副主席（副主任）	经审主任
中国海员工会上海海事局委员会	顾　平	崔　虹（女）	张强伟（女）
上海市城乡建设和交通工会工作委员会		张　静（女）　樊　好	刘方定
上海建工集团股份有限公司工会	卞　炯	张　超　廉永梅（女）	张　超
上海市交通委员会工会		曹秀峰（女）　韩竹青　周建荣	王　青（女）
上海海洋石油局工会	刘振东	朱　泉　于永鹏（兼职）	郑　莉（女）
上海市绿化和市容管理局工会	肖龙根	冯　磊（女）　张洪斌	冯　磊（女）
上海市绿化市容行业工会	肖龙根	冯　磊（女）　张洪斌　吴　炜　赵　进　李　影（女）	冯　磊（女）
华东建筑集团股份有限公司工会	王　玲（女）	姜凯耀　张　铁	夏　明
鲁中矿业有限公司工会	李　洲	李永梅（女）　李祥生	王　辉
上海市水务局（上海市海洋局）工会	徐永康	高　伟（女）　谢翠松	高　伟（女）
中国建筑第八工程局有限公司工会	于金伟	王为兵　李现花（女）　张　慧（兼职，女）　苏亚武（兼职）　黄德彪（兼职）	王为兵
上海大屯能源股份有限公司工会	马振欣		王安友
上海市金融工会工作委员会	姚嘉勇	赵　彪	许耀武
上海市税务工会	胡兰芳（女）	汪　菁（女）	董　理（女）
上海市人力资源和社会保障局工会	朱　军	李　萍（女）　周维钢	陆　跃
中国教育工会上海市委员会	成旦红	李　蔚（女）　吉启华　司徒蕙琪（兼职，女）　李序颖	吉启华
上海市科技工会	陈　龙	赵福祥　汪显坤（兼职）	汪显坤
上海市医务工会	郑　锦（女）	张　浩　何　园（女）　李卫平（兼职）　宋耀君（兼职）	张居正
上海市新闻出版工会	薛建华	王瑛萍（女）	王瑛萍（女）
上海报业集团工会	刘　可（女）	党　勇　尹　欣（兼职，女）　叶志明（兼职）　王　倜（兼职）　童　杰（兼职）	吴有培
新华通讯社上海分社工会委员会	季　明	潘　清（女）	凡　军
上海市文化广播影视管理局工会	游海洋（女）	李盛旺	戴曙萍（女）
上海广播电视台（上海文化广播影视集团有限公司）工会	袁　雷	郑丽娟（女）　严洪涛　黄豆豆	李　桦（女）
上海社会科学院工会	杨鹏飞	王　英（女）　韩汉君　赵蓓文（女）　刘　峰	王　英（女）
上海市体育局工会	赵光圣	吴晓莹（女）　王曙芳（女）　张　亮	张　元
上海市经济和信息化工作系统工会工作委员会	汪　羽	徐　方（女）	徐　方（女）

续 表

单位名称	主席(主任)	副主席(副主任)	经审主任
上海市信息化行业工会	汪　羽	徐　方(女)　陆　森(兼职)　王　勇(兼职)　戴志伟(兼职)　黄　俭(秘书长)	
光明食品(集团)有限公司工会	潘建军	姜　伟	李　林
上海市民政局工会	刘忠飞	丁　烨(女)	许夏萍(女)
上海市监狱管理局工会	肖美芳(女)	吴学军	张顺华
锦江国际(集团)有限公司工会	宋　刚	孙　侃	孙　侃
上海市东湖(集团)公司工会		胡　明(女)	陈　杰
上海市衡山(集团)公司工会	熊　凯	黄嘉宇(兼职)	陈月华(女)
上海市市级机关工会工作委员会	陈　玲(女)		金林勇
百联集团有限公司工会	许国良	祁月红(女)	吴玲芳
上海市商业行业工会	刘晓敏(女)	王逢祥　姚黄平　林　强	
申能(集团)有限公司工会	须伟泉	王偕勇　刘先军　李松华(兼职)　杜卫华(兼职)	徐任重
上海久事(集团)有限公司工会	孙　江	王雯洁(女)　马卫星(兼职,女)	徐　珉(女)
上海申通地铁集团有限公司工会	蔡伟东	严婵琳(女)	徐宪明
上海城投(集团)有限公司工会	徐　文	黄　吉	黄　吉
上海电器科学研究所(集团)有限公司工会	陈红洁		何正平(女)
上海市社会系统工会工作委员会		金　雷	吴光荣
上海隧道工程股份有限公司工会	朱东海	刚保平(女)　周翀凯(兼职)　李章林(兼职)	刚保平(女)
上海地产(集团)有限公司工会		王卫卫(女)	王幸儿(女)
上海东浩兰生国际服务贸易(集团)有限公司工会	葛　平	吴明华　毕权军　龚祥和	吴明华
中国联合网络通信有限公司工会上海市委员会	李　爽(女)	魏　炜	张乐燕(女)
上海市合作交流系统工会工作委员会	张荣生	潘　健　仇文江　马秋生(兼职)	朱继伟
上海市电力股份有限公司工会	顾　皑	胡伟斌	杨　静(女)
中铝上海铜业有限公司工会	张火兴	龚　斌	王　琳(女)
上海市通信管理局工会	凌　坚		范志刚
上海市宾馆业工会联合会		王行泽　徐中尼　高耀敏　陈雪羽(秘书长)	
中国商用飞机有限责任公司工会	刘林宗	吴建军　沈　伟(女)	缪根红
中国民用航空华东地区空中交通管理局工会	孟　磊(女)		黄　钧
上海临港产业园区工会委员会	韩国华	邰惠青(兼职,女)	叶　娣(女)

续 表

单位名称	主席(主任)	副主席(副主任)	经审主任
中国电信集团工会号百信息服务有限公司委员会	刘苏南	刘德顺	易梅青(女)
上海上实(集团)有限公司工会	陈　欣(女)	季　定(女)	黄　刚
上海市公安局工会	周海健	洪兆枫　丁　艳(女)　倪蓓蓓(兼职,女)	钱洪乔
上海市农业委员会系统工会工作委员会	陶振华(女)	陈　赛(女)	陈　赛(女)
上海国盛(集团)有限公司工会	王旭岗		颜　妍(女)
华能上海分公司工会	陈永平		张晓煜(女)
上海绿地控股集团工会		张海峰	徐跃华(女)
上海世博发展(集团)有限公司工会	吴晓莺(女)	居　正	孙惠宏
上海申迪(集团)有限公司工会	金　涛	蒋　靖(兼职)　周　锋(兼职)	戴蓓蕾(女)
上海电影(集团)有限公司工会	李　雷	范奕蓉(女)　陈　艳(女)　易　磊	胡　军(女)
中国金融工会上海工作委员会	蔡　莹	周　健	
五冶集团上海有限公司工会	倪治寿		毛　波(女)
上海东方网股份有限公司工会	陆　黛(女)	王　迪(女)　寇志红(女)	张丽娜(女)
上海化工研究院工会	黄　焱	周勇明(兼职)　刘　虹(兼职,女)	刘彦明
上海世纪出版(集团)有限公司工会	何向莲	王云斌　夏一鸣(兼职)　李敏君(兼职,女)	张佩芳(女)
中国福利会工会工作委员会	邹勇飞	舒　敏(女)郑允华(女)	王颖淑(女)
上海市市场监管工会工作委员会	钟小明	陈春平(女)	陈春平(女)
上海诺基亚贝尔股份有限公司工会	冯来周		朱　燕(女)

直管单位概况

上海工会年鉴
2019

单位概况

【上海工会管理职业学院】 2018年，上海工会管理职业学院坚持围绕中心服务大局，紧密结合学院“三个一流”基地建设工作实际，持续深化改革，调整内设机构职能，改革绩效工资分配方案，完善学院内部管理制度和运行机制，扎实推进工会干部教育培训和工会理论研究工作。全面完成市总主体班、业务班，统筹安排兄弟省市及基层单位的委托培训，认真落实对口援助培训任务，承办果洛、日喀则和遵义来沪培训班，并组织教师赴遵义、日喀则送教上门，反响良好。完善社会化工会工作者培训项目，新开发为期3天的“轮训提高班”和为期10天的“中级工会社工培训班”；创新非公企业工会主席培训项目，采用线上线下相结合的方式开展培训；新设街镇（园区）工会主席培训项目，着力提升街镇（园区）工会主席能力素养。推进现场教学基地建设，新增教学基地4个。与宝武集团工会探索在现场教学基地建设的基础上建立“合作伙伴关系”，形成开门办校、校企合作的良好格局。扎实开展工运理论与工会课题研究，承担2项市总重大课题的主要撰稿任务，承担3项市总委托课题。学院在2017年度上海工会优秀调研报告、论文评选中，获1个一等奖、2个二等奖和1个优秀奖；在全国工会学研究会年会暨第三十四次全国工会理论教学讨论会优秀论文评选中，获1个二等奖、1个三等奖。编发《工会智库》18期、《学院专报》5期，聚焦劳动关系和工会工作中的矛盾和问题，发挥人才优势和理论阵地作用，为市总工会领导决策和工作部署提供参考，其中2期《工会智库》和3期《学院专报》获市总工会领导肯定性批示。通过学报改版、编委会重组等一系列措施提升学报《工会理论研究》的学术质量和办刊水平。学报《工会理论研究》在上海期刊编校质量检查中获“优秀期刊”；在第七届上海市高校优秀学报评优活动中，被评为“上海市高校优秀学报”；据中国人民大学人文社会科学学术成果评价研究中心发布“复印报刊资料”转载统计报告显示，2018年度《工会理论研究》共有10篇文章被《人大复印报刊资料·工会工作》全文转载，创历史最好成绩。全年共举办各类工会干部培训班129期，培训8643人；送教上门160次，培训7985人。培训质量稳步提升，学员总体评价满意率98%以上；“劳动关系协调员”项目被市人力资源和社会保障局认定为上海市2015—2017年度职业培训机构（项目）办学质量和诚信等级评定A级单位。 （钟文娜）

【上海市工人文化宫】 作为职工群众文化活动的重要场所，2018年，承办“中国梦·劳动美”上海市庆祝五一国际劳动节特别节目。承办“中国梦·劳动美”“光明田缘杯”2018年上海市班组（团队）文化网络大赛，共计14600多个团队、5万多人报名参加。参与策划、组织各类文化活动、公益专场演出、音乐会共计91场。举办12场“茉莉飘香、情系职工”一线职工专场慰问演出，观演职工观众超2万人次。全年创作排演艺术类作品超过20个，举办专场演出超过20场，其中“茉香国风68”茉莉花民乐团专场音乐会成为上海之春国际音乐节唯一的非职业乐团的音乐会。恢复重建茉莉花交响乐团。策划“戏苑新风”戏曲演唱会20场，观众超6000人次。策划“爱乐空间”公益音乐会10场，观众超4000人次。“星空剧社”公益品牌项目首台大戏《这是最后的斗争》于1月首次公演。通过“上海职工艺博汇”展览展示平台，举办《新时代·新起点·新跨越》职工诗词、书画、摄影、集邮主题创作作品联展；纪念马克思诞辰200周年《共产党宣言》发表170周年马克思主义在中国的传播与旅俄华侨展；红星照耀新时代——上海首届红藏博览会文献实物展等20场公益展览，举办《不忘初心，牢记使命——迎接建党100周年革命圣地系列之“跨越时空的井冈山精神”》主题展，累积接待观展者154058人次，参观团队6599个，观展留言10535条，单日最高观展人数达2万人次。同时，井冈山微展进入全市16个区218个街镇园区党建中心，参观人数超3万。举办《浦江潮涌——黄浦区庆祝改革开放四十周年》大型主题展。策划承办《时代领跑者——上海劳动模范风采展》。策划承办2017—2018年度上海市职工职业道德“双十佳”评选活动。年内，组织媒体采访20余次，拍摄市宫重要新闻50次。全年发布推送258篇。网络直播6场，累计观看人次超20万人，点赞数超23万人。其中，交响乐团音乐会点击量超5万人，合唱团音乐会超8万人。举办“逐梦新时代·悦读再出发”第20届上海读书节活动，“第二十届上海读书节”获中华全国总工会颁发的“全国职工书屋品牌暨读书组织奖”。举办上海职工微电影节。组织2018年上海职工征文大赛，将优秀作品以《振兴中华，我们再出发》为名结集出版。完成《主人》杂志年度改版工作。策划编写《拍摄上海工匠的摄影工匠》《家国天下众生相》《倾情“井冈山”》《讴歌历史，书写辉煌》等文学作品，开设“匠心筑梦”栏目。辅助基层单位开展新闻写作指导共5场，惠及职工200余人。连续第5年实施职工文化服务配送，并推出2018年文化服务菜单。继续推进“百千万职工素质培训工程”。“公益乐学”通过剧场版、流动课堂等2个子系列，实现各教学点的联动互动，全年共建设20余家教学点，常态化运作的教学点超过40家，各教学点服务职工20余万人次。全年共进行公益乐学现场版教学466场，成功预约7740人次，共进行公益乐学企业版教学451场，服务13000余人次。公益乐学官微推送图文160次，共209条，总用户数增加到17627人。举办2018年上海工会职工文化组织者培训班。开展“带副春联回家乡”活动，全市16个区局（产业）及下属企事业单位组织送春联慰问农民工活动。开展传统文化直通车活动，全年共计举行20站，涉及大型企业、楼宇、工业园区和公共文化服务场所，服务17000余人次。组织上海职工书画家20人举行“五一义卖”活动，所得近2万元全部捐献给沪上困难职工子女求学。 （王家辉）

【劳动报社】 劳动报社是上海市总工会的直属单位，《劳动报》既是市总工会机关报，也是上海主流媒体之一。2018年，劳动报社《不谈“五险一金”就算有追求?》《每一张订单都仿佛“用生命送达”》《工人运动战线上的一位杰出领导——与李家齐忆刘长胜往事》等5篇作品获第二十六届上海新闻奖。《烈日下的焦灼与无奈》获2017年度"上海市五一新闻奖"一等奖,另有2篇作品分获二、三等奖,《"我是工人"系列》《嗲!滨江45公里怎么玩?最全指南!上海人都在收藏转发》分别荣获新媒体一等奖和三等奖。《一张"天网",360度看清食品安全》获上海人大新闻奖二等奖。全年各类表扬和主要奖项共计42个。劳动报社进博会报道组荣获上海市城市服务保障首届中国国际进口博览会立功竞赛活动先进集体。近年来,本报以立足职工立场和工会视角为基本定位,以新闻调查、深度报道为载体,注重采编质量,提升办报品质,大力推进新媒体平台建设,不断扩大《劳动报》的社会影响力。《春节留守上海,值还是不值?》《中国制造的品质革命需激发一线职工创新创造力》等17篇报道获得市委宣传部的单篇阅评专报表扬,排名位于解放、澎湃之后。另有7次获得综合表扬。《上海户外职工爱心接力站运行情况及对策建议》《上海工会系统推动文体场馆公益转型》《工会十七大系列报道》《劳动者之歌》栏目等获莫负春主席批示表扬一次。此外共有6篇作品在走转改优秀作品评选中分别荣获二等奖和三等奖,另有1人荣获走转改先进个人奖。《劳权周刊》、"夏令热线"、"高温下的坚守"、"中国梦·劳动美"等传统品牌栏目刊发大量弘扬社会主义核心价值观的时政新闻、人物特写、调查报告和评论,反映关注职工,讴歌先进,充分体现机关宣传报的价值观。微信公众号粉丝数量稳步上升,现有阅读人数达61万人。《重磅!上海市总工会发布经费使用最新办法,职工福利升级 & 规定具体细化》等4条新媒体推送获"10万+"的阅读量。 (胡晓云)

【上海市职工技协服务中心】 上海市职工技协服务中心是上海市总工会的直属事业单位,也是上海市职工技术协会的日常办事机构,下设办公室、财务科、技术服务科、技术培训科、技术创新科、资产管理科、经济发展科等部门。2018年,充分发挥职能型事业单位功能和作用,认真做好有关职工技术创新、技能提升和技术协作方面的工作。1.着力搭建职工创新平台。承办上海职工科技节、上海职工创新大会、第八届李斌技师创客论坛等活动,区局(产业)工会组织活动就达200余项,近百万名职工参与。举办第三十届上海市优秀发明选拔赛,400个基层单位1426项职工创新项目参赛,747个优秀发明项目获奖。深入开展职工合理化建议和先进操作法优秀成果征集、命名活动,348家基层单位工会申报职工合理化建议315项、先进操作法196项。评选出20个职工合理化建议优秀成果和20个职工先进操作法优秀成果。积极推荐职工优秀创新项目参展参评,获2018年国家科学技术进步奖二等奖1项,上海市科技进步奖7项,组织职工发明创新项目参加第十届国际发明展,19个项目获奖,推荐6个项目参加"第五届全国职工优秀技术创新成果交流活动",获一等奖1个、三等奖1个、优秀奖2个。深入开展劳模、职工(技师、巾帼)创新工作室创建命名活动,创建命名48个上海市劳模创新工作室和150个职工(技师、巾帼)创新工作室。组织科普讲师团进企业,举办专题报告会和科普讲座20场,受益职工6000多人。2.着力提升职工技能素质。举办第六届全国职工职业技能大赛6个工种的上海选拔赛并组队参加全国大赛,上海选拔赛参赛人员达万人。市职工技协服务中心获"2018年中国技能大赛第六届全国职工职业技能大赛优秀组织奖"。举办行业性技能培训和技术比武;开展智能制造技术"送教下企业"活动,举办2018年上海市职工二维工程图识图技能培训,与市插花花艺协会联合开展2018年插花花艺比赛,与上海金融理财师协会联合举办"防风险、强技能"金融服务竞赛,组织近百名数控和焊接专业技术工人开展技术交流活动。开展"上海工匠"培养选树活动。经资格认定、专家评审等环节,在"2018上海工匠选树命名暨工匠精神主题论坛"上,选树命名98名"上海工匠"。市委副书记尹弘出席会议并讲话。发布《上海工匠队伍建设发展情况报告》。举办工匠研修班及工匠风采展,展示新时代上海产业工人的精神风貌。举办上海工匠助力崇明世界级生态岛建设专题论坛暨结对签约仪式,做好上海工匠展示馆筹建工作。3.着力提升服务职工能力。提高服务职工实事项目质量,以基层单位和园区工会为对象,将报名点从2500家拓展到5000家,缩短申报审核时间;全年共奖励晋升技师、高级技师、师徒带教7000人次,奖励一线职工岗位创新授权发明专利2500人次。提高区域职工技术合作水平,组织医疗技术小分队到云南临沧市、镇康县、沧源县等地区开展专家义诊、学科培训交流、医院对口帮扶、医护人员带教等活动,共义诊病人2000余人;两地四家医院签订对口协作帮扶协议;向临沧市总工会赠送100只医疗箱及相关医疗器械。在沪举办乡村小学教师、畜牧业技术骨干、农村致富带头人、医护人员、乡村医生和高技能人才等6个培训班,受训人数220人。建立园区职工创新工作联席会议制度,召开3期园区非公企业职工创新工作例会;举办园区职工技术成果与孵化基地对接交流活动,10家园区工会与相关企业签订职工创新成果孵化合作协议,推动职工技术成果转化和推广。年内,市职工技协服务中心获市总工会"责任目标考核先进单位"。 (钱传东)

【上海市总工会职工援助服务中心】

上海市总工会职工援助服务中心(以下简称"服务中心")紧扣"全心全意为职工群众服务,切实维护职工合法权益"的工作理念,统筹、协调、指导全市各区工会职工服务工作,承担"12351"职工服务热线、就业服务、法律援助、工会会员服务卡、物价监督、法人资格登记、困难帮扶、市府实事项目"户外职工爱心接力站"等工作职能,为市总工会加快推动"创新驱动,转型发展"提供了优质的职工服务和保障。1.注重建章立制,落实主体责任。制定、完善《服务中心规章制度汇编》,把执行制度的情况,作为部门考核、个人述职述廉的重要内容。2.深化学习教育,着力提升职工政治素质和理论素养。创立"双周课堂",开课10期,邀请东方卫视著名主持人骆新、市劳模吴文巍、心理学家林贻真等各行各业的先进人物畅谈青年成长、术业专攻,并通过"12351职工服务平台"1+16矩阵的"互联网+党建"

新媒体渠道辐射学习覆盖面,引导全市各区职工服务中心工作人员从“双周课堂”中汲取奋进力量,争当职工服务事业的“排头兵”和“先行者”。3.强化队伍建设,推动“双争”活动长效化开展。以陈伯良先进人物为榜样,发扬“传帮带”作用,打造优良的服务队伍。组织广大青年参与“我与上海改革发展共奋进”征文活动,其中两篇文章被“上海机关党建微平台”推送。开展经典诵读《习近平谈治国理政》第二卷群团工作篇章活动。4.提升服务职工能级。户外职工爱心接力站是由市总工会、市绿化和市容管理局共同牵头,会同各级政府、各级工会及各个单位共同实施的一项市政府实事项目。服务中心负责管理职能,注重顶层设计和整体规划,制订《关于创设本市“户外职工爱心接力站”的实施意见(试行)》。加大宣传效应,完成市政府重大办“户外职工爱心接力站”专题网站制作,还与“美团网—大众点评”开展合作,依托16个区的服务中心和14个产业的1000家户外职工爱心接力站已覆盖到全市各街道。组建“市总职工援助服务中心青年志愿者总队”专项负责协助站长引导户外职工二维码签到引导等方面工作。扩大服务职工覆盖面,推进产业大口工会服务需求、资源整合。与金融服务中心、学生事务中心联动开展困难职工子女就业,进一步保障局(产业)工会职工的服务需求能及时得到响应。5.着力提高服务职工的效率。丰富“12351职工服务平台”服务模块,发挥互联网作用,遵循李强书记在群团调研中提出的“在网上找到组织,反映诉求,参加活动”要求,一方面便捷职工理赔,上线“在职住院保障计划”自动给付系统。全市有超过85%以上的在职职工享受了自动给付,减轻了市职工保障互助会本部的窗口接待量,并减少基层工会干部收集办理给付的流程,大大提高工作效率。另一方面提升工会工作效率,设立户外职工爱心接力站“我是站长”管理及签到功能,让数据多跑路、职工少跑腿,重视平台大数据分析,以数据检验工会服务成效,汇总站点服务大数据。响应市总工会文化下基层号召,利用信息技术优势主动对接“公益乐学”,丰富职工文化服务,并联合“上海农商银行团购服务”,拓展职工服务新渠道,快速、便捷服务职工需求。 (陈乐琪)

【上海市职工保障互助中心】 市职工保障互助中心(市职工保障互助会)认真贯彻习近平新时代中国特色社会主义思想和党的十九大精神,努力落实中国工会十七大和上海工会十四次代表大会的会议精神,着力破解工作中的瓶颈难题,打通服务职工“最后一公里”。1.做好互助保障计划的参保和保障金给付工作。“四项医疗互助保障计划”有效会员达842.78万人次,同比增加15.29万人次。其中“在职住院保障计划”有效会员207.84万人,“退休住院保障计划”401.28万人,“特种重病保障计划”164.08万人,“女职工特种保障计划”69.58万人。此外,“意外伤害保障计划”有效会员143.55万人,“意外伤残保障计划”有效会员131.54万人。“四项医疗互助保障计划”共向261.22万人次职工给付14.49亿元保障金。2.创新在职职工住院保障金给付方式,实现医保数据互联互通。对参加“在职住院保障计划”项目,且持有工会会员服务卡的职工启动“自动给付”。全年共对14.52万人次给付1.84亿元。上下联动,实现在职职工保障计划就近办理参保给付。3.多措并举,顺利完成社区参保。4月起,按区域先后举办6场社区互助保障业务培训,覆盖全市16个区服务处、220个街镇服务点,共723名工作人员就近参加。向社区印发2万份宣传材料、线上线下媒体多渠道宣传,确保退休职工及时获取信息。社区参保人数达95.24万人,其中,代扣款缴费的退休职工达84.29万人,占社区参保人数的88.50%。4.认真审核,做好大病职工慰问金给付。继续做好年度大病职工慰问的受理、审核和发放工作,全年共对6988人次工会会员发放大病慰问金698.8万元。5.谋划灵活就业会员保障实事项目。了解和掌握灵活就业群体的分布情况、保险状况、保障需求,设计《灵活就业群体工会会员专享基本保障》,并申报为2019年度上海工会服务职工实事项目。主动服务电信职工。改窗口受理为主动上门办理。 (顾艳斐)

【上海市总工会幼儿园】 上海市总工会幼儿园隶属于上海市总工会,是一所具有浓厚环保气息和教育特色的一流大型寄宿制幼儿园,占地15201平方米,建筑面积9300平方米,教职员工140余人,幼儿近500名,教师100%学前教育本科、专科学历,绝大部分毕业于华东师范大学。设有15个班,招收3—6岁幼儿。该园以促进幼儿身心健康全面和谐发展为宗旨,以实施“健康爱清洁、活泼有礼貌、自信肯动脑、能说善交往”为教育目标。园内教育设施一流,教育资源丰富,为幼儿创设良好的生活和实施素质教育的一流教育环境。多年来,针对寄宿制幼儿的生活适应性、情商发育、亲子关系、良好生活习惯、自理能力、交往能力和社会性发展等多方面,进行幼儿素质教育模式和寄宿制幼儿园特色课程设置等专题科研,成功的培养一批又一批个性良好,善于交往,行为规范,思维敏捷的学龄前儿童。幼儿园连续10届获上海市文明单位,先后获全国五一巾帼标兵岗、市五一劳动奖状、市五一巾帼奖、市三八红旗集体、市托幼机构保育工作先进集体、市厂务公开民主管理工作先进单位、市先进女职工集体、市平安示范单位、市爱国卫生先进集体、市慈善之星、市花园单位、五星级环保绿色单位等荣誉称号。 (秦 峰)

【上海海鸥控股(集团)有限公司】 2018年集团以“做实集团、做强企业”为目标,深化改革,勇于变革,努力追求集团化管控向集团化运营转变,推动集团可持续发展。1.完善体制机制,为实现集团化运营打好基础。加强资源整合成立新疗休养事业部,实现疗休养旅游产业战略协同。资源整合后,疗休养事业部以市场需求为导向设计40多条精品疗休养路线,制定个性化的疗休养服务方案,通过召开推介会,组织市场小分队,推动职工疗休养、体检补贴政策宣传“进园区、进社区、进企业”,让疗休养政策深入人心,扩大疗休养覆盖面、加大疗休养实事项目服务力度。2.克服经营困难,实现社会效益和经济效益双丰收。充分挖掘自身资源、创新服务方式,开发周边免费参观项目、以特惠价格安排职工自愿自费参观收费景点和丰富院内疗休养项目等措施来充实职工疗休养生活。3. 优化内控管理,进一步增强集团化管控力度。本着"管理全覆盖,流程易操作"的原则,完成信息化平台的一期开发,既与市总信息化平台完成了有序衔接,又对下属各单位实现了初步管控。同时组织各单位人事管理、资产管理、财务管理人员进行操作培训,为集团将全面提高管理效率和管理质量奠定基础。4. 落实市总群团改革转职能要求,承接市总 400 万以上基建项目。集团招纳项目管理专业人才,及时充实集团基建项目管理力量,提升集团基建项目管理水平。完善内部基建项目监督管理制度,明晰基建项目管理权责,发挥集团基建项目管理部指导作用。年内集团重点协调落实市宫外立面改造、茉莉花剧场改造前期立项、设计招标工作、闵行养老院建设项目的前期准备工作以及西宫项目的大量协调工作。

（姚芸婕）

【上海市工人疗养院】 2018 年,市工人疗养院以关爱一线职工、不断满足广大职工的健康需求为己任,积极响应上级工作部署,秉承"突出公益、聚焦主业"的原则,全年累计接待体检 9.3 万人次,圆满完成各项经营管理目标。1. 积极开拓市场。在保质保量完成体检保障计划基础上,以提高市场化营销能力为重点,深入挖潜,实现单日体检人次和体检单价的有效递增,促进效率与效益同步提增。2. 开发体检项目。紧跟健检行业发展趋势,在客源结构上分析挖潜,结合行政监管要求,多次调整开发符合市场需求和经营目标的体检项目,今年人均体检单价同比增长 7%。上半年将原有闲置的口腔放射设备整修后开设全景牙片项目,该项目开创本市体检行业口腔体检的先河,在提升口腔体检专业度及工疗行业竞争力的同时,也扩大市场份额和经营效能。3. 探索健康体检向健康管理衍生的内涵式发展之路,在劳模群体中开展有针对性的健康管理服务。建立劳模健检"四个一"模式,包括每年为劳模做一次健康体检,建立一套健康档案,进行一次健康教育,坚持一次电话或上门随访,切实履行"劳模体检基地"的工会职能,夯实了主营业务,提增经营效益。4. 推进和做好服务职工各项工作。开展好"心系职工情、温暖进万家"为主题的系列送温暖活动。对职工食堂和职工浴室进行整修及完善管理、成立职工活动室。院代表队在上海市市级机关工会主办的"2018 年庆祝改革开放 40 周年第九套广播体操展示活动"中获优胜奖。全面从严治党,抓作风建设,落实"两个主体责任"和"一岗双责"。加强"三重一大"集体决策制度、设备设施、工程建设和服务项目招标采购制度的监督执纪。修订《防控廉政风险表》建立防控体系,通过层层签订廉政责任书、强化各层级党风廉洁建设主体责任。深化"两学一做"常态化制度化主题教育活动,以党支部为单位,开展多样化教育学习活动。完成新一轮上海市文明单位的创建申报(蝉联六次),获"上海市公益基地",体检中心党支部被评市级机关先进基层党组织,B 超组被评为虹桥街道社会主义精神文明十佳好人好事。

（唐文璟）

【上海市总工会洞庭西山休养院】 2018 年,西山休养院在市总工会和海鸥集团的关心、支持下,围绕工会主责主业,以"抓重点、强基础、增实效"为主线,大力提升服务质量,优化管理模式,确保经营稳定,较好地完成各项工作和经营管理目标。全年共接待 5.61 万人次,实现营业收入 2578.5 万元,实现经营利润(GOP)130.8 万元。深入学习宣传贯彻党的十九大精神,扎实开展"不忘初心、牢记使命"主题教育活动。通过书记上党课、支部讨论、自学研读、民主生活会、系列主题教育活动、党建党史知识竞赛等形式多样的支部活动,将"改革先锋,岗位建功"活动与"两学一做"相结合,设立党员示范岗,充分发挥老党员、老同志的模范带头作用,弘扬"正能量"。在集团举办的"岗位练兵、技术比武"活动中获得佳绩。调整、优化完善服务环境,实施大堂门厅改造、太阳能移位、宴会厅平屋面维修、客用餐厅及职工餐厅改造等工程。更新部分客房的地毯、玻璃、卫浴设备,将原报告厅改造成 3D 高清影院,并对健身房地胶、器材、空调及电路进行施工。充分依托度假村(休养院)官方微信,注重在西山花果、太湖水上游下功夫、做文章,定期推送游览胜景、水产瓜果、人文古迹等方面的休养旅游服务咨询,不断拓展客源市场;引入"微支付""支付宝"等在线支付平台载体。在元旦、春节等节假日和西山特产上市采摘季节,适时推出各种参与性、娱乐性活动项目。针对工会会员服务卡持卡职工,推出自驾游"折上折"体验活动,使总工会的实事项目进一步惠及会员职工。注重志愿者服务队建设,每年开展爱心一日捐、义务献血、义务劳动、义务带休养团队等活动,并与金庭镇 3 户贫困户结对开展定向扶贫帮困活动。

（蔡玉蓉）

【上海市总工会黄山休养院】 黄山休养院占地 132 亩,建筑面积 13000 平方米,绿化面积达 76%,有 4 栋独立接待楼宇,可供休养入住接待的有效床位数 150 张。2018 年共接待疗休养 20058 人,实现营收 3080.2 万元,其中市场拓展为 3422 人,实现营业收入 973.3 万元。全年实现经营利润(GOP)为 530.7 万元。为切实做好职工疗休养保障计划接待服务工作,黄山休养院秉承"劳动光荣,休养快乐"的宗旨,积极围绕工会的主业主责,努力打造为基层一线工会会员服务、促进职工身心健康的休养园地。

（贝　卓）

【上海市退休职工服务中心】 市退管办立足主责主业,引领全市各级退管组织积极主动作为,平稳有序推进各项退管工作和为老服务工作,确保全市退休职工队伍和谐稳定。1. 强化退管理论研究工作,加大指导基层退管工作力度。结合退管工作实际,深入基层退管组织、退休职工中开展调研,了解基层退管组织的工作状况和退休职工的实际需求;加大对全市各级退管组织开展涉老政策、法律法规的宣传教育力度;完成上海市退休职工管理研究会换届改选工作;开展退管工作理论研究活动。2. 拓展为老服务工作的深度和广度。开展"冬送温暖夏送清凉""重阳关爱"系列帮困关爱工作,开展千名特困老人免费体检活动,推进退休职工住院保障计划的参保工作;组织各基层退管会以单位投保形式为退休职工购买"银发无忧”意外保险。突出市退管办示范引领作用，与宝山、嘉定、金山等区退管会联合组织开展社区为老服务专场活动，举办敬老节大型为老服务活动；制作发放高龄老人优待证，方便更多的退休职工享受到就近、就地、便利、优惠、贴心的服务；组织开展申城老人看“今日新上海”活动和为老服务志愿者疗休养活动。3. 丰富退休职工的精神文化生活。办好《上海退休生活》杂志和“银发服务网”，结合纪念改革开放四十周年，组织开展“赞美时代、赞美生活、赞美退休”征文、摄影比赛、“我看改革开放新变化”上海老年摄影展、“改革开放颂 唱响新时代”九九关爱重阳歌会、第十二届清凉杯扑克牌比赛等系列活动。4. 满足退休职工终身学习的需求。市退休职工大学针对老年学员需求旺盛与学习名额难求的突出矛盾，挖掘潜力，有效利用与合理配置教学资源，满足退休职工学习的愿望和需求。5. 维护退休职工的合法权益。实时了解、动态掌握各级退管组织的信访情况，开展信访培训，指导基层提高及时化解信访矛盾的能力。6. 加强退管工作者素质能力建设。修订《上海退休人员管理服务工作手册》，开展各区局集团（公司）退管会近三年的退管工作评估，开展全市退管工作人员培训，强化内部规范化建设。（黎　颖）

上海市总工会直管单位负责人名录

单位名称	职务	姓名
上海工会管理职业学院	党委书记	王厚富
	院长、党委副书记	李友钟（2018.4任）
上海市工人文化宫	主任、党委副书记	高　越（女，2018.6任）
	党委书记	谢　鹰
劳动报社	总编、党委副书记	王厚富
	党委书记	邵新宇（女）
上海市职工技协服务中心	主任、党总支书记	钱传东（2018.6任）
上海市总工会职工援助服务中心（上海市职工物价监督总站）	主任、党总支书记	陈　鲁（2018.6任）
上海市职工保障互助中心	主任、党总支书记	顾学庆
上海市总工会幼儿园	园长、党支部书记	周稼超（女）
上海市退休职工管理委员会办公室 上海市退休职工服务中心	主任、党总支副书记	刘培顺
	党总支书记、副主任	顾莉萍（女）
上海海鸥控股（集团）有限公司	董事长、党委书记	吕泰康
	总裁、党委副书记	孙　伟

说明：1. 主要负责人名录以2018年12月底为准。
2. 上述人员职务以市总工会批复为准。

人物

改革先锋　劳模风采

12月18日，在北京人民大会堂举行的庆祝改革开放40周年大会上，中共中央、国务院隆重表彰改革开放杰出贡献人员，授予于敏等100名同志改革先锋称号，并颁授改革先锋奖章。上海劳模群体中，有于漪等5人获此荣誉。

于漪　基础教育改革的优秀教师代表

（按姓氏笔画排序）

于漪，1929年出生，杨浦高级中学名誉校长，首批被评为语文特级教师。先后获评全国先进工作者，5次获上海市劳动模范称号，为享受国务院政府特殊津贴专家。

59年的教育生涯，59年的艰苦探索，于漪没有一天停止过对教育的探索，不断从经验与感悟走向理性与科学。她的教育理念、教育实践、教学改革等成为"一面鲜明的旗帜"。在全国产生了重大影响，为推动全国基础教育改革、发展做出了杰出的贡献。

包起帆　港口装卸自动化的创新者

包起帆，1951年出生，上海港原龙吴港务公司总经理、高级工程师、国家级专家。5次获评全国劳模、2次获"全国五一劳动奖章"、8次荣获市劳模称号，为享受国务院政府特殊津贴专家。

包起帆以"在岗位尽责，办事业奉献"的精神，锐意进取，在本职岗位上奋发成才，为改变港口落后的装卸工艺做出了重要贡献。他先后完成80多项技术革新和发明创造，40多年来获国家发明奖3项、国家科学技术进步奖3项，获巴黎、日内瓦等国际发明展金奖36项。

许立荣 远洋运输体制改革的推动者

许立荣，1957 年出生，荣获"全国五一劳动奖章"、市劳模称号。中国远洋海运集团有限公司党组书记、董事长。

他曾任上海航运交易所首任总裁，打造了我国第一个国家级水运交易市场，成为我国最早对外开放的航运交易窗口。

他成功领导被称为"史上最复杂交易"的全球最大航运企业改革重组；直接策划指挥了集装箱货运体制改革，推动外贸运输改革；落实"海上丝绸之路"建设任务，探索国际合作新模式；加快推进码头产业国际化经营，着力打造中国融入全球经济的海洋运输通道和物流通道。

姚明 体育领域交流开放的优秀代表

姚明，1980 年出生，篮球运动员。荣获全国劳模、"全国五一劳动奖章"、市劳模称号。

姚明在 1998 年入选国家队开始篮球生涯，2002 年以状元秀身份被 NBA 的休斯敦火箭队选中。连续 6 个赛季入选 NBA 西部全明星阵容。2009 年成为上海大鲨鱼俱乐部出资人。8 次入选 NBA 全明星阵容，成为美国 NBA 及世界篮球巨星，更是中国篮球史上里程碑式的人物。获 ESPNquan 全球最有潜力运动员奖、劳伦斯世界体育最佳新秀奖、中国篮球杰出贡献奖。多次带领中国球队参加了包括北京奥运会在内的世界性赛事。

谢晋 助推思想解放、拨乱反正的电影艺术家

谢晋，1923 年出生，2008 年逝世。上海电影（集团）有限公司一级导演。全国劳模、全国五一劳动奖章、2 次获上海市劳模称号。获"国家有突出贡献艺术家"和中国电影金鸡奖终身成就奖。

由谢晋导演的许多影片曾频频在国际、国内获奖，他是目前中国获奖最多的电影导演。作品得到国内外几亿观众的喜爱，海外影评家们赞誉他为"当今国际影坛上最有名望的中国人"。谢晋的影片充满着人性、人情、人道主义精神，具有深刻的内涵和鲜明的个性。

2018年上海市“劳模年度人物”简要事迹

王振富

上海市劳动模范　上海临港产业区经济发展有限公司党委书记、董事长

2018年，王振富全程参与全球瞩目的上海特斯拉超级工厂项目，在其带领及其团队的共同努力下，从7月签署项目投资协议到10月土地摘牌，只用3个多月，体现了“上海速度”。8月，总投资1000亿元的中电信息产业集团旗下积塔半导体特色工艺生产线项目在临港相继开工。11月，临港与中铝集团、中科院热物所以及中交通讯信息中心等大型央企和国家重点科研院所分别签约重大项目。一批重特大产业项目在他的推动下纷纷落户临港。10月，王振富获四年一度的第四届“上海市工商业领军人物”称号。

刘　霞

上海市劳动模范　上海电气电站设备有限公司上海汽轮机厂技术发展处、工艺处副处长

2018年，刘霞带领团队不断攻克焊接转子技术难题，并实现在产品上的应用。《基于拘束理论的重大承压设备断裂评价与调空技术》项目，2018年获得上海市科学技术一等奖，并已通过复评。2017年完成首根出口的“华龙一号”核电汽轮机低压焊接转子的生产制造，产品出口至巴基斯坦。目前正在积极开展650℃与700℃先进超超临界汽轮机高温镍基转子的焊接技术开发与试验研究。刘霞曾获得“第14届中国经济年度人物评选特别奖”，并当选全国妇女第十二次代表大会代表。

王曙群

全国五一劳动奖章　上海航天设备制造总厂有限公司班组长

从事航天工作30年，他练就“精、新、准、快”的绝技绝活，成长为载人航天工程、探月工程总装领域的领军人物。在天舟一号执行关键任务“太空加油”过程中，由王曙群团队亲手装调的对接机构表现优异，标志着中国航天迈入“空间站时代”。王曙群团队所交付的月面巡视器——玉兔二号于2019年1月3日顺利抵达月球背面，实现世界首次在月球背面的软着陆。“大国工匠”王曙群曾被授予中国载人航天突出贡献者、中华技能大奖、国家级技能大师、国家科技进步二等奖等荣誉。

林国强

上海市先进工作者　中国科学院上海有机化学研究所　院士

2018年，林国强荣获上海市科技功臣奖，并先后荣获国家自然科学二等奖等称号。主要贡献有：

在天然产物结构与合成、不对称反应、生物催化及药物分子研发等方面进行较系统的研究；设计并完成多类手性亚磺酰胺辅剂诱导策略的高立体选择性反应，一系列金属铑/铜催化的串级环化反应和结构简单催化性能独特的新型手性双烯配体等。抗肿瘤新药吉西他滨、抗组胺药西替利嗪和抗高血压药苯磺酸左旋氨氯地平等药物专利的转化，并撰写《手性合成》《手性药物》等4部学术著作。

尹海卿

全国劳动模范 中交三航局有限公司副总工程师兼中交联合体港珠澳大桥岛隧工程项目总经理部副总经理、常务副总工程师

港珠澳大桥岛隧工程是世界上最受瞩目的超级工程之一，被誉为世界建筑史上的新七大奇迹之一，作为岛隧工程项目副总工程师，尹海卿七年坚守一线，组织开展试验百余项，申报专利500余项，特别是其负责研发的“外海深水沉管安装成套技术”极大提升中国沉管施工技术水平。尹海卿先后参与洋山深水港、宁波北仑港等20多项国家重点工程建设。先后获得国家科技进步一等奖、二等奖各一项、省部级科技进步特等奖三项、一等奖8项，为中国近海工程施工技术做出重大贡献。

陈赛娟

全国先进工作者 上海交通大学医学院附属瑞金医院 院士

陈赛娟主要从事血液疾病发病原理和新型治疗研究。她领导的研究小组应用联合靶向治疗的新理念成功治愈急性早幼粒细胞白血病，并拓展至其他类型白血病。领导的研究团队二十多年来在国际高水平期刊共发表学术论文500多篇，总影响因子近30000次。主编专著6部。陈赛娟2017年获首届全国创新争先奖，她以第一完成人获得包括国家自然科学二等奖（2次）、上海市自然科学奖特等奖在内的10余项重要科技奖项，并获全国三八红旗手、中国十大女杰等荣誉称号。2018年当选为上海市科协主席。

倪 华

上海市先进工作者 上海棋院（上海市棋牌运动管理中心）国际象棋队主教练

倪华带训的运动员居文君在2018年世界国际象棋女子锦标赛冠军对抗赛中获得上海首位国际象棋棋后，同年，居文君获得第43届国际象棋世界奥林匹克团体赛女子团体冠军。他以“学高为师，德高为范”为行为宗旨，在他的带领下，上海国际象棋队两次卫冕全国甲级联赛冠军。倪华与队友在挪威举行的第41届国际象棋奥林匹克团体赛上为中国队首次获得世界团体冠军，打破被欧美人垄断87年的历史。2014年上海市体育局授予他“上海市非奥项目突出贡献奖”。

王 炜

上海市劳动模范 上海洗霸科技股份有限公司董事

长兼总经理

2018年，王炜将公司的业务从水处理技术整体解决方案服务拓展到海绵城市建设、黑臭水体治理、特难降解污染有机物处理、危险废弃物的四化处理、健康空间环境技术服务、特大型重化工企业环保设施的一体化托管运营服务。在他的带领下，上海洗霸针对废水零排放成套设备进行研究开发，由他主导研发的发明专利“抑制性乙二醇防冻液”，打破外资企业在中国市场的技术垄断。2018年，王炜被评选为中国新上市公司先锋企业家奖、中国十大环保上市公司诚信企业家奖荣誉称号。

周　隽

省部级劳动模范　隧道股份上海城建国际工程有限公司总经理、党委副书记

2018年，周隽带领隧道股份城建国际勇为先锋、助力上海城建集团取得ENR国际工程承包商250强(排名162名)的优异成绩，以高标准高质量为沿线近十个国家建成一批精品工程、民生工程。2018年，城建国际在新加坡再次斩获“新加坡承包商最高荣誉”——承包商挑战盾奖，成为全球唯一一家三次获此殊荣的建筑企业。在印度，完成恒河治理一期——斋普尔河道整治工程，以同期工程第一的速度实现孟买地铁UGC07项目全线贯通。积极参与英国A303巨石阵隧道投标，唱响“中国声音”。

姜　龙

省部级劳动模范　上海海事局东海海巡执法总队“海巡01”轮船长

自担任“海巡01”轮船长以来，姜龙带领“海巡01”轮团队有效处置“超级太阳”轮燃烧失控、“桑吉”轮碰撞爆炸、“苏赣渔运02886”轮人命救助等重特大事件，保障东海大桥、海底光缆、海上人命和环境的安全，守住上海市城市安全运营的底线。2014年3月8日，马航MH370失联后，他带领“海巡01”轮团队出西沙、穿南海、渡巽他、越赤道，历时216天，航程22371海里，打捞搜寻和排除疑似漂浮物180余件，两次侦听到疑似黑匣子信号，展现中国政府的技术实力和大国担当。

表彰

2018年全国五一劳动奖状(章)、工人先锋号

全国五一劳动奖状(3个)

上海延泽社会工作发展中心(杨浦区)

上海核工程研究设计院有限公司(建交委)

上海市消费者权益保护委员会秘书处(市级机关)

全国五一劳动奖章(30个)

赵建东　玛戈隆特骨瓷(上海)有限公司　技术总监

钱文昊　上海市徐汇区牙病防治所　所长

洪　亮　上海市光大律师事务所　律师

吴家骅　上海新世界股份有限公司　一楼商场经理

徐　红(女)　上海吴淞口国际邮轮港发展有限公司　港口运营总监

刘显保　上海闵行区龙柏家电维修部　负责人

白清良　上海北特科技股份有限公司　班组长

华建国　上海电气核电设备有限公司　制造部技术负责人

崔岳玲(女)　上海三枪(集团)有限公司　三枪集团副总经理

王永振　上海信谊天平药业有限公司　生产部仓储主管

陆玉明　上海电力建设有限责任公司　副总经理兼总工程师

金国平　宝山钢铁股份有限公司钢管条钢事业部　技能专家

王曙群　上海航天设备制造总厂有限公司　班组长

尹建民　泛亚汽车技术中心有限公司　驱动系统执行副总监

冯剑坚　中国铁路上海局有限公司上海机务段　动车技术指导

周学明　中国电信股份有限公司上海分公司　技术专家

宁立国　中国东方航空股份有限公司运行控制中心　飞行签派部副总经理

王金涛　上海机场(集团)有限公司虹桥国际机场公司飞行区管理部　运行指挥中心AOC经理

王恒栋　上海市政工程设计研究总院(集团)有限公司　综合管廊项目负责人

陈国亮　上海建筑设计研究院有限公司　首席总建筑师

苏亚武　中国建筑第八工程局有限公司天津分公司　副经理兼项目经理

邹文军　上海期货交易所　总监

姚启明(女)　同济大学建筑设计研究院(集团)有限公司　研究中心主任

王　平　中船工业集团公司第708研究所　副总工程师

郑民华　上海交通大学医学院附属瑞金医院　科主任

朱洁静(女)　上海歌舞团有限公司　艺术总监助理

罗开峰　中国核工业第五建设有限公司　焊工版班长

黄　琴(女)　上海市第三社会福利院　养老护理员

徐黎明　上海锦江国际饭店　餐饮部帆声饼屋经理

黄　华　上海国际港务(集团)股份有限公司尚东集装箱码头分公司　桥吊远程操作员

全国工人先锋号(31个)

霍尼韦尔(中国)有限公司　机械系统工程应用部

优集计算机信息技术(上海)有限公司　UDSPLM技术部

上海普陀区园林建设综合开发有限公司　行道树养护队

上海派克汉尼汾流体连接件有限公司　数控冯东辉班组

大金氟涂料(上海)有限公司　制造部叉车班组

上海新跃物流企业管理有限公司　会计部

本田摩托车研究开发有限公司　开发部

申通快递有限公司　申瑞车队(上海片区)

能率(中国)投资有限公司　开发部

上海崇明巴士公共交通有限公司　南东线班组

国网上海市电力公司青浦供电公司　营业班

中国石化上海石油化工股份有限公司　热电部电气联合装置

沪东中华造船(集团)有限公司　LNG技术研究所结构室

上海烟草集团有限责任公司　技术中心烟草化学研究室班组

上海浦远船舶有限公司　"新双峰海"轮

中国邮政集团公司上海市浦东新区分公司　世博邮政支局

中交上海航道勘察设计研究院有限公司　长江南京以下12.5米深水航道课题组

上海市水利管理处　规划计划科

东华大学　材料科学与工程学院

上海西郊国际农产品交易有限公司　蔬菜部

上海奥特莱斯品牌直销广场有限公司　管理团队

上海强生出租汽车有限公司　胡国林出租营运服务创新工作室

上海磁浮交通发展有限公司　"零高度飞行"技师工作室

上海中心大厦世邦魏理仕物业管理有限公司　专职消防队

上海公路桥梁(集团)有限公司　总承包二部

中建三局集团有限公司(沪)　技术部

上海飞机制造有限公司　C919事业部总装车间

上海瓦锡兰齐耀柴油机有限公司　生产测试班组

上海国盛(集团)有限公司　资产投资管理部

上海新联纺进出口有限公司　浦东公司班组

上海市林业总站　测报检验科

2018年度全国模范职工之家(小家)

全国模范职工之家名单(共25家)

德尔福(上海)动力推进系统有限公司工会委员会
上海恰尔斯电力(集团)有限公司工会委员会
上海复星医药(集团)股份有限公司工会委员会
上海雷允上北区药业股份有限公司工会委员会
杨浦区长白街道总工会
上海申丰地质新技术应用研究所有限公司工会委员会
大金空调(上海)有限公司工会委员会
上海科世达-华阳汽车电器有限公司工会委员会
上海泰胜风能装备股份有限公司工会委员会
本田摩托车研究开发有限公司工会委员会
上海福寿园实业发展有限公司工会委员会
庄行莹特菲勒化妆品(上海)有限公司工会委员会
上海市罗氏制药有限公司工会委员会
宝山钢铁股份有限公司硅钢部工会委员会
中船第九设计研究院工程有限公司工会委员会
上海白玉兰烟草材料有限公司工会委员会
中国铁路工会上海站委员会
上海冠东国际集装箱码头有限公司工会委员会
上海电信移动互联网部工会委员会
上海市机械施工集团有限公司工会委员会
中建八局第一建设有限公司工会委员会
海通证券股份有限公司上海分公司工会委员会
上海地铁第四运营有限公司工会委员会
上海城建物资有限公司工会委员会
上海新闻出版职业技术学校工会委员会

全国模范职工小家名单(共25家)

三生国健药业(上海)股份有限公司知识产权工会小组
徐汇区中心医院第28康复科工会小组
岛津企业管理(中国)有限公司小型分析仪器事业部工会小组
上海斯达拉姆德一机械制造有限公司装配钳工组工会小组
上海欧坚网络公司工会小组
上海吉祥房地产有限公司静安香格里拉大酒店西点厨房工会小组
金秋晨曦老年公寓护理班工会小组
上海华银电器有限公司装配车间工会小组
上海炼安工业设备安装有限公司仪表项目部(张莹技师创新工作室)工会小组
上海钟书实业有限公司工会委员会钟书阁工会小组
上海金发科技发展有限公司车用材料研发先锋队工会小组
上海三菱电机·上菱空调机电有限公司制造部分工会
东方国际集团上海利泰进出口有限公司第三业务部工会小组
上海大众安亭汽车三厂区冲压中心一车间工会小组
上海化学工业区医疗急救中心工会护理部工会小组
中国移动通信集团上海有限公司浦东分公司工会委员会
中国海员工会交通运输部东海救助局厦门基地委员会
中交上海三航科学研究院有限公司工会委员会工艺自动化设计研究所分工会
上海霍克太平洋公务航空地面服务有限公司信息服务工会小组
中国海员工会东海航海保障中心连云港航标处委员会灌云航标管理工作组
上海发电设备成套设计研究院有限责任公司工会汽燃分工会
中国太平洋财产保险股份有限公司上海分公司车意险理赔部工会
上海市第一社会福利院照护区六楼班组工会小组
上海市注册会计师、资产评估行业联合工会委员会上海立信资产评估有限公司分工会
中国福利会幼儿园活动策划组工会小组

全国优秀工会工作者(22人)

朱彩娟(女)	上海市浦东新区祝桥镇总工会专职副主席
金龙国	上海韩泰轮胎销售有限公司工会主席
姚 键(女)	联合利华服务(合肥)有限公司上海分公司工会主席
陈桂平(女)	普陀区桃浦镇总工会副主席
周金祥	老凤祥股份有限公司工会副主席
李颖婷(女)	静安区石门二路街道党工委副书记、纪工委书记、总工会主席
周春玲(女)	上海新镇江酒家经营总公司工会主席
黄桂芳(女)	闵行区吴泾镇总工会主席
钱婉琴(女)	嘉定区菊园新区总工会主席
沈德兴	金山漕泾镇人大副总主席、总工会主席
刘建其	富士康科技集团-国基电子(上海)有限公司党总支书记、工会主席、团委书记
李 黎	青浦区工人文化宫负责人
张 明	上海悦华大酒店支部委员、工会主席、南桥镇总工会兼职副主席
生 青	上海仪电电子(集团)有限公司党委书记、纪委书记、工会主席
王 勇	上药控股有限公司纪委书记、工会主席
李 昕	上海航天局工会主席
陈 晖	中国商用飞机有限责任公司工会办公室主任
刘琰紫(女)	上海建工集团股份有限公司直属工会主席
孙伟嫌(女)	中国科学院上海硅酸盐研究所工会主席
沈悦萍(女)	华东理工大学工会常务副主席
耿道颖(女)	华山医院党委副书记、工会主席
赵 勇	上海城投置地(集团)有限公司党委委员、纪委书记、工会主席

全国工会积极分子(22人)

秦 勇	广中路街道社区党委副书记、街道党建中心主任

邵建华(女)　嘉定区马陆镇党群办公室副科长
施　烨　上海崇明宝岛社会工作服务中心理事长
于　劼　国网上海市南供电公司党建工作部(工会、团委)本部总支专职
沈德成　上海电力股份有限公司党群部主管
张　帆(女)　中国宝武钢铁集团有限公司管理学院、党校管理培训高级专员
杨　益　中国石化上海石化股份公司党委宣传部宣教文化科科长
王秀峰　泛亚汽车技术中心有限公司震动噪声技术经理
孙　翔　上海市轮渡有限公司工业分公司党支部副书记、经理
杨晓菁(女)　中国电信上海公司西区电信局工会干事
轩言民　中国东方航空股份有限公司上海飞行部机长教员、安全监察、分部工会小组长
施　蔚(女)　上海浦东新区公共交通有限公司团委书记
张　寅　中国石化集团海洋石油工程有限公司上海物探分公司党群工作部主任、团委书记
苏秦俭　上海市林业总站科员
魏新峰　鲁中矿业有限公司资产财务部副部长
周家华　上海大屯能源股份有限公司选煤中心党委副书记、纪委书记
刘　华　中石化上海工程有限公司工会副主席兼工会办公室主任
郑旭东　上海第一八佰伴有限公司五楼商场现场主管、第一八佰伴工会委员
顾德昌　上海巴士第三公共交通有限公司副总经理
宋遨洋(女)　中建三局一公司华东公司党群工作部副部长
洪东亮　上海市水利工程集团有限公司工程部经理
张　菘　上海国际主题乐园有限公司游客入园体验经理、乐园和小镇运营党支部书记

全国优秀工会之友(4人)

瞿新昌　上海市宝山区罗店镇党委书记
邱水华　上海市崇明区长兴镇党委书记
薛继凤(女)　上海龙头(集团)股份有限公司党委书记、副总经理
臧　良　上海(燃气)集团有限公司总经理、党委副书记

全国模范职工之家红旗单位(1家)

上海市黄浦区南京东路街道总工会

全国优秀工会工作者标兵(1人)

吴振祥　上海市宝山区总工会调研员

全国双爱双评先进企业工会(1家)

电装(中国)投资有限公司上海分公司工会

2018年“上海市劳模创新工作室”(48家)

浦东新区　游闽键知识产权调解劳模创新工作室
浦东新区　张文杰金融服务劳模创新工作室
徐汇区　高修南大树养护管理劳模创新工作室
徐汇区　李文萱区域课改体系劳模创新工作室
长宁区　吴获琲工艺装备劳模创新工作室
普陀区　杜洪灵妇产科诊疗劳模创新工作室
黄浦区　赵賨物业维修劳模创新工作室
静安区　吴宇雯中医药服务劳模创新工作室
宝山区　程克文慢性气道病诊治劳模创新工作室
闵行区　洪耀伟班主任劳模创新工作室
金山区　卢玉金葡萄技术劳模创新工作室
松江区　薛鸿斌乘用车开关技术劳模创新工作室
奉贤区　潘建超中药注射剂劳模创新工作室
机电　赵黎明焊接劳模创新工作室
医药　奚春明抗生素传承劳模创新工作室
国网电力　彭奕供电服务劳模创新工作室
宝武　吉志勇电机维修劳模创新工作室
上海宝冶　李鹏高炉大修技术劳模创新工作室
高桥石化　杨建国润滑油精制劳模创新工作室
航天局　王曙群航天空间机构劳模创新工作室
船舶工业　朱瑞霞焊接技术劳模创新工作室
烟草　葛巍印刷工艺技术劳模创新工作室
汽车工业　张生春汽车模具技术劳模创新工作室
铁路　陆伟丽客运服务劳模创新工作室
国际港务　汤国定集装箱船舶管理劳模创新工作室
运输　李军模具研发劳模创新工作室
电信集团　肖荣互联网应用开发劳模创新工作室
三航局　胡金雄工程技术劳模创新工作室
建交委　周红波城市数字化建设劳模创新工作室
建交委　刘广红自动化码头设计劳模创新工作室
建工集团　钟律景感空间劳模创新工作室
中建八局　常伟才国际工程管理劳模创新工作室
科技　任敏华集成电路设计劳模创新工作室
科技　顾根香特机劳模创新工作室
教育　庄松林光学工程劳模创新工作室
教育　王如竹节能减排劳模创新工作室
医务　郑珊小儿肝胆外科劳模创新工作室
医务　朱永明血站质量管理劳模创新工作室
市级机关　周欣司法为民劳模创新工作室
经信委　吴斌云计算应用劳模创新工作室
海事局　姜龙巡海救助劳模创新工作室
百联集团　郭强新零售服务劳模创新工作室
民政局　徐军礼敬生命劳模创新工作室
绿化市容　张浪困难立地绿化劳模创新工作室
城建投资　王瑟澜生态固废园区劳模创新工作室

锦江国际　任介平汽车维修劳模创新工作室
申通集团　李鹏伟智能控制劳模创新工作室
电力股份　龚桂华设备工艺优化劳模创新工作室

2018年上海市五一劳动奖状(205个)

上海市浦东新区食品药品检验所
上海南汇中学
上海天地涂料有限公司
上海嘉里食品工业有限公司
上海英内物联网科技股份有限公司
上海开能环保设备股份有限公司
上海大联石油化工有限公司
泰科电子(上海)有限公司
住友化学(上海)有限公司
中科新松有限公司
瑞德肝脏疾病研究(上海)有限公司
中国金茂(集团)有限公司
中国(上海)自由贸易试验区管理委员会保税区管理局
上海徐汇滨江开发投资建设有限公司
上海国创医药有限公司
上海百盈医药科技有限公司
梅特勒-托利多仪器(上海)有限公司
上海泾东建筑发展有限公司
上海市位育中学
上海市徐汇区大华医院
上海世界贸易商城有限公司
兰维乐(上海)食品有限公司
上海市延安初级中学
华鼎建筑装饰工程有限公司
上海复星高科技(集团)有限公司
上海福克斯波罗有限公司
中国建材国际工程集团有限公司
上海正方建筑装饰工程有限公司
上海市虹口区曲阳路街道社区卫生服务中心
上海杨浦区新东方进修学校
上海联创建筑设计有限公司
上海杨树浦置业有限公司
上海市杨浦区长白社区卫生服务中心
上海艾能电力工程有限公司
上海市黄浦区医疗保险事务中心
上海老饭店
上海黄浦粮油食品发展有限公司
上海巨鹿食品(集团)有限公司
黄浦区卢湾一中心小学
上海市静安区人民政府共和新路街道办事处
静安区第一中心小学
上海吴德昇文化艺术中心
新湖期货有限公司
上海前锐汽车工程技术有限公司
上海静安区申静幼稚园
上海法维莱交通车辆设备有限公司
上海市宝山区淞南镇社区卫生服务中心
上海市宝山区房地产交易中心
上海市宝山区市场监督管理局
上海联达物流有限公司
上海市税务局宝山分局第十二税务所
上海市闵行区就业促进中心
上海威克迈龙川汽车发动机零件有限公司
上海朗脉洁净技术股份有限公司
上海利港汽车服务有限公司
上海拓璞数控科技股份有限公司
上海闵行区继王敬老院
上海市闵行区市容环境卫生管理中心
曼胡默尔滤清器(上海)有限公司
天合汽车零部件(上海)有限公司
上海惠亚电子有限公司
上海嘉定惠民超市市场经营管理有限公司
上海徐行清运保洁服务有限公司
上海西口文化发展(上海)股份有限公司
上海市第六人民医院金山分院(上海市金山区中心医院)
上海蒙塔萨汽车零部件有限公司
上海永继电气股份有限公司
上海市金山区发展和改革委员会
世仓智能仓储设备(上海)股份有限公司
上海耀江实业有限公司
上海新黄河制药有限公司
上海松江城镇建设投资开发有限公司
上海钟书实业有限公司
青岛啤酒上海松江制造有限公司
上海市松江区供排水管理所
上海松林畜禽养殖专业合作社
上海西虹桥导航产业发展有限公司
上海麦迪睿医疗科技集团有限公司
上海新朋联众汽车零部件有限公司
上海青浦轨道交通投资开发建设有限公司
青浦区朱家角镇张马村村民委员会
上海申驰实业有限公司
上海恒润数字科技有限公司
上海奉贤建筑安装有限公司
上海奉贤二建股份有限公司
上海永太汽车零部件厂
上海运良企业发展有限公司
上海马陆日用友捷汽车电气有限公司
上海发那科机器人有限公司
上海天安轴承有限公司
上海南洋万邦软件技术有限公司
上海仪电智能电子有限公司
上海华谊(集团)公司技术中心
上海国际服装服饰中心有限公司
上海中西三维药业有限公司
国网上海市电力公司嘉定供电公司
上海电力医院
上海电力股份有限公司吴泾热电厂

上海电力建设物资有限公司
上海宝钢国际经济贸易有限公司
上海宝信软件股份有限公司
上海宝钢新型建材科技有限公司
中冶宝钢技术服务有限公司第三分公司
上海宝冶集团有限公司广州分公司
中国石化上海石油化工股份有限公司炼油部
上海卫星装备研究所
上海航天动力技术研究所
上海飞机制造有限公司 ARJ21 事业部
上海烟草机械有限责任公司
上海汽车制动系统有限公司
上海车享科技产业有限公司
上海大众动力总成有限公司
上海辰华网络技术服务有限公司
华能上海燃机发电有限责任公司
璐彩特国际(中国)化工有限公司
国药集团医药物流有限公司
中国铁路上海局集团有限公司上海机务段
中远海运资产经营管理有限公司
上海中远海运仓储有限公司
上海港国际客运中心开发有限公司
上海国际港务(集团)股份有限公司尚东集装箱码头分公司
上海长江汽车服务有限公司
上海市长途汽车运输有限公司九分公司
中国邮政集团公司上海市奉贤区分公司
中国电信股份有限公司上海分公司嘉定电信局
交通运输部东海救助局温州基地
上海民航华东空管工程技术有限公司
东方航空物流有限公司
上海东航报关实业有限公司
上海机场(集团)有限公司虹桥国际机场公司安检护卫保障部
中华人民共和国浦东海事局
上海市房地产科学研究院(上海市住宅修缮工程质量检测中心)
上海市园林设计研究总院有限公司
上海一建安装工程有限公司
上海振新物业管理有限公司
上海市路政局(上海市公路管理处、上海市市政工程管理处)
上海市市容环境质量监测中心
华东建筑设计研究院有限公司华东都市建筑设计研究总院
鲁中矿业有限公司选矿厂
上海市堤防(泵闸)设施管理处
中建八局轨道交通建设有限公司
上海中建八局投资发展有限公司
上海大屯能源股份有限公司铝板带厂
海通开元投资有限公司
中国工商银行股份有限公司上海市长宁支行
中国太平洋财产保险股份有限公司上海分公司
上海证券交易所国际发展部
市税务七分局
上海市人力资源和社会保障局信息中心
上海市渔政监督管理处
上海计算机软件技术开发中心
中电科软件信息服务有限公司
上海海事大学
东华大学
上海理工大学
上海市公共卫生临床中心
上海交通大学医学院附属新华医院
上海市卫生人才交流服务中心
上海新华文化创新科技产业有限公司
上海美术馆
上海浦东东方有线网络有限公司
上海东方广播有限公司(东方广播中心)
上海体育职业学院乒乓球队
中机国能电力工程有限公司
迪爱斯信息技术股份有限公司
上海奉贤燃机发电有限公司
中国航发商用航空发动机有限责任公司设计研发中心
上海农工商绿化有限公司
上海海丰现代农业有限公司
上海市龙华烈士陵园(龙华烈士纪念馆)
上海市南汇监狱
上海锦江商旅汽车服务股份有限公司
上海锦江国际食品餐饮管理有限公司
上海检验检疫局动植物与食品检验检疫局技术中心
上海市人民检察院第一分院
浦江出入境边防检查站
上海市国家安全局 401 单位
上海市红十字备灾救灾中心
上海芭蕾舞团
永安百货有限公司
上海百联沪通汽车销售有限公司
上海申通地铁集团有限公司运营管理中心
上海巴士第一公共交通有限公司
上海强生广告有限公司
上海城投公路投资(集团)有限公司
上海天马再生能源有限公司
东方证券股份有限公司
上海锦达进出口有限公司
上海永达置业发展有限公司
隧道股份上海公路桥梁(集团)有限公司
隧道股份上海城建预制构件有限公司
上海世博文化公园建设管理有限公司
上海现代国际展览有限公司
中建三局第三建设工程有限责任公司(沪)
中建七局(上海)有限公司
上实航天星河能源(上海)有限公司
上海漕河泾奉贤科技绿洲建设发展有限公司

上海市公安局出入境管理局
上海绿地商业(集团)有限公司
上海电影股份有限公司
光大证券股份有限公司上海淮海中路证券营业部
五冶集团上海有限公司建筑分公司
上海译文出版社有限公司
上海人民出版社有限责任公司
上海市食品安全投诉举报受理中心

2018年上海市五一劳动奖章(347人)

王高安　浦东新区祝桥镇党委副书记、第八批援藏江孜联络小组组长、日喀则市江孜县委常务副书记
刘　宏　上海外高桥集团股份有限公司董事长、党委书记
杨铁毅　上海市浦东新区公利医院科主任
曹莉萍(女)　上海市浦东新区金囡幼儿园园长、书记
钟振龙　上海浦东新区南汇公共交通有限公司车队长
张　丽(女)　上海浦东新区东宝市政实业有限公司班组长
徐　敏(女)　浦东新区重大工程项目办公室实事项目部主任
王　琼(女)　上海市浦东新区地方税务局办公室副主任(科级)
王　笑(女)　上海市浦东新区农村改革发展服务中心农村发展管理科副科长
应坚国　上海金桥(集团)有限公司开发事业二部经理
李俊飞　上海赛飞航空线缆制造有限公司DMU设计团队主管
曹毅然　上海众材工程检测有限公司总经理助理
陈　琳(女)　伟创力(上海)金属件有限公司高级运营经理
张少能　花旗金融信息服务(中国)有限公司高级工程师
王作辉　上海汇纳信息科技股份有限公司产品总监
谭振兴　上海山南勘测设计有限公司主任工程师
蔡志荣　上海外贸界龙彩印有限公司副总经理
陈霞芬(女)　上海市浦东新区东明路街道世博家园养老院护理组长
王　飞　上海聚通装饰集团有限公司项目经理
方　辉　上海高桥捷派克石化工程建设有限公司运保主管
傅啸雷　上海耀华称重系统有限公司主任工程师
李　佳　上海通领汽车科技股份有限公司班组长
王兆蓉(女)　上海富申冷机有限公司副经理
刘　霞(女)　巴斯夫(中国)有限公司工会主席
黄荣林　上海盈通塑胶制品有限公司生产厂长
刘伟庆　上海广圆劳务服务有限公司工会主席
王群香(女)　上海理光数码设备有限公司部品检查线长
汪向阳　上海新轻物业管理有限责任公司项目经理
杜加秋　辉正(上海)医药科技有限公司副总裁
盛　红(女)　爱琵希(上海)软件开发有限公司项目经理、工会主席
邢军芬(女)　上海百傲科技股份有限公司副总经理
吴雪军　上海达汇建筑工程有限公司施工队长
孙峰玉　上海徐汇市政工程有限公司养护分公司班组长
程友华　上海徐房房屋维急修中心工程部主管
李忠辉　上海西岸开发(集团)有限公司党委书记、董事长
侯玉翠(女)　上海巾帼社会服务有限公司母婴护理员
程　磊　上海香雪海国际贸易有限公司工会主席、团总支书记、行政副经理
戚　荣　上海市公安局长宁分局副支队长
周恋叶(女)　长宁区劳动保障监察大队劳动保障监察大队监察二科科长
马成斌　上海市长宁区妇幼保健院妇科行政主任
郝小罡　博世(中国)投资有限公司研究员
徐　兵　上海金福养老院总经理
梁顺龙　上海观察者信息技术有限公司副总编、工会主席
张　皓　上海腾天节能技术有限公司常务副总经理
吴彤彬　岛津企业管理(中国)有限公司事业部长
寿俊梅(女)　上海市普陀区新普陀小学校长
陈幸年　石泉路街道信仪小区联合工会主席
郑俊伟　上海市普陀区青少年业余军事体育学校跆拳道教练员
李娅芳(女)　上海来谷实业发展有限公司财务总监
刘少帅　上海消防技术工程有限公司项目经理
赵小凤(女)　上海沙田物业管理有限公司总经理
宋增光　拉扎斯网络科技(上海)有限公司站长
唐　群(女)　上海财经大学附属北郊高级中学校长
王为好　上海虹口区银康老年公寓护理员
郑　祺　上海市震旦律师事务所党支部书记、高级合伙人
吴　静(女)　上海高顿教育培训有限公司学服部主管
孔敏华(女)　上海新景程国际物流有限公司海运操作部资深操作
刘　安　上海市杨浦区建设和管理委员会杨浦区建管委副主任、浦江办常委副主任
李福强　上海市杨浦区救助管理站党支部书记、站长
丁利民(女)　上海理工大学附属小学校长兼党支部书记
韩亚芳(女)　上海胜境置业有限公司副总经理
尤　岭　上海依科绿色工程有限公司运营部经理兼工会主席
叶理灯　上海优刻得信息科技有限公司实验室负责人
马　波　上海市杨浦区职业技术学校汽车专业教师
王晓洋　上海路吉环境工程发展有限公司机修组组长

马文阔　上海欣望环境卫生服务有限公司清道工
朱劲松　上海老凤祥有限公司工艺美术师
张敬海　金佰利(中国)有限公司销售经理
周亮亮　上海捷拓实业有限公司项目主管
杨　毅　上海张铁军翡翠股份有限公司质量检测员
曾茯林　上海哈尔滨食品厂有限公司总经理
任雪燕(女)　上海市黄浦区城市管理行政执法局副科长
姚方敏　上海静安投资有限公司党组书记、董事长
王志华　上海市静安区闸北中心医院纪委委员、内科党支部书记、大内科副主任兼心内科副主任
张　健　仲量联行东方海外大厦物业管理中心物业经理
谢洪亚(女)　龙盛集团控股(上海)有限公司旧改中心副主任
钱粮钢　上海市静安区青少年业余体育学校高级教练员
唐耀琪　上海北方企业(集团)有限公司职工
周　艳(女)　上海静安城发集团环卫作业一分公司公厕班班长
谢　舫(女)　勃林格殷格翰(中国)投资有限公司工会主席
王永跃　上海双力物业管理有限公司共康七村管理处维修电工
刘华芳(女)　宝山区规划和土地管理局不动产登记事务中心副主任
唐　磊　上海淞沪抗战纪念馆馆长
徐　兰(女)　上海金亭汽车线束有限公司人事行政部主管
曹　波　上海市宝山区水务局水资源管理科副科长
徐　敏(女)　上海市宝山实验学校校长
胡继广　上海宝山市政养护维修有限公司下水道养护、水务热线项目经理
陆文耀　上海市宝山区民政局老龄工作科科长
宋卫国　上海图博可特石油管道涂层有限公司技术部长、工会主席
徐红卫　上海宝临电气集团有限公司装配车间主任
马　力(女)　上海市宝山区大场镇人大副主席、总工会主席
张淑红(女)　中共宝山区委组织部干部教育科(综合干部科)科长
施根发　上海宝房友宜物业管理有限公司修缮部部门经理
李建江　上海市闵行区城市管理行政执法局党委书记、局长
张　磊　上海宜瓷龙新材料股份有限公司技术服务
张　文(女)　上海角一高分子制品有限公司工会主席
刘锦久　上海龙华素斋禅悦食品有限公司车间主任、研发主任
洪永楠　上海吴安综合服务中心汽车修理厂高级技师
石筱菁(女)　闵行区启智学校校长兼书记
盛凯辉(女)　上海市闵行区医疗急救中心副科长
颜　军　上海市闵行区水务局水利科副科长
李述辉　上海广为焊接设备有限公司产品开发工程师
杭　炜　上海市四方律师事务所律师、支部书记
陆　奕(女)　闵行区农业技术服务中心蔬菜科科长
朱红强　不凡帝范梅勒糖果(中国)有限公司高级制造和工程经理、工会主席
夏　光　上海紫竹高新区(集团)有限公司常务副总经理
沈建军　闵行区建设受理服务中心书记、主任
宋　政　上海泛太制帽有限公司工会主席、总务科长
李祥波　上海太太乐食品有限公司品质管理部副部长
徐莉勤(女)　上海诺地乐通用设备制造有限公司法务部总监
周晓洁(女)　上海迎新保洁服务有限公司清扫组组长
朱士昇　大陆泰密克汽车系统(上海)有限公司高级设备工程师
张恩祖　上海光裕汽车空调压缩机有限公司技术副总
熊志强　上海嘉定再生能源有限公司运行经理助理/总值长
华孙英(女)　上海市嘉定区中心医院副院长
管文洁(女)　上海市嘉定区第一中学党总支书记、常务副校长
郁献忠　上海市嘉定区图书馆读者服务部主任
陈　伟　上海新时达电气股份有限公司高级研究员
陈　剑　上海华特企业集团股份有限公司车间主管
谢慧斌　震旦(中国)有限公司销售经理兼工会主席
许　强　上海球明标准件有限公司模具设计
甄孝通　上海双汇大昌有限公司生产部长、工会主席
季晓丽(女)　上海力阳道路加固科技股份有限公司支部书记、工会主席、技术研发经理
金　平　上海市金山区第二实验小学校长
周卫中　上海凤凰企业(集团)股份有限公司党委书记、董事长
俞卫兵　利雅路热能设备(上海)有限公司班组长
曾海师　上海阿妙食品有限公司行政主管
晁小华　上海金塔医用器材有限公司副总经理
胡军华　上海市公安局松江分局G60沪昆高速公路检查站站长
王晓莉(女)　藤仓(上海)通信器材有限公司车间主任
沈跃忠　上海新森林绿化发展有限公司保洁员
刘晓琴(女)　上海保隆汽车科技股份有限公司企业文化管理师
邓　勇(女)　上海华侨城投资发展有限公司党群室主任、工会副主席
周天平　松江区佘山镇村镇建设管理办公室主任

叶　飞	上海市松江区交通委员会设施建设科科长
钱松杰	上海市松江区方松街道社区卫生服务中心副主任
吴翠红(女)	上海威乐汽车空调器有限公司行政总监
沈志辉	上海市松江一中学生发展中心副主任
赵振东	飞雕电器集团有限公司工会主席、采购跟单员
郑晶晶(女)	达丰(上海)电脑有限公司二级专员
王石柱	上海尚实能源科技有限公司董事长、总经理
王斌其	上海市青浦区市场监督管理局副主任科员
倪宝贵	上海市公安局青浦分局三级警长
刘　明	上海市青浦区实验中学高级教师
池学聪	上海熊猫机械(集团)有限公司董事长
吴志峰	上海乔治费歇尔亚大塑料管件制品有限公司生产运营经理
张丽萍(女)	上海金发科技发展有限公司人事行政总监、工会主席
张小芹(女)	上海美蓓亚精密机电有限公司马达部组长
陈海建	申通快递有限公司财务总监
徐　霞(女)	上海中通吉网络技术有限公司人力资源总监
朱曼丽(女)	上海兴浦工艺品有限公司技术部主任
周　元	上海威贸电子股份有限公司线束事业部副经理
郑元生	上海悠口电子商务股份有限公司董事长
胡爱花(女)	上海市奉贤区明德外国语小学教师
朱开蓉(女)	上海艺友金属制品有限公司工会主席
董玲娟(女)	上海市崇明区庙镇人民政府党委书记
吴侹茂	上海南方国际购物中心(集团)有限公司职工
卫安定	上海市公安局奉贤分局二级警督
汤爱文	上海邑通道具股份有限公司生产部组长
吴卫国	上海市崇明中学校长
韩颖萍(女)	鹭岛华庭社区社区党支部书记、居委会主任
郁　敏	上海崇明巴士公共交通有限公司驾驶员
徐　平(女)	上海永舟家政服务有限公司工会主席
庄秋峰	上海电气电站设备有限公司上海汽轮机厂数控立车总领班
桂坚斌	上海电控研究所主任助理
盛志忠	上海电气置业有限公司物业分公司东区负责人
俞铮庆	上海轨道交通设备发展有限公司总经理
钟后鸿	上海电气电站设备有限公司上海发电机厂高级研究员
崔　曜	上海华谊新材料有限公司技术部经理
马　庆	上海造币有限公司维修钳工
汪前进	上海国际棉花交易中心股份有限公司信息部总监
余建鑫	上海医药集团股份有限公司中央研究院药物化学研究室主任、药物化学技术总监
徐　静(女)	上药控股有限公司上海业务总部总经理助理兼社区部总经理
万嘉琳(女)	国网上海市电力公司浦东供电公司班组长
金　琪	国网上海市电力公司市区供电公司部门副主任
徐　嵘	上海上电漕泾发电有限公司环保主管
王　轶	上海电力安装第二工程有限公司项目经理
姜立新	宝山钢铁股份有限公司作业长
巢平源	上海宝钢工业技术服务有限公司作业师
徐新华	上海宝钢化工有限公司作业长
杨建忠	中国宝武钢铁集团有限公司办公厅秘书室主任
汪　德	中冶宝钢技术服务有限公司第四分公司车间主任、党支部书记
孙　鹏	上海宝冶集团有限公司机关项目经理
华秋平	中国石化上海高桥石油化工有限公司2#连续重整装置长
章三林	中国石化上海石油化工股份有限公司烯烃部生产技术科科长
马　磊	上海机电工程研究所主管保障师
洪　刚	上海航天局长征二号丁运载火箭总设计师
李锦华	江南造船(集团)有限责任公司现场工程师
林　洁(女)	上海船舶研究设计院船型技术经理
金尽颂	中船海洋动力部件有限公司技能骨干(二级)
史建雄	上海欣务工贸有限公司班组长
韩克岑	中国商用飞机有限责任公司上海飞机设计研究院中国商飞公司科技委常委、上海飞机设计研究院副院长
肖辉江	上海飞机制造有限公司项目管理部部长、总经理助理
杨　凯	上海烟草集团有限责任公司技术中心党总支副书记
邱国华	上海汽车集团股份有限公司乘用车分公司内外饰部总监
许志勇	上海皮尔博格有色零部件有限公司重力铸造总监兼昆山基地负责人
陶惠家	延锋安道拓座椅有限公司产品规划和创新总监
王振锁	联合汽车电子有限公司技术开发总监
陈　军	上汽通用汽车有限公司维修工程师
张　程	上海汽车集团股份有限公司前瞻技术研究部总工程师
朱翊元	上海市漕河泾新兴技术开发区发展总公司赵巷项目部负责人
曹　路	国家电网公司华东分部华东电力调控分中心主任工程师
唐均君	上海华力微电子有限公司总经理
陈思勤(女)	华能国际电力股份有限公司上海石洞口第二发电厂副总工程师

唐海红(女) 上海化学工业区企业发展有限公司综合办主任
李智明 国药控股股份有限公司党委书记、董事长
朱晓彤 中国铁路上海局集团有限公司无锡站客运主任计划员
毛 静(女) 中国铁路上海局集团有限公司上海客运段列车长
唐寅生 中国铁路上海局集团有限公司上海通信段副主任
陈 翔(女) 中远海运集装箱运输有限公司副总经理、总法律顾问
韩 懿 中远海运科技股份有限公司航运信息化第二事业部总工程师
何丕伟 上海中远船务工程有限公司质量主管
何 平 上海沪东集装箱码头有限公司工程技术部经理
华 军 上海国际港务(集团)股份有限公司张华浜分公司工程技术部维修二部主任
殷 敏 中国扬子江轮船股份有限公司总经理
虞积民 上海交运集团股份有限公司汽车零部件制造分公司技术中心总监
柴闪闪 中国邮政集团公司上海市邮区中心局邮件接发员
黄浩程 中国移动通信集团上海有限公司工程建设部临港工程建设办公室副主任
成江伟(女) 中国电信股份有限公司上海分公司政企客户部解决方案经理
马忠良 中国电信股份有限公司上海分公司宝山局分局长助理
胡晓宇 中国电信股份有限公司上海分公司网络操作维护中心主任工程师
宋 寅(女) 交通运输部东海第一救助飞行队飞行管理部副部长
徐军林 交通运输部上海打捞局救捞工程船队工程监督
刘 雨 交通运输部上海打捞局工程师
焦永强 上海达华测绘有限公司主任
赵 辉 中交三航局第二工程有限公司项目总工程师
宁北杰 中国民用航空华东地区空中交通管理局管制教员、检查员
李丛丛 中国民用航空华东地区管理局副主任科员
游文希(女) 中国东方航空股份有限公司销售委员会班组长
周 斐 上海航空有限公司空保管理部空警大队特勤组组长
潘 毅 上海东航美心食品有限公司副总厨师长兼贵宾服务部经理
陈 琪(女) 上海机场建设指挥部虹桥航站区工程部项目主管
周 亮 上海国际机场股份有限公司消防急救保障部监控大队一中队中队长
马乔一 中国船级社上海分社指导验船师
王圣魁 上海市城市管理行政执法局主任科员
方丽平(女) 招商蛇口上海公司——上海丰扬房地产开发有限公司行政与人力资源部经理
黄惠冲 上海市铭富建筑安装工程有限公司电工班长
房卫祥 上海建工四建集团有限公司市政工程公司经理
陶华军 上海建工七建集团有限公司项目经理
张 越 上海建工材料工程有限公司总经理
徐 珺 上海建工集团股份有限公司项目经理
尹宇杰 上海市基础工程集团有限公司工程公司经理
汤凌云 上海市交通委员会执法总队中队长
王孝山 中石化海洋石油工程有限公司技术服务中心主任
杨瑞卿 上海市绿化管理指导站副科长
董 峰 上海现代建筑设计集团工程建设咨询有限公司造价咨询事业部总经理
刘兴昌 鲁中矿业有限公司张家洼铁矿科长
李丕学 上海市海洋环境监测预报中心副总工程师科长
任合仕 中国建筑第八工程局有限公司项目经理
黎 昂 中建八局第三建设有限公司投资管理部经理
曹 鹏 中国建筑第八工程局有限公司中国建筑马来西亚有限公司副总经理兼吉隆坡标志塔项目经理
李延佩 中建八局第一建设有限公司分公司经理
李 韦 中建八局总承包公司上海众玺劳务公司劳务工人
柴德凯 中建八局第二建设有限公司分公司党总支书记
王广滨 中国建筑第八工程局有限公司党委工作部副部长
杨焕河 上海大屯能源股份有限公司主管
杨忠铭 中国光大银行股份有限公司上海分行公司业务四部经理
韩 光 中国平安人寿保险股份有限公司上海分公司总经理
朱 丹(女) 中国人民财产保险股份有限公司上海市分公司部门经理
周 磊 上海国有资产经营有限公司党委书记、董事长
董 浩 上海银行市南分行漕河泾支行客户经理
倪敏皎(女) 中国太平洋人寿保险股份有限公司上海分公司柜员
杨晓峰 中国华融资产管理股份有限公司上海市分公司业务二部经理
衡 彦(女) 上海股权托管交易中心股份有限公司总监助理
郭纪生 上海市金融工作党委主任科员

张 珏(女) 上海农村商业银行股份有限公司浦东分行理财经理
许 崇(女) 中国人寿保险股份有限公司上海市分公司部经理
周传飞 上海市长宁区税务局纳税服务科科长
程 易 上海市劳动人事争议仲裁院仲裁二庭庭长
李泽君 中国农业科学院上海兽医研究所禽病室主任
郑为民 中国科学院上海天文台射电天文科学与技术研究室主任
蔡海文 中国科学院上海光学精密机械研究所部门副主任
杨义顺 中船重工集团公司第七〇一研究所上海分部某海警船总设计师
刘 文 上海第二工业大学马克思主义学院院长
朱 列 上海交通职业技术学院汽车工程系副主任
吴晓明 复旦大学复旦学院院长
涂善东 华东理工大学教授
盛 利 上海音乐学院教授
高小玲(女) 上海交通大学医学院教师
王 迁 华东政法大学教授
徐丛剑 复旦大学附属妇产科医院教授
许树长 上海市同济医院消化内镜中心主任、教授
李青峰 上海交通大学医学院附属第九人民医院科主任
周彩存 上海市肺科医院肿瘤科主任、教授
薛雅倞(女) 上海新华传媒连锁有限公司销售中心办公室行政主任
傅贤伟 解放日报社上观政情频道总监
陈正宝 新民晚报社摄美部主任
方 珂 看东方(上海)传媒有限公司上海广播电视台融媒体中心上视编播部主任
龚天鹏 上海爱乐乐团驻团作曲
轩传树 上海社会科学院研究室主任
刘 欣 上海体育科学研究所体质研究与健康指导中心主任
尹付军 中国核工业第五建设有限公司项目技术经理
张福利 上海医药工业研究院制药工艺优化与产业化工程研究中心主任
张 俊 上海航空电器有限公司研发工程师
苏国明 中国石油天然气股份有限公司上海销售分公司加油站经理
蔡泽中 上海市东海老年护理医院专家室主任
顾晨斌 上海粮油仓储有限公司徐汇粮食仓库副经理
邓兆网 上海开创远洋渔业有限公司船长
张永平 上海海湾国家森林公园有限公司副总工程师
查庆国 上海市益善殡仪馆整容防腐师
刘海涛 上海市北新泾监狱正科
汪 虹(女) 锦江国际(集团)有限公司办公室主任、董秘
陈 刚 上海虹桥宾馆有限公司行政总厨
陆勤松 上海虹桥迎宾馆行政副总厨
汪 炜 上海市衡山(集团)公司衡山宾馆行政总厨助理
沈轶斐(女) 上海自由贸易试验区海关工作组综合组副组长
董 超(女) 上海市外国投资促进中心(上海市国际技术出口促进中心)主任
陆 卿 上海机场出入境边防检查站主任科员
何敏洁(女) 上海又一城购物中心有限公司营运管理部经理助理
黄 杨 上海晶通化轻发展有限公司电商物流部副经理
杨 杰 上海世纪联华超市长宁有限公司店长
施文捷 上海轨道交通十七号线发展有限公司项目经理部经理
高 煜(女) 上海地铁第一运营有限公司值班站长
孙 杰 上海巴士第二公共交通有限公司驾驶员
张亚军 上海强生普陀汽车服务股份有限公司驾驶员
王 蕾(女) 上海久事国际赛事管理有限公司副总经理
朱 勇 上海申铁投资有限公司投资管理部经理
蒋玲燕(女) 上海城投水务(集团)有限公司运营管理中心副主任
卫益民 上海老港废弃物处置有限公司桥吊班班长
韩英杰 上海燃气浦东销售有限公司第三营业所居民用气管理组组长
黄 学 上海电器科学研究所(集团)有限公司船用电气事业部党支部副书记
许建峰 上海东方投资监理有限公司注册造价工程师
陆家星 上海佳亮会计师事务所有限公司职工
张 立 隧道股份上海城建预制构件有限公司副总经理
岑文伟 隧道股份上海城建水务工程有限公司管道分公司经理
张登福 隧道股份上海市政养护管理有限公司设施维护中心主任
钱兴昌 上海全策房地产有限公司中星集团项目建设党总支书记兼全策公司副总经理
陆 倩(女) 上海外服(集团)有限公司业务部总经理
周奕炯 中国联合网络通信有限公司上海市分公司职员
张军锋 中建二局第一建筑工程有限公司上海分公司总经理、党委书记
李书鹏 中建三局集团有限公司上海分公司党委副书记、纪委书记、工会主席
宋建兵 中国建筑第二工程局有限公司上海分公司项目经理
施圣高 上海上实现代农业开发有限公司副总经理
曹向东 天海融合防务装备技术股份有限公司项目经理

赵浚淇　上海市公安局网络安全保卫总队警长
孙赫丹　上海市公安局民警
周　毅　上海国盛集团仁源企业管理有限公司党委副书记、副总裁兼国盛集团信访办主任
薛明辉　绿地控股集团有限公司安徽房地产事业部常务副总经理
吴　锋　上海野生动物园发展有限责任公司总工程师
严迪磊(女)　上海世博发展集团有限公司战略发展部助理总经理
徐　力　中国大地财产保险股份有限公司上海分公司车险理赔部人伤理赔室主任
武德芹(女)　上海东方数字社区发展有限公司区域管理
陈　刚　五冶集团上海有限公司交通市政分公司三荔高速二分部项目部项目经理
王新威　上海化工研究院有限公司部门副总工、主任助理
朱艳琴(女)　上海少年儿童出版社有限公司文学室主任
施福刚　中国福利会老年福利发展中心主任
罗菊芬(女)　上海市质量监督检验技术研究院工程师

2017—2018年度上海市职工职业道德建设十佳标兵单位(10个)

上海欧坚网络发展股份有限公司
上海中建东孚物业管理有限公司
宝山区职工援助服务中心
上海强生制药有限公司
上海蔚来汽车有限公司
上海市第四社会福利院
国网上海市电力公司电力科学研究院
华东理工大学化学实验教学中心
上海城投原水有限公司青草沙原水厂
中国电信上海公司南区局。

2017—2018年度上海市职工职业道德建设十佳标兵个人(10人)

仇宝华(女)　石泉街道社区卫生服务中心铜川路卫生服务站团队长
李　媛(女)　上海豫园黄金珠宝集团有限公司检测中心副主任
陶晓阳　上海市建青实验学校艺术中心主任
陈益群　上海市静安区市政工程和配套管理中心领导班子成员
张黎明　上海临港控股股份有限公司副董事长
周　琼(女)　上海航天设备制造总厂有限公司武器领域项目副经理、事业二部主任、十分厂厂长兼党支部书记
赵晓菁　上海交通大学医学院附属仁济医院胸外科主任
杨　添　中国船舶工业集团公司第七〇八研究所团委副书记
孙雅明　上海电气电站设备有限公司上海汽轮机厂班组长
幸利军　中国宝武钢铁集团有限公司宝钢股份热轧厂技能专家

2018年上海市工人先锋号(349个)

上海市浦东新区市场监督管理局注册许可分局企业注册科
上海市浦东新区税务局第十税务所
上海市浦东新区第二少年儿童体育学校浦东青少年游泳队
中国共产党上海市浦东新区委员会统战部办公室
上海市东方医院中国国际应急医疗队(上海)
上海浦东新区金高公共交通有限公司785路班组
上海东岸投资(集团)有限公司东岸集团贯通项目组
上海创诺制药有限公司质量控制部仪器班组
上海中成自来水配套服务有限公司周康供水抢维修班组
中化中石化上海东方石化储运有限公司东方储罐生产班组
上海四通电力设备(集团)有限公司"95598"电力抢修队
上海金陵电子网络股份有限公司智能系统信息组
上海佳友市政建筑有限公司测控班
精泰电子(上海)有限公司华力项目组
上海汇纳信息科技股份有限公司研发部
上海奇欢体育俱乐部有限公司垂直登高事业部
上海申茂电磁线有限公司丝包一区
天安财产保险股份有限公司航运保险中心
上海东亚弘安清洁服务有限公司震旦国际大楼保洁部
邦奇智能科技(上海)股份有限公司研发中心
用友网络科技股份有限公司上海分公司开发班组
理光图像技术(上海)有限公司打印服务解决方案项目组
捷普科技(上海)有限公司研发中心
上海生物电子标识股份有限公司制造部装配组
上海市徐汇区城市管理行政执法局天平街道中队
上海寰宇城市投资发展有限公司工程部
上海泰坦科技股份有限公司科研信息化团队
上海徐汇资产管理有限公司市场部
上海徐汇软件发展有限公司招商服务部
长宁区市场监督管理局注册许可窗口
上海灿星文化传媒股份有限公司后期制作团队
尤妮佳生活用品(中国)有限公司市场总部FC市场部
上海普瑞眼科医院社服健教部
上海圣骊投资发展有限公司虹桥创意园班组
上海爱尔眼科医院视光部
联合利华(中国)有限公司上海分公司北亚区家居护理类产品研发团队
上海幼狮汽车销售服务有限公司外国机构汽车修理车间
上海市地方税务局普陀区分局第一税务所
上海市普陀区中心医院呼吸内科班组
上海中森建筑与工程设计顾问有限公司装配式工程研究院

上海东方国际商品拍卖有限公司市场开发运作部
上海思尧建设集团有限公司项目管理部
上海宏泉集团有限公司祥泓物业
上海浦策建设工程管理有限公司人力行政中心
上海蔓楼兰企业发展有限公司研发技术部
上海昆仑新奥清洁能源股份有限公司车辆改装兄弟连班组
上海中虹(集团)有限公司滨江贯通项目组
上海市杨浦区市场监督管理局综合执法大队
上海杨浦阳光社区服务管理中心三阳团队
上海欧坚网络发展股份有限公司预归类班组
上海蓝强机械制造有限公司蓝强机械金加工车间
上海瑞通护理院护工部
上海浦海求实电力新技术股份有限公司浦海电力线路设计科室
上海建朗信息科技有限公司“互联网+党群”工作研究部
上海微谱化工技术服务有限公司生物医药事业组
上海柏申建筑有限公司工程部
上海罗曼照明科技股份有限公司工程管理部
上海海阳物业管理有限公司　驻上海肺科医院护工班组
上海欣谊环境卫生服务有限公司储运场班组
上海新世界股份有限公司一楼商场香烟柜
上海市瑞金康复医院(筹)、黄浦区东南医院康复医学科
上海宏伊物业管理有限公司空调班组
高丝化妆品销售(中国)有限公司战略品牌部
上海永善建筑保养工程有限公司应急抢险班组
上海金外滩(集团)发展有限公司工程管理部
恒源祥(集团)有限公司服饰产业班组
上海老凤祥首饰研究所有限公司老凤祥银楼名品楼
静安区税务局第一税务所
上海北上海大酒店有限公司餐饮服务班组
上海大宁资产经营(集团)有限公司退管会
杭州丘比食品有限公司上海分公司志愿服务团队
上海市民办扬波中学初三年级组
上海吉祥房地产有限公司静安香格里拉大酒店西点厨房
上海长途汽车客运总站有限公司车场管理部
上海朝晖药业有限公司物料部仓库
上海瑞宝重车服务有限公司上海车间维修一组
上海江南修船有限公司设动分公司总降压站
上海宝房(集团)有限公司宝山区 962121 物业服务呼叫中心
上海二十冶建设有限公司山钢日照高炉项目部
上海市宝山区大场镇人民政府征收补偿办公室
上海北裕分析仪器股份有限公司技术攻关组
益美高(上海)制冷设备有限公司盘管组
古美路街道社区事务受理服务中心窗口组
衣恋时装(上海)有限公司工会电商小组
上海华普电缆有限公司交联挤塑班组
上海江南旅游服务有限公司旅游部
上海高诚创意科技集团有限公司高诚创科研发部
上海市闵行区莘庄社区卫生服务中心顾昊家庭医生工作室
上海七宝古镇实业发展有限公司微网格指挥中心
闵行区规划和土地管理局执法大队执法大队班组
上海士丰实业有限公司人力资源部
闵行区市场监督管理局注册许可科
上海紫江喷铝环保材料有限公司制造复合班组
广汽菲亚特克莱斯勒汽车销售有限公司财务部
上海市嘉定区市场监督管理局南翔市场监督管理所
上海市嘉定区国有资产经营(集团)有限公司党群工作部
上海市嘉定区真新街道办事处鼎秀社区“鼎治空间”工作组
南亚新材料股份有限公司三厂排版工序
上海申江锻造有限公司技术部
精进百思特电动(上海)有限公司数控班组
上海康家有害生物防制有限公司康家公寓(黄渡)管理服务中心窗口
上海汽车齿轮一厂差壳班组
上海锦宏投资管理有限公司物业管理部
金山区劳动人事争议仲裁院仲裁二庭
上海普丽盛包装股份有限公司装配车间
上海亚太国际蔬菜有限公司研发班组
上海信泓都市工业管理有限公司物业部
上海市金山区文化馆活动部
上海金山石油化工建筑有限公司基层项目管理班组
上海舜宇阳明精密光学有限公司外观良率提升班组
上海克拉电子有限公司销售部
上海百康电子元件有限公司智能装配车间
上海兆力电器制造有限公司技术部
大福(中国)物流设备有限公司制造 2 课制御 T
上海松江三键精细化工有限公司螺丝班组
松江区方塔中医医院肿瘤科病房
上海市松江区司法局基层工作科
上海市松江区文化馆文艺辅导部
上海方塔园绿化管理组
上海市松江食品药品检验所食品检验室
正泰电气股份有限公司中压设备事业部二次线车间 A 组
上海沪工焊接集团股份有限公司研发结构造型组
上海汇益控制系统股份有限公司技术中心
上海自在源农业发展有限公司生产技术部
青浦区赵巷镇大型社区管理办公室社区部
复旦大学附属中山医院青浦分院急诊医生组
上海市青浦区排水管理所排水管理科
上海市青浦区环境监测站分析室
上海青浦巴士公共交通有限公司青纪线
上海市青浦区盈浦街道社区党建服务中心区域化党建联络办
上海创力集团股份有限公司总装车间
上海森蜂园蜂业有限公司蜂蜜车间班组
阿蓓亚塑料实业(上海)有限公司组装 APU
上海光电医用电子仪器有限公司生产部生产制造组
伽蓝(集团)股份有限公司设备组
上海奉贤贤润水务建设有限公司工程科
奉贤区机关事务管理局会议中心管理科

上海柘中电气有限公司接线班组
上海笙阳数码设备有限公司精攻组
奉贤区图书馆少儿部
上海海龙工程技术发展有限公司轨交15号线项目监理组
上海交通大学医学院附属新华医院崇明分院康复医学科
上海市崇明区市场监督管理局注册许可科
上海申鼎建设科技(集团)有限公司申鼎中小河道整治班组
上海三菱电机·上菱空调机电器有限公司--PAC车间内机班组
上海电气核电设备有限公司制造部镗铣班组
上海锅炉厂有限公司管子车间焊接班
上海亚尔光源有限公司医疗器械零部件班组
华鑫证券有限责任公司(上海分公司)厦门莲岳路证券营业部
上海宝通汎球电子有限公司工程技术部
华鑫置业(集团)有限公司华鑫智慧园区项目组
上海华谊能源化工有限公司南区醋酸丁班
双钱集团上海轮胎研究所有限公司产品事业部
上海印钞有限公司印码生产部印刷七组陆晔程机台
上海纺织(集团)有限公司信息管理部外贸信息化项目组
上海纺织(集团)有限公司布局新疆、践行“一带一路”项目组
上海上药杏灵科技药业股份有限公司科研发展部
上海上药第一生化药业有限公司设备动力科
上海新亚药业闵行有限公司拜耳项目团队
上海久隆电力(集团)有限公司电缆工程分公司接头三班
国网上海市南供电公司南丹路营业站营业班
国网上海市电力公司调控中心
上海明华电力技术工程有限公司发电技术部
上海电力建筑工程有限公司钢构厂
宝山钢铁股份有限公司炼铁厂四号高炉
宝钢不锈炼钢厂转炉分厂乙班不锈钢炼钢作业区VOD-LF班组
宝钢特钢有限公司特材事业部自耗分厂熔炼作业区甲班
宝钢集团南通线材制品有限公司气门簧作业区
华宝信托有限责任公司财富管理中心
上海宝绿置业有限公司佘山项目组
中冶宝钢技术服务有限公司宝钢协力生产分公司铸钢车间二铁水作业区
中冶宝钢技术服务有限公司重型机械分公司特种车辆厂
上海宝冶建设工业炉工程技术有限公司耐火材料湿法自动喷涂职工创新工作室
中国石化上海高桥石油化工有限公司动力管理中心汽机运行装置第三班
中国石化上海石油化工股份有限公司电气仪表中心电气五车间运行丙班
中国石化上海石油化工股份有限公司涤纶部涤纶研究所
中铝上海铜业有限公司工程建设分公司新板带设备维护组
上海飞奥燃气设备有限公司常规价值流产品线班组
上海无线电设备研究所重点实验室目标特性班组
中船第九设计研究院工程有限公司水工及特种工程设计研究院岩土室
上海外高桥造船有限公司品质保证部
沪东中华造船(集团)有限公司总装三部
中国商用飞机有限责任公司民用飞机试飞中心试飞运行部试飞工程师二中队
上海飞机客户服务有限公司大型客机项目办公室
上海烟草集团有限责任公司上海卷烟厂二车间甲班C区卷包一组
环球车享汽车租赁有限公司上海运营公司调度中心
上海实业交通电器有限公司技术中心
上海安盛汽车船务有限公司航运经营部班组
华域视觉科技(上海)有限公司产品设计部班组
上汽大通汽车有限公司我行自媒体及用户运营团队
上海临港漕河泾企业服务有限公司平台服务事业部
上海东甸物业管理有限公司千岛湖服务部
上海华虹宏力半导体制造有限公司一厂
华能(上海)电力检修有限责任公司燃环风机检修班
上海孚宝港务有限公司运营部操作4班
国药控股国大复美大药房上海连锁有限公司梅川店
上海华铁旅客服务有限公司杭州分公司杭州东站商品配送班组
上海工务段上海线路车间上西维修工区
上海电务段上海车间上海信号工区
中远海运能源运输股份有限公司桐林湾轮
中远海运化工物流有限公司仓储部
上港集团港口业务受理中心有限公司业务受理部
上海港城危险品物流有限公司运输管理部
上海冠东国际集装箱码头有限公司桥吊一班
上海深水港船务有限公司“海港106”轮
上海长航船员管理有限公司长新江轮劳务班组
上海交通大众客运有限责任公司金山客运站班组
中国邮政集团公司上海市金山区分公司石化邮政支局东门营业所班组
上海邮电医院“家庭医生”服务团队
中国移动通信集团上海有限公司西区分公司长寿路旗舰店
中国电信上海公司电渠中心数据与新业务班组
中国电信上海公司总部财务部
中国电信上海公司浦东局张杨路营业厅
号百信息服务有限公司码号安全信息服务组
交通运输部东海救助局“东海救102”轮班组
交通运输部上海打捞局救捞拖轮船队“德深”轮
上海交通建设总承包有限公司新海鸥轮班组
中交三航(上海)新能源工程有限公司三航拖6001
中国民用航空华东地区空中交通管理局飞行服务中心
中国东方航空股份有限公司客舱服务部客舱运行管理中心
中国东方航空股份有限公司地面服务部外航服务中心
上海浦东国际机场货运站有限公司货运站人力资源部培训中心
上海国际机场股份有限公司交通保障部站点管理科

上海浦东国际机场进出口有限公司贸易部招标采购班组
东海航海保障中心上海海事测绘中心数据信息中心
上海海事局指挥中心
上海市住房和城乡建设管理委员会建筑市场监管处
国核自仪系统工程有限公司验证中心
太湖流域管理局水文局(信息中心)水文水资源处(水情处)
中铁二十四局集团有限公司地铁17号线项目部
上海勘测设计研究院有限公司新能源设计研究院
上海市房屋安全监察所(上海市历史建筑保护事务中心)历史建筑保护科
上海建工二建集团有限公司和辉光电第6代AMOLED显示项目部
上海市建筑装饰工程集团有限公司港珠澳大桥澳门口岸管理区旅检大楼工程项目部
上海市建工设计研究总院有限公司九棵树(上海)未来艺术中心EPC项目管理团队
上海市航务管理处市区航务管理所北新泾站班组
中石化海洋石油工程有限公司上海物探分公司发现6号
上海市野生动植物保护管理站执法监督科
华建集团华东建筑设计研究总院事业三部
鲁中矿业有限公司小官庄铁矿铁矿一工区电工班
上海市水务规划设计研究院(上海市海洋规划设计研究院)水利规划设计所
中建八局第四建设有限公司心海广场改造项目部
中建八局上海分公司西岸传媒港项目部
上海大屯能源股份有限公司孔庄煤矿综采二队
上海大屯能源股份有限公司物资贸易部徐庄分库
东方证券股份有限公司证券投资业务总部
国泰君安证券股份有限公司董事会办公室
交通银行太平洋信用卡中心市场部产品开发与管理团队
中国农业银行股份有限公司上海市分行网络金融部
上海浦东发展银行股份有限公司总行电子银行部
申万宏源证券有限公司上海浦东新区陆家嘴环路证券营业部
中国邮政储蓄银行股份有限公司上海分行托管业务部
上海市国家(地方)税务局第一稽查局第一检查所
上海市社会保险事业管理中心浦东分中心
上海市农业科学院食用菌加工技术研究室
中国科学院上海技术物理研究所量子科学卫星有效载荷研制团队
上海科技馆展教服务处
上海健康医学院临床医学院
上海电力学院电力材料防护与新材料研究团队
上海交通大学感知与导航研究所
上海应用技术大学食品科学与工程系班组
上海大学材料学院先进金属材料电磁冶金与高温叶片关键技术战略创新团队
复旦大学附属华山医院抗生素研究所
上海市儿童医院重症医学科
复旦大学附属儿科医院新生儿科
上海中医药大学附属龙华医院刘嘉湘国医大师传承工作室
上海市卫生和计划生育委员会监督所生活饮用水与健康相关产品监督科
上海交通大学医学院附属瑞金医院灼伤整形科
上海新华传媒电子商务有限公司信息技术部
上海韬奋纪念馆宣教部
上海新闻出版职业技术学校基础教研室
文汇报社政经报道中心
新华社上海分社经济采访室
上海博物馆考古研究部
上海东方娱乐传媒集团有限公司《从石库门到天安门》诗歌朗诵会项目团队
上海东方明珠数字电视有限公司NGB-W项目组
上海社会科学院经济研究所政治经济学研究团队
上海体育职业学院沙滩排球队
上海现代制药股份有限公司上海事业部质量保证部
中国石化销售有限公司上海石油分公司松莘加油站
中国航发上海商用航空发动机制造有限责任公司装配中心
光明乳业研究院配方部液态奶项目组
上海第一食品连锁发展有限公司第一食品商店壹食壹品专柜
江苏梅林畜牧有限公司九牧场
上海海博出租汽车有限公司第一分公司爱心车队
上海市儿童福利院教育科学龄组
上海市五角场监狱教育改造科
上海锦江旅游控股有限公司入境游中心班组
上海锦江国际酒店发展股份有限公司新城饭店前厅营运班组
东湖宾馆客房部1号楼班组
上海国际贵都大饭店市场销售部
上海市委网信办网络舆情处
市政府办公厅“上海发布”办公室
上海市商务委员会服务业发展处
上海展览中心设备工程部冷暖组
上海市人民检察院第二分院二审案件检察处
上海市女子强制隔离戒毒所一大队班组
上海图书馆(上海科学技术情报研究所)舆情剪报部
上海出入境检验检疫局工业品与原材料检测技术中心矿产科
公安部第三研究所特技部新疆项目组
上海百联物业管理有限公司首席技师工作室
上海汇丰大药房有限公司佛慈堂国药号
百联全渠道电子商务有限公司云店项目组
联华物流有限公司冷链运作部
上海地铁第四运营有限公司6号线儿童医学中心站
上海地铁维护保障有限公司通号分公司维护四部9号线轨旁1组
上海久事国际赛事管理有限公司赛场经营中心班组
上海交通建设管理有限公司工程管理部
久事商务大厦物业管理处客服班组
上海城投水务(集团)有限公司制水分公司长桥水厂生产

科甲班
上海中心大厦置业管理有限公司新江湾城物业工程部
上海城投置地(集团)有限公司规划设计部班组
上海市市政公路工程检测有限公司结构部
上海申能奉贤热电有限公司工程管理部
上海燃气市北销售有限公司普陀办事处铜川检修组
上海电器科学研究所(集团)有限公司网控事业部
上海三毛保安服务有限公司军风突击队
上海勘察设计研究院(集团)有限公司研究院班组
上海吉祥航空股份有限公司保卫部
上海灯具城市场经营管理有限公司工程部
隧道股份地下设计总院建筑信息化工程技术研究院
隧道股份第一管线工程分公司
隧道股份城建设计总院桃浦科技智慧城中央绿地项目组
隧道股份上海隧道沿江通道1标项目经理部
上海耀皮康桥汽车玻璃有限公司CPB钢化炉甲班班组
东浩兰生(集团)有限公司人员资产管理中心人员管理部
中国联合网络通信有限公司上海市松江区分公司
上海福寿园实业发展有限公司业务接待部
中建深圳装饰有限公司上海分公司苏州太平金融项目部
中建五局华东建设有限公司天安金融中心项目
上海市通信管理局保障中心
上海上实物业管理有限公司宝钢服务中心
斯派莎克工程(中国)有限公司CNC班组
上海市公安局交警总队机动支队
上海市公安局科技处信息通信运行监测科
上海国盛集团资产有限公司资产经营部
上海绿地青颂置业有限公司青浦超高层项目部
上海东方欣迪商务服务有限公司申迪停车场运营班组
上海国际主题乐园有限公司设施运营服务部游艺设施施工服务班组
新开发银行总部大楼项目部
上海美术设计有限公司龙华烈士陵园纪念馆改成项目组
中国银河证券股份有限公司上海五莲路证券营业部
上海东方网股份有限公司媒体业务中心上海新闻部
五冶集团上海有限公司检修分公司南钢项目部宽厚板轧机班
上海化工研究院有限公司先进材料事业部
上海中华印刷有限公司胶装联动工段
宋庆龄幼儿园多元文化部
上海市工商行政管理局信息中心
上海市特种设备监督检验技术研究院化学工业区分院

2018年“上海工匠”(98人)

杨铁毅　上海市浦东新区公利医院骨外科主任
曹毅然　上海众材工程检测有限公司高级工程师
刘立全　上海康耐特光学股份有限公司专业技术人员
卢秋红　上海合时智能科技有限公司高级工程师
陈　珺(女)　上海市徐汇职业高级中学中西点专业教师
刘宗军　上海市普陀区中心医院心内科主任
陈爱华(女)　上海正章实业有限公司技术总监
郭乃根　上海申丰地质新技术应用研究所有限公司研发部技术组长
崔　磊　青藤玉舍(上海九畴艺术品设计中心)艺术总监
熊朝林　上海阿为特精密机械股份有限公司技术主管
倪振刚　中国二十冶集团上海二十冶建设有限公司副部长
洪永楠　上海吴安综合服务中心汽车修理厂高级技师
蒋中庆　上海雅典娜家具设计有限公司高级技师
张真玉　上海之禾时尚实业集团有限公司立裁版师
毛伊荣　中国科学院上海光学精密机械研究所　制灯组长
朱士昇　大陆泰密克汽车系统(上海)有限公司设备高级工程师
毛严根　上海石库门酿酒有限公司首席技师
金凤雷　上海市梨研究所技术主管
孙　刚　上海金发科技发展有限公司工程师
程小磊(女)　上海沪工焊接集团股份有限公司高级技师
孙爱喜　上海海利生物技术股份有限公司生产部技术主任
陈　斌　上海市崇明区招待所餐饮部副经理兼　副厨师长
金德华　上海电气上海锅炉厂有限公司设备维护技术主管
许志平　上海电站辅机厂有限公司焊接班组长
黄红雄　双钱轮胎有限公司上海轮胎研究所技术员
曹春祥　上海三枪(集团)有限公司针织技术开发负责人
李跃雄　上海上药神象健康药业有限公司参茸鉴别管理人
邵　奇　上海上药信谊药厂有限公司制剂部主任
乔亚兴　国网上海市电力公司市南供电公司变电运维一班班长
张国强　华东送变电工程有限公司工程管理部主任
宋　俊　宝山钢铁股份有限公司高级技师
金国平　宝山钢铁股份有限公司高级技师
幸利军　宝山钢铁股份有限公司高级技师
张晓东　中冶宝钢技术第三分公司电焊技师
王学珍(女)　上海宝冶集团工业工程公司技术专家
邢玉辉　上海无线电设备研究所首席技师
李琦凤(女)　上海航天控制技术研究所首席技师
王耀生　上海航天能源股份有限公司高级工程师
李　勇　上海外高桥造船有限公司电焊工班组长
朱建华　沪东中华造船(集团)有限公司首席技师
王　浩　上海王宝和大酒店有限公司行政总厨
方少非　上海汽车变速器有限公司首席技师
蔡　炯　上汽通用汽车有限公司工程师
陈广龙　上海华力微电子有限公司研发部部长助理
陶建良　上海大型养路机械运用检修段大机司机

黄　华　　上港集团尚东集装箱码头分公司桥吊远程操作员
王　琤　　上海交运起凌汽车销售服务有限公司　技术总监
徐　玲（女）　中国邮政集团公司上海研究院副总工程师
刘欣川　　中国移动通信集团上海有限公司工程师
吴文巍　　中国电信上海公司南区局一级电信服务专家
华　静　　中国电信上海公司信息网络部一级专家
谷银远　　上海交通建设总承包有限公司高级技师
夏显文　　中交第三航务工程局有限公司高级主管
黄燕华（女）　上海东航美心食品有限公司生产运行部门店制作副主管
顾智勇　　浦东海事局安检中心处长
杨　宇　　上海发电设备成套设计研究院有限责任公司副所长
朱祥明　　上海建工园林集团总工程师
谷志旺　　上海建工四建集团有限公司研究院副院长
卢　航　　上海浦东新区杨高公共交通有限公司　修理分公司高级技师
李德成　　上海静安城发集团静环分公司设备科科长
翁其平　　华东建筑设计研究院有限公司副总工程师
梁永辉　　上海申元岩土工程有限公司　所长、主任工程师
孙晓阳　　中国建筑第八工程局有限公司总承包公司　项目技术负责人
王东东　　上海出版印刷高等专科学校平版印刷工
周建明　　核工业第八研究所车工
王永良　　中国科学院上海微系统与信息技术研究所　工程师
夏　强　　上海交通大学医学院附属仁济医院副院长
符伟国　　复旦大学附属中山医院血管外科主任
钦伦秀　　复旦大学附属华山医院外科主任
卢　奕　　复旦大学附属眼耳鼻喉科眼科主任
虞先濬　　复旦大学附属肿瘤医院胰腺外科主任
刘少稳　　上海市第一人民医院心内科主任
陆金根　　上海中医药大学附属龙华医院肛肠科主任
王佳俊　　上海歌舞团有限公司首席演员
俞剑燊　　上海金枫酒业股份有限公司总工程师
黄　琴（女）　上海市第三社会福利院养老护理培训员
许　冬　　上海市五角场监狱副科长
任介平　　上海锦江通永汽车销售服务有限公司　技术总监
陆春凤（女）　上海瑞金宾馆中点厨师长
张　李　　上海虹桥迎宾馆中厨房厨师长
吕勇根　　上海申能临港燃机发电有限公司机械点检长
刘齐山　　上海磁浮交通发展有限公司班组长
许学平　　上海地铁维护保障有限公司车辆分公司检修人员
杨戌雷　　上海城投污水处理有限公司白龙港污水处理厂车间主任
顾士杰　　上海市城市排水有限公司技师
陈柳锋　　上海隧道工程有限公司电气室（生产）常务副主任
唐　彬　　上海电力股份有限公司吴泾热电厂高级技师
孟见新　　上海飞机制造有限公司高级技师
戴　渊　　上海飞机制造有限公司首席技师
马开军　　上海市公安局刑侦总队刑技中心副主任
马　浩　　华能国际电力股份有限公司上海石洞口第一电厂热控专工
曲云飞　　上海商务数码图像技术有限公司项目主管
项一鸣　　上海罗唯花艺设计有限公司花艺负责人
刘同意　　上海徽红农产品有限公司国家评茶师
张开华　　上海电力实业有限公司技术班班长
朱开荣　　上海吾衫科技有限公司服装技术总监
陈秋生　　上海市浦东新区陈秋生工作室职业画家
邵　竞　　上海市解放日报社视觉设计、图片编辑

2018 年度国家科技进步奖

序号	系统	完成人	项目名称	完成单位	备注
1	航天	王曙群	航天超细直径小腔检漏管路制造技术及推广应用	上海航天设备制造总厂	二等

2018 年度上海市科技进步奖

序号	系统	完成人	项目名称	完成单位	备注
1	航天	金红新	卫星异种材料组件的精密加工技术及其应用	上海航天设备制造总厂有限公司	二等
2	宝武	吉志勇	轧钢大电机集电滑环变频驱动在线车削技术	上海宝钢工业技术服务有限公司	二等

续 表

序号	系统	完成人	项目名称	完成单位	备注
3	宝山	熊朝林	高精密医疗仪器（细胞切片机）滑轨的研发与应用	上海阿为特精密机械股份有限公司	三等
4	电力	钱 忠	保障高可靠性供电的应急电源车配套装置研制与应用	国网上海市电力公司	三等
5	电力	徐 楠	隔离开关机械负载自动测量装置	国网上海市电力公司检修公司	三等
6	机电	庄秋峰	智能化数控加工系统的开发和应用	上海电气电站设备有限公司上海汽轮机厂	三等
7	宝武	李 斌	延长钢丝内衬输送带使用寿命技术研究	宝钢股份有限公司	三等

全国职工优秀技术创新成果奖

序号	系统	完成人	项目名称	完成单位	备注
1	隧道股份	李 鸿	超大直径泥水平衡盾构施工工法创新及应用	上海隧道工程有限公司	一等
2	宝武	吉志勇	轧钢电机转轴部件不解体车削技术的开发应用	上海宝钢工业技术服务有限公司	三等
3	国网电力	钱 忠	保障高可靠性供电的应急电源车配套装置研制与应用	国网上海市电力公司	优秀
4	机电	庄秋峰	智能化数控加工系统的研发及其应用	上海电气电站设备有限公司	优秀

统计

各区局(产业)工会组织数据一览表(一)

单位名称	基层工会	基层工会涵盖单位	职工	女性	农民工	工会会员	女性	农民工
	个	个	人	人	人	人	人	人
总计	**46304**	**182118**	**7293148**	**2765640**	**2403457**	**6970789**	**2677925**	**2250309**
浦东新区总工会	8291	19468	846479	376072	269929	797130	356814	249917
徐汇区总工会	1857	13440	300451	119565	92454	295874	118083	91336
长宁区总工会	1617	11524	217773	96173	64525	216437	95649	64194
普陀区总工会	1845	5409	154920	66670	67100	150277	65132	64422
虹口区总工会	1371	5733	116160	42959	19053	109804	40856	17896
杨浦区总工会	2077	11423	219617	86083	116339	212279	85019	114915
黄浦区总工会	2860	13471	309775	129400	85173	300325	127130	82847
静安区总工会	2350	10752	220260	103153	32158	213705	100249	31681
宝山区总工会	2118	15490	399835	142104	134337	380838	137122	127706
闵行区总工会	5290	15002	523604	232514	270888	508233	227069	264388
嘉定区总工会	3029	12408	424177	157874	148337	412169	152633	142805
金山区总工会	1760	12004	272494	119304	152948	266367	117194	149902
松江区总工会	2632	12385	404740	172379	210278	392164	167694	205278
青浦区总工会	1924	11139	351801	133794	161885	322249	125686	152487
奉贤区总工会	1867	3495	183344	80020	64621	174059	76794	61566
崇明区总工会	1139	2972	101417	42283	47463	87487	39265	38391
上海市机电工会	145	146	46482	9400	3049	45471	9268	2590
上海市仪表电子工会	63	63	13338	4040	1198	13208	4014	1185
上海市化学工会	84	85	10668	2405	155	10593	2377	154
上海市轻工业工会	7	7	2789	800	0	2782	799	0
上海市纺织工会	68	68	10505	4355	1585	10276	4243	1539
上海市医药工会	71	72	20871	10298	650	19827	9838	648
国网上海市电力公司工会	31	31	14465	3308	0	14465	3308	0
上海电力股份有限公司工会	19	22	6516	1054	0	6447	1037	0
上海电力建设有限责任公司工会	10	10	2633	236	6	2631	236	6
中国宝武钢铁集团有限公司工会委员会	162	167	60044	9673	0	60044	9673	0
中冶宝钢技术服务有限公司工会	12	12	19090	2983	13344	15802	2567	10392
上海宝冶集团有限公司工会	18	18	5575	759	1393	5575	759	1393
上海高桥石油化工公司工会	7	7	5468	1190	48	5467	1190	48

续　表

单位名称	基层工会	基层工会涵盖单位	职工	女性	农民工	工会会员	女性	农民工
	个	个	人	人	人	人	人	人
中国石化上海石油化工股份有限公司工会	27	27	12429	3120	13	12324	3073	13
中铝上海铜业有限公司工会	7	7	673	130	5	671	128	3
上海航天局工会	32	33	18287	5003	193	18159	5002	186
中船上海船舶工业有限公司工会	20	20	57179	7588	29826	51195	6817	24024
中国商用飞机有限责任公司工会	11	11	12054	3308	72	11376	3225	66
上海市烟草工会	10	10	7557	1734	178	7557	1734	178
上海汽车集团股份有限公司工会	48	48	118383	21378	18882	109540	20741	13542
上海市漕河泾新兴技术开发区发展总公司工会	7	7	922	398	0	922	398	0
中国能源化学工会华东电力工作委员会	4	4	1532	411	0	1532	411	0
上海华虹(集团)有限公司工会	8	10	8161	2279	0	7845	2242	0
中国华源集团有限公司工会	3	3	121	47	0	121	47	0
华能上海分公司工会	8	8	2411	515	0	2404	515	0
上海化学工业区工会	33	35	8354	2230	1010	8197	2190	1003
国药控股股份有限公司工会	21	21	6344	3488	338	5323	3005	241
中国铁路工会上海铁路局委员会	36	36	34094	5041	3502	33518	5033	3046
中国远洋海运集团有限公司工会	77	80	27018	4235	5920	21031	3734	551
上海国际港务(集团)股份有限公司工会	42	42	17359	2695	417	17055	2686	162
中国海员工会上海长江轮船工会委员会	12	12	949	328	101	944	328	101
上海市运输工会	56	56	8861	1692	2432	7807	1375	1538
中国邮政集团工会上海市委员会	29	29	22703	6693	4695	22658	6676	4681
中国移动通信集团工会上海市委员会	1	29	7786	3871	462	7786	3871	462
中国电信集团工会上海市委员会	66	73	31175	11590	229	31087	11571	229
中国电信集团工会号百信息服务有限公司委员会	2	2	316	148	0	316	148	0
中国海员工会交通运输部东海救助局委员会	10	10	986	66	0	986	66	0

续 表

单位名称	基层工会	基层工会涵盖单位	职工	女性	农民工	工会会员	女性	农民工
	个	个	人	人	人	人	人	人
中国海员工会交通运输部上海打捞局委员会	6	6	847	54	0	847	54	0
中交上海航道局有限公司工会	10	10	4581	448	917	4581	448	917
中交第三航务工程局有限公司工会	9	9	3652	595	0	3652	595	0
中国民用航空华东地区空中交通管理局工会	15	15	2127	511	0	2127	511	0
民航华东地区管理局工会	9	9	4050	1956	79	3976	1928	40
中国东方航空集团公司工会	39	43	47966	17480	1763	46869	16822	1751
上海机场(集团)有限公司工会	45	45	21346	6111	2280	21202	6092	2280
上海海事局工会	22	22	2760	454	0	2752	447	0
上海市城乡建设和交通工会工作委员会	55	55	57386	11594	250	55281	11130	188
上海建工集团股份有限公司工会	63	529	149938	12398	113196	149256	12341	113196
上海市交通委员会工会	16	16	2366	890	0	2366	890	0
上海海洋石油局工会	8	8	1426	223	0	1419	223	0
上海市绿化和市容管理局工会	25	25	1680	772	0	1662	752	0
华东建筑集团股份有限公司工会	15	15	6513	2599	0	6425	2564	0
鲁中矿业有限公司工会	10	10	5482	805	432	4641	802	0
上海市水务局工会	17	17	1162	416	0	1162	416	0
中国建筑第八工程局有限公司工会	26	445	201753	13447	163428	179847	12330	141952
上海大屯能源股份有限公司工会	16	16	15952	2911	0	15943	2909	0
上海市金融工会工作委员会	136	139	266122	136875	266	261441	134268	105
上海市税务工会	11	11	1443	768	0	1443	768	0
上海市人力资源和社会保障局工会	19	19	2891	1621	0	2799	1558	0
上海市农业委员会系统工会工作委员会	31	31	3673	1375	299	3247	1220	89
上海市科技工会	47	110	30590	10372	1193	28379	9982	863
上海市教育工会	75	75	89953	44260	14685	85893	42996	12191
上海市医务工会	55	63	74584	52937	150	73474	52163	150
上海市新闻出版工会	25	25	4542	1965	1584	4479	1934	1579
上海报业集团工会	16	16	2879	1187	0	2879	1187	0
新华通讯社上海市分社工会委员会	1	1	171	101	0	171	101	0

续　表

单位名称	基层工会	基层工会涵盖单位	职工	女性	农民工	工会会员	女性	农民工
	个	个	人	人	人	人	人	人
上海市文化广播影视管理局工会	22	22	1714	901	1	1704	896	1
上海广播电视台工会	68	74	16675	7533	306	16490	7462	306
上海社会科学院工会	23	23	747	371	0	745	368	0
上海市体育局工会	29	29	1804	676	0	1617	596	0
上海市经济和信息化工作系统工会工作委员会	255	269	73627	29477	2216	70983	28624	1156
光明食品（集团）有限公司工会	247	436	59426	22053	9371	59360	22008	9309
上海市民政局工会	53	55	5206	2807	119	4097	2240	65
上海市监狱管理局工会	20	20	7251	1194	108	7244	1190	105
锦江国际（集团）有限公司工会	81	387	45010	17400	5609	45010	17400	5609
上海市东湖（集团）工会	10	10	6025	2529	38	3867	1356	30
上海市衡山（集团）公司工会	11	11	3400	655	214	3153	636	132
上海市级机关工会委员会	327	334	51106	19382	926	48929	18341	835
百联集团有限公司工会	127	127	29919	14986	2757	29919	14986	2757
上海申通地铁集团有限公司工会	31	31	28493	6667	679	26835	6391	22
上海久事（集团）有限公司工会	62	79	59041	7855	1700	58657	7734	1697
上海市城投（集团）有限公司工会	131	145	14863	4098	577	14863	4098	577
申能（集团）有限公司工会	46	46	15607	4866	29	15569	4845	29
上海电器科学研究所（集团）有限公司工会	8	8	1627	460	44	1572	434	43
东方国际（集团）有限公司工会委员会	39	41	2872	1252	53	2834	1238	46
上海市社会系统工会工作委员会	16	82	29800	9388	2764	27307	8995	2625
上海隧道工程股份有限公司工会	110	122	26716	6609	10140	19522	5454	3338
上海地产（集团）有限公司工会	72	91	5407	1854	283	5144	1730	283
东浩兰生（集团）有限公司工会委员会	26	30	2785	1439	64	2611	1388	45
中国联合网络通信有限公司上海市分公司工会	1	1	2261	889	0	2261	889	0
上海市合作交流系统工会	66	66	48254	5206	34937	27465	3991	15702
上海市通信管理局工会	2	2	207	67	0	207	67	0

续 表

单位名称	基层工会	基层工会涵盖单位	职工	女性	农民工	工会会员	女性	农民工
	个	个	人	人	人	人	人	人
上海上实(集团)有限公司工会	37	41	4266	1171	905	3763	1055	755
上海临港产业区工会工作委员会	54	65	8012	1907	1218	7340	1753	1199
上海市公安局工会委员会	1	1	11408	2628	0	11408	2628	0
上海国盛(集团)有限公司工会	29	33	1669	470	0	1612	453	0
绿地控股集团工会	13	13	3714	1370	13	3714	1370	13
上海申迪(集团)有限公司工会	7	9	11223	5707	81	10873	5602	72
上海世博发展(集团)有限公司工会	6	6	271	133	0	270	132	0
上海电影(集团)有限公司工会	26	53	2536	1088	146	2221	961	101
中国金融工会上海工作委员会	32	32	16545	9693	50	16403	9632	50
上海东方网股份有限公司工会	3	3	912	641	0	912	641	0
五冶集团上海有限公司工会委员会	10	10	2637	549	0	2637	549	0
上海化工研究院工会	1	1	941	323	0	941	323	0
上海世纪出版(集团)有限公司工会	51	54	4125	2002	377	4015	1959	375
中国福利会工会工作委员会	10	10	1947	1573	19	1935	1572	19
上海市市场监管工会工作委员会	25	25	4319	1810	0	4228	1793	0

各区局(产业)工会组织数据一览表(二)

单位名称	专职工会工作人员	女性	兼职工会工作人员	女性	本级工会建立女职工组织		本级工会女职工工作人员		建立经费审查委员会
					建立女职工委员会	仅设立女职工委员	专职	兼职	
	人	人	人	人	个	个	人	人	个
总计	**9321**	**3844**	**191938**	**95079**	**18268**	**24262**	**1433**	**76555**	**34027**
浦东新区总工会	1054	635	23583	12672	2252	5841	209	11121	5413
徐汇区总工会	430	225	5851	3287	878	710	22	2150	1085
长宁区总工会	56	31	4641	2759	1013	595	9	1728	1617
普陀区总工会	284	158	4770	2567	433	1284	50	2141	905
虹口区总工会	93	44	4054	2242	337	740	14	1425	852
杨浦区总工会	145	80	6481	3734	1043	926	28	4050	1835
黄浦区总工会	149	66	9454	4593	1394	1336	30	3969	1606

续 表

单位名称	专职工会工作人员	女性	兼职工会工作人员	女性	本级工会建立女职工组织		本级工会女职工工作人员		建立经费审查委员会
					建立女职工委员会	仅设立女职工委员	专职	兼职	
	人	人	人	人	个	个	人	人	个
静安区总工会	169	77	10018	5657	370	1765	33	4874	1953
宝山区总工会	55	30	20214	10018	928	1186	16	11633	2118
闵行区总工会	1906	217	18505	9694	2751	1834	39	7968	4340
嘉定区总工会	67	35	12600	4578	1197	1717	19	3791	2192
金山区总工会	76	45	6398	2853	784	867	28	2207	1481
松江区总工会	97	53	10540	4718	836	1560	28	3494	1744
青浦区总工会	158	54	6057	2619	924	806	19	2108	1462
奉贤区总工会	361	85	6137	3026	789	688	34	2250	1015
崇明区总工会	264	111	2921	1408	294	522	32	1002	725
上海市机电工会	103	45	1030	432	81	51	25	329	133
上海市仪表电子工会	13	4	394	198	32	31	4	138	62
上海市化学工会	44	18	353	185	26	52	5	174	81
上海市轻工业工会	15	6	79	38	3	3	4	26	7
上海市纺织工会	21	10	282	146	30	34	8	129	67
上海市医药工会	39	18	529	341	50	19	9	254	71
国网上海市电力公司工会	130	56	227	85	26	5	30	91	29
上海电力股份有限公司工会	29	8	139	57	16	2	6	60	19
上海电力建设有限责任公司工会	13	5	92	25	7	3	3	25	9
中国宝武钢铁集团有限公司工会委员会	165	62	1075	460	147	15	34	311	155
中冶宝钢技术服务有限公司工会	2	0	123	33	9	1	0	46	5
上海宝冶集团有限公司工会	37	8	169	45	12	6	3	41	17
上海高桥石油化工公司工会	28	15	78	30	3	4	1	29	7
中国石化上海石油化工股份有限公司工会	41	23	228	126	23	2	19	74	24
中铝上海铜业有限公司工会	0	0	8	2	0	5	0	5	0
上海航天局工会	65	40	331	169	24	8	28	131	31
中船上海船舶工业有限公司工会	34	15	684	199	15	4	6	76	18
中国商用飞机有限责任公司工会	52	30	269	116	6	5	15	36	7
上海市烟草工会	52	31	80	44	10	0	8	65	9

续 表

单位名称	专职工会工作人员	女性	兼职工会工作人员	女性	本级工会建立女职工组织		本级工会女职工工作人员		建立经费审查委员会
					建立女职工委员会	仅设立女职工委员	专职	兼职	
	人	人	人	人	个	个	人	人	个
上海汽车集团股份有限公司工会	168	84	1398	550	45	2	29	234	48
上海市漕河泾新兴技术开发区发展总公司工会	9	8	83	49	2	4	6	22	7
中国能源化学工会华东电力工作委员会	11	6	13	9	2	2	3	11	3
上海华虹(集团)有限公司工会	1	1	127	62	7	1	0	34	8
中国华源集团有限公司工会	0	0	4	1	0	2	0	2	2
华能上海分公司工会	6	4	63	24	5	3	2	30	8
上海化学工业区工会	1	0	206	96	10	22	0	75	32
国药控股股份有限公司工会	2	1	150	104	3	18	0	27	21
中国铁路工会上海铁路局委员会	60	22	454	164	30	5	6	96	33
中国远洋海运集团有限公司工会	63	37	683	285	34	33	20	188	67
上海国际港务(集团)股份有限公司工会	78	25	273	101	28	14	6	64	42
中国海员工会上海长江轮船工会委员会	7	0	40	19	7	5	0	19	10
上海市运输工会	67	15	201	94	11	32	9	72	29
中国邮政集团工会上海市委员会	13	11	422	221	26	2	3	92	29
中国移动通信集团工会上海市委员会	15	13	42	22	1	0	0	29	1
中国电信集团工会上海市委员会	51	34	782	452	60	4	3	208	65
中国电信集团工会号百信息服务有限公司委员会	2	1	16	11	1	1	0	5	2
中国海员工会交通运输部东海救助局委员会	1	1	51	11	1	8	1	10	10
中国海员工会交通运输部上海打捞局委员会	0	0	32	6	0	5	0	7	6
中交上海航道局有限公司工会	25	7	55	10	4	4	6	10	10
中交第三航务工程局有限公司工会	28	16	78	26	8	1	6	15	9
中国民用航空华东地区空中交通管理局工会	8	5	94	38	12	3	5	37	4
民航华东地区管理局工会	8	3	98	47	9	0	3	27	9
中国东方航空集团公司工会	95	49	383	225	25	10	15	119	36

续　表

单位名称	专职工会工作人员	女性	兼职工会工作人员	女性	本级工会建立女职工组织		本级工会女职工工作人员		建立经费审查委员会
					建立女职工委员会	仅设立女职工委员	专职	兼职	
	人	人	人	人	个	个	人	人	个
上海机场(集团)有限公司工会	31	13	463	227	41	4	5	172	44
上海海事局工会	11	6	135	37	22	0	5	32	22
上海市城乡建设和交通工会工作委员会	226	94	2186	744	36	19	25	193	55
上海建工集团股份有限公司工会	121	52	1013	406	29	33	15	181	62
上海市交通委员会工会	7	1	166	94	9	7	1	55	16
上海海洋石油局工会	4	2	36	15	7	1	0	8	8
上海市绿化和市容管理局工会	25	12	91	53	8	17	9	43	14
华东建筑集团股份有限公司工会	2	1	249	129	10	4	1	47	14
鲁中矿业有限公司工会	23	7	102	25	10	0	5	24	10
上海市水务局工会	1	0	125	62	3	14	0	35	12
中国建筑第八工程局有限公司工会	87	38	1582	200	23	3	31	144	26
上海大屯能源股份有限公司工会	97	37	230	38	15	1	18	114	15
上海市金融工会工作委员会	177	107	3155	1914	69	57	23	584	117
上海市税务工会	11	4	75	41	4	7	1	20	11
上海市人力资源和社会保障局工会	2	0	121	48	7	12	0	41	8
上海市农业委员会系统工会工作委员会	28	12	159	77	8	22	8	67	28
上海市科技工会	29	20	711	354	26	18	10	150	44
上海市教育工会	206	122	1666	935	57	16	51	551	72
上海市医务工会	100	70	659	401	48	7	33	284	47
上海市新闻出版工会	5	3	165	110	13	12	2	52	13
上海报业集团工会	6	4	103	39	8	6	1	24	14
新华通讯社上海市分社工会委员会	0	0	8	3	1	0	0	2	1
上海市文化广播影视管理局工会	8	7	98	51	4	18	5	38	9
上海广播电视台工会	25	15	565	324	15	41	5	170	55
上海社会科学院工会	0	0	74	41	0	23	0	36	10
上海市体育局工会	10	4	118	57	0	18	3	33	18
上海市经济和信息化工作系统工会工作委员会	89	45	2192	1076	76	128	22	466	203
光明食品(集团)有限公司工会	124	68	1003	529	97	148	30	458	225

续 表

单位名称	专职工会工作人员	女性	兼职工会工作人员	女性	本级工会建立女职工组织		本级工会女职工工作人员		建立经费审查委员会
					建立女职工委员会	仅设立女职工委员	专职	兼职	
	人	人	人	人	个	个	人	人	个
上海市民政局工会	9	6	262	173	16	30	1	115	33
上海市监狱管理局工会	47	18	412	122	20	0	7	69	20
锦江国际(集团)有限公司工会	67	25	1096	545	37	43	5	164	81
上海市东湖(集团)工会	6	1	44	17	4	6	1	17	10
上海市衡山(集团)公司工会	13	0	76	44	4	6	0	33	11
上海市级机关工会委员会	72	39	2273	1117	99	197	19	770	266
百联集团有限公司工会	143	60	481	276	67	51	21	203	127
上海申通地铁集团有限公司工会	28	17	263	134	19	11	5	75	31
上海久事(集团)有限公司工会	69	33	407	178	27	28	14	135	45
上海市城投(集团)有限公司工会	96	56	585	310	37	92	34	222	131
申能(集团)有限公司工会	63	29	364	206	17	22	12	97	42
上海电器科学研究所(集团)有限公司工会	0	0	57	31	5	2	0	26	6
东方国际(集团)有限公司工会委员会	11	6	169	90	12	20	3	58	26
上海市社会系统工会工作委员会	27	15	339	157	10	6	13	54	15
上海隧道工程股份有限公司工会	82	35	444	229	38	61	14	166	55
上海地产(集团)有限公司工会	11	8	277	143	17	38	3	102	42
东浩兰生(集团)有限公司工会委员会	13	5	133	76	10	10	2	37	23
中国联合网络通信有限公司上海市分公司工会	4	3	96	54	1	0	1	4	1
上海市合作交流系统工会	41	10	679	276	17	31	4	96	53
上海市通信管理局工会	1	1	6	2	1	1	1	2	1
上海上实(集团)有限公司工会	0	0	165	90	3	22	0	43	37
上海临港产业区工会工作委员会	10	6	282	143	7	42	5	100	47
上海市公安局工会委员会	0	0	263	93	1	0	0	65	0
上海国盛(集团)有限公司工会	4	1	108	55	2	18	0	32	23
绿地控股集团工会	0	0	96	52	0	13	0	26	13
上海申迪(集团)有限公司工会	8	6	80	43	2	5	0	23	7

续　表

单位名称	专职工会工作人员	女性	兼职工会工作人员	女性	本级工会建立女职工组织		本级工会女职工工作人员		建立经费审查委员会
					建立女职工委员会	仅设立女职工委员	专职	兼职	
	人	人	人	人	个	个	人	人	个
上海世博发展(集团)有限公司工会	3	1	32	16	5	1	0	15	5
上海电影(集团)有限公司工会	5	3	105	63	6	14	2	55	3
中国金融工会上海工作委员会	26	17	406	244	11	11	5	114	22
上海东方网股份有限公司工会	0	0	28	18	2	1	0	11	3
五冶集团上海有限公司工会委员会	20	7	60	13	8	2	8	18	10
上海化工研究院工会	2	1	9	3	1	0	0	6	1
上海世纪出版(集团)有限公司工会	5	1	242	138	24	21	0	119	44
中国福利会工会工作委员会	4	1	58	41	8	2	0	23	10
上海市市场监管工会工作委员会	10	6	149	74	10	11	3	52	25

工会组织建设状况(一)

所在行业	基层工会	基层工会涵盖单位	职　工	女　性	农民工	工会会员	女　性	农民工
	个	个	人	人	人	人	人	人
总计	**46304**	**182118**	**7293148**	**2765640**	**2403457**	**6970789**	**2677925**	**2250309**
按国民经济行业分组								
农、林、牧、渔业	1017	3179	119446	40777	34965	117164	40004	33615
采矿业	67	398	25845	4633	1708	24988	4628	1276
制造业	11567	24415	2000331	753005	931395	1906950	722663	882429
电力、热气、燃气及水生产和供应业	436	473	78595	20066	8421	77847	19882	8246
建筑业	1807	3404	678540	80596	434371	608903	74834	375100
批发和零售业	3856	16997	401282	188342	108117	387255	183003	105571
交通运输、仓储及邮政业	1947	2402	452090	104151	64321	438104	101716	55736
住宿和餐饮业	2061	5663	229971	116662	95773	221865	113267	92839
信息传输、软件和信息技术服务业	1959	6421	246191	92763	45820	231966	89799	41339
金融业	836	1943	355369	175756	7209	347311	172312	7025
房地产业	1324	3884	113231	38797	22323	105721	36184	20090
租赁和商务服务业	3234	27231	480631	187393	149062	460685	182667	143932

续 表

所在行业	基层工会	基层工会涵盖单位	职工	女性	农民工	工会会员	女性	农民工
	个	个	人	人	人	人	人	人
科学研究和技术服务业	803	1695	131361	45816	13340	125687	44355	12697
水利、环境和公共设施管理业	791	1027	84078	27956	24338	81385	27158	23345
居民服务、修理和其他服务业	5248	49076	753859	284161	289911	724101	274232	281241
教育	3034	3123	296696	201312	20234	288918	197531	17381
卫生和社会工作	1004	1500	238280	162246	14709	230678	158111	14536
文化、体育和娱乐业	1035	1585	78521	36401	6910	75567	35262	6515
公共管理、社会保障和社会组织	4278	27702	528831	204807	130530	515694	200317	127396
按经济类型分组								
国有企业	1808	6823	470549	127831	79268	431762	121940	53509
集体企业	1770	23046	359556	123383	124697	350078	120760	122637
股份合作企业	429	799	70767	29042	16796	67357	28231	15053
联营企业	42	47	4355	1689	1458	4334	1689	1458
国有独资公司	1094	1822	514364	93578	214379	474605	87100	183596
其他有限责任公司	2558	4999	478436	156004	119068	451026	150226	103384
股份有限公司中的国有控股公司	860	967	567413	200546	27973	551186	197281	20515
其他股份有限公司	514	964	158205	59423	28352	152636	57651	26908
私营企业	22005	90585	2071375	799615	973507	1976825	772552	934309
其他内资企业	515	3443	178864	35222	129999	173258	33602	129212
港澳台商投资企业	1436	2967	397508	172195	220859	378481	165654	211622
外商投资企业	3646	5711	822023	356752	256609	786802	342838	245280
财政拨款的事业单位	4675	5670	468471	289377	25303	458096	284705	22165
其他事业单位	988	3535	186655	103246	23246	182889	101943	22521
机关	1218	1405	171407	59649	2430	170343	59227	2430
个体经济组织	374	6101	40498	18810	18821	39479	18408	18420
社会团体	210	1853	36041	17716	10852	33898	17156	10427
民办非企业单位	514	700	50369	31430	9520	47555	29473	8400
基金会	7	21	195	104	48	192	102	48
其他组织	1641	20660	246097	90028	120272	239987	87387	118415

工会组织建设状况(二)

所在行业	专职工会工作人员	女性	专职工会工作人员年龄构成			专职工会工作人员文化程度构成				
			35岁及以下	36-50岁	51岁及以上	研究生	大学本科	大专	高中(中专、中技)	初中及以下
	人	人	人	人	人	人	人	人	人	人
总计	**9321**	**3844**	**2529**	**4385**	**2407**	**700**	**5197**	**2393**	**961**	**70**
按国民经济行业分组										
农、林、牧、渔业	88	39	18	38	32	8	53	17	8	2
采矿业	95	31	10	53	32	3	58	31	2	1
制造业	2321	619	655	1059	607	192	1033	708	350	38
电力、热气、燃气及水生产和供应业	372	173	60	230	82	26	269	70	7	0
建筑业	921	357	281	470	170	56	575	215	68	7
批发和零售业	429	198	76	226	127	30	190	155	53	1
交通运输、仓储及邮政业	700	310	117	361	222	50	405	195	43	7
住宿和餐饮业	202	80	36	109	57	1	66	81	50	4
信息传输、软件和信息技术服务业	225	113	87	108	30	14	153	52	6	0
金融业	239	146	56	103	80	59	146	30	4	0
房地产业	175	70	29	83	63	10	88	61	16	0
租赁和商务服务业	533	170	238	181	114	11	297	138	85	2
科学研究和技术服务业	298	122	124	101	73	40	170	56	32	0
水利、环境和公共设施管理业	210	91	57	112	41	3	133	51	21	2
居民服务、修理和其他服务业	704	274	241	272	191	8	315	258	120	3
教育	737	463	150	404	183	110	557	59	10	1
卫生和社会工作	359	216	110	161	88	32	242	64	21	0
文化、体育和娱乐业	162	67	51	58	53	11	93	31	27	0
公共管理、社会保障和社会组织	551	305	133	256	162	36	354	121	38	2
按经济类型分组										
国有企业	1165	522	221	594	350	93	700	295	75	2
集体企业	345	98	133	138	74	8	173	100	59	5
股份合作企业	102	44	24	42	36	4	33	38	22	5
联营企业	12	5	0	10	2	0	10	1	1	0

续 表

所在行业	专职工会工作人员	女性	专职工会工作人员年龄构成			专职工会工作人员文化程度构成				
			35岁及以下	36-50岁	51岁及以上	研究生	大学本科	大专	高中(中专、中技)	初中及以下
	人	人	人	人	人	人	人	人	人	人
国有独资公司	699	323	137	369	193	78	450	146	22	3
其他有限责任公司	662	275	188	289	185	40	374	193	50	5
股份有限公司中的国有控股公司	1150	536	224	626	300	117	741	251	39	2
其他股份有限公司	95	56	26	37	32	7	48	26	13	1
私营企业	2398	663	869	1002	527	100	946	816	494	42
其他内资企业	34	7	8	10	16	0	10	7	17	0
港澳台商投资企业	234	55	85	111	38	8	113	85	28	0
外商投资企业	533	123	204	204	125	31	294	145	63	0
财政拨款的事业单位	1038	646	176	576	286	150	765	107	14	2
其他事业单位	276	162	62	133	81	34	181	51	10	0
机关	275	135	49	117	109	26	191	48	10	0
个体经济组织	31	8	11	10	10	0	12	6	13	0
社会团体	30	20	13	11	6	0	19	7	3	1
民办非企业单位	99	70	41	44	14	1	59	24	14	1
基金会	0	0	0	0	0	0	0	0	0	0
其他组织	143	96	58	62	23	3	78	47	14	1

工会组织建设状况(三)

所在行业	兼职工会工作人员	女性	女职工组织		本级工会女职工工作人员	
			建立女职工委员会	仅设立女职工委员	专职	兼职
	人	人	个	个	人	人
总计	**191938**	**95079**	**18268**	**24262**	**1433**	**76555**
按国民经济行业分组						
农、林、牧、渔业	6444	2900	387	525	21	2599
采矿业	855	443	36	23	13	416
制造业	43859	19029	4856	5856	246	16234
电力、热气、燃气及水生产和供应业	2097	956	201	215	89	796

续　表

所在行业	兼职工会工作人员	女　性	女职工组织		本级工会女职工工作人员	
			建立女职工委员会	仅设立女职工委员	专职	兼职
	人	人	个	个	人	人
建筑业	10380	3811	679	966	156	2509
批发和零售业	12541	6505	1264	2284	69	5178
交通运输、仓储及邮政业	8029	3423	718	1089	124	2909
住宿和餐饮业	7105	3407	881	1076	23	3152
信息传输、软件和信息技术服务业	6896	3351	690	1141	23	3299
金融业	6006	3346	318	479	35	1598
房地产业	4291	2039	429	746	37	1725
租赁和商务服务业	17948	9475	1237	1750	43	9451
科学研究和技术服务业	3712	1864	293	471	65	1342
水利、环境和公共设施管理业	2895	1545	248	452	47	1051
居民服务、修理和其他服务业	18411	9029	2186	2502	39	8347
教育	14644	10133	1455	1509	187	5903
卫生和社会工作	5125	3201	532	423	81	2045
文化、体育和娱乐业	3473	1894	334	576	26	1405
公共管理、社会保障和社会组织	17227	8728	1524	2179	109	6596
按经济类型分组						
国有企业	9928	4916	674	895	265	3519
集体企业	12038	5641	742	888	32	4611
股份合作企业	1213	556	170	193	11	489
联营企业	118	58	18	22	1	52
国有独资公司	8416	3558	439	563	155	2120
其他有限责任公司	11688	5298	928	1318	106	4651
股份有限公司中的国有控股公司	9534	4666	523	287	194	2401
其他股份有限公司	2642	1328	200	271	20	709
私营企业	71685	34021	8299	12166	110	33606
其他内资企业	1746	783	159	338	2	621
港澳台商投资企业	4895	2364	675	687	18	2007
外商投资企业	13883	6713	1693	1794	53	5236

续 表

所在行业	兼职工会工作人员	女性	女职工组织		本级工会女职工工作人员	
			建立女职工委员会	仅设立女职工委员	专职	兼职
	人	人	个	个	人	人
财政拨款的事业单位	22142	14001	1936	2427	281	8307
其他事业单位	5904	2928	432	449	65	2485
机关	5711	2948	416	583	56	1918
个体经济组织	1338	672	119	210	2	569
社会团体	709	358	94	97	1	242
民办非企业单位	1719	1157	163	272	30	751
基金会	21	13	2	1	0	5
其他组织	6608	3100	586	801	31	2256

工会权益保障工作（一）

所在行业	工会所在单位签订劳动合同				本年度领导干部联系生活困难职工户活动	
	基层工会	涵盖单位	签订劳动合同的职工人数	签订劳动合同的农民工	参加活动的领导干部	联系的困难职工家庭
	个	个	人	人	人	户
总计	**41600**	**151045**	**6104170**	**1740134**	**25124**	**33388**
按国民经济行业分组						
农、林、牧、渔业	915	2893	110760	29240	777	912
采矿业	63	374	23045	380	69	127
制造业	11336	23543	1863793	799478	5270	6150
电力、热气、燃气及水生产和供应业	426	463	76125	7224	522	728
建筑业	1768	2891	423486	185982	1540	2469
批发和零售业	3778	16261	379956	92997	1305	1734
交通运输、仓储及邮政业	1882	2334	417817	51299	1765	3609
住宿和餐饮业	2015	5051	213794	83713	504	685
信息传输、软件和信息技术服务业	1898	5352	224671	35600	259	362
金融业	806	1906	335046	6544	216	192
房地产业	1289	3845	108659	19384	664	818
租赁和商务服务业	3108	24381	413363	107391	778	1099

续 表

所在行业	工会所在单位签订劳动合同				本年度领导干部联系生活困难职工户活动	
	基层工会	涵盖单位	签订劳动合同的职工人数	签订劳动合同的农民工	参加活动的领导干部	联系的困难职工家庭
	个	个	人	人	人	户
科学研究和技术服务业	746	1624	120973	11481	438	641
水利、环境和公共设施管理业	699	931	77405	21915	772	1078
居民服务、修理和其他服务业	4386	37956	554741	185139	1417	1767
教育	2729	2801	258507	16367	5068	5912
卫生和社会工作	875	1269	213628	11843	1129	1439
文化、体育和娱乐业	940	1489	70760	5920	546	821
公共管理、社会保障和社会组织	1941	15681	217641	68237	2085	2845
按经济类型分组						
国有企业	1774	6785	398412	38790	3025	4447
集体企业	1753	22689	305637	83757	943	1336
股份合作企业	424	794	65441	13582	248	353
联营企业	42	47	4255	1243	31	28
国有独资公司	1081	1809	434577	158857	1634	2787
其他有限责任公司	2498	4138	426666	71467	2000	3449
股份有限公司中的国有控股公司	842	949	527757	14798	1996	2846
其他股份有限公司	502	894	153327	24914	385	594
私营企业	21670	88680	1061002	844700	3472	9741
其他内资企业	511	2973	64336	15445	78	98
港澳台商投资企业	1420	2951	378472	200093	488	542
外商投资企业	3598	5662	762278	223019	1028	1116
财政拨款的事业单位	4297	5166	421911	20202	6895	8050
其他事业单位	873	3263	171534	17442	857	1376
机关	0	0	0	0	1317	1836
个体经济组织	315	4245	27665	11726	52	65
社会团体	0	0	0	0	29	33
民办非企业单位	0	0	0	0	247	273
基金会	0	0	0	0	2	1
其他组织	0	0	0	0	397	417

工会权益保障工作（二）

所在行业	单独签订综合集体合同		其中有高危行业劳动安全卫生专章或附件		其中有女职工权益保护专章或附件	
	合同数（覆盖企业数）	覆盖职工数	合同数（覆盖企业数）	覆盖职工数	合同数（覆盖企业数）	覆盖女职工数
	个	人	个	人	个	人
总计	**16328**	**2748687**	**2446**	**584959**	**4667**	**272562**
按国民经济行业分组						
农、林、牧、渔业	572	40145	200	13354	243	6224
采矿业	23	6489	7	4215	9	696
制造业	6362	1168597	900	271555	1730	128456
电力、热气、燃气及水生产和供应业	209	40772	36	13924	61	2978
建筑业	896	282882	162	90183	275	11891
批发和零售业	1413	157046	172	28229	384	19335
交通运输、仓储及邮政业	828	271056	144	63775	272	21338
住宿和餐饮业	776	107480	99	8448	205	11760
信息传输、软件和信息技术服务业	705	88686	103	12948	238	13440
金融业	379	137826	17	4197	67	6985
房地产业	576	46995	82	6512	159	7060
租赁和商务服务业	1226	111999	178	13077	323	12287
科学研究和技术服务业	274	48890	47	14106	89	5285
水利、环境和公共设施管理业	268	41228	51	8212	77	2959
居民服务、修理和其他服务业	1147	131824	175	24118	323	11752
教育	108	6806	17	1254	33	989
卫生和社会工作	154	17818	24	5565	56	4344
文化、体育和娱乐业	247	16381	20	665	84	2250
公共管理、社会保障和社会组织	165	25767	12	622	39	2533
按经济类型分组						
国有企业	978	260395	171	71080	311	23383
集体企业	803	79856	134	9680	268	10341
股份合作企业	211	28636	36	5670	76	3664
联营企业	21	2239	3	214	6	320
国有独资公司	622	313012	123	100011	144	16439
其他有限责任公司	1254	229548	192	36950	332	14380

续 表

所在行业	单独签订综合集体合同		其中有高危行业劳动安全卫生专章或附件		其中有女职工权益保护专章或附件	
	合同数(覆盖企业数)	覆盖职工数	合同数(覆盖企业数)	覆盖职工数	合同数(覆盖企业数)	覆盖女职工数
	个	人	个	人	个	人
股份有限公司中的国有控股公司	434	303743	75	83150	105	17295
其他股份有限公司	269	81658	35	13361	81	7921
私营企业	9287	779438	1388	132516	2762	89048
其他内资企业	176	16748	8	996	19	754
港澳台商投资企业	647	244100	97	82085	181	39554
外商投资企业	1626	409314	184	49246	382	49463
财政拨款的事业单位	0	0	0	0	0	0
其他事业单位	0	0	0	0	0	0
机关	0	0	0	0	0	0
个体经济组织	0	0	0	0	0	0
社会团体	0	0	0	0	0	0
民办非企业单位	0	0	0	0	0	0
基金会	0	0	0	0	0	0
其他组织	0	0	0	0	0	0

工会权益保障工作(三)

所在行业	单独签订工资专项集体合同		单独签订高危行业劳动安全卫生专项集体合同		单独签订女职工权益保护专项集体合同	
	合同数(覆盖企业数)	覆盖职工数	合同数(覆盖企业数)	覆盖职工数	合同数(覆盖企业数)	覆盖女职工数
	个	人	个	人	个	人
总计	**15751**	**2583932**	**1069**	**385688**	**10548**	**615013**
按国民经济行业分组						
农、林、牧、渔业	489	58863	10	1401	232	6797
采矿业	12	2032	2	60	14	412
制造业	6143	1138057	365	146292	4179	276514
电力、热气、燃气及水生产和供应业	179	33165	30	7430	138	7207
建筑业	900	255989	96	119929	600	32692
批发和零售业	1356	151963	126	20898	926	48522
交通运输、仓储及邮政业	741	248216	79	43403	486	31999
住宿和餐饮业	741	92206	58	8066	501	31692

续 表

所在行业	单独签订工资专项集体合同		单独签订高危行业劳动安全卫生专项集体合同		单独签订女职工权益保护专项集体合同	
	合同数(覆盖企业数)	覆盖职工数	合同数(覆盖企业数)	覆盖职工数	合同数(覆盖企业数)	覆盖女职工数
	个	人	个	人	个	人
信息传输、软件和信息技术服务业	651	87593	63	5645	414	18552
金融业	347	67198	9	340	292	57431
房地产业	605	46410	39	4100	421	10210
租赁和商务服务业	1201	113830	56	4864	775	23702
科学研究和技术服务业	257	45123	19	6062	161	10611
水利、环境和公共设施管理业	266	39332	11	1529	189	9838
居民服务、修理和其他服务业	1211	130083	73	10160	801	30550
教育	114	7210	3	329	74	3199
卫生和社会工作	150	21198	5	270	92	5590
文化、体育和娱乐业	221	15233	17	968	153	4248
公共管理、社会保障和社会组织	167	30231	8	3942	100	5247
按经济类型分组						
国有企业	876	220397	62	36741	589	35203
集体企业	776	84684	36	2896	467	17027
股份合作企业	204	28308	14	2029	116	5362
联营企业	24	2986	2	89	10	371
国有独资公司	588	256673	55	93077	430	38588
其他有限责任公司	1273	231474	101	51812	856	59564
股份有限公司中的国有控股公司	375	225102	33	48170	307	79459
其他股份有限公司	262	55473	27	7317	155	8591
私营企业	8960	793673	513	57042	5971	196804
其他内资企业	179	16630	6	603	133	5319
港澳台商投资企业	659	261986	45	13521	435	56310
外商投资企业	1575	406546	175	72391	1079	112415
财政拨款的事业单位	0	0	0	0	0	0
其他事业单位	0	0	0	0	0	0
机关	0	0	0	0	0	0
个体经济组织	0	0	0	0	0	0
社会团体	0	0	0	0	0	0
民办非企业单位	0	0	0	0	0	0
基金会	0	0	0	0	0	0
其他组织	0	0	0	0	0	0

工会权益保障工作（四）

层　次	本级工会签订区域性集体合同			本级工会签订行业性集体合同		
	合同	覆盖企业	覆盖职工	合同	覆盖企业	覆盖职工
	个	个	人	个	个	人
总计	**3838**	**71220**	**978571**	**323**	**7980**	**468212**
省级地方工会	0	0	0	0	0	0
地市级地方工会	0	0	0	0	0	0
县级地方工会	3838	71220	978571	193	6685	175385
省级产业工会或履行产业工会职能的厅、局、公司工会	0	0	0	130	1295	292827
地市级产业工会或履行产业工会职能的局、公司工会	0	0	0	0	0	0
县级产业工会或履行产业工会职能的局、公司工会	0	0	0	0	0	0
归属中央的企业集团工会	0	0	0	0	0	0
归属地方的企业集团工会	0	0	0	0	0	0
乡镇、街道总工会	0	0	0	0	0	0
其他乡镇、街道级工会	0	0	0	0	0	0
村工会（联合会）	0	0	0	0	0	0
社区工会（联合会）	0	0	0	0	0	0
工业园区工会	0	0	0	0	0	0

工会民主管理工作（一）

所在行业	建立职代会制度情况		本年度召开过职代会（包括职工大会）		职代会职工代表（建立职工大会制单位不填）		工会所在单位实行厂务公开情况
	建立职代会制度	建立职工大会制度	基层工会	涵盖单位		女性	
	个	个	个	个	人	人	个
总计	**14087**	**23944**	**33540**	**128081**	**545158**	**206860**	**38137**
按国民经济行业分组							
农、林、牧、渔业	265	525	729	2690	9352	2861	897
采矿业	31	32	57	388	1834	294	62
制造业	4742	5716	9176	19944	184677	62861	10401
电力、热气、燃气及水生产和供应业	246	173	368	401	10946	2839	414
建筑业	647	997	1474	2489	24614	5963	1631
批发和零售业	951	2166	2721	13539	34514	15057	3279

续 表

所在行业	建立职代会制度情况		本年度召开过职代会(包括职工大会)		职代会职工代表(建立职工大会制单位不填)		工会所在单位实行厂务公开情况
	建立职代会制度	建立职工大会制度	基层工会	涵盖单位		女性	
	个	个	个	个	人	人	个
交通运输、仓储及邮政业	721	919	1347	1792	30597	8361	1703
住宿和餐饮业	530	1284	1539	3466	17651	7264	1802
信息传输、软件和信息技术服务业	556	1166	1464	4577	18470	6837	1733
金融业	215	505	649	1718	12006	5685	699
房地产业	281	935	955	3272	10506	3151	1208
租赁和商务服务业	778	1989	2459	18741	31564	11451	2783
科学研究和技术服务业	241	465	567	1183	11610	3995	728
水利、环境和公共设施管理业	238	452	625	689	9170	2793	700
居民服务、修理和其他服务业	1286	2699	3614	34944	43303	15760	3934
教育	1062	1681	2653	2718	45141	28126	2743
卫生和社会工作	516	358	832	1226	24479	14796	873
文化、体育和娱乐业	240	620	750	1285	7351	2993	851
公共管理、社会保障和社会组织	541	1262	1561	13019	17373	5773	1696
按经济类型分组							
国有企业	886	742	1480	5347	39320	11754	1693
集体企业	577	1045	1421	18153	23556	7384	1629
股份合作企业	176	212	359	705	6105	1779	387
联营企业	17	21	32	37	445	190	39
国有独资公司	501	550	938	1645	25298	7194	1036
其他有限责任公司	991	1258	1987	3399	37586	12700	2280
股份有限公司中的国有控股公司	571	252	762	859	33888	11333	801
其他股份有限公司	224	232	394	439	9542	3159	453
私营企业	5824	13798	17061	75882	180551	63691	19528
其他内资企业	167	246	361	2791	4925	2230	428
港澳台商投资企业	580	656	1050	2578	27836	9806	1268
外商投资企业	1598	1568	2678	4601	70662	27328	3268
财政拨款的事业单位	1542	2747	4072	4776	64949	38774	4297
其他事业单位	330	498	739	2949	17256	8299	825
机关	0	0	0	0	0	0	0
个体经济组织	103	119	206	3920	3239	1239	205
社会团体	0	0	0	0	0	0	0
民办非企业单位	0	0	0	0	0	0	0

续　表

所在行业	建立职代会制度情况		本年度召开过职代会(包括职工大会)		职代会职工代表(建立职工大会制单位不填)		工会所在单位实行厂务公开情况
	建立职代会制度	建立职工大会制度	基层工会	涵盖单位		女性	
	个	个	个	个	人	人	个
基金会	0	0	0	0	0	0	0
其他组织	0	0	0	0	0	0	0

工会民主管理工作(二)

所在行业	工会所在单位建立董事会涵盖单位	董事			工会主席或副主席进入了董事会	工会所在单位建立监事会涵盖单位	监事			工会主席或副主席进入了监事会
			职工董事	女性				职工监事	女性	
	个	人	人	人	个	个	人	人	人	个
总计	**4459**	**17453**	**1632**	**526**	**937**	**3169**	**5850**	**1651**	**663**	**734**
按国民经济行业分组										
农、林、牧、渔业	94	322	26	11	23	70	100	24	15	19
采矿业	5	23	1	1	3	3	10	1	0	1
制造业	1380	5639	441	166	229	866	1542	428	170	227
电力、热气、燃气及水生产和供应业	71	334	27	11	19	60	140	38	15	16
建筑业	276	1219	196	44	105	212	473	141	56	75
批发和零售业	403	1454	148	48	100	332	527	137	64	59
交通运输、仓储及邮政业	240	1181	69	11	52	176	389	107	33	39
住宿和餐饮业	127	425	36	10	29	83	110	31	16	17
信息传输、软件和信息技术服务业	220	944	73	16	29	150	330	93	39	33
金融业	196	1271	71	21	21	165	512	169	71	37
房地产业	338	1283	139	40	83	283	511	142	55	64
租赁和商务服务业	454	1208	127	38	76	392	495	119	41	62
科学研究和技术服务业	245	455	30	11	15	64	153	47	17	19
水利、环境和公共设施管理业	65	302	76	14	25	61	121	42	14	10
居民服务、修理和其他服务业	182	739	91	23	81	139	199	64	21	25
教育	56	227	49	42	25	28	31	14	14	4
卫生和社会工作	29	120	9	3	6	23	47	11	6	8
文化、体育和娱乐业	65	257	16	10	11	53	139	36	12	17
公共管理、社会保障和社会组织	13	50	7	6	5	9	21	7	4	2
按经济类型分组										

续 表

所在行业	工会所在单位建立董事会涵盖单位	董事	职工董事	女性	工会主席或副主席进入了董事会	工会所在单位建立监事会涵盖单位	监事	职工监事	女性	工会主席或副主席进入了监事会
	个	人	人	人	个	个	人	人	人	个
国有企业	0	0	0	0	0	0	0	0	0	0
集体企业	142	509	97	27	39	114	229	62	26	31
股份合作企业	144	501	64	21	46	117	174	49	11	25
联营企业	13	66	0	0	1	8	13	0	0	0
国有独资公司	421	1622	166	49	120	361	782	236	87	74
其他有限责任公司	1009	3799	334	111	209	842	1420	379	153	173
股份有限公司中的国有控股公司	399	2168	125	27	90	332	987	287	110	115
其他股份有限公司	187	938	96	23	44	158	355	139	56	54
私营企业	1269	3727	506	175	276	799	1128	344	154	184
其他内资企业	60	346	37	26	24	46	84	24	13	7
港澳台商投资企业	187	893	35	16	20	94	195	33	13	22
外商投资企业	628	2884	172	51	68	298	483	98	40	49
财政拨款的事业单位	0	0	0	0	0	0	0	0	0	0
其他事业单位	0	0	0	0	0	0	0	0	0	0
机关	0	0	0	0	0	0	0	0	0	0
个体经济组织	0	0	0	0	0	0	0	0	0	0
社会团体	0	0	0	0	0	0	0	0	0	0
民办非企业单位	0	0	0	0	0	0	0	0	0	0
基金会	0	0	0	0	0	0	0	0	0	0
其他组织	0	0	0	0	0	0	0	0	0	0

工会劳动保护工作（一）

所在行业	工会建立劳动保护监督检查委员会	工会建立分公司、分厂、车间一级工会劳动保护监督检查委员会个数	工会小组劳动保护检查员	本年度本级工会劳动保护监督组织受理举报案件	提请劳动安全卫生监督部门处理案件
	个	个	人	件	件
总计	**12407**	**15575**	**50998**	**742**	**84**
按国民经济行业分组					
农、林、牧、渔业	336	393	811	29	1
采矿业	34	175	291	0	0

续　表

所在行业	工会建立劳动保护监督检查委员会	工会建立分公司、分厂、车间一级工会劳动保护监督检查委员会个数	工会小组劳动保护检查员	本年度本级工会劳动保护监督组织受理举报案件	提请劳动安全卫生监督部门处理案件
	个	个	人	件	件
制造业	4626	4410	19809	461	65
电力、热气、燃气及水生产和供应业	208	409	2702	0	0
建筑业	630	1950	5445	13	5
批发和零售业	853	561	2241	7	1
交通运输、仓储及邮政业	566	1246	4282	9	1
住宿和餐饮业	463	250	961	3	0
信息传输、软件和信息技术服务业	338	189	897	2	0
金融业	123	149	322	0	0
房地产业	277	164	549	3	3
租赁和商务服务业	730	1561	2427	4	1
科学研究和技术服务业	208	304	1071	3	0
水利、环境和公共设施管理业	214	190	747	0	0
居民服务、修理和其他服务业	1199	942	1719	149	5
教育	674	690	2046	6	0
卫生和社会工作	366	473	2285	14	0
文化、体育和娱乐业	172	73	248	0	0
公共管理、社会保障和社会组织	390	1446	2145	39	2
按经济类型分组					
国有企业	838	1611	7102	10	1
集体企业	611	378	1366	92	2
股份合作企业	173	98	273	15	0
联营企业	14	18	41	0	0
国有独资公司	411	1584	6293	0	0
其他有限责任公司	862	1494	4448	126	7
股份有限公司中的国有控股公司	429	1652	8877	50	0
其他股份有限公司	160	327	545	9	2
私营企业	5736	4157	9990	329	58
其他内资企业	156	189	384	6	0

续 表

所在行业	工会建立劳动保护监督检查委员会	工会建立分公司、分厂、车间一级工会劳动保护监督检查委员会个数	工会小组劳动保护检查员	本年度本级工会劳动保护监督组织受理举报案件	提请劳动安全卫生监督部门处理案件
	个	个	人	件	件
港澳台商投资企业	426	396	1357	37	4
外商投资企业	1154	907	3448	53	8
财政拨款的事业单位	1106	1117	4019	10	2
其他事业单位	286	1619	2789	5	0
机关	0	0	0	0	0
个体经济组织	45	28	66	0	0
社会团体	0	0	0	0	0
民办非企业单位	0	0	0	0	0
基金会	0	0	0	0	0
其他组织	0	0	0	0	0

工会劳动保护工作（二）

所在行业	本年度工会参加安全生产检查	本年度工会组织职工查找事故隐患和职业危害数量	事故隐患和职业危害整改数	本年度工会参加处理工伤事故	女职工劳动保护		
					执行女职工禁忌从事劳动的有关规定	执行女职工在经期、孕期、产期、哺乳期享有特殊待遇的有关规定	建立女职工哺乳室
	次	件	件	件	个	个	个
总计	**124511**	**132192**	**119622**	**2613**	**41017**	**41203**	**6144**
按国民经济行业分组							
农、林、牧、渔业	4121	2552	2437	129	929	932	267
采矿业	337	3153	3119	19	63	65	13
制造业	40440	78070	72049	1122	11161	11178	1584
电力、热气、燃气及水生产和供应业	2974	4932	4708	67	418	423	67
建筑业	8255	18492	17898	114	1740	1747	225
批发和零售业	10479	3135	1566	88	3711	3719	325
交通运输、仓储及邮政业	9860	8843	8271	224	1842	1857	229
住宿和餐饮业	3109	1325	745	69	1991	1991	119
信息传输、软件和信息技术服务业	3367	1550	1383	27	1887	1895	261
金融业	801	103	52	9	774	791	169

续　表

所在行业	本年度工会参加安全生产检查	本年度工会组织职工查找事故隐患和职业危害数量	事故隐患和职业危害整改数	本年度工会参加处理工伤事故	女职工劳动保护		
					执行女职工禁忌从事劳动的有关规定	执行女职工在经期、孕期、产期、哺乳期享有特殊待遇的有关规定	建立女职工哺乳室
	次	件	件	件	个	个	个
房地产业	4565	1503	1322	26	1263	1272	152
租赁和商务服务业	5542	1626	1270	24	3057	3072	296
科学研究、技术服务和地质勘查业	2796	1748	1492	28	741	753	189
水利、环境和公共设施管理业	3906	1759	1649	77	721	724	97
居民服务、修理和其他服务业	6548	970	500	108	4231	4237	326
教育	9172	1042	272	222	2716	2739	1240
卫生和社会工作	3985	668	453	179	896	899	268
文化、体育和娱乐业	1653	278	192	22	932	949	134
公共管理、社会保障和社会组织	2601	443	244	59	1944	1960	183
按经济类型分组							
国有企业	13151	24478	21058	209	1711	1743	354
集体企业	5656	1717	1124	106	1721	1725	231
股份合作企业	1375	2525	2431	33	416	416	51
联营企业	98	33	29	5	40	40	6
国有独资公司	9550	21253	20398	154	1042	1063	275
其他有限责任公司	11283	13872	12989	317	2425	2446	348
股份有限公司中的国有控股公司	9773	40709	40032	122	811	828	255
其他股份有限公司	1346	1575	1466	47	484	482	81
私营企业	39657	8154	5019	629	21276	21280	1869
其他内资企业	625	51	37	10	508	509	35
港澳台商投资企业	3785	1838	1198	171	1406	1407	175
外商投资企业	10721	13022	12076	333	3533	3552	643
财政拨款的事业单位	14591	2268	1184	354	4442	4500	1593
其他事业单位	2590	611	497	121	925	932	202
机关	0	0	0	0	0	0	0
个体经济组织	310	86	84	2	277	280	26
社会团体	0	0	0	0	0	0	0
民办非企业单位	0	0	0	0	0	0	0
基金会	0	0	0	0	0	0	0
其他组织	0	0	0	0	0	0	0

工会法律工作（一）

所在行业	建立工会劳动法律监督组织	工会劳动法律监督员	本年度工会劳动法律监督组织受理违法、违规案件	本组织自行处理的案件
	个	人	件	件
总计	**8778**	**15881**	**710**	**145**
按国民经济行业分组				
农、林、牧、渔业	324	433	21	3
采矿业	21	103	0	0
制造业	3269	5175	350	44
电力、热气、燃气及水生产和供应业	114	304	7	2
建筑业	462	1163	21	4
批发和零售业	500	818	17	8
交通运输、仓储及邮政业	401	884	17	11
住宿和餐饮业	282	507	4	1
信息传输、软件和信息技术服务业	235	333	9	4
金融业	123	251	0	0
房地产业	195	325	2	2
租赁和商务服务业	447	677	5	1
科学研究和技术服务业	180	303	23	3
水利、环境和公共设施管理业	155	269	6	2
居民服务、修理和其他服务业	745	1163	124	59
教育	635	1668	10	0
卫生和社会工作	275	884	22	0
文化、体育和娱乐业	124	196	13	0
公共管理、社会保障和社会组织	291	425	59	1
按经济类型分组				
国有企业	520	1261	19	2
集体企业	484	799	94	0
股份合作企业	116	155	23	2
联营企业	10	18	0	0
国有独资公司	292	884	0	0
其他有限责任公司	559	1075	122	61

续　表

所在行业	建立工会劳动法律监督组织	工会劳动法律监督员	本年度工会劳动法律监督组织受理违法、违规案件	本组织自行处理的案件
	个	人	件	件
股份有限公司中的国有控股公司	274	876	8	6
其他股份有限公司	121	214	1	1
私营企业	3989	5671	321	52
其他内资企业	140	297	3	0
港澳台商投资企业	340	496	38	4
外商投资企业	791	1332	49	17
财政拨款的事业单位	937	2338	32	0
其他事业单位	185	436	0	0
机关	0	0	0	0
个体经济组织	20	29	0	0
社会团体	0	0	0	0
民办非企业单位	0	0	0	0
基金会	0	0	0	0
其他组织	0	0	0	0

工会法律工作（二）

所在行业	工会所在单位建立劳动争议调解委员会	劳动争议调解委员会中工会成员（职工代表）	本年度劳动争议调解委员会受理劳动争议	集体劳动争议	本年度劳动争议调解委员会调解成功劳动争议	集体劳动争议
	个	人	件	件	件	件
总计	**17955**	**52826**	**2684**	**49**	**908**	**35**
按国民经济行业分组						
农、林、牧、渔业	434	945	223	0	3	0
采矿业	33	134	0	0	0	0
制造业	5544	16897	1417	25	468	14
电力、热气、燃气及水生产和供应业	218	910	10	0	2	0
建筑业	829	2266	80	11	32	11
批发和零售业	1308	4590	56	0	22	0

续 表

所在行业	工会所在单位建立劳动争议调解委员会	劳动争议调解委员会中工会成员（职工代表）	本年度劳动争议调解委员会受理劳动争议	集体劳动争议	本年度劳动争议调解委员会调解成功劳动争议	集体劳动争议
	个	人	件	件	件	件
交通运输、仓储及邮政业	684	2416	68	0	35	0
住宿和餐饮业	878	2214	51	0	21	0
信息传输、软件和信息技术服务业	719	1754	13	2	8	1
金融业	248	685	3	0	1	0
房地产业	474	1180	15	0	9	0
租赁和商务服务业	1314	3204	70	1	16	1
科学研究和技术服务业	343	1127	8	0	5	0
水利、环境和公共设施管理业	290	817	9	1	3	1
居民服务、修理和其他服务业	2006	5105	350	4	171	4
教育	1334	4457	44	1	16	1
卫生和社会工作	490	1940	52	0	14	0
文化、体育和娱乐业	304	825	2	0	0	0
公共管理、社会保障和社会组织	505	1360	213	4	82	2
按经济类型分组						
国有企业	806	2944	182	11	105	5
集体企业	808	2266	284	2	3	2
股份合作企业	207	488	18	0	2	0
联营企业	21	60	2	0	0	0
国有独资公司	443	1708	32	0	28	0
其他有限责任公司	1027	3029	366	0	75	0
股份有限公司中的国有控股公司	480	2847	24	0	14	0
其他股份有限公司	204	592	42	1	28	1
私营企业	9271	23745	966	25	340	19
其他内资企业	210	547	16	0	0	0
港澳台商投资企业	670	2088	160	4	86	4
外商投资企业	1652	5109	389	3	125	3
财政拨款的事业单位	1740	6014	151	2	101	1
其他事业单位	320	1155	36	0	1	0

续　表

所在行业	工会所在单位建立劳动争议调解委员会	劳动争议调解委员会中工会成员（职工代表）	本年度劳动争议调解委员会受理劳动争议	集体劳动争议	本年度劳动争议调解委员会调解成功劳动争议	集体劳动争议
	个	人	件	件	件	件
机关	0	0	0	0	0	0
个体经济组织	96	234	16	1	0	0
社会团体	0	0	0	0	0	0
民办非企业单位	0	0	0	0	0	0
基金会	0	0	0	0	0	0
其他组织	0	0	0	0	0	0

工会经济技术工作（一）

所在行业	工会开展劳动和技能竞赛	本年度参加劳动和技能竞赛职工	本年度职工提出合理化建议	本年度已实施合理化建议	本年度技术革新项目	本年度职工发明创造项目
	个	人次	件	件	项	项
总计	**9555**	**2062561**	**1278509**	**1056997**	**10317**	**8622**
按国民经济行业分组						
农、林、牧、渔业	220	19718	6969	3436	71	31
采矿业	30	14393	1634	868	557	117
制造业	2468	540120	1176422	999128	5734	3794
电力、热气、燃气及水生产和供应业	196	39508	4423	2092	398	246
建筑业	487	427581	7440	5765	1730	1429
批发和零售业	661	98763	4813	1769	84	29
交通运输、仓储及邮政业	603	243370	44687	27468	216	93
住宿和餐饮业	351	53200	2236	889	6	3
信息传输、软件和信息技术服务业	248	62473	2287	1028	221	313
金融业	201	191043	7069	1607	105	58
房地产业	282	14255	1227	612	13	7
租赁和商务服务业	434	30535	5100	3201	77	58
科学研究和技术服务业	159	26950	2608	1553	556	931
水利、环境和公共设施管理业	268	28473	1010	506	65	41

续 表

所在行业	工会开展劳动和技能竞赛	本年度参加劳动和技能竞赛职工	本年度职工提出合理化建议	本年度已实施合理化建议	本年度技术革新项目	本年度职工发明创造项目
	个	人次	件	件	项	项
居民服务、修理和其他服务业	614	46523	1149	450	47	14
教育	1470	95951	5433	4056	42	1187
卫生和社会工作	473	88808	2215	1494	377	259
文化、体育和娱乐业	169	19303	821	456	5	4
公共管理、社会保障和社会组织	221	21594	966	619	13	8
按经济类型分组						
国有企业	945	204320	48470	23991	1361	981
集体企业	268	15366	1280	696	14	6
股份合作企业	83	13085	2190	739	55	26
联营企业	14	687	326	246	12	2
国有独资公司	591	344372	203303	170970	1817	1491
其他有限责任公司	737	152917	198583	159635	758	782
股份有限公司中的国有控股公司	533	550004	173582	134888	2727	1506
其他股份有限公司	124	54890	3450	2381	108	150
私营企业	2840	162227	9711	5805	734	538
其他内资企业	50	5583	256	146	10	14
港澳台商投资企业	237	99328	30718	20805	203	125
外商投资企业	668	227594	595834	529667	1875	1069
财政拨款的事业单位	2106	180300	7713	5405	386	1580
其他事业单位	288	47406	3069	1599	256	352
机关	0	0	0	0	0	0
个体经济组织	71	4482	24	24	1	0
社会团体	0	0	0	0	0	0
民办非企业单位	0	0	0	0	0	0
基金会	0	0	0	0	0	0
其他组织	0	0	0	0	0	0

工会经济技术工作（二）

所在行业	本年度荣获国家专利项目	本年度推广先进操作法项目	本年度开展岗位练兵活动	建有职工技协组织	技协会员
	项	项	个	个	人
总计	**15861**	**4302**	**3649**	**135**	**9199**
按国民经济行业分组					
农、林、牧、渔业	82	54	74	6	474
采矿业	7	59	17	2	37
制造业	6409	2199	720	39	954
电力、热气、燃气及水生产和供应业	373	95	123	3	610
建筑业	2680	969	210	24	1180
批发和零售业	20	16	215	5	37
交通运输、仓储及邮政业	94	120	258	3	1960
住宿和餐饮业	0	4	133	0	0
信息传输、软件和信息技术服务业	602	56	73	7	1324
金融业	17	88	76	2	876
房地产业	6	58	80	3	97
租赁和商务服务业	23	10	126	7	215
科学研究和技术服务业	2695	204	74	13	560
水利、环境和公共设施管理业	80	22	111	4	63
居民服务、修理和其他服务业	20	22	112	3	42
教育	2296	91	797	14	770
卫生和社会工作	407	212	300	0	0
文化、体育和娱乐业	13	0	65	0	0
公共管理、社会保障和社会组织	37	23	85	0	0
按经济类型分组					
国有企业	2249	403	486	20	1596
集体企业	40	11	70	2	48
股份合作企业	69	9	30	1	6
联营企业	2	0	7	0	0
国有独资公司	2102	685	306	9	2264
其他有限责任公司	1478	792	290	19	979

续 表

所在行业	本年度荣获国家专利项目	本年度推广先进操作法项目	本年度开展岗位练兵活动	建有职工技协组织	技协会员
	项	项	个	个	人
股份有限公司中的国有控股公司	2518	396	280	14	1768
其他股份有限公司	249	47	56	7	644
私营企业	971	407	513	32	577
其他内资企业	1	8	30	0	0
港澳台商投资企业	353	76	73	5	89
外商投资企业	1327	1004	164	5	154
财政拨款的事业单位	3660	304	1120	16	917
其他事业单位	842	160	189	5	157
机关	0	0	0	0	0
个体经济组织	0	0	35	0	0
社会团体	0	0	0	0	0
民办非企业单位	0	0	0	0	0
基金会	0	0	0	0	0
其他组织	0	0	0	0	0

职工文化体育工作

所在行业	工会直属文化宫、俱乐部	工会直属体育场(馆)	工会直属图书馆(室)(藏书1万册以上)	建立职工书屋
	个	个	个	个
总计	**362**	**153**	**261**	**4594**
按国民经济行业分组				
农、林、牧、渔业	18	9	12	76
采矿业	7	4	4	19
制造业	83	44	30	667
电力、热气、燃气及水生产和供应业	14	7	9	73
建筑业	19	6	23	257
批发和零售业	13	1	1	211
交通运输、仓储及邮政业	20	9	12	220
住宿和餐饮业	9	0	2	61

续 表

所在行业	工会直属文化宫、俱乐部	工会直属体育场(馆)	工会直属图书馆(室)(藏书1万册以上)	建立职工书屋
	个	个	个	个
信息传输、软件和信息技术服务业	8	1	1	135
金融业	24	6	7	134
房地产业	11	6	4	195
租赁和商务服务业	14	3	3	189
科学研究和技术服务业	14	7	6	98
水利、环境和公共设施管理业	8	8	6	173
居民服务、修理和其他服务业	14	6	7	187
教育	26	8	69	887
卫生和社会工作	21	8	24	303
文化、体育和娱乐业	9	9	18	125
公共管理、社会保障和社会组织	30	11	23	584
按经济类型分组				
国有企业	45	21	27	425
集体企业	2	0	2	109
股份合作企业	3	0	0	31
联营企业	1	0	0	3
国有独资公司	20	10	22	276
其他有限责任公司	36	13	8	333
股份有限公司中的国有控股公司	30	19	20	208
其他股份有限公司	9	5	3	60
私营企业	54	20	19	720
其他内资企业	6	3	1	24
港澳台商投资企业	11	6	3	73
外商投资企业	36	14	10	267
财政拨款的事业单位	51	23	105	1438
其他事业单位	23	8	16	189
机关	16	3	18	284
个体经济组织	0	0	0	21
社会团体	1	0	2	7
民办非企业单位	6	2	3	42

续 表

所在行业	工会直属文化宫、俱乐部	工会直属体育场(馆)	工会直属图书馆(室)(藏书1万册以上)	建立职工书屋
	个	个	个	个
基金会	0	0	0	0
其他组织	12	6	2	84

工会财务和经费审查工作

所在行业	工会经费情况			工会经费审查组织	
	按工资总额2%拨缴工会经费	有拨缴，但不足额	没有拨缴工会经费	建立经费审查委员会	建立经费审查委员会办公室
	个	个	个	个	个
总计	**20752**	**16284**	**9268**	**34027**	**6693**
按国民经济行业分组					
农、林、牧、渔业	518	416	83	677	130
采矿业	37	21	9	53	8
制造业	4161	5334	2072	8862	1830
电力、热气、燃气及水生产和供应业	295	96	45	362	115
建筑业	914	592	301	1351	320
批发和零售业	1406	1157	1293	2458	615
交通运输、仓储及邮政业	1037	427	483	1332	234
住宿和餐饮业	556	906	599	1387	260
信息传输、软件和信息技术服务业	625	771	563	1389	262
金融业	519	197	120	653	101
房地产业	811	392	121	1063	161
租赁和商务服务业	1165	1281	788	2328	390
科学研究和技术服务业	433	241	129	641	107
水利、环境和公共设施管理业	567	151	73	643	141
居民服务、修理和其他服务业	1260	2539	1449	3491	538
教育	2667	252	115	2758	406
卫生和社会工作	704	193	107	852	232
文化、体育和娱乐业	612	213	210	722	147
公共管理、社会保障和社会组织	2465	1105	708	3005	696
按经济类型分组					

续　表

所在行业	工会经费情况			工会经费审查组织	
	按工资总额2%拨缴工会经费	有拨缴，但不足额	没有拨缴工会经费	建立经费审查委员会	建立经费审查委员会办公室
	个	个	个	个	个
国有企业	1603	137	68	1457	437
集体企业	928	684	158	1429	297
股份合作企业	209	182	38	344	75
联营企业	22	14	6	33	5
国有独资公司	1041	27	26	897	211
其他有限责任公司	1605	568	385	1975	365
股份有限公司中的国有控股公司	795	49	16	770	143
其他股份有限公司	257	188	69	410	111
私营企业	4864	10765	6376	15213	2902
其他内资企业	169	254	92	425	38
港澳台商投资企业	593	540	303	1041	249
外商投资企业	1778	1196	672	2673	503
财政拨款的事业单位	4258	285	132	3967	672
其他事业单位	696	220	72	769	168
机关	1061	106	51	918	220
个体经济组织	65	184	125	218	7
社会团体	92	37	81	117	36
民办非企业单位	258	123	133	367	90
基金会	5	0	2	3	1
其他组织	453	725	463	1001	163

上海工会年鉴
2019

索引

A

B

C

D

E

F

G

H

J

N

P

Q

S

T

W

X

Y

Z

图书在版编目(CIP)数据

上海工会年鉴. 2019 /《上海工会年鉴》编纂委员会编. —上海：上海社会科学院出版社，2020
ISBN 978-7-5520-3112-6

Ⅰ. ①上…　Ⅱ. ①上…　Ⅲ. ①地方工会—工会工作—上海—2019—年鉴　Ⅳ. ①D412.851-54

中国版本图书馆 CIP 数据核字(2020)第 032908 号

上海工会年鉴(2019)

编　　者：《上海工会年鉴》编纂委员会
责任编辑：蓝　天
装帧设计：姚　毅
出版发行：上海社会科学院出版社
上海顺昌路 622 号　电话 63315947　邮编 200025
http://www.sassp.cn　E-mail:sassp@sassp.cn
印　　刷：上海展强印刷有限公司
开　　本：890×1240 毫米　1/16
印　　张：25.5
插　　页：21
字　　数：1020 千字
版　　次：2020 年 5 月第 1 版　2020 年 5 月第 1 次印刷

ISBN 978-7-5520-3112-6/D · 567　　定价：260.00 元